CASAMENTO IGUALITÁRIO

BRUNO BIMBI
CASAMENTO IGUALITÁRIO

Tradução
Rosanne M. Nascimento de Souza

Garamond

Título original: *Matrimonio igualitario*
Edição brasileira revista e adaptada pelo autor

Copyright © 2013, Bruno Bimbi
Direitos cedidos para esta edição à
Editora Garamond Ltda.
Rua Cândido de Oliveira, 43 – Rio Comprido
Cep: 20.261.115 – Rio de Janeiro, RJ
Telefax: (21) 2504-9211
E-mail: editora@garamond.com.br

Revisão
Carmem Cacciacarro

Editoração Eletrônica
Estúdio Garamond / Luiz Oliveira

Capa
Bruno Bimbi
Sobre fotos de Javier Fuentes e Nicolás Fernández (*beijos*) e
Marcelo Baiardi / GCBA, 09-03-2013 disponível em
http://www.flickr.com/photos/buenosairesprensa/8589777224/sizes/o/
sob licença Creative Commons "Atribuição" (*Papa*).

Programa **Sur**
Obra editada no âmbito do
Programa 'Sur' de Apoio às
Traduções do Ministério das Relações
Exteriores, Comércio Internacional e
Culto da República Argentina

CIP-BRASIL. CATALOGAÇÃO-NA-FONTE
DO SINDICATO NACIONAL DOS EDITORES DE LIVROS, RJ.

C497b
Bimbi, Bruno
Casamento igualitário / Bruno Bimbi; tradução Rosanne M. Nascimento de Souza. -
[2. ed.] - Rio de Janeiro : Garamond, 2013.
    548 p. ; 23 cm.
    Tradução de: Matrimonio igualitario
    ISBN 978-85-7617-304-5
1. Homossexualidade - Argentina - Aspectos sociais. 2. Casamento entre homossexuais - Argentina. 3. Direito de família. I. Souza, Rosanne M. Nascimento de. II. Título.
13-04737   CDD: 306.766
                                                                     CDU: 316.837

Todos os direitos reservados. A reprodução não autorizada desta publicação, por qualquer meio, seja total ou parcial, constitui violação da Lei nº 9.610/98.

Aos meus companheiros e companheiras da Federação Argentina LGBT.
A Eduardo Di Pollina, Silvia Augsburger, Vilma Ibarra, María José Lubertino, Gabriela Seijas, Elena Liberatori, Leo Gorbacz e Fabiana Ríos, pelas razões que eu conto nas páginas que se seguem.

A Jean Wyllys, que leu este livro e me convidou para coordenar a vitoriosa campanha nacional pelo casamento civil igualitário no Brasil. E a João Junior, brilhante ativista, que a coordenou junto comigo.

A Juan Cruz Noce, que sempre militou por causas justas.

Sumário

Apresentação: Sobre e para *nosotros*, **9**

Prólogo, **13**

Sejamos realistas, peçamos o impossível, **17**

Criar as condições, **87**

"*Yes, we can*", **177**

Néstor cumpre, **241**

A guerra de Deus, **393**

Real politik, **481**

E o mundo não se acabou, **527**

Agradecimentos, **531**

Posfácio à edição brasileira, **535**

Apresentação
Sobre e para *nosotros*

Jean Wyllys[1]

Este livro é sobre *casamento* — casamento no sentido de projeto de vida comum a duas pessoas que se amam, independentemente do quanto permaneça aceso o fogo desse amor — afinal, já disse o poeta, o amor é fogo que arde sem se ver...
Mas é também um livro sobre casamento enquanto *direito civil* que deveria ser garantido pelos estados democráticos a todos os seus cidadãos (sim, este livro nos conta, em detalhada narrativa cronológica, onde e em que momento, nas histórias das civilizações, o *casamento civil* se tornou um direito de todas as pessoas — aliás, a narrativa acaba por não se limitar ao casamento civil, estendendo-se às experiências históricas em que o casamento religioso também era garantido a todas as pessoas!).
Com as proclamações de várias repúblicas após e no rastro da Revolução Francesa, nas quais o Estado se separou da Igreja, o casamento foi paulatinamente despojado de sua antiga sacralidade e se tornou um modo de conjugalidade efetiva pela qual cônjuges — que às vezes escolhem não ter filhos — se protegem dos eventuais atos maus de suas respectivas famílias ou das outras dores do mundo.
Essa transformação do casamento é detalhada aqui, mas este livro é, antes e mais objetivamente, sobre *casamento igualitário*, ou melhor, matrimônio *igualitário* — como a língua não é transparente nem neutra, há, neste livro, um saboroso passeio linguístico pelas disputas em torno dos significados da palavra *matrimônio*, sempre em contraponto com as transformações dos sentidos de seu antônimo, *patrimônio*.
Mais especificamente, este livro é sobre os fios que teceram a trama ao mes-

---
[1] Deputado federal (PSOL-RJ)

mo tempo social, política e cultural que levou à aprovação, na Argentina, da lei que hoje garante, às *parejas de mismo sexo*, o direito ao casamento civil.

Este livro — ou melhor, esta primeira edição brasileira deste livro — é também fruto de um "casamento" no sentido apenas de encontro entre duas pessoas com algumas afinidades. Seu autor — o jornalista e ativista argentino Bruno Bimbi — e eu somos, assim, "casados" porque nos encontramos um dia devido às muitas coisas afins entre nós.

Mas é melhor que eu te conte, caro leitor, a história desse encontro, já que o gosto por contar histórias é uma dessas afinidades entre nós e uma das melhores qualidades de Bimbi como autor...

Eu havia acabado de me eleger deputado federal quando recebi, via Twitter, uma menção do então, para mim, desconhecido Bruno Bimbi, em que ele se colocava à disposição para me explicar quão importante era a luta pelo casamento igualitário e como a experiência argentina poderia iluminar o futuro de lésbicas e gays brasileiros...

Já não era necessária nenhuma explicação, pois eu já estava convencido da importância da pauta; não só por perceber que esta se tornara o carro-chefe da luta pela cidadania plena de homossexuais em diferentes partes do mundo, mas sobretudo depois da leitura do profundo texto de Hannah Arendt *Reflexões sobre Little Rock*, em que a filósofa judia argumenta que "o direito de se casar com quiser é um direito elementar do homem".

Quando Bruno Bimbi chegou em minha vida, prenhe da bem-sucedida experiência política que levou à aprovação do matrimônio igualitário na Espanha e na Argentina, eu já estava convencido — graças à Arendt — de que era preciso inverter a ordem das prioridades no combate à discriminação de lésbicas e gays: em vez da insistência na "criminalização da homofobia" (que inevitavelmente leva à ampliação e ao endurecimento do estado penal, reduzindo um problema que é sistêmico a apenas "caso de polícia"), em vez da insistência nessa pauta negativa, a entrega à luta positiva pelo direito ao casamento civil como forma de pôr fim à discriminação jurídica contra homossexuais e transexuais — a mãe de todas as outras discriminações!

Sendo assim, ficou fácil me "casar" com Bruno Bimbi, no sentido de um encontro duradouro entre duas pessoas com ideias afins. Convidei-o para ser colaborador de meu mandato. Mas, antes de responder positivamente ao convite, ele me presenteou com um exemplar da edição argentina deste livro, publicado pela Planeta, e me pediu que o lesse. O conteúdo do livro e a escrita de Bimbi são tão sedutores — sem abrir mão da profundidade — que conclui a leitura em menos de dois dias (o fato de ele não deixar de fora da trama os detalhes sórdidos tornou a leitura ainda mais prazerosa!).

Pensei então: "Que história inspiradora! Sim, ela pode ser um farol a nos guiar pelos escuros e tortuosos caminhos que trilharemos na busca pelo direito de gays e lésbicas brasileiros de se casarem com quem amam". Desde então, Bimbi e eu estamos juntos nessa busca...

E agora, felizmente, por meio desta edição que está em tua mão, caro leitor, a fascinante história narrada por Bruno Bumbi pode ser do conhecimento de um número maior de brasileiros, independentemente de suas orientações sexuais. Sim, pois este livro não se dirige apenas aos entendidos. Qualquer pessoa interessada em direitos humanos e civis, política internacional, história, linguística, literatura e/ou numa bem fundamentada reportagem vai gostar deste livro — que é, por fim, uma corajosa afirmação do direito de casar e constituir uma família protegida pelo Estado como essencial à vida, à liberdade, à felicidade de toda e qualquer pessoa. Este livro é sobre e para *nosotros*!

Prólogo

María Rachid[1]

De vez em quando, tentávamos tomar distância das situações que íamos vivendo, olhávamos de longe, analisávamos e reanalisávamos as estratégias. Sempre acabávamos sorrindo com cumplicidade, sentindo que éramos um grupo de loucos, tentando contagiar com um pouco dessa loucura cada agente social ou político, legislador ou funcionário público que íamos ver. Nesses momentos, sorríamos, mas ninguém dizia nada. Alguém podia recuperar a lucidez por um instante e perderíamos algo dessa pequena gota de esperança que tínhamos... em algum lugar.

A princípio, a igualdade jurídica parecia uma dessas bandeiras utópicas que levantamos sabendo que na realidade são conjunturalmente impossíveis, parte dessas metas revolucionárias com as quais a gente se consola dizendo a si mesma: "Talvez nossos filhos ou netos vejam isso".

No entanto, como diz Bruno neste livro, a palavra "impossível" tinha sido banida do nosso dicionário. Sabíamos que a mais remota possibilidade, inclusive aquela que nos permitia a construção da igualdade a longo prazo, valia a pena. Tudo tinha sentido. Tinham sentido os direitos que o casamento garante, que facilitariam a vida de milhares de pessoas. Tinha sentido reivindicar a igualdade jurídica, ferramenta indispensável para continuar trabalhando pela igualdade social. E tinha sentido como estratégia: traçávamos o eixo do debate pela esquerda. Sabíamos pela experiência espanhola que, se falássemos "casamento"

---

[1] María Rachid é uma das principais lideranças do movimento lésbico na Argentina e foi a primeira presidenta da Federação Argentina de Lésbicas, Gays, Bissexuais e Trans. Como consequência da grande simpatia popular que conquistou por seu protagonismo na luta pelo casamento igualitário, tempos depois da publicação deste livro na Argentina, ela foi eleita deputada estadual na cidade de Buenos Aires.

(*matrimonio*), os opositores aos nossos direitos nos ofereceriam "união civil", num pacote e resmungando (diriam ser "o mal menor"). Já se falássemos "união civil", a resposta opositora seria: "Nada!".

Era preciso ir pelo casamento.

Assim empreendemos este caminho, que Bruno relata de seu ponto de vista, o de um dos protagonistas na construção da igualdade jurídica para lésbicas, gays, bissexuais e trans. A lei do casamento igualitário é uma conquista que fará parte da história da luta pelos direitos humanos na Argentina.

Como dizia antes do debate no Senado, eu poderia explicar o quanto é importante para alguém a possibilidade de incluir o parceiro como dependente no seu plano de saúde, ou o quanto pode ser importante uma pensão para um viúvo ou uma viúva que dividiu sua vida — na saúde e na doença — com quem talvez tivesse o único salário do lar. Poderia lhes contar como pode ser profundamente doloroso para alguém se separar da pessoa que ama somente porque ela é estrangeira e o país não autoriza sua residência. Poderia contar as dezenas de histórias que conheço de famílias de gays, lésbicas e pessoas bissexuais cujos filhos precisavam de direitos que não tinham, ou as daquelas crianças que perdiam os que foram seus pais ou mães durante toda a sua vida somente porque o Estado não reconhecia o vínculo que o amor construiu entre eles.

Poderia lembrar que, quando se fala em "proteger a família", também se deveria incluir as nossas famílias. Não as que vierem agora, a partir da lei do casamento igualitário, mas as que sempre existiram na realidade argentina. Poderia falar das histórias dos casais de mesmo sexo que contraíram matrimônio em nosso país e das centenas de milhares que fizeram o mesmo no mundo, sem que essa realidade tenha "destruído" outras famílias, nem terminado com a continuação da espécie; sem que se tenha tornado realidade nenhum dos vaticínios catastróficos que anunciavam os que eram contra. Poderia também recorrer ao argumento do "por que não?". Perguntar-lhes, finalmente, quem é prejudicado por duas pessoas se amarem tanto que queiram cuidar uma da outra, proteger-se e querer-se mutuamente para o resto de suas vidas, mesmo que talvez em seguida dure um instante.

No entanto, todos esses argumentos são insignificantes comparados com a maneira como esta lei mudou a vida de milhões de pessoas, inclusive daquelas que não pensam em se casar nunca, ou que se casarão com alguém de sexo diferente. O reconhecimento da igualdade para todas as famílias nos mudou a todos e todas porque nos tornou uma sociedade mais justa e igualitária.

No dia seguinte à aprovação da lei, um senhor me deixou uma mensagem no Facebook que, creio, resume tudo: "Pela primeira vez em 45 anos, saio à rua sentindo que sou mais um. Obrigado". Mensagens como essa continuam me chegando até hoje, e nunca me falta algum abraço ou notícia de agradecimento ao sair de casa. Me orgulha enormemente ter participado de um avanço tão importante no reconhecimento dos direitos humanos em nosso país. No entanto, mais me orgulham minhas companheiras do La Fulana,[2] por terem sido pioneiras ao se animarem a propor a luta pelo casamento na Argentina numa época que hoje parece distante — quando a direita nos dizia que era uma reivindicação radical demais e alguns setores da esquerda nos acusavam de conservadoras demais —, e os companheiros e companheiras da Federação Argentina LGBT, por sua entrega desinteressada e seu profundo compromisso com esta luta, na qual sempre priorizaram o objetivo da igualdade acima de qualquer benefício pessoal ou coletivo.

Me orgulha a sociedade argentina. Seus referentes, seja na arte, na cultura, na academia, na ciência, no jornalismo, nas organizações de direitos humanos, estudantis e sindicais, inclusive alguns religiosos de quase todos os credos, que apoiaram e trabalharam a favor do reconhecimento da igualdade para todas as famílias. Me orgulham as entidades políticas que ousaram dar os primeiros passos, como o Partido Socialista, os diferentes setores que souberam deixar de lado outras diferenças para impulsionar transversalmente uma conquista social tão importante, e me orgulha um governo nacional que acompanhou e protagonizou o trabalho que a sociedade civil propunha, enfrentando alguns dos setores mais poderosos de nosso país em favor dos direitos dos cidadãos e das cidadãs.

Ainda resta muito o que fazer em matéria de igualdade. Mas a mensagem mais importante da aprovação do casamento igualitário na Argentina é que tudo é possível. Porque mesmo o que a princípio parece impossível pode chegar a ser inevitável, como a igualdade e a justiça para todos e todas.

---

2 Grupo de mulheres lésbicas e bissexuais de Buenos Aires. Organização cofundadora da Federação Argentina LGBT.

Sejamos realistas, peçamos o impossível

María e Claudia

Nunca imaginamos que conseguir um tabelião fosse tão difícil. À medida que chegava ao final a longa lista que encontrei na internet, comecei a me desesperar.

— Precisamos que o tabelião nos acompanhe ao Registro Civil com um casal que vai dar entrada num pedido de casamento e lavre uma ata para fazer constar a resposta que recebermos — eu explicava à secretária.

— E para que precisa da ata?

— Porque é um casal de mulheres e, sem dúvida, não vão permitir que elas deem entrada. Precisamos registrar que elas se apresentaram e receberam uma resposta negativa.

— Como assim, duas mulheres?

— É, um casal de lésbicas. Elas vão dar entrada num pedido para se casar, a resposta vai ser não e elas vão apresentar um recurso extraordinário na Justiça. Para fazer isso, precisam da ata.

— Mas é uma união civil?

— Não. Elas vão pedir para contrair matrimônio.

— Espere que vou falar com o tabelião, não desligue, por favor... — aqui é onde entra a musiquinha. — Ah... ele disse que a esta hora já tem outro compromisso, de modo que não vai poder.

Foram horas ligando para cartórios, e o diálogo era sempre mais ou menos igual. Comecei a mudar meu discurso, tentando confirmar se ele estava disponível naquele dia, naquela hora, antes de falar do casal de lésbicas e explicar o que íamos fazer, mas sempre, no final, eu topava com uma desculpa.

A cada vez, María perguntava:

— E aí? Conseguiu?

— Não. Tá difícil...

Por fim, quando parecia que não teríamos quem fizesse a ata, uma das advogadas conseguiu: o tabelião Saúl Zaifrani aceitou nos acompanhar.

A data escolhida não era casual: 14 de fevereiro de 2007, dia de São Valentim. Era uma boa isca para a imprensa: "No Dia dos Namorados, um casal de lésbicas dá entrada num pedido de casamento". Todos os jornais e noticiários incluem, no dia 14 de fevereiro, uma reportagem sobre casamentos. Além disso, era uma maneira de ressaltar que, para além da controvérsia jurídica, havia duas pessoas que se amavam e queriam se casar.

Mas no dia 13 de fevereiro de 2007, um dia antes da apresentação da ação de amparo,[1] o que María e Claudia menos queriam era se casar. Tiveram uma briga muito séria, tudo estava mal. Discutiam a portas fechadas num dos escritórios da sede da Nexo,[2] enquanto nós não sabíamos o que fazer. Estava para chegar o jornalista Andrés Osojnik, do jornal *Página/12*, com quem tínhamos combinado uma entrevista. Quando elas saíram, o escritório ficou em silêncio, todos esperando que dissessem algo.

— Não podemos — disse Claudia.

— Qual é? Vocês não podem brigar depois de amanhã? — perguntei, tentando soar simpático. Tudo o que faltava era que elas também se aborrecessem comigo.

— Você sabe que ninguém mais do que nós duas quer que isso saia bem, mas a gente está falando de se separar... É muito difícil a gente dar entrada num pedido de casamento justo neste momento — disse María.

— E o que fazemos?

— Não sei, é uma merda de situação — disse Claudia.

Por mais que quebrássemos a cabeça, não encontrávamos uma saída. Estávamos todos nervosos, assustados com esse problema inesperado e, ao mesmo tempo, esgotados, porque tinham sido dias de muito trabalho para os preparativos. Eu calculava os minutos que faltavam para que Osojnik chegasse. Se ele chegasse enquanto elas continuavam discutindo, seria um papelão. Não iam mais nos dar bola. E mesmo que outro casal mais tarde apresentasse o recurso, o que todos iam lembrar era o que não foi.

---

[1] Instrumento previsto no artigo 43 da Constituição argentina que permite que os cidadãos recorram à justiça para a proteção de direitos individuais, coletivos e difusos. Semelhante ao que no Brasil se conhece como "mandado de segurança", porém mais amplo e, segundo alguns juristas, mais eficiente.
[2] ONG que faz parte da Federação Argentina LGBT.

Os casais brigam, é habitual. E quando brigam sério não querem nem ver a cara do outro. Depois, às vezes, se acertam, se reconciliam. Ou não. Pode acontecer com qualquer um.

Pode acontecer, inclusive, um dia antes do casamento. Ou um dia depois.

Mas aquele não era qualquer casamento: no dia seguinte, estaríamos ao vivo em todos os canais de televisão e seríamos manchete dos jornais. Se é verdade que "o pessoal é político", naquele caso era muito mais político ainda: não era o casamento de María e Claudia que estava em jogo, mas o direito de gays e lésbicas a se casar. Além disso, na realidade, elas nem sequer iam poder se casar. Em dado momento, alguém de nós disse isso, meio de brincadeira, meio a sério:

— Tanto faz, vão dizer que não podem. Quer dizer, daqui até a decisão da Corte, vocês têm tempo para se reconciliar ou romper para sempre.

Rimos. Ora ríamos, ora gritávamos, ora chorávamos. Estávamos todos muito ansiosos. Mas éramos companheiros e já, àquela altura, amigos. Era preciso resolver o problema.

Soou a campainha. Um dos rapazes da Nexo se aproxima e diz:

— É o Andrés Osojnik. O que digo a ele?

— Diga que você vai descer para abrir, e vá pela escada... Sem pressa... Depois, peça desculpas pela demora — respondi.

Nós nos olhamos como se tentássemos ler os pensamentos uns dos outros.

— O que fazemos? — perguntou Gustavo López, um dos advogados.

Elas voltaram, por um momento, a falar a sós, no escritório ao lado, enquanto o companheiro da Nexo descia, devagar, degrau por degrau, para abrir a porta a Andrés, que esperava na rua.

Não sei o que elas falaram, mas voltaram mais tranquilas.

— Vamos fazer o que tivermos de fazer, pela Federação e pela lei. Depois a gente vê, mas o importante é que amanhã tudo saia bem — disseram.

Todos respiramos.

Chegou o jornalista e fez a entrevista. Elas posaram sorridentes para a foto. De vez em quando se olhavam, e todos temíamos que acontecesse alguma coisa, mas elas disfarçaram muito bem. O esforço que faziam pela militância era admirável.

Perto da meia-noite, toca o celular. Era Osojnik outra vez:

— Primeira página — me disse. — Parabéns e amanhã a gente se vê.

Estávamos com María e Claudia, que já estavam mais animadas. Contei a elas. Festejamos. Os nervos já tinham se acalmado, e a alegria voltava. Íamos fazer história.

No dia seguinte, tudo começou bem cedo, com café com leite e *medialunas* no bar da esquina, na rua Uruguai. A mesa estava cheia de jornais com a foto das meninas na primeira página e a manchete: "Eu as declaro mulher e mulher". Enquanto comíamos, os celulares começaram a tocar e não pararam o dia todo. Quando começaram a telefonar das rádios do interior e vimos a quantidade de camionetes com antenas de satélite dos canais de televisão que estacionavam no quarteirão, percebemos que aquele era o tema do dia. Estávamos eufóricos.

Greta Pena, uma amiga com quem tínhamos militado na Frente Grande,[3] ligou para o diretor do Registro Civil e conseguiu que ele nos recebesse antes que as portas se abrissem. Queríamos garantir que tudo saísse bem e, para isso, o melhor era entrarmos em acordo com as autoridades, para que estivessem prevenidas, ficassem tranquilas de que não iríamos provocar nenhum escândalo e nos recebessem amigavelmente.

— Você leu o *Página/12*? — perguntamos a ele.

A nota da primeira página começava antecipando o que poderia acontecer um pouco mais tarde:

> María Rachid e Claudia Castro chegarão hoje às nove e meia ao Registro Civil da rua Uruguai, 753. Irão ao escritório de casamentos e darão entrada num pedido para se casar. Palavras mais, palavras menos, o diálogo será o seguinte:
>
> — Para a união civil? Sim, claro — dirá o/a funcionário/a, já habituado/a com esses casos.
>
> — Não, não foi o que dissemos — esclarecerão María e Claudia. — Queremos nos casar, queremos contrair matrimônio como qualquer pessoa.
>
> A previsível recusa a tal pretensão se transformará no lançamento de uma das campanhas mais ambiciosas do movimento gay na Argentina: a conquista do casamento homossexual. E o primeiro passo será dado hoje mesmo. Se o/a funcionário/a negar a María e Claudia a possibilidade de se casar, as duas — acompanhadas de um grupo de advogados, políticos e militantes — apresentarão na Justiça uma ação de amparo para que se declare inconstitucional a lei que proíbe o casamento entre pessoas do mesmo sexo. A ideia é chegar à Corte Suprema de Justicia[4] se necessário.
>
> María Rachid e Claudia Castro são militantes e dirigentes de La Fulana, uma organização pelos direitos das lésbicas. São um casal e convivem há sete anos e já se uniram civilmente na Cidade de Buenos Aires.[5] Agora querem subir um degrau a mais na

---

3 Partido político de centro-esquerda que, na década de 1990, foi oposição ao governo Menem.
4 Para facilitar a compreensão do leitor brasileiro, usaremos ao longo do livro o termo "Supremo Tribunal Federal", como é conhecida no Brasil a máxima instância do Poder Judiciário. No entanto, na Argentina, o nome usado é "Corte Suprema de Justicia".
5 A cidade autônoma de Buenos Aires (CABA) é a capital federal da República Argentina. É uma

luta. Farão isso no quadro de uma campanha organizada pela Federação Argentina de Lésbicas, Gays, Bissexuais e Transexuais, que congrega cerca de vinte organizações de todo o país.[6]

— Sim, li — respondeu o diretor. — Por favor, não me armem um carnaval aqui dentro. Vocês sabem que isso não depende de nós.

— Não se preocupe, não é contra vocês. Viemos falar com você para ficarmos de acordo a fim de que tudo saia bem. O que vamos fazer é uma formalidade: não podemos apresentar o recurso sem antes dar entrada no pedido de casamento das meninas. Se vocês disserem que não, lavramos a ata, todos assinam, fazemos a coletiva de imprensa na porta e vamos aos tribunais com os advogados. Por favor, prepare uma sala grande, porque vai ter muitos jornalistas.

— Não se preocupem. Vou falar com a chefa de departamento para que atenda vocês.

— O que ela vai nos responder?

— Como assim?

— Bem... se vocês aceitassem o pedido e casassem as meninas, nos poupariam um montão de trabalho — eu disse.

Parecia quase impossível, mas nas últimas semanas tínhamos apagado essa palavra de nosso dicionário. Tínhamos de explorar todas as alternativas. Em fevereiro de 2004, o prefeito de San Francisco, Gavin Newsom, decidiu começar a casar os pares do mesmo sexo que o solicitavam, entendendo que a legislação que o proibia era inconstitucional. Cerca de quatro mil casais de diferentes lugares dos Estados Unidos se casaram durante as semanas seguintes naquela cidade, e a notícia percorreu o mundo. Até então, só a Holanda, a Bélgica e o estado norte-americano de Massachusetts reconheciam o direito dos casais homossexuais a se casar. A decisão de Newsom gerou um longo processo judicial e político que incluiu sentenças judiciais a favor e contra, casamentos celebrados, a seguir anulados e logo declarados válidos de novo, uma lei que foi vetada pelo governador, uma decisão da Corte estadual que legalizou o casamento gay, um plebiscito que deu marcha à ré na legislação,[7] outra decisão da Corte que man-

---

cidade-estado e tem autonomia desde a reforma constitucional de 1994. É importante esclarecer que existe também a província de Buenos Aires, que contém geograficamente a CABA, mas é outro distrito, com outras leis e outro governo estadual. A relação entre a cidade e a província de Buenos Aires é a mesma que existe, no Brasil, entre Brasília e Goiás.

6 OSOJNIK, Andrés. Llega el turno del matrimonio homosexual. *Página/12*, 14/2/2007.

7 A "Proposta 8", aprovada em 4 de novembro de 2008 na Califórnia por 52,5% dos votos, proibiu o casamento entre pessoas do mesmo sexo no estado.

teve a validade das bodas já realizadas e novos processos que terminaram, finalmente, com uma decisão favorável da Suprema Corte de Justiça dos Estados Unidos.

— E se aceitarem o pedido, o que é que a gente faz? — eu tinha perguntado alguns dias antes a María e Claudia.

— A gente vai ter que casar mesmo! — respondeu María, e todos rimos.

O diretor do Registro Civil de Buenos Aires não tinha o mesmo poder de decisão do prefeito de San Francisco, mas era um funcionário nomeado pelo ex-prefeito Aníbal Ibarra, que ainda sobrevivia no cargo, provavelmente por pouco tempo, no governo do Jorge Telerman. "A qualquer momento vão se livrar dele. Que melhor maneira de terminar sua gestão do que defendendo suas convicções, autorizando o casamento de María e Claudia e passando para a história por ter se disposto a fazer isso? O Código Civil não o proíbe expressamente, e o direito de se casar está contemplado na Constituição. Pode recorrer a ela para dizer que é um caso não previsto e que, aplicando a lei à luz dos princípios constitucionais, não pode negar a elas o direito de se casar. Sem dúvida vão anular o pedido e adiantar a mudança de diretor, mas gerraremos um puta fato político", tínhamos imaginado numa das reuniões das últimas semanas.

Às vezes exagerávamos. Parecia lindo, mas ninguém ia se suicidar por nós. Se Michael J. Fox tivesse emprestado ao diretor o De Lorean de *De volta para o futuro* para ele ver a lei aprovada em 2010, talvez tivesse se lançado. Um lugar nos livros de história valia mais do que alguns meses a mais no cargo. Mas a máquina do tempo não existe. Era preciso construir aquele futuro, e faltava muito.

— Você sabe que eu não posso — nos respondeu o funcionário.

Quando voltamos ao Registro, com o casal, os advogados, o tabelião e as testemunhas, havia tantos jornalistas na porta que eu disse a María: "Parece a entrega do Oscar". Televisão, rádio, jornais, revistas, mídia internacional. Ninguém tinha faltado.

María e Claudia entregaram seus celulares e entramos. Nos acompanhavam a presidenta do INADI,[8] María José Lubertino, o deputado Eduardo Di Pollina, as deputadas Silvia Augsburger e Marta Maffei, o jornalista Osvaldo Bazán[9] e

---

8 Instituto Nacional contra a Discriminação, a Xenofobia e o Racismo, órgão dependente do Poder Executivo argentino.
9 Osvaldo Bazán é jornalista, escritor e apresentador de TV. Autor do livro de pesquisa *Historia de la homsexualidad en la Argentina* e dos romances *La más maravillosa música: una historia de amor peronista*, *Y un día Nico se fue* e *La canción de los peces que le ladran a la luna*. Em abril de 2013, após 15 anos juntos, ele casou com Daniel.

Nicolás Rapanelli, dirigente do Partido Operário. Todos assinaram a ata.

As autoridades do Registro tinham permitido a entrada de jornalistas e fotógrafos, mas não dos câmeras. Enquanto entrávamos, vi que havia um jornalista de Terra.com com uma pequena câmera digital, mais fácil de dissimular que as câmeras profissionais dos canais de televisão.

— Esconda a câmera e entre comigo — eu lhe disse. Queríamos ter um registro filmado de tudo.

Fomos atendidos pela Dra. Liliana Gurevich. Embora a entrada do pedido seja um trâmite simples que costuma ser feito no balcão, a cena parecia, quase, a de um casamento. As noivas entraram no salão acompanhadas dos convidados e se sentaram juntas no centro da primeira fila. A funcionária ocupou a mesma mesa que diariamente é usada para celebrar os matrimônios e ouviu o pedido.

— Eu adoraria casar vocês, mas não posso. A lei não permite. Mas lhes desejo muita sorte e que tenham sucesso em sua luta — respondeu Gurevich. Em 21 de agosto de 2003, essa mesma funcionária tinha celebrado a união civil de María e Claudia, após a sanção da lei municipal 1.004 da cidade de Buenos Aires.

Quando saímos à rua, uma multidão de jornalistas, militantes e curiosos nos esperava. Enquanto María e Claudia respondiam aos canais de televisão — saíam ao vivo quase em cadeia nacional e a notícia foi repetida em todos os *flashes* informativos ao longo do dia —, eu atendia seus celulares, que não paravam de tocar. Em seguida elas foram se revezando e estiveram no ar em rádios de todo o país.

Acho que a última ligação foi perto da meia-noite, enquanto jantávamos uns pastéis de forno de *delivery* na casa das meninas. Chegou um momento em que parecíamos um disco arranhado, repetindo a mesma coisa o tempo todo sem nos darmos conta, com um cansaço que nem percebíamos mais. Quando os celulares se calaram e por fim pudemos descansar um pouco, eu disse a María:

— Se essa loucura que estamos fazendo der certo, juro que escrevo um livro contando a história.

***

Salvo um ou dois casos, todos os jornalistas que nos entrevistavam por rádio terminavam a nota desejando-nos sorte e expressando-se a favor da reivindicação, e a maioria dos apresentadores de noticiários tratavam do tema de forma positiva. Era um dado muito bom.

No dia seguinte, a notícia estava em todos os jornais. *La Nación* e *Página/12* foram os que deram maior espaço, como aconteceria a partir de então,[10] já que ambos tinham posições editoriais assumidas,[11] o primeiro contra e o segundo a favor. O primeiro trazia um curioso quadro, acompanhando a notícia principal, que se intitulava: "Opiniões divididas entre juristas",[12] porém todos os juristas citados se manifestavam contra ou então não expressavam sua posição sobre a questão de fundo, deixando claro, contudo, que a resposta negativa do Registro tinha sido legalmente correta. *Página/12*, por outro lado, trazia declarações favoráveis de Beatriz Rajland, advogada e titular da cátedra de Teoria do Estado da Universidade de Buenos Aires:

> "Os avanços abrem caminho dessa maneira", sustentou [Rajland] para Página/12. "Antes do divórcio, havia uma lei que o impedia. E depois houve lei. Agora é o mesmo: são passos para ir demonstrando a obsolescência de uma norma. A união civil também foi um passo para abrir caminhos".
>
> — É viável um recurso desse tipo a partir do jurídico?
>
> — Ainda não tive oportunidade de ler o texto em si,[13] mas posso responder em geral: não são argumentos levianos. A vitória ou não corresponderá à relação de forças na sociedade. Mas existem motivos para alegar a inconstitucionalidade. E é preciso agir com ousadia. Nós conseguimos a personalidade jurídica para uma organização de travestis. Foi por pura ousadia. Aqui os argumentos são sérios e é desta maneira que as instituições vão cedendo ao avanço da sociedade.[14]

O recurso caiu por sorteio na 88ª Vara Cível de Buenos Aires, a cargo da juíza María Bacigalupo, e foi protocolado com o número 6.631/2007.

---

10 Tempo depois, dois novos jornais que ainda não existiam, *Crítica de la Argentina* e *Tiempo Argentino*, também dariam ampla cobertura ao debate, com uma posição editorial favorável. Fui redator do primeiro e colaborador do segundo e escrevi a maioria das matérias que ambos publicaram sobre o tema.
11 No caso de *La Nación*, o mais conservador e direitista do país, cabe destacar que à medida que o debate foi avançando começou-se a perceber, cada vez mais, a convivência de duas opiniões opostas na redação: a de boa parte dos jornalistas, a favor, e a dos diretores da empresa, que eram contra. As notícias assinadas geralmente não diziam o mesmo que os editoriais e as notícias sem assinatura. Analisaremos essa situação em capítulos posteriores. No caso do *Página/12*, a posição editorial era mais óbvia, já que se trata de um jornal progressista que sempre se posicionou nas lutas a favor dos direitos humanos.
12 MACCHIA, Eva. *La Nación*, 15/2/2007.
13 Dias depois, consegui o e-mail de Rajland e lhe enviei o texto do recurso. Aos poucos, fomos recebendo o respaldo dos mais importantes juristas da Argentina, o que seria muito útil, anos depois, para defender nossa posição nos debates nas comissões da Câmara dos Deputados e no Senado. Também para citá-los na mídia cada vez que o tema voltava a ser notícia.
14 OSOJNIK, Andrés. *Página/12*, 15/2/2007.

Olhando para Madri

Este livro começa seu relato em 14 de fevereiro de 2007, quando María e Claudia foram ao Registro Civil e iniciaram o trâmite da primeira ação de amparo, porque foi então que a reivindicação do casamento entre pessoas do mesmo sexo na Argentina se tornou pública pela primeira vez. De fato, foi nesse dia que anunciamos que a Federação Argentina de Lésbicas, Gays, Bissexuais e Trans lançava uma campanha nacional pelo reconhecimento desse direito, da qual aquele recurso seria apenas o primeiro passo.

Mas o planejamento dessa campanha levou meses e foi precedido por outras ações, algumas mais exitosas e outras menos, que foram preparando o terreno. Essa "pré-história" — parece que foi ontem! — começa com a aprovação da lei do casamento entre pessoas do mesmo sexo na Espanha.

***

Em janeiro de 2005, o grupo Diálogo 2000 (uma organização de direitos humanos) me contratou para fazer a programação visual dos folhetos que levaria ao Fórum Social Mundial, a se realizar em Porto Alegre. Como não dispunham de muito orçamento, me ofereceram, como forma de pagamento, que viajasse com eles e me hospedasse no hotel que tinham reservado.

Ir ao Fórum Social era como visitar outro planeta, onde tudo é luta e esperança, como viajar aos anos 60 em pleno auge do movimento *hippie* e da revolução cubana. Num gigantesco acampamento, ao longo de uma semana, ativistas de grupos de esquerda e movimentos sociais de todo o mundo, falando diferentes idiomas e trazendo, cada um, suas reivindicações e experiências, se encontram para debater outro mundo possível, dialogar com outras culturas, assinar petições por todas as causas imagináveis, participar de oficinas, discussões e assembleias, escutar líderes e intelectuais de diferentes lugares do mundo — aquele ano estiveram presentes, por exemplo, Lula, Chávez e o escritor uruguaio Eduardo Galeano —, assistir um recital ao ar livre — cantaram, entre outros, Gilberto Gil, Manu Chao e a banda argentina Bersuit Vergarabat —, marchar pelas ruas da cidade com bandeiras de todas as cores, fazer amor, fumar maconha, tomar sol e banhar-se ao ar livre em duchas coletivas.

Num dos galpões do velho porto da cidade, onde ocorriam diversas oficinas ao longo do dia, conheci por acaso Pedro Zerolo. Se alguém pode convencer qualquer pessoa de que é necessário legalizar o casamento entre pessoas do mesmo sexo, esse alguém é Pedro. Assessor e amigo pessoal do então presidente espanhol José Luis Rodríguez Zapatero, membro da Executiva Nacional do PSOE,[15] ex-presidente do Coletivo Gay de Madri e da Federação Estatal de Lésbicas, Gays, Transexuais e Bissexuais (FELGTB) e vereador do município de Madri, a mídia espanhola se referia a ele naqueles dias como "o pai do casamento gay". Foi ele que convenceu Zapatero e um dos que mais se expuseram em público para defender essa lei.

Fiquei conversando com Pedro, de quem logo me tornaria grande amigo, e lhe perguntei se acreditava que a lei sairia. Sua convicção era absoluta: "em junho, no mais tardar, temos casamento na Espanha e, no fim do ano, me caso com Jesus". Porque, como se fosse uma blasfêmia, assim se chama seu marido.

Na Argentina, ainda não se havia instalado o debate sobre o casamento gay. A Comunidade Homossexual Argentina (CHA), que por então era a organização LGBT mais conhecida do país, propunha uma lei nacional de "união civil" cujo projeto tinha sido redigido pela juíza Graciela Medina. Paradoxalmente, esta jurista, também autora da lei de união civil portenha, ofereceria anos depois seus argumentos jurídicos à cruzada contra o casamento igualitário que seria liderada por uma senadora da Opus Dei. Havia um outro projeto, mais antigo, de lei de "parceria", impulsionado pelo presidente da SIGLA,[16] Rafael Freda, e apresentado no Congresso pela deputada Laura Musa. Eu tinha conhecido os principais dirigentes da CHA quando trabalhava como assessor de imprensa da senadora Diana Conti e organizara com eles a apresentação de um livro sobre adoção homoparental[17] realizada no Senado Federal. Quando Diana levou ao então vice-presidente desta Casa, Daniel Scioli, o convite para o ato, o cara gelou.

— Diana, você acha mesmo? — perguntou a ela, preocupadíssimo.

— Que foi, Daniel?

— Você não percebe que é a primeira vez que a palavra "homossexual" aparece num convite oficial com o emblema do Senado Federal?

Ele estava horrorizado!

Quando Diana voltou ao gabinete, contou, divertida: "Vocês tinham que ver a cara que ele fez quando viu o cartão!".

O ato no Senado foi um sucesso, e a CHA falou de "união civil".

Pedro considerava um erro.

— Pedir a "união civil" é resignar-se a aceitar direitos de segunda para ci-

---

15 Partido Socialista Operário Espanhol (social-democrata).
16 Sociedade de Integração Gay Lésbica Argentina.
17 *Adopción, la caída del prejuicio*, compilado pelo dr. Jorge Horacio Raíces Montero, com artigos de destacados psicólogos e especialistas em infância e adoção.

dadãos de segunda. Nós não lutamos pela herança nem pela pensão, lutamos por nossa dignidade e pela igualdade jurídica, que só se consegue com o casamento. Além disso, enquanto vocês falarem de "união civil", vão lhes dizer que não. Quando começarem a falar de casamento, vão lhes oferecer a "união civil". E é aí que eles perdem, porque fica óbvio: se aceitam que nossas famílias devem ser reconhecidas, para que criar um instituto novo com outro nome? Que sentido tem? Aí fica claro que o único fundamento é a discriminação. E esse debate nós ganhamos.

Falamos durante muito tempo, de pé, enquanto ativistas de diferentes organizações passavam e nos deixavam seus panfletos. Até aquele momento, os argumentos da CHA para propor a "união civil" me pareciam razoáveis: diziam, entre outras coisas, que não estavam dadas as condições para se conseguir o casamento e que, além disso, a lei do casamento argentina era machista, patriarcal e permitia ao Estado intrometer-se na vida particular das pessoas, o que poderia ser evitado com uma nova legislação. Expus a Pedro esses argumentos e ele os descartou rapidamente:

— A lei do casamento pode ter muitos defeitos, que será preciso corrigir no futuro, junto aos heterossexuais e, sobretudo, junto às feministas, que sempre serão nossas aliadas, mas a única coisa que importa hoje é a igualdade de direitos. O direito de nos casarmos ou não porque nós decidimos. De sermos cidadãos e cidadãs. Do resto falamos depois. E não me venham com impossibilidades porque na Espanha também nos diziam que era impossível e veja como estamos conseguindo — foi mais ou menos isso o que ele me disse.

Sua oratória e sua capacidade para convencer eram muito motivadoras. "Quando sair a lei espanhola, você tem que ir à Argentina", eu lhe disse, e ele prometeu que iria. Trocamos e-mails e telefones.

Nessa época, eu não militava em nenhuma organização LGBT,[18] embora tivesse colaborado em algumas coisas com a CHA e tivesse vontade de começar a participar. Tinha militado por quase toda a vida tanto em organizações sociais quanto na política, mas, até pouco tempo atrás, nunca me teria ocorrido que pudesse ser um ativista gay. De fato, fazia pouco que tinha começado a sair do armário, apenas com alguns amigos, depois de fazê-lo comigo mesmo. Mas Zerolo terminou de me convencer da importância dessa forma de ativismo. Voltei à Argentina cheio de ânimo.

Finalmente, em 30 de junho de 2005, foi aprovada a lei na Espanha, promul-

---

18 Sigla que significa lésbicas, gays, bissexuais e transexuais.

gada pelo rei Juan Carlos I no dia seguinte. A votação e o histórico discurso de Zapatero no Parlamento foram transmitidos ao vivo pelos canais de notícias argentinos, e o tema ocupou a primeira página dos principais jornais de Buenos Aires no dia seguinte. Pedro e Jesus se casaram em 1º de outubro, no Salón Real de la Casa de la Panadería, na Plaza Mayor de Madri. A cerimônia foi oficiada por sua amiga Trinidad Jiménez, também vereadora pelo PSOE.

O adiantado

Até a lei espanhola, o casamento igualitário só existia na Holanda (2001), na Bélgica (2003) e no estado americano de Massachusetts (2004). Era uma excentricidade de alguns países ou estados vanguardistas, muito liberais e com muito menos urgências econômicas e sociais, onde estas coisas costumam acontecer décadas antes de sequer começarem a ser discutidas no resto do mundo.

Que algo ocorresse na Holanda não significava que pudesse ocorrer na Argentina.

Mas a Espanha era outra coisa. Ocorria, agora, no mais latino-americano dos países da Europa. O país de onde vieram a língua que falamos, boa parte de nossos costumes e muitos de nossos avós e bisavós. A Espanha, sim, podia nos dar um empurrão.

Foi o que pensou o deputado federal Eduardo Di Pollina, um político da cidade de Rosário, do Partido Socialista, que decidiu apresentar um projeto de lei para habilitar o casamento entre pessoas do mesmo sexo na Argentina. Antes de fazê-lo, chamou Esteban Paulón, ativista do grupo VOX,[19] para lhe perguntar sua opinião. Di Pollina tinha sido uma das primeiras pessoas do partido com as quais Esteban, também de Rosário e socialista, saíra do armário anos atrás, antes de se transformar numa das principais referências do movimento LGBT em sua província e no país.

***

No PS, que hoje conta com um grupo de diversidade sexual próprio — "Socialistas LGBT" —, que faz parte da Federação, e com uma Secretaria de Diversidade Sexual, a saída do armário de Esteban foi fundamental. Este ativista de 32 anos, que atualmente preside a Federação — e foi, até dezembro de 2009, secretário da bancada do PS na Câmara dos Deputados —, levou o partido a

---

19 Organização LGBT com sedes nas cidades de Rosário e Santa Fé, cofundadora da Federação Argentina LGBT.

organizar um debate sobre os direitos de gays e lésbicas.

"Até os 22 anos, não tive clareza sobre minha orientação sexual", contava ele numa entrevista.[20] "Tinha muitas dúvidas, tive namoradas. É um processo muito complicado. Em algum momento, quando soube que gostava de homens, pensei que isso era incompatível com a militância num partido político. Era um preconceito meu, não do partido, que evidentemente é o que mais tem tratado do tema. Deixei a militância um tempo e me meti na causa da diversidade. Ali comecei a trabalhar sem visibilidade, mas muito intensamente. Em 2003 fui a uma primeira reunião com Eduardo Di Pollina como representante do grupo, e foi aí minha primeira saída do armário, muito tímida".

A deputada socialista Silvia Augsburger, uma das autoras e principais incentivadoras da lei do casamento igualitário, assegura que a saída do armário de Esteban e de outros militantes gays ou lésbicas foi o que marcou o ponto de inflexão na visão do partido sobre a diversidade sexual.

— Como eram as coisas antes?

— Nos anos 1980, eu militava no MNR,[21] expressão universitária do Partido Socialista Popular. Tínhamos uma coordenação, chamada Junta Universitária, da qual participavam um companheiro ou uma companheira de cada faculdade. Era um espaço muito valorizado e muito respeitado por nós que militávamos naqueles anos, sobretudo porque nossa organização era ainda muito pequena e de pouquíssima inserção nos bairros. Éramos quase um partido de universitários. Eu era estudante de bioquímica e o companheiro responsável pelo nosso agrupamento tinha se formado e voltava para sua cidade, Santa Fé. Assim que fiquei em seu lugar, me coube participar de minha primeira reunião na Junta. Era 1986. O primeiro ponto de pauta dessa reunião foi a expulsão de dois companheiros homossexuais, um estudante de arquitetura e outro de medicina.

— E iam expulsá-los por serem homossexuais?

— Sim, era por isso! Não lembro exatamente as palavras com que a decisão foi fundamentada, mas tenho certeza de que diziam que a homossexualidade era um "desvio" de conduta.

— Qual foi a tua posição?

— Aprovamos as expulsões por unanimidade. Para mim era um espanto, mas não me animei a abrir a boca. O tempo foi passando e, até já entrados os anos 2000, não lembro que no PS se tenha discutido sobre diversidade sexual.

---

20 TAMOUZ, Silvina. Esteban Paulón, militante de la igualdad. *Cruz del Sur*. Reproduzido em http://www.agmaganize.info/2010/08/18/esteban-paulon-militante-de-la-igualdad/.
21 Movimento Nacional Reformista.

Esteban foi quem introduziu o tema no partido. A partir daí, com sua militância, seu compromisso, seu encanto, é ele que lança iniciativas parlamentares, promove a criação da Área de Diversidade Sexual em Rosário, monta os grupos LGBT do PS em todo o país e aproveita genialmente seu espaço de secretário parlamentar da bancada na Câmara dos Deputados para gerar consenso e adesão a suas iniciativas.

— E qual foi a reação dos deputados do partido?

— No partido e na bancada, a princípio, não houve nem repulsa nem compromisso. Só depois que o projeto foi incluído na agenda parlamentar é que se começou a falar do tema. A essa altura, Esteban já tinha conseguido que a diversidade fizesse parte da agenda de nossa juventude, que se apropriou do tema.

— O que você sente agora sobre aquele episódio de sua militância universitária?

— Aquela experiência me marcou muito e, por isso, toda vez que tive oportunidade de falar sobre a lei do casamento igualitário em algum lugar do país, fiz esse relato e expressei que, para mim, essa lei nos reconciliava com nós mesmos, que nos fazia de algum modo superar aquela culpa que sentíamos por ter discriminado como sociedade tantos jovens sem querer ou sem entender. Com esta lei dissemos a toda a sociedade argentina que, como disse Osvaldo Bazán, "a homossexualidade não é nada".

***

— Veja, Eduardo, em nosso grupo, por agora, se fala de "união civil". Não porque sejamos contra o casamento, mas porque era o único que parecia possível. A partir da lei espanhola, acho que seria preciso levantar o tema. Deixe-me consultar os companheiros para ver o que acham — respondeu Esteban Paulón ao deputado Di Pollina, dois anos depois daquela primeira reunião em que havia saído do armário com ele. Muitas coisas tinham começado a mudar no partido e agora era o deputado que propunha avançar com um projeto de lei sobre o casamento homossexual.

Assim que terminou de falar com Di Pollina, Esteban ligou para María Rachid, que então presidia La Fulana, um grupo de mulheres lésbicas e bissexuais de Buenos Aires com o qual vinham conversando sobre a possibilidade de formar, junto com outras organizações LGBT, uma federação nacional.

Em La Fulana já vinham debatendo o tema do casamento mesmo antes da sanção da lei espanhola. Quando foi aprovada a lei portenha de união civil, um programa de televisão chamou-as para debater com um padre católico os direitos dos casais homossexuais. Durante a discussão, o religioso disse algo que as surpreendeu:

— Façam o que quiserem com os direitos. Achamos certo que tenham pensão, plano de saúde e essas coisas, mas o casamento e a família são sagrados. Não se metam com o casamento. Pronto! Então era isso.

— Aí nos demos conta de que era preciso se meter com o casamento porque, justamente, era o que provocaria uma profunda mudança cultural, que era o eixo do trabalho de La Fulana naquele momento. Era o casamento que desestabilizaria todos os pressupostos culturais usados para legitimar a discriminação contra nossas famílias — relembra María. La Fulana começou a levar esse debate para dentro do movimento feminista e do movimento LGBT.

Por isso, quando Esteban lhe contou sobre a proposta do deputado, ela não hesitou. Era preciso apresentar já aquele projeto.

Em setembro, em Rosário, VOX organizou o "Primeiro Encontro de Organizações LBGT do Mercosul". Ali, a partir de uma iniciativa de María Rachid e Guillermo Lovagnini,[22] cinco das organizações mais representativas do país — Associação de Travestis, Transexuais e Transgênero da Argentina, La Fulana, Nexo, Fundação Buenos Aires SIDA e VOX — decidiram começar a trabalhar conjuntamente com o objetivo de fundar a Federação, que seria oficialmente criada em 26 de junho do ano seguinte. Uma das primeiras ações comuns destes grupos foi a apresentação do projeto de lei elaborado por Di Pollina, que deu entrada na Câmara dos Deputados em 2 de dezembro de 2005.

O projeto foi assinado por parlamentares de diferentes bancadas, da situação e da oposição: Di Pollina, Silvia Augsburger, Jorge Rivas, Eduardo García, Sergio Basteiro, Héctor Polino, María Elena Barbagelata, Margarita Jarque, Julio Accavallo, Patricia Walsh, Claudio Lozano, Araceli Méndez de Ferreyra e Laura Musa. Nunca chegou a ser debatido, nem sequer em comissão. Em 2007, foi reproduzido com algumas modificações e apresentado novamente por Di Pollina, junto com outros deputados, e em 2009 ingressou pela última vez, encabeçado pela assinatura de Silvia Augsburger.

A terceira vez foi a última: o projeto apresentado por Augsburger em 2009 — baseado no de Di Pollina —, junto com outro projeto, da senadora Vilma Ibarra, foi a base da lei do casamento igualitário aprovada pelo Senado em 14

---

22 Presidente da VOX.

de julho de 2010. Aquela primeira iniciativa, de dezembro de 2005, não só não chegou a ser debatida como teve escassa repercussão na mídia e não conseguiu instalar o debate na sociedade. Quase ninguém se inteirou, mas foi assim que tudo começou.

Di Pollina não pôde participar da parte desta história que todos recordam, quando por fim conseguimos, porque já não era mais deputado federal, mas merece ser reconhecido como quem deu o pontapé inicial no Congresso para a conquista do casamento igualitário na Argentina.

O pai do casamento gay

Em meados de 2006, Pedro Zerolo me ligou para avisar que vinha à Argentina e pediu que eu me encarregasse de sua agenda. Queria falar no Congresso sobre a lei do casamento e, se possível, na Universidade de Buenos Aires (UBA). Ao chegar, foi entrevistado por vários jornais e programas de TV e rádio. O título da entrevista com o jornalista Cristian Alarcón[23] para o *Página/12* era mais do que claro: "Argentina está preparada".

Quanto à UBA, era muito difícil pela data de sua viagem, em plenas férias de inverno. Para organizar a exposição no Congresso, me comuniquei com César Cigliutti, presidente da CHA. Eles se encarregariam de convocar o resto das organizações e os legisladores, e eu, a imprensa.

César e seu companheiro, Marcelo Suntheim, nos convidaram para jantar num restaurante gay de Palermo, que era tão esnobe e tão gay que Pedro quis sair correndo. Parecia um gueto *fashion*, e isso era o absoluto contrário do que ele queria conhecer de Buenos Aires: "Na próxima vez, vamos comer num bar portenho que sirva comida argentina e não seja só para gays", me disse quando saímos. César e Marcelo também organizaram para ele uma reunião com o ministro do Interior, Aníbal Fernández, na qual ele falou de casamento e eles de "união civil".

A palestra no Congresso foi em 10 de julho de 2006, no subsolo do edifício anexo da Câmara dos Deputados. A localização da sala era toda uma metáfora: nós gays não saíamos dos territórios subterrâneos.

Foi um verdadeiro fracasso. O lugar parecia escondido, quase clandestino, tinha pouca gente, muitas organizações tinham sido avisadas pela CHA no último momento devido às disputas internas do movimento, e a única deputada

---

[23] Alarcón é um dos cronistas mais reconhecidos da Argentina, autor, entre outros, do livro *Si me querés, quereme transa*, editado pelo Grupo Norma. Dirige uma oficina de crônicas e o blog "Águilas humanas".

que participava do painel era Silvana Giudici (União Cívica Radical), que dividia a mesa com Zerolo e Cigliutti. Tinha alguma coisa que não se encaixava. Pedro falava de casamento, explicando o porquê do lema "Os mesmos direitos com os mesmos nomes" e contando como a direita espanhola, para impedir a conquista da igualdade jurídica, tinha incentivado a "união civil", enquanto Cigliutti, por seu turno, defendia a "união civil". O discurso de Pedro foi brilhante e, depois de suas palavras, as explicações sobre o projeto da CHA ficaram totalmente deslocadas. Comecei a sentir que tinha me equivocado.

Sentada no fundo, entre o público, estava a senadora federal Vilma Ibarra, que tinha se inteirado da atividade e ido ouvir Zerolo.

— Quer participar do painel? — propus a ela quando a vi.

— Obrigada, mas vim escutar — respondeu.

Segundos depois, acrescentou:

— Se tivéssemos esse cara na Argentina por um ano, conseguiríamos a lei do casamento. Eu assino o projeto sem hesitar. É preciso dizer a ele que fique e nos ajude!

Vilma Ibarra não só assinaria o projeto, mas também seria uma das protagonistas da luta pela lei do casamento igualitário e trabalharia lado a lado com a Federação até consegui-la.

Quando chegou a hora das perguntas, María Rachid, que se sentara no fundo, pediu a palavra. Ficou de pé para que todos a vissem, se apresentou como presidenta da recém-criada Federação Argentina de Lésbicas, Gays, Bissexuais e Trans e explicou que, junto com um deputado socialista, tinham apresentado um projeto de lei do casamento para casais do mesmo sexo.

— Os mesmos direitos com os mesmos nomes — disse, em voz bem alta, repetindo o lema espanhol.

Na saída do debate, fomos comer empanadas num bar de San Telmo e María se somou ao grupo. Nos sentamos os três juntos e ela começou a falar do projeto de Di Pollina.

Quando partimos, no táxi, Pedro me disse:

— Me parece que María tem tudo muito mais claro do que esses garotos da CHA. O que ela está propondo é o mesmo caminho que seguimos na Espanha.

"No quartinho"

Alguns dias depois da visita de Pedro, María me convidou para tomar um café em sua casa. Beatriz Gimeno, outra ativista espanhola, líder da luta pela lei junto com Pedro e presidenta da FELGTB,[24] também viria à Argentina, e María estava encarregada de sua agenda. María me falou muito sobre a Federação e me explicou que uma de suas prioridades era impulsionar a lei do casamento na Argentina. Me perguntou se eu gostaria de participar e lhe respondi que sim. Imediatamente, ela me ofereceu integrar a comissão executiva como secretário de Comunicação e Relações Institucionais.

Gimeno chegou em setembro e organizamos para ela uma palestra sobre a lei do casamento no auditório magno da Faculdade de Direito da UBA. María convidou Silvia Augsburger — Di Pollina terminava seu mandato aquele ano e Silvia começou a se encarregar de alguns de seus projetos, como o do casamento igualitário — e María José Lubertino, candidata na lista tríplice apresentada pelo Governo para a presidência do INADI, e eu convidei Osvaldo Bazán e Vilma Ibarra. A outra oradora foi a própria María, e mandaram sua adesão o deputado Miguel Bonasso e o senador Rubén Giustiniani.

Falei com minha amiga Greta Pena e tivemos a ideia de propor ao IURE,[25] um grupo estudantil universitário, que organizasse a palestra junto com a Federação. Para fazer uma atividade na UBA, sempre é bom ter como "sócio local" algum grupo estudantil da faculdade. O IURE era um grupo muito dinâmico, com muitos militantes, e sem dúvida poderia nos ajudar a convocar os estudantes. Eu os conhecia porque desenhava para eles os cartazes e a revista que editavam. Também desenhei os de nossa palestra, que eles pagaram; gasto zero para a Federação. Propus-lhes que, além de distribuir os panfletos, convidassem as cátedras de Direitos Humanos, Direito Constitucional e Direito de Família: talvez alguns professores decidissem ir com seus alunos, já que o tema podia ter interesse acadêmico.

No dia da palestra, contudo, me dei conta de que tudo tinha dado errado. Cheguei cedo à faculdade e não havia um só cartaz colado, nem sequer na sala do IURE. Liguei para um companheiro da equipe de Gonzalo — líder político do grupo — que tinha se encarregado da impressão, e ele me jurou que tinha levado os cartazes para a faculdade fazia mais de uma semana. Conhecendo Gonzalo, não cabiam dúvidas de que era verdade. Procurei os rapazes do grupo e perguntei o que tinha acontecido.

— Ah, sim... Os cartazes estão no quartinho — me disse um deles.
— Que quartinho?
— O quartinho que usamos para guardar as coisas.

---

24 Federación Estatal de Lesbianas, Gays, Transexuales y Bisexuales (Espanha).
25 Ilusión, Utopía y Rebeldía Estudantil.

— E por que estão no quartinho e não colados nas salas de aula e nos corredores? A palestra é hoje à tarde!
— É que tivemos outras atividades... Mas íamos colar eles hoje.
Hoje.
Olhavam um para o outro, não sabiam o que dizer.
Então me dei conta do que tinha acontecido: eram garotos legais, com muita ilusão, muitas utopias e muita rebeldia, mas não eram veados. Concordavam com nossa reivindicação, mas tinham vergonha de colar nas paredes da faculdade um cartaz que tinha, bem grande, a palavra "homossexual". Claro que não iam me dizer isso. Anos depois, quase todos os grêmios universitários do país se pronunciariam a favor do casamento igualitário, e a própria Federação Universitária Argentina participaria ativamente da campanha a favor da lei, mas naqueles dias era difícil conseguir aliados até mesmo no movimento estudantil progressista.

Pedi a eles que me levassem ao quartinho e me conseguissem fita adesiva e, sem pedir ajuda, me encarreguei de colar todos os cartazes que pude. Quando terminei, a faculdade estava toda pregada, mas faltavam apenas algumas horas para a palestra. Pedi a eles que, pelo menos, me ajudassem falando com alguns professores.

Não foi tão pouca gente, mas era o auditório magno. Enorme. As cadeiras vazias se faziam notar mais do que as ocupadas. Quando saímos, os militantes do grupo que tinha organizado a palestra conosco estavam conversando na porta. Ao sair, aborrecido, eu lhes disse: "Vocês poderiam pelo menos ter entrado. Não é contagioso". E fomos embora. Depois me arrependi de ter falado assim com eles. Eu os conheço, são gente boa. Fazia somente três anos que eu tinha me disposto pela primeira vez a ir à Parada do Orgulho Gay, quase tão assustado quanto eles.

Apesar de tudo, a palestra foi muito boa, e alguns estudantes que participaram logo se ofereceram para colaborar. Foram, claro, muitos estudantes gays e lésbicas. E alguns mais. Beatriz Gimeno contou a história da lei espanhola, Bazán leu fragmentos de seu livro *Historia de la homosexualidad en la Argentina*, Lubertino tornou público seu apoio à reivindicação da Federação como candidata à presidência do INADI e Vilma Ibarra se comprometeu a trabalhar pela lei no Senado e se pôs à disposição. Seu discurso, centrado no princípio constitucional de igualdade, foi brilhante.

Além da palestra na UBA, entre outras atividades, houve naqueles dias uma reunião com ativistas de muitas organizações, tanto da Federação quanto de outras — a CHA não aceitou o convite —, na qual Gimeno contou mais detalhes sobre o processo político e legislativo da lei na Espanha e nos antecipou o que anos depois veríamos na Argentina. O que aprendemos com Pedro Zerolo e Beatriz Gimeno foi fundamental, porque o debate no Congresso argentino foi muito parecido ao que tinha se dado na Espanha. Eles nos anteciparam muitas das coisas às quais deveríamos reagir e chegamos mais preparados quando foi a nossa vez.

Outro INADI

Naqueles dias, também, María José Lubertino assumiu como presidenta do INADI, e fomos convidados para a posse na Casa Rosada. Sua nomeação à frente do organismo estatal que se encarrega de trabalhar contra a discriminação era estratégica para nós, já que se tratava de uma aliada histórica do movimento LGBT. Advogada diplomada com medalha de honra na Pontifícia Universidade Católica Argentina e ex-deputada federal, Lubertino era conhecida na política como uma líder feminista que não fugia dos temas "difíceis", defensora da descriminalização do aborto e da educação sexual e uma das primeiras dirigentes políticas que se dispôs a participar das paradas do orgulho gay. Também era lembrada por ter amamentado o filho sentada em sua bancada, quando era deputada constituinte da cidade de Buenos Aires.

Era uma companheira de luta num lugar mais do que importante. Além disso, María Rachid foi eleita para integrar o Conselho Assessor do INADI, um cargo *ad honorem*, mas de grande importância política. Mais adiante, Lubertino pediu-lhe também que fosse trabalhar com ela e a nomeou diretora dos Recursos Humanos.

A política de María José foi integrar as organizações representativas dos coletivos discriminados ao organismo encarregado de combater a discriminação. Quando fomos nos queixar porque os advogados do INADI repeliam as denúncias de discriminação por orientação sexual e identidade de gênero, ela nos disse: "Esses advogados não fui eu que contratei, são os que já estavam. Vocês têm advogados? Tragam-me os CV", e contratou todos os advogados que lhe propusemos: nunca mais uma denúncia foi repelida. Também contratou travestis para o *call center* que atendia as pessoas no 0800 e outros ativistas para ocupar diferentes postos. O mesmo fez com outras organizações sociais. Isso ajudou a encher o instituto de conteúdo.

Lubertino transformou uma pequena entidade burocrática, que estava paralisada desde que o renomado jurista Raúl Zaffaroni deixara a presidência (que ocupara durante a gestão do presidente De la Rúa), num organismo que crescia em orçamento, recursos humanos e atuação. Sua capacidade de trabalho — que os que trabalhavam com ela sofriam — e a cooperação com o movimento social lhe deram vida. E a participação da Federação na gestão conseguiu que os direitos de lésbicas, gays, bissexuais e trans fossem uma de suas prioridades.

O INADI seria, a partir de então, uma de nossas fortalezas, e a porta de entrada para que nossas demandas chegassem ao governo de Néstor Kirchner, que iniciara sua gestão acentuando a defesa dos direitos humanos.

Era preciso explicar a ele que isso incluía também nossos direitos humanos, e Lubertino desempenharia um papel importantíssimo nessa tarefa.

O amigo invisível

— Alguém deveria apresentar uma ação de amparo e chegar até o Supremo Tribunal Federal. A discriminação pela falta de regulação do casamento entre pessoas do mesmo sexo é inconstitucional — me disse meu amigo Rodolfo certa noite, conversando pelo MSN.

— E você acha que podemos ganhar no Supremo?

— Não esqueça que fomos o último país antidivorcista e que o divórcio não saiu por decisão legislativa, mas porque o Supremo obrigou o Legislativo. Não sei se neste caso se obteria o mesmo resultado, se a sociedade está suficientemente madura como no caso do divórcio, mas mesmo que seja uma minoria do Supremo a se pronunciar num sentido favorável, seria um passo formidável. Vocês deveriam tentar.

Rodolfo é um dos juristas mais reconhecidos do país e poderia ter sido, sem dúvida, o melhor advogado para levar adiante esta causa. No entanto, por seu trabalho, não pôde fazer isso: onde está, não pode exercer a advocacia. Também não podia militar abertamente pelo casamento gay e, provavelmente, não se animaria a se casar, já que isso transformaria sua vida privada em notícia. Vale dizer, também, que ele tem suas ressalvas sobre o casamento:

— As bichas vão começar a se casar e não sabem a confusão em que se metem — diz agora. Mas, para além dessas prevenções, ele sempre acreditou que era importante conquistar a igualdade perante a lei e achava que sabia como conseguir isso. A ideia era boa, alguém tinha que fazer aquilo.

Na realidade, Rodolfo não se chama Rodolfo. Dizer seu nome é outra coisa que não posso fazer. Se me deixasse dizer seu nome verdadeiro, eu teria lhe dedicado o livro.

— Vocês têm que chegar ao Supremo — insistia.

Pouco depois de assumir a presidência, Néstor Kirchner tinha promovido uma renovação do Supremo Tribunal Federal, gravemente desprestigiado desde a sua cooptação durante o governo Menem.[26] Os juízes mais questionados tinham sido destituídos pelo Congresso ou tiveram que renunciar, e, no lugar deles, Kirchner designara juristas de reconhecida trajetória: Raúl Zaffaroni, Carmen Argibay, Elena Highton de Nolasco e Ricardo Lorenzetti completavam o "novo" supremo tribunal junto com Enrique Petracchi e Carlos Fayt, dois juízes respeitados que sobreviviam desde a época do ex-presidente Alfonsín, e Juan Carlos Maqueda, nomeado por Duhalde. Uma leitura atenta do que vários deles tinham escrito em livros e sentenças permitia supor que havia esperanças de obtermos uma decisão favorável.

Por outro lado, o que Rodolfo propunha já tinha se passado em outros países e era um dos caminhos possíveis rumo à conquista de nossos direitos.

***

Massachusetts foi o primeiro estado norte-americano a permitir os casamentos entre pessoas do mesmo sexo, que até então só eram legais na Holanda e na Bélgica, e não foi porque o parlamento local tivesse aprovado uma nova lei, mas por uma decisão do Supremo Tribunal estadual, no caso "Hillary Goodrige e outros contra o Departamento de Saúde Pública e outros". Em sua sentença, os juízes argumentavam:

> O casamento é uma instituição social vital: o compromisso exclusivo de dois indivíduos entre si, que nutre o amor e o apoio mútuo e que traz estabilidade a nossa sociedade. Para aqueles que decidam se casar e para seus filhos, o casamento traz abundantes benefícios no nível social, financeiro e legal. Por outro lado, impõe obrigações nos mesmos níveis. A questão que se nos coloca é se, de acordo com a Constituição de Massachusetts, o Tribunal de Justiça pode negar a proteção, benefícios e obrigações conferidos ao casamento civil a dois indivíduos do mesmo sexo

---

26 O ex-presidente Carlos Menem conseguiu em 1990 que o Congresso ampliasse o número de juízes do Supremo e designou novos membros, formando uma maioria automática integrada por advogados amigos de duvidosa trajetória, dois deles vinculados à Opus Dei. Numerosos casos de corrupção e uma evidente subordinação aos desejos de Menem terminaram por destruir por completo a credibilidade do tribunal, que envergonhava o país. O livro *Hacer la Corte*, de Horacio Verbitsky, descreve em detalhes o processo.

que desejam se casar. Concluímos que não pode. A Constituição de Massachusetts afirma a dignidade e a igualdade de todos os indivíduos e proíbe que haja cidadãos de segunda classe [...].

Estamos conscientes de que nossa decisão marca uma mudança na história de nossa lei matrimonial. Algumas pessoas de profundas convicções religiosas, morais e éticas creem que o casamento deveria ser limitado à união de um homem e de uma mulher e que a conduta homossexual é imoral. Outros, com iguais convicções éticas, morais e religiosas, creem que os casais do mesmo sexo devem poder se casar e que as pessoas homossexuais deveriam ser tratadas do mesmo modo que seus próximos heterossexuais. Nenhum ponto de vista responde à questão que nos é colocada. Nossa obrigação é definir a liberdade de todos, não aplicar nosso próprio código moral.[27]

Por seu turno, a Corte Constitucional sul-africana emitiu decisões em dezembro de 2005 em dois casos: "60/04 Ministério do Interior da África do Sul e Direção de Assuntos Internos *vs.* Marie Adriana Fourié e Cecilia Johann Bonthuys" — um casal de lésbicas que exigiu à Justiça que reconhecesse seu direito a contrair casamento civil — e "10/05 Projeto de igualdade para gays e lésbicas e outros dezoito pleiteantes *vs.* Ministério do Interior da África do Sul". Os cinco juízes concluíram que a exclusão dos casais de pessoas do mesmo sexo da definição de casamento contida na lei era discriminatória e deram ao Congresso o prazo de doze meses para que retificasse a norma. O Congresso acatou a decisão, e o casamento homossexual é legal na África do Sul desde então. Entre os fundamentos da Corte Constitucional sul-africana, destacaram-se os que o juiz Albie Sachs subscreveu em seu voto:

> As demandantes não desejam privar ninguém de seus direitos, só querem ter acesso para elas mesmas, sem nenhuma limitação, como desfrutam os outros. A exclusão dos casais de pessoas do mesmo sexo dos benefícios e responsabilidades do casamento não é um inconveniente pequeno e tangencial resultante de umas poucas relíquias sobreviventes de uma sociedade preconceituosa: representa uma forma dura de dizer indiretamente que os casais de pessoas do mesmo sexo são intrusos, que de alguma maneira são menos do que os casais heterossexuais. Isto reforça a ofensiva noção de que lésbicas e gays devem ser tratados como uma bizarrice biológica, seres humanos falhos ou errôneos que não se enquadram numa sociedade normal e que não se classificam portanto para receber o completo reconhecimento e respeito que nossa Constituição diz assegurar para todos.

---

27 Hillary GOODRIGE & others *vs.* DEPARTMENT OF PUBLIC HEALTH & another, SJC-08860. Em <http://news.findlaw.com/cnn/docs/conlaw/goodrige111803opn.pdf>.

É uma forma de dizer que sua capacidade de amar, comprometer-se e aceitar responsabilidades é, por definição, menos digna de proteção do que a dos casais heterossexuais.

O dano intangível aos casais de pessoas do mesmo sexo é mais severo do que as privações materiais. Eles não estão autorizados a celebrar seu compromisso com o outro jubilosamente, num evento público reconhecido pela lei. São obrigados a viver uma vida em estado de vácuo legal em que suas uniões ficam desmarcadas das festas e dos presentes, das comemorações, dos aniversários que celebramos em nossa cultura. Se levarmos em conta a importância e centralidade que nossas sociedades atribuem ao casamento e suas consequências em nossa cultura, negar este direito aos casais de pessoas do mesmo sexo é negar-lhes o direito à autodefinição numa forma profunda.[28]

Por último, no Canadá, os primeiros passos para a legalização do casamento igualitário também foram dados pelos juízes. A Corte de Apelações de Ontário, em junho de 2003, e a Corte de Apelações da Colúmbia Britânica, no mês seguinte, determinaram que a definição tradicional do casamento como a união entre pessoas de sexo diferente constituía "uma injustificável discriminação baseada na orientação sexual", contrária à seção 15(1) da Carta Canadense de Direitos e Liberdades, parte da Constituição Federal do Canadá, que garante a igualdade perante a lei. Como num efeito dominó, até 2005, nove regiões já tinham legalizado o casamento homossexual por via judicial. Os casais viajavam de uma cidade a outra para se casar e seus casamentos tinham sua legalidade questionada em certas partes do país. Começou a se criar um caos jurídico do qual o governo se apercebeu. O primeiro-ministro, Paul Martin, do Partido Liberal, pediu ao Supremo Tribunal Federal que decidisse como resolver o problema.

O Supremo respondeu que era preciso unificar o critério para que vigorasse a mesma lei em todo o país, mas não se pronunciou sobre qual devia ser esse critério, determinando que era competência do governo federal. Os liberais, então, apresentaram um projeto para habilitar o casamento gay em todo o país, que o Senado converteu em lei em 19 de julho de 2005.

Em agosto de 2006, quando Rodolfo propôs ir à Justiça, eram cinco os países nos quais o casamento entre pessoas do mesmo sexo era legal, além do estado americano de Massachusetts. Neste último lugar, assim como na África do Sul, a decisão tinha sido dos juízes. Na Holanda, na Bélgica e na Espanha, por lei. E

---

28 CONSTITUTIONAL COURT OF SOUTH AFRICA. Case CCT 60/04.

no Canadá, a reforma tinha chegado após uma combinação de decisões dos três poderes do Estado, iniciada por uma decisão judicial.

***

O caminho judicial também reconhecia antecedentes em nosso próprio país. As três grandes reformas da regulação jurídica do casamento na Argentina — a criação do casamento civil, a legalização do divórcio e o casamento igualitário — começaram na Justiça. E nos três casos o primeiro passo foi dado por um casal que queria casar e não podia.

O projeto de Código Civil elaborado por Dalmacio Vélez Sársfield em 1868 estabelecia, em seu artigo 167, que "o casamento entre pessoas católicas deve ser celebrado segundo os cânones e solenidades prescritos pela Igreja católica";[29] no 180, que "o casamento entre católico e cristão não católico, autorizado pela Igreja católica, será celebrado como for de prática na igreja da comunhão à qual pertencer o esposo não católico"; o 181 declarava nulo o casamento celebrado por sacerdotes "dissidentes" — isto é, protestantes — quando um dos esposos é católico, "se não for imediatamente celebrado pelo pároco católico"; por último, o 182 estabelecia que os casamentos entre cristãos não católicos ou entre pessoas que não professam o cristianismo teriam todos os efeitos de um casamento válido se fossem celebrados em conformidade com o Código Civil "e segundo as leis e ritos da Igreja a que pertencerem os contraentes". Ou seja: as pessoas que não professassem nenhuma religião ou aquelas que professassem uma religião que não fosse reconhecida, não tivesse sacerdotes no território nacional ou não celebrasse casamentos não teriam direito a se casar. Alberdi[30] criticou duramente o projeto de Vélez Sársfeld por afetar os direitos dos imigrantes "dissidentes".[31]

Antes que o debate sobre o casamento civil chegasse ao Congresso Nacional, houve avanços em algumas províncias, que foram pioneiras nessa matéria, a partir das exigências de casais que queriam contrair matrimônio e não podiam porque a Igreja católica os impedia. Em 1867, um cidadão da província de Santa Fé que era maçom, Nicolás Fuentes, quis se casar, mas o bispo lhe exigia como condição que ele abjurasse publicamente da maçonaria. Fuentes se negou e se queixou à autoridade civil. Depois dessa reivindicação, o governador Nicasio

---
29 As citações desta seção provêm do livro *Sí, quiero. Historias y anécdotas del matrimonio en la Argentina*, de Arnoldo Canclini, Editorial Planeta, Buenos Aires, 2005.
30 Juan Bautista Alberdi, autor das "Bases", que serviram de inspiração para a redação da primeira Constituição argentina.
31 Cristãos protestantes.

Oroño decidiu apoiar um projeto de lei apresentado à Assembleia Legislativa da província por dois deputados, para instituir o casamento civil em Santa Fé. A lei, sancionada em 26 de setembro de 1867, e sua regulamentação, decretada em 10 de outubro, estabeleciam que o casamento civil, celebrado diante de um juiz, teria validade ainda que não tivesse consagração religiosa. A rejeição da Igreja católica foi imediata. Num documento que tornou público desde a cidade de Paraná, o bispo Gelabert repudiava a lei e afirmava que todo casamento celebrado segundo ela seria "nulo e inválido" e que nenhum católico devia obedecer nem se sujeitar à nova legislação civil. Dizia também que quem se casasse no civil "permanecerá no miserável estado de um concubinato criminoso". O documento foi lido nas missas e levou a um enfrentamento da Igreja com o governo, que mandou arrancá-lo das portas das igrejas e ordenou prender os párocos que o tinham imprimido, por chamar à desobediência civil. Oroño e os deputados que votaram a lei foram excomungados.[32]

Chegou a haver um único casamento civil em Santa Fé. A pressão para revogar a lei continuou e o governador Oroño acabou renunciando, embora se tenha dito que foi por outras razões. O certo é que a nova legislatura revogou a lei. O casamento civil deveria esperar uns anos mais.

A primeira reforma nacional no caminho rumo à secularização do casamento, que confrontou o governo do ex-presidente Julio Argentino Roca com a hierarquia da Igreja católica, foi a sanção da lei que criou o Registro Civil, onde deveriam ser inscritas a partir de então as uniões matrimoniais (que ainda seriam celebradas nas igrejas) para ter valor legal. A norma foi qualificada como "obra-prima de sabedoria satânica" pelo monsenhor Mamerto Esquiú, que assinalava que os governantes que promoviam essa lei "mamaram dos peitos da grande prostituta, a Revolução Francesa".

A nova lei, porém, não resolvia o problema dos casais não católicos que queriam se casar, ficando na metade do caminho. Em 1885, depois da criação do Registro Civil, um casal de alemães protestantes que tinham se casado no exterior solicitou ao ministro do Interior, por carta, que lhes permitisse inscrever seu casamento ou que os autorizasse a se casar sem intervenção de nenhuma igreja. O procurador-geral da República, Eduardo Costa, a quem foi dirigida a reivindicação, sustentou em seu parecer que a lei deveria ter previsto esses casos e recomendou a sanção de uma nova lei que os regulas-

---

32 SEIJAS, Gabriela. Decisão no caso "Freyre Alejandro contra GCBA sobre amparo (art. 14 ccaba)", 10/11/2009, p. 9.

se ou, "mais naturalmente, o estabelecimento do casamento civil", dado que "enquanto não for permitido a católicos e protestantes e aos que não são nem católicos nem protestantes nem professam religião alguma formar uma família sem abjurar de suas convicções ou suas crenças, estão muito longe de ser uma realidade as mais solenes declarações da Constituição e são desmentidos os benefícios da liberdade que ela oferece a todo aquele que quiser habitar o solo argentino".

Mais adiante, em 1887, Benancio Perdía e Josefa Pando, um casal de batistas, reclamaram na Justiça seu direito de se casar apesar de não católicos. Essa ação judicial, como a de María Rachid e Claudia Castro mais de cem anos depois, foi um dos primeiros passos para a primeira grande reforma do direito de família na Argentina. O procurador Costa repetiu as recomendações de seu parecer anterior, e naquele mesmo ano começou a ser debatida a lei do casamento civil (Lei n. 2.393), promulgada no ano seguinte.

Durante o debate parlamentar, o senador Pizarro, um dos opositores à lei, profetizou "o desaparecimento da espécie humana da face da terra" e afirmou:

> Perdida a santidade do casamento, perdida toda influência moral na família, e reduzido o vínculo de união nela ao vínculo da força jurídica, todas as relações de família se relaxam, a autoridade paterna cai ao chão, o amor conjugal é substituído pelo interesse, a dignidade da mulher é abatida, a insubordinação dos filhos é sua consequência, o carinho filial desaparece, e a família deixa de existir. (Diário de sessões da Câmara de Senadores, 43ª reunião, 41ª sessão ordinária, 4 de setembro de 1888, p. 363 e 367)[33]

A Igreja católica, enfurecida depois da aprovação do casamento civil, qualificou-o de "torpe e pernicioso concubinato" que provocaria "a destruição da família", e chamou a lei de "nefanda".[34]

Quase um século depois, em 1986, o Supremo Tribunal Federal argentino teve de decidir sobre a inconstitucionalidade do artigo 64 da lei 2.393, que estabelecia a indissolubilidade do vínculo conjugal, impedindo as pessoas separadas de voltar a se casar. Curiosamente, a reivindicação não chegou ao Supremo por um casal que queria se divorciar, mas por um que queria se casar e não podia: Juan Bautista Sejean e Alicia Natalia Kuliba pretendiam contrair matri-

---

33 Citado por SEIJAS, Gabriela, op. cit., p. 10 e 11.
34 A palavra "nefando", que se refere àquilo de que não se pode falar, também foi usada durante séculos pela Igreja para se referir à homossexualidade, o "vício nefando", como bem observa Osvaldo Bazán em sua Historia de la homosexualidad en la Argentina (Editorial Marea, Buenos Aires, 2004).

mônio civil, mas a lei os impedia porque Sejean já era casado, embora estivesse separado de quem tinha sido sua esposa. Sejean, então, exigiu que se declarasse dissolvido aquele vínculo para poder se casar com sua nova mulher. O Supremo deu-lhe razão e abriu caminho para a legalização do divórcio, que o Congresso logo sancionaria.[35]

Em seu voto, o juiz Enrique S. Petracchi — que ainda integra o Supremo — estabelece, com ampla fundamentação, que o casamento civil não pode ser regido nem limitado pelas normas do casamento religioso, já que se trata de duas instituições diferentes:

> O privilégio que, como religião da maioria dos habitantes do país, recebeu a Igreja católica na Constituição de 1835/1860 não implica [...] que ela seja estabelecida como religião do Estado. E mesmo sendo inegável a preeminência consagrada na Constituição Nacional em favor do culto católico apostólico romano, ao estabelecer a liberdade de todos os cultos não se pode sustentar com seu texto que a Igreja católica constitua um poder político em nossa organização, com potestade de ditar leis de caráter civil como são as que estatuem o regime do matrimônio, segundo o expresso pelo Supremo Tribunal em decisões precedentes [...].
>
> A consagração da liberdade de consciência em nossa Constituição foi o que levou a que, na mensagem que acompanhou o projeto de lei 2.393[36] ao Congresso Nacional, o então Presidente da República, Miguel Juárez Celman, afirmasse: "As leis que regulamentem o casamento devem inspirar-se no mesmo espírito liberal da Constituição para que seja uma verdade a liberdade de consciência como promessa feita a todos os homens do mundo que queiram habitar o solo argentino". No entanto, o projeto de lei logo sancionado estabelece num artigo, cuja constitucionalidade está hoje submetida ao tribunal, a indissolubilidade do matrimônio por divórcio, o que evidentemente — como o reconheceu, ademais, a maioria da doutrina — implica receber a concepção sustentada pela Igreja católica sobre esse vínculo.
>
> De tal forma a lei do casamento civil seculariza o casamento quanto a sua celebração e jurisdição, mas mantém os cânones de uma religião em particular no relativo à sua dissolução. Esse caráter duplo do sistema foi um dos capítulos mais intensos da dura discussão parlamentar que precedeu a sanção da lei [...].
>
> A secularização parcial da instituição do casamento, que no momento da discussão parlamentar o senador Pizarro qualificou de ecletismo, significa que a ideologia liberal de nossa Constituição somente em parte se faz presente na lei sancionada. Um

---

35 Cabe destacar que houve uma primeira tentativa de legalizar o divórcio vincular, durante o governo de Juan Domingo Perón, porém a mal chamada "Revolução Libertadora" de 1955 deu marcha à ré, e o tema não voltou a ser discutido até a presidência de Raúl Alfonsín.
36 Lei de matrimônio civil de 1888.

fenômeno similar ocorreu na mesma época, com legislações de outros países cujas instituições guardam uma forte semelhança com as nossas, como se pode observar no processo legislativo do divórcio vincular na França frente aos postulados da Igreja Católica (Planiol, M. e Ripert, J., *Tratado de derecho civil francés*, t. II, pp. 369 e ss., Ed. Cultural S.A.).

O exposto ilustra sobre a correspondência lógica que existe entre o conteúdo constitucional expresso da liberdade de se casar e a exigência de nos impor uma regra religiosa qualquer concernente aos efeitos do matrimônio, e menos no atinente à permanência do vínculo.

[...] A neutralidade religiosa de nossa Constituição Nacional, que surge da consagração da liberdade de cultos, poderia pois resultar antagônica com a consagração ainda que parcial dos princípios de uma religião determinada.

[...] Pode se afirmar então que, para que uma lei do casamento civil seja compatível com o sistema de liberdade consagrado em nossa Constituição, também deve ser compatível com a neutralidade confessional que ela adota, de tal modo que essa lei não obste à plenitude de garantia constitucional de professar qualquer religião ou não professar nenhuma. Deste modo resultaria violador do art. 14 da Constituição Nacional[37] impor coercitivamente algum dos princípios das diversas religiões que coexistem em nossa sociedade, incluído o da indissolubilidade do vínculo matrimonial prescrito pelo credo católico, acerca daqueles que não professam essa religião.[38]

A decisão sobre o caso Sejean tinha assentado uma série de princípios que eram incompatíveis com a proibição do casamento entre pessoas do mesmo sexo. Depois de firmar essa sentença, Petracchi não poderia dizer não à nossa reivindicação sem apagar com o cotovelo o que havia escrito com a mão, e essa situação se repetia na biografia e bibliografia de outros juízes do tribunal. Era um bom ponto de partida para começar a trabalhar.

***

Nos encontramos com María Rachid em sua casa e levei a ela a proposta do Rodolfo. María me disse que também tinha pensado nisso e já havia falado a respeito com dois advogados da Federação, para ver se lhes parecia viável. Quando lhe contei quem era o Rodolfo, ela se surpreendeu.

— Se é ele quem diz, temos que fazer já — disse ela.

Durante a palestra que tínhamos organizado na UBA, outra companheira de La Fulana estivera conversando com a advogada Florencia Kravetz, que

---

37 O artigo 14 estabelece, entre outras coisas, a liberdade de culto.
38 Texto integral da sentença: <http://www.csjn.gov.ar/jurisp/jsp/fallos.do?usecase=mostrarHjFallos&falloId=91307>.

comparecera para ouvir Gimeno e se mostrara interessada em colaborar com a Federação. Por fim, foi formada uma equipe de trabalho que se encarregaria do recurso: a ideia era ter tudo pronto para apresentá-lo em 14 de fevereiro do ano seguinte, aproveitando, como já dissemos, o Dia dos Namorados.

Além de ser uma data simpática, era impossível fazer antes porque em 25 de novembro seria a parada do orgulho gay, que concentraria toda a nossa atenção. Decidimos que a Federação devia dar visibilidade, na marcha, à reivindicação pelo casamento e, para isso, desenhei um volante que reproduzia a primeira página do jornal *El País* do dia seguinte à aprovação da lei espanhola, com a manchete: "Os casais homossexuais já podem contrair matrimônio e adotar filhos". Abaixo, o volante dizia: "Nós também podemos conseguir. Lutamos pelos mesmos direitos com os mesmos nomes" e, do outro lado, um texto apresentava a Federação e explicava os projetos em que trabalhávamos, entre os quais se destacava o do casamento.

Na comissão organizadora da parada, não houve acordo com a CHA, porque a Federação falava de casamento e eles de "união civil". O documento que foi lido do palco, finalmente, ficou ambíguo, já que falava de "casamento ou união civil". A mensagem era confusa e contraditória. O lema da parada dizia ainda menos: "Somos todos e todas maravilhosamente diferentes".

Durante o ato diante do Congresso, estava previsto passar o áudio do discurso que Zapatero pronunciou no dia da aprovação da lei na Espanha. A transmissão estaria a cargo da apresentadora de rádio Daisy May Queen e do jornalista Osvaldo Bazán, mas Osvaldo teve de viajar por questões de trabalho no último momento e eu tive que ocupar seu lugar no palco. No princípio, tive um cagaço bárbaro, ali em cima, com um microfone que não estava previsto que terminasse em minhas mãos e mais de vinte mil pessoas na minha frente. Daisy foi divina e me deu muita confiança, o que ajudou. Quando chegou o momento de passar o discurso de Zapatero, eu já estava mais solto e não dei bola para o roteiro — algo que, pela precariedade dos acordos com a CHA, podia terminar mal — e improvisei uma arenga exigindo do Congresso argentino que sancionasse a lei do casamento — que ele nos devia — como tinham feito os deputados e senadores espanhóis.

María fez sinal para que eu parasse, mas dava para ver a alegria em seu rosto. Ela não tinha como fazer aquilo, porque era a presidenta da Federação e tudo se azedaria com a CHA. Mas eu era um ativista mais novo e ainda tinha margem para me equivocar. De propósito.

Enquanto isso, uma praça lotada escutava as palavras do primeiro-ministro espanhol:

Não estamos legislando, Excelências, para pessoas remotas e estranhas. Estamos ampliando as oportunidades de felicidade para nossos próximos, para nossos companheiros de trabalho, para nossos amigos e nossos familiares, e ao mesmo tempo estamos construindo um país mais decente, porque uma sociedade decente é aquela que não humilha os seus membros.[39]

As portas do Congresso estavam fechadas, mas talvez houvesse alguém escutando lá dentro.

***

Depois da parada, houve em dezembro uma reunião na sede de La Fulana, à qual vieram Analía Mas e Flavia Massenzio, advogadas da organização, Gustavo López, advogado de Nexo e secretário de Assuntos Jurídicos da Federação, Florencia Kravetz, Greta Pena, María e eu. Ali começou a se discutir a estratégia da ação de amparo.

Finalmente, o texto do recurso foi redigido por Gustavo, Florencia e eu. Gustavo e Florencia trabalharam, principalmente, nos aspectos mais técnicos: a competência (decidimos apresentá-lo na Vara de Família da Justiça Federal) e algumas questões processuais. Florencia preparou argumentos sobre o direito de associação e o direito de admissão. Gustavo fez uma análise do texto constitucional e do Código Civil e extraiu alguns parágrafos de um recurso semelhante que Pedro Zerolo tinha apresentado anos antes na Espanha. Eu me encarreguei da análise dos tratados internacionais de Direitos Humanos, da jurisprudência internacional, dos fundamentos históricos, filosóficos e linguísticos e um anexo em que respondia aos argumentos mais comuns usados para justificar a proibição do casamento homossexual. Uma de minhas professoras, que também é docente na Faculdade de Filosofia e Letras da UBA, Mariana Podetti, escreveu um informe sobre a correta análise gramatical de certos artigos dos tratados internacionais, que incluímos como parte da prova oferecida. Depois de várias reuniões e intercâmbios por e-mail, nos reunimos uma tarde inteira no escritório de Florencia para terminar de corrigir o texto definitivo. Terminamos muito tarde.

---

39 *Cortes Generales. Diario de sesiones del Congreso de los Diputados.* Año 2005, VIII Legislatura, Número 103, p. 5228.

O recurso pedia que fosse declarada a inconstitucionalidade dos artigos 172 e 188 do Código Civil. O primeiro dizia, na redação anterior à lei do casamento igualitário, que "é indispensável para a existência do casamento o pleno e livre consentimento expresso pessoalmente por *homem e mulher* diante da autoridade competente para celebrá-lo", e o segundo que "no ato da celebração do casamento, o oficial público lerá aos futuros esposos os artigos 198, 199 e 200 deste Código, recebendo de cada um deles, um depois do outro, a declaração de que querem respectivamente se tomar por *marido e mulher*, e pronunciará em nome da lei que ficam unidos em matrimônio".

Sustentávamos que esses artigos violavam os princípios de igualdade perante a lei, não discriminação, liberdade individual e reserva dos atos privados e o direito a contrair matrimônio, à livre associação e à proteção integral da família, consagrados na Constituição nacional e nos tratados internacionais de Direitos Humanos com valor constitucional desde a reforma de 1994. Citávamos os precedentes de Massachusetts, Ontário, Colúmbia Britânica e África do Sul e incluíamos uma abundante argumentação jurídico-política.

Estava tudo pronto.

***

O recurso ia ser apresentado por María Rachid e Claudia Castro, que viviam há mais de sete anos como casal e tinham se unido civilmente, de acordo com a lei 1.004 da Cidade de Buenos Aires, de 21 de agosto de 2003.

A princípio, eu tinha minhas dúvidas sobre se devia ser um casal ou dois. Que María e Claudia fossem um dos casais não estava em discussão, já que María era a presidenta da Federação e isso daria muita visibilidade à organização. Mas eu gostava da ideia de que fosse um casal de homens e outro de mulheres.

— Para mim não tem problema que sejamos dois casais — me disse María. — Mas não acho que seja necessário. A gente sempre vê imagens masculinas na imprensa, os representantes de nossa comunidade são sempre varões gays, que opinam em nome de todos e de todas, enquanto nós só podemos falar em nome das lésbicas. Me parece muito bom que a Federação faça algo diferente.

Seus argumentos me convenceram. Além disso, havia outras razões. O casal que apresentasse o recurso não podia ser qualquer um. Tinham que ser ativistas muito preparados/as, com um bom discurso, que pudessem responder às perguntas dos jornalistas, defender com argumentos claros nossos direitos, sem cometer erros, e ganhar uma discussão pública com quem se opusesse. Nesse sentido, era uma garantia que fossem elas.

María tinha saído do armário quando foi estudar nos Estados Unidos e, pouco depois de voltar, começou a militar no grupo La Fulana. Quando conheceu Claudia e se apaixonaram, a militância e o namoro começaram a fazer parte de uma mesma história. María dizia a Claudia que não podia continuar aparecendo em público sozinha para falar dos direitos dos casais, que tinham de ir juntas. "Ela dizia que as pessoas precisavam ver um casal lutando por seu amor e seus direitos, e não uma dirigente sozinha", lembra Claudia. "Agora, depois desses anos de luta pelo casamento igualitário, muitos casais apareceram na televisão, nos jornais, foram dar palestras, falaram no Congresso... mas naquela época quase não havia casais que aparecessem em público. Não podíamos defender a igualdade de direitos só pelo lado retórico ou com argumentos jurídicos. As pessoas precisavam ver os casais, conhecer suas histórias de vida e se sentir identificadas com nossa reivindicação, que é uma reivindicação fundamentalmente humana, por isso eu dizia a Claudia que tínhamos de aparecer juntas", conta María.

Finalmente, começaram a falar juntas nas atividades do La Fulana e em diferentes espaços do movimento social e, quando se uniram civilmente, saíram nas primeiras páginas dos jornais e deram entrevistas a todos os canais. Naquele ano, María aceitou uma oferta do Partido Operário[40] para se candidatar a vice-prefeita de Buenos Aires, acompanhando Marcelo Ramal.

O pai de María, um político peronista, sentia que a visibilidade da filha lésbica arruinaria sua carreira política. Depois de anos sem falar com ela, telefonou para lhe oferecer um trato: se ela aceitasse deixar a militância, ele a bancava para que terminasse o curso de Direito e montasse um escritório de advocacia. María disse que não e, num ato desesperado, o pai chegou a lhe pedir que mudasse de sobrenome. Sim, que mudasse de sobrenome. E que não o considerasse mais seu pai.

Claudia, por seu lado, nunca tinha usado o verdadeiro, Castrosín Verdú, nas atividades públicas do La Fulana: apresentava-se como Claudia Castro, porque receava magoar os pais. No dia do recurso com María, assim como antes, quando se casaram civilmente, também não o usou, e três anos depois contaria esta história, numa audiência da Comissão de Legislação Geral do Senado, durante o debate da lei:

---

40 O PO é um partido de orientação trotskista, irmão do PCO brasileiro. Maria é peronista e atualmente é deputada estadual pela Frente para a Vitória (kirchnerista), mas naquela época aceitou ser candidata pelo PO para dar visibilidade à agenda LGBT na campanha, numa época em que os partidos majoritários ainda não se engajavam nesses temas.

> Sou de La Plata, faz 12 anos que vim para a cidade de Buenos Aires para viver minha sexualidade livremente, como acontece com muitos de nós, e por 12 anos meu nome foi Claudia Castro. Hoje é um bom momento para que tenham me designado com meu nome e sobrenome real. Sempre fiz isso para proteger meus pais, para que não sofressem. Este é e será um dia muito importante para mim. Quero esclarecer que estou chorando de felicidade...[41]

Agora, juntas outra vez, se dispunham a dar o passo mais importante de sua militância. Entravam de corpo inteiro na aposta mais ousada que o movimento LGBT se propusera a encarar na luta pela igualdade jurídica para os casais homossexuais. No texto do recurso, elas explicavam por quê:

> Não podemos deixar de reconhecer as limitações que [a lei de união civil portenha] apresenta, já que ela só remete aos direitos que a Cidade Autônoma de Buenos Aires quis dignar-se conferir-nos, escassos direitos que, sem sequer estar plenamente definidos, se perdem na Av. General Paz, impedindo com isso o pleno reconhecimento de nosso convívio juridicamente relevante.
>
> Devido à longevidade de nossa união e ao nosso desejo de estabelecer um vínculo formal que fosse reconhecido não só na Cidade, mas em todo o território nacional e também em outros países aonde pudéssemos ir, e que nos permitisse, igualmente, configurar uma sociedade conjugal em todos os seus termos, decidimos contrair matrimônio civil, única ferramenta legal que nos garante o exercício pleno de nossos direitos.[42]

Com esse recurso preparado, foram, no dia 14 de fevereiro de 2007, ao Registro Civil dar entrada no pedido de casamento. Para a maioria das pessoas, a história do casamento igualitário começava nesse dia.

Uma pedra no sapato

Na notícia de capa do *Página/12* que antecipava o pedido de casamento no Registro Civil aparecia um destaque em que a CHA se manifestava contra o casamento igualitário e insistia com seu projeto de "união civil".

Isso provocou fortes discussões e brigas entre as organizações.

Era necessário que a CHA saísse em público para desqualificar a reivindicação pela igualdade jurídica e que, ainda por cima, fizesse isso justamente naquele dia? E, além do mais, usando os argumentos da Igreja católica:

---

41 Câmara de Senadores da Nação. Versão taquigráfica. Reunião da Comissão de Legislação Geral de 01/06/2010, p. 18.
42 *Rachid, María de la Cruz y otro c/Registro Nacional de Estado Civil y Capacidad de las Personas s/ medidas precautorias.*

"Queremos separar a união civil do casamento, que em nossa cultura está intimamente ligado à ideia de sacramento",[43] dizia Cigliutti, e afirmava que a "união civil" não era discriminatória, muito ao contrário do que nós dizíamos.

A sanção da lei de união civil portenha,[44] impulsionada pela CHA e pelo grupo La Fulana, entre outras organizações, foi o primeiro reconhecimento legal a que tiveram acesso os casais do mesmo sexo na Argentina e na América Latina. Representou um avanço extraordinário em termos políticos e culturais,[45] e o trabalho da CHA foi importantíssimo para consegui-lo, como o foi para muitas outras lutas e conquistas. Mas os dirigentes dessa organização se apaixonaram pela "união civil" e não se deram conta de que o contexto histórico tinha mudado. Pararam no tempo e, ademais, não foram capazes de entender que os direitos de nossa comunidade eram mais importantes do que o fato de o projeto ser deles ou de outra organização.

Desde aquele dia até a sanção da lei, mais de três anos depois, levaríamos essa pedra no sapato: um setor do ativismo — minoritário mas reconhecido — que dizia aos políticos e à mídia que se conformava com os direitos de segunda classe que nós repelíamos por serem discriminatórios. Isso dava aos políticos uma saída elegante: podiam dizer que não apoiavam o casamento igualitário e, ao mesmo tempo, esclarecer: "Eu não discrimino. Apoio o projeto da CHA".

Minoria majoritária

Três dias depois da entrada do pedido no Registro Civil, Andrés Osojnik telefona para avisar que tem uma novidade muito importante.

— Você está sentado? — me perguntou.

— Estou, vamos, diga...

— Amanhã vamos publicar uma pesquisa contratada pelo jornal, feita pela empresa de pesquisa Analogías e que deu muito, mas muito certo... Estou te mandando por e-mail para você ver.

---

43 Con la unión civil a diputados. *Página/12*, 14/2/2007.
44 Lei n. 1.004, aprovada em 12 de dezembro de 2002 pela Assembleia Legislativa da Cidade de Buenos Aires.
45 No entanto, seus efeitos práticos eram muito limitados: não podia reconhecer quase nenhum dos direitos associados ao casamento (herança, pensão por falecimento, bens financeiros, direitos migratórios, adoção conjunta etc.), já que estes dependem de leis nacionais e seus efeitos se limitavam à Cidade de Buenos Aires. Devido, provavelmente, à sua pouca utilidade prática, poucos casais do mesmo sexo a utilizaram, e foi mais usada por casais heterossexuais que queriam reconhecer de algum modo seus vínculos sem se casar.

Eu estava com María e lhe contei no ato. Abrimos o e-mail e não podíamos acreditar: 73,1% dos entrevistados eram a favor do casamento para casais do mesmo sexo!

Teríamos uma ferramenta excelente para conversar com os políticos, que costumam ser viciados em pesquisas. Para nós era maravilhoso, porque o próximo passo era voltar a apresentar o projeto de lei no Congresso, que já tinha perdido prazo parlamentar depois de dois anos sem ser votado.

A estratégia que tínhamos definido se baseava numa ação simultânea e combinada sobre os três poderes do Estado: recursos na Justiça, projetos de lei nas duas casas do Congresso — que nos permitiriam trabalhar sobre as forças políticas da situação e da oposição — e a reivindicação ao Executivo para que respaldasse a reforma do Código Civil. Era preciso percorrer os três caminhos ao mesmo tempo, dando cada passo com ações de forte impacto midiático. E era preciso fortalecer todo esse trabalho buscando o respaldo de diferentes setores da sociedade civil.

Tínhamos muito trabalho a fazer, e aquela pesquisa nos animava ainda mais.

No dia seguinte, a reportagem do *Página/12* apresentava os resultados:

> — Você concorda que pessoas do mesmo sexo possam se casar? — foi a pergunta central da pesquisa.
>
> 73,1% dos entrevistados se pronunciaram a favor. 52,2% disseram "concordar muito" e 20,9% revelaram "concordar". Entre os que rejeitaram essa possibilidade (25,7%), 7,5% disseram que "discordavam um pouco" e 18,2% que "discordavam muito". Só 1,3% aderiram ao clássico "não soube/não respondeu".[46]

Escrevi uma coluna para o *Página/12*, que foi publicada dois dias depois, fazendo uma avaliação do resultado da pesquisa do ponto de vista da Federação. Acreditávamos que, ao mesmo tempo em que devíamos aproveitar essa sondagem para pressionar os políticos, também era necessário esclarecer que a legitimidade de nossa reivindicação não podia ser medida em termos de maiorias e minorias, mas em termos de direitos:

> E o que aconteceria se tivesse sido ao contrário? O que deveríamos dizer se os resultados da pesquisa publicada por *Página/12* tivessem sido que a maioria das pessoas é contra a legalização dos casamentos entre pessoas do mesmo sexo?
>
> Durante muito tempo, a maioria era contra o voto feminino. A maioria legitimou a escravidão na Colônia, aqui e em outras partes do mundo, e a maioria aprovava a

---

46 OSOJNIK, Andrés. Dar el sí. *Página/12*, 18/2/2007.

segregação racial nos Estados Unidos. Houve, no princípio, uma maioria que deu vivas a Hitler na Alemanha.

Talvez seja o momento, agora que os dados desta pesquisa nos sorriem, de dizer que os direitos humanos não são uma questão de maiorias e minorias. Não é mais legítima a pretensão das organizações de lésbicas, gays, bissexuais e transexuais de alcançar a igualdade jurídica porque há pesquisas que demonstram que essa pretensão tem respaldo social. O que dá legitimidade à nossa reivindicação é o direito à igualdade perante a lei, o direito à não discriminação e — por que não — o direito à felicidade de milhões de seres humanos em todo o mundo.

Ora, esta pesquisa tem um valor enorme por dois motivos. O primeiro, porque nos dá a força que provém de saber que estamos acompanhados, que nossos familiares, nossos amigos, nossos vizinhos, nossos colegas de trabalho entendem que o que pedimos é justo, nos apoiam.

O segundo, porque desmonta o discurso hipócrita de alguns setores da classe política. "Não é o momento", "Concordo com vocês, mas a sociedade não está preparada", eles nos dizem para evitar se comprometer em debater no Congresso a igualdade jurídica e o fim da discriminação com relação ao casamento.

Esta pesquisa demonstra que as pessoas estão muito mais maduras e preparadas do que alguns e algumas creem. O problema, seja como for, é que alguns de nossos representantes têm medo da Igreja. Lá está o cardeal Joseph Ratzinger fazendo todo o possível para derrubar Romano Prodi[47] por causa de uma lei de uniões que mal reconhece uns poucos direitos de forma quase culposa. Têm medo do Papa e de sua homofobia, não da maturidade das pessoas.

Talvez, então, seja a hora de a direção política deste país encarar o fato de que a discriminação e a exclusão de uma parte da população são um problema político que ela terá de enfrentar, que não poderá continuar evitando. Nossas vidas não vão continuar esperando, porque temos de vivê-las agora e temos direito de ser felizes. Não será fácil, porque existe um *lobby* poderoso que quer sustentar a discriminação, mas nossos representantes deverão entender que é sua responsabilidade ética e que — agora fica claro — há uma maioria da sociedade que já se deu conta disso.[48]

No dia seguinte à publicação da pesquisa, apresentamos um pedido formal de audiência com Néstor Kirchner, que reiteraríamos em várias ocasiões, sem nunca obter o esperado encontro com o Presidente.

---

47 Romano Prodi era então primeiro-ministro da Itália e propusera uma lei de "união civil" que reconhecia apenas alguns poucos direitos aos casais do mesmo sexo. A Igreja católica, com a intervenção do próprio Papa, encabeçou a oposição à iniciativa. O projeto não prosperou, e Prodi durou pouco no governo.
48 BIMBI, Bruno. Exclusión y política. *Página/12*, 20/2/2007.

Minha luta

Também no dia seguinte, María recebeu uma ligação no celular de uma pessoa que se identificou como representante do partido Ação Cidadã, que queria ter uma entrevista pessoal com ela. María pôs o nome do partido no Google e descobriu que se tratava de uma força política de ultradireita, que a DAIA (Delegación de Asociaciones Israelitas Argentinas) e a AMIA (Asociación Mutual Israelita Argentina) rotulavam de neonazista.

Em sua página na internet, diziam: "seremos tenazes defensores da família e repeliremos aqueles projetos que, por exemplo, no tema da adoção ou do casamento, desvirtuem a ordem natural e o senso comum, para tentar legalizar o que consideramos desvios insustentáveis, inclusive do ponto de vista científico".

O que essa gente queria?

Nos preocupamos porque podia se tratar de personagens violentos. Além disso, na casa de María e Claudia, já fazia vários dias, o telefone tocava e, quando elas atendiam, desligavam. Acontecia o tempo todo.

— Nem morta você vai a qualquer reunião com eles. Diga que não nos interessa manter diálogo com partidos antidemocráticos — eu disse a ela. Chegamos a pensar em fazer uma denúncia policial.

No entanto, por fim, movidos principalmente pela curiosidade, decidimos que María marcaria um encontro com eles no café Plaza del Carmen, diante do Congresso, que era um lugar público, sempre cheio de gente.

María esperava se encontrar com um *skinhead* de jaqueta de couro, olhar desafiador e o livro *Minha luta*, de Hitler, debaixo do braço. Mas chegou um senhor bem comum, com cara de gerente de filial. Paletó e gravata, maleta, tudo muito clássico.

Disse que não era nazista nem compartilhava os postulados que tínhamos encontrado na internet. Que ele tinha um partido — uma legenda de aluguel — e havia cedido a sigla àqueles malucos nas eleições passadas. Mas que dessa vez queria fazer "algo diferente" e tinha pensado na gente. Queria nos oferecer a sigla para que apresentássemos "uma chapa de deputados somente de gays e lésbicas".

Ele tinha certeza de que sua ideia era brilhante e que María cairia a seus pés pedindo-lhe por favor que assinasse. O registro eleitoral do seu partido valia ouro, mas ele não nos cobraria nada.

Sua insólita proposta era que fizéssemos campanha buscando "o voto gay" para levar a lei do casamento ao Congresso com representantes próprios.

— Eu empresto a vocês a legenda, de graça.

De graça: elegêssemos ou não um deputado, o Ministério do Interior teria que pagar a ele os fundos eleitorais pela quantidade de votos que conseguíssemos. O lance dos neonazistas não era bom negócio: ninguém vota neles.

Ele viu a pesquisa e disse "bingo".

Que venha o partido das bichas e das sapatas. Imprensa a dar com o pau. Moedas tilintando.

María voltou espantada da reunião. E nunca mais atendemos os telefonemas dele. Mas havia um dado interessante, para além do personagem e das circunstâncias: alguém tinha notado que gays e lésbicas também votam e, por que não, também podem fazer política.

Obrigado, Belluscio...

A partir de um editorial do *La Nación*, uma sucessão de fatos nos meteu num inédito debate com um ex-juiz do Supremo Tribunal Federal, que daria mais publicidade à nossa reivindicação. Em 21 de fevereiro, sob o título "Um casamento impossível", o matutino se referia em termos muito duros ao recurso apresentado pela Federação. Dizia, entre outras coisas:

> Se se desse curso a um pedido desse caráter, se desnaturalizaria por completo a instituição do matrimônio. Mais ainda: se retiraria todo o sentido dessa união básica da sociedade e ela se despojaria do que tem sido, desde o princípio dos tempos, sua finalidade essencial.
>
> [...] Com efeito, o matrimônio é uma instituição nascida da natureza e destinada a unir o varão e a mulher. Sua finalidade principal é a realização do amor entre eles. Seu fim é, também, eventualmente, estimular a procriação e a educação dos filhos. É óbvio que a união de duas pessoas do mesmo sexo não tem nenhuma relação com essas realizações.
>
> [...] Com todo o respeito que suscita a aspiração das senhoras Rachid e Castro, cabe assinalar que os fundamentos de sua pretensão são inexistentes. A bandeira da discriminação não tem o menor cabimento no caso que aqui nos ocupa. Constatar uma diferença real não significa discriminar, mas sim, simplesmente, constatar uma realidade prevista pela natureza.
>
> [...] Evidentemente, cabe exigir que as pessoas homossexuais sejam tratadas, em todas as circunstâncias, com o mais absoluto respeito, e se deve repelir com a maior firmeza todo gesto e toda conduta que possa arranhar sua dignidade ou que implique qualquer forma de discriminação contra elas.
>
> [...] É preciso que sejamos extremamente respeitosos dos direitos individuais e

particulares dos que elegeram um determinado modo de vida. Mas também é preciso evitar toda assimilação institucional que ponha em tela de juízo o caráter heterossexual do casamento, instituição humana, em muitos aspectos, perfectível, mas de nenhuma maneira adequável a realidades que estejam em conflito com as leis e princípios inamovíveis da condição humana.[49]

Falei com o editor da seção de opinião do jornal, Hugo Caligaris, e lhe pedi muito respeitosamente que publicasse nosso direito de resposta. Não acreditei que fossem aceitar, mas cabia pedir. Para minha surpresa, ele propôs que eu escrevesse uma coluna de opinião sobre o tema, com a condição de que não fizesse referência ao editorial do jornal, já que nesse caso só poderia publicar meu texto como carta do leitor.

Imediatamente, enviei a ele uma coluna, que saiu no dia 2 de março, ocupando quase meia página. Essa meia página no *La Nación* valia naquele momento muito mais que outra capa no *Página/12*. Era um fato inédito que o jornal mais conservador do país desse um espaço de opinião a um ativista gay para defender o casamento homossexual, quando o tema mal começava a ganhar espaço e ainda não estava implantado na agenda política. O texto se intitulava "Direitos iguais com os mesmos nomes" e dizia o seguinte:

> Custamos a entender por que algumas pessoas e instituições se recusam com tanta insistência a aceitar a igualdade de direitos das pessoas gays, lésbicas, bissexuais e transexuais.
>
> Há quem diga que se opõe ao casamento entre pessoas do mesmo sexo porque defende a família. Quais famílias? Por acaso nossas famílias não contam? Que mal fazemos às dos outros? Que tenhamos os mesmos direitos que eles os prejudica? Vão deixar de existir as famílias heterossexuais porque um gay possa herdar a casa em que viveu vinte anos com seu companheiro falecido, em vez de ser jogado na rua, ou porque uma lésbica possa compartilhar o plano de saúde de sua companheira ou obter um crédito com ela para o apartamento? Vão deixar de existir as famílias heterossexuais porque dois homens ou duas mulheres que se amam e querem casar-se podem fazer isso?
>
> Também se disse que o casamento é heterossexual porque provém da natureza. Da natureza, como as plantas e os rios e as tempestades e os animais e os homens e as mulheres? Por acaso o casamento não foi uma invenção humana? Existe desde que o mundo é mundo ou foi criado em determinado momento da civilização? Foi sempre igual, imutável, ou sofreu grandes mudanças ao longo de sua história?

---

49 Un matrimonio impossible. Editorial. *La Nación*, 21/2/2007.

Por acaso a fidelidade, a monogamia, o patrimônio, o sobrenome, a herança, a pátria potestade, as pensões, os planos de saúde, a nacionalidade são fatos da natureza? São construções sociais! Até o século IV de nossa era, não existia nenhum impedimento legal em Roma contra os casamentos entre pessoas do mesmo sexo. Foi então, com a adoção do catolicismo como religião oficial do Império, que o casamento passou a ser exclusivamente heterossexual. Até aquele momento, repito, era legal que um homem se casasse com outro homem e uma mulher com outra mulher. O casamento também não era, ainda, um sacramento. Muitas mentiras e muitas vaguezas são ditas para confundir, mas é preciso buscar nos livros de história, que não mordem. Também nem sempre existiram os preconceitos que hoje existem contra a homossexualidade: não existiam na Grécia antiga, não existiam no milenar Egito. Lá estão as esculturas que o imperador Adriano mandou construir para seu amante Antínoo, ou as pinturas dos faraós, ou as obras de arte dos povos mesopotâmicos. A própria palavra homossexualidade é moderna, do século XVIII, e apareceu pela primeira vez na Alemanha, num panfleto. Houve séculos e séculos nos quais a homossexualidade não existia sequer como categoria: o mundo do amor não se dividia entre os que desejam e se apaixonam pelos de seu mesmo sexo ou pelos do sexo oposto. Isso não importava a ninguém. O signo linguístico, já dizia Saussure, é arbitrário, e a forma como classificamos o mundo é um produto da cultura.

Mas a finalidade do casamento é a reprodução, insistem alguns. Então, proibamos que se casem os estéreis, as mulheres depois da menopausa, os idosos ou os que, simplesmente, decidem não procriar. Mas o casamento sempre foi assim! Não, já dissemos, mas, se tivesse sido, teríamos que convir que também sempre tinha sido proibido que uma pessoa negra se casasse com uma pessoa branca, até que a Corte Suprema de Justiça dos Estados Unidos autorizou os casamentos inter-raciais; sempre tinha sido proibido que os escravos se casassem, até que eles passaram a ser livres; nos primeiros tempos da Colônia só podiam se casar os católicos, e felizmente isso mudou; as mulheres nunca tiveram a liberdade de escolher o marido, até que conseguiram. Tantas coisas existem que sempre foram de algum modo até que mudaram!

O que, sim, sempre foi igual e continuará sendo é que há uma quantidade de pessoas, em cada parte do mundo e em cada época, que se sentem atraídas e se apaixonam e constroem projetos de vida com outras pessoas do mesmo sexo. Alguns estudos falam de 10% da população, mas pouco importa quantos somos. O que importa é que existimos, que somos tão humanos quanto os demais, que nosso amor é igualmente belo, que nossos projetos de vida são tão valiosos quanto os de qualquer outra pessoa.

O que, sim, provém da natureza é isso. Sentir que a pele se arrepia, que o coração bate mais forte; sentir-se irremediavelmente atraído por tal olhar, por tal corpo, por aquele ou por aquela, envolver-se, amar-se, decidir que queremos estar juntos ou juntas, que queremos compartilhar a vida. Isso é o natural.

O resto — os direitos patrimoniais, os benefícios sociais, as convenções jurídicas com as quais o Estado protege as famílias que as pessoas constroem — não tem nada de natural. O casamento é um contrato. E nós queremos poder celebrá-lo com os mesmos direitos. E com o mesmo nome, porque quando nós gays assinamos um contrato de aluguel, ele não se chama "união civil de locação de imóvel", e quando as lésbicas assinam um contrato de trabalho, ele não é chamado de "parceria com o patrão". Quando nos casamos, queremos que se chame casamento. Queremos que seja uma festa, que venham nossa família, nossos amigos, nossos companheiros de trabalho. Queremos celebrá-lo como qualquer um.

É o que diz a Constituição. Quem quiser ler pode encontrá-la em todas as bibliotecas. É o que dizem os tratados internacionais de direitos humanos: todos somos iguais perante a lei, ninguém deve sofrer discriminação, todos temos direito a formar uma família, todos temos direito ao casamento, todos temos direito a igual proteção do Estado. A Constituição existe para ser cumprida.

Agora, para além do que foi dito até aqui, não se entende que estamos falando, definitivamente, do direito de ser feliz? A quem incomoda tanto que possamos ser felizes?[50]

Quando, pouco mais de uma semana depois, o jornal publicou uma carta do Dr. Augusto Belluscio, que respondia à minha coluna, não conseguíamos acreditar. Estávamos debatendo publicamente com um ex-juiz do Supremo!

Dizia Belluscio:

> Publicou-se no *La Nación* um artigo do senhor Bruno Bimbi, intitulado "Direitos iguais com os mesmos nomes", no qual o autor afirma que até o século IV não existia em Roma nenhum impedimento legal para o casamento entre pessoas do mesmo sexo e que foi a adoção do catolicismo como religião oficial do Império que fez com que o matrimônio passasse a ser exclusivamente heterossexual.
>
> Não é o caso de debater a grosseira imputação de mentiras e vaguezas que o senhor Bimbi faz aos que não pensam como ele, mas sim assinalar que é evidente que ele está mal-informado ou que conta com alguma fonte totalmente desconhecida, caso em que deveria tê-la assinalado. Com efeito, os textos romanos definem o casamento como a união do homem e da mulher, e não existe nenhuma obra referente à história ou às instituições do direito romano que faça menção a uma possibilidade diferente. Por minha parte, creio que não terá passado pela

---

50 BIMBI, Bruno. Iguales derechos con los mismos nombres. *La Nación*, 2/3/2007. Assinei o artigo como secretário de Comunicação e Relações Institucionais da FALGBT.

imaginação de nenhum romano a ideia de um casamento homossexual, ideia que apareceu faz muito poucos anos.

Em outro aspecto, me parece mais exato dizer que no século IV o Império Romano adotou o cristianismo, já que, embora a Igreja romana possa ser qualificada de católica no sentido de pretender ser universal ou compreender a todos, a divisão do cristianismo entre católicos, protestantes e ortodoxos é muito posterior.[51]

Não íamos desperdiçar a oportunidade de responder:

> Numa carta de leitores, o doutor Augusto Belluscio responde ao meu artigo "Direitos iguais com os mesmos nomes" afirmando que estou mal-informado com relação à legislação romana do século IV que proibiu pela primeira vez os casamentos homossexuais. E me pede que, se conto com alguma fonte "desconhecida", que a assinale.
>
> Ora, aconselho ao doutor Belluscio o livro *Cristianismo, tolerância social e homossexualidade*, de John Boswell,[52] professor de história medieval da Universidade de Yale, do qual me permito citar dois breves fragmentos:
>
> "Nero se casou sucessivamente com dois homens; em ambos os casos, com cerimônia pública e o ritual adequado ao casamento legal".
>
> "No ano de 342, os casamentos gays, que até aquele momento tinham sido legais (ao menos de fato) e reconhecidos, ficaram fora da lei em virtude de um estatuto de curiosa redação que alguns autores têm considerado completamente humorístico. É provável que a natureza marcadamente propagandística desta lei e a ausência de toda penalidade ante sua infração sejam sinais de que seus redatores imperiais esperavam que tal disposição legal encontrasse oposição ou o desdém popular".
>
> Com relação à sua outra observação, ele tem razão. Peço desculpas pelo erro; o correto teria sido falar da adoção da religião cristã por parte do Império Romano, e não "católica", como escrevi.[53]

Belluscio nunca mais escreveu, mas sem querer nos tinha dado uma força. Quando entrou na polêmica, ele nos deu mais reconhecimento do que tínhamos naquele momento e provocou comentários por toda parte. Na próxima vez que fui à Câmara dos Deputados — para falar, em nome da Federação, diante da Comissão de Direitos Humanos, em favor da reforma da lei antidiscriminatória —, os assessores dos deputados me perguntavam, meio na brincadeira: "Belluscio

---

51 BELLUSCIO, Augusto C. Cartas de lectores. *La Nación*, 11/3/2007.
52 Boswell não era nenhum aventureiro, e seu trabalho é muito respeitado no mundo acadêmico. Era um erudito, pesquisador exaustivo e detalhista, e tudo o que dizia era respaldado por uma abundante documentação histórica.
53 BIMBI, Bruno. Cartas de lectores. *La Nación*, 4/5/2007.

não te responde mais?". Estávamos conseguindo que se prestasse atenção ao debate e demonstrávamos que tínhamos argumentos para responder.

Os abaixo-assinados

Antes de voltar a apresentar o projeto de lei na Câmara dos Deputados, começamos a recolher assinaturas para uma petição de apoio à lei do casamento entre pessoas do mesmo sexo e outras reivindicações da Federação, que constituíam as cinco grandes prioridades nacionais da agenda[54] que tínhamos consensualizado com as organizações-membros, que já eram cerca de vinte.

O texto da "Declaração nacional sobre diversidade sexual e direitos" dizia o seguinte:

> Nós abaixo assinados e assinadas queremos expressar por meio desta declaração nosso compromisso com a construção de uma sociedade sem discriminação por sexo, orientação sexual e identidade de gênero.
>
> As pessoas gays, lésbicas, bissexuais e transexuais veem negados atualmente em nosso país muitos dos direitos fundamentais que nos correspondem a todos e a todas, direitos que deveriam ser reconhecidos pela lei e garantidos pelo Estado.
>
> Em tal sentido, queremos dizer que apoiamos e nos comprometemos a colaborar ativamente para conseguir:
>
> - *que o Congresso sancione uma lei que garanta os direitos das famílias formadas por casais do mesmo sexo em igualdade absoluta de condições com as formadas por casais heterossexuais, permitindo o casamento e a adoção;*
> - *que o Congresso sancione uma lei que garanta o direito à identidade das pessoas transexuais: a usar legalmente seu nome e a dispor de seu corpo com liberdade;*

---

54 Convém destacar que, embora o objetivo deste livro seja contar a história da lei do casamento igualitário, as outras quatro reivindicações citadas no texto da Declaração conviviam em nossa militância diária com o casamento, e, em alguns momentos, por diferentes razões, dedicamos mais tempo a uma ou a outra. No final de 2009, o projeto de lei do casamento começou a avançar no Congresso e uma série de decisões judiciais autorizou os primeiros casamentos, razão pela qual, durante o ano seguinte, a lei do casamento concentrou a maior parte de nosso trabalho. Em seguida, após essa primeira vitória, a lei de identidade de gênero passou ao primeiro plano. Uma das consequências mais importantes do debate que levou à conquista do casamento igualitário foi a mudança política, social e cultural que trouxe. A lei de identidade de gênero argentina, que é a mais avançada do mundo, foi aprovada por amplíssima maioria na Câmara dos Deputados e por unanimidade no Senado em 2012. A senadora do Opus Dei Liliana Negre de Alonso, sobre a qual falaremos muito nos próximos capítulos, faltou à sessão para não ser a única a votar contra. Hoje, a Argentina tem a legislação mais avançada do mundo no que se refere aos direitos da população LGBT, e Cristina Kirchner talvez seja a presidenta mais *"gay friendly"* do planeta. As poucas leis que faltam estão a caminho e quase sem oposição. Tudo isso, que em 2007 ainda parecia para muitos uma utopia irrealizável, foi consequência da vitória cultural histórica que este livro quer contar.

- que o Congresso modifique a atual Lei Antidiscriminatória incluindo a proteção contra a discriminação por orientação sexual e identidade ou expressão de gênero;
- que os conteúdos da educação sexual nas escolas incluam o conceito de diversidade sexual e a repulsa à homofobia, à lesbofobia e à transfobia;
- que sejam revogados por seu caráter repressivo e inconstitucional os Códigos Contravencionais provinciais que criminalizam orientações sexuais e identidades de gênero e permitem que a polícia persiga e fustigue gays, lésbicas, bissexuais e transexuais. Do mesmo modo, que seja revogada toda norma nacional ou provincial que suponha discriminação por orientação sexual e/ou identidade ou expressão de gênero.

Acompanhamos e respaldamos os movimentos de gays, lésbicas, bissexuais e transexuais em sua luta por uma sociedade sem discriminação, por um país para todos e todas.

A ideia surgiu de uma reunião que Martín Canevaro (que mais tarde se integraria plenamente ao ativismo e seria um dos primeiros a se casar com seu companheiro por meio de uma decisão judicial) teve com o deputado Bonasso, que era a favor da lei. Poderíamos promover reuniões com diferentes personalidades sociais, culturais e políticas e pedir-lhes que se expressassem em público sobre o tema, com o objetivo de produzir uma "goteira" informativa na mídia: a manchete "Fulano/a se pronuncia a favor do casamento gay", repetida, semana após semana, com um/a fulano/a diferente. Quanto mais importante fosse a pessoa, mais espaço lhe dariam nas notícias. Mas era preciso levar a todos alguma coisa para assinar: assim surgiu a declaração.

Depois, podíamos publicá-la como matéria paga, se conseguíssemos o dinheiro.

Entre os primeiros que nos fizeram chegar sua adesão estiveram os senadores Rubén Giustiniani e Vilma Ibarra, vários deputados, o ex-prefeito da cidade de Buenos Aires, Aníbal Ibarra, jornalistas, cartunistas, escritores, músicos, o padre cordobês Guillermo Mariani,[55] o cineasta Juan José Campanella,[56] a Associação Argentina de Atores e quase todos os organismos de direitos hu-

---

55 Mariani tinha sido o primeiro padre católico a se expressar a favor do casamento homossexual numa entrevista que fiz com ele para a revista *Veintitrés* em agosto de 2005, em seguida à aprovação da lei espanhola.
56 Vencedor do Oscar em 2010 pelo filme *El secreto de sus ojos* (*O segredo dos seus olhos*).

manos: Mães da Praça de Maio,[57] Avós da Praça de Maio, H.I.J.O.S.,[58] Familiares, a Associação dos Ex-detidos Desaparecidos etc. Também aderiram a Central dos Trabalhadores Argentinos (CTA)[59] e a Federação Universitária de Buenos Aires.

O jornalista Víctor Hugo Morales — que fora avisado pelo matemático e jornalista Adrián Paenza — fez um contundente editorial a favor em seu programa de rádio e chamou publicamente as pessoas a mandar adesões à Federação.

Entre os que não quiseram assinar, nos surpreenderam o cartunista Quino — Mafalda seguramente teria assinado! —, o músico Juan Carlos Baglietto e o cineasta Pino Solanas, que, mais adiante, como deputado, apoiaria a lei.

Esteban Paulón falou com o prefeito de Rosário, Miguel Lifschitz, e eu com o de Morón, Martín Sabatella. Os ativistas da Federação que tínhamos militâncias políticas aproveitávamos todos os nossos contatos. Além de suas adesões pessoais, os dois prefeitos incentivaram declarações em suas respectivas câmaras de vereadores, através das bancadas governistas. Foram as primeiras adesões institucionais: nas duas cidades, os vereadores aprovaram-nas por unanimidade em março de 2007. No dia em que se votava em Morón, tínhamos combinado com María para irmos juntos presenciar a sessão, mas eu não pude chegar: o trem ficou parado, com as portas fechadas, sem arrancar, na estação de Once. Nós passageiros começamos a reclamar aos gritos e a golpear as portas, até que as abriram e nos informaram que devíamos embarcar em outro trem, por um problema técnico. O segundo trem arrancou mas saiu dos trilhos um minuto depois, e ficamos outra vez presos. Quando abriram, fomos todos reclamar nas bilheterias, que já estavam protegidas pela polícia. Foi um escândalo. Enquanto tudo isso acontecia e o tempo corria, trocávamos torpedos com María, que, por fim, me escreveu: "Já foi aprovada".

Mais tarde, ela me ligou e disse: "Os discursos dos vereadores eram tão lindos que quase pensei em ficar morando em Morón!".

Em abril, fomos com María a uma reunião com Hebe de Bonafini, presidenta da Associação das Mães da Praça de Maio, na Universidade das Mães. Queríamos que ela se somasse de alguma forma à campanha pela lei e nos ajudasse a conseguir a entrevista com o Presidente. Era uma das poucas pessoas que

---

[57] Existem duas entidades de Mães da Praça de Maio (a "associação" e a "linha fundadora"). Ambas assinaram.
[58] Organização formada por filhos de pessoas desaparecidas durante a ditadura militar.
[59] Central sindical irmã da CUT brasileira.

podiam ter com Kirchner na Casa Rosada sem pedir audiência. Mas Hebe nos atendeu com muita frieza e, quando lhe mencionamos a entrevista com Kirchner, se irritou. Disse que não controlava a agenda do Presidente e que, se quiséssemos vê-lo, que telefonássemos ao secretário-geral da Presidência, Oscar Parrilli.

— Mais alguma coisa? — ela perguntou com evidente aborrecimento e deu por encerrado o encontro. Antes que saíssemos, deu-nos de presente um marcador de livro que trazia uma foto sua abraçada a Fidel Castro, talvez porque seu aborrecimento tivesse ficado muito perceptível.

Conta Bazán[60] que Bonafini, nos anos 1980, retirou sua coluna da revista *El Porteño* porque não concordava que saíssem outras colunas assinadas por ativistas homossexuais: "Ou tiram as bichas ou eu me vou", disse ela. E em 1998 se negou a ler a adesão de um grupo gay na "Marcha da Resistência".[61]

Quase vinte anos depois, Hebe pelo menos tinha assinado a declaração a favor do casamento entre pessoas do mesmo sexo. Era um avanço e tanto. Por isso, apesar da decepção pela maneira como nos tinha tratado, publicamos uma nota na imprensa contando como tinha sido bom... Era preciso contar sempre a parte positiva.

Di Pollina *reloaded*

O projeto de lei de Di Pollina já tinha perdido o prazo de validade parlamentar, e começamos a reunir assinaturas para apresentá-lo de novo. A ideia era que, dessa vez, chegasse recarregado, com muito mais apoio político. Já não bastava que fosse assinado pelos deputados de esquerda que sempre nos acompanhavam. Precisávamos de assinaturas de todas as bancadas, para mostrar que era um debate que transcendia as fronteiras dos partidos e envolver dirigentes da situação e da oposição com peso no Congresso.

A primeira reunião foi com a bancada de deputados federais do partido ARI:[62] a líder do partido, Elisa Carrió, era contra a lei, mas todos os deputados de sua bancada eram a favor, e Marcela Rodríguez tinha trabalhado junto com o socialista Di Pollina em correções ao texto original. Na reunião estiveram Marta

---

60 BAZÁN, Osvaldo. *Historia de la homsexualidad en la Argentina*. Buenos Aires: Marea, 2004, p. 405-406.
61 Marcha que as Mães da Praça de Maio realizam todo ano, desde a época da ditadura. Durante 24 horas, elas marcham em círculo ao redor da Pirâmide de Maio.
62 Alternativa para uma República de Iguais, partido que começou sendo de centro-esquerda e, poucos anos depois, virou de centro-direita. A política argentina é bem difícil de traduzir.

Maffei, Leonardo Gorbacz e Delia Bisutti.[63] Nesse mesmo dia, pela manhã, recebi uma ligação de um assessor da deputada María del Carmen Rico, que queria se reunir conosco.

— É a filha do Aldo Rico?[64] — perguntei a Marta Maffei na reunião.

— Quando a conhecer, você vai ter uma surpresa — me respondeu.

Os parlamentares do ARI se comprometeram a apoiar o projeto e produzimos uma declaração para a imprensa informando do encontro.

Fui sozinho à reunião com a deputada Rico, porque María estava muito gripada.

— Antes de mais nada, quero esclarecer uma coisa, porque imagino que você deve estar pensando o mesmo que pensam todos os que se sentam aí pela primeira vez — ela me disse enquanto preparava o mate. O gabinete, como todos no edifício da avenida Rivadavia, era tão pequenino que tive a sensação de que ela escutava meus pensamentos. Mesmo sem ter dito, ambos sabíamos do que ela estava falando.

— Sou filha do meu pai e o amo muito, mas a ideologia não é hereditária.[65] Pensamos diferente sobre muitas coisas — acrescentou.

— Você precisa esclarecer isso sempre, não é? — perguntei.

— O tempo todo. Entro em algum lugar e tenho que dizer: "Veja que eu sou... porém...". Peço que não olhem para mim com preconceitos. Cheguei à política levada pelo sobrenome: sou filha de Aldo Rico e sempre vou ser. Mas tento que me reconheçam como deputada e militante, não como "a filha de".

Contou-me que, quando María e Claudia apresentaram o recurso, ela tinha apresentado um projeto de lei do casamento entre pessoas do mesmo sexo.

— Soube que vocês estão juntando assinaturas para apresentar um projeto próprio e mandei te chamar porque queria deixar claro que não apresentei o meu para aparecer, mas para ajudar. Não tenho problema em retirá-lo e assinar o de vocês como uma a mais.

Era um gesto incomum na política.

---

63 Nenhuma das pessoas mencionadas faz parte do ARI na atualidade. Até mesmo Elisa Carrió, fundadora e duas vezes candidata presidencial do partido, está afastada da legenda. Os outros deputados mencionados se afastaram antes, por diferenças com ela.
64 Militar que se sublevou contra o governo constitucional do ex-presidente Raúl Alfonsín, na rebelião da Semana Santa. Ele foi preso, mas depois foi indultado pelo ex-presidente Carlos Menem.
65 Esta frase acabaria se tornando o título de uma entrevista que fiz com a deputada algum tempo depois para a revista *Veintitrés*.

De fato, um dos problemas que tínhamos para a apresentação do projeto era que o regulamento da Câmara só permitia 15 assinaturas, e queríamos chegar às 20 ou 25, com parlamentares de todas as bancadas. Silvia Augsburger nos explicou que, uma vez apresentado o projeto, todos os deputados que quisessem fazê-lo poderiam solicitar por nota — com o consentimento expresso do autor — que se acrescentassem suas assinaturas. Mas dizer a alguns que assinariam o projeto e a outros que assinariam uma adesão nos obrigava a escolher e, na fogueira das vaidades da política, isso podia causar aborrecimentos, ofensas e ciúmes. Por isso, decidimos que diríamos a todos que ambos os documentos — o projeto e a nota com as adesões — seriam apresentados no mesmo dia, e que na nota de imprensa não seria esclarecida essa questão regulamentar que só os que trabalham no Congresso conhecem: ninguém saberia quem havia assinado o primeiro ou o segundo documento, e todos sairiam na imprensa como coautores, em igualdade de condições.

Era preciso cuidar de cada detalhe.

Durante duas semanas, passei quase todos os dias telefonando, um por um, para os gabinetes dos deputados e deputadas que achávamos poderem estar de acordo, para lhes pedir a assinatura. María del Carmen Rico ajudou-nos a convencer vários kirchneristas. Diferentes amigos trouxeram suas próprias relações. Uma a uma, íamos juntando as assinaturas.

***

Houve, claro, muitos que disseram que não. Agradecíamos e passávamos ao seguinte da lista, mas houve um caso que foi diferente. A deputada Juliana Marino, da Frente para a Vitória,[66] tinha votado a favor da lei de união civil portenha quando era deputada estadual e, em seu discurso na Assembleia, dissera: "(...) se eu fosse deputada federal, apoiaria a iniciativa — ou levaria uma adiante — com relação a uma legislação que permita o casamento dos casais homossexuais".[67]

Um dos principais assessores da deputada era Rafael Freda, conhecido ativista gay, ex-presidente da CHA e fundador da SIGLA. E a deputada Marino não queria assinar! Confesso que me irritei, estava indignado. Finalmente, Freda disse que lhe enviássemos nossos argumentos por e-mail, e María pediu que eu me encarregasse.

---

[66] Legenda oficial do kirchnerismo.
[67] Legislatura de la Ciudad Autónoma de Buenos Aires. Acta de la 33ª Sesión Ordinaria — 12 de marzo de 2002. Versión taquigráfica, p. 446.

Escrevi aos dois, para suas caixas postais particulares. Alguns dos argumentos respondem às objeções que a deputada havia feito a María:

> Em primeiro lugar, acreditamos que é preciso fazer porque é preciso fazer. Parece um jogo de palavras, mas me parece importante começar pela ética, que seja o ponto de partida. Os direitos humanos das pessoas não dependem de que "a sociedade esteja preparada" ou que "os políticos estejam preparados". Os direitos humanos das pessoas são urgentes, inadiáveis, não podem ser deixados para depois. Imaginemos por um momento que a lei proibisse os negros de se casar, ou os judeus. Imaginemos que o debate fosse: a sociedade está preparada para entender que os negros devem ter os mesmos direitos que os brancos? [...] Quando a Suprema Corte de Justiça dos Estados Unidos, na década de 1960, declarou inconstitucional a proibição dos casamentos inter-raciais, a "maioria da população" (expressão que, claro, não incluía os negros) não concordava. E sabem o que se debatia na Espanha, na Assembleia Constituinte, quando se decidiu reconhecer o direito ao voto feminino? "Que se chame de direito à participação política! O direito ao voto é essencialmente masculino!". A história da humanidade está cheia desses exemplos. E os que têm responsabilidades políticas não podem jogar a culpa na "falta de maturidade da sociedade".
>
> [...] Claro que para os que têm os direitos que nós não temos é fácil nos pedir que esperemos, que tenhamos paciência, que não nos apressemos, que esperemos o amadurecimento da sociedade, que não sejamos radicais, que os entendamos... É fácil exigir isso dentro do conforto de quem não sofre a impotência de ser discriminado, privado de direitos essenciais, tratado como cidadão de segunda. Para nós, nossos direitos são urgentes pelo simples e singelo fato de que vivemos agora, cabe-nos sermos felizes neste momento, e não dentro de dez, vinte ou cinquenta anos. O tempo de nossas vidas é breve, não pode esperar os processos sociais de amadurecimento. Enquanto a sociedade amadurece, nós envelhecemos e morremos, e perdemos a oportunidade de viver com dignidade e ser felizes porque outros e outras acham que temos de ser pacientes, que não temos de ser radicais, que temos que entendê-los, que temos que lhes perdoar a falta de coragem [...]
>
> É mentira que a sociedade não esteja madura. A consultoria Analogías fez uma sondagem, publicada pelo *Página/12*, segundo a qual 73% da população é a favor do casamento entre pessoas do mesmo sexo. [...] No entanto, continua sendo usado o argumento de que "a sociedade não está madura". É preciso desnudar esse argumento. Os que não estão maduros são os políticos, porque têm medo de Bergoglio[68] e de Ratzinger.

---

68 Jorge Bergoglio é o atual papa Francisco, o primeiro papa argentino e peronista, ex-militante da organização de extrema-direita Guarda de Ferro. Naquela época, era cardeal primaz de Buenos Aires e chefe político da Igreja católica na Argentina.

[...] Tudo bem, podem nos dizer. Aprovemos a união civil, mas não o casamento. Agora, aprovando a união civil vamos tranquilizar a Igreja? Não. A Igreja vai espernear tanto por uma coisa quanto pela outra, porque se fosse por ela seríamos mandados para a fogueira. Os "custos políticos" vão ser os mesmos. Mas aprovar o casamento tem um "benefício" muito maior. Não se trata somente de um nome, de uma palavra. [...] Reconhecer que temos os mesmos direitos com os mesmos nomes significa ganhar uma batalha enorme contra a discriminação e o preconceito: a batalha pela posição política do Estado diante da discriminação e do preconceito. O Estado diz que somos iguais, que valemos o mesmo, que temos tanto direito a ser felizes como o resto dos mortais. Isso impacta todas as relações sociais: é educativo. Perdoe-me, Juliana, mas não posso acreditar que tenhamos de explicar isso a uma mulher que tem lutado pelos direitos das mulheres e que deve saber quanto é importante a igualdade jurídica. Que os casais homossexuais possam se casar com a mesma cerimônia, nome e formalidades que os demais, e não com uma caderneta rosa, trancados no gueto da "lei para homossexuais", significará que o Estado diga a todos e a todas que somos pessoas iguais em direitos. Com o passar do tempo, isso derrubará muitíssimas outras barreiras, ganhará a guerra contra muitíssimos outros preconceitos, normalizará situações, acostumará as pessoas a entender que, como diz Osvaldo Bazán em seu livro sobre a história da homossexualidade na Argentina: "A homossexualidade não é nada", isto é, não é mais do que uma forma de orientação do desejo e do amor, ponto.

[...] A união civil foi um avanço na cidade de Buenos Aires, mas propor hoje união civil em nível nacional é uma contradição. Ou somos pela igualdade de direitos ou não. Para que ficar na metade do caminho? [...] São direitos com minúscula, com outro nome, especiais, para cidadãos e cidadãs de segunda, não tão valiosos, não tão humanos, não tão merecedores de estima social. Nos mandam ao gueto.

[...] Querem argumentos para o debate parlamentar? Temos muitos. Estamos trabalhando, pesquisando, lendo, estudando há um bom tempo. Não chegamos com um projeto improvisado, nem exigimos de vocês que se encarreguem de sustentar o debate sozinhos. No final deste e-mail acrescento algumas ideias para vocês. Podemos nos sentar para conversar quando quiserem. Entremos no debate, construamos perguntas e respostas, preparemo-nos. Nos espaços em que temos debatido até agora temos vencido. É possível.

É preciso aprovar essa lei agora, porque é o melhor momento político para fazer isso. Porque Kirchner é presidente, porque temos gente comprometida com os direitos humanos no governo, no Congresso e no Supremo. Porque a direita está mais fraca. Porque a Igreja está perdendo terreno. Porque se esperamos, se perdemos a oportunidade, se o ciclo político leva de novo a direita ao poder em poucos anos, tchau oportunidade história, temos de esperar outra vez. É agora, como era agora para fazer tantas coisas que foram feitas. Os momentos históricos têm que

> ser aproveitados, quem sabe quando vamos voltar a ter este cenário político. E aqui não posso deixar de pensar também como militante político: como sinto este governo como meu governo, exijo mais dele. É agora.
>
> [...] Juliana: se não contarmos com nossos aliados naturais, com quem contaremos? Não é possível que o projeto seja assinado por pessoas recém-chegadas ao tema e não por pessoas que vêm batalhando junto conosco há tempo.
>
> [...] Nós te escrevemos neste tom, e me perdoe se (quando nem sequer nos conhecemos pessoalmente) me atrevo a lhe falar nestes termos, mas faço assim porque te respeito, porque sei que você teve atitudes coerentes em sua trajetória política, e por isso te exijo mais comprometimento que dos demais.
>
> Um abraço.

Juliana Marino nunca respondeu e também nunca mais cumprimentou María, mas recebi um e-mail de Rafael Freda esclarecendo que respondia em seu nome e no da deputada. Sua carta era muito breve e dizia que a decisão já estava tomada, que Marino não ia assinar, mas que ele havia aceitado, "por ser quem sou", ouvir argumentos. Acrescentava que os que lhe enviei lhe pareceram meramente retóricos e que seriam úteis em breve, "quando tivermos reunido o peso político e social que cremos necessário para *não confundir a audácia com a temeridade*".[69]

"Enquanto isso", acrescentava, "louvamos seu entusiasmo, mas não podemos acompanhá-lo nestas circunstâncias e nestes termos".

Mais irritado, respondi a ele dizendo, entre outras coisas:

> [...] Cada um sabe onde quer se colocar para o juízo da história. Eu entendo os que não entendem. Entendo os que nunca pensaram neste tema e não sabem de onde abordá-lo. Entendo, inclusive, os que têm preconceitos, porque foram educados assim. Entendo os que se opõem aos nossos direitos porque têm outras convicções, convicções que detesto por discriminatórias, mas que ao menos são sinceras. Os que nunca vou entender são os que especulam politicamente.

E enviei, num e-mail à parte, o discurso de Marino na Assembleia, com sua promessa pública de apoiar o casamento igualitário marcada em vermelho, em negrito e com um tamanho de letra quase gigante. A irritação tinha escapado ao meu controle.

Foi o único caso em que a comunicação se tornou um tanto violenta. Com os demais parlamentares que se negaram a assinar tínhamos preferido não

---

69 Os grifos são meus.

discutir, deixar passar o tempo para convencê-los mais adiante. Mas a trajetória daquela deputada em particular mudava as coisas: ela não podia nos fazer aquilo.

Marino terminou seu mandato de deputada e foi designada embaixadora em Cuba. Foi um alívio que não se reelegesse. Freda, vale dizer, mudou mais adiante sua postura e, sem rancores, acompanhou o projeto da Federação e colaborou em tudo o que pôde junto aos ativistas da SIGLA.

***

Em 1º de julho de 2007, a província de Santa Fé realizava as "primárias", nas quais os partidos elegeriam seus candidatos para as eleições de outubro. As eleições eram obrigatórias e cada cidadão devia escolher em qual das internas partidárias participar, de modo que o total de votos obtidos por partido podia ser lido como um sinal de força eleitoral no rumo das eleições gerais.

Na Frente para a Vitória competiam os deputados Agustín Rossi e Rafael Bielsa. A Frente Progressista, integrada entre outros pelo PS e pela UCR, tinha uma única chapa, que apresentava como candidato a governador o deputado Hermes Binner. Havendo competição, era mais atrativo votar na primária da situação, de modo que a participação foi muito maior. Na Frente Progressista isso foi vivido como um fracasso e começou a "cobrança de faturas". A candidata a vice-governadora de Binner, Griselda Tessio (UCR), punha a culpa em Di Pollina e em Augsburger — a quem ela se referia como "esses deputados socialistas", porque não recordava seus nomes —, já que estava convencida de que o projeto de lei deles sobre casamento homossexual tinha espantado muitos votantes.

— São os pais da derrota — dizia.

Passaram-se uns meses, chegou a eleição provincial, e a "derrota" não se comprovou: Binner ganhou o governo. O episódio caiu no esquecimento e anos depois, quando a lei do casamento igualitário foi aprovada no Congresso, o governador recebeu um convite da Presidenta Cristina para participar do ato de promulgação na Casa Rosada.

Como Binner estaria naquele dia no Paraguai, pediu a Tessio que o representasse. A vice-governadora aceitou encantada e, no dia seguinte, mandou um e-mail a Silvia Augsburger "para felicitá-la pela aprovação do projeto e reconhecer seu papel como uma das principais sustentadoras desta lei fundamental para que cidadãos e cidadãs deste país tenham os mesmos direitos, dando fim a intoleráveis discriminações em razão de suas preferências sexuais". A irritação com "essa deputada socialista" já tinha passado.

Mas faltava percorrer um longo caminho para chegar esse dia.

Passadas as primárias, a Federação tratou de conseguir as assinaturas dos deputados Binner e Bielsa para o projeto de lei. Eram importantes não só porque ambos foram candidatos ao governo de Santa Fé, mas também porque Binner é a principal referência política nacional do socialismo, e Bielsa, até assumir como deputado em dezembro de 2005, tinha sido o chanceler de Néstor Kirchner.

Esteban e eu nos pusemos de acordo para jogar nas duas pontas.

Quando eu telefonava para o gabinete de Bielsa — onde já tinha conseguido entrar em confiança esclarecendo que, além de ser ativista da Federação, simpatizava com o Governo —, dizia que Binner já tinha assinado e que o Partido Socialista ia usar o tema na campanha provincial para mostrar que seu candidato era mais progressista que o candidato do governo. "Seria uma pena porque, além disso, se um dos candidatos em determinada província apoia a lei e o outro não a apoia, há acordo dentro da Federação para fazer abertamente campanha pelo candidato que a apoia e chamar a comunidade a não votar no outro candidato", menti. Isso ainda não estava acordado e só foi discutido em alguns casos.

Esteban, por sua vez, pressionava em seu partido para que Binner se pronunciasse, dizendo que Bielsa ia assinar. Enquanto isso, a associação VOX, grupo de base da Federação na província de Santa Fé, enviou um questionário aos candidatos, semelhante ao que estávamos enviando em outros distritos, cuja primeira pergunta era sobre o casamento igualitário. Um dos assessores de Binner cometeu o erro de passar a pesquisa a Esteban — que era, ao mesmo tempo, militante socialista e ativista de VOX — e dizer a ele: "É um questionário sobre o tema gay. Veja o que diz e responda você em nome de Hermes [Binner]".

Esteban, antes que alguém se desse conta e chegasse uma contraordem, publicou as respostas que Binner, na realidade, nunca tinha lido. A notícia nos jornais, no dia seguinte, dizia: "Binner apoia o casamento gay".

As repercussões foram positivas. Caiu bem, a mídia o elogiou e VOX lhe fez chegar seu agradecimento. Como os deputados do partido apoiavam a lei, também o felicitaram. Por isso, Binner nunca desmentiu o fato e acabou enviando sua adesão à declaração da Federação. Nunca tinha sido contra o casamento gay, mas não tinha decidido se pronunciar em público naquele momento, em campanha.

Mais adiante, foi um dos mais convictos, e apoiou a lei sempre que teve de fazê-lo. Mas não chegou a assinar o projeto. Bielsa tampouco, nem disse nada, nem respondeu o questionário, nem atendeu mais o telefone. No final, a Federação convocou a votar em Binner ou pelo candidato da Nova Esquerda, Alejandro Parlante, que também tinha respondido o questionário e assumido o compromisso de apoiar nossas reivindicações. À medida que a Federação foi crescendo, foram se somando grupos e ativistas que militavam em diferentes partidos políticos, tanto da base governista quanto da oposição. A articulação e o trabalho em comum entre todos esses grupos para operar rumo ao interior dos partidos, pondo sempre a causa comum acima das identidades partidárias, foi muito importante.

***

Antes de apresentar o projeto, houve uma tentativa fracassada de adicionar uma última assinatura, que poderia ter sido fundamental: a do então deputado Mauricio Macri, líder do partido de centro-direita PRO.[70]

Parecia uma missão impossível mas, outra vez, essa palavra tinha sido proibida por nós. Se Macri assinasse o projeto, criaríamos um problema enorme para o governo federal, que não ia querer que o representante máximo da centro-direita se colocasse à sua esquerda. Do primeiro ao último dia desta história, para além das convicções e militâncias políticas de cada um dos ativistas da Federação, sempre agimos assim: era preciso convencer a situação e, com isso, correr para a oposição, e convencer a oposição e, com isso, correr para a situação. E alguns ativistas da Federação pensávamos que Macri, diferentemente de deputada ultra-homofóbica Gabriela Michetti,[71] tinha pragmatismo suficiente para apoiar a lei, se acreditasse que isso poderia lhe angariar votos na cidade. Pouco mais de dois anos depois, finalmente conseguiríamos.

O primeiro com quem se fez contato foi Ignacio Liprandi, que por então coordenava a área de cultura do partido e defendia posições progressistas nesses temas. Me telefonou para dizer que havia um setor do PRO, com muito peso na juventude partidária, que estava conduzindo o debate interno sobre o casamento igualitário. Ele me aconselhou a falar com Marcelo Karasik, o qual se apresentou como "encarregado da relação de Mauricio com a comunidade

---

70 Similar ao DEM brasileiro.
71 Gabriela Michetti e Elisa Carrió, mesmo sendo de diferentes partidos, são as afiliadas políticas do papa Francisco (então, ainda cardeal Bergoglio), de quem são amigas e confidentes.

gay". Conversamos várias vezes e lhe fiz chegar o projeto. Prometeu consultar o deputado mas, alguns dias depois, respondeu que Macri não assinaria: "Estão pedindo demais ao garoto. Ele não é contra mas, se assinar isso, Michetti e De Estrada[72] o matam, fica sem partido", foi a resposta.

***

Houve também uma última tentativa frustrada de nos pormos de acordo com a CHA. Gabriela Alegre, ex-subsecretária de Direitos Humanos da Cidade de Buenos Aires durante a gestão do ex-prefeito Aníbal Ibarra, apresentava sua candidatura a deputada e convidou ativistas de diferentes organizações de direitos humanos. Ali, por acaso, encontramos Marcelo Suntheim, secretário da CHA, com quem tínhamos uma boa relação pessoal apesar das diferenças. Quando terminou a reunião com Gabriela, fiquei conversando com ele.

— Vamos chegar com tudo pelo casamento, quero que você saiba. Daqui a poucos dias, vamos apresentar o projeto no Congresso e eu gostaria que a gente parasse de picuinhas e se pusesse de acordo — eu disse a ele.

— Mas o projeto de vocês não contempla a adoção conjunta — me respondeu.

— De onde você tirou isso?

— Foi o que me disse um dos deputados a quem vocês foram pedir assinatura.

— Ele disse bobagem. Mas, já que estamos falando disso, acho uma baixaria vocês pedirem aos deputados que não assinem nosso projeto. Muita gente já me contou e, já que estamos nessa, queria que você soubesse que nós sabíamos.

— Inclui ou não a adoção conjunta? — insistiu ele.

— Claro que sim, Marcelo. O lema da Federação é "Os mesmos direitos com os mesmos nomes". Os mesmos direitos são todos os direitos, não alguns. Não me pentelhe com babaquices. Além disso, a declaração que publicamos nos jornais diz tudo bem claro. Podemos entrar num acordo ou não?

— Temos outra estratégia e não vamos discutir o projeto.

— Me parece uma loucura que nós falemos de casamento e vocês de "união civil". Vamos fazer uma "frente nacional pela igualdade" ou coisa assim, vamos

---

72 Santiago de Estrada é dirigente e um dos fundadores do PRO. Foi embaixador argentino no Vaticano durante a ditadura do general Videla e tem um forte vínculo com os setores mais reacionários da Igreja católica. No período narrado neste capítulo, ele era vice-presidente da Assembleia Legislativa da Cidade de Buenos Aires.

chamar todas as organizações de direitos humanos para fazer parte, vamos apresentar o projeto de casamento juntos, como um projeto de todos.

— A CHA é a organização mais antiga e histórica, e somos nós que decidimos a agenda. Se vocês quiserem apoiar nosso projeto, serão bem-vindos. Mas não vamos discutir nossa estratégia nem nosso projeto com vocês nem com ninguém.

— Está bem, Marcelo. Façam como quiserem, o tempo dirá...

A CHA e a Federação seguiriam caminhos diferentes nesse tema.

Dias depois, Martín Canevaro conversou com Gabriela Alegre, que queria ajudar a enfiar o tema dos direitos da população LGBT na campanha. Com nossa assessoria, ele fez um folheto dirigido à comunidade gay no qual tornava público seu apoio à lei do casamento igualitário e apresentava diferentes iniciativas destinadas a lutar contra a discriminação na Cidade. Aquela reunião, afinal, tivera um resultado positivo.

***

Finalmente, o projeto de lei do casamento igualitário entrou de novo na Câmara dos Deputados em 30 de abril de 2007 com as assinaturas de Eduardo Di Pollina, Silvia Augsburger, dLeonardo Gorbacz, Marcela Rodríguez, Marta Maffei, Delia Bisutti, Eduardo Macaluse, Carlos Raimundi, Fabiana Ríos, Remo Carlotto, Areceli Méndez de Ferreyra, Nora César, Luis Ilarregui, Santiago Ferrigno, Héctor Recalde, Alicia Tate, Miguel Bonasso, María del Carmen Rico, Norma Morandini, Claudio Lozano, e Carlos Tinnirello. Nas notícias também saía o nome da deputada Lucrecia Monti, mas a deputada faltou com a palavra: garantiu que assinaria para sair na imprensa e depois, talvez por pressões de seus chefes políticos, não pôs sua garatuja na hora de protocolarmos o projeto e nunca mais atendeu o telefone.

Cada uma das três vezes em que o projeto foi apresentado, a composição dos assinantes mudava: não só se mantinham os anteriores e se somavam outros, mas também se ampliava o espectro político — pela primeira vez, havia assinaturas da bancada governista e das principais bancadas da oposição, e não só das minorias de esquerda e centro-esquerda — e apareciam nomes de deputados com mais peso político, inclusive líderes de bancada e presidentes de algumas comissões importantes.

Outra vez, Andrés Osojnik ofereceu a capa do *Página/12*. Em troca, adiamos a data do anúncio, para nos adaptarmos à agenda do jornal, que estava livre para 2 de maio, e para que ele tivesse prioridade. Sob o título "Para que o Código Civil não discrimine", a nota anunciava:

Os deputados e senadores terão, a partir de hoje, em suas mãos um projeto que pode mudar radicalmente a sociedade argentina: a instauração do casamento entre pessoas do mesmo sexo. A Federação Argentina de Lésbicas, Gays, Bissexuais e Trans (FALGBT) apresentará no Congresso a iniciativa, redigida por um deputado socialista, mas apoiada por outros 19 parlamentares de um amplo leque partidário, que inclui a Frente para a Vitória, o ARI e a UCR, entre outros.

[...] O projeto, apesar da mudança profunda que propõe, é muito simples: não se trata de uma nova figura, diferente da do casamento atual, mas se limita a modificar dois artigos do Código Civil:

— Um é o 172, que prescreve que "é indispensável para a existência do matrimônio o pleno e livre consentimento expresso pessoalmente por homem e mulher ante a autoridade competente". A proposta modifica os termos "homem e mulher" por "os contraentes" e inclui o conceito de que o consentimento "exige iguais requisitos e produz idênticos efeitos, sejam os contraentes do mesmo ou de diferente sexo".

— O outro é o 188, que estabelece o famoso "eu os declaro marido e mulher". O texto, na parte pertinente, reza assim: "No ato da celebração do matrimônio, o oficial público lerá aos futuros esposos os artigos 198, 199 e 200 deste Código, recebendo de cada um deles, um depois do outro, a declaração de que querem respectivamente se tomar por marido e mulher, e pronunciará em nome da lei que eles ficam unidos em matrimônio". O projeto muda a frase "tomar-se por marido e mulher" por "constituir-se em cônjuges".

[...] O projeto reconhece o direito ao casamento entre pessoas do mesmo sexo em igualdade de condições com os casais homossexuais, isto é, "os mesmos direitos com os mesmos nomes". Isso inclui herança, pensão, plano de saúde e adoção. "Se aprovado, não existiria nenhuma diferença de direitos, no que diz respeito ao casamento e seus efeitos, entre casais do mesmo sexo ou de sexo diferente", explica Bruno Bimbi, secretário de Relações Institucionais da Federação.

Num quadro à parte, o jornal apresentava também a primeira notícia que tivemos sobre a ação de amparo de María e Claudia. Lida hoje, parece uma ironia do destino. A juíza María Bacigalupo declarara-se incompetente, já que, em sua opinião, a decisão cabia à justiça contencioso-administrativa da cidade, uma vez que a parte demandada era o Registro Civil — dependente da prefeitura —, por não ter dado entrada ao pedido do casal.[73]

A Federação recorreu, e a Câmara nos deu razão.

---

[73] A Vara Contencioso-Administrativa da Cidade de Buenos Aires tem competência em todos os processos em que a parte demandada for a Prefeitura.

Estávamos redondamente enganados. Talvez, se não tivéssemos apelado, María e Claudia tivessem se casado em 2007, e tudo teria sido mais rápido, pois desde que, em 2009, começamos a apresentar recursos na Vara Contencioso--administrativa da Cidade, todos os casos tiveram decisões favoráveis em primeira instância. Foi assim que se casaram Alex Freyre e José María Di Bello, o primeiro casamento gay argentino.

Mas acreditávamos, naquele momento, que nos convinha estrategicamente que a causa fosse resolvida na justiça civil. Osojnik me citava dizendo algo que, anos mais tarde, eu teria pagado para apagar dos arquivos, já que tive que defender, em diferentes debates, exatamente o contrário, quando diferentes advogados católicos impugnavam as decisões dos juízes portenhos alegando que a competência era do foro civil. Hoje, depois de ter estudado mais sobre o tema, creio que naquela época estávamos enganados e que a posição que defendemos em 2009 e 2010 foi a correta. Por sorte, ninguém relembrou aquela apelação nem encontrou essa velha citação:

> "O que a Câmara resolveu é só uma questão de competência, mas é importante dizer que é um tema que cabe ao juizado de família decidir e não a um contencioso-administrativo, porque o que nós pedimos é a inconstitucionalidade de dois artigos do Código Civil nacional", explicou Bruno Bimbi, da FALGBT.

Mais além da controvérsia jurídica, o dado político é que no foro civil, tradicionalmente conservador, teria sido quase impossível encontrar um juiz disposto a decidir favoravelmente, enquanto no foro contencioso-administrativo da Cidade de Buenos Aires, criado mais recentemente e com muitos juízes progressistas e mais jovens, a maioria era favorável.

Os casamentos que, em efeito dominó, começaram a ser celebrados depois de Freyre e Di Bello, autorizados pelos juízes do foro contencioso-administrativo portenho,[74] mudaram as condições do debate que levaria à aprovação da lei em julho de 2010.

Eu quero casar!

A segunda ação de amparo chegou por coincidência.

Continuávamos juntando assinaturas para o abaixo-assinado. Um amigo que trabalhava no programa de rádio de Jorge Lanata[75] copiou a agenda da produ-

---

74 Salvo um caso, que foi autorizado por um tribunal da província de Buenos Aires.
75 Jorge Lanata é o jornalista mais amado e mais odiado do país — e o mais famoso. Fundou os jornais *Página/12* e *Crítica de la Argentina* (no qual tive o orgulho de trabalhar) e a revista

ção e aí começamos a buscar diferentes personalidades que poderiam aderir à nossa reivindicação. Mas muitos eram difíceis de encontrar ou tinham mudado de telefone.

Na internet, um nome começou a aparecer cada vez mais: Alejandro Vannelli. É o agente de quase todos os atores e atrizes importantes da Argentina. Por isso, consegui seu número e lhe telefonei. Eu queria o apoio de vários, mas especialmente de Alfredo Alcón e Norma Aleandro, dois ícones do teatro e do cinema nacional. Ter esses dois fazendo campanha a favor podia ser um golaço.

A secretária me atendeu muito amavelmente e disse que passaria a mensagem a ele. Logo em seguida, meu celular toca:

— É Alejandro Vannelli. Tudo bem? — falou e, imediatamente, acrescentou: — Minha secretária me contou o que você pediu a ela. Fique tranquilo que hoje mesmo começo a te enviar adesões de todo mundo, mas gostaria de tomar um café com você para conversar sobre o movimento que está fazendo.

Em menos de uma hora, começaram a me chegar as adesões por e-mail, começando pela de Alfredo Alcón. No dia seguinte, nos encontramos com Alejandro no café Plaza del Carmen.

Conhecer Ale Vannelli foi uma das mais agradáveis consequências de todo este trabalho. É um tipo extraordinário. No café, disse que estava muito entusiasmado com a campanha da Federação, que vinha acompanhando pelos jornais, me informou que era gay, que vivia casado desde 1975 com o ator Ernesto Larresse – outro grande tipo que logo tive o prazer de conhecer – e que, se concordássemos, eles adorariam participar apresentando seu próprio recurso.

— Já falei com Ernesto e está encantado. Em 13 de junho completamos 32 anos juntos, de modo que, se lançarmos o recurso, tem que ser nesse dia! — me disse.

À medida que ia me explicando por que queriam se casar, por que acreditavam que era importante lutar pela igualdade de direitos e o que significava para eles poder participar dessa luta — Ale fala depressa, com uma segurança enorme —, eu o imaginava dizendo as mesmas palavras na televisão. Era perfeito: tinha uma grande oratória e os argumentos absolutamente claros, trabalhava no mundo artístico, ele e seu companheiro estavam fora do armário, estavam acostumados a falar com jornalistas, eram dois homens de sucesso, com 32

Veintitrés (onde publiquei minha primeira matéria paga); faz o programa jornalístico com mais Ibope da TV aberta e um programa de rádio igualmente exitoso, escreveu livros que foram best-sellers e dirigiu um documentário sobre a dívida externa. Quando publiquei este livro, ele escreveu um comentário muito elogioso, que foi publicado na contracapa.

anos de vida comum, filhos que Ale tivera antes com uma mulher, netos, uma família enorme, muita vontade e um montão de amigos famosos que estariam dispostos a acompanhá-los aonde fosse necessário e mostrar a cara por eles. Saí da reunião entusiasmado. Ele também. Telefonei a María e lhe contei tudo. Já tínhamos o segundo recurso a caminho.

Apresentar um novo caso na Justiça era importante por várias razões: significava um novo fato político e midiático, permitia dar visibilidade ao apoio de mais personalidades, que nos acompanhariam ao Registro Civil, somava uma nova possibilidade de chegarmos ao Supremo e mantinha o tema na agenda. Além disso, aliviava a pressão sobre María e Claudia.

***

Depois de mais de sete anos como casal, por essas coisas da vida, as garotas tinham se separado. Claudia, além disso, tinha iniciado outra relação.

O recurso as obrigava a continuar se mostrando juntas como casal, embora ambas tentassem fazer isso apenas quando fosse muito necessário. Não porque tivessem uma relação ruim após a separação – de fato, depois desses primeiros dias em que um ex-companheiro pode ser o pior inimigo, terminaram sendo grandes amigas –, mas se sentiam incomodadas por terem de se expor a uma situação que as obrigasse a dizer que continuavam juntas porque sentiam que isso era mentir numa causa que se baseava, justamente, na autenticidade da reivindicação. O custo pessoal era enorme, e ambas passaram maus momentos por isso. Para a companheira de Claudia, não era nada engraçado ler nos jornais notícias sobre o recurso. María, que naqueles dias estava sozinha, não podia contar isso a ninguém exceto às amigas mais próximas.

"Foi difícil que todo mundo pensasse que eu estava a ponto de me casar com minha ex. Às vezes conhecia alguém que me parecia interessante, mas não podia nem me aproximar porque pensavam que eu tinha companheira, solicitando o casamento publicamente. Inclusive quando conseguia contar que, na verdade, já não estávamos juntas, tinha pessoas que afirmavam que não bancavam a relação 'política' que eu tinha com minha ex. Se finalmente saía com alguém, as pessoas olhavam para ela como se fosse uma amante com quem eu estava traindo Claudia. Não foi fácil", recorda María.

Em julho de 2010, logo que a lei foi aprovada, Claudia se animou a contar a história num congresso nacional da Federação: muitos companheiros que já tinham percebido que elas não estavam mais juntas finalmente entenderam o que se passava. "Fizemos isso tudo pela lei", explicou ela chorando. Durante todos aqueles anos, elas seguraram a situação porque todos precisávamos. Porque eram o rosto visível de uma reivindicação da qual dependiam os direitos de milhões de pessoas.

Não podiam recuar. Desde que assinaram e tornaram público o pedido de casamento, isso passou a ser uma responsabilidade. Se retirassem o recurso, prejudicariam a Federação, enfraqueceriam a campanha e dariam argumentos a todos os que então iam dizer: "Viram como os casais homossexuais são instáveis? Para que querem se casar?".

Essa parte também tem a ver com os preconceitos contra os quais lutamos. Um casal heterossexual pode se separar uma semana depois do casamento e ninguém vai tirar conclusões sobre a heterossexualidade por causa disso, porque um casal heterossexual, aos olhos da maioria das pessoas, não é um casal heterossexual, mas simplesmente um casal. Seus sucessos ou fracassos, seus defeitos e virtudes, sua sorte ou desgraça — que serão sempre pesados com uma balança diferente — não dizem nada sobre o resto dos heterossexuais. Um casal gay, em contrapartida, sempre será um casal gay e qualquer coisa que faça será levada em conta como um exemplo de "como os gays são". Exemplo que, por sua vez, será considerado diferente porque é um casal gay. Como explica o intelectual brasileiro Tomaz Tadeu da Silva,

> A força da identidade normal é tal que ela nem sequer é vista como uma identidade, mas simplesmente como a identidade. Paradoxalmente, são as outras identidades que são marcadas como tais. Numa sociedade em que impera a supremacia branca, por exemplo, "ser branco" não é considerado uma identidade étnica ou racial. Num mundo governado pela hegemonia cultural estadunidense, "étnica" é a música ou a comida dos outros países. É a sexualidade homossexual que é "sexualizada", não a heterossexual. A força homogeneizadora da identidade normal é diretamente proporcional à sua invisibilidade.[76]

É por isso que nós gays e lésbicas — como acontece com os negros em outras partes do mundo, ou com as mulheres em quase todas as partes — estamos todo o tempo prestando exame. Para explicar nosso direito a nos casarmos, não basta a obviedade com que um homem e uma mulher o explicariam: temos de defender cada aspecto de nossas vidas de casal, que serão examinadas e questionadas.

Por isso, os 32 anos de convivência de Alejandro e Ernesto tinham um valor para nossa campanha. Na realidade, não deveriam ser prova de nada, já que

---

[76] DA SILVA, Tomaz Tadeu. A produção social da identidade e da diferença. In: ____ (org.). *Identidade e diferença*. Petrópolis: Vozes, 2000 [1997].

ninguém exige de um casal heterossexual que demonstre que pode durar três décadas para justificar seu direito a se casar: um homem e uma mulher podem dar entrada num pedido de casamento no mesmo dia em que se conhecem. Mas assim são as coisas e, sabendo das consequências que sua separação poderia ter caso se tornasse pública, María e Claudia eram obrigadas a bancar o casal perfeito até que o casamento igualitário fosse uma realidade.

Mesmo assim, ter outro caso aliviava a responsabilidade que estávamos depositando nas costas delas. Mais adiante, quando fosse a hora, poderíamos avaliar qual caso levaríamos primeiro ao Supremo. No final, chegaram ambos, a lei saiu antes, e Alejandro e Ernesto se casaram.

Pouco depois da publicação deste livro na Argentina, Claudia casou com sua companheira atual, Flavia Massenzio, e adotaram juntas uma criança. María tem, mais ou menos desde a mesma época, um relacionamento estável, mas ainda não casou. "Finalmente estamos livres", foi o que María e Claudia me disseram pouco depois da aprovação da lei.

***

Os noivos se conheceram no verão anterior ao golpe militar de 1976. Ernesto fazia parte do elenco da atriz Nacha Guevara, que estreava seu espetáculo no Teatro Estrella. Alejandro era assessor de imprensa do ator Antonio Gasalla, que se apresentava na sala contígua. Em meio à violência que sacudia o país, eles iniciaram uma história de amor que conseguiu sobreviver à repressão da ditadura e aos preconceitos da democracia.

"Em 30 de dezembro de 1975, a Triple A[77] pôs uma bomba no teatro, que matou o iluminador do elenco de Cipe Lincovsky. Nacha teve que se exilar no Peru, e o galego García, que bancava a produção, ofereceu a Gasalla o que tinha sobrado do elenco de Nacha para ampliar seu espetáculo e se mudar para uma sala maior. Entre esses atores estava eu, e naqueles dias conheci Alejandro", conta Ernesto. E Alejandro continua: "Comecei a me encontrar frequentemente com Ernesto no teatro. Quando o vi, comentei: 'esse cara me parece interessante'".

Começaram a se encontrar nos ensaios, Alejandro começou a ir com mais frequência, até que, logo depois do golpe, viajou à Europa. "Quando voltei, fui

---

77 A "Triple A", Aliança Anticomunista Argentina, foi um grupo paramilitar clandestino que assassinava militantes de esquerda, sindicalistas, líderes estudantis etc. na época do último governo de Perón e do governo de Isabelita, prenunciando a sanguinária repressão que viria depois do golpe militar de 1976. Era chefiada pelo ministro do Bem-estar Social, José López Rega, conhecido como "o bruxo".

direto ao teatro e, quando terminou a função, fui ao camarim dele. Ele veio para minha casa e desde aquela noite não nos separamos".[78]

Tal como estava previsto, em 13 de junho de 2007, quando completavam 32 anos juntos, Alejandro e Ernesto foram ao Registro Civil da rua Coronel Díaz, 2110, na esquina do shopping Alto Palermo, e deram entrada num pedido de casamento. Disseram a eles, outra vez, que não. Como testemunhas, foram acompanhados pela atriz Mercedes Morán, o ator Boy Olmi e outros artistas, María José Lubertino, as parlamentares portenhas Gabriela Alegre e Patricia Walsh — "Nós dois votamos em você", disseram quando a viram chegar — e, é claro, María e Claudia. À equipe de advogados se juntava Analía Mas, que não tinha podido assinar o primeiro recurso mas que seria, daí em diante, uma peça fundamental no trabalho jurídico da Federação. Estava tudo pronto para ir do Registro aos Tribunais.

O tabelião, desta vez, foi conseguido pelos noivos.

Tudo saiu nota dez. Outra vez, foi uma revoada de câmeras e saiu ao vivo em todos os canais. Além disso, como Ale e Ernesto eram do meio artístico, atraíram a atenção de muitos programas de TV que na vez anterior não tinham se interessado, e a notícia chegou a um público muito mais amplo.

Saiu, além do mais, na primeira página do *Clarín*. "Pequeno, mas na primeira página", dizia eu, contente. Na seção "Do editor ao leitor", numa espécie de segundo editorial do jornal, Ricardo Roa[79] dizia:

> No mundo existem homossexuais, e é um fato. Também é um fato que eles constituem casais. Por que não se deveria aceitar isso? Um deles recorrerá aqui à Justiça para poder se casar. Faz 31 anos que vivem juntos.
>
> Sempre é melhor a autenticidade do que o contrário. A sociedade costuma premiar a sinceridade e condenar a mentira. Há muitos exemplos na vida e na política. Como o de um conhecido candidato a prefeito no Equador. Ele tinha uma alta intenção de voto quando não ocultava sua condição de homossexual, embora também não a ostentasse aos quatro ventos. Logo o aconselharam a se camuflar e ele se fez acompanhar de uma modelo toda vez que pôde. E perdeu. As pessoas castigaram sua hipocrisia.[80]

---

78 BIMBI, Bruno. La AFIP no te hace descuento por puto. *Crítica de la Argentina*, 27/4/2008.
79 Editor-geral adjunto do *Clarín*.
80 O político equatoriano a quem Roa faz referência se chama Humberto Mata. Por acaso, ele leu este livro, e sua versão da história difere um pouco da apresentada pelo jornalista do *Clarín*. Ele me contou que, nas eleições de 2000, quando foi candidato a prefeito provincial, tinha sido alvo de uma forte campanha subterrânea contra sua candidatura por conta da sua orientação sexual. Ele ainda não tinha saído do armário e ficou assustado com essa experiência. Na eleição seguinte, em 2004, ele apresentou à imprensa uma suposta namorada, que na verdade era uma

[...] A lei os discrimina: não os autoriza a contrair matrimônio. Apenas e só em Buenos Aires vigora a união civil, que lhes reconhece certos benefícios, mas não o de se herdarem mutuamente.

Respeitar o direito das minorias não implica necessariamente promover suas escolhas. Mas assim como alguém pretende decidir sobre si mesmo, é preciso aceitar que outros possam fazê-lo. Que cada qual eleja seu destino como melhor lhe pareça. O limite, igual para todos, é não prejudicar aos demais. Finalmente, é preferível assumir a homossexualidade em vez de ocultá-la.

Clarín a favor! Esse "editorial", assim como a maneira como os noticiários apresentavam o tema, a pesquisa de Analogías, os comentários que apareciam nos foros de leitores dos jornais — inclusive no *La Nación* — e as ligações para as rádios pareciam provar que estávamos ganhando o debate social. Era o primeiro passo para ganhar a queda de braço institucional, para a qual necessitaríamos convencer os políticos e/ou os juízes do Supremo.

A preposição "e"

Nove dias depois do recurso de Alejandro e Ernesto, a juíza Bacigalupo rechaçou a ação de amparo de María e Claudia. Como não esperávamos ganhar em primeira instância, o fato da decisão sair rápido, apesar de contrária, era uma boa notícia. Era um passo no caminho rumo ao Supremo.

A sentença era medíocre, com uma redação de aluno de primeiro ano de direito. A juíza citava, entre outras fontes, um texto de Eduardo Sambrizzi (da Corporação de Advogados Católicos, uma organização de extrema direita e com vínculos com a ditadura) e um estudo publicado na internet pela Universidade Católica Argentina,[81] confundia classes de palavras numa análise gramatical dos tratados de direitos humanos (afirmando que "e" é uma preposição!), defendia a tese de que tratar de maneira diferente os que são diferentes não é discriminatório porque a igualdade é para os iguais (um argumento usado no passado

---

amiga, mas deu tudo errado. "Foi um erro muito grande. Eu fiz por medo, ninguém acreditou e eu pedi", explica. Em 2005, ele conheceu seu atual marido, Maxi, um argentino com quem se casou em 2011 em Buenos Aires. Saiu do armário no Equador e agora faz parte da Fundação Diverso Equador. Eu o conheci pessoalmente no Equador, quando fui apresentar este livro em Guayaquil e Quito a seu convite.
81 Talvez seja difícil, para um brasileiro, entender o papel da UCA nesse debate. As UCAs da Argentina se parecem muito pouco com as PUCs brasileiras, embora tenham o mesmo nome. Diferentemente de, por exemplo, a PUC-Rio, que é uma instituição de excelência acadêmica, a UCA argentina se comporta como um centro de doutrinamento e propaganda ideológica da ultradireita e tem ativa militância institucional contra os direitos civis dos homossexuais, contra a legalização do aborto etc.

para sustentar leis racistas nos Estados Unidos e outros países) e assegurava que a única finalidade do matrimônio era a procriação, confundindo, outra vez, a moral sexual da Igreja católica com o direito civil. Por outro lado, a juíza sustentava sua argumentação no que o prestigioso jurista Carlos Nino chamaria de "doutrina perfeccionista"[82] — violadora do princípio de reserva dos atos privados —, segundo a qual o Estado deve promover determinados planos de vida que considera melhores e, por isso, o casal heterossexual é um modelo a ser defendido pela lei.

A juíza Bacigalupo, além disso, não analisava nem respondia aos argumentos expostos no recurso, nem fazia considerações sobre a constitucionalidade da normativa impugnada — os artigos 172 e 188 do Código Civil —, violando uma elementar regra do jogo de qualquer processo. Porém, o que havia de mais grosseiro na decisão era que citava um livro do prestigioso constitucionalista Andrés Gil Domínguez[83] que, num parágrafo recortado de má-fé, parecia lhe dar razão, mas fazia de conta que não tinha visto que, nos parágrafos seguintes — que ela não citava —, o autor refutava seus argumentos. Nós também tínhamos o livro e assinalamos o fato na apelação:

> [A juíza] cita o que escreveu o jurista Andrés Gil Domínguez em sua obra *Direito constitucional de família*, tomo I, p. 151 e ss., Editorial Ediar. O autor não faz mais do que assinalar, na citação extraída pela magistrada, o reconhecimento que este direito [o casamento] tem *na atualidade*, explicando a seguir, na mesma obra e na página 155: "Em síntese, talvez não para o momento, mas evidentemente não se poderia descartar que no futuro, para nosso direito inteiro, o 'matrimônio' seja sinônimo de união entre duas pessoas, sejam do mesmo sexo ou de sexo diferente. De fato, matrimônio também é sinônimo de união homossexual no direito holan-

---

[82] Em seu artigo "*¿Es la tenencia de drogas con fines de uso personal una de las 'acciones privadas de los hombres'?*", Nino refuta três argumentos utilizados para defender a penalização, que no seu entender violam o artigo 19 da Constituição argentina (que protege as ações privadas das pessoas da invasão do Estado), referindo-se a um deles como "perfeccionista". Esse argumento parte do pressuposto de que existe uma moral universalmente válida que deve ser preservada e protegida pelo Estado. Qualquer conduta contrária a essa moral ou que, segundo ela, seja degradante da pessoa degrada por extensão a moral coletiva e atenta por isso contra a sociedade toda. Segundo essa concepção, não seria possível estabelecer que exista uma esfera das "ações privadas" que sejam alheias à moral pública, uma vez que a degradação moral da pessoa é causa da degeneração social e põe em perigo "valores essenciais da humanidade". O Estado, a partir da concepção perfeccionista, deve procurar uma moral "correta" e reprimir as ações contrárias a ela. Assim se busca a imposição coercitiva de modelos morais virtuosos, partindo-se da premissa de que existem critérios objetivos suficientes para determinar quais o são e quais não o são.

[83] Gil Domínguez assessora atualmente a Federação Argentina LGBT e é autor de um outro livro sobre a lei do casamento civil igualitário argentina, *Matrimonio igualitario y derecho constitucional de familia* (Ediar, 2010), focado exclusivamente na questão jurídica.

dês, no direito belga, no espanhol e no inglês". O mesmo autor agrega posteriormente, na página 157 da mesma obra: "(...) cremos que os casais de companheiros homossexuais com certo grau de estabilidade, publicidade e singularidade devem receber um tratamento jurídico similar ao que se dispensa às uniões derivadas do matrimônio. E isso porquanto não existe razão objetiva alguma que permita justificar um tratamento diferente".

A pouca seriedade da decisão da juíza Bacigalupo era outra boa notícia. Mostrava, como aconteceria com algumas decisões posteriores e com os fundamentos usados por políticos que se opuseram à lei, o quanto era difícil para essas pessoas justificar seu afã discriminador. Não tinham argumentos sérios.

Cairiam, sempre, nos mesmos lugares-comuns, sem fundamentos sólidos, cheios de contradições, omissões, preconceitos e falsidades.

Uma premonição de Zerolo

Em 24 de junho, na província mais ao sul da Argentina, era realizado o segundo turno das eleições para governador — ou governadora. E foi governadora. Com 52,51% dos votos, os eleitores da Terra do Fogo elegeram Fabiana Ríos, candidata do ARI e até então deputada nacional, umas das signatárias do projeto de lei do casamento entre pessoas do mesmo sexo apresentado pela Federação.

Festejamos como se nós mesmos tivéssemos vencido e telefonamos ao deputado Leonardo Gorbacz para que fizesse chegar nossas felicitações a Fabiana. No dia seguinte, de Madri, Pedro Zerolo me escreveu um e-mail que terminava dizendo: "Sempre nos restará a Terra do Fogo".

Faltavam dois anos, seis meses e quatro dias para que pudéssemos comprovar quanta razão ele tinha.

Début na Casa Rosada

Desde o primeiro pedido formal que fizemos por e-mail ao secretário-geral da Presidência, Oscar Parrilli, e ao porta-voz presidencial Miguel Núñez, e por carta ao Presidente, entregue no Protocolo da Casa Rosada, várias vezes tínhamos tentado conseguir uma audiência com Kirchner, incluindo o frustrado pedido a Hebe de Bonafini. Nunca tivéramos resposta.

Uma das cartas que mandamos a Parrilli foi desviada, pela burocracia interna do Governo, para María José Lubertino. Numa reunião com o homem de confiança do Presidente, María José lhe disse: "Não mande a María Rachid falar comigo, eu a vejo todos os dias". María já tinha começado a trabalhar no INADI, depois de renunciar ao Conselho Assessor para ocupar a chefia de Recursos Humanos.

— Ela quer falar com Kirchner. Para falar comigo, não precisa pedir audiência — disse Lubertino.

— Mas Kirchner quer que você a atenda — respondeu Parrilli.

— Eu atendo então, e dou a ela um ofício para que ele a atenda — insistiu Lubertino.

— Não, María José. Cuide você disso.

Ao sair da reunião, María José Lubertino se reuniu com María e cuidou... de fazer um ofício pedindo a Kirchner que nos recebesse.

María José é assim.

Mas Kirchner não nos recebeu.

Em agosto de 2007, nosso amigo Pedro Zerolo voltaria a Buenos Aires. Quando me escreveu para avisar, pediu que eu marcasse em seu nome uma reunião com Cristina Kirchner, que já era a candidata presidencial do governo para as eleições daquele ano. Ele vinha como assessor do presidente da Espanha e, por esse motivo, podia conseguir que ela o recebesse. Se a audiência fosse concedida, iríamos com ele.

Fizemos todo o possível, mas a secretária de Cristina nunca nos confirmou a reunião. Quem, sim, respondeu foi o ministro do Interior, Aníbal Fernández. No mesmo dia em que lhe escrevia por e-mail avisando-o da vinda de Zerolo e pedindo-lhe uma audiência, sua secretária me ligou para marcar dia e hora.

Foi em 3 de agosto. Pedro chegou com o marido, Jesus Santos, e María Rachid, Marcela Romero e eu o acompanhamos. Marcela era a vice-presidenta da Federação e presidenta de ATTTA.[84] Seria a primeira vez que uma dirigente transexual seria recebida na Casa Rosada, e foi preciso falar com o pessoal da segurança para garantir que não lhe pedissem a carteira de identidade na entrada, já que o documento não dizia seu nome. A lei de identidade de gênero era outra das principais reivindicações da Federação.[85]

---

84 Associação de Travestis, Transexuais e Transgêneros da Argentina.
85 Marcela conseguiu, no ano seguinte, depois de um processo judicial que demorou 10 anos, que a justiça reconhecesse que ela se chama Marcela e ordenasse que lhe fosse entregue uma nova carteira de identidade deixando para trás o nome de homem que só tinha existido nos papéis, mas a falta de uma lei de identidade de gênero faz com que a imensa maioria das pessoas travestis e transexuais não tenha documentos. Foram durante muito tempo as NN da democracia. No texto original deste livro, estava escrito "são", mas, felizmente, pude mudar o tempo verbal nesta tradução porque a Lei de Identidade de Gênero já foi aprovada pelo Congresso argentino. E é a mais avançada do mundo.

Na reunião, a lei do casamento foi um dos temas centrais. Explicamos a ele os fundamentos e as reivindicações e pedimos o apoio do Governo. Primeiro falou Pedro, que relatou a experiência espanhola. O ministro ouviu atentamente.

— Para mim vocês não precisam explicar nada, eu entendo perfeitamente — respondeu ao final. — Não precisam me convencer porque já estou convencido. Mas vocês não querem a minha resposta pessoal e sim a do ministro. Para já, não posso prometer a vocês que vamos apoiar o casamento porque ainda não existe esse consenso no Governo. A "união civil", sim, eu poderia me comprometer a apoiá-la.

Insistimos e fomos bem claros para que não ficassem dúvidas de que não havia uma posição máxima e outra mínima. A "união civil", para nós, não era uma opção.

— Se o Governo não apoiar a lei do casamento, seguiremos com os recursos até o Supremo. E continuaremos reivindicando no Congresso, nos meios de comunicação e na rua. E se for debatido um projeto de "união civil", vamos nos opor publicamente, porque essa é uma opção segregacionista e discriminatória — dissemos.

Era importante deixar isso claro porque a CHA estava operando para que o Governo apoiasse a "união civil" e engavetasse o casamento, e sabíamos que eles também falavam com Fernández. Que o Governo soubesse que as organizações de todo o país que já integravam a Federação — a qual era identificada por boa parte da sociedade e da mídia como promotora do casamento igualitário — iam estar na calçada em frente se a posição oficial apoiasse a "união civil".

Pedro insistiu na experiência e na diretriz espanhola, "Os mesmos direitos com os mesmos nomes", e exigiu do ministro que Kirchner tivesse "a mesma coragem de Zapatero".

Fernández rompia a formalidade do diálogo num tom que parecia sincero:

— Rapazes, eu já disse que estou convencido. Estou totalmente de acordo com vocês. Agora, não vou mentir, hoje não posso assumir um compromisso. Isso não quer dizer que o Governo não vá apoiar a lei do casamento, mas é um cenário que é preciso construir. Trabalharemos juntos. Vocês têm que criar as condições para que o Governo sinta que pode avançar com esse tema — e que é possível ganhar o debate na sociedade e no Congresso. Contem comigo para isso.

Falamos, também, dos códigos contravencionais que, em várias províncias, ainda penalizam os que "vistam roupas do sexo oposto" e permitem à polícia perseguir e encarcerar as travestis e transexuais, entre outras barbaridades pré-democráticas.

— Tragam-me um relatório, província por província. Eu me comprometo a falar com cada governador e apoiar institucionalmente a reivindicação de vocês desde o Governo. Isso eu garanto.

Semanas depois, levamos o relatório e, efetivamente, o ministro enviou cartas a todos os governadores — e telefonou para os mais amigos —, depois do que algumas províncias começaram a fazer as reformas. Já conseguimos em quase todas.

Para o casamento, ele insistia, era preciso criar as condições.

Do lado de fora da Casa Rosada fazia muito frio. Na porta, tiramos uma foto com Pedro e Jesus, e depois fomos tomar um café com leite e *medialunas* e tirar conclusões sobre a reunião. Tínhamos dado outro passo, e a impressão que nos ficou foi de que tínhamos outro aliado no Governo para impulsionar o projeto.

Criar as condições

Vilma planta a bandeira

— Você pode me explicar como é essa questão do casamento homossexual?

— É uma questão de direitos civis — respondeu, com simplicidade, a senadora Vilma Ibarra. Quem perguntava era seu companheiro, Alberto Fernández, então ministro-chefe da Casa Civil[1] de Néstor Kirchner. Era de noite, estavam para se deitar, e ele soltou a pergunta como que de passagem.

— Sim, mas... como é essa história de que você apresentou um projeto de lei para reformar o Código Civil?

— Você não está de acordo? — perguntou Vilma.

— Não sei se estou de acordo ou não... O caso é que Néstor e Cristina me perguntaram e me jogaram na cara que ficaram sabendo pelos jornais. Eu disse a eles que não sabia de nada... Você não acha que essas coisas devem ser consultadas antes?

Embora pertencesse a um partido aliado ao governo, Vilma Ibarra não fazia parte da bancada governista no Senado e, portanto, não precisava discutir seus projetos com outros senadores da situação antes de apresentá-los. Nem com o Executivo.

— Eles não estão de acordo? — voltou a perguntar a senadora.

— Não sei, não perguntei. Não me disseram se são contra ou a favor, mas essas coisas você devia consultar, porque faltam duas semanas para as eleições — insistia Fernández.

Faltavam exatamente doze dias. Em 28 de outubro de 2007, os argentinos elegeriam um novo governo, e Vilma Ibarra ocupava o segundo lugar na chapa de deputados da Frente para a Vitória na Cidade de Buenos Aires, acompanhan-

---

[1] Na Argentina se diz "chefe de gabinete de ministros".

do a cédula que levava Cristina Fernández de Kirchner como candidata a Presidenta da República.[2]

— Eu teria consultado se fosse um projeto que envolvesse a gestão de governo, mas esse é um assunto de direitos civis, que tem a ver com minha identidade ideológica. Quando me propuseram fazer parte da chapa, sabiam que estavam convocando uma aliada de centro-esquerda — respondeu a senadora.

Quando começaram a namorar, ela já era senadora e ele já era ministro; nenhum dos dois devia ao outro o lugar que ocupava, e ambos tinham uma longa história de militância com diferentes origens e percursos. Nem sempre estariam situados politicamente no mesmo lugar, mas era impossível que a militância e a vida privada não se misturassem, de modo que, quando falavam dessas coisas, faziam isso com cuidado, para não contaminar a relação. Assim, Fernández entendeu e não disse mais nada.

Anos depois, quando já não fazia mais parte do Governo, ele tornou público seu apoio ao projeto de sua companheira numa coluna para o jornal *Crítica*,[3] na qual denunciava as pressões da Igreja católica contra os parlamentares e recordava sua experiência como filho de pais separados durante o debate da lei de divórcio.

Néstor e Cristina também tornariam público seu apoio à lei, mas ainda faltava muito para isso. Antes, teriam que passar duas eleições.

Nas daquele ano, pela primeira vez e em parte graças ao projeto de Ibarra, a reivindicação dos casais do mesmo sexo entrou — timidamente, mas já era toda uma novidade — na agenda eleitoral: "O casamento gay se mete na campanha", começava a matéria do *Página/12*, que levava o tema na primeira página. Numa entrevista publicada por esse jornal, a senadora esclarecia que o projeto era seu e não do Governo:

> [...] Vilma Ibarra esclareceu que "não fiz consultas" com personalidades do Governo sobre o conteúdo da iniciativa, nem sobre o momento de dá-la a conhecer: a menos de duas semanas das eleições.

---
2 Na Argentina não tem voto eletrônico e ainda se usa um sistema de cédulas de votação denominado "lista sábana" (literalmente, "lista-lençol"): cada partido ou coligação apresenta uma longa cédula horizontal que contém os nomes de todos os/as candidatos/as a todos os cargos: presidente/a, governador/a, deputados/as (lista partidária numerada), senadores/as, prefeito/a etc. Portanto, a não ser que o eleitor leve uma tesoura ao "quarto escuro", onde as cédulas de votação são colocadas à disposição, e corte o papel para votar no/a candidato/a do partido A para presidente/a e do partido B para deputados/as, ele acaba votando na legenda para todos os cargos.
3 FERNÁNDEZ, Alberto. Otra batalla contra la hipocresía. *Crítica de la Argentina*, 24/4/2010.

Talvez não tenha feito consultas por receio de ser vetada. Não é clara a posição sobre o tema da candidata a presidenta Cristina Fernández de Kirchner. Ibarra é a segunda postulante na chapa de deputados federais pela cidade de Buenos Aires da Frente para a Vitória. Se esse é o motivo, Ibarra não diz. Simplesmente esclarece que quer firmar posição sobre uma questão que a preocupa: "Os gays e as lésbicas são um setor muito marginalizado em termos de direitos. Veja que mesmo em algumas províncias ainda existem normas que contemplam penas de prisão para homossexuais", destaca.[4]

No entanto, na sua condição de candidata do governo, era inevitável que muitos acreditassem que a sua iniciativa, dissesse isso ou não, tinha um sinal de aprovação dos Kirchner: "Governo impulsiona projeto para permitir o casamento homossexual", era o título da edição *on-line* do site de notícias *Infobae*. Mais ousado, o jornal *Ámbito Financiero* colocou em sua manchete: "Casamentos e adoção gay: presente K[5] para Bergoglio".

Durante os primeiros dias, todos perguntavam pelo assunto. A Igreja católica foi colocada em alerta, e os jornais começaram a procurar definições da candidata presidencial Cristina Kirchner, bem como de seus adversários. *La Nación*, mais uma vez, atacou:

> A senadora Vilma Ibarra apresentou um insólito projeto de reforma do Código Civil que visa permitir o casamento entre pessoas do mesmo sexo, eliminando assim a exigência da heterossexualidade dos contraentes. Se uma iniciativa desse tipo for bem sucedida, é óbvio que desnaturalizaria a instituição do casamento, que seria definitivamente dissolvido e transformado em uma espécie de coisa antinatural.[6] [7]

A Federação, entretanto, aproveitou-se do impacto da notícia para tentar comprometer o Governo, como nesta entrevista feita com María Rachid:

> "É um bom sinal que a senadora Ibarra tenha apresentado o seu projeto neste momento, poucos dias antes das eleições, especialmente porque provém de um partido majoritário", disse Rachid.

---

4 Editorial: Desvirtuación del matrimonio. *La Nación*, 20/10/2007.
5 Sempre que a imprensa argentina usa a letra "K", em caixa alta, numa manchete, é para se referir ao governo Kirchner.
6 Editorial: Desvirtuación del matrimonio. *La Nación*, 20-10-2007.
7 A revista *Contraeditorial* publicou uma resposta minha a esse texto, que terminava dizendo: "O que gays e lésbicas estão pedindo é para a lei reconhecer direitos iguais com os mesmos nomes para nossas famílias. E isso em nada vai prejudicar as famílias dos editorialistas do *La Nación*. Os anos vão passar e este tema parecerá tão óbvio como hoje parece óbvio que não há nenhuma razão para que uma pessoa não possa frequentar certos bares pela cor da pele. Não somos melhores nem piores pelo sexo das pessoas a quem amamos ou desejamos. A igualdade fará de nosso país um lugar melhor para a vida de todos e todas, mesmo daqueles que se recusam a entender que a velha ideia de que alguns seres humanos são mais valiosos do que outros foi a que nos levou a Auschwitz" (BIMBI, Bruno. *Contraeditorial*, edição de novembro de 2007).

— O projeto tem apenas a assinatura de Ibarra. Você acha que não há acordo do partido do Governo para impulsionar a sanção da lei do casamento gay? — perguntou o *Página/12*.

— O fato de só levar a assinatura da senadora pode significar que há um determinado setor da bancada que não partilha a sua posição, mas esses projetos não se realizam isoladamente, por isso acredito que deve haver um alto grau de consenso para que ela o apresente no meio da campanha eleitoral — avaliou Rachid.[8]

Nem Néstor nem Cristina apoiaram ou rejeitaram publicamente o projeto.[9] E também não transmitiram sua opinião para Vilma Ibarra.

"Alberto nunca me contou se eles eram a favor ou contra, mas ficou claro para mim que eles estavam chateados porque eu tinha me mandado sozinha. Igualmente, ele me deu a entender isso muito cuidadosamente, porque sabia que eu ficaria chateada caso ele me censurasse. Ele sempre foi muito fiel a Néstor e Cristina e não diria nada que pudesse deixá-los mal posicionados, nem mesmo falando comigo", lembra Vilma.

Outros foram menos cuidadosos. Mesmo que ninguém tenha falado com ela, vários líderes do peronismo porteño deixaram transparecer seu enfado com a candidata por ela ter metido na campanha um tema que eles acreditavam que seria eleitoralmente prejudicial para o partido do governo. Um dos mais irritados era Víctor Santa María, secretário-geral do SUTERH,[10] que anos mais tarde acompanharia como testemunha um trabalhador do sindicato que conseguiu se casar com o namorado graças a uma ação de amparo. Santa María acabou apoiando o projeto que, naqueles dias, o preocupava.

O que ele e outros líderes peronistas criticavam não tinha a ver com o projeto em si — alguns concordavam e outros não —, mas com a oportunidade: "Não é o momento, estamos em plena campanha", diziam.

***

Para a Federação, por outro lado, nenhum outro momento poderia ter sido melhor. Quando um amigo que era assessor da Vilma me ligou e disse que ela apresentaria o projeto no Senado, havia semanas que tentávamos, com muita dificuldade, introduzir o tema na campanha. Que a segunda candidata da chapa

---

8 CARABAJAL, Mariana. Un recurso por el matrimonio gay ya se debate en la Corte Suprema. *Página/12*, 17-10-2007.
9 Pelo menos na Argentina, mas depois veríamos que Cristina falaria do tema no exterior.
10 Sindicato Único de Trabajadores de Edificios de Renta y Horizontal.

do governo na capital tornasse público um projeto de lei do casamento igualitário nos ajudaria muito nessa tarefa.

— Tem só uma coisa sobre a qual a Vilma tem dúvidas: vocês sempre falam em "casamento", mas a CHA diz que deve ser "união civil". Me explica por que uma coisa e não outra — disse Matías Sejem, chefe da assessoria de imprensa da senadora.

Imediatamente, usei a mesma bateria de argumentos que já tínhamos pronta para todos e que poderia ser resumida num conceito: igualdade perante a lei. Poucos minutos depois, Matias me ligou para confirmar:

— Vilma disse que está totalmente de acordo, vamos pelo casamento — me disse.

Depois fiquei sabendo que Greta Pena, que também é amiga de Matias, tinha dado a ele os mesmos argumentos, bem como à assessora do gabinete que se ocuparia da redação do projeto. No dia seguinte, a matéria da agência de notícias DYN incluía um parágrafo do projeto de lei protocolado por Ibarra, que respondia à pergunta que Matías me havia feito:

> A senadora destacou o progresso que significou a lei de união civil da cidade de Buenos Aires, mas descartou uma nacionalização dessa instituição, já que "prolongaria, aumentaria e aprofundaria a mesma barreira de discriminação e diferenciação que essa lei quer precisamente acabar de uma vez por todas".[11],[12]

Consultado no dia seguinte pelo *Clarín*, Cesar Cigliutti disse que a CHA apoiava a iniciativa de Ibarra, mas continuaria a promover o seu próprio projeto, e afirmou que deviam existir as duas coisas: casamento e "união civil", reiterando sua crítica ao primeiro.[13] Vilma tentou, em todos os momentos, não se intrometer nas questões internas do movimento LGBT, mas deixou claro desde aquele dia — e nunca mais isso esteve em dúvida — que sua posição seria defender o direito ao casamento, sem diferenças de nome ou conteúdo, como sustentava a Federação. Ela estava convencida. Seu projeto deu entrada no Senado em 16 de outubro de 2007 sob o número 3.218/07.

Combinei com Matías trabalharmos juntos na divulgação para a imprensa. Ele enviaria uma nota com o timbre do gabinete e eu com o papel timbrado da Federação, mas acordamos o conteúdo de ambos os textos.

---

11 O texto entre aspas, corretamente citado por Ibarra em seu projeto, foi retirado de um discurso do ministro da Justiça espanhol, Juan Fernando López Aguilar, durante o debate parlamentar sobre a questão em seu país.
12 Vilma Ibarra apresentará projeto para igualdade casamento de pessoas do mesmo sexo e adoção (sic). *DYN*, 15/10/2007.
13 Procuram permitir o casamento gay por lei. *Clarín*, 17/10/2007.

"Agora, ambas as casas do Legislativo, de um lado, e o Judiciário, de outro, têm nas mãos a possibilidade de fazer cumprir a Constituição e acabar com a discriminação contra os casais do mesmo sexo", dizia María Rachid na nota de imprensa da Federação, e aproveitava a oportunidade para enviar uma mensagem:

> Agradecemos muito à senadora Ibarra, que decidiu apresentar o projeto neste momento, porque nos ajuda a colocar o debate na campanha presidencial. Exigimos que os candidatos à Presidência divulguem sua opinião, porque queremos saber antes de votar se aqueles que pretendem governar o país são a favor ou contra nossos direitos humanos.

***

A Federação tinha enviado um questionário a todos os candidatos a presidente e vice-presidente da República. A carta que enviamos, assegurando-nos de que realmente recebessem, dizia que queríamos saber que compromissos públicos estariam dispostos a assumir com os cidadãos e as cidadãs lésbicas, gays, bissexuais e trans nas eleições, em relação aos temas que têm a ver com "nossos direitos humanos", e antecipávamos que a Federação conduziria "uma campanha ativa para divulgar as respostas recebidas (e também as omissões, já que não responder é uma forma de resposta). Assim, com esta informação todos e todas terão mais elementos para considerar ao decidir o voto".

Depois da experiência que tivéramos com algumas eleições estaduais e municipais, decidimos que o questionário admitiria somente respostas com sim ou não, para evitar respostas evasivas, com grandes declarações de boa vontade mas sem compromissos concretos. No questionário, explicávamos diretamente:

> Para a maioria das perguntas, existem duas opções de resposta (sim/não) e, em seguida, um espaço para fazer esclarecimentos, comentários ou observações adicionais. No entanto, quando divulgarmos as respostas, serão levadas em consideração apenas aquelas em que, em primeiro lugar, estiver marcado "Sim" ou "Não", e depois incluiremos todos os comentários adicionais, sem limite de espaço ou de forma. Nos casos em que tenham passado diretamente para a parte discursiva, sem respeitar a opção de "sim/não", se considerará que a pergunta não foi respondida. Esta metodologia se justifica uma vez que, em uma experiência anterior, recebemos muitas respostas indefinidas a perguntas muito específicas e claras, ou seja, a resposta abundava em palavras, mas foi impossível chegar a uma conclusão clara sobre se o(a) candidato(a) era a favor ou contra determinado direito.

A primeira pergunta era sobre o casamento entre pessoas do mesmo sexo. Os candidatos de esquerda responderam rapidamente e a favor. Com os outros foi mais difícil.

Falei várias vezes com a secretária de Cristina Kirchner, que sempre prometia passar o recado para ela, mas nunca tinha notícias. Por sua vez, o assessor de imprensa de Elisa Carrió disse ao jornal *Perfil* que tinha perdido o questionário e as respostas da candidata, então liguei para ele e enviei tudo de novo. Cristina liderava as pesquisas e Carrió aparecia em segundo lugar.

Finalmente, Carrió nos enviou uma carta que não respondia a nenhuma das perguntas, mas dizia:

> Minha responsabilidade como líder da Coalizão Cívica, e no caso de vir a ser Presidente (sic) dos argentinos, é garantir a abertura do debate no Congresso das questões levantadas por vocês. Sendo a Coalizão Cívica, que lidero, um amplo espaço onde coexistem diferentes posturas num ambiente de liberdade de pensamento, afirmar minhas posições pessoais, que podem ou não coincidir com as dos membros de nosso espaço social, cultural, ou político, poderia comprometer a muitas pessoas que não pensam como eu sobre algumas dessas questões.

A resposta continha uma mensagem nas entrelinhas, que entendemos porque sabíamos a opinião dos deputados da bancada, e também a dela. Era como se nos dissesse: "Sou contra, mas a maioria do meu partido é a favor; fiquem tranquilos". Algum tempo depois, ela falou mais ou menos isso a um amigo meu, o jornalista Daniel Seifert.

Ricardo López Murphy, candidato do partido Recrear, e Jorge Sobisch, candidato apoiado pelo ex-presidente Menem, mentiram ao jornal *Perfil* quando disseram que nunca tinham recebido as perguntas, e o jornalista que estava acompanhando o assunto lhes enviou novamente o questionário. Lavagna não nos respondeu, mas seu candidato a vice, o senador radical Gerardo Morales, sim: respondeu a todas as perguntas menos à que se referia ao direito ao casamento. Como se não tivesse lido o aviso de que só seriam consideradas as respostas com sim ou não, ele escreveu:

> Entendemos que qualquer iniciativa deve ser discutida profundamente quanto possível no Congresso Nacional, considerando todas as ideias relacionadas ao tema num âmbito de respeito pelas opiniões diferentes [...].

Esse tipo de blá-blá-blá era justamente o que queríamos evitar.

Sobisch, no final, respondeu diretamente ao jornal *Perfil*, também sem dizer nada: "Os representantes do povo são os que têm como tarefa tratar o projeto com absoluta liberdade de ação e critério",[14] e algo parecido fez Cristina Kirchner, que não nos respondeu, mas disse à Rádio 10 e à Mega 98.3: "será um tópico que o Parlamento debaterá".

No entanto, de Nova Iorque recebíamos uma boa notícia. O grupo Mateando, uma organização LGBT nova-iorquina que faz parte da Federação e é formada por imigrantes argentinos e uruguaios, tinha sido convidado pelo consulado argentino para um almoço com Cristina e uma conferência que a candidata daria com o juiz espanhol Baltasar Garzón na Faculdade de Direito da Universidade de Nova York (NYU Law School). A ideia era fazer as perguntas do questionário pessoalmente.

As perguntas só eram aceitas por escrito, e não leram a que se referia ao casamento. No entanto, reunindo várias perguntas em uma, perguntaram à candidata: "Se for eleita, o que fará pelos direitos da comunidade LGBT e dos povos originários?", ao que ela respondeu:

> Numa primeira fase, os países da América Latina — com o retorno e a solidificação da democracia depois de ditaduras e violações dos direitos humanos — puseram ênfase na restituição dos direitos de primeira geração, isto é, direitos civis e políticos que afetam a maioria da população. Agora, o que vem, não só na Argentina mas também em toda a região, são os direitos de segunda geração, ou seja, aqueles que afetam as minorias que foram historicamente discriminadas ou relegadas. Se eleita Presidenta, pretendo trabalhar ativamente nesta área. A luta pelos direitos humanos é uma convicção e um compromisso de vida para mim.

Foi o máximo que pudemos obter dela durante a campanha.

Perfil publicou suas declarações em terra estrangeira, divulgadas pela Federação, destacando que:

> [...] apesar das declarações feitas na Universidade de Nova York, a primeira-dama evitou apoiar publicamente o projeto da senadora Ibarra que propõe a igualdade de direitos civis de casais heterossexuais e homossexuais. De fato, Cristina Fernández ainda não respondeu a uma pesquisa que a Federação Argentina de Lésbicas, Gays, Bissexuais e Trans[15] fez sobre o assunto.

---

14 GLANZ, Damián. Cristina ahora busca el voto gay e incomoda a sus adversarios. *Perfil*, 21/10/2007.
15 GLANZ, Damián, *op. cit.*

Mesmo diante da omissão da maioria dos(as) candidatos(as), os jornalistas que acompanhavam a campanha começaram a prestar atenção ao tema. Foi a primeira vez que aconteceu e foi uma primeira vitória. Além do chamado da Federação, o chefe da assessoria de imprensa de cada campanha recebeu consultas dos jornais sobre o nosso questionário, e qualquer candidato poderia se deparar com uma inesperada pergunta sobre o casamento gay numa entrevista de rádio ou numa coletiva de imprensa. *La Nación* publicou uma pesquisa com as seguintes respostas:

> Elisa Carrió: "Há diferentes posições da Coalizão Cívica e haverá liberdade de consciência de cada um dos legisladores [...]".
>
> Roberto Lavagna: "O casamento é definido como a união entre um homem e uma mulher. Concordo com o reconhecimento de uniões civis de casais homossexuais [...]".
>
> Ricardo López Murphy: "O casamento é a pedra basal da sociedade e a célula fundamental da família e deve ser mantido em sua essência e espírito tal como foi criado [...]".
>
> Fernando "Pino" Solanas: "Concordo que os homossexuais têm o mesmo direito a casar-se que os heterossexuais [...]".[16]

Dias antes, em entrevista publicada pelo mesmo jornal, Alberto Rodríguez Saá, candidato do "peronismo dissidente",[17] tinha respondido a uma pergunta direta sobre o assunto: "Eu estou a favor da família tradicional e de dar trabalho para todos os argentinos".

Finalmente, a Federação emitiu uma declaração convocando a não votar nos(as) candidatos(as) que não estavam claramente comprometidos com a igualdade de direitos ou tinham se manifestado contra: Cristina Kirchner, Elisa Carrió, Roberto Lavagna, Ricardo López Murphy, Alberto Rodríguez Saá e Jorge Sobisch. Sobravam para escolher: Fernando "Pino" Solanas, José Montes, Néstor Pitrola e Vilma Ripoll. Um menu bastante reduzido e de baixas calorias, tendo em conta os votos obtidos por cada um.

Ainda que não conhecêssemos os fatos posteriores, apenas com a revisão da história dos(as) candidatos(as), o tipo de coligação ou força política que os(as) acompanhava e o caminho percorrido até então, era fácil perceber que as chances de conquistar uma lei como a do casamento igualitário não seriam as

---

16 Oposición al aborto de los principales candidatos. *La Nación*, 23/10/2007.
17 Racha do peronismo que se opunha ao governo Kirchner com uma posição mais conservadora.

mesmas com um governo presidido por Cristina, Carrió ou López Murphy, por exemplo. Colocar todos esses nomes no mesmo saco não era justo, e estávamos conscientes disso. No entanto, o que a Federação precisava era instalar a ideia de que se comprometer expressamente, sem rodeios ou ambiguidades, com a igualdade de direitos para lésbicas, gays, bissexuais e trans devia ser um pré-requisito básico para que um candidato ou candidata pudesse pedir nosso voto. Como não ser racista ou antissemita. Ninguém responderia para a Delegação de Associações Israelitas Argentinas (DAIA) que a igualdade de direitos entre cristãos e judeus "é uma questão que deve ser discutida no Parlamento".

Quem ficou numa saia justa foi o senador socialista Rubén Giustiniani, candidato a vice de Carrió, que tinha trabalhado com a Federação em todos os projetos, mas acompanhava a uma candidata que era contra. Nossa declaração fazia uma ressalva sobre ele que parecia querer dizer: "Vote em Giustiniani, mas não em Carrió", o que era tecnicamente impossível.

Para que nem tudo fosse pessimismo, destacamos na declaração o compromisso de alguns candidatos legislativos que tinham respondido a favor.

Nos anos seguintes, a lista dos políticos dispostos a apoiar a igualdade de direitos cresceria e apenas uma pequena minoria ficaria contra. Tínhamos que continuar trabalhando para fazer com que esse futuro chegasse em breve.

Com 45% dos votos, Cristina Fernández de Kirchner foi eleita no primeiro turno, em 28 de outubro de 2007, como nova Presidenta da República.

Ganhar as ruas

A parada gay de Buenos Aires seria no dia 17 de novembro. Tínhamos que ganhar as ruas. Se um setor da sociedade está reivindicando um direito, precisa se mostrar, aparecer, dizer "estamos aqui".

Era incompreensível que enquanto a Federação enfrentava o maior desafio a que o movimento LGBT havia se proposto até então para conquistar a igualdade de direitos, a mais maciça mobilização da nossa comunidade, com milhares de pessoas marchando da Praça de Maio ao Congresso, não levantasse essa bandeira.

E não era que as pessoas que participavam não quisessem levantá-la. Era um problema político: foi impossível chegar a um acordo na comissão organizadora para que o lema do ano tivesse a ver com a lei do casamento.[18]

---

18 Nesse mês, na coluna que escrevi em cima da hora para a revista gay *Império G*, eu tornava pública essa divergência na comissão, afirmando: "Mesmo que o slogan principal da marcha, fruto do conse,nso entre diferentes organizações que participam de sua convocatória, não o especifique, a marcha será uma oportunidade especial para, a partir da mobilização, dizer aos

Então, era necessário visibilizar o pedido através de uma forte presença da Federação, convocando as pessoas a se apropriar dos nossos lemas, embora não fossem os "oficiais". Também tivemos de trabalhar para garantir que a mídia os divulgasse, já que — salvo algumas exceções — a cobertura a cada ano tende a se concentrar em comentários irrelevantes, piadas de mau gosto e fotos de bunda e seios das travestis, ignorando o conteúdo social e político da marcha e invisibilizando completamente suas reivindicações.[19]

Precisávamos nos aparelhar...

A organização da nossa coluna ala e a preparação dos materiais de divulgação da Federação foram encarregados atribuídos a Martín Canevaro, que, através de seu ativismo político, tinha anos de experiência organizando marchas.

Martín mandou fazer centenas de bandeiras para distribuir entre as pessoas, faixas que colocamos em diferentes esquinas, com slogans pelo casamento igualitário, a lei da identidade de gênero e a revogação dos códigos contravencionais, *bottons* e adesivos. Redesenhamos o folheto do ano anterior, mantendo a capa do jornal *El País* do dia seguinte à aprovação da lei espanhola, com o título: "Casais homossexuais já podem contrair casamento e adotar filhos", e junto colocamos as capas do *Página/12* que informavam sobre a apresentação do projeto de lei do casamento igualitário na Argentina (05/02/07) e a apresentação da ação de amparo de María e Claudia (14/02/07).

Essas duas últimas capas mostravam quanta força adquirira em apenas um ano o slogan que tínhamos usado no ano anterior e que agora repetíamos, arrematando a mensagem: "Nós também podemos conseguir. Lutamos pelos mesmos direitos com os mesmos nomes".

Foi um sucesso. As pessoas pediam *bottons*, panfletos e *banners* até que acabaram e todos colavam os adesivos na roupa. As leis de casamento e identidade de gênero iam pelas ruas com os manifestantes.

---

dirigentes políticos deste país que é hora de assumirem, de se responsabilizarem, de deixarem de olhar para o outro lado e votar de uma vez por todas as leis de igualdade", e citava os projetos da Federação sobre casamento, identidade de gênero, reforma da lei antidiscriminação e revogação das contravenções estaduais (BIMBI, Bruno. En Buenos Aires, por los mismos derechos con los mismos nombres. *Imperio G*, edição de novembro de 2007).

19 Como jornalista, considero importante destacar este ponto. Na imprensa escrita, até esse ano, podemos citar como exceção o jornal *Página/12*. Na televisão, *CQC* — mais recentemente — e talvez algum outro programa. Canais comerciais e a cabo nunca transmitem os discursos da parada, como fazem com qualquer outro tipo de manifestação política, sindical ou social, e costumam fazer comentários que fazem com que pareça ser um espetáculo e não uma manifestação, o que reforça o preconceito de muitas pessoas que nunca foram e acham que a marcha é uma espécie de desfile de carnaval. Dezenas de milhares de pessoas se mobilizam todo ano sem transporte pago, sem grandes aparelhos mobilizando, sem uma grande convocatória publicitária e, no dia seguinte, merecem apenas um box ou uma pequena reportagem nos principais jornais.

No dia seguinte, o *Clarín*, dizia:

> Os carros alegóricos foram para a Praça dos Dois Congressos, onde aconteceu o ato de encerramento apresentado por Daisy May Queen e Osvaldo Bazán. Dali, em frente ao Parlamento, os manifestantes pediam ter os mesmos direitos que os outros cidadãos. "A reivindicação de fundo é a urgente promulgação da lei do casamento entre pessoas do mesmo sexo e da lei de identidade de gênero", explicou María Rachid, Federação Argentina de Lésbicas, Gays, Bissexuais e Trans.[20]

La Nación, por sua vez, afirmava que a passeata tinha sido organizada pela Federação — quando, na realidade, há uma comissão organizadora da qual a CHA e outras organizações também fazem parte — e me citava como porta-voz, enumerando os slogans:

> Bimbi declarou que, entre as reivindicações mais importantes da comunidade, estão a legalização do casamento entre pessoas do mesmo sexo; a promulgação de uma lei de identidade de gênero para agilizar as mudanças de nome na carteira de identidade; a reforma da lei antidiscriminação, para que se considere a diversidade sexual; a atualização da educação sexual, para que leve em conta a diversidade; e a revogação de alguns códigos contravencionais considerados discriminatórios.[21]

Página/12, por sua vez, tomou nossos slogans como se fossem o lema oficial da marcha, omitindo o que havia sido aprovado pela comissão, o que nem valia a pena lembrar:

> Nesta ocasião, a marcha era para reivindicar "a eliminação dos artigos contravencionais que proíbem o travestismo, uma lei de identidade de gênero e a legalização do casamento gay em todo o país". Esse foi o lema escolhido pelos organizadores, a Comunidade Homossexual Argentina (CHA) e Lésbicas Gays Bissexuais e Trans (LGBT),[22] entre outras entidades.[23]

Por outro lado, alguns dias antes da marcha, a Federação organizou um ato para entregar os prêmios ao "Orgulho cidadão", uma ideia que María copiou de Madri. Foi um ato pequeno, mas muito emotivo, e foi importante a participação

---

20 El orgullo gay desfiló en carrozas por la Avenida de Mayo. *Clarín*, 18/11/2007.
21 Marcharon lesbianas y gays por la ciudad. *La Nación*, 18/11/2007.
22 As bandeiras diziam "Federação Argentina LGBT", mas a sigla aparecia maior, o que fez com que jornalistas de diversos meios de comunicação citassem o nome incompleto da Federação.
23 Desde el orgullo. *Página/12*, 18-11-2007.

de líderes políticos e sociais de diferentes setores. Também premiamos Lucía Puenzo pelo seu extraordinário filme "XXY".[24]

Duplo discurso

Em 21 de janeiro de 2008, Cesar Cigliutti, presidente da CHA, e seu parceiro, Marcelo Suntheim, secretário da organização, casaram-se na Espanha. A notícia nos surpreendeu, já que a CHA se opusera ao pedido da Federação pela legalização do casamento entre pessoas do mesmo sexo na Argentina. Então, eles eram a favor ou contra? Cigliutti declarou em uma entrevista que o casamento se realizaria "depois 'de um trabalho de mais de um ano que estamos fazendo, porque as questões burocráticas são tremendas'".[25]

Marcelo é cidadão alemão e, portanto, da União Europeia, por isso a lei espanhola permitia que ele se casasse lá. Ao chegar a Buenos Aires, segundo anunciavam, eles pediriam que o casamento fosse reconhecido no país. E aproveitavam para diferenciar-se dos recursos apresentados pela Federação:

> "Não iniciaremos um trâmite de casamento no Registro Civil", disse Suntheim. [...] "Pediremos que seja validado um casamento já constituído e reconhecido em outro país, que além do mais é a Espanha, com a qual a Argentina tem tanto vinculo cultural".[26]

Apesar de todas as discussões que tivéramos com eles no ano anterior, se isso significava que a CHA mudaria de posição e se somaria à reivindicação pelo matrimônio igualitário, era positivo. Embora a Federação representasse dezenas de organizações em todo o país e a CHA fosse apenas uma organização da cidade de Buenos Aires, o peso simbólico que tinha essa sigla, histórica para o movimento e amplamente reconhecida, fazia com que sua posição a favor de uma lei nacional de "união civil" fosse um problema porque oferecia uma via de escape para os políticos que não tinham coragem de se jogar pela igualdade plena por medo do confronto com a Igreja católica.

Uma vez, Suntheim reconheceu que o cardeal Jorge Bergoglio, num intercâmbio que tiveram através de uma pessoa de confiança dele, tinha mandado dizer que se eles não se metessem com a palavra "casamento" nem com "a figura do cardeal", estaria disposto a negociar uma oposição morna à "união

---
24 O filme de Puenzo, que estreou naquele ano, baseava-se em uma história de Sergio Bizzio e contava, pela primeira vez no cinema nacional, a história de uma pessoa intersexual.
25 CECCHI, Horacio. Un sí que llegará de Madrid a Buenos Aires. *Página/12*, 21/01/2008.
26 CECCHI, Horacio, *op. cit.*

civil", o mínimo necessário para cumprir com o Vaticano, que ordena aos bispos de cada país colocar-se na vanguarda da luta contra qualquer tipo de reconhecimento legal para as famílias formadas por casais do mesmo sexo. Ou seja, cumpririam com o Papa, mas sem se mexer muito, trabalhando "o estritamente necessário". Sabendo disso, achávamos que essa mensagem poderia ter chegado também ao governo ou a alguns políticos.

Com a CHA defendendo a "união civil", corríamos um risco. Com a CHA apoiando o casamento, mostrávamos uma frente sem divisões, e desaparecia a alternativa "mínima".

Por tudo isso, quando algumas rádios nos consultaram, parabenizamos os noivos e dissemos que era uma notícia muito boa e mais um passo na luta pela igualdade de direitos. No entanto, logo confirmamos que nada havia mudado. Na lista Movimento,[27] quando perguntamos, os ativistas da CHA esclareceram que o casamento de Marcelo e César na Espanha — que apresentavam como uma questão da vida privada do casal — não significava que a organização tivesse mudado de posição, e que eles continuariam defendendo a "união civil" como "opção superadora do casamento". Na verdade, desde que voltaram da lua de mel no Egito, os recém-casados continuaram trabalhando pelo projeto de "união civil" da juíza Graciela Medina, consultora jurídica da organização.

Eles diziam que não eram contra ao casamento, mas que simplesmente tinham outro projeto, que lhes parecia melhor porque não exigia fidelidade, nem interferia em questões patrimoniais dos casais. E que, de qualquer maneira, existiam duas opções. Essa alternativa — que existissem ambas as instituições e cada casal, do mesmo ou de sexos diferentes, escolhesse a que usar — não parecia ruim, mas era uma falácia: o Congresso não aprovaria as duas, mas uma ou outra, e o projeto de "união civil" foi visto pelos políticos, desde o primeiro até o último dia, como o "plano B" que poderia servir para darem uma de progressistas sem pagar qualquer custo à Igreja. Que essa opção fosse defendida por um setor do movimento permitiria, quando a Federação dissesse que essa "caderneta rosa" era discriminatória, que eles respondessem: "A CHA, que é uma organização reconhecida da comunidade gay, acha que não é discriminatória".

Ora, se eles acreditavam sinceramente que o casamento não servia, e continuariam defendendo a "união civil", que lhes parecia "superadora", para que foram casar na Espanha?

---

27 Lista de e-mails do Yahoo Grupos que reunia ativistas de várias organizações LGBT, na qual costumavam ser discutidas estas questões.

Em qualquer caso, poderiam ter ido "se unir civilmente" na França[28] ou na Alemanha. O debate na lista Movimento foi bastante acalorado, com insultos incluídos. Num certo momento, com ironia, respondi a um deles que ficava claro, agora, que a posição da CHA era "casamento para Marcelo e César e 'união civil' para todos os outros".

A desculpa da fidelidade

O artigo 198 do Código Civil diz que "os cônjuges devem-se mutuamente fidelidade, assistência e alimentos", e o artigo 202 inclui o adultério como "causa de separação". O cônjuge que "dá causa" à separação — que pode ser pedida ao juiz pelo outro, por exemplo, em caso de adultério — recebe tratamento desvantajoso, pois é considerado *culpado*. Por isso que, entre outras coisas, é imposta a obrigação de contribuir financeiramente para o ex "manter seu padrão de vida".

A exigência de fidelidade era uma das críticas que a CHA — e também outras pessoas — faziam ao casamento civil. Geralmente não explicavam, apenas comentavam o assunto, e não ficava claro.

Os relacionamentos heterossexuais, após séculos de "legalidade", costumam ser regidos por uma série de normas tradicionais que copiam, em parte, o modelo de família instituído pelas grandes religiões e tomado como ponto de partida pelas leis civis. Fidelidade é uma dessas normas. Claro que isso não significa que todos os casais heterossexuais a cumpram: chifres sempre existiram e adornam milhões de cabeças. Mas são poucos os casais heterossexuais — uma exceção são os *swingers* — que, de comum acordo, se relacionam sob regras diferentes.

Há também aqueles que aceitam os chifres, mas fazem de conta que não sabem de nada, porque se não, supostamente, não deveriam aceitá-los. O cantor espanhol Joan Manuel Serrat, muito popular na Argentina, escreveu uma canção que ridiculariza o assunto:[29]

> *La familia, los amigos,*
> *aguardan con impaciencia*
> *que por dignidad, la saque*
> *de la casa con violencia.*

---

28 Na época, a França ainda não tinha casamento igualitário.
29 SERRAT, Joan Manuel. Por dignidad. Incluída no CD *Nadie es perfecto*, de 1994.

Apenados me contemplan
o sonríen con desprecio.
Se les nota que sospechan
que sé cuanto saben ellos.

Y lo sé, lo supe siempre
que se acuesta con cualquiera
y ellos piensan que, eso, un hombre
como tal, no lo tolera.

Pero es simple, toda hembra
quiere a hombres diferentes
y a diferentes mujeres
quiere el hombre, es lo corriente.

Qué me importa que en un cuarto
otros encuentren amparo
siempre y cuando lo precise
lo halle desocupado.

No renuncio a la delicia
de tenerla sugerente
en mi cama cada noche
por prejuicios de otra gente.

La familia, los amigos,
me presionan a diario.
No me queda otro remedio
que mudarme de este barrio.

A ideia de que um casal deva respeitar a fidelidade sexual — ou pelo menos fazer de conta que respeita — parece indiscutível na nossa cultura, como se não pudesse ser diferente. Todos juram ser fiéis. Alguns são de verdade; outros não, mas escondem.

Talvez porque nunca fomos "legais", porque sempre estivemos marginalizados e nossos relacionamentos nunca tiveram de se adaptar a qualquer norma social, uma vez que nenhuma norma social reconhecia que nós existíamos (ou, se reconhecia, era para nos perseguir ou mesmo nos matar), ou porque entre duas pessoas do mesmo sexo desaparecem as assimetrias que existem entre o homem e a mulher em uma sociedade machista (que geralmente tolera mais a infidelidade masculina do que a feminina), ou porque eram poucos os casais com filhos, pelas dificuldades legais para se adotar em conjunto (e sem filhos, ambos são um pouco mais livres e têm mais tempo), ou talvez também porque dá vontade (qual é o problema?), os modos de se relacionar em um casal gay são mais diversos.[30]

Há muitos casais gays que juram fidelidade e cumprem com isso, reproduzindo o mesmo tipo de relacionamento que o casamento heterossexual tradicional *promete*. Há outros que juram fidelidade e metem os chifres, reproduzindo o mesmo tipo de relacionamento que o casamento heterossexual tradicional *cumpre* em muitos casos. E há outros que não juram fidelidade, pelo menos assim compreendida, mas estabelecem outro tipo de regras com as quais se sentem mais confortáveis. Há, então, casais que não se incomodam que cada um possa ir para a cama — ou para a sauna, ou para o *dark room* da boate — com os outros, enquanto isso não afete o relacionamento. Suas regras de fidelidade podem ser as mais variadas: não transar mais de uma vez com a mesma pessoa, não trocar telefones, que não seja com conhecidos do casal, contar tudo sempre, não contar nunca nada, sempre usar camisinha etc. Há também aqueles que compartilham o desejo de variar e convidam a um terceiro ou terceira à cama matrimonial.

Há de tudo e, se o casal é feliz com suas regras, repito: qual é o problema? Há muitas maneiras de se ser fiel, enquanto houver amor e um projeto de vida compartilhado e, sobretudo, desde que ambos estejam de acordo. Conheço casais gays que são fiéis no sentido tradicional, sendo muito felizes, e outros que têm outro tipo de acordo e também são felizes. Uns e outros se cuidam mutuamente na saúde e na doença, na riqueza e na pobreza, se dão assistência mútua e cumprem com muitas coisas que nenhuma lei lhes exige, porque o compromisso de amor sempre foi mais forte que o vazio legal.

Assim explica Ernesto Larresse:

— Um homem, por mais que seja gay, sempre é um homem: "O que vê, quer". Nós, desde o primeiro dia, somos muito abertos. Os heterossexuais escondem, nós somos honestos. Alejandro sempre será o primeiro na minha vida e eu na dele. Se eu precisar, ele larga tudo e vem correndo para onde eu estiver.[31]

Ernesto e Alejandro estão juntos desde 1975 e, desde o dia 30 de julho de 2010, estão legalmente casados. Basta vê-los juntos perceber que continuam apaixonadíssimos.

---
30 Escrevi esse texto como gay. Com certeza, se ele tivesse sido escrito por uma lésbica, seria diferente, porque as formas de relacionamento também são diferentes.
31 BIMBI, Bruno. La AFIP no te hace descuento por puto. *Crítica de la Argentina*, 27/04/2008.

O Código Civil, ao impor um modelo único segundo o qual a "fidelidade" tem sido até agora entendida pela jurisprudência e a linguagem comum como fidelidade *sexual*, invade a privacidade dos casais e não contempla a possibilidade de que, de comum acordo, adotem outras formas de se relacionar. E, claro, algum esperto poderia se aproveitar disso para tirar vantagem em uma separação, dizendo ao juiz que a outra ou o outro o "enganou". Essa e outras críticas ao casamento tal como está regulamentado na Argentina são válidas. Mas a Federação sempre sustentou que elas não podiam ser uma desculpa para não se lutar pela igualdade jurídica, porque o que estava em jogo era muito mais importante.

Certamente, o Código Civil precisará, no futuro, de outras mudanças, como houve no passado, por exemplo, quando não se admitia o divórcio, com base na religião católica, que considera que a união matrimonial é indissolúvel, pois é uma aliança com Deus, para sempre. Agora que somos todos cidadãos e cidadãs iguais perante a lei, faremos entre todos, heterossexuais e homossexuais, as mudanças que precisam ser feitas.[32] Certamente, também haverá mudanças que surgirão da jurisprudência, que deverá avaliar, por exemplo, o que significa ser fiel quando existe uma relação baseada no acordo mútuo de regras não-tradicionais.

Mas isso já é outra discussão.

Para o jornalista Osvaldo Bazán, o lema "Os mesmos direitos com os mesmos nomes" era central. "Ele resume tudo muito claramente: os mesmos direitos e as mesmas obrigações. Ponto. Não se discute. Quando toda a sociedade discutir fidelidade, vamos falar sobre isso, mas o tema é outro, e misturá-los não faz sentido", explica.

Além disso, convenhamos, não era muito estratégico discutir a fidelidade enquanto eram debatidos os direitos dos casais homossexuais, porque a questão seria banalizada e utilizada como desculpa por aqueles que se opunham à igualdade para reforçar estereótipos e preconceitos: se gays são promíscuos e infiéis, para que querem o casamento, diriam.

E não é assim porque "os gays", assim como "os heterossexuais", "os donos de mercearia" ou "os torcedores do Boca" não são um grupo homogêneo. Cada um faz o seu caminho. E os que não seguem o modelo tradicional não são me-

---

32 Nota do autor: escrevi este livro em 2010. Três anos depois, enquanto reviso a tradução para a edição brasileira, o Senado argentino está começando a debater nas comissões um projeto de reforma integral do Código Civil proposto pela Presidenta, produto do trabalho de uma comissão de juristas presidida pelo presidente da Corte Suprema de Justiça, Ricardo Lorenzetti, e nesse projeto, entre outras mudanças que modernizam o código, a exigência de fidelidade no casamento desaparece.

lhores nem piores, simplesmente seguem de comum acordo outras regras, com as quais são felizes. Mas tudo isso, nos dois minutos que nos dariam na televisão para discutir o assunto, não ia ficar claro.

A igualdade estava em primeiro lugar e era muito mais importante. Quem não quiser casar por esse motivo, que não case. Da mesma maneira que muitos heterossexuais não se casam, mas porque não querem e não porque não lhes seja permitido.

As mesmas regras para todos, com seus defeitos e virtudes.

Rosário, capital *gay friendly*

Depois de duas ações de amparo apresentadas na cidade de Buenos Aires (a de María e Claudia e a de Alejandro e Ernesto), a Federação queria que o próximo caso fosse no interior do país, para deixar claro que não era, como diziam alguns, "uma reivindicação portenha".

Rosário tinha se transformado em uma espécie de capital do ativismo após ter promovido os encontros nacionais que deram origem ao nascimento da Federação. Governada por muitos anos pelo Partido Socialista, a prefeitura tinha nos oferecido desde o início todo o apoio para qualquer ação política que quiséssemos desenvolver lá. O PS, cujos principais líderes nacionais são rosarinos, após promover a lei do casamento igualitário no Congresso, realizou uma convenção nacional na qual o casamento gay foi incorporado à sua plataforma. Estivemos lá como convidados.

Com a ajuda da prefeitura e do ativismo local, liderado pela associação VOX, a cidade era a mais "*gay friendly*". Possuía leis municipais e políticas públicas contra a discriminação por orientação sexual e/ou identidade de gênero e uma Área de Diversidade Sexual cujo primeiro diretor foi Esteban Paulón, atual presidente da Federação.

Era o melhor lugar para começarmos a federalizar a campanha.

Martín Peretti Scioli, um jornalista de 34 anos, fundador da agência de notícias *AG Magazine*, dedicada a divulgar informações de interesse para a comunidade gay, e Oscar Marvich, de 29, nascido em San Juan, que estava prestes a se formar contador, conviviam há cinco anos. E queriam se casar. Eles estavam muito entusiasmados e imaginavam o alvoroço que causariam.

Então, em 18 de fevereiro, acompanhados por parlamentares e outros ativistas, companheiros e amigos, foram ao Registro Civil do centro para marcar o casamento.

Dois anos mais tarde, eles seriam o primeiro casal de Santa Fé a se casar após a promulgação da lei pela qual tanto trabalharam. Mas naquele dia ouviram um não, da mesma forma que os dois casais que tinham tentado em Buenos Aires. No entanto, tal como tinha acontecido com María e Claudia, a juíza Lidia Murillo desejou-lhes boa sorte. "Neste momento não posso dar início ao processo de habilitação de casamento, mesmo que queira fazê-lo, porque não existe legislação que avalize esta união e eu tenho de cumprir a lei", ela disse. Uma escrivã lavrou o termo e, como planejado, eles apresentaram a ação de amparo no tribunal local.

Após uma extensa campanha realizada pela VOX a partir deste caso, uma pesquisa realizada pouco tempo depois na cidade deu como resultado que seis de cada dez rosarinos eram a favor da legalização do casamento entre pessoas do mesmo sexo, e o apoio chegava a 69% entre os mais jovens.[33]

Lindo número.

Missão cumprida

A Câmara de Apelação Cível confirmou a sentença proferida em primeira instância pela juíza Bacigalupo na ação de amparo de María e Claudia e rejeitou a apelação interposta pelo casal. Mediante um recurso de queixa, os advogados Gustavo López, Florença Kravetz e Analía Mas levaram o caso para o Supremo Tribunal Federal.

Finalmente conseguíamos o que Rodolfo tinha proposto: chegar ao Supremo. A notícia foi capa do *Página/12*, que relatou:

> O Supremo Tribunal Federal já tem em suas mãos um recurso de queixa que deverá decidir se admite a primeira ação de amparo apresentada na Argentina por um casal de lésbicas, reivindicando seu direito de se casar. Se aceitar o recurso, o tribunal deverá decidir sobre o mérito, o que poderia abrir as portas para a legalização dos casamentos entre pessoas do mesmo sexo na Argentina.[34]

O Supremo não tem prazo para decidir, mas o caminho que traçáramos para a estratégia judicial tinha alcançado o seu primeiro objetivo. A decisão, agora, estava nas mãos de um grupo de juízes nos quais depositávamos todas as nossas esperanças.

Independentemente de termos começado simultaneamente um caminho no Poder Legislativo e outro no Judiciário, naquele momento tínhamos muito mais

---

33 BIMBI, Bruno. Rosario, ciudad gay-friendly. *Crítica da Argentina*, 11/05/2008.
34 BIMBI, Bruno. El matrimonio gay, en manos de la Corte. *Página/12*, 28/02/2008.

confiança nas convicções jurídicas dos juízes do Supremo do que nos caprichos políticos do Congresso. Tínhamos certeza de que ganharíamos no Tribunal, mas não sabíamos quanto tempo podia demorar. Ainda faltava, além disso, que o Tribunal admitisse o recurso e o procurador-geral emitisse seu parecer.

Página/12 citava a opinião favorável de três respeitados constitucionalistas, que deram o seu apoio ao pedido e avaliavam que uma sentença a favor era muito provável: Daniel Sabsay, Roberto Gargarella e Andrés Gil Domínguez. Outro constitucionalista, Ricardo Gil Lavedra, nos surpreendeu, pois disse que "não é uma situação de discriminação, porque o Código Civil estabelece que o casamento é apenas para casais de homens e mulheres".[35] O ex-magistrado parecia não ter entendido que o que a ação de amparo questionava, por seu caráter discriminatório, era precisamente essa norma do Código Civil.

Gil Lavedra, no entanto, mudou de ideia mais tarde. Como deputado federal pela UCR, ao fundamentar o seu voto a favor do casamento igualitário na sessão de 4 de maio de 2010, assim explicou:

> Devo dizer que também continuo lutando contra meus próprios preconceitos. Eu gostaria de explicar brevemente quais são as razões que me levam a votar com total convicção junto com a maioria. Substancialmente, por razões legais. Eu acho que o artigo 172 do Código Civil, que data do século XIX, ao excluir as pessoas do mesmo sexo da possibilidade de contrair casamento representa uma discriminação inaceitável, pois toma por base a orientação sexual das pessoas.[36]

Sua fundamentação jurídica — cuja leitura completa é altamente recomendada — foi muito importante para convencer um bom número de deputados do partido, que, finalmente, votaram a favor da lei.

Saiam do armário!

Em março, comecei a trabalhar no novo jornal *Crítica*, fundado pelo jornalista Jorge Lanata.[37] O editor-chefe, Guillermo Alfieri, me propôs ser o responsável por uma seção fixa, que sairia todos os domingos, com uma página inteira dedi-

---

35 VERA, Esteban. El debate entre los juristas. *Página/12*, 28/02/2008.
36 H. Câmara dos deputados da Nação. Versão taquigráfica da sessão de 4 de maio de 2010, p. 282.
37 Nota do autor: Lanata, também fundador do jornal *Página/12* e da revista *Veintitrés*, é o jornalista mais amado e mais odiado do país e, com certeza, o mais famoso. Atualmente, ele tem um programa jornalístico na TV aberta que alcançou, na segunda emissão de 2013, 33 pontos de Ibope, uma medição apenas superada pelos jogos da seleção nacional de futebol. Quando trabalhei no jornal dele, tive uma liberdade difícil de encontrar em outros jornais. Quando publiquei este livro na Argentina, Lanata escreveu um comentário muito elogioso que saiu na contracapa.

cada à diversidade sexual: "O armário". Embora os temas tratados na seção tenham sido bem variados, o casamento igualitário foi uma questão à qual voltei muitas vezes e aproveitei o espaço para divulgar o debate e os argumentos a favor da reforma do Código Civil.

Um dos primeiros desafios que me propus foi convencer diferentes personalidades gays e lésbicas — políticos, jornalistas, músicos, atores, esportistas etc. — para que saíssem do armário e apoiassem a campanha pela lei em uma entrevista. Era uma ideia que eu vinha discutindo fazia um tempo com María Rachid e também com meu amigo Daniel Seifert, que trabalhava na revista *Notícias*. Eu e o Daniel começamos a entrar em contato com diferentes candidatos potenciais para protagonizar a matéria. Quem conseguisse primeiro, publicaria; o importante era fazer — e que fosse uma bomba.

Durante alguns dias, trocamos ideias e nomes.

— Se conseguíssemos A., seria ótimo. Seu programa é ouvido por muita gente, e é uma galera que a gente não consegue atingir por outros meios. Se um dia ele falasse no ar que é gay, que quer se casar com o parceiro, e pedisse a seus ouvintes para apoiar a causa, seria um babado e tanto!

— Mas ele não vai fazer isso, de jeito nenhum... Ele vai botar a gente pra correr. E o B.? A maioria das pessoas que o seguem é superconservadora, seria uma surpresa!

— Precisamente por isso é que ele não vai fazer, mas vamos tentar. Enfim, acho que o mais importante é convencermos algum deputado. Dá pra imaginar? Se eu fosse deputado, levantaria a mão em todas as sessões para reclamar que votassem a lei, perseguiria a todos, gabinete por gabinete, eles enlouqueceriam... Terminariam aprovando pelo cansaço, só para eu não encher mais o saco deles.

— Não, mais importante que isso seria um jogador de futebol da primeira divisão. Isso sim seria uma bomba!

— Mas quem?

— Existem vários... Vou tentar conseguir algum contato.

— Quem mais?

— E o Rodolfo, o que diz?

— Até agora não. Ele nunca negou...

— Tá, mas também nunca disse.

— Eu já conversei com ele, não quer. Onde está, acha que pode ajudar mais, e realmente está ajudando muito.

Durante um mês falei com muitas pessoas. Iniciava a maioria dos contatos por e-mail, após verificar com uma primeira mensagem que se tratava de um correio privado. Achava que o e-mail era um canal mais discreto: o destinatário da mensagem poderia levar o tempo que quisesse, pensar na resposta ou, eventualmente, não responder. Muitos não responderam. Os que sim, rejeitaram o convite com diferentes explicações, todos muito gentis. Exceto um.

Minha carta era respeitosa e levantava a questão com muito cuidado. Esclarecia que "não vou publicar nada até você me dar autorização expressa para fazê-lo. E, se você não me autorizar nunca, esta troca de mensagens, que espero iniciar, nunca será pública". E nunca foi, por isso uso, aqui, letras em vez de nomes, que não são as iniciais de ninguém. No meu e-mail, destacava que "há decisões que são privadíssimas e, de tão privadas, inquestionáveis. Ou seja, não quero convencê-lo de nada, apenas fazer uma proposta". Então explicava os motivos da proposta e que o objetivo não era simplesmente que a pessoa saísse do armário para dar a entrevista e vender jornais, mas sim que fizesse para ajudar a combater a discriminação e apoiar a luta pela igualdade de direitos.

No entanto, uma das pessoas a quem escrevi, um jornalista de renome, em vez de me responder, ligou para Lanata num surto de paranoia, como se eu fosse tirá-lo do armário sem consentimento. Eu tinha começado a trabalhar no jornal recentemente e poderia ter ficado sem emprego por causa dele. Felizmente, quando expliquei a Guillermo do que se tratava e ele explicou a Lanata, o gordo morreu de rir e não disseram mais nada. Daniel também passou por uma situação constrangedora. Um político muito importante de Buenos Aires, que tinha contado sobre seus amores a uma confidente, reagiu indignado quando ele lhe telefonou, como se a mera insinuação de que era gay fosse um insulto.

Daniel também falou com dois dos atores mais prestigiados do país, um jovem e outro que já é um monstro sagrado. O mais jovem se desculpou dizendo que não falava de sua vida pessoal: "Não faço em nenhuma entrevista. Não sou tão importante e não há nenhuma razão para eu dizer nada", respondeu. Mais tarde apoiou publicamente a lei, mas sem nunca falar de si mesmo. O mais velho disse que só falava com a imprensa para promover suas peças e nada mais. Os mais chegados dizem que ele está num "armário de vidro". Janta sem problemas com o namorado e colegas, amigos ou jornalistas sem dissimular o relacionamento. Mas falar em nome próprio na imprensa é outra coisa. Acha que o limita e tem todos os medos e reservas de uma pessoa de outra geração.

Um jornalista estava a ponto de se convencer. Seu trabalho o levou a ter um nome no meio, é bastante conhecido. Não tem namorado e quer adotar. Se saísse do armário, queria fazer ao lado de pessoas de prestígio. "Se conseguirem convencer vários, me liga", disse. Quando, na *Notícias,* vários falaram, com a lei já aprovada, ele se desculpou: "Eu sou o meio, não a notícia". As experiências de relacionamentos com pessoas de alto perfil mediático o levaram a decidir, desde então, manter sua vida fora das revistas. Astuto, toda vez que era consultado, pedia: "Ok, mas faça uma crítica ao meu programa de rádio". Ele jamais aceitaria.

Nem eu nem meu amigo conseguimos ao menos um que topasse participar.

— O que acontece com essas bichas? — nos perguntávamos.

Eu me concentrei principalmente nos deputados. Para a estratégia da lei, um deputado gay saindo do armário e levando a causa do casamento igualitário como bandeira poderia mudar o rumo e acelerar o debate no Congresso.

Mas ninguém quis.

Somente um concordou em falar comigo, e me explicou suas razões. Representava uma província pequena, onde as coisas são mais difíceis. Além disso, embora não acreditasse que sair do armário o prejudicaria eleitoralmente, temia sim se transformar no "deputado gay", ser estigmatizado e nunca mais poder falar sobre outro assunto; que só o chamassem para falar sobre gays.

— Além disso, não aguentaria essa situação — disse-me.

Quando a lei foi aprovada, tomamos um café. Com o passar do tempo, ficamos amigos. Ele não foi reeleito.

— Se você tivesse me dado bola naquela vez, talvez ainda fosse deputado. E teria ficado famoso, seria a estrela do momento — eu falei para ele, e rimos juntos.

Outro político, um legislador portenho da oposição, bebendo um café no Starbucks do shopping Alto Palermo, respondeu ao Daniel mais ou menos a mesma coisa que o outro. E acrescentou que alguns familiares não sabiam.

Quando chegamos à conclusão de que a nossa matéria era um fracasso, Daniel se concentrou em outros temas e eu resolvi mudar o eixo e repensar uma reportagem diferente, falando sobre por que nenhum político gay saía do armário. O texto que segue se baseia no que finalmente publiquei em fevereiro do ano seguinte.[38]

***

---

38 BIMBI, Bruno. Ser visibles. *Crítica de la Argentina*, 8/02/2007.

A palavra "visibilidade" tem um significado particular na cena gay. Ser visível significa ser capaz de responder a perguntas como "O que você fez na noite de sábado?" ou "Você tem namorada?". Significa que se você for convidado para um jantar, pode ir com seu namorado, e que quando falar dele ou dela não precisará ter o processador trabalhando em segundo plano para controlar cada artigo, cada pronome, cada adjetivo, ou para armar a frase sem usar o masculino ou o feminino. Alguém escreveu certa vez que para os heterossexuais entenderem o que é o armário teriam de ficar sem dizer ou fazer nada que revele sua orientação sexual na frente dos outros durante 24 horas.

Mas ser visível também significa algo mais simples e literal: que as outras pessoas possam te ver. O que não se vê não existe, e disso os políticos entendem melhor que ninguém. Para gays e lésbicas que ocupam cargos públicos, estar no armário significa que, quando seus direitos estão em debate, eles não podem tomar a palavra para defendê-los na primeira pessoa. Estão ali, mas são invisíveis.

Os prefeitos de Berlim e Paris, a primeira-ministra da Islândia, um ministro de Sarkozy, o vereador espanhol Pedro Zerolo, o ministro das relações exteriores da Alemanha, alguns deputados de diferentes países da Europa ou dos Estados Unidos: políticos abertamente gays não são muitos em nenhum lugar, mas essa pequena lista parece enorme quando comparada com o que acontece no nosso país, onde todo mundo se sente obrigado a jogar esconde-esconde.

Quando escrevi a primeira versão deste texto, conhecia pelo menos cinco deputados e deputadas federais que são gays ou lésbicas, mas preferem não dizê-lo. Como eles e elas não querem falar, fui falar com seus colegas. Eles me contaram que a sexualidade dos seus pares é conhecida nos corredores do Congresso. Quase nenhum se priva de receber o parceiro no gabinete ou ir acompanhado a uma reunião, mas todos preferem não falar em público sobre sua orientação sexual, nem misturar com a militância.

"Conheço deputados gays e deputadas lésbicas. Alguns não militam em temas relacionados com a sua orientação sexual, mas aqui não escondem. Outros militam para promover os direitos das minorias sexuais, embora prefiram esconder sua orientação", diz a deputada Silvia Augsburger.

— Conversou com eles sobre o assunto alguma vez?

— Conversamos sobre o tema da diversidade sexual, mas não sobre a sua própria orientação, porque não temos uma relação pessoal que me permita falar sobre um assunto privado. Só faria isso se eles tomassem a iniciativa.

— O que acha que aconteceria se algum deles saísse do armário?

— Se contassem, isso ajudaria a construir uma sociedade mais justa, que valoriza a diversidade da condição humana. Meninos e meninas se socializariam em um mundo onde os casais homo e heterossexuais expressariam com mais liberdade o amor e isso ajudaria a desenvolver sua sexualidade livremente. Além disso, a visibilidade ajuda a derrubar o mito da homossexualidade como uma raridade.

— Quando os direitos das minorias sexuais são discutidos no Congresso, você considera que a voz de um deputado gay ou de uma deputada lésbica seria mais forte para reclamar que certas leis sejam tratadas?

— Não acho que a voz de uma mulher lésbica seja necessariamente mais forte que a minha nesses temas. O que faz nossa voz mais forte é sermos muitos, de todos os setores sociais e políticos, que querem uma sociedade sem discriminação. Claro que ajuda o debate quando alguém diz "Sou lésbica e não tenho nenhum preconceito por ser nem que se saiba", porque isso diz a todos que a orientação sexual não tem consequências negativas, e convida outros a se expressar. Essa é a minha experiência no Partido Socialista. Sempre que um companheiro ou companheira disse "Eu sou lésbica" ou "Eu sou gay", outros tiveram a coragem de dizer também.

Esteban Paulón, que naquele momento era secretário da bancada socialista na Câmara de Deputados, concorda com ela: "Quando eu disse que era gay numa reunião do partido, muitos ficaram surpresos. Já me conheciam há anos, eu era um militante que tinha partilhado muita coisa com eles, e essa revelação não ia mudar o que pensassem de mim. Acredito que a visibilidade ajuda a gerar reflexão".

— Por que você acredita que políticos homossexuais preferem continuar no armário? — perguntei a ele.

— Talvez tenham medo de se tornar um ícone gay. Quem não chegou ao Congresso por uma militância gay pode ter medo de se tornar um deputado chamado apenas para falar sobre isso, ficar estereotipado.

Como teria sido o debate pelo casamento igualitário no Congresso se um deputado pedisse a palavra numa sessão para defender que a lei fosse votada explicando, em primeira pessoa, o que significava para ele não poder se casar com a pessoa que ama? Esta pergunta, que eu me fazia então, acabou sendo respondida por Ricardo Cuccovillo, o deputado socialista que tem um filho gay e teve a coragem de contar e defender, em plena sessão, o direito do filho se casar com o parceiro. Seu testemunho ajudou a convencer um monte de pessoas — e vários deputados e senadores. Agustín Rossi, líder da bancada governista, disse, quando chegou sua vez de falar, que a discussão deveria ter terminado quando Cuccovillo falou.

Quando entrevistei Remo Carlotto, deputado pela Frente para a Vitória, faltavam mais de dois anos para esse dia chegar.

— A visibilidade seria muito útil para construir essa agenda — ele disse —. Na política, o testemunho é um valor muito importante, porque dá autoridade e é muito difícil de enfrentar. Quando um deputado que foi vítima da ditadura fala, é ouvido com atenção e respeito. Não é uma abstração, é algo que essa pessoa viveu e que pode transformar em uma ação política.

Remo, que é filho da presidenta das Avós da Praça de Maio, Estela Carlotto, chegou ao Congresso por sua militância em organismos de direitos humanos.

— Por que os políticos homossexuais não saem no armário? — perguntei

— Talvez porque, em toda a sua militância, eles tenham sido alvo de ações discriminatórias ou tenham ouvido coisas em uma reunião, faladas por pessoas que não sabiam, coisas que estão naturalizadas e que temos que mudar. Além disso, a política tem espaços de participação muito limitados. As estruturas orgânicas dos partidos não foram reconstruídas, o que torna difícil ter cidadãos e cidadãs que possam se manifestar dentro de seus partidos a partir de uma identidade sexual. O que aconteceria se tivéssemos ativistas gays ou lésbicas que pudessem ser candidatos a legisladores, como aconteceu na Espanha? Seriam líderes de um setor da sociedade, reivindicando seus direitos, com uma voz no Parlamento, e isso seria positivo.

— Se algum deputado gay saísse do armário, isso poderia prejudicá-lo politicamente?

— Não, ao contrário. Acho que legitimaria ainda mais algumas posturas que ele possa ter no Congresso. Mas é fácil dizer; é preciso se colocar no lugar do outro. Além disso, embora em Buenos Aires ninguém vá ficar chocado ao ver um casal gay de mãos dadas, em outras províncias as coisas podem ser diferentes. Por outro lado, esses legisladores não chegaram à política a partir de uma militância relacionada com a sua identidade sexual. Eles foram eleitos por outras coisas e talvez prefiram falar a partir de uma identidade política ou ideológica e não por sua sexualidade.

Na parada gay de 2008, milhares de pessoas se reuniram na porta do Congresso e gritaram várias vezes: "Votem nossas leis!". A reivindicação tentava entrar por um edifício fechado, usando a potência dessas vozes, somadas e multiplicadas. E, dentro do edifício, outras vozes, que têm a representação democrática dos cidadãos, se pronunciavam e trabalhavam a favor dessas leis, mas não poderiam usar o possessivo, chamá-las de "nossas".

Na parada, vários deputados e deputadas heterossexuais tinham encabeçado a coluna da Federação com as bandeiras do arco-íris, mas nenhum dos legisladores e legisladoras homossexuais estava presente. Por quê?

— Tento me colocar no lugar de quem não pode nem mesmo dar esse passo, ainda que seja como um deputado a mais — disse Carlotto —. Espero que um dia todos possam sustentar a integralidade da sua identidade e dizer "Sou deste partido, penso assim e também tenho esta identidade sexual". Somos tudo isso e muito mais, e seria bom que todos nós pudéssemos expressá-lo. No entanto, muitos que não se manifestam em público têm igualmente ações políticas em defesa dos seus direitos. E muitos outros acompanham e apoiam.

Quando a matéria foi publicada no *Crítica*, um dos funcionários mais próximos de Néstor e Cristina Kirchner enviou-me um e-mail me parabenizando, com palavras muito emotivas. Fiquei surpreso.

Em diferentes âmbitos, diziam que o funcionário era gay, mas poderia ser um daqueles boatos que se espalham como parte de uma política abjeta, usando o preconceito como arma. Como não tinha certeza, não me atrevi a telefonar e pedir uma entrevista — e então fiquei com a dúvida: aquele e-mail tinha sido um aceno, uma maneira indireta de confirmar para mim o que as pessoas diziam sobre ele?

Para que a Presidenta assine

Já havia dois projetos protocolados na Câmara dos Deputados — sem grandes diferenças — para legalizar o casamento civil de pessoas do mesmo sexo, ambos promovidos pela Federação: o projeto que Silvia Augsburger encabeçava, acompanhada por legisladores de diferentes bancadas, e o de Vilma Ibarra, que ao assumir como deputada voltou a apresentá-lo naquela casa, com o socialista Sergio Basteiro. No entanto, tínhamos decidido apresentar um terceiro projeto: desta vez, seria através do INADI, com o objetivo de que acabasse sendo um projeto do Governo Federal.

A presidenta do órgão, María José Lubertino, seria a responsável por levar o projeto para a apreciação do ministro da Justiça, cargo que, no novo governo, Aníbal Fernández ocupava, e este por sua vez poderia levar até a Presidenta. Se Cristina Fernández de Kirchner quisesse promover a reforma do Código Civil, poderia enviar este projeto ao Congresso como iniciativa do Poder Executivo.

Mas Lubertino, além de enviar o projeto ao ministro, decidiu realizar um ato para apresentá-lo publicamente. Os Kirchner poderiam não gostar que um funcionário lhes dissesse publicamente o que tinham de fazer, mas María José garantiu que Aníbal Fernández lhe havia dado o ok.

"A Casa Rosada nos diz para fazer o nosso trabalho. E é o que estamos fazendo", disse ela ao *La Nación*, que publicou: "Estímulo governista ao casamento gay". Lubertino também afirmou que o ministro tinha dito que a sociedade argentina estava "madura" para debater essa lei. "Enviaremos o projeto ao ministro Fernández e ele adiantou que vai analisá-lo e sugerir as modificações que considerar necessárias", acrescentou.

O ato foi em 22 de maio, num salão do Senado, e falaram Lubertino, Vilma Ibarra, María Rachid e Pedro Zerolo, que estava visitando o país.

"Pedimos à Presidenta Kirchner que seja corajosa para levar a Argentina ao futuro. A esta lei vão se opor os mesmos que na Espanha não queriam mudar nada. Mas não estou preocupado em ver a direita e a Igreja na rua", disse Zerolo, e foi ovacionado de pé.

Mas Cristina não assinou o projeto de Lubertino.

Qualquer semelhança com a realidade...

A cena se repete todos os dias, e a funcionária do cartório nunca pensou que dessa vez poderia ser diferente. Um homem se aproxima do balcão e diz que vem marcar a data do casamento. É simples: a funcionária pede os documentos do casal, cumpre com as formalidades de sempre e que venha o seguinte. Mas desta vez não é como sempre: os documentos pertencem a Aníbal e Máximo.

A funcionária pensa que é um erro:

— Preciso dos documentos dos que vão se casar — ela diz.

— Estão na sua mão — responde Lola, advogada do casal.

— Entendi, vocês querem união civil... — mas não entendeu.

— Não. Queremos um casamento com validade em todo o país — diz Máximo, e imediatamente as testemunhas, o tabelião e um fotógrafo se aproximam.

O casal sabia que diriam não, mas ir ao Registro Civil era uma formalidade necessária para se poder iniciar uma ação de amparo na justiça. Eles estão dispostos a chegar até o Supremo Tribunal Federal, se necessário, para conquistar o direito de se casar como qualquer outro casal. Tudo tinha começado a ser preparado alguns dias antes no escritório de advocacia de Mía, Inés e Lola. Quando Máximo disse a Lola que queria se casar e precisava de assessoria jurídica, ela inicialmente não entendeu.

— Assessoria jurídica para quê? Você vai, marca a data do casamento e pronto.

— Não é tão fácil. Eu quero casar com o Aníbal.

Desta vez, não era na vida real, mas na tela da TV.

Contudo, o que se viu em 23 de julho de 2008 no canal 13 não foi um mero produto da imaginação de Silvina Frejdkes e Marta Betoldi, autoras e roteiristas de *Sócias*. A série da produtora Pol-ka,[39] protagonizada por Nancy Dupláa (Lola), Mercedes Morán (Inés) e Mía Pontevedra (Andrea), foi inspirada na campanha da Federação pelo casamento igualitário. O papel de Máximo foi feito pelo renomado ator Damián De Santo, que já tinha interpretado um personagem gay no memorável seriado *Verdade consequência*.

Quando Alejandro Vannelli e Ernesto Larresse foram ao Registro Civil para dar início à segunda ação de amparo da campanha, uma das testemunhas foi a atriz Mercedes Morán, amiga de muitos anos do casal e protagonista da série. Foi a partir desse evento que as roteiristas decidiram tocar no assunto e, para a elaboração do roteiro, nos pediram assessoria.

Quando me chamaram, eu não podia acreditar. Quem não gostaria de escrever parte do diálogo para os personagens de uma série de TV? Depois de tanta militância, um pouco de tietagem não é nada mal.

— Quando Alejandro e Ernesto me contaram o que iam fazer, no começo fiquei surpresa, porque não sabia o pouco que servia a união civil. Pensava que era o mesmo que casamento. Eles me explicaram que, na prática, quase não tinha efeito e que somente servia em Buenos Aires. Acho um absurdo que duas pessoas que se amam e querem se casar não possam por preconceitos de outras pessoas. Os padrinhos dos meus filhos são um casal gay e me sinto muito identificada com essa reivindicação — me disse Marta Betoldi.

Para montar os textos dos personagens, as roteiristas adaptaram fragmentos das ações de amparo e do texto do artigo que eu havia escrito para o *La Nación* que provocou a já comentada polêmica com o ex-juiz Belluscio.

---

39 É difícil comparar, mas, se fosse no Brasil, seria a novela das oito da TV Globo.

Direitos *post-mortem*

Em 19 de agosto de 2008, por decisão da Presidenta, o então diretor da Administração Nacional da Segurança Social (ANSeS), Amado Boudou,[40] assinou a resolução n. 671/08, declarando "os parceiros do mesmo sexo, especificados no artigo 53 da Lei 24.241, como parentes com direito a pensão por morte do aposentado, do beneficiário de aposentadoria por invalidez ou do filiado a atividade com regime de pensões públicas ou regime de capitalização".

O pedido de pensões para os(as) viúvos(as)gays ou lésbicas já estava havia muito tempo na agenda das organizações e aqui vale fazer um reconhecimento histórico a Laura Musa, Mary Sánchez, Elisa Carca, Patricia Bullrich, Alfredo Bravo, Dolores Domínguez, Jesús Rodríguez, Floreal Gorini e Jorge Rivas, deputados e deputadas[41] que, lá por 1997/98, reivindicavam, por meio de requerimentos de informação, que a Previdência Social não discriminasse as pessoas homossexuais na concessão de pensões por viuvez. Além disso, em 1998, os deputados Alfredo Villalba, Alfredo Bravo e Marcela Bordenave apresentaram um projeto para alterar a lei, incluindo expressamente os(as) companheiros(as), do mesmo sexo como beneficiários. Eram vozes solitárias que quase ninguém ouvia no Congresso, e a solução definitiva para o problema só chegaria pouco mais de uma década mais tarde, com a lei do casamento igualitário.

No entanto, a decisão da Presidenta Cristina Kirchner foi o primeiro avanço concreto. Os viúvos e viúvas homossexuais teriam reconhecido o direito à pensão da Previdência Social por morte do cônjuge ou do companheiro "em casamento aparente", que até então só heterossexuais recebiam. A resolução, que veio depois de gestões realizadas junto à Previdência Social — separadamente, mas com a mesma finalidade — pela Federação, a CHA e o INADI, tomava como antecedente nos seus considerandos o caso de Elvio Yapur, a quem a equipe de advogados da associação civil Sete Cores, integrante da Federação, havia patrocinado num caso que terminou com uma decisão judicial favorável.

Três meses antes da decisão, a Federação tinha denunciado publicamente este e outros casos, que foram publicados em um artigo no jornal *Crítica* intitulado "A ANSeS discrimina os gays".[42] A matéria apresentava o caso de Adolfo Adaro, um viúvo a quem a Previdência Social tinha havia negado o benefício, e que também iniciaria ações legais patrocinado pela Sete Cores, e citava os casos

---

40 Atual vice-presidente da Argentina.
41 Vários(as) deles(as) com mandato cumprido ou até mesmo falecidos, como o caso de Bravo e Gorini.
42 BIMBI, Bruno. ANSeS discrimina a los gays. *Crítica da Argentina*, 25/05/2008.

de Roberto González e Elvio Yapur, com processos já em curso na justiça. Até então, Elvio preferia ser mencionado na imprensa como "E. Y.", temendo sofrer discriminação em sua cidade.

***

Adolfo e Pedro se conheceram no final de 1978, por acaso. Começaram a namorar e lentamente iniciaram um relacionamento que durou por toda a vida. "O Pedro era a pessoa que eu mais amava, sempre me protegia e estivemos juntos em tudo", lembra Adolfo. Logo após se conhecerem, foram viver juntos e também começaram a empreender projetos de trabalho. Em 1980 montaram uma loja de bijuterias que durou quatro anos. Com os lucros do negócio, compraram juntos sua primeira casa. Em 1984, abriram o pub Teleny, primeira boate gay do país. Era a época da primavera democrática, depois da ditadura. Tiveram sucesso por dois anos, mas acabaram falindo por uma das tantas crises econômicas argentinas.

— Pedro era um homem bom, vivia ajudando os demais. Quando tínhamos a boate, fizemos muitas coisas em benefício das pessoas do Hospital Muñiz. Íamos ver nossos doentes — Adolfo enfatizava a palavra *nossos* — e os acompanhávamos, comprávamos coisas para eles. Foi a pior época da Aids. Assim, foi morrendo em nossos braços um monte de gente.

Quando a boate faliu, tiveram que vender a casa, o carro e tudo o que tinham.

— Restaram só dívidas, e depois comecei a vender óculos para óticas e Pedro trabalhou de taxista. Ainda bem que o chamaram de uma empresa alemã e eu comecei a dar aulas de inglês e a trabalhar como guia de turismo. Assim fomos sobrevivendo. Quando a mãe de Pedro ficou doente de Alzheimer, fomos viver com ela. Eu tinha horários mais flexíveis que ele, por isso cuidava dela e lhe dava a comida. Dona Vicenta era muito boa, uma camponesa da Calábria que aprendeu a escrever aqui, aos 70 e alguma coisa.

A sogra de Adolfo morreu em 2002, e o casal mudou-se para um apartamento na rua Bolívar. Em abril de 2005, após 27 anos de convivência, uniram-se civilmente no Registro Civil da Cidade de Buenos Aires, de acordo com a lei portenha, mas Pedro faleceu dois meses depois.

Após a morte do companheiro, Adolfo deu entrada nos papéis da Previdência Social para que lhe concedessem a pensão por falecimento do cônjuge. A Lei 24.241 reconhece esse benefício a quem tenha "convivido publicamente em aparente casamento durante pelo menos cinco anos imediatamente anteriores ao falecimento". Adolfo e Pedro haviam convivido por muito mais, 27 anos, mas o organismo decidiu negar-lhe a pensão alegando que "o aparente casamento simula o vínculo de cônjuges não celebrado legalmente e a qualidade de tais não é reconhecida publicamente nos fatos quando se convive com pessoas do mesmo sexo".

Com os serviços da advogada Lorena Gutiérrez Villar, da equipe legal da Sete Cores e da Federação, Adolfo Adaro decidiu processar a ANSeS. Apresentou Entrou com uma ação de amparo reclamando que a resolução do organismo fosse considerada sem efeito e que a pensão fosse concedida. No entanto, com a nova normativa ditada por Boudou, Adolfo finalmente recebeu o benefício. Foi a primeira medida de governo tomada por Cristina Kirchner a favor da igualdade de direitos para gays e lésbicas e mereceu, nesse ano, um emotivo ato de reconhecimento na parada gay de Buenos Aires, quando Adaro e outros viúvos que haviam sido assessorados em diferentes causas pela Federação e pela CHA subiram ao palco para comemorar.

Era um bom sinal do Governo e nos dava forças para exigir mais. Porém, a Presidenta afirmou naqueles dias que sua decisão não significava reconhecer "novos modelos de família", o que pareceu uma mensagem tranquilizadora para a Igreja: não vamos nos meter com o casamento.

Criticamos essas palavras, mas, principalmente, comemoramos a decisão tomada. Naquele momento era necessário colocar os fatos acima das declarações.

— Para mim, essas palavras foram parte do processo que todas e todos vivemos como sociedade em vista de apoiar a lei do matrimônio igualitário — analisa Esteban Paulón —. Também acho que falam bem claro da construção desse consenso por parte da Federação e de como Cristina, como expoente da nossa sociedade, acompanhou a mudança social: primeiro a indiferença, depois a dúvida e, finalmente, o apoio decidido.

***

O caso de Elvio, no entanto, era diferente do de Adolfo e demonstra até que ponto a lei de matrimônio igualitário fazia falta para acabar de uma vez por todas com uma multiplicidade de situações de discriminação que não podiam ser solucionadas com medidas parciais.

O caso chegou ao Supremo Tribunal Federal e recebeu uma sentença favorável, entretanto, mesmo com a sentença e a resolução da Previdência Social, Elvio continua sem receber a pensão.

Sim, continua sem receber a pensão.

No final de 2002, um dia antes do aniversário de Elvio, seu companheiro teve uma convulsão na cozinha. Daniel era um homem divertido e capaz de fazer-lhe uma brincadeira, mas bastaram alguns segundos para ver que era sério. O resto aconteceu muito rápido: os vizinhos em casa, a ambulância, o hospital, o diagnóstico por imagens, tumor cerebral, mais exames, uma operação, tratamentos. Em janeiro do ano seguinte, dois meses depois de passar pela sala de cirurgia, Daniel faleceu após permanecer vários dias em coma.

Eles tinham se conhecido onze anos antes, quando Daniel foi à repartição onde Elvio trabalhava para fazer a inscrição de um veículo. Tiveram que fazer vários trâmites juntos, até que um dia Daniel perguntou-lhe se não queria ir a sua casa. Seis meses depois já estavam morando juntos. "Nenhum dos dois sufocava o espaço nem a realização pessoal do outro", lembra Elvio.

Daniel era médico cirurgião, ginecologista, obstetra e ecógrafo. Trabalhava em dois hospitais, duas clínicas e em alguns centros municipais de saúde. A princípio, tanto trabalho deixava pouco tempo para passar juntos, mas davam um jeito para aproveitar cada oportunidade. Eles gostavam de assistir a filmes, de organizar jantares com amigos e de sair para passear ou dançar. A morte encontrou Daniel muito jovem e Elvio não sabia que, além da dor da tragédia, teria também um longo processo judicial para enfrentar a impiedade das leis, que não contemplavam que um homem pudesse se apaixonar por outro homem.

"Daniel sempre dizia que eu era sua única família. Tinha vindo de Mendoza para Buenos Aires e via os pais e irmãos apenas uma vez por ano", lembra o viúvo. No entanto, pouco depois do enterro, armada com os artigos do Código Civil que diziam que Elvio não era ninguém na vida de Daniel, aquela família o "convidou" a abandonar o apartamento no qual haviam morado juntos durante uma década. Os vizinhos, os amigos do casal e os colegas de trabalho de Daniel reagiram indignados, mas Elvio decidiu ir embora sem reclamar. Talvez pudesse ter ido à justiça, invocar direitos constitucionais, pedir a parte da herança que lhe correspondia, mas a amarga lembrança do deterioro e da morte de quem havia sido o amor de sua vida turvou todo o resto. No entanto, meses depois e aconselhado por amigos, ele decidiu dar entrada no pedido de pensão por viuvez. "Com essa reclamação, eu não prejudicava ninguém", diz, como se justificando por não ter processado também os sogros, que o deixaram na rua.

Em março de 2005, a 1ª Vara, no Juizado Nacional no Contencioso-administrativo da Circunscrição Judicial de La Plata, a cargo do Juiz Luis Federico Arias, ordenou que a Caixa de Previdência da província outorgasse a pensão. Elvio tornava-se assim o primeiro viúvo gay da Argentina a ter esse direito reconhecido pela Justiça.

Mas a alegria durou pouco.

A Caixa de Previdência apelou da sentença. O juiz recebeu a apelação, mas com efeito devolutivo, não suspensivo. Isso significava que deviam começar imediatamente a pagar a pensão e, se no final do processo a sentença fosse revogada, Elvio deveria devolver o dinheiro. Era uma forma de impedir que o processo judicial obrigasse o viúvo a esperar anos para começar a receber o benefício. Entretanto, a Caixa encontrou uma brecha legal. Voltaram a negar a pensão alegando que não havia provas concludentes de que Daniel tivesse sido seu companheiro. Como a sentença do juiz Arias havia decidido que não podiam lhe negar seus direitos por ser homossexual, negaram com outra desculpa. "Depois de 11 anos vivendo juntos, sobravam provas: anexamos muita documentação e oferecemos testemunhas, mas responderam que era insuficiente. Nunca chamaram as testemunhas", explica Julián Diaz Bardelli, um dos advogados da Sete Cores, que atualmente trabalha no INADI, proposto pela Federação. Junto com Lorena Gutiérrez Villar — uma das advogadas que depois assinaria a ação de amparo de Alex Freyre e José María Di Bello, o primeiro casal gay argentino que conseguiu se casar no país —, ele patrocinou gratuitamente a causa.

Diante das novas desculpas da Caixa de Previdência, Elvio teve que iniciar outra ação judicial, desta vez para provar que Daniel havia sido seu companheiro. Porém, logo recebeu outra má notícia: a Câmara revogara a sentença de Arias. Elvio apelou ao Superior Tribunal de Justiça do estado, que também lhe deu as costas.

Quando Cristina Fernández de Kirchner decidiu que o Estado Nacional reconhecesse o direito a pensão dos viúvos e viúvas homossexuais e Amado Boudou ditou a resolução mencionada anteriormente, Elvio se alegrou. No entanto, seus advogados logo lhe explicaram que isso valia somente para os beneficiários da previdência federal. A Caixa de Previdência que tinha que lhe pagar é provincial.

Finalmente, em julho de 2009 o Supremo Tribunal Federal lhe deu razão.

Parecia que dessa vez sim, mas outra vez não.

O Superior Tribunal de Justiça do estado recebeu o processo de novo, para ditar uma nova sentença. Assim é o procedimento e, supostamente, deveria ser fácil e rápido. No entanto, quando há má vontade, o sistema leva seu tempo.

Elvio continua esperando.

Embora os juízes provinciais tenham feito a sua parte, falta um detalhe. A justiça contencioso-administrativa deveria retomar o outro processo que ficou suspenso quando a Câmara revogou a sentença de Arias, para Elvio provar que Daniel era seu companheiro. E os caminhos kafkianos do sistema judicial poderiam seguir, porque os diretores da Caixa de Previdência, cujo presidente é o doutor Héctor Osvaldo Sainz, parecem decididos a seguir colocando obstáculos legais para não pagar.

"O problema dessas pessoas é a homofobia militante", denuncia o advogado Diaz Bardelli, e mostra como exemplo uma resolução de outra Caixa de Previdência provincial que agiu de maneira diferente. As leis reconhecem o direito à pensão aos "companheiros em aparente casamento" sem especificar que devam ser de sexos diferentes. No entanto, o que se costumava alegar para dizer que não aos homossexuais era que, como não podiam se casar, sua convivência em comum tampouco aparentava um casamento. O juiz Arias havia recusado essa interpretação e, baseando-se justamente em sua sentença a favor de Elvio, a Caixa de Previdência dos Psicólogos da província de Buenos Aires decidiu outorgar a pensão ao viúvo de um filiado sem necessidade de que fosse à justiça. Como a lei era ambígua, tudo dependia da boa vontade dos que decidiam.

O casamento de Elvio e Daniel era apenas "aparente" porque a lei argentina não lhes havia permitido formalizá-lo. Senão, teriam se casado.

— Sem dúvida! — garante Elvio.

Com a certidão de casamento, ele não só receberia a pensão há anos, como também não poderiam tê-lo colocado para fora de sua própria casa, que ele teria recebido como herança.

Histórias como esta há milhares, cada uma revelando um pequeno pedaço de uma enorme teia de aranha. A discriminação oriunda da falta de reconhecimento legal dos casais do mesmo sexo afetava diferentes direitos e produzia uma grande variedade de danos e um monte de sofrimento a muita gente.

"Façam uma pesquisa"

María tinha começado a se comunicar com frequência com o ministro Aníbal Fernández desde a reunião que tivemos na Casa Rosada. Pouco a pouco, estavam ficando íntimos. Aníbal parecia entusiasmado com o trabalho da Federação e insistia que contássemos com ele para ajudar a incentivar a discussão interna no governo. E para "criar condições".

De vez em quando, María falava novamente da pesquisa da Analogías que o jornal *Página/12* havia publicado após a primeira ação de amparo. Para essas coisas, María é insistente: repetia o resultado da pesquisa em cada lugar onde podia, até que todos soubessem de cabeça.

Mas havia uma resposta que sempre arruinava o argumento: "A pesquisa foi feita na Capital Federal e na Grande Buenos Aires. No resto do país, perdem de goleada, a Igreja tem mais peso e a sociedade é mais conservadora". Seria assim? Em Rosário, sabíamos que não, mas Rosário era uma cidade socialista.

— Façam um levantamento nacional, assim tiram a dúvida — María disse um dia a Fernández.

Era uma aposta muito arriscada. A Federação sempre estava à beira do abismo com este assunto: por um lado, insistíamos com a pesquisa do jornal *Página/12*; por outro, lembrávamos que a legitimidade de nossos direitos não era uma questão de maiorias e minorias: embora a maioria estivesse de acordo em negar direitos de negros ou judeus, um país democrático não deveria aceitar. E a Constituição garante a igualdade perante a lei. Ponto final.

Mas sabíamos que uma pesquisa nacional favorável era música para os ouvidos dos políticos. Valeria a pena correr o risco se acreditássemos que os números podiam nos favorecer. E nosso otimismo era, às vezes, exagerado. Vai ver que a maioria nos apoia!

— Tudo bem. Falem com a Analogias e peçam um orçamento; o governo paga — disse o ministro.

Rapidamente, María conseguiu o orçamento, e Fernández o aprovou.

Eu e María nos reunimos com Analía del Franco, diretora da Analogías, para combinar todos os detalhes, e fiquei encarregado de corrigir o questionário e dar um minicurso para a pessoa que seria responsável por coordenar a pesquisa, a fim de que conhecesse o assunto mais detalhadamente.

Risquei a pergunta sobre "união civil". Mudei a forma da pergunta sobre adoção conjunta. Essa pergunta iria ao final, e em várias etapas, a primeira com uma pergunta básica: "Você concorda que um casal do mesmo sexo possa adotar uma criança?". Em seguida, outras perguntas para saber se os entrevistados sabiam que a legislação existente não proibia gays de adotar, mas sim de adotar em conjunto com o parceiro, o que impedia a transmissão de certos benefícios para a criança (plano de saúde, herança etc.). Apenas no final, perguntaríamos se concordavam que as crianças adotadas por homossexuais e seus parceiros tivessem os mesmos direitos que as demais crianças. O percurso era complexo, mas servia para testar como evoluía a resposta quando se acrescentava informação — e para saber o que as pessoas sabiam sobre a legislação em vigor.

"As pessoas precisam conhecer o assunto. Quando abrirmos o debate e pudermos refutar todos os mitos e preconceitos com argumentos sérios, informações, opiniões de especialistas e estatísticas, vamos ganhar o debate", dizíamos. Mas o fundamental era que, com as perguntas formuladas dessa maneira, havia mais probabilidades de que o resultado fosse favorável na questão da adoção conjunta, que sabíamos que seria a mais difícil, porque é em relação a essa questão que existem mais preconceitos.

Também pedi para incluir uma pergunta sobre religião, a fim de cruzar os dados e ver quantas pessoas que afirmavam crer em Deus e quantas que diziam praticar a religião católica eram a favor do casamento igualitário: "Que opinião tem sobre a posição da Igreja de rejeitar o casamento civil entre pessoas do mesmo sexo?". Esperávamos provar que a Igreja não convencia nem seus próprios fiéis, como é o caso da sua oposição à legalização do aborto[43] e à educação sexual.

Por último, María sugeriu a adição de uma série de perguntas que serviriam para medir o impacto eleitoral do tema: "Se você já tivesse decidido votar em um determinado candidato e descobrisse que ele apoia os direitos de gays e lésbicas, você mudaria seu voto? E se descobrisse que ele se opõe a esses direitos?". Queríamos saber se quem apoiava o casamento igualitário dava tanta importância para deixar de votar em um candidato por se opor, e vice-versa.

Quantos votos vou ganhar e quantos vou perder.

Del Franco aceitou todas as sugestões e, além disso, estava muito entusiasmada com o tema — e era absolutamente a favor. Além do casamento igualitário, aproveitamos para incluir um questionário sobre a lei de identidade de gênero.

Também seriam feitos *focus groups*, um tipo de estudo que permite a obtenção de resultados qualitativos. Vários grupos de oito pessoas escolhidas aleatoriamente, metade homens e metade mulheres, cada grupo correspondendo a um determinado segmento social e localidade, são convocados para uma reunião de duas horas. São avisados de que vão debater um tema e que esse debate

---

43 Nota do autor: Na Argentina, todas as pesquisas mostram há muito tempo que a maioria da sociedade é favorável à legalização do aborto, e existe um projeto de lei (aborto seguro, legal e gratuito), assinado por parlamentares de quase todos os partidos, inclusive a nova líder da bancada governista desde maio de 2013, Juliana Di Tullio, mas ainda continua sendo um tema tabu para o governo.

vai ser gravado, mas eles não sabem qual é o tema até que a porta é fechada. Ao longo do debate, coordenado por uma psicóloga, observado do outro lado do espelho (câmara gêiser) por especialistas e filmado para depois ser analisado em detalhe, é possível saber não apenas se os entrevistados são a favor ou contra, mas por quê, com que informação, como explicam sua posição, que dúvidas têm, quão convencidos então, e se poderiam mudar ou não de opinião a partir de certos argumentos. Como é um estudo mais caro, seria apenas com grupos da Capital e Grande Buenos Aires, em contraste com a pesquisa, que seria nacional.

O primeiro grupo foi em 25 de agosto. Vários ativistas da Federação, eu inclusive, assistiram ao debate do outro lado do vidro.

***

O resultado foi surpreendente. Nos quatro grupos que observei, não houve nem mesmo uma pessoa que dissesse que estava em desacordo com o casamento entre pessoas do mesmo sexo. O debate começou com questões mais gerais sobre direitos humanos. Havia um cara que era filho de militar e defendeu o subcomissário Patti,[44] disse que as mães da Praça de Maio defendiam terroristas e que os desaparecidos "não eram nenhuns santos". E até esse cara estava de acordo!

O argumento da maioria era bastante simples: por que não? Aos demais, em que os afeta? Se você quer se casar com um homem ou com uma mulher, que se case, não é problema meu.

Com a adoção, por outro lado, as opiniões estavam divididas praticamente pela metade, mas à medida que a informação era apresentada aos entrevistados (lia-se o que dizia a lei e o que ela pretendia mudar — dado que ninguém sabia — e se explicavam as consequências), a maioria dos que eram contra mudava de opinião.

— Eu não sabia disso... Se é assim, então eu concordo — diziam.

O debate entre os mais jovens foi emocionante. Muitos não sabiam que o casamento gay não estava permitido e reagiam indignados:

— Como assim não podem casar? Mas isso é muito injusto!

— Se não me deixassem casar com meu namorado, eu faria o maior barraco — dizia uma garota que devia ter pouco mais de 18 anos de idade, estudante da Universidade Católica Argentina.

---

[44] Ex-policial que participou da repressão e torturou presos, entre outros crimes cometidos durante a ditadura militar.

— No meu grupo de amigos, alguns são gays, outros heterossexuais, mas está tudo bem, a gente sai junto pra se divertir. Cada um faz o que quer — dizia um garoto que ainda estava no ensino médio.

— O que acontece é que os políticos querem ficar bem com Deus e com o diabo — argumentava outro para explicar por que a "união civil" estava mal.

— Foram enganados com esta lei da Capital. Quando leram as letras miúdas, viram que não servia para nada — concluía uma das meninas.

— Os adultos têm muitos preconceitos, entre os jovens é diferente. Qual o problema se você é veado? Vamos viver e deixar viver!

Quando terminou, do outro lado do vidro, todos nós chorávamos.

***

A pesquisa abrangeu 800 casos na Capital, Grande Buenos Aires, Mendoza, San Miguel de Tucumán, Córdoba e Rosário. Foi realizada de 30 de setembro a 5 de outubro de 2008, por telefone, utilizando o sistema CATI de captura de dados *on-line*, com entrevistados de ambos os sexos, com idades entre 16 e 65 anos e habilitados a votar no seu local de residência. A margem de erro era de 3,5%.

Os resultados foram conclusivos: 66,3% dos argentinos eram a favor da legalização do casamento civil entre pessoas do mesmo sexo.

A pesquisa revelou outros dados interessantes, tais como a rejeição dos católicos à postura da igreja: 57,3% dos que disseram ser católicos apostólicos romanos responderam que estava em desacordo com a oposição da Igreja sobre o casamento entre pessoas do mesmo sexo e 56% das pessoas que professam alguma religião e 72% dos que responderam que só acreditam em Deus se manifestaram a favor do casamento gay, enquanto a adesão entre os não crentes chegou a 91%.

Segmentado por áreas, na Capital e GBA, estavam a favor da lei 67% dos entrevistados, enquanto no interior o apoio alcançava 60%, uma variação muito menor do que a esperada.

No que diz respeito à idade, o "sim" chegava, em média, a 70% entre 16 e 45 anos, enquanto na faixa de 46 a 65 anos baixava para 57,8%. Também se percebiam diferenças de acordo com o nível socioeconômico: na classe alta, o apoio atingia 74%, caindo para 70% e 62% nas classes média e baixa. Um fato surpreendente foi que 45% dos entrevistados da cidade de Buenos Aires acreditavam que o casamento gay já era legal na Argentina.[45]

---

[45] Quando a ação de amparo de María e Claudia foi apresentada, muitos jornalistas me perguntaram: "Ué, não é legal? Já não haviam aprovado o casamento gay?". A lei de "união civil" portenha tinha criado muita confusão a esse respeito. Muitos acreditavam que era a mesma coisa.

Ao avaliar a oportunidade e as possíveis consequências de uma mudança na legislação sobre o casamento, 71% opinaram que era hora de mudar, 68% disseram que essa medida "ajudaria a combater a discriminação" e 63% que "seria um avanço social e cultural para o país".

Por outro lado, os entrevistados pensavam que os que mais concordariam com o casamento gay seriam os mais jovens (70%), as mulheres (62%) e os jornalistas (57%), e os que mais discordariam seriam a Igreja católica (97%), as pessoas de idade mais avançada (83%) e a polícia (53%); 39% responderam que se, antes de uma eleição, descobrissem que o candidato em quem tinham intenção de votar era contra a igualdade de direitos para gays e lésbicas, mudaria o voto, enquanto apenas 14% responderam que não votariam em seu candidato se soubessem que ele era a favor desses direitos.

Com relação à adoção, tal como supúnhamos, os resultados foram mais complexos. No início, consultados sobre a possibilidade de casais de gays e lésbicas adotarem, a diferença entre o "sim" e o "não" foi menor que a margem de erro da pesquisa, com vantagem para o "não". Segmentando-se por idade, havia mais contrastes: os mais jovens (16 a 20 anos) e os mais velhos (46 a 65 anos) foram claramente contra, enquanto a faixa de 21 a 45 anos era claramente a favor. A mesma diferença se notava entre aqueles que não tinham parceiro nem filhos (contra) e aqueles que tinham parceiro e filhos (a favor).

Quando foram consultados se sabiam que a lei então existente permitia a pessoas homossexuais adotar, sozinhas ou em casal, mas não permitia registrar a adoção conjunta — de modo que podiam conviver e educar juntas o menino ou a menina, mas apenas um membro do casal poderia ter o pátrio poder —, entre 82% e 89% não sabiam. Uma vez informados do que a lei dizia e qual a alteração proposta, 73% eram a favor da reforma e apenas 23% contra.

Os resultados foram excelentes, mas passou quase um ano até que se tornaram públicos. Como o estudo tinha sido encomendado e pago por ordem de Aníbal Fernández, uma das condições que este havia colocado era de não divulgar nada até que ele permitisse. Analía del Franco tinha ordens de não falar sobre a pesquisa com nenhum jornalista e nós tínhamos dado a palavra de que também não faríamos isso.

— Primeiro a Presidenta tem que ver, não pode ficar sabendo pelos jornais — disse Fernández.

A Presidenta deve ter visto naquela semana ou na semana seguinte, mas passavam os dias, as semanas, os meses, e a resposta de Aníbal sempre era de que tínhamos de esperar "o momento mais apropriado" para publicar a pesquisa.

Aqueles que conheciam os resultados concordaram que o Governo tinha comprado um problema político e agora não sabia como resolvê-lo. Se divulgasse a pesquisa, reconhecendo que havia encomendado e que a Presidenta tinha os resultados em sua mesa de trabalho, os jornalistas, a Igreja, nós, o bloco governista no Congresso e a oposição começariam a pedir uma definição dos Kirchner. A pergunta seria clara:

"A Presidenta apoiará a lei do casamento gay?".

Alguma coisa eles iam ter que dizer. E ainda não tinham decidido.

Se rompêssemos o acordo e publicássemos os dados, perderíamos a relação de confiança que tínhamos adquirido com o ministro da Justiça — que mais tarde seria alçado a ministro-chefe da Casa Civil —, nosso aliado mais importante na Casa Rosada. E corríamos o risco de que os Kirchner, irritados, guardassem o projeto de lei numa gaveta sob sete chaves até o final do mandato.

Além disso, acreditávamos em Aníbal. Tinha dado mostras de apoio e sempre nos falava sem rodeios e com linguagem coloquial, sem formalidades. Afinal de contas, ele poderia ter mandado fazer a pesquisa e não nos dizer nada, e no entanto fomos os primeiros a receber o arquivo com todos os dados diretamente de Analía del Franco. Era um sinal de confiança.

Para mim, como jornalista, era um dilema. Tinha uma informação extremamente importante para o meu trabalho que não podia publicar. Era, além disso, uma informação positiva, que me interessava pessoalmente e como militante. Mas não tinha obtido como resultado de uma investigação jornalística, e sim por ser ativista da Federação. Somente esta poderia me autorizar a usá-la.

Daniel, meu amigo que trabalha no *Notícias*, soube e me chamou para pedir os resultados. Um conhecido tinha sido pesquisado e lhe contara.

— Quero os resultados dessa pesquisa — me disse.

Não ia mentir para Dani. Com seu compromisso de que não publicaria que havia falado comigo, confirmei para ele que a pesquisa existia, mas falei que eu não podia dar os resultados.

— Peça a Analía que te dê. Se conseguir, publique. Eu não posso fazer isso — eu disse. Mas Del Franco não lhe deu nada.

Depois de um tempo, María começou a repetir uma frase misteriosa quando falava com os repórteres.

— Sabemos que existem pesquisas nacionais que falam de uma ampla maioria a favor de nossos direitos, o que certamente será anunciado em breve — dizia.
"Em breve" demorou bastante.

Amigos do Tribunal

Em setembro, levamos adiante a apresentação de diferentes *amicus curiae* perante o Tribunal, na causa de María e Claudia. A expressão significa "amigos do Tribunal" e se refere às opiniões que podem ser apresentadas por pessoas ou instituições que, num determinado caso que está sendo analisado pelo tribunal, se apresentam na qualidade de "amigos" do Tribunal para dar uma opinião fundada sobre o assunto.

Os *amicus* não são recursos, e quem apresenta não é parte no processo. São apenas opiniões apresentadas sob um determinado formato e com certas regras, prazos e procedimentos que não necessitam ser consideradas de forma obrigatória, mas que os juízes leem e podem levar em conta na hora de proferir a sentença.[46] Se quem as assina é um jurista de peso ou uma instituição importante, podem ser muito valiosas.

Uma das apresentações foi realizada pelo INADI, com a assinatura de Lubertino e redação da advogada Romina Ojagnan, do departamento jurídico do instituto, que assumiu a tarefa com muito entusiasmo e produziu um texto de primeiro nível. Outra chegou do exterior, elaborada pelo professor Robert Wintemute, advogado canadense doutorado em Oxford e professor de Direitos Humanos na Faculdade de Direito do King's College de Londres. Este destacado jurista já havia se apresentado diante do Tribunal Europeu de Direitos Humanos, num caso de adoção solicitada por um homem gay, no Tribunal Europeu de Justiça, num caso de pensão para um convivente reconhecido do mesmo sexo, e perante o Supremo Tribunal Federal de Massachusetts[47] e o Tribunal Europeu de Direitos Humanos, em casos de casamento entre homossexuais, entre outras ações.

Wintemute veio à Argentina convidado pelo British Council e deu duas conferências sobre o casamento entre pessoas do mesmo sexo: uma no Senado e outra no Palácio San Martin, sede da Chancelaria. Em ambas, além dele, falamos María José Lubertino, María Rachid e eu.

---

46 Nota do autor: um exemplar deste livro em espanhol foi apresentado pela organização Colômbia Diversa como *"amicus curiae"* num caso sobre casamento igualitário que tramitava perante a Corte Constitucional, que finalmente deu um prazo de dois anos ao Poder Legislativo para mudar a lei.
47 Wintemute assessorou a Corte de Massachusetts no caso que deu origem à legalização do casamento gay naquele estado.

Além dos *amicus* do INADI e de Wintemute, já havíamos incorporado à causa, quando da apelação à Câmara, um outro assinado por uma longa lista de advogados e acadêmicos de renome de diversas universidades. Em um escrito extenso, os assinantes sustentavam que negar aos casais do mesmo sexo o direito ao casamento civil era inconstitucional. Mais adiante, foram apresentados outros, assinados por líderes políticos que apoiavam a reivindicação. Os ativistas da Federação que tinham contatos nos partidos começaram a procurar dirigentes que estivessem dispostos a assinar seu próprio *amicus*. Dos que disseram não, surpreendeu-nos um legislador que contávamos como garantido. Porém, naquele momento, ele não queria saber de nada:

— Sou de uma província pequena e muito machista. Se assinar isso, todo mundo vai pensar que sou veado — respondeu.

No entanto, mais tarde, votou a favor da lei.

— Temos que conseguir a assinatura de algum governador — disse María, e Esteban fez campanha para conseguir Hermes Binner, da província de Santa Fé. A ideia era propor que ele assinasse o *amicus* junto com os dirigentes do Partido Socialista.

Mas não conseguiu. O PS apresentou um *amicus*, mas sem a assinatura do governador.

Naqueles dias, Esteban encontrou, nos corredores da Câmara, Hernán Madera, outro companheiro da Federação que trabalhava com uma deputada da Terra do Fogo.

— Vamos apresentar um *amicus* no Supremo, pela ação de amparo de María e Claudia, assinado por dirigentes do Partido Socialista, apoiando o pedido de casamento. Será que você consegue a assinatura da Fabiana? — desafiou-o. Referia-se a Fabiana Ríos, governadora da província mais austral do país.

Hernán aceitou o desafio e conseguiu as assinaturas do deputado Gorbacz, da deputada Belous e da senadora María Rosa Diaz. Entretanto, faltava a governadora, por isso esperaram uns dias para lhe falar, pois sabiam que ela viajaria a Buenos Aires.

Fabiana Rios não hesitou, e sua assinatura encabeçou a apresentação. Porém, antes, pediu que imprimissem tudo de novo porque havia encontrado erros no texto que os demais não haviam visto, de maneira que todos tiveram de assinar outra vez.

— Fabiana é muito exigente com essas coisas — explica Hernán.

Quando avisou, María estava celebrando:

— Temos a assinatura de uma governadora! — nos dizia a todos.

Ríos, acompanhada pelos deputados e senadores de sua província, apresentava-se assim ao máximo tribunal do país para apoiar o direito dos casais do mesmo sexo a se casarem.

Pouco mais de um ano depois, faria muito mais que isso.

O "casamento" de Piazza

No dia 15 de setembro, o estilista Roberto Piazza se "casou" com seu companheiro Walter Vázquez. Pelo menos era isso que a mídia informava. Como se tratava de um famoso, a notícia saiu em todos os jornais, noticiários, rádios e revistas.

No entanto, na verdade, Piazza e Vázquez não se casaram. Não podiam, já que ainda não era legal. Tampouco foram pedir horário no cartório para apresentar uma ação de amparo. Na realidade, o que fizeram foi uma festa na boate gay Amerika, sem nenhum valor legal, com uma cerimônia religiosa celebrada por um pastor cristão gay de uma igreja alternativa. Muitos jornalistas não entendiam a diferença e nos ligavam para que lhes explicássemos como era.

— Mas eles vão casar mesmo? — perguntavam.

Outros não averiguavam e noticiavam: "Piazza se casou".

E muita gente acreditou que havia se casado de verdade.

Piazza nos convidou e pediu que o assessorássemos para não dizer besteira quando falasse com os jornalistas. Foi muito humilde e gentil, e pediu nossa ajuda. A festa seria faraônica, com mais de mil convidados e alianças com vinte diamantes. "Queremos chamar a atenção e impulsionar a igualdade de direitos para que mais um passo seja possível: o casamento de acordo com a lei",[48] disse à mídia.

No começo, a ideia não nos convencia. Mas era uma decisão privada do casal, e ainda bem que ele nos avisou e pediu conselho. Tínhamos medo de que a demanda pelo casamento gay terminasse associada a um evento frívolo numa boate, que poderia ser visto como "pouco sério" por muita gente, e gerasse muita confusão sobre o que tinha acontecido: era um casamento?

Ambas as coisas aconteceram, era inevitável, mas, ainda assim, o resultado foi muito bom. A mídia continuou falando sobre o assunto, e muita gente, que não lia os jornais que publicavam o que dizíamos, mas sim as revistas de amor

---

48 Tudo sobre la excéntrica boda de Roberto Piazza. *Terra.com*. <http://www.terra.com.ar/canales/tv/185/185847.html>.

ou de fofoca que se ocuparam amplamente da festa, achou que estava bem.

Na pesquisa feita pela Analogías, quando perguntaram aos entrevistados de que notícias lembravam sobre o tema "casamento gay", 82,% responderam espontaneamente (era uma pergunta sem opções) que lembravam do "casamento de Piazza" — e que eram a favor. Já 5,3% também mencionavam o casamento, e diziam que eram contra. Um saldo mais que positivo.

Em Connecticut, você pode

Em 10 de outubro, o Supremo Tribunal de Connecticut, nos Estados Unidos, decidiu legalizar o casamento homossexual. A decisão foi apoiada por quatro dos sete juízes e deu razão a oito casais da cidade de Madison que processaram o Estado em 2004, depois que as autoridades locais lhes negaram permissão para se casar.

Desde 2005, Connecticut contava com uma lei de união civil que reconhecia quase todos os direitos do casamento, e isso não era um detalhe menor. Os juízes consideraram que, mesmo existindo um sistema de proteção legal diferenciado para gays e lésbicas, "o tratamento diferente para os casais de mesmo sexo é constitucionalmente deficiente" porque significaria aplicar "uma série de princípios constitucionais para os gays e outros para as demais pessoas". Em seu voto, o juiz Richard Palmer argumentou que "a interpretação da Constituição em conformidade com os princípios de igualdade conduz inexoravelmente à conclusão de que pessoas homossexuais têm o direito de se casar com quem quiserem".[49]

Era outra pedra do dominó que caía. E outro precedente para a futura decisão do Supremo argentino.

***

Enquanto isso, na Califórnia, o direito ao casamento gay continuava — e continua — em disputa. Em maio do mesmo ano, o Supremo deu sentença favorável, e os casais começaram a se casar, mas a "Proposição 8", referendo promovido por grupos religiosos homofóbicos, foi aprovada nas urnas em 4 de novembro e, com 52,5% dos votos, conseguiu novamente tirar de gays e lésbicas esse direito.

O processo continuou com mais apelações — o Supremo validou a Proposição 8, mas também manteve a validade dos 18 mil casamentos realizados enquanto era legal — e agora há um novo processo na justiça federal que pode chegar à Corte Suprema de Justiça dos Estados Unidos.[50] E, se o tribunal decidir

---

49 BIMBI, Bruno. Todos los caminos llevan a la Corte. *Crítica da Argentina*, 19/10/2008.
50 "Nota do autor: enquanto revisávamos a tradução deste livro, a Corte Suprema dos EUA decidiu a favor do casamento gay na Califórnia, que voltou a ser legal, e derrubou a lei de "defesa do

a favor, dependendo do caminho jurídico que escolher para tomar a decisão, o casamento gay poderá ser legal em todo o país.

Uma curiosidade: o processo é conduzido por dois advogados muito famosos que se enfrentaram num julgamento de repercussão internacional que, aliás, virou filme:[51] a validade da contagem de votos na Flórida na eleição de 2000, que consagrou pela primeira vez George W. Bush como presidente dos Estados Unidos após um processo eleitoral escandaloso, com alegações de fraude. Theodore Olson representou o Partido Republicano de Bush e David Boies representou Al Gore, do Partido Democrata.

Agora, num julgamento que, novamente, pode ser histórico, representam juntos dois casais de lésbicas que querem se casar.

Righi: "*plata o mierda*"[52]

Já fazia bastante tempo que eu e María vínhamos conversando sobre a possibilidade de pedir uma audiência com o Procurador-geral da República, Esteban Righi, para falar sobre a causa que estava no Supremo. O procurador é o representante do Ministério Público perante o Supremo Tribunal Federal, e, em 23 de maio, o Tribunal tinha lhe remitido a ação de amparo de María e Claudia. Enquanto Righi não assinasse o parecer — não tinha prazo para isso —, o Supremo não poderia começar a analisar o caso para proferir sentença.

Estávamos nas mãos desse homem, que havia sido designado para o cargo por Néstor Kirchner. Antes, havia sido ministro do Interior durante a presidência de Héctor Cámpora,[53] em 1973, e após o golpe de 76 teve que se exilar no México, onde atuou como advogado de presos e perseguidos políticos.

Quando saiu a sentença de Connecticut, conversei com María (este tipo de notícia nos deixava acelerados), e decidimos que tínhamos que pedir a reunião com urgência. María falou com María José Lubertino para que nos acompanhasse e ela nos aconselhou fazer de outra maneira.

María era a autora da ação junto com Claudia. Righi não aceitaria recebê-la. Mas poderia, sim, aceitar um pedido de audiência da titular do INADI, que havia

---
casamento" (DOMA), pela qual o governo federal não reconhecia os casamentos celebrados nos estados onde já é legal".
51 *Recontagem* (*Recount*), 2008, de Jay Roach, produzido pela HBO.
52 "*Plata o mierda*" é uma gíria usada em situações em que alguém aposta na base do tudo ou nada.
53 Cámpora foi o representante de Perón nessa eleição, já que o próprio Perón estava proscrito. O lema da campanha foi "Cámpora no governo, Perón no poder". Ele permaneceu pouco tempo na presidência, já que renunciou para convocar eleições e permitir a volta de Perón, que foi eleito para um terceiro mandato depois de retornar do exílio.

apresentado um *amicus* na causa e era o organismo do Poder Executivo que tinha a função de zelar pela não discriminação. Institucionalmente, era uma alternativa muito mais adequada. Além disso, María Jose poderia me levar como acompanhante, sem avisar nem dar explicações prévias. Uma vez no gabinete de Righi, eu me apresentaria como ativista da Federação e teria a oportunidade de dizer o que precisava dizer.

Assim foi. O procurador nos recebeu em seu gabinete, María José falou muito brevemente do *amicus* e depois me cedeu a palavra. Especialista em abrir portas, havia organizado tudo para que eu pudesse falar com ele.

Expliquei a Righi os principais argumentos jurídicos do nosso questionamento de inconstitucionalidade da denegação de acesso ao casamento para casais do mesmo sexo. Entreguei uma pasta e um CD com as sentenças do Tribunal Constitucional da África do Sul, dos tribunais constitucionais da Califórnia, Connecticut e Massachusetts (Estados Unidos) e dos tribunais de apelação de Ontário e Colúmbia Britânica (Canadá), que legalizaram o casamento gay em seus estados, e uma série de sentenças da Corte Constitucional da Colômbia que, embora não tratassem diretamente do casamento, mas de outros direitos derivados (pensão por falecimento, herança, plano de saúde compartilhado, assistência alimentar, divisão de bens), baseavam-se na premissa de que não reconhecer os mesmos direitos aos casais do mesmo sexo é inconstitucional — um dos juízes enfatizava em seu voto que essa lógica era aplicável à proibição do casamento entre pessoas do mesmo sexo, que era, para ele, o verdadeiro "mérito da questão". Eu disse que essas sentenças, de quatro países diferentes, se baseavam em princípios constitucionais análogos aos que figuram em nossa Constituição e em tratados internacionais de Direitos Humanos que têm hierarquia constitucional em nosso país.

Conversamos sobre esses tratados, incorporados à Constituição nacional na reforma de 1994, e sobre a aplicação, ao caso Rachid, da doutrina da "categoria suspeita",[54] para a qual citei jurisprudência do Supremo Tribunal argentino e de tribunais estrangeiros.

---

54 Como explica o juiz Guillermo Scheibler, são *suspeitas* aquelas distinções pelas quais se prejudica a grupos (categorias de pessoa) tradicionalmente excluídos (os negros, os judeus, os gays etc.), sem que isso possa ser justificado estrita e rigorosamente em um interesse legítimo do Estado. Esse tipo de discriminação se presume inconstitucional e corresponde ao Estado provar o contrário. Por exemplo (o exemplo é nosso, não de Scheibler), a lei pode proibir que os cegos tenham carteira de motorista, porque, embora essa proibição esteja negando a um grupo tradicionalmente excluído (as pessoas com deficiência) o acesso a um direito (dirigir um carro), essa discriminação pode ser justificada por um interesse legítimo do Estado (impedir acidentes) que não poderia ser satisfeito por outro meio. Mas, se a lei proibisse que os gays tenham carteira de motorista, essa proibição seria injustificável. Que interesse legítimo justificaria impedir que os gays (ou os cegos) possam se casar?

Por último, e fazendo uma avaliação mais política, falei para Righi que estávamos convencidos de que, em algum momento, o Supremo teria de resolver a controvérsia e que era inevitável que, no final, nosso país reconhecesse o direito ao casamento entre pessoas do mesmo sexo, como outros países já haviam feito e continuariam fazendo.

— Cedo ou tarde, algum procurador-geral terá de declarar a inconstitucionalidade desta forma de discriminação, e o senhor deve decidir se o nome que aparecerá nos livros de história será o seu ou o de algum dos seus sucessores — disse a ele.

Lubertino disse que era importante que a sentença do Supremo não deixasse a porta aberta a soluções segregacionistas como a "união civil", nem transferisse sua responsabilidade para o Congresso em vez de se encarregar de resolver o caso.

— Se este processo terminar com a aprovação de uma lei de "união civil" — acrescentei —, a Federação vai se apresentar novamente perante a justiça para pedir a declaração de inconstitucionalidade desse tratamento diferenciado porque, embora uma legislação desse tipo possa significar um avanço em termos exclusivamente materiais com relação a alguns direitos concretos, o dano vai ser maior, já que o Estado estaria dizendo que é legítimo tratar nossas famílias de modo diferente, e isso jamais aceitaremos.

**

Righi se mostrou muito bem predisposto.

Apesar de dizer que não podia nos adiantar em que sentido iria se pronunciar, visto que sua função não lhe permitia, deu-nos a entender que estava de acordo com nossos argumentos e que, em princípio, acreditava que tínhamos razão. Tudo isso, com a linguagem indireta, diplomática e potencial que pode usar um funcionário da Justiça. Sobre o que ele finalmente faria, mais não podia dizer.

Mas o importante foi que disse o que não faria.

Aí foi categórico.

— Não concordo, perante uma situação de inconstitucionalidade, que o Supremo passe a bola para o Congresso. A obrigação do Supremo, se considerar que a norma ou o ato administrativo atacado é inconstitucional, é declará-lo inconstitucional. Ou seja, num caso como este, dizer ao Registro Civil: "Case a senhora Rachid com a senhora Castro agora mesmo". E se achar que não há nenhuma inconstitucionalidade, o que tem a fazer é indeferir o pedido. Estas são as únicas opções.

— Isso quer dizer que o senhor não concorda que o Supremo diga que este assunto tem que ser resolvido no Congresso? — perguntei.

— Não, de jeito nenhum. O Supremo já fez isso no caso Badaro[55] e eu não concordei. Isso é lavar as mãos e, além disso, viola a separação dos poderes. O Supremo não pode dizer ao Congresso o que tem de fazer. Se você tem um caso, você tem que resolver. O Congresso já poderia ter resolvido e não fez isso, por isso o cidadão foi para a justiça — em resumo, foi o que ele nos respondeu.

Essa definição era muito importante. Temíamos que, se o Supremo passasse a bola para o Congresso, deputados e senadores aprovassem a "união civil" e a gente tivesse que voltar ao Supremo. Isso faria tudo mais lento e sofreríamos pela segunda vez uma grande derrota.

Com o critério de Righi, era "sim" ou "não".

Ou casam ou não casam.

Plata o mierda.

***

No dia 5 de agosto de 2009, ou seja, quase um ano depois, Righi firmou seu parecer. O que dizia?

Que o Congresso resolva.

E citava, como antecedente, o caso Badaro. O mesmo que havia criticado naquela reunião.

> [...] entendo que, se o Tribunal considerasse apropriado, seria conveniente levar o problema ao conhecimento das autoridades competentes, fazendo uso — no pertinente — do mecanismo articulado por esse Tribunal no precedente "Badaro". (Sentenças: 329:3089, fund. 19)[56]

— "Eu não concordei com o que o Supremo fez no caso Badaro. Isso é lavar as mãos e, além disso, viola a separação dos poderes" — Righi nos havia dito.

Segundo sua própria definição, então, ele estava lavando as mãos e propondo ao Supremo que violasse a separação de poderes.

Reconhecia em seu parecer que havia uma situação discriminatória e que existia "uma dívida" com as pessoas homossexuais que o sistema político-jurídico devia quitar. E nada mais. Já sei que te devo, mas, na verdade, tô cagando pra isso!

---

55 O caso Badaro foi uma reclamação por reajuste de aposentadoria no qual o Supremo ordenou que o Congresso procurasse uma solução, determinando que índice os haveres deveriam ser reajustados, e deu um prazo para isso.

56 RIGHI, Esteban. Parecer da Procuradoria-Geral da Nação. "R., M. da C. c/ Registro Civil das Pessoas Naturais" S.C. R. N° 90; L. XLIV. p. 44.

Escrevi uma contracapa para o jornal *Crítica* questionando suas conclusões:

> Righi reconhece que nos devem, mas guarda sua carteira. Que o Congresso pague, diz, como se uma das funções do Supremo não fosse zelar pela constitucionalidade das leis e pelos direitos consagrados na Carta Magna e nos tratados internacionais de direitos humanos. O Congresso tem um projeto de lei engavetado há dois anos, assinado por deputados de quase todos os partidos, para legalizar o casamento gay.
>
> [...] Os juízes do Supremo terão de decidir se nos obrigam a continuar esperando os tempos dos políticos, como pede Righi, ou se eles se responsabilizam por acabar com uma situação de discriminação que afeta absurdamente a vida de milhares de pessoas, violando a Constituição, que diz que todos são iguais perante a lei. O Supremo tem poderes suficientes para declarar a inconstitucionalidade das normas que nos discriminam, como fizeram os juízes de outros países.[57]

Estive a ponto de escrever uma nota diferente, contando tudo o que conto aqui e escrachando o Procurador por haver mentido. Mas não era o momento. Não ia adiantar nada e criaria um escândalo que não ajudaria. Tinha que seguir apostando que o Tribunal fizesse o correto.

E confiávamos no Tribunal.

Agora, já é possível contar.

Levante a mão!

A Parada do Orgulho de 2008, realizada em 1º de novembro, teve pela primeira vez um lema que servia para levantar a bandeira do casamento igualitário. Como nos anos anteriores, era impossível conseguir na comissão uma frase mais direta; a escolhida por consenso foi "Votem nossas leis!". Conforme quem a interpretasse, podia se referir à união civil, promovida pela CHA, ou à lei do casamento e à lei de identidade de gênero, que a Federação exigia.

Era preciso conseguir que a segunda interpretação se impusesse.

Como no ano anterior, com os panfletos, as bandeiras, os *bottons* e uma ala muito visível e barulhenta, a Federação convocou as pessoas para que se juntassem às nossas reivindicações. Todos os nossos carros de som tinham um CD com a marcha nupcial, que o *DJ* colocava ao chegar a cada esquina, e dos carros se jogava arroz na multidão, que recebia sempre com um longo e forte aplauso.

---

57 BIMBI, Bruno. De acá a veinte años. *Crítica da Argentina*, 18/08/2009.

No entanto, as "mãozinhas" foram as estrelas, uma ideia de Martín Canevaro, cujo companheiro uruguaio — e agora marido — copiou das paradas pela descriminalização do aborto em Montevidéu: eram cartazes com forma de mão levantada que falavam das leis que exigíamos que fossem votadas, distribuídos entre os manifestantes. Quando milhares de pessoas começaram a cantar em coro: "Votem nossas leis! Votem nossas leis!" e, espalhadas na multidão, sobressaíam as mãozinhas de papelão com as inscrições "Casamento entre pessoas do mesmo sexo" e "Lei de identidade de gênero", a mensagem foi mais que clara.

Além disso, naquele ano conseguimos que vários legisladores e dirigentes políticos e sociais fossem à parada e encabeçassem a coluna da Federação.

"O que dirá o Santo Padre, que vive em Roma?"

Quando assumiu a presidência, Cristina Kirchner escolheu Alberto Iribarne para ocupar a Embaixada no Vaticano, mas o papa Bento XVI, num gesto muito pouco diplomático, não lhe concedeu o *placet*. O motivo: Iribarne é divorciado. Cristina tomou isso como uma falta de respeito e, por um tempo, "congelou" as relações, deixando o cargo vago. Na verdade, mantinha a designação de Iribarne pendente, aguardando o *placet* que o Vaticano já tinha dado a entender que nunca viria.

A mesma coisa aconteceu ao presidente francês Nicolás Sarkozy, a quem o Papa rejeitou dois embaixadores seguidos, mesmo sendo ambos católicos: o primeiro, por ser divorciado e casar-se novamente; o segundo, por ser homossexual. No caso de Sarkozy, a mensagem do Papa foi menos diplomática ainda, tendo em conta que o presidente francês se divorciou e casou duas vezes.

Depois de a embaixada argentina permanecer vaga durante quase um ano, Iribarne renunciou à postulação para que a Presidenta pudesse escolher outro candidato, e o escolhido foi o ex-deputado Juan Pablo Cafiero, católico praticante e filho do veterano líder peronista Antonio Cafiero, que foi ministro de Perón. O *placet*, desta vez, foi concedido em tempo recorde, e as relações diplomáticas se normalizaram.

Em dezembro, ao se encontrar com o novo embaixador para receber as credenciais, Bento XVI lhe passou um sermão em público, dizendo que existiam "valores essenciais" que deviam ser respeitados, entre eles "o respaldo à família baseada no casamento entre um homem e uma mulher". No dia seguinte, todos os meios de comunicação reproduziram a mensagem papal, enfatizando que significava "um recado para a Argentina não aceitar o chamado 'casamento gay'".[58]

"EMA" e a revolução do ciberativismo

O surgimento e a massificação das redes sociais, como Facebook e Twitter, e o uso de ferramentas de comunicação como *blogs*, Youtube e páginas web têm permitido que muitas organizações da sociedade civil desenvolvam campanhas em diferentes lugares do mundo que, com pouquíssimos recursos econômicos, podem chegar a um público massivo, convocar muita gente a participar e multiplicar o impacto político e social de cada uma de suas ações.

Todas essas ferramentas contribuíram para a campanha do casamento igualitário na Argentina, não só para difundir materiais informativos, vídeos e convocatórias, conseguir milhares de adesões ou encher as caixas de e-mails dos deputados e senadores pedindo-lhes voto, mas também para organizar o ativismo *"off-line"*, ou seja, na vida real: gente que, sabendo pelo Facebook ou pelo Twitter, acabava participando de reuniões em sua cidade, formando grupos de apoio e organizando atividades e campanhas a favor da lei em todo o país.

Havíamos começado com um modesto grupo de Facebook intitulado "Eu sou a favor da legalização do casamento gay" que, integrado a princípio por alguns amigos e conhecidos, em pouco tempo chegou aos cinco mil seguidores. Foi um primeiro avanço, mas tinha muitas desvantagens: o Facebook não permite que haja mais de cinco mil pessoas num grupo, o que faz com se bloqueie automaticamente a possibilidade de alguém se somar quando esse número é atingido. Além disso, a única forma que os administradores têm de se comunicar com os membros é por meio de mensagens em massa, que terminam sendo incômodas para os internautas e poucas vezes são lidas. Por outro lado, os responsáveis pela campanha eram, a princípio, poucas pessoas e não tinham tempo para se dedicar ao ciberativismo nem sabiam como fazer isso.

Foi então que Diego Mathé e Agustín Marreins se somaram. Depois de terem trabalhado durante oito anos em uma *ponto.com* líder no segmento LGBT mundial e de terem vivido durante um longo período nos Estados Unidos, ambos haviam se familiarizado com o uso da internet para as campanhas políticas e de ativismo social e entendiam muito mais como as novas ferramentas da chamada web 2.0 funcionavam. Também conheciam María Rachid por terem traba-

---

58 ALGAÑARAZ, Julio. El Papa pidió que se 'robustezca' el diálogo entre Gobierno e Iglesia. *Clarín*, 06/12/2008.

lhado juntos muitos anos antes, e, quando souberam do projeto de reforma do Código Civil, entraram em contato para se oferecer como voluntários.

Assim nasceu a EMA — "El Mismo Amor" ("O Mesmo Amor") —, uma página web que começou a reunir todo o material informativo sobre o casamento igualitário produzido pela Federação, fazer publicidade das ações da campanha e formar uma base de dados com os e-mails de quem assinasse para receber informação. "O amor em um casal do mesmo sexo é o mesmo que em um casal de sexo diferente, então: o mesmo amor, os mesmos direitos", sintetizava Diego para explicar o lema da página. Além de programar e colocar a EMA *on-line*, Diego e Agustín transformaram o grupo do Facebook "Eu sou a favor da legalização do casamento gay" numa *fan page*,[59] uma ferramenta diferente que a rede social oferece e que, diferentemente dos grupos, não tem limite de usuários, é muito mais interativa e permite que suas atualizações, incluindo agenda de atividades, fotos, vídeos ou artigos, sejam visualizadas pelos seguidores na página principal da rede toda vez que acessam. No dia da sanção da lei do casamento igualitário, mais de 200 mil pessoas tinham assinado a *fan page*,[60] que passou a ser uma das ferramentas fundamentais da campanha.

Porém, foi no início de 2009, quando ainda faltava muito para atingir esse nível de massividade, que o nosso ciberativismo deu os primeiros passos. Em 14 de fevereiro, a ação de amparo de María e Cláudia completaria dois anos, e Diego e Agustín pensaram em organizar uma primeira atividade, convocada exclusivamente através da EMA e do Facebook, para medir o alcance da convocatória. Assim nascia o "Piquenique familiar pelo mesmo amor", que seria realizado de novo em 2012.[61]

***

Era sábado de tarde, o céu estava limpo e fazia um sol de rachar. Entre chimarrão, refrigerantes gelados, biscoitos, sanduíches de presunto e queijo, umas 150 pessoas se reuniram no parque que rodeia o Planetário da Cidade de Buenos Aires, procurando abrigo sob as árvores — que eram muito poucas — para

---

[59] <http://www.facebook.com/matrimonioigualitario>.
[60] Nota do autor: mesmo com a lei já aprovada, a *fan page* continua funcionando como canal de informação e comunicação sobre os direitos civis da população LGBT na Argentina e no mundo, e já tem mais de 450 mil fãs. Sou um dos administradores da página, bem como de sua irmã brasileira, facebook.com/casamentoigualitario, cujo principal editor é o ativista carioca João Júnior, que coordenou a campanha pelo casamento igualitário no Brasil junto comigo. E conseguimos de novo!
[61] Nota do autor: atualmente, o Piquenique continua sendo realizado todo ano e já foi replicado por várias cidades do mundo, inclusive no Brasil.

começar o piquenique, embora alguns preferissem resistir ao calor e aproveitar para se bronzear. Das duas às cinco, iam chegando em grupos, sozinhos ou com seus companheiros, familiares e amigos, e estendiam suas mantas rodeados de bandeiras da Federação, que havia convocado pela internet para festejar o Dia dos Namorados e apresentar a EMA à sociedade.

Um dos argumentos que a Igreja católica mais repetia nesse então para se opor ao casamento gay era que se tratava de um "ataque à família", e cada declaração contra os direitos dos casais homossexuais tinha como título a "defesa da família". No entanto, no Planetário, eram as nossas famílias que se reuniam para se defender dos ataques da Igreja. "O que ataca a família é a desigualdade", disse María Rachid em seu discurso.

Alberto chegou com seu filho Maximiliano, que convidou um de seus melhores amigos. Desde que soube que o pai era homossexual, Maximiliano começou a acompanhá-lo em sua luta contra a discriminação e também havia ido com ele à última parada do orgulho. Martín foi com a irmã e a sobrinha, uma menina linda que dava voltas pelo parque. Esteban chegou cedo com seu namorado para exigir que reconhecessem "nossas famílias diferentes, porque não há uma só forma de família, mas várias". O estilista Roberto Piazza, que foi com seu companheiro Walter Vázquez, foi o mais solicitado pelas pessoas na hora das fotos, e muitos se deram o gosto de registrar uma imagem com ele com a câmera do celular.

Um estande do Ministério da Saúde, uma bandeira e promotores do INADI, além de um caminhão da Direção Nacional da Juventude, marcavam o apoio de setores do Governo à campanha. A deputada María del Carmen Rico chegou a tempo de suas férias com um chimarrão e a garrafa térmica debaixo do braço e garantiu aos presentes: "cada vez são mais os deputados e deputadas que acompanham o projeto, e tenho certeza de que vamos conseguir a aprovação. Devemos vestir a camisa e militar, por isso estou aqui".

Juan e Rodrigo chegaram ao Planetário com uma bandeira da "Diversidade JxI", grupo LGBT da Coalizão Cívica que faz parte da Federação. "Estamos aqui para lutar por nossos direitos, não só por nós, mas por todos", explicava Rodrigo ao jornal *Crítica*:

— Se a lei fosse aprovada, se casariam? — pergunta-lhes o jornalista.

— Eu, sim — diz Juan e passa a bola para o namorado, que aceita sem hesitar. No dia de São Valentim e no meio de uma entrevista, os rapazes anunciam seu casamento —. Acho que este ano a lei vai sair, confio que assim será.

— E o que diriam a Lilita,[62] que já disse que é contra o casamento gay?

— Ela diz que é a favor da igualdade de direitos — se defende Juan.

— Mas não de que se chame casamento...

— Não me vejo convencendo Lilita de nada — diz Rodrigo —, mas acho que não se trata de uma convicção que ela tenha como parte de seu projeto de país, mas sim de uma questão pessoal, que tem a ver com a sua religião. No ano passado, na parada do orgulho, uma pessoa se aproximou para nos perguntar por que, se estávamos com Carrió, que é católica, participávamos de uma parada gay.

— E o que responderam?

— Que não tem nada a ver. Nossa mensagem é estar aqui, lutando pela igualdade de direitos, e sabemos que a maioria dos deputados e deputadas de nosso partido nos acompanha e, de fato, alguns deles são gays como nós.[63]

"Foi um sucesso, apesar do calor sufocante. Foi muita gente que não conhecíamos, que soube por Facebook ou pela página web", lembra Diego. "Por nossa inexperiência, havíamos convocado para as três da tarde, em pleno verão, num parque com poucos lugares para estar na sombra. Mas ainda assim a convocatória foi importante e também teve repercussão na mídia, com câmeras do TN[64] e do Telefé[n] e artigos nos jornais do dia seguinte", acrescenta.

O ciberativismo, com essa primeira atividade "*off-line*", começava a se organizar para desafios muito maiores, como os que teria de enfrentar a partir de 2010, após o início do debate parlamentar da lei.

Uma questão de foro

— Muito interessante a movimentação que estão fazendo com as ações de amparo pelo casamento gay, mas posso dar alguns conselhos?

— Claro, diga-me.

— Não recorram mais à justiça civil. Se o que vocês rejeitam é um ato administrativo do Registro Civil que depende da prefeitura, cabe a nós resolvê-lo. Um juiz civil não tem o que fazer nesses casos.

Isso não foi dito por qualquer um, mas por um juiz do Foro Contencioso-administrativo da cidade de Buenos Aires que cruzou nos corredores do fórum com um dos advogados da Federação.

— E o que você faria se tivesse um caso assim?

---

62 Lilita é o apelido de Elisa Carrió, líder e ex candidata presidencial da Coalizão Cívica.
63 Bimbi, Bruno. "El mismo amor". *Crítica da Argentina*, 15-02-2009.
64 Principal canal de notícias da Argentina, semelhante à Globo News.

— Se você me pergunta como juiz, tenho que responder que não posso adiantar uma decisão sem ter lido o processo e analisado os argumentos de cada uma das partes e do promotor público.

— Suponhamos que eu esteja perguntando como amigo... Você acha que a questão da inconstitucionalidade é viável?

— Como amigo, eu diria que tomara eu tivesse um caso assim.

— E seus colegas, o que acham?

— Mais uma vez como amigo, acho que mais da metade dos juízes do fórum, segundo se comenta nos botequins da área, acha que é uma pena que vocês estejam ajuizando as ações na justiça civil, que é demasiado conservadora para compreender o pedido estão fazendo — concluiu sua Excelência.

Tínhamos que mudar a estratégia judicial e apresentar uma nova ação de amparo na capital, desta vez no Foro Contencioso-administrativo.

Urgente.

— Temos outro casal disposto a fazer isso? — todos perguntavam.

Quando María e Claudia foram pela primeira vez ao Registro Civil para marcar o casamento, a ideia da Federação era que esta primeira ação de amparo fosse apenas o começo de uma catarata de apresentações.

Chamávamos de *"efeito corralito"*, em referência ao que aconteceu durante a presidência de Fernando de la Rúa, quando milhares de correntistas em todo o país começaram a ir à justiça para pedir que devolvessem o dinheiro que, por decisão do ex-ministro da Economia Domingo Cavallo, tinha sido congelado nos bancos.[65] Sonhávamos encher o Judiciário de amparos pelo casamento gay.

— Este ano, vamos apresentar no mínimo cem — dizíamos aos jornalistas. Mas não era tão fácil.

Havia muitos fatores que não tínhamos levado em conta.

Em primeiro lugar, uma coisa é ir ao cartório, marcar a data do casamento e, algumas semanas depois, voltar com o noivo ou a noiva, os familiares e amigos, dar o sim, tomar um banho de arroz e fazer uma festa — como fizeram desde sempre os casais heterossexuais —, mas outra coisa muito diferente é ir acompanhado de advogados e rodeado por câmeras de televisão, aguentar a humilhação de ouvir um não, entrar com um processo, sair nas manchetes dos jornais, ser reconhecido pelo bairro inteiro e ter que responder as ligações dos jornalistas em casa durante semanas. Quem quisesse fazer isso tinha que estar

---

[65] A mesma coisa que aconteceu no Brasil durante o governo Collor e que, na Argentina, deu lugar ao panelaço que acabou com o governo De la Rúa.

completamente fora do armário, suportar a exposição pública e estar preparado para um longo processo judicial.

Ninguém fazia fila para ser o próximo.

"Queremos casar, mas não assim", disseram vários casais.

Muitos de nós teríamos aceitado, mas não podíamos porque não tínhamos um parceiro. Outros, porque seus parceiros não tinham falado com a família e não podiam sair nos jornais. Outros porque poderiam ter problemas no trabalho.

Por outro lado, cada casal que apresentasse um amparo se transformaria, imediatamente, em porta-voz e referência para a causa. Eles deviam estar preparados para responder a qualquer pergunta com a velocidade da televisão, com argumentos sólidos e sem medo, e, se tivessem de discutir com um sacerdote ou um deputado homofóbico, vencê-lo.

Até a justiça nos dar a razão pela primeira vez e, finalmente, haver um casamento, mal tínhamos conseguido apresentar quatro ações de amparo. Após a primeira decisão favorável, em apenas poucos meses, choviam casais querendo se casar, e os advogados da Federação não davam conta dos pedidos de assessoria que recebíamos de todas as províncias. Em poucos meses, apresentamos os 100 amparos que tínhamos imaginado no início, e podiam ter sido muitos mais. Já não era impossível, as pessoas estavam superempolgadas e, com um casal já casado assumindo o papel de referência, já nem era necessário que os outros tivessem tanta exposição. Era mais esperança e menos pressão.

Mas ainda faltava quase um ano para que isso acontecesse.

Agora precisávamos de dois homens ou duas mulheres que fossem os próximos, e tinham de ser da capital. Além disso, deviam estar preparados para que, se tudo corresse bem, fossem os primeiros a se casar. E tinha que ser rápido. Não havia tempo para organizar a festa.

— Se é necessário, eu e José faremos — disse Alex Freyre numa reunião na Liga Argentina pelos Direitos Humanos, que tinha emprestado um escritório para que a Federação tivesse uma sede provisória.

Eles eram candidatos ideais: não tinham medo das câmeras, tinham experiência em manejar a imprensa, eram ativistas há muitos anos e sabiam o discurso de cor. Além disso, poderiam aproveitar para falar sobre a importância do casamento para pessoas vivendo com HIV, porque ambos viviam.

Quando Alex recebeu o diagnóstico, quase vinte anos atrás, não existia ainda nenhum tratamento que oferecesse esperança. O médico disse que ele ia morrer, assim, sem a menor sensibilidade, mas ele ignorou. Seu corpo aguentou até que apareceu o AZT. Então, ele começou a trabalhar para ajudar outros pacientes e, com alguns amigos e apenas vinte e poucos anos, fundou a Fundação Buenos Aires Aids, que acabaria se tornando uma referência na luta contra a doença. Em 1996, quando ainda havia muita desinformação e preconceitos sobre a Aids, pediu ao vivo à apresentadora de TV Mirtha Legrand que bebesse do seu copo para mostrar ao público que assim não se contagiava, e em 2005 convenceu o então prefeito de Buenos Aires, Aníbal Ibarra, a cobrir o Obelisco com um enorme preservativo rosa no dia 1º de dezembro, o que resultou numa foto histórica que saiu em todos os jornais do mundo. José María Di Bello, por sua vez, é responsável pela área de saúde da Cruz Vermelha Argentina e um dos líderes da Rede Mundial de Pessoas Vivendo com HIV. E foi numa reunião da rede que eles se conheceram.

— Se apresentarmos a ação de amparo, poderemos explicar que não poder compartilhar o plano de saúde de seu parceiro porque você não está casado, por exemplo, pode ser a diferença entre a vida e a morte para muitas pessoas que vivem com HIV. E isso é algo que não se fala — explicou José.

No dia 22 de abril, eles foram juntos ao registro civil e, como nos três casos anteriores, não conseguiram marcar o casamento. Entre outros presentes, estava o popular ator Tomás Fonzi, que quis apoiá-los como testemunha. O cartório disse não, e eles foram aos tribunais. Mas desta vez foi no Foro Contencioso-administrativo de Buenos Aires.

A aposta foi feita. Agora havia que esperar.

***

Na semana anterior, Silvia Augsburger tinha tido que apresentar mais uma vez o projeto de lei do casamento entre pessoas do mesmo sexo, que novamente tinha sido arquivado, por não ter sido tratado dentro do prazo regimental.

Dessa vez, acompanharam-na com sua assinatura, os(as) deputados(as) Miguel Barrios, Roy Cortina, dJuliana Di Tullio, María del Carmen Rico, Nora César, Remo Carlotto, Leonardo Gorbacz, Eduardo Macaluse, Marcela Rodríguez, Norma Morandini, Claudio Lozano, Miguel Bonasso e María Josefa Areta. Todos da província de Corrientes e pertencentes a diferentes bancadas, da situação e da oposição.

O projeto foi apresentado em 16 de abril. A terceira vez seria a vencedora: esse projeto de Augsburger e a apresentação final de Vilma Ibarra — cujo projeto também caducaria e seria reapresentado em 2010 — deram origem à finalmente aprovada lei do casamento igualitário.

As pedras do dominó continuam caindo

Dois dias depois que Alex e José foram ao cartório, uma boa notícia veio dos Estados Unidos. O Estado de Iowa havia legalizado o casamento gay. Não era a primeira vez, mas a anterior tinha sido apenas por um dia: em 30 de agosto de 2007, um casal foi autorizado pela justiça desse estado e chegou a se casar antes que a sentença fosse revogada. Desta vez, no entanto, o Tribunal de Justiça do estado tinha decidido.

Se em 2008 a única vitória para os casais homossexuais tinha sido em Connecticut — e na Califórnia, mas este estado havia recuado após a derrota no referendo pela Proposição 8 —, o ano de 2009 seria prolífico, com batalhas ganhas nos Estados Unidos e na Europa. Em maio, o casamento gay seria aprovado pelo Parlamento da Suécia, com o apoio de seis dos sete partidos com representação (só o Partido Democrata Cristão se opôs) e apoio, segundo as pesquisas, da grande maioria da população.[66] Em 17 de junho, o Parlamento da Noruega aprovaria, e em 1º de setembro seria a vez de Vermont, o primeiro estado norte-americano onde a legalização chegava por via parlamentar, sem a intervenção da Justiça.

A cada ano, o número de países que acabam com a discriminação cresce. Em 2010, além da Argentina, se uniriam ao clube da igualdade Islândia, Portugal, o Distrito Federal mexicano e os estados norte-americanos de New Hampshire e Washington DC.[67]

Alex, candidato

Em junho seriam as eleições legislativas, e María recebeu uma proposta para dar à Federação um candidato legislativo. Desta vez, foi uma proposta séria, feita pelo presidente do Partido Socialista portenho, Roy Cortina.

— Para promover o projeto do casamento igualitário, a Federação poderia muito bem ter um candidato nesta campanha, e a capital é a vitrine do país. Seria uma candidatura extrapartidária, de modo que quem vier a ocupar o cargo não precisará se filiar ao partido ou compartilhar todas as nossas ideias, embora, claro, esperemos que seja alguém com ideias progressistas — disse ele.

María, surpresa, agradeceu e pediu alguns dias para consultar alguns companheiros.

---

[66] Em 2006, um estudo do Eurobarômetro mostrou que 71% dos suecos apoiavam a legalização do casamento gay.
[67] Depois da publicação deste livro na Argentina, somaram-se à lista Nova Iorque (2011), Washington, Maryland, Dinamarca e Maine (2012), e Uruguai, Nova Zelândia, França, Rhode Island, Brasil e Minesota (2013).

Decidimos aceitar a oferta e propor Alex Freyre, que acabava de ter muita exposição pública pela apresentação da ação de amparo. Alex se reuniu com Roy, que finalmente lhe ofereceu o quarto lugar na lista de deputados estaduais da Cidade de Buenos Aires. Eles fizeram uma sessão de fotos com Héctor Polino, que liderava a lista de deputados federais, e o próprio Cortina, que encabeçava a lista estadual, gravou *spots* da campanha e apresentou a candidatura na Casa Brandon, um centro cultural LGBT. Além de falar da ação de amparo e do direito de se casar, Alex propôs uma agenda mais ampla sobre as necessidades de lésbicas, gays, bissexuais e trans e, também, das pessoas que vivem com HIV, que era sua outra prioridade como ativista. Entrevistado pelo *Crítica*, disse o seguinte:

— A FALGBT apoiará a sua candidatura?

— Não. A Federação é uma rede de organizações de todo o país, que lutam pelos direitos de lésbicas, gays, bissexuais e trans, e em seu seio convive uma diversidade de companheiros e companheiras de diferentes partidos ou de nenhum. Inclusive há setores LGBT de vários partidos, que fazem parte institucionalmente da Federação. Discutimos o assunto e todos concordaram que eu devia aceitar a candidatura, já que o PS nos enviou esta proposta institucionalmente, e também esperamos que outros partidos sigam o mesmo caminho, que não tenham medo de incorporar as nossas reivindicações e também incorporar as pessoas gays, lésbicas, bissexuais e trans nas suas listas. Mas seria um erro pensar que toda a Federação vai votar na mesma lista ou apoiar um determinado partido.

— Ser o candidato do PS significa para você adotar a posição política do partido em outras questões, por exemplo, fazer oposição ao Governo Federal?

— Eu mantenho minha independência como extrapartidário, construindo a partir do que estamos de acordo, que é muito. E naquelas coisas com as quais não estiver de acordo com o partido, poderei expressar minha opinião livremente. Isso ficou bem claro [...].

— Algumas semanas atrás, você se apresentou à Justiça com o seu parceiro para reivindicar uma autorização legal para contraírem casamento. Você vai falar sobre esta questão na campanha?

— Claro! Pedimos os mesmos direitos com os mesmos nomes. Ao nos discriminar, o Estado está violando nossos direitos humanos.

— Isto está em contradição com a política de direitos humanos do governo de Cristina?

— Creio que a política de direitos humanos está entre as melhores coisas deste governo. Mas essa política de direitos humanos é incompleta. O casamento gay é algo que nos devem, e isso fala de incoerência e de uma falta de maturidade política e bom senso para tomar os direitos humanos como um todo e integralmente. O governo criou um ambiente propício para debater o assunto, mas isso ainda não acontece.

— E a que se deve isso?

— Ao moralismo, medo, gente que assessora mal a Presidenta. Cristina poderia iniciar essa discussão, e me preocupa que não o faça, que se discuta qual seria o cenário propício para fazê-lo em vez de ir e fazê-lo. Eles têm a maioria nas duas casas, falta ação para acompanhar o discurso.[68]

Finalmente, o PS não conseguiu eleger parlamentares naquele ano, mas a participação de Alex na campanha foi muito positiva para continuar colocando o debate pelos direitos da nossa comunidade na ordem do dia na política.

Aníbal Fernández sai do armário

No dia 28 de junho de 1969, a polícia de Nova Iorque invadiu o bar Stonewall Inn. As incursões nos lugares gays eram comuns, mas naquela noite aconteceu algo que mudou a história. Um agente da polícia empurrou uma jovem travesti de 17 anos, que, em vez de abaixar a cabeça, se virou e deu um murro no policial. Os outros agentes se jogaram sobre ela, e a multidão reagiu furiosa. A história começou a correr, e centenas de homossexuais foram se aproximando das portas do bar, deixando a polícia em desvantagem. Os acontecimentos violentos de Stonewall duraram três noites e deixaram vários feridos. Semanas depois, surgia a Frente de Libertação Gay, que, ao completar o primeiro aniversário da rebelião, convocou uma mobilização reunindo mais de 10 mil pessoas.

Assim nascia o "orgulho gay".

É provável que, quando a Presidenta Cristina Fernandez de Kirchner decidiu que as eleições legislativas de 2009 seriam realizadas em 28 de junho, exatamente quando se completavam 40 anos da histórica revolta desse grupo de homossexuais novaiorquinos, não tenha se dado conta da coincidência. No entanto, a Federação aproveitou a ocasião para lançar a campanha "Vote por seus direitos no Dia Internacional do Orgulho".

Como primeiro passo, foi enviado um questionário aos candidatos e às candidatas para sabermos seus compromissos com o coletivo LGBT, repetindo a experiência de 2007. O questionário tinha quatro perguntas:

---

68 BIMBI, Bruno. Candidato, sí; armario, no. *Crítica da Argentina*, 17/05/09.

1. Concorda que o Senado sancione uma lei que reconheça o direito ao casamento entre os casais formados por pessoas do mesmo sexo?
2. Concorda que o Senado sancione uma lei que reconheça o direito à identidade (mudanças de registro: documentos etc.) das pessoas trans (travestis, transexuais e transgêneros)?
3. Concorda que a Lei n. 23.592 (pena por atos discriminatórios) incorpore a orientação sexual e a identidade de gênero como "pretextos" discriminatórios?
4. Concorda com a implementação de um plano integral de igualdade de oportunidades para lésbicas, gays, bissexuais e trans?

Desta vez, as respostas foram muitas mais que nas eleições anteriores, e muitas mais a favor.

Todos(as) os(as) candidatos(as) que encabeçavam as listas da capital e da província de Buenos Aires, menos o empresário Francisco de Narvaez, comprometeram-se a votar a favor da lei de identidade de gênero: Néstor Kirchner (ex--presidente, que encabeçava a lista do partido governista), Margarita Stolbizer (que nesse momento integrava a Coalizão Cívica), Martin Sabbatella (Encontro pela Democracia e pela Equidade), Néstor Pitrola (Partido Operário) e Myriam Bregman (Frente de Esquerda dos Trabalhadores), na província de Buenos Aires; Gabriela Michetti (PRO), Alfonso Prat-Gay (Coalizão Cívica), Pino Solanas (Projeto Sul), Carlos Heller (Frente para a Vitória), Aníbal Ibarra (Frente Progressista e Popular), Héctor Polino (Partido Socialista), Jorge Altamira (PO), Christian Castillo (PTS), Vilma Ripoll (MST) e Luis Zamora (Autodeterminação e Liberdade), na cidade de Buenos Aires. Também os candidatos ao Senado Rubén Giustiniani (PS, Santa Fé) e Norma Morandini (Frente Cívica, Córdoba) e o primeiro candidato a deputado nacional pelo ARI da Terra do Fogo, Leonardo Gorbacz.

As respostas de todos eles também foram favoráveis em relação à reforma da Lei de Criminalização dos Atos Discriminatórios, e somente Alfonso Prat-Gay se opôs ao Plano de Igualdade de Oportunidades. O consenso, entretanto, não incluía a pergunta acerca do casamento entre pessoas do mesmo sexo.

Na Capital, Gabriela Michetti[69] e Prat-Gay — a quem a partir então chamaríamos de Prat-Hétero — mostraram-se partidários de se continuar discrimi-

---

[69] Michetti, no entanto, mentiu para a popular *flogger* Cumbio numa de suas viagens de campanha, quando esta lhe perguntou se votaria a favor do casamento gay e ela respondeu que sim. Essa mentira e suas consequências serão tratadas mais adiante, num capítulo à parte, com as de outros políticos.

nando os casais do mesmo sexo no acesso ao casamento civil. Por outro lado, Solanas, Heller, Ibarra, Polino, Altamira, Castillo, Ripoll e Zamora se comprometeram a votar a favor da reforma.

O *Crítica* informava:

> "Em 1994, apresentei o primeiro projeto da América Latina de lei de união civil nacional na Câmara dos Deputados. Caso seja eleito deputado, defenderei o casamento entre pessoas do mesmo sexo", afirmou o socialista Polino. "A Constituição Nacional diz que todos os cidadãos e cidadãs têm as mesmas obrigações e os mesmos direitos", argumentou o kirchnerista Heller. "Não é necessária a figura do casamento. Uma união civil com proteções ao casal comparáveis ao casamento é suficiente. O casamento é uma união civil específica entre partes heterossexuais", justificou-se Prat-Gay, candidato de Carrió. Michetti, além de se opor ao casamento gay, deixou claro que não está de acordo com o fato de casais de dois homens ou duas mulheres poderem adotar.
>
> "O curioso é que Michetti responde dizendo que é a favor da igualdade, mas não é a favor de que possamos nos casar ou adotar. Michetti e Prat-Gay propõem uma 'igualdade desigual', ou seja, um engano discursivo. Parece politicamente correto dizer que alguém é contra a discriminação e a favor da igualdade, mas se votam contra a igualdade e a favor da discriminação, o resto é só discurso", disse Martín Canevaro, secretário de organização da FALFBT, a este jornal.[70]

Na província de Buenos Aires, Sabbatella (Encontro), Stolbizer (ACS), Pitrola (PO) e Bregman (FIT) se manifestaram a favor do casamento gay.Na província de Buenos Aires, Sabbatella (Encontro), Stolbizer (ACS), Pitrola (PO) e Bregman (FIT) se manifestaram a favor do casamento gay. Néstor Kirchner respondeu positivamente a todas as perguntas da pesquisa, menos à relativa ao casamento. Por outro lado, Michetti e Prat-Hétero não responderam que não, mas que não era "um assunto para responder com um sim ou com um não. Tem que ser fruto de uma análise profunda".

***

A evasiva do ex-presidente acerca do casamento igualitário motivou uma longa discussão com Aníbal Fernández, que havia me enviado as respostas ao questionário da Federação. Assim que terminei de ler seu e-mail, liguei para o celular dele para exigir que ele pedisse a Kirchner que respondesse essa pergunta a sério.

A seguir, segue um resumo do que conversamos.

---

[70] BIMBI, Bruno. El matrimonio gay se mete en la campaña electoral. *Crítica da Argentina*, 16/06/2009.

— O que Kirchner defende é o que você já sabe — disse-me o ministro da Justiça —. Ele vai jogar a favor para que a lei saia. Não tenha nenhuma dúvida de que ele está de acordo, como eu também estou. O que ele não pode fazer, a 14 dias das eleições, é inserir um tema novo na campanha, porque a direita vai cair matando. Você tem que entender isso. O importante são os princípios: o homem já tomou a decisão e vai para o lugar que você quer.

— A decisão se mostra com os fatos — eu disse.

— Então você está de acordo comigo! Não se demonstra com um discurso em uma pesquisa... A lei não será votada antes das eleições. Ele está de acordo com o projeto, conte com o voto dele na Câmara. Estou contando isso a você para que a Federação fique sabendo.

— E por que não responde isso então? Outros candidatos dizem abertamente.

— Está bem. Acho ótimo. Kirchner não te respondeu que não.

— Respondeu com uma resposta que não diz nada. Há outros candidatos que responderam que sim. Que Kirchner não diga que não, para mim, não basta.

— Muitos dos que agora dizem que sim para ficar bem, você depois não sabe o que vão fazer. Quando for o momento, Kirchner vai levantar a mão para votar a favor e haverá uma bancada inteira votando com ele.

— E quando vai chegar o momento? O projeto está há dois anos no Congresso.

— O que passou, já passou. Eu falo do que vamos fazer daqui para a frente. E lhe dou a garantia de que a bancada vai votar a favor. Conte com os votos, que é o importante!

— Na Espanha, Zapatero se comprometeu durante a campanha e depois fez. As pessoas gays e lésbicas que vão votar têm o direito de saber qual é a posição dos candidatos sobre seus direitos.

— Não brinque comigo! Quando Pedro Zerolo veio, aconteceu a mesma coisa: exigiam que tomássemos uma decisão e que fizéssemos isso imediatamente. Não é assim. Todo dia ganhamos mais um pedaço de terreno porque estamos convencidos do que temos que fazer. Vamos pra frente com esse tema. Já sabemos que temos de trabalhar pelos direitos de todo mundo, e nosso governo, quando chegar o momento, vai votar a lei.

— Bom, deixemos as respostas de Kirchner de lado. Faz quase um ano que a pesquisa da Analogías, que diz que 70% da população estão de acordo com o casamento gay, está guardada... Por que não a publicamos?

— Já sei disso, fui eu que mandei fazer essa pesquisa quando María me pediu. Poderia tê-la guardado sem contar o resultado a vocês.

— Mas publicar essa pesquisa poderia ajudar a criar um cenário melhor para o debate no Congresso. Eu não te peço que resolvamos tudo já, mas avancemos. Até agora são muitos mimos, em particular nos dizem que estão de acordo, que fiquemos tranquilos, mas nesse "fiquem tranquilos" o tempo passa e o mandato termina. Há muito tapinha nas costas, mas o projeto continua engavetado.

— Não concordo e acho horrível que você me diga que são tapinhas nas costas. Financiei a pesquisa porque tenho o mesmo objetivo que você. Mas a política da Argentina fez com que nos metêssemos em outro lugar, e os tempos da política não são manejados como se quer, mas de acordo com as oportunidades. É necessário cerrar fileiras internamente; não passa por uma pesquisa. Eu jogo pra valer, não jogo pela metade, e quando digo que estamos de acordo é porque tenho o apoio do governo para dizer isso, não digo por mim, há uma decisão política. Os que dizem que sim para a pesquisa, quando foram governo não fizeram nada.

— É verdade. Porém espero deste governo coisas que não esperava de outros.

— E essas coisas serão resolvidas! Sabe por quê? Porque há muitos homens como eu que estão comprometidos, muito comprometidos, e não por uma pequena vantagem política, mas por convicção. É mais, a vida toda estive em desacordo com o assunto da adoção, e um dia tive a coragem de dizer que você me convenceu, que tem razão. E não te digo pedindo que não conte, não digo entre quatro paredes. Se tiver que repetir, vou fazê-lo, porque não dou pra trás.

— Se você me diz que não está me pedindo pra não contar, então publico no jornal. Coloco no artigo que o ministro da Justiça é a favor do casamento gay e da adoção conjunta para casais do mesmo sexo. Posso publicar?

— Nunca disse que não podia publicar.

***

No dia seguinte, essa última parte do diálogo deu lugar a uma matéria que foi capa do jornal *Crítica*: "Orgulho K. O Governo é a favor do casamento legal entre pessoas do mesmo sexo e da adoção gay",[71] dizia o título, junto a uma foto de Néstor Kirchner e Aníbal Fernandez.[72]

---

71 Título principal da capa. *Crítica da Argentina*, 16/06/2009.
72 A foto — que não foi escolhida por mim — não era muito feliz. Fernández aparecia encostado nos ombros do ex-presidente, numa pose sugestiva que parecia banalizar o tema.

"Em um diálogo com este jornal, o ministro da Justiça, Segurança e Direitos Humanos manifestou-se claramente a favor do casamento entre pessoas do mesmo sexo e da adoção", explicava a reportagem, que incluía a parte da conversa na qual Fernández havia falado de sua posição pessoal — que me autorizou a publicar — sem incluir a promessa sobre o voto de Kirchner, nem o resto da discussão, que havia sido claramente um diálogo particular entre o ativista e o ministro, e não uma entrevista jornalística.

Foi um dos assuntos da semana, a 12 dias das eleições.

Todas as rádios começaram a ligar desde cedo para Fernández, que ratificou tudo o que eu havia publicado. Não só isso: acrescentou argumentos, explicou por que apoiava o casamento igualitário e defendeu o direito dos casais do mesmo sexo à adoção conjunta, explicando que a lei em vigor até então não a impedia na prática, mas excluía a possibilidade de compartilhar o poder familiar, prejudicando assim as crianças.

Na Federação, estavam eufóricos com a notícia. Pela primeira vez, uma das figuras máximas do Governo (Aníbal, além de ser ministro da Justiça, era a estrela midiática do partido governista, junto com o então ministro-chefe da Casa Civil, Alberto Fernández, e agia na prática como um virtual porta-voz da Presidenta) saía em público para apoiar o nosso pedido.

Essas declarações públicas do ministro, assim como o claro compromisso que, em nome de Kirchner, havia assumido em particular, convenceram a Federação a não convocar o voto contra o Governo, como foi feito na eleição anterior, quando Cristina se negou a responder à pesquisa. A declaração pública que a Federação emitiu criticava apenas parcialmente a resposta evasiva do ex-presidente e, por outro lado, chamava abertamente o voto contra De Narváez — que havia se recusado a responder o questionário — e contra Michetti e Prat-Hétero, candidatos da oposição de direita. Além disso, destacava as respostas positivas dos(as) candidatos(as) que não tinham fugido do tema.

Dizia, entre outras coisas:

> As respostas de Michetti e Prat-Gay evidenciam seus preconceitos e, além disso, sua desinformação e ignorância. Quem se propõe a exercer a responsabilidade institucional de legislar tem a obrigação de se informar para fundamentar suas opiniões em dados objetivos e não em preconceitos.
>
> Quanto à resposta do candidato Néstor Kirchner à pergunta sobre o casamento entre pessoas do mesmo sexo, cabe esclarecer algumas coisas. A FALGBT vem trabalhando institucionalmente com o ministro Aníbal Fernández, com a presi-

denta do INADI, María José Lubertino, e com outros funcionários na construção dos acordos para o reconhecimento pleno dos direitos de nossos casais: os mesmos direitos com os mesmos nomes. O INADI apresentou-se perante o Supremo Tribunal Federal com um *amicus curiae* na ação de amparo pelo direito ao casamento entre pessoas do mesmo sexo e encaminhou ao Poder Executivo Nacional um projeto de lei para modificar o Código Civil nesse sentido. É uma pena que o ex-presidente não se manifeste publicamente a favor desse direito, embora valorizemos o fato de ele admitir a necessidade de que o tema seja debatido e analisado. Pensamos que a sociedade argentina já avançou no debate e que agora é a classe política que deve se colocar à altura das circunstâncias e não ter medo do *lobby* de corporações que estão contra os direitos humanos.

O senhor Francisco De Narváez, que se negou a responder nossas perguntas, merece um parágrafo à parte. Seu silêncio pretende nos fazer invisíveis como sujeitos de direitos. Não vamos permitir. Queremos recordar-lhe que lésbicas, gays, bissexuais e trans também somos cidadãos(ãs) e temos as mesmas obrigações que os(as) cidadãos(ãs) heterossexuais. Por isso, queremos que o Estado argentino reconheça nossos direitos civis. Não fazê-lo constitui não só um ato discriminatório, mas também uma violação à Constituição Nacional, que estabelece que todos e todas somos iguais perante a lei.[73]

***

Quando suas respostas ao questionário se tornaram públicas, o primeiro candidato a deputado nacional pela Coalizão Cívica portenha se deu conta de que podia perder votos e mandou que seu assessor de imprensa desmentisse o relatório da Federação. Sem me consultar, um editor do *Crítica* combinou com ele de publicar no dia seguinte uma matéria que desmentia a que eu havia assinado. Intitulava-se: "Prat-Gay, a favor do casamento gay". No entanto, a matéria dizia:

> Em sua edição de ontem, este jornal publicou o questionário que a Federação Argentina de Lésbicas, Gay, Bissexuais e Trans lançou para pedir aos candidatos às próximas eleições definições sobre igualdade de gênero e direitos das minorias sexuais. Prat-Gay enviou a este jornal as respostas textuais às perguntas que lhe foram feitas. Consultado sobre estar de acordo que o Congresso sancione uma lei que outorgue o direito ao casamento aos casais do mesmo sexo, o candidato garantiu que "é desejável que exista a figura de uma união civil que iguale a pro-

---

[73] Documento "Questionário aos(as) candidatos(as) a deputados(as) da nação sobre a igualdade de direitos para lésbicas, gays, bissexuais e trans. eleições de 28 de junho de 2009", publicado pela Federação Argentina de Lésbicas, Gays, Bissexuais e Trans.

teção social e de bens e considere a sucessão em caso de falecimento. É desejável proteger o direito humano de escolher livremente um companheiro e decidir submeter-se à lei".[74]

"União civil", dizia Prat-Hétero, não "casamento", como dizia o título de seu falso desmentido. E omitia o final de sua resposta ao questionário da Federação, no qual havia afirmado textualmente:

> Não é necessária a figura do casamento. Uma união civil com proteções ao casal comparáveis ao casamento é suficiente. O casamento é uma união civil específica entre partes heterossexuais.

Em minha matéria seguinte no jornal, respondi ao candidato:

> Alfonso Prat-Gay havia se declarado partidário de continuar discriminando os casais gays no acesso ao casamento, e sua posição abriu um debate no seu partido. Embora depois tenha relativizado sua postura num desmentido enviado ao jornal, o economista havia respondido por escrito que o casamento era "específico" para "partes heterossexuais".[75]

Finalmente, em 5 de maio de 2010,[76] quando a lei do casamento igualitário foi tratada na Câmara dos Deputados, Prat-Hétero se absteve, assim como a ex-candidata presidencial de seu partido.

***

Na Coalizão Cívica, entretanto, havia outros dirigentes a favor da lei, e eram maioria na bancada de deputados. A juventude partidária emitiu um comunicado intitulado "Apoiamos o casamento entre pessoas do mesmo sexo", e vários deputados da coalizão manifestaram-se claramente no mesmo sentido, isolando o candidato portenho que, no entanto, expressava a posição de Elisa Carrió.

A senadora María Eugenia Estensoro também era a favor.

Falei com as deputadas Marcela Rodríguez e Margarita Stolbizer e lhes propus fazer uma entrevista para deixar clara sua posição. Após uma matéria com o ministro da Justiça falando a favor da lei, fazer outra com duas dirigentes da oposição expressando a mesma opinião ajudava a demonstrar que o grau de consenso que nossa reivindicação tinha era cada vez maior. Nas eleições de 2007, quase ninguém nos atendia.

---

74 Prat-Gay a favor del matrimonio gay. *Crítica da Argentina*, 17/06/2009.
75 BIMBI, Bruno. Tienen mayoría para votarlo. *Crítica da Argentina*, 21/06/2009.
76 A sessão foi no dia 4 de maio, mas na hora de votar já era dia 5.

A entrevista começava com uma pergunta a Stolbizer sobre a posição adotada pelo primeiro candidato de seu partido na Cidade de Buenos Aires:

— Um bonaerense que queira votar em deputados favoráveis ao casamento gay pode eleger a senhora [...], mas se fosse portenho não poderia votar em seu partido. Não é contraditório?

— É possível que pareça contraditório, e eu lamento. Não conversei isso com Carrió, nem foi debatido na Coalizão. Mantenho minha posição, compartilhada por muitos em nosso espaço. Infelizmente, a discussão não se apresentou como uma violação dos direitos humanos, que eu penso que é. Por isso na bancada há liberdade de opinião.

— Quantos deputados da CC votariam a favor?

— Acho que mais da metade.

— Por que isto ainda não foi debatido no parlamento?

— Penso que influem a Igreja, os preconceitos e a falta de informação.

— A que a senhora se compromete para impulsionar o projeto?

— Me comprometo a conseguir mais adesões, procurar consensos e armar reuniões com organizações sociais para ampliar a discussão e mobilizar mais o Senado.

Marcela Rodríguez é deputada federal e vai tentar a reeleição na lista de Stolbizer. Coautora do projeto de lei do casamento entre pessoas do mesmo sexo, afirma: "O casamento está regulado de forma irracional e discriminatória porque deixa de fora casais com critérios proibidos pela Constituição e pelos tratados internacionais de direitos humanos, tais como a preferência sexual e/ou a identidade de gênero. É necessário construir um sistema social, legal e institucional que trate todos com igualdade, dignidade e respeito".

— Alguns políticos dizem que "a sociedade não está preparada" para este debate. Qual a sua opinião?

— É subestimá-la. Além disso, os direitos às vezes se consagram contra as maiorias, e o avanço da igualdade e a não discriminação não podem ser obstaculizados por isso.

— A Federação Argentina LGBT opõe-se a que se sancione uma lei diferencial para os casais homossexuais e exige "os mesmos direitos com os mesmos nomes". Concorda com essa posição?

— Concordo. É importante a mensagem do ponto de vista do direito, por seu efeito simbólico, que em certa medida induz à prática. O nome é importante. Mas também há várias razões para não estar de acordo com o casamento da forma como está legislado. Por isso o Estado tem que oferecer também opções diferentes ao casamento, com independência da orientação sexual e/ou identidade de gênero.

[...]

— Se o governo finalmente desse impulso ao debate, poderia sair da lógica partido governista/oposição? — perguntou este jornal às candidatas.

— É necessário construir um consenso suprapartidário. Por isso é muito importante comprometer todos e todas, sem preconceito de nossas orientações partidárias. E a melhor estratégia é que nenhum partido se aposse do projeto, mas que a Federação Argentina LGBT e outras organizações sejam as principais impulsoras de seu debate no Congresso — afirmou Stolbizer.[77]

Ambas cumpriram com a palavra.

Rodríguez foi a porta-voz da Coalizão Cívica na sessão de 4 de maio de 2010 e defendeu a lei do casamento igualitário, que havia assinado como coautora com Silvia Augsburger. Stolbizer saiu da CC e hoje preside o partido GEN, que também apoiou a lei com o voto de todos os seus deputados.

***

No dia 28 de junho, Néstor Kirchner perdeu as eleições na província de Buenos Aires para o empresário Francisco De Narváez, e Gabriela Michetti ocupou o primeiro lugar nas eleições da Capital. Nos distritos eleitorais mais importantes, ganhavam candidatos homofóbicos que se oporiam à igualdade de direitos.

Como se isso fosse pouco, o ARI de Fabiana Rios perdia na eleição de deputados na Terra do Fogo, e Carlos "Lole" Reutemann[78] ganhava com pouca margem do socialista Rubem Giustiniani em Santa Fé, ficando com duas das três cadeiras em disputa.[79] Tratava-se de duas províncias governadas por aliados do movimento LGBT, que saíram derrotados. Além disso, em Santa Fé, Sílvia Augsburger não conseguiu a reeleição como deputada federal. Eram todas más notícias.

No fim do ano a composição do Congresso mudaria. As bancadas de direita cresciam em ambas as câmaras, e outros parlamentares, que sempre nos acompanharam, terminavam seus mandatos. Era necessário que a reforma do Código Civil fosse debatida antes do fim do ano.

---

77 BIMBI, Bruno, *op. cit.*
78 Ex-piloto de Fórmula 1, foi governador da província de Santa Fé e pertence à direita do peronismo.
79 No entanto, a segunda senadora eleita na mesma chapa, Roxana Latorre, depois se distanciaria de Reutemann e votaria a favor do casamento igualitário.

Vamos votar leis, que o mundo vai acabar

Apesar disso, não éramos os únicos que víamos o dia 10 de dezembro como um limite perigoso entre o possível e o improvável. Após a derrota eleitoral, o partido governista havia decidido aproveitar o tempo que restava até dezembro, quando perderia a maioria no Congresso, para aprovar as leis que eram prioridade na agenda do governo. O Parlamento trabalhou a todo vapor.

Uma das batalhas que devia ganhar antes de dezembro era a aprovação da nova Lei de Serviços de Comunicação Audiovisual — conhecida como "A lei da mídia" —, que opôs como nunca o kirchnerismo ao grupo Clarín. Em ambas as casas, os legisladores do Partido Socialista, como outros opositores de centro-esquerda, votaram a favor. Na sessão plenária da Câmara, realizada 16 de setembro, essa posição foi defendida na tribuna por Augsburger, que presidia a bancada.

A sessão terminou depois da meia-noite e a deputada, acompanhada de seus colaboradores, atravessou a rua para ir a um dos restaurantes próximos ao Congresso para jantar. No grupo estava Esteban Paulón, secretário da bancada e dirigente da Federação. Quando já estavam comendo, o líder da bancada governista, Agustín Rossi, entrou no restaurante. Logo que os viu, aproximou-se da mesa para cumprimentar e agradecer o apoio na votação.

— Agora que já aprovaram esse projeto que era tão importante para vocês, espero que possamos também debater e aprovar a lei do casamento entre pessoas do mesmo sexo — disse Esteban a Rossi, em voz bem alta, para que todos escutassem.

— Por enquanto, união civil. Isso de casamento veremos mais para a frente — respondeu o deputado.

— União civil, não, Agustín. "Ca-sa-men-to" — insistiu Esteban.

Vilma abre o debate

Quando um projeto de lei dá entrada em qualquer uma das casas, vai primeiro para as comissões, classificadas por temas e competências. Até que seja tratado nessas comissões — a menos que seja incorporado à agenda uma sessão de "urgência", para o que é necessária uma maioria especial de dois terços — não pode ser discutido no plenário.

As comissões, às vezes, não chegam a analisar os projetos, e eles prescrevem em dois anos, indo para o arquivo. Foi o que aconteceu com o primeiro projeto de Di Pollina, apresentado em 2005. Quem define a agenda das comissões são seus presidentes. Concluído o debate, é emitido um parecer a favor ou contra, que não é vinculante (o plenário da Câmara pode votar em sentido contrário), mas tem seu peso. Determina, entre outras coisas, qual o parecer que será votado (pela aprovação ou rejeição da lei) e quem é o deputado informante com mais tempo para expor (aquele que é contra ou quem é favor) e o primeiro a fazer uso da palavra.

A deputada Vilma Ibarra, autora de um dos projetos de lei do casamento igualitário promovidos pela Federação, tinha sido eleita em 2008 como presidenta da Comissão de Legislação Geral, que era a comissão inicial para tratar o projeto. A outra comissão era a de Família, Mulher, Infância e Adolescência, presidida pela kirchnerista Juliana Di Tullio, que também era a favor.

Desde que assumiu a Comissão de Legislação Geral, Vilma ofereceu-se para colocar o projeto em pauta quando pedíssemos. Pediu, no entanto, que antes de tomar tal decisão fizéssemos uma contagem de votos para ver se tínhamos maioria em ambas as comissões. A Federação vinha adiando essa decisão porque, antes de colocar a discussão em pauta, queríamos ter a certeza que teríamos os votos do partido governista, que era a maioria nas duas casas.

Não só queríamos que fosse debatido; queríamos ganhar a votação. Se não tínhamos certeza, era melhor esperar que o Supremo decidisse sobre as ações de amparo.

Mas o resultado das eleições de junho tinha mudado o cenário.

**

Vilma Ibarra chamou María Rachid e lhe propôs abrir o debate nas comissões com urgência.

— Não sei quem vai ficar nas presidências das comissões de Família e Legislação Geral ou como vai ser a nova composição dessas comissões. É agora ou nunca — Ibarra disse a María.

Na Federação, não tínhamos certeza.

Havia aqueles que achavam que era melhor esperar a decisão do STF, que esperávamos que saísse naquele mesmo ano ou no ano seguinte. Quando a instância máxima da justiça do país autorizasse o casamento de María e Claudia, declarando inconstitucionais os artigos 172 e 188 do Código Civil — como tínhamos certeza que aconteceria —, o Congresso teria que reformá-lo, como aconteceu na década de 80 com o divórcio.

No entanto, se Ibarra e Di Tullio não fossem mais titulares das comissões depois de dezembro, corríamos o risco de perder a oportunidade e ter os projetos engavetados.

Além disso, alguns acreditavam que se o debate fosse aberto nas comissões tínhamos grandes possibilidades de ganhar, porque isso colocaria a questão no topo da agenda política, sairia durante semanas nos noticiários e jornais, geraria debate e mobilizaria a comunidade como nunca antes. O casamento gay deixaria de ser uma utopia inatingível para a Argentina e passaria a ser um assunto que estava sendo debatido pelo Congresso. Muitas pessoas que até então não tinham pensado nisso se sentiriam motivadas a participar, a ir para as ruas, a militar pela lei. Além disso, vínhamos nos preparando fazia muito tempo para o debate, e sobravam argumentos para ganhá-lo.

Outros companheiros colocavam que, mesmo que perdêssemos a votação, abrir o debate já seria um enorme avanço.

— Na Espanha, várias votações foram perdidas no Congresso antes que finalmente a lei fosse aprovada. Foi uma luta que durou anos — Martín Canevaro dava como exemplo.

Vilma também pensava assim.

— Mesmo que percamos a votação, se conseguirmos que, pela primeira vez, o Parlamento argentino discuta a igualdade de direitos para os casais homossexuais, isso já é histórico. E voltaremos a tentar no ano que vem, e no outro, até conseguir. Em cada debate vamos ganhar mais apoio — dizia.

Finalmente, nos decidimos.

Antes de qualquer coisa, Ibarra queria falar com Augsburger para unificar os projetos num parecer único e chegar a um acordo sobre uma estratégia de trabalho.

"Vilma me ligou para nos colocarmos de acordo e foi bastante generosa comigo e com a minha bancada: sempre nos deu a palavra e o espaço que tínhamos como autores de um dos projetos. Isso parece lógico, mas não é muito 'normal' na política, onde todos querem puxar teu tapete" — recorda a deputada Augsburger—. "Ela foi muito correta e sempre teve a lei como objetivo, e não tirar proveito político dela".

Vilma Ibarra e Silvia Augsburger pertenciam a partidos diferentes: enquanto a primeira era próxima ao governo, a segunda liderava uma das bancadas da oposição. Mas isso não foi um obstáculo para que trabalhassem juntas. Juliana Di Tullio também participou da equipe: as comissões de Família e Legislação

Geral seriam convocadas em conjunto para debater a lei do casamento igualitário como única questão. Mas antes, Vilma ligou para o líder da bancada governista.

— Agustín, quero que você saiba que vou colocar a discussão sobre casamento homossexual em pauta na minha comissão. Não sei se chegaremos a aprovar o parecer, mas acho que é hora de discutir, antes do final do ano — disse.

— Acho ótimo. Vá em frente — respondeu Rossi.

A primeira audiência das comissões, que se reuniram em conjunto para discutir os projetos, foi em 29 de outubro.

***

Dois dias antes dessa primeira reunião, passei várias horas junto com minha colega Florencia Halfon-Laksman chamando um a um cada deputado e deputada das duas comissões, para ter uma contagem precisa dos votos para o relatório que publicaríamos no *Crítica*. Cada comissão era composta por 30 legisladores e, em cada uma delas, conseguimos confirmar 14 votos a favor, a metade menos um. Mas isso não queria dizer que havia 16 contra, porque havia muitos que não tínhamos podido localizar. Da Comissão de Família, apenas três tinham respondido que votariam contra, e outros três ainda não tinham decidido. Da Comissão de Legislação Geral, apenas um respondeu que votaria contra, e havia dois indecisos.

Com esses resultados, tínhamos quase certeza de que dariam parecer favorável, e o título da reportagem do dia 28, anunciando a reunião foi: "Maioria de votos favoráveis ao casamento gay".[80]

A deputada Silvia Augsburger, que naquele momento presidia a bancada socialista, apontou que a chave para o resultado seria a atitude dos governistas:

— A senhora acha que vão conseguir os votos para que as comissões deem um parecer favorável?

— A boa notícia é que até agora não houve nenhuma rejeição! O projeto baseia-se numa ampla base de consenso, com assinaturas de quase todas as bancadas. É um excelente terreno para começar. O que acontece com estas questões é que parece que nunca é o momento de discuti-las, por isso é muito importante a vontade política das presidentas das duas comissões, que decidiram colocar o tema na ordem do dia. Estou muito otimista, porque Ibarra e Di Tullio concordam, são cossignatárias dos projetos e estão dispostas a levar o debate até o fim.

---

80 BIMBI, Bruno. Mayoría de votos favorables al matrimonio gay. *Crítica da Argentina*, 28/10/2009.

— A senhora pertence a uma bancada oposicionista. A oposição se opõe?

— Não, de jeito nenhum, não tem porque se opor. Que a oposição esteja preocupada em ver a que coisas do governo diz não é uma lógica imposta pelo partido governista que me irrita, porque o parlamento tem trabalhado apenas para tratar os projetos do governo. Isso impede que sejam abordados temas muito importantes, que ficam fora da ordem do dia, como aconteceu até agora com esse assunto.

— Pergunto isso porque alguns funcionários do governo dizem que, se Cristina defendesse o casamento gay, como fez Zapatero na Espanha, a oposição "iria matá-la". A senhora acha que é uma desculpa?

— É uma grande desculpa! Além disso, quando se é governista, não há nenhum espaço para tons de cinza: se eles tivessem vontade política, levariam as coisas adiante, como fizeram com outros temas. A possibilidade de o debate chegar ao plenário depende exclusivamente da bancada kirchnerista.

— E acha que vai chegar?

— Não tenho resposta. Muitas vezes avançam com uma iniciativa, mas depois não se chega a discutir. Gostaria de salientar que há uma grande vontade política das duas presidentas de comissão, que são pró-governo. Se a bancada governista acompanhar, haverá debate.

Ibarra se mostrava muito otimista:

— Acho que devemos debater, e a minha impressão é de que teremos um parecer favorável. De uma forma ou de outra, o fato de que se debata já é um passo adiante. Se, além disso, conseguirmos o parecer, será um golaço e permitirá a votação no plenário.

— Se as pesquisas conhecidas mostram que 70% da população estão de acordo, por que é tão difícil obter metade mais um dos votos no Congresso, que deve representar o povo?

— Olha só... Alguns dias atrás, fui convidada a uma escola para conversar com os alunos numa aula em que estavam aprendendo como as leis são votadas. Então, tive a ideia de contar, como exemplo, que na quinta-feira seguinte, na comissão que presido, seria discutido um projeto de lei para que casais de dois homens ou duas mulheres pudessem se casar como hoje podem se casar um homem e uma mulher. E a reação das crianças foi muito significativa...

— O que disseram?

— Não entendiam por que hoje a lei não permite. Elas me perguntavam, queriam que eu explicasse por que os homossexuais não podem se casar, porque parecia incompreensível para elas.

— A senhora falou com o governo ou a bancada governista?

— Liguei para Agustín Rossi, que é o líder da bancada governista, e informei que debateria o assunto na comissão. Informei a ele porque não queria que soubesse pelos jornais. Ele me disse que achava ótimo.

— Ele adiantou a posição da bancada kirchnerista?

— Existem bancadas como a nossa (Encontro Popular e Social), a socialista e a do SI, que têm uma posição orgânica a favor do casamento entre pessoas do mesmo sexo. Em outros partidos há posições divididas. Na Espanha, durante a campanha, Zapatero se comprometeu a apoiar o casamento gay e cumpriu. Aqui, a Presidenta não disse nada na campanha, nem a favor nem contra.

— Não acha que, após seis anos no governo, é hora do kirchnerismo assumir uma posição clara em relação aos direitos humanos de lésbicas, gays, bissexuais e trans?

— Sem dúvida. Não tive oportunidade de falar sobre o assunto com a Presidenta. Quando apresentei o projeto como senadora, eu era candidata a deputada pelo partido do governo, e o fiz sem perguntar, pois acho que quando se trata dos direitos das pessoas, não se tem que pedir permissão. Para mim é uma questão de princípio. Mas com esse tema acontece o mesmo que com o aborto: ele produz um corte transversal nos partidos.

— E o que acha que vai acontecer com a bancada governista?

— Minha impressão é que a bancada governista não vai atrapalhar a aprovação da lei. Talvez não saia a promovê-la abertamente, mas acredito que não vão se opor e vão permitir o debate. Além disso, há deputados dessa bancada que assinaram o projeto. E também ministros, incluindo o ministro-chefe da Casa Civil, Aníbal Fernández,[81] que disse claramente que é a favor.

— Mas, se houver um parecer, a possibilidade de que seja tratado finalmente no plenário dependerá da decisão da bancada governista, porque ela tem a presidência da Câmara e é a bancada majoritária...

— Se o governo não jogar contra, acredito que podemos ter o parecer favorável, e a lei sai. Acredito que a bancada governista não impedirá o debate e acredito que o resultado será positivo. Estou muito animada com essa possibilidade que se abre — me respondeu Vilma.[82]

A reunião do dia 29 teve quórum, com a presença de 27 deputados.

---

81 Aníbal passou a ocupar essa pasta depois das eleições legislativas.
82 Por razões de espaço, o que foi publicado no jornal *Crítica* foi apenas um pequeno fragmento do diálogo com Ibarra e Augsburger, já que a matéria completa sobre o assunto era de quase uma página e meia. Reproduzo aqui uma parte mais extensa das entrevistas realizadas.

Os primeiros a falar foram Vilma Ibarra, Juliana Di Tullio, María Rachid, Silvia Augsburger e os constitucionalistas Gil Dominguez (Universidade de Buenos Aires) e Saba (Universidade de Palermo), que se pronunciaram a favor do projeto. Em seguida, os deputados foram pedindo a palavra. Várias bancadas minoritárias anunciaram seu apoio à lei, bem como vários deputados da Frente para a Vitória e da UCR, partidos que não tinham posições unificadas. Somente a deputada evangélica Cynthia Hotton[83] falou contra. Por outro lado, o senador nacional Gerardo Morales, então presidente do Comitê Nacional da UCR, um dos principais partidos da oposição, fez naquele dia uma declaração pública, depois de se comunicar com a Federação para adiantar sua posição a favor da lei.

A palavra que melhor descrevia o momento era "otimismo".

— Se na próxima reunião tivermos a decisão das comissões, o projeto será analisado no plenário. Estamos muito bem — me disse depois da reunião Esteban Paulón —. Falei com um dos assessores de Rossi e com María del Carmen Rico e eles me disseram que fizeram uma contagem, e mais da metade da bancada governista vota a favor. E hoje Gil Lozano, da Coalizão Cívica, disse na reunião que não tinha que perder mais tempo, que já tinham debatido bastante e havia consenso suficiente para aprovar o projeto.

Além de líder da Federação, Esteban era secretário da bancada socialista na Câmara dos Deputados, o que lhe permitia acompanhar mais de perto tudo o que acontecia no Congresso.

***

Antes de convocar as comissões, Vilma havia pedido a María Rachid que fizesse o impossível para resolver as diferenças internas do movimento, porque não podíamos começar o debate com um setor do ativismo defendendo a "união civil", que a direita com certeza promoveria. Esteban Paulón ligou para Cesar Cigliutti, que pediu para ele falar com Pedro Paradiso, responsável pelo departamento jurídico da CHA.

— Fiquem tranquilos que não vamos fazer nada contra a lei e vamos à comissão para dizer que somos a favor, dou a minha palavra — disse Pedro —. Mas você e eu sabemos que a lei não será aprovada. Quando o projeto de vocês fracassar, voltaremos com nossa "união civil" — acrescentou.

Estava errado.

---

83 A única deputada das igrejas evangélicas fundamentalistas, que felizmente não foi reeleita.

Vilma também teve seu próprio encontro com César e Marcelo, que conhecia há muito tempo. Disse que abriria o debate pela lei do casamento nas comissões e que seria um trabalho muito difícil caso eles defendessem outra posição, de modo que lhes pedia que, por favor, a acompanhassem. Eles disseram que não impediriam, mas que tinham críticas à instituição do casamento.

— O casamento como instituição, com suas coisas boas e más, deve ser para todos. Eis a questão: igualdade. Se acharmos que precisa existir outra instituição, ou reformar o casamento, depois discutimos, mas primeiro ele tem que ser para todas as pessoas e não excluir gays e lésbicas. Peço-lhes que me acompanhem nisso e deixemos outras discussões para mais tarde — explicou a deputada aos ativistas. Pode crer!

Os dirigentes da CHA concordaram e se comprometeram a apoiar. Durante o debate nas comissões, cumpriram com a palavra. Na segunda reunião conjunta das comissões, em 5 de novembro, um dos oradores foi César Cigliutti, que expressou o seu reconhecimento

> [...] aos ativistas da CHA, ao trabalho da Federação Argentina de Lésbicas, Gays, Bissexuais e Trans e a Pedro Zerolo, que veio da Espanha para nos acompanhar. Eles insistiram em um caminho muito útil. Embora possam coexistir reivindicações como o casamento e a união civil e, portanto, se possa escolher, de acordo com seus objetivos ou ideologias, tal ou qual figura na hora de legalizar as uniões, a CHA apoia e faz suas ambas as reivindicações. De todo modo, a verdade é que urge acabar com a desigualdade jurídica, que é uma indecência que subsiste.[84]

Pedro Zerolo e o novo Presidente da federação LGBT espanhola, Antonio Poveda, que viajaram especialmente de Madri para a reunião, também falaram. Zerolo se apresentou dizendo:

> Meu nome é Pedro, sou latino-americano, migrante, vereador, membro da Executiva Nacional do Partido Socialista; sou um homem saudável, sou gay e felizmente estou casado há quatro anos com Jesus Santos, que é o nome do meu marido.[85]

Quando disse "Jesus", um grupo de senhoras da Universidade Católica Argentina, que tinha ido presenciar o encontro, ficou horrorizado. "Não pode se chamar assim!", disse em voz alta uma delas.[86] Ficaram mais tranquilas quando

---

84 H. Câmara dos Deputados. Versão taquigráfica da reunião conjunta das comissões de Legislação Geral e de Família, Mulher, Infância y Adolescência de 5 de novembro de 2009, p. 7.
85 H. Câmara dos Deputados, *op. cit.*, p. 20-21.
86 VALLEJOS, Soledad. Esta es una linda batalla cultural. *Página/12*, 06/11/2009.

os advogados Carlos Vidal Taquini e Alejandro Bulacio falaram. O segundo chegou a assegurar que "o casamento entre pessoas do mesmo sexo simplesmente não é possível. Nunca vai ser, mesmo que seja legislado".[87]

Mais ousada foi a advogada Úrsula Basset (UCA), que disse que casais homossexuais eram "trinta vezes mais violentos" do que casais heterossexuais, que os casamentos gays duravam "em média, um ano e meio, dois ou três anos", que apenas 4,5% mantinham a fidelidade, que havia pesquisas que demonstravam que "43% das pessoas brancas com orientação homossexual" tinham relações sexuais com "mais de 500" companheiros do mesmo sexo ao longo da vida, e que a maioria dos gays tinha uma tendência maior a consumir mais drogas, álcool e "outras ocorrências deste tipo".[88]

Em um momento da exposição de Basset, a deputada Ibarra perdeu a paciência e pediu à advogada que, ao fazer tais afirmações no futuro, ao menos citasse uma fonte. Mais tarde, a advogada Analía Pastore (UCA) disse que "muitas mulheres homossexuais têm uma atitude extremamente negativa em relação aos homens. Alguns delas estão ainda tão zangadas com os próprios pais que transferem essa hostilidade aos homens em geral".[89]

Era tudo tão brutal que María Rachid, em seu discurso, teve de pedir aos presentes que suportassem tudo o que estavam ouvindo sem reagir:

> Não é bom não reagir à dor e à raiva de sermos discriminados e discriminadas como fomos hoje nesta sala. Nenhuma sociedade poderia pedir ao povo judeu para discutir uma lei que negue o Holocausto e ouvir as vozes de grupos antissemitas. Então, peço desculpa por pedir que não gritemos, que não reajamos à violência e à discriminação. E, ao mesmo tempo, peço-lhes que entendam que se trata de uma questão estratégica que, tenho certeza, as deputadas compartilham, pois nos pediram que não reagíssemos a esses argumentos. Elas também concordam que é uma questão estratégica estarmos presentes ouvindo essas expressões que dentro de alguns anos serão consideradas aberrantes.[90]

A favor da lei, se expressou, entre outros reconhecidos acadêmicos, o advogado Roberto Gargarella, professor de direito constitucional da Universidade de Buenos Aires e ex-professor de várias universidades estrangeiras, como a Columbia University e a New York University. Em sua apresentação, Gargarella usou uma pergunta simples para explicar por que não era possível

---

87 H. Câmara dos Deputados, *op. cit.*, p. 18.
88 H. Câmara dos Deputados, *op. cit.*, p. 26-27.
89 H. Câmara dos Deputados, *op. cit.*, p. 49.
90 H. Câmara dos Deputados, *op. cit.*, p. 69.

proibir casamento homossexual sem violar a garantia constitucional de igualdade perante a lei:

> Qual é a razão urgente que o Estado tem para negar a alguns grupos ou indivíduos os direitos que concede aos demais? Se o Estado não tem um bom argumento, então não pode negá-los como está fazendo. De maneira que não se trata de pedir favores ou concessões ao Estado, mas sim de exigir que, se quiser fazer uma distinção, que a faça com base em razões e não em preconceitos.[91]

O psicólogo Diego Sauan,[92] citando argumentos da NARTH (Associação Nacional de Pesquisa e Terapia ao Homossexual), um reconhecido grupo de ódio antigay dos Estados Unidos, afirmou que a homossexualidade era um "desvio" que poderia ser "revertido"; perguntou se permitiriam aos bissexuais um "duplo casamento" e, para fundamentar sua oposição à adoção conjunta por casais do mesmo sexo, disse que não era correto dizer que as crianças só precisam de amor porque "um animal de estimação também precisa de amor". Nesse momento, Ibarra interrompeu-o para pedir-lhe que expressasse sua opinião com um pouco mais de respeito. Zombando de Sauan, o renomado psiquiatra Alfredo Grande sugeriu fazer terapia para "curar" os heterossexuais.

O jornalista e escritor Osvaldo Bazán leu um fragmento de um artigo que tinha escrito para o jornal *Crítica da Argentina*, no qual começava falando de um menino homossexual, o que deixou as senhoras da UCA mais assustadas do que nunca:

> O menino homossexual está em guerra.
>
> Ainda não sabe que é homossexual.
>
> Nem que está em guerra.
>
> Também não sabe as causas dos dois fatos. No entanto, ele nasceu em guerra.
>
> Maldição, a de ter sido parido em território inimigo.
>
> O menino judeu sofre a estupidez do mundo e volta para casa e em casa seus pais judeus lhe dizem "estúpido é o mundo, você não". E lhe contam por que esta noite não é como todas as noites e sobre aquela vez que tiveram que sair correndo e o pão não cresceu. Dão-lhe uma lista de valores e tradições e lhe dizem: "O seu lugar é aqui". E o menino judeu saberá que não está sozinho.
>
> O menino negro sofre a estupidez do mundo e volta para casa e em casa seus pais negros lhe dizem "estúpido é o mundo, você não". E lhe contam sobre o berço da

---

91 H. Câmara dos Deputados, *op. cit.*, p. 29.
92 Nota do autor: ele poderia ser um clone argentino da psicóloga brasileira Marisa Lobo.

humanidade, sobre um barco, uma guerra. Dão-lhe uma lista de valores e tradições e lhe dizem: "O seu lugar é aqui". E saberá que não está sozinho.

O menino homossexual sofre a estupidez do mundo e nem pensa em falar com seus pais. Acha que eles vão ficar chateados. Ele não sabe o porquê, mas eles vão ficar chateados. E o pior para os pais é acreditar que seu filho não é como eles.

O menino homossexual enfrentará algumas estupidezes.

Será parte de uma minoria com a qual as maiorias estabelecem, geralmente, relações de crueldade. As maiorias heterossexuais se acharam, ao longo dos séculos, moralmente superiores e, portanto, com direito a decidir como têm que viver os demais.

A homossexualidade — na verdade, todas as sexualidades não reprodutivas — foi pecado para as religiões, foi doença para a ciência e foi crime para o direito e os Estados. O poder nunca nos quis.

O menino homossexual, só por ter nascido homossexual, só por ter sido parido em território inimigo, está em guerra com a religião, com a ciência e com o Estado. Como poderia um menino enfrentar uma luta tão desigual? Com que armas? Onde está o adulto que o escute?[93]

O contraste entre a qualidade dos argumentos a favor e contra era revelador. Fora do Congresso, um grupo neonazista distribuía folhetos que diziam: "Não às uniões de veados".

Uma foto com o Papa

Após duas sessões de debate em que Ibarra e Di Tullio permitiram que todos os setores que pediram para participar se expressarem a favor ou contra a lei, no dia 10 de novembro foi definida uma nova reunião para assinar o parecer conjunto.

De acordo com os compromissos assumidos pelos integrantes das comissões e com as opiniões expressas nas reuniões, ficou claro que havia uma grande maioria e o parecer seria favorável. Os principais jornais também davam essa informação.

No entanto, não houve parecer.

Na verdade, nem sequer houve quórum.

Cristina Kirchner deveria viajar ao Vaticano no fim do mês junto com a Presidenta chilena Michelle Bachelet para comemorar o 25º aniversário da media-

---

[93] <http://www.osvaldobazan.com/2009/11/nada-021109-2>. Publicado originalmente no jornal *Crítica*.

ção papal que evitou uma guerra pelo canal do Beagle, quando Chile e Argentina estavam sob ditaduras militares.

Ambas seriam recebidas pelo Papa e soube-se que a Igreja argentina tinha advertido o governo que, se fosse aprovada a lei do casamento gay, Bento XVI poderia cancelar a audiência ou passar um sermão em Cristina em público, como tinha feito com o embaixador Cafiero. Todos os porta-vozes habituais do governo negaram o rumor, inclusive *off the record*.

A verdade é que, um dia antes da reunião, era muito forte a versão de que a bancada governista não daria quórum. Também se dizia que Agustín Rossi estava irritado com Vilma Ibarra: "Ela acha que pode impor a agenda e determinar prazos. Nós somos a bancada majoritária", teria dito o deputado em reuniões privadas, de acordo com o relato de outros colegas.

Ibarra assegura que, com ela, ele não falou nesses termos, mas reconhece que houve uma repreensão:

— Você me disse que ia colocar a questão em debate, e não que ia tentar obter o parecer — disse o presidente da bancada governista.

— Ué, se coloco um tema em debate é para conseguir o parecer — a deputada respondeu surpresa. Eu te disse que não sabia se teria os votos. Mas se apresento um projeto, há o debate na Comissão e tenho os votos, como não vou tentar obter um parecer favorável?

No dia anterior à reunião, falei com Rossi por telefone. Notava-se que estava muito desconfortável, e suas respostas foram breves. Eu lhe perguntei se eles iam dar quórum na reunião e ele respondeu com outra pergunta:

— Que reunião?

— A reunião conjunta de amanhã para dar o parecer sobre a lei do casamento gay, deputado. O senhor sabe a que reunião me refiro.

— Não, eu não estava ciente.

— Então não vai confirmar se vão.

— Não sei, não faço parte da comissão, você teria que perguntar aos deputados que a compõem.

— Qual é a posição da bancada governista sobre a lei?

— Há diferentes posições, cada deputado tem liberdade de consciência.

— E qual é sua posição pessoal?

— Minha posição será a que a bancada adotar — me disse, apesar de antes ter dito que a bancada não adotaria nenhuma posição.

Durante todo o dia, liguei várias vezes para o celular de Aníbal Fernández, ministro-chefe da Casa Civil. Depois de discar o número, uma gravação pede a quem liga que diga seu nome. Um momento depois, Fernández pode atender ou colocar a secretária eletrônica. Sempre me atendia, mas não naquele dia. Então, lhe enviei um e-mail, que dizia:

> Quando falamos antes das eleições de junho, você disse que achava que o tema do casamento gay não seria resolvido em uma enquete aos candidatos, mas sim demonstrando a vocação política no Congresso e que, quando da votação, a bancada governista votaria a favor. "Nós resolvemos as coisas fazendo", você me disse. Amanhã às 10h30, as comissões de Legislação Geral e a de Família se reunirão para emitir o parecer sobre a lei. [...] O que vão fazer? Eles vão assinar o parecer favorável?

Ele nunca respondeu.

Mais tarde, voltei a falar com a Vilma.

— Vou com os deputados que quiserem me acompanhar e ficarei aguardando o quórum — me disse.

Um colega me garantiu que a deputada Diana Conti disse para outro deputado: "A ordem da Casa Rosada é para não ir. Estamos de acordo com a lei, mas não podemos votar agora que Cristina tem que ir ver o Papa". Outro colega me disse que seu contato mais direto com o casal Kirchner negava a versão e dizia que o problema era que não havia "consenso na bancada". Também circulava o boato de que Néstor era a favor da lei, mas Cristina era contra.

Não obstante as versões, o certo era que a bancada governista faltou à reunião, com as únicas exceções de Juliana Di Tullio e Claudio Morgado, embora este último não integrasse nenhuma das comissões — sua presença era simbólica. Também não apareceram os deputados da UCR e do PRO. Os primeiros se justificaram dizendo que sabiam que o kirchnerismo não iria e que seria "uma perda de tempo".[94] Os deputados do Partido Socialista, do EDE, da Coalizão Cívica e do SI estavam presentes. Havia 17 parlamentares.

***

Quando ficou claro que o kirchnerismo não daria quórum e María me avisou que Aníbal também não atendia o celular para ela, decidi publicar no jornal, como forma de pressão, a pesquisa que estava guardada fazia quase um ano. Que os deputados tomassem café no dia seguinte com os números da Analogías, que eram contundentes, e soubessem que o governo tinha encomendado a pes-

---

[94] RUCHANSKY, Emilio. El matrimonio gay debe esperar. *Página/12*, 11/11/2009.

quisa: "Exclusivo: a pesquisa encomendada por Cristina: 66% do país a favor do casamento gay", foi o título da reportagem na página dupla central do jornal *Crítica*, que iniciava dizendo:

> O levantamento está no gabinete da Presidenta, que o analisou junto com o ministro-chefe da Casa Civil, Aníbal Fernández. O ministro da justiça, Julio Alak, e a presidenta do INADI, María José Lubertino, também conhecem os resultados. A pesquisa nacional realizada pela Analogías, dirigida por Analía del Franco, indica que 66,3% dos argentinos são a favor da legalização do casamento entre pessoas do mesmo sexo e que 57,3% daqueles que afirmam professar a religião católica apostólica romana rejeitam a atitude da Igreja em relação a este tema. Os resultados do estudo coincidem com algumas enquetes *on-line* realizadas pela mídia escrita. O jornal *La Nación*, por exemplo, publicou na semana passada um enérgico editorial contra o casamento gay e consultou a opinião dos leitores, mas tive uma surpresa: com cerca de 50 mil votos, 63,5% se manifestaram a favor.[95]

A seguir, adiantava:

> Contrariando aquela velha ideia de que a voz do povo é a voz de Deus, a opinião da maioria da sociedade até agora não foi tão ouvida como a da hierarquia da Igreja católica no debate sobre os direitos humanos de gays e lésbicas.
>
> Segundo se soube através de grupos católicos, a Presidenta teria recebido, nos últimos dias, uma advertência do Vaticano: sua audiência com o papa Bento XVI — à qual iria junto com Michelle Bachelet no aniversário da mediação papal pelo conflito do Beagle — poderia estar em risco se progredir a reforma do Código Civil, que hoje deve ser discutida em uma reunião conjunta das comissões de Legislação Geral e de Família da Câmara dos Deputados. Fontes do governo que têm contato com o episcopado negam que essas pressões tenham existido e afirmam que, na realidade, não haveria consenso na bancada governista para acompanhar a reforma. Essa afirmação contradiz o que o próprio ministro-chefe da Casa Civil, Aníbal Fernández, tinha garantido a este cronista meses atrás: "Há uma decisão política de avançar nesta questão; Kirchner está de acordo e quando tiverem de votar, nossos deputados vão votar a favor". Ontem, Fernández não aceitou falar com este jornal para explicar essa mudança na política de direitos humanos do governo.

Na matéria, eu citava María Rachid, que criticou duramente os governistas:

> Não participar da reunião e não dar quórum é um ato de covardia e uma falta de respeito com a nossa comunidade e com a sociedade como um todo. E não honrar os compromissos assumidos pelos deputados ante as organizações e os meios

---

95 BIMBI, Bruno. 66% del país, a favor del matrimonio gay. *Crítica de la Argentina*, 10/11/2009.

de comunicação seria um lamentável exemplo de como o Vaticano pressiona o poder público em nosso país e distorce as decisões daqueles que representam a vontade popular.

Os ânimos estavam muito exaltados. Três dias antes, tinha acontecido a parada gay de Buenos Aires, onde coexistiram a raiva, porque não tinha havido nenhum parecer na reunião anterior, e a esperança de que houvesse na próxima. Pedro Zerolo, que permaneceu em Buenos Aires, tinha sido o orador central da cerimônia de encerramento da marcha, na frente do Congresso. As bandeiras e os cartazes da Federação com a reivindicação do casamento eram vistos em toda a praça.

Havia esperança, alegria, medo, desconfiança, otimismo, pessimismo, euforia, raiva, ansiedade, tudo isso junto, misturado, contraditório, efervescente. Para muitas pessoas, tratava-se da luta mais importante de suas vidas, e cada avanço e cada retrocesso geravam emoções muito fortes.

Hoje, lembrando o que aconteceu naqueles dias, acho que o governo cometeu um grave erro no manejo da situação. Se sua decisão política — como ficou demonstrado mais tarde — fosse realmente apoiar a lei, a gente poderia entender que, com a viagem da Presidenta a Roma, a assinatura do parecer naquele dia faria com que ela corresse o risco de um escândalo diplomático. Por isso, tendo em conta a relação de confiança que havia sido construída com a Federação, precisavam nos dizer a verdade. A pior saída foi desligar os celulares.

Se Aníbal tivesse ligado para María explicando o que estava acontecendo e tivesse dado sua palavra de que o parecer sairia após a viagem ao Vaticano, certamente teríamos acreditado. Além disso, as duas comissões que debatiam projeto eram presididas por deputadas próximas ao governo (uma governista e outra aliada) e nem sequer falaram com elas.

Na verdade, o que aconteceu é que eles próprios não tinham definido claramente o que fazer, e o boicote à reunião das comissões foi produto de uma decisão tomada no último minuto. Houve um momento do dia em que a Presidenta mandou dar quórum, apesar da viagem a Roma. Depois houve uma contraordem. Mudaram de opinião várias vezes, pois havia posições diferentes sobre o que devia ser feito entre aqueles que compartilhavam algumas decisões com Néstor e Cristina. A bancada também vivia uma luta interna.

Mesmo assim, se tivessem mais cuidado com a comunicação naquele momento difícil, teriam recebido menos críticas. Junto com a matéria principal, publiquei no jornal uma coluna de opinião bastante agressiva intitulada "Consenso e colhões",⁹⁶ que foi reproduzida em vários *blogs* e lida em alguns programas de rádio:

Se em vez de veados fossemos ruralistas, a marcha do orgulho teria saído ao vivo em todos os canais. Havia mais de 50 mil pessoas e não havia um único ônibus estacionado no centro, nem revistas distribuindo velas para um falso engenheiro, nem De Ángeli com um megafone na estrada, nem os caciques dos subúrbios com seu aparelhamento. Nem Néstor, nem Biolcatti, nem o pastor Palau falavam, e nem Shakira cantava. Quantas vezes 50 mil pessoas se reúnem, chegando sozinhos e sozinhas, a pé com seus corpos? É disso que se trata: de um ato político de visibilidade. Visibilidade, também, dos corpos.

A manifestação mais massiva que existiu em Buenos Aires desde o conflito do campo não existiu para os noticiários. Se em vez de igualdade de direitos, pedíssemos "mão de ferro", seria o assunto do dia.

"Aonde foi/onde está/o progressismo dos K", gritava em coro a multidão que marchou atrás da bandeira "Casamento JÁ". Dias antes, no Congresso, os amigos do cardeal Bergoglio foram dizer aos deputados que somos anormais, antinaturais, doentes mentais, viciados, que nossas relações sexuais se comparam com a pedofilia e a zoofilia e que queremos destruir a família.

Imagine se o Congresso convidasse os neonazistas do Parque Rivadávia para um debate sobre o antissemitismo, para "ouvir todas as vozes"? O que diria a Presidenta no dia seguinte? E Carrió? Cobos?⁹⁷ Macri?⁹⁸ A UCR? Os juízes? Mas insultar-nos é grátis.

Se em vez de veados fossemos senhoras chiques de San Isidro, Scioli⁹⁹ estaria agorinha dizendo que está de acordo com nossas reivindicações, porque tem que colocar boas vibrações, esforço, otimismo, projetos, otimismo. Cristina falaria no Salão Branco da casa de governo, Kirchner convocaria para defender-se da direita destituinte que discrimina, o *Clarín* diria que a culpa é da lei K da mídia e Nelson Castro¹⁰⁰ olharia indignado para a câmera e diria: "Senhora Presidenta, o que espera para opinar?". Mas nada.

---

96 O texto é difícil de traduzir porque contém muitas referências à política argentina: o falso engenheiro é um empresário que liderou marchas reclamando "mão de ferro" contra o crime depois que o filho dele foi assassinado, e tempo depois se soube que ele não era engenheiro, embora se apresentasse com esse título; De Ángeli e Biolcatti foram os líderes do *lock out* dos ruralistas contra a Cristina (o "conflito do campo", que paralisou o país); Néstor é Néstor Kirchner e Palau é um pastor evangélico americano que fez um culto na avenida 9 de julho. "Os K" são Néstor e Cristina.
97 Na época, vice-presidente da República, em conflito com a Presidenta.
98 Prefeito de Buenos Aires, opositor ao governo federal.
99 Governador da província de Buenos Aires, Scioli se caracteriza por falar o tempo todo de otimismo, trabalho, e outras palavras bonitas, sem dizer o que pensa sobre qualquer nenhum assunto.
100 Jornalista que, no seu programa da TV a cabo, sempre critica o governo olhando para a câmara e dizendo: "Senhora Presidenta...".

Cinquenta mil bichas e sapatões que querem ser iguais perante a lei, ter os mesmos direitos com os mesmos nomes, poder casar, herdar, compartilhar o plano de saúde. Que não os expulsem de sua casa se seu parceiro morrer. Que na escola sejam educados sem preconceito. Milhares de famílias que querem ser reconhecidas, papais e papais e mamães e mamães que querem que seus filhos tenham os mesmos direitos que as outras crianças. Cinquenta mil seres humanos cansados de insultos gratuitos e preconceitos e discriminação e zombarias e desconsideração do Estado.

A Presidenta não disse nada. Aníbal Fernández, que há pouco tempo me jurou que a bancada governista votaria a favor do casamento gay, não atende o celular. A deputada Giudici, a quem recordo ao lado de Pedro Zerolo com a bandeira do arco-íris, agora se propõe a nos discriminar. Vários legisladores que há 15 dias juravam que nos apoiariam, agora juram à Igreja que não apoiarão. O governo dos direitos humanos agora diz que para os nossos direitos humanos não há consenso. A pesquisa que publicamos nesta página, encomendada e paga pelo governo, demonstra que eles mentem.

Consenso há, o que não há é colhões. E ainda nos chamam de maricas.[101]

O período de sessões ordinárias ia chegando ao fim, e em 20 de novembro vencia o prazo legal para que os projetos de Ibarra e Augsburger obtivessem o parecer da comissão. Por precaução, as autoras conseguiram, na última sessão ordinária, uma "moção de preferência" para os dois projetos, o que significava que, se as comissões conseguissem quórum antes da última sessão do ano e emitissem o parecer, a questão poderia ser incluída na ordem do dia sem esperar o prazo regimental.

Se isso não acontecesse, com a renovação legislativa em 10 de dezembro, os dois projetos seriam arquivados e voltariam à estaca zero. Manteve-se, ainda, alguma esperança de obter o parecer depois que Cristina retornasse de Roma, o que poderia acontecer se ela convocasse sessões extraordinárias e incluísse o tema na pauta. Mas isso não aconteceu.

***

A deputada Giudici me telefonou após a paulada que eu lhe dei na minha coluna e tivemos uma longa conversa. Houve uma divergência muito forte na bancada da UCR — tal como aconteceria com a bancada governista —, entre aqueles que defendiam o casamento e os que se recusavam a votar e pediam que a bancada apoiasse a "união civil". Giudici me garantiu que votaria a favor do casamento e disse-me que, se até aquele dia tinha defendido a "união civil",

---

101 BIMBI, Bruno. Consenso y pelotas. *Crítica da Argentina*, 10/11/2009.

tinha sido porque isso foi o que a CHA sempre pediu, e ela não sabia que havia posições diferentes dentro do movimento.

Em maio do ano seguinte, cumpriu sua palavra e foi uma das radicais que votaram a favor da reforma do Código Civil.

Uma juíza chuta o balde

Quando tudo parecia perdido até março do ano seguinte, quando deveríamos recomeçar — se Ibarra e Di Tullio continuassem como presidentas das comissões —, uma notícia surpreendente chegou dos tribunais de Buenos Aires.

Parem as máquinas! — eu deveria dizer aqui.

No mesmo dia da frustrada reunião que não teve quórum, a juíza Gabriela Seijas proferiu a sentença de primeira instância na causa "Freyre Alejandro contra GCBA sobre amparo (Art. 14 CCABA)", ou seja, a ação de amparo de Alex e José. Após uma extensa exposição de argumentos jurídicos, a parte dispositiva da sentença veio para mudar para sempre a vida de todos nós:

Pelas razões expostas, após oitiva do representante do Ministério Público, julgo procedente o pedido e decido:

> 1 Declarar a inconstitucionalidade dos artigos 172 e 188 do Código Civil, por impedirem que os senhores Alejandro Freyre e José María Di Bello possam contrair matrimônio;
>
> 2 Ordenar às autoridades do Registro Civil das Pessoas Naturais que celebrem o casamento dos autores, se assim o solicitarem.
>
> 3 Dispor que cada parte arcará com os honorários advocatícios de seus advogados, tendo em vista que as autoridades do Registro Civil não tinham poderes para se afastar das normas vigentes.

Registre-se, notifique-se a representante do Ministério Público e, após trânsito em julgado, arquivem-se os autos

GABRIELA SEIJAS
JUÍZA

Não sei quantos de nós choramos, em nossas casas, diante da tela do computador, lendo aquelas palavras repetidas vezes sem poder acreditar.

De repente, deixávamos de ser um grupo de loucos lutando contra moinhos de vento. Era possível. Real. Estava acontecendo.

E nada seria como antes.

"Yes, we can"

Um novo começo

No dia 4 de novembro de 2008, o advogado democrata Barack Obama venceu o líder republicano e veterano da guerra do Vietnã John McCain, e ganhou um lugar na história: pela primeira vez, um negro seria presidente dos Estados Unidos, um país que havia sofrido a tragédia do racismo como poucos. O lema de sua campanha, *"Yes, we can"* ["Sim, nós podemos"], transformou-se logo em uma onda de esperança, principalmente para milhões de afro-americanos que saíram às ruas e lotaram as filas de votação no dia das eleições.

Pela primeira vez, o que jamais imaginaram que chegariam a ver estava diante de seus olhos. Haviam recuperado não só a esperança, mas também a autoestima.

Ainda circula no Youtube o vídeo — dirigido pelo irmão do mítico Bob Dylan, Jesse Dylan — em que diferentes músicos e atores, a maioria negros, recitam em dueto com o então candidato, usando fragmentos de um discurso pronunciado em New Hampshire, a letra de uma canção que acabou percorrendo o mundo, legendada em todos os idiomas:

> Havia um credo inscrito nos documentos fundadores que declararam o destino de uma Nação:
>
> — Sim, nós podemos!
>
> Era sussurrado por escravos e abolicionistas, enquanto iluminavam uma trilha em direção à liberdade:
>
> — Sim, nós podemos!
>
> Era cantado pelos imigrantes, enquanto enfrentavam desafios chegando de portos distantes, e pelos pioneiros que empurraram os limites contra o oeste duro e inclemente:
>
> — Sim, nós podemos!
>
> Era o chamado dos operários organizados, das mulheres que conquistaram o

voto, de um presidente que escolheu a lua como a nova fronteira e de um rei que nos levou até o topo da montanha e apontou o caminho para a Terra Prometida:

— Sim, nós podemos [...].[1]

A esperança mobiliza, reúne, contagia, multiplica. O primeiro obstáculo a vencer no caminho que havíamos teimado em percorrer era a certeza, tão paralisante, de que não chegaríamos a lugar nenhum. "Está muito bem o que estão fazendo, mas vocês sabem que não vão conseguir", nos diziam muitas pessoas que, de coração, queriam que conseguíssemos.

Era necessário derrubar esse muro cuja fortaleza estava, em grande parte, em nossa própria crença de que não podíamos derrubá-lo.

Quando Alex e José se casaram, centenas de casais começaram a mandar e-mails ou ligaram para a Federação para pedir assessoria para apresentar outras ações de amparo, quando, poucos meses antes, era difícil conseguir casais dispostos a fazer isso, inclusive entre os próprios ativistas.

Toda essa gente começou a pensar que talvez não fosse uma loucura. Que, quem sabe, conseguiríamos.

A mensagem que Gabriela Seijas nos deu a todos, ao colocar sua assinatura nessa sentença, foi essa mesma: "Sim, nós podemos". Ela também dizia respeito aos demais juízes que deveriam resolver novos casos depois dela, aos membros do Supremo Tribunal Federal, aos deputados, aos senadores, ao Governo, à oposição.

Por isso, haveria um antes e um depois dessa sentença, e era necessário aproveitar ao máximo. Foi a primeira coisa que eu disse a Alex quando soubemos:

— Repita até o cansaço, cada vez que tiver uma entrevista. Tem que ser o seu bordão: "Sim, nós podemos".

— "*Yes, we can*", como Obama — Alex respondeu.

— Igualzinho, mas em espanhol.

"Novas curas para velhas doenças"

— Esse assunto sempre esteve claríssimo para mim. Não é que houve um momento em que tive dúvidas e outro momento em que me convenci, nem foi esse o caso. O que eu pus na sentença não penso há uns meses, mas há vinte anos. Se me perguntassem quando eu tinha 15 anos, pensava o mesmo. Não

---

[1] <http://youtube/uMO5r6H8lHM>.

teria citado os livros que citei, mas teria dito o mesmo — diz a juíza Gabriela Seijas e lembra que, quando a justiça se pronunciou a favor do casamento gay na África do Sul e em vários estados do Canadá e dos Estados Unidos, ela leu e guardou as sentenças.

— A senhora vinha acompanhando o tema?

— Vinha, porque eu sou professora de direito administrativo, que se encontra muitas vezes com o direito constitucional; e estes temas me interessam.

Seijas, que se define como uma pessoa liberal, escreveu 16 páginas fundamentando sua decisão de autorizar o casamento de Alex Freyre e José María Di Bello. A qualidade desse texto supera inclusive as melhores sentenças sobre o tema que tinham sido escritas até então em outros lugares do mundo.

— O que mais me preocupava era convencer. Nas decisões, sempre tento explicar, para que as partes entendam o porquê da decisão — explica a juíza.

***

Uma das primeiras coisas que Seijas fez na fundamentação de sua sentença foi refutar o argumento de que não cabia à Justiça decidir se os homossexuais podiam se casar, e que o Congresso deveria resolver isso.

O controle da constitucionalidade das leis é uma obviedade para qualquer estudante de direito, mas não para o resto das pessoas. Suponhamos que o Congresso aprovasse uma lei estabelecendo que os negros não possam estudar na universidade,[2] e o Executivo a promulgasse e a pusesse em prática. Seria uma lei vigente, tão válida quanto o Código Civil, que, até a lei do casamento igualitário, não permitia o casamento entre dois homens ou duas mulheres. No entanto, a primeira pessoa negra que se apresentasse perante um juiz porque a Universidade de Buenos Aires lhe negou a matrícula com certeza conseguiria uma sentença como a de Seijas — que autorizou que Alex e José María se casassem —, e a UBA seria obrigada a matriculá-la, ainda que o Congresso não

---

2 Quando dava este exemplo em conferências sobre o casamento gay, algumas pessoas achavam exagerado. No entanto, vale lembrar que já houve leis assim, com amplo apoio político e popular, que caíram justamente por decisão dos juízes. Em 1962, quando o estudante negro James Meredith tentou se matricular na Universidade do Mississipi, nos Estados Unidos, houve violentas manifestações racistas impulsionadas pelo governador Ross Barnett, e o presidente JFK teve que mandar 3 mil soldados e 400 agentes federais para protegê-lo. Houve dois mortos e dezenas de feridos. As leis que permitiam que as matrículas nas escolas e universidades fossem negadas aos estudantes negros também haviam caído devido a uma decisão do Supremo, em 1954, mas alguns estados resistiam a aceitar. Nessa época, Barack Obama era um bebê de um ano.

mudasse a lei.³ E é assim porque, em um e outro caso, falamos de leis que violam a Constituição Nacional e os tratados internacionais de direitos humanos incorporados a ela,⁴ que proíbem discriminar alguém pela cor de sua pele ou por sua orientação sexual.

Uma das obrigações dos juízes é garantir que esses princípios constitucionais que protegem os direitos das pessoas estejam acima das leis, embora estas tenham sido sancionadas pelo Senado e promulgadas pelo Executivo como deve ser.

A juíza cita uma decisão do Supremo que esclarece a questão:

> [...] uma interpretação que levasse ao extremo a não justiçabilidade das decisões do Congresso, por um lado anularia o diálogo de poderes que a própria Constituição sustenta, mediante o qual cada um deles encontra, em sua inter-relação com os outros, a fonte de seus próprios limites e uma boa orientação geral nas políticas de Estado; e, por outro lado, poderia produzir o desamparo dos cidadãos que pertencem às minorias, ao ficarem sujeitos ao que as maiorias circunstanciais decidissem. (Sentenças: 330:3160, voto dos ministros Lorenzetti, Fayt e Argibay)⁵

Várias páginas depois, Seijas acrescenta:

A declaração de inconstitucionalidade das normas impugnadas não faz mais que remover um obstáculo ilegítimo que, ao limitar a igualdade e a liberdade, impede o desenvolvimento pleno da pessoa e sua real participação na vida política, cultural, econômica e social da comunidade, e alenta a perpetuação de condutas homofóbicas, em clara oposição ao regime constitucional vigente.⁶

É necessário, agora, explicar por que a proibição do casamento entre pessoas do mesmo sexo não superava o controle de constitucionalidade. Após enumerar alguns dos direitos inerentes ao casamento que estavam sendo negados ao casal demandante (vantagens impositivas, herança, pensões, privilégios tes-

---

3 O sistema de controle de constitucionalidade argentino, no entanto, não admite que uma lei seja declarada inconstitucional *erga omnes* (para todos), mas que cada sentença seja aplicada ao caso particular (Nota: no Brasil é diferente). Portanto, cada estudante afrodescendente que quisesse entrar na universidade deveria apresentar o próprio recurso até que o Congresso mudasse a lei, como aconteceu com os casais do mesmo sexo casados antes de 14 de julho de 2010 na Argentina.
4 Desde a reforma constitucional de 1994, há uma série de tratados internacionais de direitos humanos, entre eles a Declaração Universal dos Direitos Humanos, que têm hierarquia constitucional na Argentina. Isto é, qualquer artigo desses tratados tem o mesmo valor jurídico que um artigo da Constituição.
5 SEIJAS, Gabriela. Decisão no caso "Freyre Alejandro contra GCBA sobre amparo (art. 14 CCABA)", 10/11/2009, p. 4.
6 SEIJAS, Gabriela, *op. cit.*, p. 14.

temunhais, benefícios em políticas migratórias etc.), Seijas refere-se ao direito ao casamento em si, como mérito da questão:

> [...] as vantagens mencionadas podem parecer pouco significativas comparadas com a transcendência pública que acarreta o casamento, a celebração do compromisso assumido e o respeito moral à decisão de cada um, inclusive se os outros utilizam um esquema ético diferente em suas próprias vidas.[7]

Negar a um casal gay o direito de se casar, de acordo com a juíza, era contraditório com diversas regras constitucionais e tratados internacionais de direitos humanos, que proíbem um tratamento discriminatório em razão da orientação sexual. A única solução possível era restituir esse direito negado, já que qualquer alternativa baseada na criação de regimes separados, como a "união civil", manteria a desigualdade:

> Se o problema da exclusão matrimonial fosse reduzido à impossibilidade de aceder a determinados bens, a solução bem poderia ser o desenho de [...] regimes separados. Entretanto, tal solução parece desconhecer que, historicamente, o conceito de "iguais, mas separados" tem servido como uma forma de camuflar o repúdio a grupos excluídos. A pretensão das partes consiste em que o casal que conformam adquira o mesmo status público que aqueles unidos em casamento.
>
> [...] a mera manutenção de um regime exclusivo para casais heterossexuais reforça o estereótipo, a estigmatização e a falta de aprovação e reconhecimento diante de diferentes sexualidades. A exclusão do regime matrimonial sugere que o compromisso e os sentimentos das partes são inferiores e, como consequência, não merecedores dos direitos que o quadro normativo garante a todos por igual.

A exclusão dos benefícios e das responsabilidades do casamento não é um inconveniente tangencial, mas sim, representa uma forma radical de afirmar que o casal não merece o reconhecimento pleno estatal.[8]

Citando o histórico voto do juiz Petracchi no caso de divórcio "Sejean", a juíza incorpora à sua fundamentação o que se costuma chamar "inconstitucionalidade futura", ou seja, a situação de normas que no momento de serem sancionadas não foram questionadas em sua constitucionalidade e sobreviveram por muito tempo, para mais adiante, produto da evolução do direito e de novas exigências da sociedade, acabarem se tornando inconstitucionais:

---

7 SEIJAS, Gabriela, *op. cit.*, p. 4.
8 SEIJAS, Gabriela, *op. cit.*, p. 15.

Petracchi afirmou que "é tarefa de historiadores e sociólogos elucidar por que um texto como o art. 16 da Constituição Nacional (Todos são iguais perante a lei...) pôde coexistir durante longo tempo com outras normas de hierarquia inferior que hoje parecem claramente discriminatórias contra a mulher. Assim, por exemplo, o delito penal de adultério era diferente segundo quem o cometesse — a mulher ou o marido —; considerava-se que a mulher casada tinha incapacidade de fato relativa; a esposa não podia exercer o comércio se não tivesse autorização do marido ou estivesse casada pelo regime de separação total de bens; na área do direito público não se reconhecia às mulheres o direito de votar etc. As normas infraconstitucionais foram mudando e adequando-se progressivamente aos requerimentos igualitários. O processo caminhou com lentidão, porque eram fortes as resistências que apresentava uma estrutura social na qual florescia e prosperava uma marca decididamente patriarcal".[9]

Seijas acrescenta, mais adiante, outros exemplos aos citados por Petracchi que mostram como evoluiu em particular o instituto do casamento:

> Sucessivas leis foram reduzindo os poderes do marido [...], embora o homem mantivesse a faculdade de estabelecer o domicílio conjugal até 1987 (lei 23.515), e a administração dos bens comuns [...]. Antes das primeiras reformas, a mulher casada era uma incapaz relativa e, em seu aspecto mais benévolo, a lei presumia a autorização do marido para que exercesse alguma atividade profissional, ou para comprar algo em dinheiro.
>
> Originalmente, nosso Código Civil diferenciava entre filhos legítimos e ilegítimos (naturais, adulterinos, incestuosos e sacrílegos). Neste aspecto as mudanças foram muito significativas, porém muito lentas.[10]

O Juiz do Supremo também fazia em seu voto uma reflexão sobre o princípio constitucional da igualdade perante a lei, que a juíza cita na fundamentação de sua decisão:

> [...]"a garantia da igualdade não é uma fórmula rígida e imutável; tampouco é definível. Se pretendêssemos defini-la, só poderíamos oferecer um retrato pouco nítido das convenções sociais e as crenças vigentes em uma época determinada". (Sentenças, 323:2659)[11]

Sobre esse ponto, Seijas acrescenta que o princípio da igualdade "supõe previamente o direito de ser quem se é (...). Não se é igual na medida da lei, mas

---
9 SEIJAS, Gabriela, *op. cit.*, p. 5.
10 SEIJAS, Gabriela, *op. cit.*, p. 9.
11 SEIJAS, Gabriela, *op. cit.*, p. 5.

perante ela".[12] A igualdade, assim entendida, não apaga as diferenças entre as pessoas, mas garante que todas recebam o mesmo tratamento, mesmo sendo diferentes. Por isso, "não se pode confundir nunca com a 'igualação', que é um ideal totalitário", visto que "carece de sentido falar do direito a um tratamento igualitário se previamente forçaram a todos a serem iguais".[13] Refuta dessa maneira um argumento muito usado pela Corporação de Advogados Católicos, que sustentava que a lei não discriminava os homossexuais, já que sim, podiam se casar, "sempre que o façam com alguém do sexo oposto".

A juíza descarta também o conceito de "igualdade entre iguais", segundo o qual seria lícito "tratar de modo diferente o que é diferente", como foi afirmado até a exaustão por muitos opositores ao casamento gay. Essa fórmula já havia servido antes, em diferentes partes do mundo, para justificar outras formas de discriminação, por exemplo, contra as mulheres, os negros ou os judeus. Em todos os casos, repetia-se o chavão das "diferenças naturais", por exemplo, justificando que as mulheres não pudessem votar porque eram "naturalmente diferentes" dos homens.[14] Gilberto Freyre, em seu livro *Casa grande & senzala*, cita inclusive estudos "científicos" que garantiam que o tamanho dos crânios dos negros era inferior ao dos brancos, o que demonstraria que eram "naturalmente" inferiores.

Seijas recorda alguns casos da história contemporânea em que esses discursos apareceram. Por exemplo, as leis da Alemanha nazista que proibiam o casamento entre "judeus e súditos de sangue alemão ou assimiláveis"[15] (Lei de proteção do sangue, 1935) ou as que impediam o casamento inter-racial em boa parte dos Estados Unidos.

Somemos alguns dados.

Até a sentença do caso "Loving x Virgínia", proferida no dia 12 de junho de 1967 pela Corte Suprema da Justiça dos Estados Unidos, em dezesseis estados norte-americanos — entre eles a Virgínia — era ilegal que uma pessoa de pele negra se casasse com uma pessoa de pele branca. Somente sete estados nunca haviam proibido — Minnesota, Wisconsin, Nova Iorque, Connecticut, Vermont, New Hampshire e New Jersey —, e os primeiros a permitir tinham sido Pensilvânia (1780) e Massachusetts (1843). O resto foi caindo como peças de dominó, até esses últimos dezesseis aos quais o Supremo teve que dar um empurrão final.

---

12 SEIJAS, Gabriela,*op. cit.*,p. 5.
13 SEIJAS, Gabriela,*op. cit.*,p. 6.
14 SEIJAS, Gabriela, *op. cit.*, p. 5, citando a decisão no caso "Lanteri de Renshaw", de 1929.
15 SEIJAS, Gabriela, *op. cit.*, p. 8.

Como acontece agora em diferentes partes do mundo com o casamento gay, o casamento entre negros e brancos era considerado "antinatural e imoral",[16] e sua proibição era justificada também com fundamentos religiosos, como prova o seguinte fragmento de uma decisão que apoiou a proibição, citado pela juíza Seijas em sua sentença:

> Deus Todo-poderoso criou as raças branca, negra, amarela, malaia e vermelha, e colocou-as em continentes separados. O fato de que separasse as raças demonstra que Ele não tinha a intenção de que as raças se misturassem (decisão de 1966, proferida por um tribunal do estado norte-americano da Virgínia, citada por Daniel Borillo em *Homofobia*. Barcelona: Bellaterra, 2001, p. 41, nota 40).[17]

A lista dos estados norte-americanos que nunca proibiram o casamento inter-racial ou que estiveram entre os primeiros a abolir a proibição se assemelha muito à dos estados onde o casamento entre pessoas do mesmo sexo já é legal: Massachusetts (2004), Connecticut (2008), Iowa (2009), Vermont (2009), New Hampshire (2010) e Washington (2010), aos quais é provável que logo se some Nova Iorque.[18] Ao mesmo tempo, um dos primeiros países a legalizar o casamento gay no âmbito federal foi a África do Sul (2006), a partir de uma decisão do Tribunal Constitucional, que aplicou a nova constituição democrática surgida após a abolição do *apartheid* e a chegada de Nelson Mandela ao governo.

Gabriela Seijas recorda que Hannah Arendt, num artigo de 1959 que tratava da discriminação contra os negros no sistema educacional americano, dizia que a educação não era o terreno no qual a batalha deveria se realizar, mas que o mais condenável era a discriminação que afetava a liberdade do casamento, mediante a proibição do casamento inter-racial nos estados do sul, já que "o direito de se casar com quem a pessoa quiser é um direito humano elementar".[19]

Os paralelos entre o ódio racial e a homofobia são enfatizados pela juíza: "a hostilidade com aqueles que integram minorias sexuais estrutura-se de modo similar ao racismo".[20] O impacto dessa forma de violência na vida de gays e lésbicas é punido na sentença sem meio termo:

---

16 Assim afirmava, na sentença proferida no caso "Dred Scott x Standford", o então presidente do Supremo Tribunal Federal dos Estados Unidos, Roger B. Tanei, em 1857. Citado por SEIJAS, *op. cit.*, p. 8.
17 SEIJAS, Gabriela, *op. cit.*, p. 8.
18 Nota do autor: de fato, um tempo depois da publicação deste livro na Argentina, o estado de Nova Iorque legalizou o casamento homossexual.
19 SEIJAS, Gabriela, *op. cit.*, p. 8. O título do artigo de Arendt é "Reflexões sobre Little Rock".
20 SEIJAS, Gabriela,*op. cit.*, p. 13, citando ROUSSEL, Yves. Les récits d'une minorité. In: BORILLO, Daniel (dir.). *Homosexualités et droit*. Paris: PUF, 1999, p. 14 e ss.

A burla, os estereótipos, o uso de expressões como "sapatão", "bicha", "boiola", "veado", "bambi", "baitola", "sapata", "fruta" etc., são graves feridas à dignidade às quais muitas pessoas se veem expostas em sua vida cotidiana.

Além disso, a homofobia costuma estar dissimulada por trás do discurso da tolerância, discurso que, apesar de seus prodigiosos esforços, não pode dissimular seu desagrado — como se pode dizer que tolero o que aprovo? A tolerância não tem razão de ser se seu objeto não foi definido previamente de modo diferente (ver: Ernesto Meccia, *A questão gay, uma mirada sociológica*. Buenos Aires: Gran Aldea Editores, 2006, p. 69 e ss.).

[...] [a] política da tolerância das ações privadas dos homens não percebe que os domínios privados não bastam para a expressão inteira da personalidade, a não ser que se limite o vinculado à livre orientação sexual à possibilidade de manter relações sexuais na intimidade (Meccia, *op. cit.*).[21]

Era a primeira vez que uma decisão judicial — um documento público oficial de um dos poderes do Estado — incluía palavras como essas (e não para nos insultar, mas para mostrar os insultos que recebemos). Foi um dos parágrafos com que Alex mais se impressionou:

— Colocou "veado"! A juíza colocou "veado"! — dizia emocionado.

Além disso, com a última citação de Meccia, Seijas respondia a um dos comentários que costumavam aparecer, por exemplo, no fórum de leitores do *La Nación:*"Não me incomoda que sejam gays, mas por que têm que andar mostrando?", como se os heterossexuais não passassem o tempo todo mostrando que são. Mencionar seu companheiro num bate-papo com amigos, dar-lhe um beijo no ponto de ônibus, caminhar de mãos dadas, ir ao cinema juntos ou comer fora, fazer as compras no supermercado, publicar no Facebook as fotos que você tirou com ele ou ela em suas férias, ir acompanhado a um jantar de trabalho.... Por acaso os heterossexuais não fazem todas essas coisas?

A jornalista Fernanda Mel escreveu certa vez que quando um casal heterossexual vai fazer compras no supermercado e a garota diz "Querido, pegou o sabão em pó, que terminou?" ninguém presta atenção. Porém, se ela vai com a namorada ao supermercado e diz "Querida, pegou o sabão em pó, que terminou?" o que todo mundo ouve é um grito: "Sou lésbica!"

A "tolerância" que a decisão de Seijas questiona é a que manda que gays e lésbicas se escondam no armário e nem coloquem a cabeça para fora como

---

21 SEIJAS, Gabriela, *op. cit.*, p. 13.

condição para não serem maltratados, para serem "tolerados". O reconhecimento do direito ao casamento entre pessoas do mesmo sexo oferecia o oposto: celebração, reconhecimento, ritual social, festa, compromisso público, anúncio, boas-vindas. Por isso, a inclusão significa uma mudança tão radical, e por isso a exclusão é tão daninha:

> As partes encontram-se impedidas de aceder à categoria socialmente aprovada de "casados". Tal exclusão os priva de ativos valiosos, tanto se estes são medidos em termos quantitativos monetários como em termos qualitativos de respeito social. Esta diferença na posse de ativos não necessariamente significa uma imposição injusta de desigualdade. No entanto, o dano causado é declarado como claramente ilegítimo quando percebemos que obedece ao status de seres humanos menos valiosos dos excluídos.[22]

É interessante enfatizar que, em diferentes momentos de sua sentença, Seijas cita vários dos atuais membros do Supremo Tribunal Federal. Levando em conta que, em casos como este, as apelações costumam chegar ao máximo tribunal, usar argumentos de seus integrantes para fundamentar a decisão tomada era uma forma de comprometê-los: se escreveram todas essas coisas, não podem dizer que não agora. Ao referir-se à Constituição da Cidade de Buenos Aires, que inclui expressamente a garantia de não discriminação por orientação sexual, Seijas cita também o ministro Zaffaroni, mas, neste caso, tomando parte de um discurso pronunciado pelo jurista na Assembleia Legislativa portenha, para a qual ele havia sido eleito anos antes de ser juiz do Supremo:

> [por] fazer uma cláusula igualitária e antidiscriminatória tão ampla, vamos ser criticados. Vão nos dizer: para que uma enunciação tão ampla se depois de tudo é enunciativa? Sim, já sabemos que é enunciativa. A imaginação discriminatória infelizmente não tem fim. Por isso era necessário fazer uma enunciação ampla. [....] Vão nos dizer: por que mencionar a orientação sexual? Como não mencioná-la em um mundo onde há muitos que sonham em reimplantar um triângulo rosa e numa cidade onde ainda temos policiais que atuam como se o triângulo rosa[23] existisse entre nós?[24]

---

22 SEIJAS, Gabriela, op. cit., p. 12.
23 O triângulo rosa era o distintivo que os homossexuais eram obrigados a usar nos campos de concentração nazistas, do mesmo modo que os judeus tinham que usar a estrela de Davi.
24 SEIJAS, Gabriela, op. cit., p. 6, citando o diário das sessões da Convenção Constituinte da Cidade Autônoma de Buenos Aires.

Por último,[25] no parágrafo final dos fundamentos, antes de declarar a inconstitucionalidade dos artigos 172 e 188 do Código Civil e mandar que o Registro Civil das Pessoas Naturais casasse Alex Freyre e José María Di Bello, a juíza sustenta que a inclusão dos casais homossexuais no casamento poderá ser "fonte de novas curas para velhas doenças sociais, como o medo, o ódio e a discriminação".[26]

***

— Ao proferir a sentença, pensou que Alex e José María conseguiriam se casar rapidamente graças à sua decisão? — perguntei à juíza.

— Não, na verdade foi uma surpresa absoluta! Eu achava que apelariam da sentença e que haveria que esperar que se chegasse até o Supremo Tribunal Federal. Este tipo de questão quase nunca tem solução em primeira instância — respondeu Seijas.

Ser gay é PRO

Alex e José tampouco pensaram que iam se casar. Nem os advogados, nem a Federação, nem o jornalismo, nem Cristina, nem a oposição, nem a Igreja. Ninguém imaginava isso.

A parte requerida no processo era o Registro Civil portenho, que lhes negou a data para que casassem. O organismo depende do governo da Cidade de Buenos Aires. O prefeito Mauricio Macri, expoente da centro-direita na Argentina, era quem deveria decidir se apelava da sentença — e todos tinham certeza de que o faria. Quando a decisão de Seijas ficou conhecida, as primeiras declarações de Alex ao jornal *Página/12* foram:

— [jornalista] Provavelmente, o governo portenho vai apelar da sentença.

— [Alex] É possível, mas esperamos que o governo da cidade de Buenos Aires não apele e respeite a decisão da Justiça.[27]

Era o mesmo Macri que, há alguns anos, quando era presidente do Boca, havia dito ao mesmo jornal que não permitiria jogadores gays no time:

---

25 Alguns fragmentos da sentença são citados neste capítulo acompanhados de exemplos e explicações que procuram torná-la compreensível para as pessoas que não estão acostumadas à leitura de sentenças judiciais, mas é recomendável, para quem tiver interesse nos aspectos jurídicos do debate, ler esta e outras sentenças completas, entre as quais se destacam as da juíza Elena Liberatori e do juiz Guillermo Scheibler, às quais nos referiremos nos próximos capítulos.
26 SEIJAS, Gabriela, *op. cit.*, p. 12.
27 OSOJNIK, Andrés. Ahora le toca al Senado. *Página/12*, 12/11/2008.

— A homossexualidade é uma doença, não é uma pessoa cem por cento sã.
— Acha que é mesmo uma doença?
— Claro que sim, é um desvio.
— Mas a OMS não a inclui na sua lista.
— Minha opinião é que é um desvio não desejado.
— Achar que é uma doença é uma ideia bastante antiga.
— O que quer que eu faça? Tenho que dizer o que penso. E o que vou pensar? Que o que fazem está ótimo? O senhor festejaria que seu filho fosse homossexual? Por favor. O mundo nos fez para que nos juntemos com uma mulher. Por que vamos nos juntar com um homem? Está bem que é mais cômodo. Pode jogar tênis e depois pode... tudo com o mesmo cara. Mas por favor![28]

Era o mesmo Macri que, pressionado por Santiago De Estrada e Gabriela Michetti, havia demitido, antes de assumir, quem já havia sido anunciado como seu futuro ministro da Cultura, Ignácio Liprandi, por dizer à revista *Veintitrés* que era a favor do casamento gay. "Bergoglio está muito preocupado com o que Liprandi disse, você vai começar seu governo com a Igreja contra", disse o então presidente da Assembleia Legislativa ao prefeito eleito. Vários legisladores ouviram naqueles dias, com surpresa, como o próprio De Estrada se vangloriava de haver transmitido a Macri "o pedido do cardeal" para que Liprandi não fosse ministro. Gabriela Michetti, futura vice-prefeita e protegida de Bergoglio, uniu-se ao "bispo"— como chamam De Estrada, ex-embaixador da ditadura no Vaticano — e sugeriu a Macri que se livrasse de Liprandi. Junto com eles também teria agido o deputado Diego Santilli, mas por motivos pessoais: queria colocar nesse cargo um amigo seu, Pablo Batalla, que finalmente terminou como subsecretário. O futuro ministro não chegou a assumir. De Estrada e Michetti já tinham se unido em outras oportunidades, acompanhados pelo ultra-homofóbico ex-legislador Jorge Enríquez — promotor no processo político pelo qual a Legislatura cassou o mandato do ex-prefeito Aníbal Ibarra —, por exemplo, para se opor a um projeto de lei de educação sexual ou para impulsar mudanças no Código Penal que significariam, entre outras coisas, mais repressão contra as travestis. Antes disso, De Estrada e Enríquez haviam liderado a oposição à lei portenha de união civil, com um discurso ultramontano que dava medo.

Por esses e outros antecedentes, a Federação convocou a votar no candidato kirchnerista Daniel Filmus no segundo turno das eleições para prefeito

---

28 Citado em: CAPARRÓS, Martín. Jefes, gays, cardenales. *Crítica da Argentina*, 27/11/2009.

portenho em 2007. No primeiro turno, não convocamos a votar nem a favor nem contra nenhum candidato em particular,[29] e um dos acordos fundadores da Federação era articular com as diferentes forças políticas democráticas em todos os assuntos que tivessem a ver com os direitos de nosso coletivo, mas sem tomar partido por nenhum setor. Entretanto, estávamos convencidos de que a chegada de Macri — e, principalmente de Gabriela Michetti e Santiago De Estrada — ao governo portenho era um perigo. "Buenos Aires vai ficar legal", era o lema da campanha do candidato. "Buenos Aires não vai ficar legal com mais discriminação", intitulava-se a declaração da Federação, que dizia:

> [....] queremos recordar à sociedade que:
>
> Macri representa, e levou à Assembleia Legislativa, aqueles que se opuseram ativamente à lei da união civil da Cidade de Buenos Aires;
>
> Macri tem como candidata a vice-prefeita Gabriela Michetti, uma das principais opositoras à lei de educação sexual;
>
> Macri levou à presidência da Assembleia Legislativa Santiago De Estrada — ex-embaixador de Videla no Vaticano, e um personagem sinistro que tem sido o representante da homofobia e da discriminação na Cidade — que, junto com o também macrista Jorge Enríquez, se opõe publicamente a cada um de nossos direitos, qualificando-nos de doentes, no melhor dos casos;
>
> Os(as) legisladores(as) de Macri foram os que impulsaram reformas do Código Contravencional da Cidade com a finalidade de condenar as pessoas trans com a repressão e a criminalização, assim como também as trabalhadoras sexuais, vendedores(as) ambulantes e outros setores sociais;
>
> [....] Votamos contra Macri para garantir que não voltaremos para trás. Convocamos a votar em Filmus para preservar o que conseguimos e frear as novas tentativas da direita de impor novas restrições às nossas liberdades. Se Macri ganhar, retrocederemos; se Filmus ganhar, continuaremos lutando por nossos direitos.
>
> Por isso, a Federação Argentina de Lésbicas, Gays, Bissexuais e Trans convoca todas as pessoas da Cidade de Buenos Aires — independentemente de sua orientação sexual ou identidade de gênero — a votar em Daniel Filmus e Carlos Heller no segundo turno das eleições para prefeito, que serão realizadas no próximo dia 24 de junho.

---

29 Na pesquisa que fazemos habitualmente com os candidatos antes do primeiro turno, Mauricio Macri havia respondido, sobre o casamento gay, que "a modificação do Código Civil é um debate que deve ser feito no âmbito nacional", sem dizer que sim nem que não. O candidato kirchnerista Daniel Filmus deu uma resposta ambígua — "(...) daria meu apoio para gerar uma legislação que procure dar estabilidade e segurança jurídica às relações afetivas de todas as pessoas, com independência de sua orientação sexual" — que lhe deixava a porta aberta para apoiar o casamento ou a "união civil".

Nada do que o texto diz era exagerado. E o mais lógico era supor que Macri fosse apelar da sentença. Mas não havíamos dito que era preciso apagar do dicionário a palavra "impossível"?

***

— Temos que ligar para Macri e pedir-lhe uma audiência urgente — falei para María assim que soube da decisão de Seijas.

Apesar de tudo o que foi dito antes, de sua história e do perfil ideológico de seu partido, minha impressão era de que o contexto político podia levar o prefeito a tomar uma decisão diferente da que todos esperavam dele. O kirchnerismo, condicionado pela viagem da Presidenta ao Vaticano, acabara de pagar um custo político alto por ter deixado sem quórum a reunião das comissões da Câmara dos Deputados que deviam decidir sobre a reforma do Código Civil. Se Macri, exatamente nesse momento, decidisse não apelar, ridicularizaria o governo federal, colocando-se à esquerda dele, e geraria uma notícia de alto impacto que o teria como protagonista.

E se mostraria como líder de uma direita moderna, liberal, do século XXI.

Se não havia pensado nisso, era necessário dizer-lhe. Como sempre, devíamos empurrar de um lado e do outro. Se Mauricio Macri apoiasse o casamento gay, o debate mudaria: estar contra seria estar à direita *da direita*. Um lugar no qual Néstor e Cristina não gostariam que ninguém os colocasse.

María vinha pedindo uma audiência com Macri desde que a ação de amparo de Alex e José foi apresentada, mas não lhe respondiam. Havia apresentado inclusive um pedido formal, por escrito.

— Não acredito que ele não apele, mas vou ligar outra vez. Faz tempo que venho pedindo que nos atenda — me disse María —. Tente você também.

Tentamos durante todo o dia, falamos com vários funcionários portenhos ou com seus assessores, mas não conseguíamos nos aproximar do prefeito. E dava a impressão de que ninguém tinha informação sobre o assunto, nem se interessava. María se apresentava como presidenta da Federação e eu como jornalista do jornal *Crítica*, mas nenhum dos dois conseguiu falar com Macri.

Minha editora, que era a favor do casamento gay, também não acreditava que houvesse tantas chances neste caso:

— Não se iluda, ele vai apelar — me dizia.

Além disso, um colega da redação havia consultado o Procurador-geral da cidade, Pablo Tonelli, um funcionário ligado à Igreja, que rapidamente confirmou que a apelação já estava preparada e seria apresentada no dia seguinte.

— Já está, vão apelar — insistiu minha chefe. Mas eu queria falar com alguém do entorno político: Tonelli tinha outras motivações e não participava da mesa em que este tipo de coisas eram decididas. Finalmente, à tarde, consegui me comunicar com uma das pessoas de maior confiança de Macri. Logo que me identifiquei, me respondeu:
— Já sei por que você está me ligando.
— Melhor, assim não perdemos tempo — eu disse, e imediatamente passei ao que nos interessava —: vão apelar da sentença?
— Você nunca falou comigo. Ou seja, se escrever para o jornal sobre este assunto, meu nome não aparece, estamos de acordo?
— Claro. Não se preocupe.
— E use verbos no futuro do pretérito.
— Não tem problema.
— O que vou te dizer não é um anúncio oficial. Estamos conversando na intimidade, está bem?
— Ok. Vamos direto ao assunto. Vão apelar?
— Se você colocar na matéria que "Macri não apelaria da sentença", não vai errar. Não diga "Não vai apelar", diga que "não apelaria".
— Quando anunciarão oficialmente?
— Amanhã cedo, com um vídeo no Youtube, uma postagem no Facebook e uma declaração no Twitter. Mauricio vai explicar que não vai apelar porque está de acordo com o casamento gay.
— Sério?
Eu havia ensaiado mentalmente tudo o que ia dizer — após passar do "modo jornalista" ao "modo ativista", com prévio esclarecimento formal — para tentar conseguir que Macri nos desse uma audiência, para que María fosse falar com ele e tentasse convencê-lo a não apelar. No entanto, não foi necessário.
Já haviam decidido.
— Amanhã você vai ver, o vídeo já está gravado.
— Então para que os verbos em potencial?
— Não coloque meu nome e pronto.
— Tonelli está dizendo aos jornalistas que a apelação já está pronta e será apresentada amanhã. Um colega do jornal que falou com ele me confirmou.
— A decisão é do prefeito, não do Tonelli.
— E o que Michetti e De Estrada dizem?
O funcionário riu e respondeu:

— Não estão de acordo, mas o prefeito é o Mauricio.

Agradeci a informação, desliguei e liguei para María, que a princípio pensou que fosse brincadeira. Depois liguei para minha editora.

Tínhamos duas versões contraditórias, mas eu confiava em minha fonte. Todavia, se estivessem me usando, eu ia passar por idiota. Finalmente, o mesmo colega do jornal a quem Tonelli havia dito que apelaria confirmou, por outro lado, que a informação que eu tinha era certa, então liguei para Alex:

— Está sentado? — eu lhe disse.

— O que aconteceu?

— Parabéns, menino. Você vai casar!

— Ainda falta muito para isso, agora vem a apelação, e até que chegue ao Supremo vai passar um tempo. O caso de María e Claudia está desde o começo do ano e ainda nada...

— Não vai chegar ao Supremo. Macri não vai apelar da sentença.

— Não seja bobo, que o dia da mentira é no mês que vem!

— Falo sério, totalmente confirmado. Não apela e amanhã vai anunciar que está de acordo com o casamento gay.

— ...

— Você tá aí?

— Você tá falando sério?

— Estou, Alex, juro! Não fale com nenhum jornalista, que é furo do *Crítica*. Te conto porque você tem que saber antes. O que acha?

— Não posso acreditar. Deixe que eu ligo para o José.

Desliguei e comecei a escrever a matéria, que teria como título "Alex e José, o primeiro casamento gay argentino".

***

Quando o Governo da Cidade, como parte requerida, foi notificado formalmente da decisão de Gabriela Seijas — antes que fosse público —, dois setores internos do partido do prefeito começaram uma guerra silenciosa.

Por um lado, o "bispo" De Estrada tentou garantir que o Procurador-geral da cidade, Pablo Tonelli, apelasse da sentença com os argumentos preferidos da Igreja católica. A apelação teria a assinatura do suplente de Tonelli, Carlos Guaia, professor da Universidade do Salvador[30] e leitor assíduo da revista fascis-

---

30 A Universidade do Salvador pertence aos jesuítas e foi comandada, durante a época da ditadura, pelo então superior da Ordem, Jorge Mário Bergoglio, o atual papa Francisco.

ta *Cabildo*. Guaia havia se envolvido num escândalo, quando se soube que havia mandado contratar na Promotoria um comandante de navio, oficial de inteligência e advogado ligado a repressores da ESMA.[31]

Tonelli e Guaia não pensavam em consultar Macri. Enquanto não chegasse uma ordem expressa contrária, dariam por certo que tinham de apelar, já que na instância anterior, quando a Cidade foi notificada da demanda, haviam respondido contestando o questionamento de inconstitucionalidade. Por via das dúvidas, apresentariam a apelação o mais rápido possível.

No entanto, De Estrada não era o único que "operava". O jovem secretário-geral do governo portenho, Marcos Peña, e o porta-voz do prefeito, Miguel de Godoy, entraram em acordo para pedir a Macri que apoiasse o casamento gay. Procuraram, para isso, o apoio de outros funcionários e legisladores da ala mais liberal do Pro, que não compartilhava as posições retrógradas que o partido vinha seguindo nesses temas.

Peña tinha em mãos uma pesquisa rápida segundo a qual quase 7 em cada 10 portenhos pensavam que a decisão da juíza havia sido correta e apoiavam o casamento de Alex e José. Quando entraram na sala do chefe, preparados para uma longa e difícil discussão, tiveram uma surpresa:

— Não precisam me convencer, estou de acordo com vocês — disse o prefeito.

Nessa mesma reunião gravaram o vídeo com o qual fariam o anúncio.

***

Na sexta 13 de novembro, o *Crítica* anunciava o furo numa manchete: "Alex e José já podem se casar", e acrescentava: "A Justiça portenha declarou inconstitucionais os artigos do Código Civil que impedem o casamento entre homossexuais. Macri não apelará da sentença e apoiará publicamente os casamentos gays. Na segunda, o casal marcará o casamento, o primeiro na América Latina". Minha matéria incluía as primeiras declarações dos futuros esposos, que aproveitavam a notícia para questionar os deputados governistas:

[...] A decisão da juíza Seijas criou uma situação política inédita. A Cidade tem cinco dias para acatar ou apelar da sentença, e fontes de primeira linha do governo

---

31 Renuncia por el matrimonio gay. *Página/12*, 08/12/2009. Nota do Autor: a ESMA foi um dos principais campos de concentração da ditadura argentina de 1976 a 1983, onde foram mantidas em cativeiro, torturadas e assassinadas milhares de pessoas. O responsável político pela ESMA era o sinistro almirante Emilio Eduardo Massera, um dos ideólogos da quadrilha de assassinos que governava o país. Na época, Massera foi homenageado pela Universidade do Salvador, por decisão de Bergoglio.

portenho garantiram a este jornal que a decisão do prefeito é de não apelar. Hoje mesmo, Mauricio Macri anunciará pelo Facebook o seu apoio ao casamento gay.

[...] "Estava chegando em casa quando o celular tocou. Alex me perguntou se estava sentado e me disse que colocasse um sorriso de homem casado. Quando ouvi isso, entendi tudo e comecei a chorar", conta José María. A seu lado, Alex diz que a justiça, com esta decisão, "está pautando o Congresso, porque isso vai além do nosso caso. É necessário mudar a lei para que todos os casais possam se casar".

— O que você acha da decisão dos deputados kirchneristas de não irem à reunião das comissões da terça para impedir a assinatura do parecer favorável à lei do casamento gay? — perguntou este jornal.

— Essa decisão está contaminada pela visita de Cristina ao Vaticano. A Presidenta trocou nossos direitos por uma foto com o Papa. Mas espero que na semana que vem reconsiderem, ainda há tempo. Que sejam peronistas: foi Perón quem separou a Igreja do Estado! Nós sabemos que tem muitos deputados governistas que estão de acordo, e isso faz com que sua covardia seja duplamente vergonhosa. Que compareçam à reunião e digam o que pensam, ou não poderão olhar mais na nossa cara.[32]

***

No dia seguinte, bem cedo, o vídeo de Macri estava no Youtube e no *blog Ar e Luz*,[33] administrado pela Prefeitura. Além disso, como estava previsto, o prefeito havia publicado mensagens no Facebook e no Twitter anunciando sua decisão e lincando o vídeo, onde dizia, olhando para a câmara:

— Decidimos que não vamos apelar da sentença.

— Por que tomou essa decisão? — perguntava-lhe um dos colaboradores. A pergunta não era ouvida, aparecia escrita numa placa de fundo azul e letras brancas.

— Em meu caso, tive um debate interno, pesando minha formação e minha história com minha busca pelos melhores costumes e pelas melhores liberdades para a sociedade — respondia Macri —. E sinto que é um passo importante, porque é preciso aprender a viver em liberdade sem vulnerar os direitos dos outros.

Mais adiante, acrescentava: "O mundo vai nessa direção, por isso estou contente que o Governo da Cidade não apele. E espero que sejam felizes". O prefeito reconhecia que em seu partido havia "gente que queria que apelássemos", contudo garantia que "com o tempo, isto vai ser visto como aconteceu com o divór-

---

32 BIMBI, Bruno. *Alex y José, el primer matrimonio gay argentino*. *Crítica da Argentina*, 13/11/2009.
33 <http://www.aireyluz.com/?s=matrimonio>.

cio há algumas décadas: foi um debate muito intenso e hoje é algo natural (...). Trata-se de permitir que as pessoas decidam livremente como se vinculam".

Deixando de lado algumas passagens irrelevantes, o discurso de Macri poderia ter sido feito pelo mais progressista dos progressistas. Ademais, enfatizava que a oposição aos direitos de gays e lésbicas era um anacronismo: "O mundo vai nessa direção", "Vai acontecer como com a lei do divórcio".

De manhã, María tomou um táxi e foi a um ato público onde o prefeito falaria com os jornalistas. Tentando não chamar a atenção, aproximou-se para ouvir suas palavras. Quando saiu, ligou para o meu celular e contou, surpresa, como se somente naquele momento desse a informação por certa.

— Precisava ver e ouvir eu mesma porque, senão, não acreditaria — me disse.

Nesse mesmo dia, o próprio Macri ligou para Alex e José para reafirmar sua decisão, parabenizá-los pelo casamento e desejar-lhes sorte.

Em seu entorno, juram que o prefeito já estava decidido antes de receber Peña e De Godoy e que não falou com o cardeal Jorge Bergoglio, nem recebeu nenhuma ligação direta do Episcopado antes de anunciar que não apelaria da sentença.

— As ligações chegaram depois, mas a decisão já havia sido anunciada, portanto chegaram tarde — garantem.

— Santiago De Estrada também ligou?

— De Estrada, sim, claro. "Para que você vai brigar com a Igreja?", dizia. Fez tudo o que pôde, direta e indiretamente, mas Mauricio estava decidido.

— Falava por ele mesmo ou alguma vez falou em nome de Bergoglio, como no caso Liprandi?

— Nunca te dizem diretamente. A Igreja nunca te mostra a bunda. Te dá a entender, manda mensagens: "O cardeal não vai ver isto com bons olhos", e coisas assim. Quando viram que não iam convencer, tentaram resolver a questão de outro modo.

— Como?

— Tentando que o promotor apelasse.

Em sua edição da segunda 16 de novembro, o *La Nación* anunciava essa possibilidade. Nesse dia vencia o prazo legal, e já se sabia que a Cidade não apelaria, portanto o promotor era a última esperança de Bergoglio e De Estrada:

> Alex Freyre e José María Di Bello, o casal de homossexuais a quem a justiça, no contencioso-administrativo, garantiu o desejo de celebrar seu casamento, irão

hoje de manhã à sede do Registro Civil portenho da rua Beruti 3325 para marcar uma data para se casar.

No entanto, a alegria por causa do apoio judicial poderia ser apagada se o rumor que começou a correr ontem à noite fosse confirmado: de que o promotor público Federico Andrés Villalba Díaz apelaria da sentença de primeira instância.[34]

Os operadores do "bispo" haviam convencido Villalba Díaz de que Macri estava fazendo era uma jogada política para ganhar votos entre aqueles que apoiavam o casamento gay, mas que na verdade não estava de acordo e ficaria agradecido se ele lhe solucionasse o problema. Assim, ele ficaria bem com um segmento do eleitorado e podia tranquilizar a Igreja, garantindo a Bergoglio que o casamento nunca se realizaria.

Contudo, o promotor logo recebeu outra ligação que deixou claro que as coisas não eram assim.

— Os promotores têm independência, e não podemos, ao menos formalmente, dizer-lhes o que têm que fazer. Mas fizemos saber a ele que Mauricio não gostaria nada que apelassem, e lhe "sugerimos" que não o fizesse, para que não ficassem dúvidas — confirma um colaborador direto do prefeito.

Para que a pressão fosse mais forte, alguém contou a uma jornalista do *La Nación* o boato que seria publicado na matéria antes citada. Queriam que o promotor, ao ver seu nome no jornal, se assustasse com a pressão pública que cairia sobre seus ombros, caso apelasse. Seria o vilão do filme e o único culpado de impedir o casamento. E do entorno de Macri avisaram que estaria sozinho.

— Tanto empenho a favor do casamento gay foi para provocar o governo federal, colocando-se à esquerda dele?

— Não. Às vezes as coisas são menos especulativas do que todos pensam. Mauricio estava convencido de verdade — garante a fonte.

— Faz um tempo ele dizia que a homossexualidade era um "desvio"...

— As pessoas evoluem! Começamos no macaco e chegamos a um lugar bem melhor...

Disseram-me que no reino dos contrários...

O anúncio de Macri provocou repercussões bastante curiosas. Enquanto a mídia progressista, que sempre tinha sido crítica com o prefeito, procurava

---

[34] Pedirá turno hoy la pareja gay que fue habilitada por la Justicia para casarse. *La Nación*, 16/11/2009.

relativizar a natureza progressiva da sua decisão, a mídia conservadora, que sempre o apoiara, atacou-o impiedosamente.

O cardeal Jorge Bergoglio saiu com duas quentes e uma fervendo. Divulgou um comunicado em que dizia que "afirmar a heterossexualidade do casamento não é discriminar, mas sim partir de uma nota objetiva que é seu pressuposto", caracterizava a sentença de Seijas de "ilegal", qualificava a decisão de Macri como "lamentável e surpreendente" e dizia que ela afetava "a ordem jurídica e social da cidade". O *La Nación* publicou um editorial intitulado: "Rendição do governo porteño" — apenas quatro dias antes havia publicado outro questionando que tivessem tentado discutir o casamento homossexual na Câmara dos Deputados —, censurando Macri por ter tomado uma decisão "eleitoreira" baseada em uma "moda circunstancial".[35]

Havia nessa crítica um sinal interessante do que tinha mudado: antes, alguns políticos temiam que, respaldando nossos direitos, fossem rejeitados pelo eleitor; agora, respaldá-los era uma "manobra eleitoreira".

Em 24 de novembro, Bergoglio se reuniu a portas fechadas com o prefeito e, após a reunião, emitiu uma nota acusando-o de ter faltado gravemente "ao seu dever de governante e guardião da lei".Macri, por sua vez, declarou aos repórteres ao sair: "Bergoglio não está de acordo que nós não tenhamos apelado. Entendemos a posição da Igreja e a respeitamos".

O cardeal estava furioso. Não somente o irritava a decisão do prefeito, mas também que não o tivesse chamado antes — e por ter tomado conhecimento pelos jornais. "Eu o conheço há mais de dez anos, jamais o vi gritar assim",[36] disse à revista *Notícias* alguém do círculo chegado a Bergoglio, acrescentando que os "palavrões" que tinha ouvido naquele dia eram irreproduzíveis.

— Foi uma reunião de merda, fria, de dois caras que tinham certeza do contrário do que pensava o outro. Eles trocaram dez palavras, e cada um manteve sua posição — me disse um dos colaboradores de Macri.

— Como terminou?

— Bergoglio disse: "A verdade é que o senhor me causou uma profunda decepção"; e Mauricio respondeu: "É uma pena, Monsenhor". Apertaram-se as mãos e tchau.

Enquanto isso, outros setores habitualmente confrontados com o líder do Pro elogiavam ou pelo menos reconheciam positivamente sua decisão. O presi-

---

35 Editorial: Claudicación del gobierno porteño. *La Nación*, 18/11/2009.
36 MAYOL, Federico. Peleas en el confesionario. *Notícias*, 29/11/2009.

dente do Partido Socialista portenho, Roy Cortina, disse à imprensa: "é um bom sinal que Macri tenha decidido não apelar da decisão judicial".[37] No blog Artepolitica.com, próximo do kirchnerismo, um artigo assinalava:

> A decisão de Mauricio Macri de não recorrer da decisão que permite o casamento de um casal gay não surpreende apenas por sua inteligência. É também um exemplo de sucesso em uma operação da qual governo federal vem se esquivando: a atribuição de sentido político à ação de governo.[38]

A deputada Vilma Ibarra — que não gosta nem um pouquinho de Macri e tem um pensamento oposto ao dele — dizia no seu *blog*:

> Não concordo com a gestão de Mauricio Macri. Não partilho da sua ideologia nem de seus pontos de vista. [...] Mas, no que se refere ao direito das pessoas homossexuais, ele deu um passo que muitos progressistas não tiveram coragem de dar. Talvez tenha dado esse passo motivado pelo apoio maciço da população a esta questão. Talvez tenha sido apenas especulação. Mas a verdade é que ele fez. E fazer o que devia em defesa dos direitos civis lhe rendeu um confronto com a Igreja e com parte do seu eleitorado, que lhe perdoa as escutas ilegais,[39] mas critica suas ações em defesa da igualdade.[40]

Por sua vez, o governador de Buenos Aires, Daniel Scioli, fiel a seu estilo, fez uma dessas declarações que poderiam ser interpretadas como um sim, um não, ou um não sabe/não responde, ao gosto de cada um e cada uma.

Enquanto isso, o prazo para que as comissões se pronunciassem sobre a lei do casamento igualitário estava prestes a vencer, e os deputados governistas continuavam sem atender os celulares. Escrevi um e-mail para o ministro Aníbal Fernández, no qual dizia:

> Aníbal,
> Tenho recebido boletins dos deputados do Pro apoiando o casamento gay, e vocês continuam sem responder.
> Eu não entendo nada, me embaralhei todo, o Polo Norte está agora no Polo Sul, preciso de um tradutor urgente.

---

37 DI NICOLA, Gabriel. Macri respaldó el casamiento entre gays. *La Nación*, 14/11/2009.
38 ALEJANDRO (A Barbárie). *El matrimonio gay, la personería gremial y el problema del sentido político*. Em: <http://artepolitica.com/articulos/el-matrimonio-gay-la-personeria-gremial-y-el-problema-del-sentido-politico/>.
39 A deputada se refere a um processo que existe na justiça contra o prefeito, acusado de grampear telefones de oposicionistas, sindicalistas e até familiares.
40 IBARRA, Vilma. *Un reproche equivocado*, 30/11/2009. Em <http://www.vilmaibarra.com.ar/?p=422>.

[...] Macri fez um vídeo explicando que está de acordo porque o mundo está indo nessa direção, tem que respeitar a liberdade e dentro de alguns anos será tão natural como o divórcio...
Você lembra o que disse na primeira reunião com a Federação?
Que trabalhássemos para criar as condições.
As condições estão aí.
[...] Esta semana é a última oportunidade para se conseguir um parecer favorável nas comissões e possibilitar que o tema possa ser tratado no plenário antes do fim do ano. Depende de vocês, nada mais que de vocês.
Um abraço.
Ele não me respondeu.

Com data marcada

"Não consigo dormir!", dizia o torpedo de Alex Freyre que recebi no domingo, 15 de novembro, após a meia-noite. Poucos minutos depois, ele me ligou. Estava feliz, mas também ansioso, acelerado, com medo e insônia.

Até o dia seguinte depois do meio-dia não saberíamos se o Ministério Público tinha apelado. A qualquer um teria custado pegar no sono na noite anterior. Já estava combinado com os funcionários da prefeitura que, assim que vencesse o prazo legal, se o promotor Villalba Díaz não apelasse, Alex e José marcariam o casamento.

Seria a primeira vez que isso aconteceria.

"O primeiro casamento gay da América Latina."

O título soava bem, mas era tão forte que intimidaria qualquer um. "É uma responsabilidade muito grande, não sei se estávamos prontos para isso. Estamos muito nervosos", me dizia Alex. Sua família não queria nem saber dessas notícias:

— Primeiro você teve que aparecer na televisão dizendo que tinha Aids. Agora por isto. Sempre tem que ser você? — diziam.

Além disso, um mosquito tinha lhe picado o lábio:

— Você não sabe o que é o meu rosto, um desastre. Pareço Menem após a vespa![41] — exagerava.

No sábado, tinha sido a primeira grande prova do que o seu caso significava. Eles foram convidados para liderar a parada gay da cidade de La Plata, e as pes-

---

41 Nos anos 90, o então presidente Carlos Menem apareceu com a cara inchada. "Foi uma vespa que me picou", afirmou durante semanas. Depois, ele admitiu a realidade: "Fiz um *lifting*".

soas os receberam como heróis, tiravam fotos com eles com o celular, só faltava pedirem autógrafos.

Eles estavam a um passo de conseguir o que levávamos tanto tempo esperando, e tinham um cagaço enorme.

Na segunda-feira de manhã, cedo, seus celulares começaram a tocar e não pararam mais. A imprensa de todo o mundo ligava. Enquanto isso, os minutos passavam e esperávamos a ligação dos funcionários portenhos encarregados da questão, que estavam reunidos com Marcos Peña, à espera, olhando o relógio o tempo todo, esperando que o prazo expirasse.

— Acabamos de confirmar que o Ministério Público não recorreu, de modo que, em alguns minutos, o Registro Civil marcará a data do casamento. Vão se casar no dia primeiro de dezembro — confirmou por telefone meu contato com Macri perto do meio-dia. A escolha da data não foi acidental: os dois insistiram muito que queriam aproveitar que faltava pouco para se casarem no "Dia Mundial da luta contra a Aids".

No Registro Civil de Palermo já estavam organizando tudo desde cedo. A própria diretora, Gabriela Seijas — "Tem quase o mesmo nome da juíza!", surpreendeu-se Alex — tinha se comunicado durante o fim de semana com a Federação para oferecer o local para realizar o casamento. "Que o primeiro casamento gay da Argentina seja celebrado aqui será uma honra para mim e terei todo o prazer em recebê-los", ela disse para os rapazes, e convenceu-os a mudar de planos, uma vez que a ideia original era ir para a sede central do Registro Civil, na rua Uruguai. "É importante saber que nos tratarão com boa *vibe*", explicaram.

Alex e José deixaram o cartório acompanhados por María Rachid, María José Lubertino e vários parlamentares. Exultantes, eles exibiram ante os fotógrafos e cinegrafistas os documentos oficiais atestando que tinham marcado o casamento. Depois de quatro tentativas fracassadas que terminaram nos tribunais, pela primeira vez um casal gay foi pedir para marcar o casamento no registro civil e conseguiu.

O otimismo que começava a nascer com a decisão já era de euforia.

Estávamos conseguindo.

Com essa vitória na mão, tínhamos que continuar pressionando o Congresso. Assim Alex se expressava em uma entrevista para o *Crítica*:

> — Você se surpreendeu com a decisão de Macri de não apelar da decisão e declarar-se a favor do casamento gay? — este jornal perguntou a Alex Freyre na saída do cartório.

— Honestamente, não esperávamos. Mas reconhecemos e celebramos.

— Você acha que o que aconteceu hoje pode mudar as coisas no Congresso e fazer com que os deputados finalmente deem quórum?

— Não somente espero, mas também convoco os deputados e deputadas da UCR e da Frente para a Vitória que tenham a coragem de debater nas comissões. Que façam seu trabalho, pois para isso lhes pagamos o salário, e digam sua opinião, a favor ou contra.

— Como se sentem agora que estão de casamento marcado?

— Muito felizes e muito emocionados. Mas, ao mesmo tempo, não queremos ser dois privilegiados. A igualdade jurídica não pode ser apenas para duas pessoas e não é possível que seja preciso recorrer à Justiça para ter direitos que a Constituição garante a todos e todas. Por isso é necessário que os deputados votem a lei antes do final do ano, para que todos os casais tenham os mesmos direitos com os mesmos nomes.[42]

Vilma Ibarra intensificava os diálogos com todas as bancadas, principalmente a do governo, para tentar convencê-las a dar quórum na reunião das comissões. Era a última oportunidade que teríamos até 2010.

Enquanto isso, em Madri, Macri dava entrevistas para a mídia internacional defendendo o casamento gay e explicando sua decisão. Em Buenos Aires, os funcionários do governo portenho asseguraram à Federação e ratificaram com os jornalistas que, tal como acontecera com a sentença de Seijas, a prefeitura não recorreria de nenhuma decisão que autorizasse outro casamento entre pessoas do mesmo sexo.

A Federação publicou um endereço de e-mail para que os casais que quisessem casar entrassem em contato e anunciou que forneceria assessoria jurídica gratuita com a colaboração de suas próprias equipes jurídicas e as do INADI.

Em menos de uma semana, há havia trinta novos recursos de amparo prontos para serem apresentados em diferentes regiões do país.

Botica da injustiça

Em 5 de setembro de 2008, precisamente quando completava 76 anos, faleceu o renomado ator, animador de televisão, artista, cenógrafo e figurinista Eduardo Bergara Leumann. Ele estava doente há muito tempo e tinha estado

---
[42] BIMBI, Bruno. La pareja gay obtuvo un turno para casarse por civil. *Crítica de la Argentina*, 17/11/2009.

internado dias antes na Fundação Favaloro por causa de uma cardiopatia congênita e um derrame estomacal, mas quando morreu estava em casa, conhecida como "A Botica do Anjo", espaço *cult* do tango e da cultura de Buenos Aires onde surgiram figuras como Nacha Guevara, Valeria Lynch e Susana Rinaldi.

As mídias nacional e internacional noticiaram sua morte, recordaram sua trajetória e publicaram declarações de condolências de colegas, amigos e parentes. No dia do funeral, a imprensa publicou a lista dos artistas, jornalistas, parentes e amigos que estavam presentes. De quase todos.

Quando uma celebridade morre, geralmente as primeiras declarações que a imprensa colhe são as dos familiares. Mas na família de Bergara Leumann ninguém disse nada. Parecia que ele não tinha nenhuma família.

O cineasta Leonardo Favio disse ao *Clarín* que Eduardo "morava sozinho".[43]

Mas não morava sozinho. E, sim, ele tinha família.

Daniel Angelone, seu parceiro, o amor da sua vida, sua família, viveu com ele na "Botica" durante 29 anos. Foi Daniel quem, cinco anos antes, quando Eduardo teve o primeiro ACV, teve que chamar os bombeiros para retirá-lo de casa — ajuda necessária por seu peso — e levá-lo para a clínica da Fundação Favaloro o hospital. Foi Daniel quem cuidou dele, fez as compras, cuidou da casa e esteve a seu lado até o dia de sua morte.

Até o dia de sua morte, pois nem esperaram o velório para expulsá-lo de sua casa. Um primo, uma prima, um testamenteiro e um funcionário colocaram Daniel no olho da rua. Nem mesmo o deixaram levar o gato, que ficou trancado na Botica, vazia, já sem o anjo.

No mesmo dia que Alex e José marcaram o casamento no registro civil de Palermo, Daniel lembrou no *Página/12*[44] sua história, que já tinha se tornado pública no ano anterior. Uma história não muito diferente das histórias de Adolfo Adaro, de Elvio Yapur e de tantas outras viúvas e viúvos a quem a lei tratava como intrusos após a morte daqueles com quem até então tinham partilhado a vida.

Histórias que o casamento igualitário, agora, impedirá que se repitam.

Essa gente boa

Após a sentença da juíza Seijas e a decisão de Macri de não apelar, entrou em cena uma série de personagens que seriam responsáveis pela "defesa" legal da

---

43 Memoria de sus amigos. *Clarín*, 06/09/2008.
44 PEKER, Luciana. Sin amor (ni herencia) después del amor. *Página/12*, 16/11/2009.

discriminação contra gays e lésbicas, perseguindo, de vara em vara, os casais que quisessem casar. Estes grupos, junto com uma parte do plantel docente da Universidade Católica Argentina e da Universidade Austral, esta última do Opus Dei, seriam também os porta-vozes não oficiais da hierarquia da Igreja nos meios de comunicação e no Congresso toda vez que fosse necessário se opor ao casamento gay com argumentos jurídicos.

"Mais críticas ao casamento gay: o Colégio de Advogados da cidade disse que a decisão está viciada de nulidade absoluta", intitulou o *La Nación* em 19 de novembro, dez dias após a sentença que permitiu o casamento de Alex e José. Era a segunda declaração sobre o tema que a entidade publicava, sempre com grande destaque. Anteriormente, havia se manifestado durante o debate nas comissões da Câmara dos Deputados, assinalando que era "inadmissível a equiparação entre uma instituição como o casamento que, segundo a natureza e o direito positivo, está ordenada para transmitir a vida, educar os filhos e buscar a plenitude pessoal daqueles que o contraem, com uma associação carente de toda transcendência positiva social e pessoal, que constitui apenas uma forma de satisfazer tendências individuais". Alguns leitores deixaram comentários no *site* do jornal, expressando sua surpresa: "É paradoxal que o Colégio de Advogados seja contra a igualdade perante a lei", dizia Diego, por exemplo. Mas faltava um dado para entender a notícia.

A Lei n. 23.187 estabelece que, para exercer a profissão de advogado na cidade de Buenos Aires, é necessário "estar inscrito no Colégio Público de Advogados da Capital Federal".[45] Esse colégio é composto por cerca de 57.000 profissionais matriculados, elege suas autoridades por voto direto e não tem nada a ver com as proclamações antigays.

Quando falamos do Colégio de Advogados da Cidade de Buenos Aires, cujo nome pode confundir o leitor incauto, nos referimos a uma entidade minoritária, de adesão voluntária, com clara tendência de ultradireita, que naqueles dias tinha apenas 1.155 sócios ativos,[46] incluindo José Claudio Escribano, ex-diretor do único jornal que publica todas as suas declarações (*La Nación*) e nunca esclarece este detalhe. O presidente, na época, era Enrique del Carril, que assinava os textos contra o casamento gay. Entre os sócios honorários se encontram José Alfredo Martínez de Hoz (filho),[47] atual tesoureiro, Eugenio Aram-

---

45 Instituição que poderia ser equiparada com a OAB no Brasil, mas de caráter estadual. Não existe um "colégio de advogados" federal.
46 BIMBI, Bruno. Quiénes están en contra del matrimonio gay. *Crítica de la Argentina*, 29/11/2009.
47 Filho do ministro da Fazenda da ditadura, do mesmo nome.

buru (filho)[48] e Roberto Durrieu, que detinha a presidência antes de del Carril. Durrieu foi subsecretário de justiça durante a ditadura do general Jorge Rafael Videla. Um currículo e tanto: o homem foi responsável pela pasta da "Justiça" de um governo ilegal que tinha aberto mais de 300 campos de concentração, onde foram torturadas e assassinadas pessoas sequestradas por "grupos de tarefas".[49]

"O Colégio" tem também entre seus sócios Juan María Aberg Cobo, advogado de Alfredo Astiz, e Luis Boffi Carri Pérez e Adolfo Casabal Elia, advogados de Miguel Etchecolatz. Entre outros crimes, Astiz foi responsável pelo sequestro e assassinato da fundadora das Mães da Praça de Maio, Azucena Villaflor, e das freiras francesas Leonie Duquet e Alice Domon. Etchecolatz, por sua vez, era o responsável pela quadrilha que sequestrou um grupo de estudantes do ensino médio durante a chamada "Noite dos Lápis" e foi um dos encarregados de torturar, durante sua detenção ilegal, o inesquecível líder socialista Alfredo Bravo.

Além de lutar contra os direitos dos homossexuais, "o Colégio" faz declarações periódicas contra a descriminalização do aborto, mas sua especialidade é defender os militares julgados por violações dos direitos humanos. "Este Colégio de Advogados alerta a população sobre uma forma de agir, propiciada por funcionários do governo e jornalistas que pertenceram às organizações terroristas na década de 1970, marcada pelo propósito de desforra que disfarça como uma falsa busca por Justiça, revolvendo ódios que a sociedade deseja superar",[50] dizia a declaração assinada por Del Carril em nome da entidade após a ordem de captura ordenada pela justiça contra "um proeminente sócio de nosso Colégio, o Dr. Eduardo Aguirre Obarrio", em março de 2008. Obarrio foi ministro da defesa do general Lanusse e é considerado um dos responsáveis pelo massacre de Trelew, que consistiu no assassinato de 19 presos políticos.

Outra instituição que trabalhou ativamente contra o casamento gay foi a Corporação de Advogados Católicos, liderada por Eduardo A. Bieule. O encarregado de expressar a posição da entidade nas audiências da Câmara dos Deputados foi o vice-presidente, Eduardo Sambrizzi, também sócio do "Colégio". O grupo apresentou um recurso judicial pedindo a "nulidade" da sentença de Seijas e sustentou, num comunicado, que "a negativa a que duas pessoas do mesmo sexo se casem não constitui um ato discriminatório". O mais revelador da declaração da "Corporação" é que afirmava que "nenhum legislador ou juiz

---

48 Filho de Pedro Eugenio Aramburu, o general que derrubou o governo de Perón em 1955.
49 Assim eram chamadas as quadrilhas de militares encarregadas de sequestrar pessoas durante a ditadura argentina de 1976-1983.
50 Fonte: <http://www.colabogados.org.ar/posicion/declaracion.php?id=62>.

pode modificar o fato de que o casamento deve ser celebrado entre pessoas de diferentes sexos".[51] Isto é, negava as faculdades de dois poderes do Estado que, segundo a Constituição, são responsáveis, respectivamente, por ditar as leis e controlar sua constitucionalidade.

Além de presidir "a Corporação", Bieule é um dos fundadores de Advogados pela Justiça e pela Concórdia, entidade presidida por Alberto Solanet, irmão de Manuel, ex-ministro da fazenda do ditador Leopoldo Fortunato Galtieri.[52] Este outro grupo se tornou conhecido e começou a ganhar destaque nos círculos da ultradireita portenha, participando de marchas contra os julgamentos dos repressores, organizados pela inefável Cecilia Pando,[53] que também se pronunciaria contra o casamento gay através de uma carta de leitor no jornal *La Nación*. Solanet era um homem muito ocupado naqueles dias: além de assinar as declarações dos Advogados pela Justiça e pela Concórdia afirmando que os militares presos por tortura, assassinatos e roubo de bebês eram "presos políticos",[54] também escrevia para a seção de cartas dos leitores do jornal *La Nación* metendo o pau no casamento gay.

Um de seus amigos, Pedro Andereggen, assinou outra petição judicial pedindo para "anular" a sentença de Seijas e proibir o casamento de Alex e José. Andereggen e Solanet tinham se associado muito tempo atrás para promover uma ação judicial contra o aborto terapêutico de uma jovem deficiente mental estuprada pelo padrasto.[55] Apaixonado por ações de amparo contra os direitos dos outros, Andereggen saltou para a fama em 2004 quando, junto com três colegas, apresentou um amparo em nome da Agrupação Cristo Sacerdote pedindo o encerramento de uma mostra do genial artista plástico León Ferrari no Centro Cultural Recoleta. Em sua peça, o advogado católico alegava que as obras de Ferrari "causam uma ferida nos sentimentos religiosos dos crentes". A censura

---

51 CASTRO, Ángeles. Primer turno para un enlace inédito. *La Nación*, 17/11/2009.
52 Manuel Solanet também fez parte da Fundação FIEL, dirigida por Ricardo López Murphy, que elaborou alguns dos princípios da reforma educacional neoliberal aplicada durante o governo Menem e coordenou as equipes econômicas do Recriar quando Lopez Murphy foi candidato a presidente. Durante sua campanha, como já dissemos, o candidato se manifestou contra o casamento gay.
53 Pando lidera um grupo de familiares de militares acusados de crimes contra a humanidade cometidos durante a ditadura e ficou famosa depois de ameaçar de morte o secretário de Direitos Humanos da Nação, Eduardo Luis Duhalde, fazendo em público um sinal com a mão indicando que lhe cortaria a garganta.
54 Fonte: <http://hijosynietosdepresospoliticos.wordpress.com/2009/12/18/por-dr-alberto-solanet-presi-dente-de-la-asociacion-civil-de-abogados-por-la-justicia-y-la-concordiar/>.
55 VALLEJOS, Soledad. Los cruzados contra el matrimonio gay. *Página/12*, 05/12/2009.

contra o artista foi promovida em conjunto pelo grupo patrocinado por Andereggen e pela agrupação fascista Custódia, que distribuía folhetos que diziam: "os direitos dos homens não podem pisotear os direitos de Deus".

Além de Andereggen, a ação de amparo contra Ferrari foi subscrita por Pablo Falabella, Francisco Roggero e Joaquín Otaegui.[56] Roggero e Otaegui patrocinariam outro membro da corporação, Miguel Haslop, em um terceiro recurso contra o casamento de Alex e José. Haveria outros mais, todos vindos do mesmo lugar.

Os "guardiões" da agrupação Custódia também tiveram ativa militância contra o casamento gay e participaram das audiências na Câmara dos Deputados. Entregavam panfletos com a legenda: "Não às uniões de veados". O grupo é liderado pelos irmãos Jorge e Marcelo Gristelli, ligados ao capelão Antonio Baseotto (famoso por ter proposto que "pendurem uma pedra de moinho ao redor do pescoço e joguem ao mar" o ex-ministro da saúde, Ginés González García,[57] por sua posição favorável à descriminalização do aborto) e proprietários da livraria São Tiago Apóstolo, onde vendiam livros de "conversas com Mussolini" e obras de autores destacados como — novamente — o torturador Miguel Etchecolatz e o coronel golpista Mohamed Alí Seineldín. Custódia também conta entre suas fileiras com o ex-*carapintada*[58] Emilio Nanni, o do tapa-olho. O ódio contra os gays os levou, anos atrás, com um pelotão de choque armado, à parada gay de Buenos Aires, provocando violentos incidentes, dos quais o autor deste livro foi testemunha.

Jorge Gristelli, um dos líderes da Custódia, assinou a convocatória para um ato contra o trabalho de Ferrari junto com Antonio Caponnetto, diretor da revista *Cabildo*, que cunhou o termo "gaymonio" para se referir aos casamentos entre pessoas do mesmo sexo (outra variante usada em *blogs* do fascismo crioulo é "putimonio" [N.T.: "bichamonio"]). Sua revista, durante o debate sobre a lei, dedicou algumas capas para insultar os homossexuais,[59] mas também costuma se ocupar

---

56 VALLEJOS, Soledad, *op. cit.*
57 Fonte: <http://prensa.cancilleria.gov.ar/noticia.php?id=11197119>.
58 A expressão "carapintadas" remete a dois grupos de militares golpistas que se alçaram contra o governo Alfonsín e conseguiram a aprovação de duas leis que beneficiaram os militares que estavam sendo julgados pelos crimes cometidos durante a ditadura. Um desses grupos era liderado pelo coronel Seineldín. Ele foi preso, foi indultado por Menem, liderou uma nova rebelião militar contra Menem, foi preso novamente e, tempos depois, foi indultado outra vez por Duhalde.
59 Por uma dessas capas e pelo texto no seu interior, que de tão grosseiro e repugnante é irreproduzível, fiz uma queixa formal contra a revista, que resultou num parecer técnico do INADI assegurando que a publicação violava a lei antidiscriminação.

dos judeus, afirmando que "o antissemitismo é uma invenção" e que as Mães da Praça de Maio são um grupo terrorista, questionando a validade do julgamento de Nuremberg e publicando loas ao ex-ditador espanhol Francisco Franco.

Às vezes penso que, se todas essas pessoas nos odeiam tanto, é porque estamos fazendo bem alguma coisa.

Nos vemos no ano que vem

Em 22 de novembro, os jornais noticiavam que Agustín Rossi, presidente da bancada de deputados federais da Frente para a Vitória, havia anunciado que a lei do casamento igualitário não poderia ser debatida no Congresso antes do fim do ano.[60]

Seria preciso esperar até março.

No entanto, o trâmite do casamento de Alex e José mantinha a questão na ordem do dia, e todos os dias a maioria dos jornais dava alguma notícia sobre o assunto. Já não era a matéria que os jornalistas gays — e outros convencidos de que o pedido era justo, que nos ajudavam — tinham que lutar para que entrasse na pauta, mas sim um dos temas sobre os quais os editores pediam aos redatores todos os dias para conseguir algo.

Essa publicidade gerava debate nas ruas, nas casas, nos escritórios, nas escolas, nas universidades, no bairro. E, claro, no Congresso e nos partidos políticos. Mesmo que a lei não fosse tratada antes do fim do ano, o assunto estava sendo tão badalado que seria difícil engavetarem no ano seguinte. Podíamos ganhar ou perder a votação, mas a sensação que a maioria tinha era de que o projeto haveria de ser debatido.

Entretanto, como em todo jogo de xadrez, o adversário também movia suas peças. A hierarquia da Igreja e seus aliados políticos sabiam que o debate era inevitável e, como aconteceu antes na Espanha e aconteceria no início do ano seguinte em Portugal, mudaram de estratégia. Enquanto tentavam deter o casamento de Alex e José por meio de manobras jurídicas, começaram a se movimentar no Congresso para conseguir votos para um projeto alternativo de "união civil" que excluísse a adoção conjunta e "preservasse" a palavra "casamento", mantendo viva a discriminação. Embora não falasse isso publicamente, o então cardeal Bergoglio participava dessa estratégia contra a igualdade.

---

60 RUCHANSKY, Emilio. La pelea por el matrimonio. *Página/12*, 22/11/2009.

O setor conservador da bancada do Pro anunciou que apresentaria um projeto de "união civil", embora só o tenha apresentado no ano seguinte. No mesmo sentido começaram a trabalhar alguns deputados governistas que não queriam nem saber do casamento igualitário, liderados pela mendocina Patricia Fadel, que no ano seguinte teria uma dura queda de braço sobre o tema no interior da bancada, enfrentando o próprio Néstor Kirchner.

A ênfase na palavra "casamento" começou a aparecer nas declarações de alguns bispos, como do platense Héctor Aguer, líder da ala mais beligerante da Igreja, que perguntou: "Quem impede alguém de escolher quem quiser para formar um casal e ser feliz? Mas que chamem isso de casamento é outra coisa. (...) Estão pretendendo alterar a realidade do casamento e da família em função de uma ideologia".[61]

Outros legisladores, como Juliana Di Tullio, começaram a ganhar destaque na disputa dentro da bancada governista, defendendo o casamento igualitário. "A questão é garantir os mesmos direitos, é a luta histórica do ativismo e minha posição é que, se há restrições, e a união civil tem restrições, não existem direitos", dizia Di Tullio. A deputada analisava com otimismo as declarações de Rossi sobre o adiamento do debate, garantindo que o santa-feense tinha um compromisso político com a questão e que empurrar a discussão para o ano seguinte "nos dá mais tempo para conversar, resolver dúvidas, perguntas e preconceitos. Se a lei chegar ao plenário, não vamos conseguir que todos a votem, acontece com os outros partidos também... Mas se há quem saiba contar os votos, somos nós", assegurava.[62]

"Juliana foi uma das que mais trabalharam dentro da bancada governista para contar os votos um a um, junto com María Teresa García", confirmava Vilma Ibarra pouco menos de um ano depois.

***

Cristina Kirchner e Michelle Bachelet se reuniram com o Papa em 28 de novembro. Quando a Presidenta voltasse de Roma, o obstáculo que tinha freado o projeto de lei do casamento igualitário não existiria mais. Já não haveria tempo para tratar os projetos antes do final do ano, como Rossi advertira, mas em 2010 não haveria desculpas.

Agora tínhamos que colocar todas as energias no casamento de Alex e José e na apresentação de novas ações de amparo.

---

61 Se pretende alterar la realidad. *Página/12*, 22/11/2009.
62 RUCHANSKY, Emilio, *op. cit.*

À medida que chegavam pedidos de assessoria de casais vindos de todas as províncias — e muitos da Capital —, crescia a certeza de que chegaríamos ao debate parlamentar do ano seguinte com vários casais casados. E cada casamento reforçaria a ideia de que a reforma do Código Civil era inevitável e se tratava, simplesmente, de refletir na lei o que já era uma realidade.

Mas o mais difícil dos casamentos seria o primeiro. A Igreja ainda tinha uma carta para jogar, e demoramos a nos dar conta disso.

Uma piada de mau gosto

Dizem que não se deve subestimar o inimigo. Mas também não devemos superestimá-lo. Aliás, as duas precauções valem para o caso, dependendo do ponto de vista.

Quando a sentença de Gabriela Seijas se tornou definitiva, porque nem o Ministério Público nem a prefeitura apelaram e o Registro Civil marcou a data para o casamento de Alex e José, a Federação deu por certo que não havia mais nenhuma maneira de impedir o casamento.

De fato, não existia, dentro da lei.

Mas, por que pensar que um grupo de pessoas que apoiou a ditadura e defende assassinos e torturadores faria tudo dentro da lei?

— Tenho medo que amanhã ou depois algum ultramontano dê uma sentença proibindo o casamento — Rodolfo me disse no dia 29 de novembro, assinalando os dois erros que tínhamos cometido.

O primeiro foi programar o casamento para o dia 1º de dezembro, fazendo coincidir com o "Dia mundial da luta contra a Aids". Não era hora de pensar nesses detalhes: a única coisa importante era que se casassem, não quando. Essa data dava muito tempo aos conspiradores de sempre para que movessem as peças. Deveríamos ter pedido para marcar o casamento o mais rápido possível, com o tempo mínimo necessário para fazer os exames pré-nupciais e cumprir com as formalidades legais.

O segundo erro foi anunciar com muito alarde o casamento marcado e que os rapazes não parassem de dar entrevistas dia após dia.

— Não entendo por que fazem esse Deus nos acuda antes de se casar. Não podiam esperar uma semana? — Rodolfo reclamava. Deveríamos ter mantido em segredo a data do casamento e anunciá-lo no mesmo dia, pela manhã. A imprensa viria correndo ainda que avisássemos dez minutos antes, mas pegaríamos desprevenidos os advogados católicos.

Liguei para María para transmitir a preocupação do meu amigo e ela me respondeu que também tinha pensado nisso.

— Vou conversar com os funcionários da Prefeitura para ver se há alguma maneira de adiantar o casamento para amanhã de manhã cedo. Se algum juiz da Igreja quiser fazer algo, hoje já não dá tempo para enviar as notificações. Se fizermos amanhã às oito em ponto, assim que o cartório abrir, não poderão fazer nada — me disse.

Mas na Prefeitura disseram que não dava. O casamento já estava marcado e não havia nenhuma maneira de mudar a data dois dias antes.

Rodolfo tinha razão.

No dia seguinte, a juíza Martha Gómez Alsina concedeu uma liminar ordenando que o Registro Civil portenho suspendesse o casamento de Alex e José por causa da ação de amparo apresentada por Sabrina Lebed e Miguel Haslop (da "Corporação"), com o patrocínio do Francisco Roggero (do "Colégio") e seu sócio Joaquín Otaegui.

***

Para compreender até que ponto essa medida era uma verdadeira piada de mau gosto, precisamos rever algumas regras básicas de qualquer processo.

Em primeiro lugar, a sentença de Seijas era definitiva. Quando vence o prazo legal e nenhuma das partes (neste caso, os futuros cônjuges e a Prefeitura) nem o Ministério Público apelam, a discussão acabou. É "coisa julgada". Do contrário, todos os processos ficariam em aberto para sempre, e isso acabaria com a segurança jurídica: ninguém nunca poderia saber se o litígio terminou. O professor de direito constitucional Gustavo Arballo (UBA) dizia em seu blog, em um *post* dedicado a decisão de Gómez Alsina: "Não pode haver amparo contra coisa julgada".[63]

Em segundo lugar, mesmo que o prazo de apelação não tivesse vencido, os recursos são interpostos perante o Tribunal de Alçada, que neste caso seria a Câmara Contencioso-administrativa e Tributária do município, ou seja, a instância que estava acima de Seijas. Não se pode questionar uma sentença em outro tribunal. É simples: se um professor te dá um zero e você não concorda, você pode primeiro pedir uma revisão da nota e, em seguida, se não ficar satisfeito, reclamar ante as autoridades acadêmicas da faculdade; mas você não pode pedir a outro professor, de outra matéria, de outra universidade, que

---

63 ARBALLO, Gustavo. *El disparate procesal del amparo contra el amparo del casamiento gay*. Em: <http://www.saberderecho.com/2009/12/el-disparate-procesal-del-amparo-contra.html>.

mude a nota. Num processo judicial é a mesma coisa: Gómez Alsina não tinha nenhuma autoridade para se intrometer. Como uma juíza de um foro vai anular os efeitos de uma decisão de um juiz de outro foro, de igual hierarquia, numa causa que tramitava vara desta última? Imaginemos que isso fosse possível: Gómez Alsina suspende os efeitos da decisão de Seijas e, em seguida, Seijas suspende os efeitos da decisão de Gómez Alsina; então Gómez Alsina suspende os efeitos da nova decisão de Seijas e esta, a nova decisão daquela e assim infinitamente. Para evitar isso é que foram inventadas as apelações, as câmaras, os supremos tribunais e o sistema de justiça foi organizado em diferentes níveis, jurisdições e competências. Porque senão, falemos claro, seria uma bagunça.

Em terceiro lugar, Gomez Alsina atacava a sentença de Seijas questionando sua competência, argumentando que uma juíza do Foro Contencioso-administrativo de Buenos Aires não podia declarar inconstitucionais artigos do Código Civil, que é uma lei nacional. Além de o argumento ser errado (Arballo diz: "Quem controla a administração é o foro contencioso-administrativo. Pelo caráter transitivo, tem de rever a interpretação e a validade das normas que a administração aplicou,[64] normas que não são necessariamente locais, mas podem ser 'comuns' e sancionadas pelo Congresso Nacional"), há um problema mais simples: a exposição foi intempestiva. A competência é discutida no processo, antes dos ditames da sentença, não depois que a sentença foi proferida. E muito menos quando é definitiva. As coisas são feitas numa determinada ordem lógica e cumprindo determinados prazos, e uma vez que cada etapa do processo tenha terminado, acabou.

Neste caso, todas as etapas já haviam terminado.

Em quarto lugar, para intervir num caso é preciso ser parte: que Haslop, Roggero e companhia questionassem a decisão de Seijas autorizando o casamento de Alex e José era tão improcedente como teria sido se Alex e José pretendessem intervir no processo de divórcio de, por exemplo, Susana Giménez.

Os únicos que podiam recorrer da decisão de Seijas eram as partes (por um lado, a Prefeitura, e por outro, Alex e José) ou o Ministério Público. Para que um terceiro pudesse solicitar a suspensão do casamento de Alex e José, deveria provar que tinha "legitimação ativa", ou seja, que casamento afetava algum direito seu. Por exemplo, se fosse uma pessoa casada (e não divorciada) com qualquer um dos noivos, pois isso seria um caso de bigamia. Haslop e Lebed não tinham nenhum direito afetado pelo casamento de Alex e José, mas Gómez

---

64 Neste caso, a administração é o Registro Civil portenho e a norma, o Código Civil.

Alsina julgou que poderiam se apresentar como "cidadãos a quem se reconheceu o direito fundamental de peticionar às autoridades".[65] Se fosse assim, o conceito de "legitimidade" não faria sentido, pois não haveria nenhuma circunstância em que alguém não estivesse legitimado: somos todos "cidadãos a quem se reconhece o direito fundamental de peticionar às autoridades".

Em seu *blog*, o professor de direito constitucional Gustavo Arballo zomba da ignorância da juíza:

> – Achamos feio usar letras maiúsculas em um texto, que é como gritar. Preferimos o itálico, que é como um sussurro. Dito isso, confundir o genérico e aberto direito de petição às autoridades com o concreto e específico conceito de legitimação ativa é uma premissa RIDÍCULA.
>
> – Dizer que qualquer indivíduo da sociedade está legitimado para agir em defesa dos direitos garantidos em convênios internacionais faria com que qualquer um tivesse o direito de intervir em, literalmente, qualquer processo que tramite nos tribunais, por qualquer direito. A suposição é RIDÍCULA [...].
>
> – E mais: neste caso, os litigantes não intervêm em defesa de direitos próprios, nem comuns, nem difusos, mas no ataque a direitos que a justiça reconheceu a outros.[66]

Sobre este último ponto, Arballo oferece uma regra: "Não se pode fazer um amparo contra um amparo". A função da ação de amparo é reclamar a proteção de um direito próprio, não se opor a um direito de outro, ainda que acreditemos que este direito não lhe concerne. Do contrário, mais do que um amparo — eu digo, não Arballo — seria um desamparo.

Em outro *blog* sobre questões jurídicas, o advogado Diego H. Goldman, também professor da UBA, dá outro exemplo para explicar por que os advogados católicos não estavam legitimados, ou seja, não tinham o direito de solicitar que se suspendesse o casamento. Aqui a juíza confunde diretamente dois significados diferentes da palavra "direito":

> Em termos de probabilidade do direito, a juíza Gómez Alsina supõe que se dá pela incompetência do contencioso-administrativo e tributário para declarar a inconstitucionalidade das normas referentes ao código civil.[67] Mas este critério é errôneo:

---

65 GOMEZ ALSINA, Martha. Decisão no caso: "Lebed, Sabrina Melisa y otro c/ Gobierno de la Ciudad de Buenos Aires s/ nulidad", p. 3-4.
66 ARBALLO, Gustavo. *El disparate procesal del amparo contra el amparo del casamiento gay*. Em: <http://www.saberderecho.com/2009/12/el-disparate-procesal-del-amparo-contra.html>.
67 Isso também não é correto, como já dissemos, mas ainda que fosse não caberia a Gómez Alsina decidir neste caso, nem a Haslop e Lebed invocar uma decisão a respeito, e mesmo que isso não fosse verdade, a sentença de Seijas era definitiva.

a probabilidade do direito refere-se ao "direito" do requerente da medida cautelar, não ao "Direito" de forma genérica. Para dar um exemplo, eu posso saber que o devedor do meu vizinho está prestes a se tornar insolvente, no entanto, não tenho um "direito plausível" para solicitar que seus bens sejam embargados, já que não sou seu credor: somente o credor tem um "direito" que justifique que uma medida cautelar seja concedida. Da mesma forma, os peticionários não têm um "direito" que corra o risco pela celebração do casamento entre Freyre e Di Bello [...].[68]

Os questionamentos anteriores referem-se apenas aos aspectos mais grosseiros da monstruosidade jurídica assinada por Gómez Alsina, mas poderíamos acrescentar outros, alguns muito técnicos e não tão relevantes para o objeto deste livro. Tudo isso sem levar em conta a má redação e a confusa articulação de ideias e argumentos utilizada pela juíza.

Em declarações a diferentes meios de comunicação, Daniel Sabsay, titular da cadeira de direito constitucional na Faculdade de Direito da Universidade de Buenos Aires, disse sobre a sentença da juíza Gómez Alsina: é "algo insólito, que não vi nunca na minha vida". Com argumentos semelhantes aos aqui descritos, outros constitucionalistas Andrés Gil Domínguez e Roberto Gargarella também repudiaram a decisão.

Sabsay foi mais longe e recomendou publicamente ao Registro Civil que não desse atenção à juíza e cumprisse a sentença de Seijas, que era a única realmente válida.

O prefeito amarelou

No entanto, foi a Sabsay que não deram atenção.

Quando foi notificado da sentença de Gómez Alsina, o diretor do Registro Civil, Alejandro Lanús, informou que, havendo outra sentença em sentido contrário à de Gabriela Seijas, teria de consultar a Procuradoria-geral sobre como proceder. Gómez Alsina, então, ameaçou: se não acatasse sua liminar, ele seria acusado dos delitos de desobediência e não cumprimento dos deveres de funcionário público e ela lhe aplicaria uma multa de cinco mil pesos.[69]

Lanús consultou Macri, e o prefeito amarelou. O procurador Tonelli foi o encarregado de fazer o anúncio: o casamento estava suspenso. Porém, a Fede-

---

68 GOLDMAN, Diego H. *Era hasta peor de lo que pensaba...* Em: <http://diegogoldman.blogspot.com/2009/12/era-hasta-peor-de-lo-que-pensaba.html>.
69 GÓMEZ ALSINA, Martha, *op. cit.*, p. 9-10.

ração decidiu seguir adiante com tudo, tal como estava previsto, após ouvir a opinião da equipe jurídica:

— Há uma sentença que ordena que o Registro Civil os case, e vocês têm horário para amanhã. Apresentem-se no cartório com a decisão e o certificado e não saiam de lá até que tenham a certidão de casamento em mãos — disseram os advogados a Alex e José.

Enquanto isso, as primeiras reações de solidariedade com o casal se faziam conhecidas. O apresentador de televisão Roberto Pettinato convocou sua audiência para ir ao cartório acompanhar Alex e José. O mesmo foi feito pelos apresentadores do popular programa *CQC*. Dias antes, as atrizes Norma Aleandro e Mercedes Morán haviam expressado seu apoio ao casamento gay quando subiram ao palco na entrega dos prêmios Clarín. A jornalista Débora Pérez Volpi, do canal de notícias TN, tinha dado as alianças de presente aos rapazes, o hotel Axel ofereceu-lhes passar a noite de bodas numa suíte com tudo pago e uma agência de turismo deu-lhes a lua de mel em Bariloche.

Cada dia recebíamos mais apoios.

***

Na hora prevista, os noivos chegaram acompanhados de María Rachid e rodeados de uma multidão de ativistas, jornalistas, fotógrafos, câmeras e curiosos. Não sabiam se o casamento seria celebrado, mas os funcionários do registro civil entregaram os ramos que haviam comprado para eles depois de fazer uma vaquinha.

Havia vários correspondentes, e também ligavam para os celulares de Alex e José de diferentes países, por isso nos dividimos de acordo com os idiomas que cada um sabia: fiquei com as ligações dos jornais brasileiros *O Globo* e *Folha de São Paulo*.

Soubemos de uma nova decisão, desta vez da Turma E da Câmara Civil, que revogava uma sentença de primeira instância que havia rechaçado por improcedente outra das representações contra o casamento realizada por Andereggen, e decidia no mesmo sentido que a de Gómez Alsina. A existência simultânea destas sentenças era outra prova do absurdo: os advogados católicos haviam apresentado diferentes recursos em diferentes foros: a maioria dos juízes decidiu contra, mas eles conseguiram dois que decidiram a favor. Era como jogar na loteria, porém apostando em vários números ao mesmo tempo. Se qualquer pessoa alheia a um processo puder se intrometer e fazer petições em qualquer foro, passando por cima do juiz que o tem sob sua responsabilidade, então pode haver duas, cinco, dez sentenças diferentes, cada uma com uma solução diferente, sobre o mesmo assunto. Qual delas deve ser cumprida?

Diante de semelhante loucura, e a pedido dos advogados dos noivos, a juíza Seijas decidiu intervir. Enviou um ofício ao Registro Civil no qual informava aos funcionários que sua decisão era definitiva e que eles deviam "levar a cabo a celebração do casamento dos requerentes, tal como havia sido planejada para aquele dia".

— A partir dessa situação, recebi muita solidariedade de todo o foro. Todos os colegas com quem falei, inclusive os que não estavam de acordo comigo sobre a questão de mérito, me apoiaram, porque minha sentença era definitiva e não havia o que discutir — garante Seijas.

— A senhora não acha que, além do casamento gay, se misturou uma disputa de poder entre o foro civil e o contencioso-administrativo?

— Acho. Tem a ver com a autonomia da cidade. Mas o que Gómez Alsina fez é uma piada de mau gosto.

— Por que acha que fez isso?

— Não sei, mas se uma pessoa assim tivesse que julgar um caso meu, eu realmente me preocuparia muito.

O diretor do Registro Civil tentava escapar para não ser notificado da nova ordem de Seijas, mas o secretário do cartório o perseguiu, encarou-o com a notificação na mão e informou-lhe que, se não aceitasse, voltaria com a polícia.

"Daqui vamos embora casados ou casados. Hoje a juíza notificou novamente o senhor Macri de que podemos nos casar se quisermos. E, sim, queremos!", exclamou Alex de pé, acompanhado de seu futuro marido. Beijaram-se. Os fotógrafos disparavam seus *flashes*. Entraram no cartório e, por várias horas, os que estavam do lado de fora não souberam nada mais deles.

Estavam dentro dos escritórios, com os advogados, enquanto do lado de fora se realizava um ato de protesto improvisado, liderado por María, que estava rodeada de ativistas, referências sociais, as mães da Praça de Maio Nora Cortiñas e Tati Almeyda, representantes da Central de Trabalhadores Argentinos (CTA), o ex-prefeito Aníbal Ibarra, María José Lubertino, Silvia Augsburger e vários(as) deputados(as) federais e estaduais de quase todas as bancadas, do governismo e da oposição (menos o Pro, claro), que se alternavam para expressar seu apoio. Na calçada, um caminhão com alto-falantes, contratado pela Federação, tocava a marcha nupcial.

O canal *Todo Noticias* esteve presente durante horas, ao vivo, mostrando tudo o que acontecia no registro civil, com pequenas interrupções para as manchetes ou alguma notícia urgente. As pessoas ligavam para as rádios para solidarizar-se e muitos se aproximavam ao lugar para dar apoio. Os carros passavam e buzinavam e alguns motoristas desciam a janela do carro e gritavam: "Casem os rapazes!"

Apesar de Tonelli já ter anunciado que a cidade acataria a decisão de Gómez Alsina, quando Alex e José entraram no cartório, os funcionários disseram que não sabiam o que ia acontecer. Estavam totalmente desorientados esperando uma ordem direta de Mauricio Macri. María, do lado de fora, mantinha a expectativa: "Quem sabe Alex e José são declarados marido e marido. Talvez desçam casados".

Macri tinha quatro ordens judiciais: duas ordenavam não casar Alex e José e outras duas, neste caso da mesma juíza, ordenavam-lhe que sim, casasse. A última notificação havia sido a de Seijas, que lhe advertia que devia cumprir com a decisão original e celebrar o casamento.

Na porta do registro civil já havia umas quatrocentas pessoas, que não sabiam se estavam em uma festa ou em um protesto. O que aconteceria finalmente era um mistério e a confusão era idêntica na rua e nos escritórios dos funcionários do cartório. Jornalistas do mundo inteiro esperavam uma confirmação — no local ou nas redações, muitos deles sem entender o que estava acontecendo, que era realmente insólito. A jornalista Ângela Goes, do jornal *O Globo*, me ligou cinco vezes em poucas horas, sempre com a mesma pergunta: "Afinal, vão casar?". Era o que todos se perguntavam. Porém, os que mais queriam saber eram os noivos, de fraque completo, com a fita vermelha da luta contra a Aids. Não uma fitinha, mas um enorme laço que ambos usariam em todas as aparições públicas.

Continuavam esperando, o tempo passava, e não havia novidades.

— Eu queria uma festa, isto é uma chatice, a gente está aqui faz horas enquanto decidem se nossos direitos valem ou não valem, é humilhante — disse-me Alex de dentro do cartório, por telefone.

Do lado de fora, as pessoas iam ficando impacientes. Os convidados continuavam se alternando para falar. O clima era épico, emotivo, mas ainda não sabíamos se haveria um final feliz. Chegou um momento em que todos já haviam discursado, e a espera continuava. Houve instantes de silêncio, olhares cruzados, os repórteres da televisão começaram a dizer essas coisas que dizem quando precisam matar o tempo até que aconteça alguma coisa. María Rachid tomou a palavra, visivelmente zangada:

— Senhor prefeito Mauricio Macri, não apague com o cotovelo o que escreveu com a mão. Sua obrigação como funcionário público é cumprir com decisão judicial, que é definitiva, e ordenar que se realize hoje um casamento neste cartório — advertiu. Salva de palmas. Choveram aplausos.

Escutaram-se palavras de ordem cada vez mais duras: "Macri, seu lixo, você é a ditadura!". Já não parecia uma comemoração. Era um protesto. Os kirchneristas aproveitavam que as coisas tinham mudado outra vez, e Macri voltava a ser o bandido do filme, e provocavam com mais palavras de ordem e insultos. A multidão se somava cheia de raiva. E nós, assim como havíamos aproveitado a primeira decisão favorável de Macri para pressionar o Governo e a bancada kirchnerista da Câmara de Deputados, agora aproveitávamos o apoio do kirchnerismo portenho para pressionar Macri.

Finalmente, o prefeito decidiu que o casamento não seria realizado, e os funcionários do cartório comunicaram a Alex e José, que saíram para anunciá-lo.

As pessoas explodiram de raiva na rua. Houve gritos e insultos, embora não haja ocorrido nenhuma loucura. A ordem da Federação era fazer um protesto enérgico, mas pacífico. "Temos o amor e a razão do nosso lado", disse Alex, e todos o aclamaram.

Liguei para o colaborador de Macri que me havia dado a notícia, semanas antes, de que não apelaria da sentença, e perguntei-lhe:

— Vocês estão loucos ou são masoquistas? Primeiro não apelam da sentença e engolem os xingamentos da Igreja, do jornal *La Nación*, da Corporação de Advogados Católicos... Agora suspendem o casamento e engolem o xingamento de todos nós, das pessoas que estão na rua e de milhares de pessoas que estão assistindo pela televisão. Vocês gostam que todo mundo os odeie? Antes Macri estava bem na fita, agora já arruinou tudo.

— Isso é uma bagunça. Se os casássemos, a outra juíza ia anular o casamento. É melhor apelar da sentença e pedir ao Supremo que se pronuncie. Mauricio vai continuar defendendo o casamento gay, está convencido.

— Mas "defender" agora não serve de nada. O que tem que fazer é casá-los. É uma loucura o que ele está fazendo. Quem paga todo o custo político é ele.

— Aí está cheio de kirchneristas nos xingando. Por que não deram quórum na Câmara? São uns hipócritas.

— Bom, os kirchneristas que estão no cartório não são os que não deram quórum, são os que sempre nos apoiam. Mas não há só kirchneristas, há radicais, da Coalizão Cívica, socialistas, de esquerda. Todos contra vocês.

— O que você quer que eu te diga? Falemos amanhã, vejamos se é possível fazer algo. Hoje a situação é essa.

O prefeito, que semanas atrás havia conquistado a simpatia de muitos, voltava ao seu papel de vilão. Apenas alguns dias antes, eu conversava com Alex sobre a possibilidade de convidá-lo para que fosse uma das testemunhas do casamento. Agora, María lhe dizia diante de todas as câmaras de televisão:

— O senhor brincou com as ilusões de milhares de pessoas e mentiu para nós! Isso prova que Mauricio continua sendo Macri e que Buenos Aires "não vai ficar legal"[70] — e os ativistas falavam em escrachá-lo em cada ato público a que ele comparecesse.

As pessoas próximas ao prefeito juravam aos jornalistas que não havia ocorrido mudança de posição. À noite, a Prefeitura emitiu um comunicado garantindo que Macri ratificava "sua posição em defesa das liberdades individuais e da igualdade perante a lei" e anunciando que recorreria ao Supremo Tribunal, "em defesa da autonomia da Cidade de Buenos Aires e da Justiça local". A titular do INADI, María José Lubertino, havia alertado sobre esse aspecto do conflito em seu discurso na rua: "Se aceitar essa intromissão de uma juíza nacional contra uma decisão da justiça da cidade, Macri estabelecerá um gravíssimo precedente de renúncia à autonomia da Cidade de Buenos Aires", marcou.

Os cantos não paravam, alguns choravam, outros xingavam, outros garantiam com otimismo que, acontecesse o que acontecesse, a conquista do casamento para os casais do mesmo sexo já era inevitável. A Federação não aceitava as explicações oficiais: "Não acredito nele. Se quer que acreditemos, que demonstre seu compromisso com fatos, ordenando que o cartório celebre o casamento", María dizia aos jornalistas. Porém, também exigia que os deputados da Frente para a Vitória: "que deem quórum e se reúnam esta semana nas comissões da Câmara para votar a lei do casamento entre pessoas do mesmo sexo para que esta situação absurda termine de uma vez por todas".

Enquanto tudo isso acontecia, o ministro do Supremo Tribunal Federal Carlos Fayt garantia à imprensa que o máximo tribunal iria se pronunciar sobre a questão de mérito a partir dos dois casos que tinha em estudo — o de María e Claudia e o de Alejandro e Ernesto —, embora não estipulasse datas.

"Supremo Tribunal Federal vai decidir sobre o casamento gay", anunciava o jornal *O Globo* do Rio de Janeiro. "Sim, quero (mas não posso) em Buenos Aires", intitulava *El País* de Madri. "O casamento gay e a batalha legal", dizia o portal

---

[70] "Buenos Aires vai ficar legal" foi o lema da campanha eleitoral de Macri.

em espanhol da BBC de Londres. Os principais meios de comunicação do mundo davam destaque ao que havia acontecido.

Enquanto isso, em Buenos Aires, era o assunto do dia, e parecia que todo mundo estava chateado. O maltrato sofrido por Alex e José havia gerado uma enorme empatia. Embora não tenham se casado, ninguém guardou o arroz na saída, e os noivos jogaram para a multidão os buquês que lhes haviam dado, antes de partir numa espécie de caravana, em cima do caminhão que a Federação havia levado, onde todos os meios os esperavam.

— Os jornalistas estavam indignados — lembra Alex —. Esse dia em que não nos casamos ajudou muito porque gerou raiva e solidariedade; muita gente percebeu que era uma injustiça.

Os noivos desceram do caminhão e seguiram dançando na calçada, ao ritmo de Thalia: "*A quién le importa lo que yo haga / A quién le importa lo que yo diga / Yo soy así, así seguiré / Nunca cambiaré*".[71] E assim foram pela avenida Santa Fé, seguiram avançando e terminaram na Praça de Maio. No caminho, as pessoas os cumprimentavam, diziam-lhes que não desistissem, e eles seguiam caminhando até que de repente perceberam que já estavam quase sozinhos, sob a chuva, com alguns jornalistas que continuavam lhes fazendo perguntas.

Mesmo sem casamento, foi um dia extraordinário.

***

Apesar de não terem se casado, Alex e José foram assim mesmo ao hotel Axel, onde já estava tudo reservado. Chegaram encharcados.

— Estávamos esgotadíssimos, não aguentávamos mais — lembra Alex —, mas o pessoal do *Telenoche*[72] estava chegando para nos entrevistar. Entramos no quarto com colegas, amigos, estava todo mundo. Eu queria tomar banho, e os banheiros do quarto do Axel eram de vidro, então disse a todos: "Virem para lá!", e tomei banho, ali, pelado, com o quarto cheio de gente. Depois da entrevista, fomos jantar todos juntos.

Nos dias seguintes, os advogados do casal solicitaram a Seijas que aplicasse uma multa pessoal a Macri e ao diretor do Registro Civil por dia que passasse sem que Alex e José estivessem casados e que informasse à justiça penal sobre a conduta dos funcionários para que fosse determinado se estes, a juíza Gómez Alsina e os juízes de câmara da Turma E haviam cometido delitos.

---

71 "Quem se importa com o que eu faço / quem se importa com o que eu digo / eu sou assim, assim continuarei / nunca mudarei".
72 O *Jornal Nacional* da TV argentina (canal 13).

Seijas negou a aplicação de multas, mas acatou o segundo pedido:

> [...] levando-se em conta que a sentença proferida nos autos é certa e definitiva e que não foi cumprida pelas autoridades do Governo da Cidade de Buenos Aires, tire-se cópia do expediente completo para seu envio à justiça penal, a fim de que sejam tomadas as providências cabíveis diante da possível comissão de um delito por parte de tais autoridades. Ademais, cabe solicitar ao juiz competente em matéria penal que, se for pertinente, ordene as medidas que considerar oportunas para avaliar se a conduta da Dra. Gómez Alsina [...] e dos doutores Fernando M. Racimo, Juan Carlos G. Dupuis, Mario P. Calatayud [...] podem ser consideradas instigadoras da conduta relutante das autoridades do Governo da Cidade.[73]

A Federação anunciou, além disso, que denunciaria Gómez Alsina, Racimo, Dupuis e Calatayud perante o Conselho da Magistratura e pediria sua destituição por prevaricação.

Por outro lado, Alex e José solicitaram formalmente uma audiência com a Presidenta Cristina Fernández de Kirchner, que nunca foi concedida.

Xiitas e sunitas

No dia 10 de dezembro, os novos deputados assumiriam e renovariam a conformação e as presidências das comissões. Como a bancada governista havia deixado de ter maioria na Câmara após o resultado das eleições de junho, havia intensas negociações e especulações de todo tipo sobre como ficaria definida a nova divisão do poder.

Preocupava-nos o futuro das comissões que deveriam decidir sobre a reforma do Código Civil: a de Legislação Geral e a de Família, Mulher, Infância e Adolescência. O ideal seria que continuassem presididas, respectivamente, por Ibarra e Di Tullio, em quem tínhamos plena confiança. Se isso não fosse possível, tínhamos que tentar que, pelo menos, não caíssem em "mãos inimigas".

As bancadas haviam se reunido em dois grandes grupos: no grupo "A" estavam todos os opositores do governo de Cristina Kirchner, da direita e da esquerda, enquanto no grupo "B" estavam todas as bancadas aliadas ao governo. Ambos os grupos procuravam formar maioria para impor seu critério de divi-

---

[73] SEIJAS, Gabriela. Decisão de 03/02/2009, no expediente "Freyre Alejandro x GCBA sobre amparo (ART. 14 CCABA)".

são de cargos, e, como se sabe, sempre há deputados que, quando há cargos em jogo, podem mudar de lado com muita facilidade.

Diziam as más-línguas que Cynthia Hotton — uma evangélica fanática e homofóbica — estava disposta a dar seu voto ao setor que lhe garantisse a presidência da Comissão de Família, Mulher, Infância e Adolescência justamente porque estava convencida de que sua missão neste mundo era impedir que a lei do casamento gay fosse aprovada.

E tinha chegado o boato — porém, é válido dizer, boatos havia muitos — de que a bancada governista, que necessitava a todo custo evitar que o grupo A formasse maioria, havia prometido a Hotton cumprir seu desejo de presidir essa comissão se ela votasse com eles.

A luz de alerta se acendeu, e começaram a tocar todos os alarmes.

Liguei para um amigo que trabalha com o líder da bancada governista, Agustín Rossi, e falei da nossa preocupação.

Como havia confiança, fui bem direto:

— É verdade que ofereceram a presidência da Comissão de Família a Cynthia Hotton?

— Não sei. Não acho... — ele disse.

— Espero que seja mentira, porque dar a Hotton essa comissão seria como pôr um neonazista de presidente do INADI. Diga a Chivo[74] que, se fizerem isso, veados e kirchneristas vamos ser algo assim como xiitas e sunitas por alguns séculos.

— Concordo com você no que isso significaria, mas não acho que seja possível. Além disso, ela vai votar com a oposição. Deixe que vou averiguar e te ligo.

No fim, era apenas um boato.

Provavelmente, a própria Hotton havia feito circular a falsa notícia para subir seu preço. Afinal, votou com o Grupo A, que teve a maioria. No entanto, a presidência de Família foi para uma protegida do ex-presidente Duhalde, Claudia Rucci, que logo nos traria muitas dores de cabeça.

"Representação vária"

No dia 7 de dezembro, o Procurador-geral adjunto da cidade, Carlos Guaia, apresentou seu pedido de demissão a Mauricio Macri. Sua posição ficou insustentável depois que o governador não permitiu que ele apresentasse a apelação contra a sentença de Gabriela Seijas, que havia preparado de acordo com os desejos da hierarquia da Igreja.

---

74 Apelido do deputado Rossi.

O procurador Tonelli, por sua vez, colocou em prática o anúncio que tinha feito após o frustrado casamento de Alex e José, realizando entrando com uma representação perante o Supremo Tribunal Federal. No entanto, o que Tonelli fez não foi, como se dizia nos comunicados de imprensa distribuídos pela Prefeitura, um "recurso em defesa da autonomia de Buenos Aires e da justiça local".[75] O procurador mandou uma simples carta ao máximo tribunal perguntando se devia aceitar a decisão de Seijas ou a de Gómez Alsina.

Uma carta.

Teria sido o mesmo se pegasse o telefone, pedisse para falar com o presidente da Corte e perguntasse:

— O que faço?

"O que o Tonelli fez é hilário", comentavam no Supremo.

Seu "recurso" foi classificado no máximo tribunal como "representação vária", que é a categoria na qual são enquadradas "as cartas que as pessoas enviam ao tribunal; em algumas elas expõem situações pessoais; outras são, inclusive, obra de desequilibrados e delirantes. A decisão é quase sempre uma fórmula em que se diz que não é matéria do Tribunal. Não foi discutida nenhuma questão de competência, porque não chegou pela via correta. Há uma sentença definitiva", explicava em *off* um dos ministros do Tribunal naqueles dias.

Em apenas 15 dias o Supremo rechaçou a carta de Tonelli como improcedente. Em uma decisão unânime, os magistrados advertiram, por meio de um texto simples e claro, que ela "não constitui ação ou recurso algum que, conforme os artigos 116 e 117 da Constituição Federal, habilite a competência ordinária ou extraordinária do Supremo Tribunal".

Era o que havíamos dito que aconteceria aos assessores de Macri.

Tonelli, que já vinha na corda bamba devido à sua má relação com o foro contencioso-administrativo, terminou de assinar sua saída por sua falta de traquejo ao lidar com todas as questões envolvidas com no casamento de Alex e José.

Primeiro, permitiu que seu substituto preparasse uma apelação da sentença de Seijas — que, por sorte, freou a tempo — sem consultar o governador; depois o assessorou mal, fazendo-o ignorar uma sentença definitiva e acatar outra que, além de ser ilegal, questionava a autonomia da Cidade. Após isso, anunciou à imprensa como um "recurso em defesa da autonomia" uma simples carta que a Corte lhe devolveu dizendo, em apenas um parágrafo, que não servia para nada.

---

75 Fuerte repudio tras la ratificación del gobierno porteño de suspender el casamiento gay. *La Nación* (on-line), 01/12/2009.

— Ele foi demitido por esse papelão?
— É muito forte dizer que o demitimos — responde, entre risos, um colaborador direto de Macri.
— Não foi demitido?
— Digamos que foi convidado a apresentar sua demissão.

"Temos que amar nossos filhos"

No dia do casamento frustrado, enquanto todos esperavam que Macri decidisse se acatava a sentença de Seijas ou a de Gómez Alsina, formadores de opinião e dirigentes políticos que tinham ido até a porta do cartório para acompanhar os noivos se revezavam para expressar sua solidariedade. Um microfone ia passando de mão em mão.

— Estou aqui para defender os direitos do meu filho Marcos e do seu companheiro Charly — disse um dos deputados presentes.

Contudo, em meio à confusão geral e ao nervosismo pela indefinição do prefeito da cidade, as palavras de Ricardo Cuccovillo passaram quase despercebidas. Alguns meses mais tarde, quando ele repetiu dentro da Câmara e todos ouviram com atenção, elas abririam a cabeça de muitas pessoas.

Como conheço Ricardo há muito tempo — militamos juntos por muitos anos em Avellaneda, ele no Partido Socialista e eu na Frente Grande, quando ambos os partidos faziam parte do Frepaso — liguei para parabenizá-lo por suas palavras e propus uma entrevista, que foi publicada no jornal *Crítica*.[76] Em seguida, alguns fragmentos deste diálogo:

— Como você ficou sabendo que seu filho era gay?

— Os pais tendem a ser uns trogloditas e, como seguimos o esquema tradicional, no início não percebemos. Você pergunta para sua filha se ela tem namorado e ao seu filho se tem namorada. Se fulana é a melhor amiga dele, você acha que eles namoram. E fecha os olhos para a realidade. Quando comecei a perceber, perguntei a ele e conversamos sobre isso. Para mim foi doloroso sentir que meu filho tinha vivido tantos anos com medo da censura da sociedade e da família. A gente pensa: "como fui cego". Mas faz parte da cultura em que vivemos. Para o meu filho, foi um descobrimento, uma paralisação de vinte anos de vida escondido, da qual, felizmente, ele conseguiu sair. Alguém tem que quebrar o círculo; se não for o pai, será o filho. Os tabus estão em camadas muito pro-

---

76 BIMBI, Bruno. Quiero para mis tres hijos idénticos derechos. *Crítica de la Argentina*, 06/12/2009.

fundas do inconsciente de cada um, e temos que vencê-los. Mas parece-me que a Argentina está um pouco avançada em relação a outros países.

— Que conselho você daria para outros pais?

— Nunca deixem de ser pais. Seus filhos são como qualquer outro e vocês devem acompanhá-los. Não há nenhuma maldição do céu, simplesmente somos diferentes. Não sou um especialista. Sou um pai que se sente, nada mais.

— Custa para algumas famílias...

— Quando as coisas não são faladas é que surge o sofrimento para as crianças e também para os pais. Temos que amar nossos filhos. Não quero dizer que quem não os aceita não os ame; ao contrário, por amá-los e não entenderem, também sofrem, pensam que algo está errado e que fizeram alguma coisa de errado. Não é assim. Meu filho me disse que esteve imobilizado por vinte anos e que, quando contou, recebeu uma catarata de apoio, dos amigos, dos colegas de trabalho, da família. Tem que quebrar o gelo. Uma vez que você coloca as cartas na mesa, percebe que não havia nada de errado.

— Qual é, na sua opinião, a importância da legalização do casamento gay?

— Eu tenho 38 anos de casado e a certidão de casamento, para mim e minha esposa, é meio simbólica. Mas não é o mesmo com o casamento gay. Talvez para os heterossexuais já não seja tão importante, mas para os gays significa muito porque ajudaria na compreensão da diversidade, no combate à discriminação. E acredito que o casamento daria uma maior estabilidade para os casais, dando-lhes a proteção que, durante séculos, os casais heterossexuais têm tido.

— Se existe tanto consenso na sociedade, como as pesquisas apontam, por que custa tanto conseguir os votos no Congresso?

— Há pressão de alguns setores, e isso cria dificuldades para se expressar livremente, até mesmo para os deputados que concordam. Note que existem alguns legisladores que são gays ou lésbicas e têm dificuldade de falar disso. Eu os conheço e não os julgo; ainda tem coisas para se libertar. Mas sou um otimista, acredito que estamos a um passo de conseguir. Há predisposição de todas as bancadas, e a lei, no final, vai sair.

— O que significaria para você o casamento do seu filho com o namorado?

— Quero que os meus três filhos tenham os mesmos direitos

Efeito *corralito*

Após a sentença de Gabriela Seijas, o "efeito *corralito*", que tínhamos imaginado naquele distante fevereiro de 2007 quando María e Claudia foram marcar o casamento no registro civil, finalmente começou. E seria mais forte a partir de 2010, com Alex e José já casados.

Dia após dia, chegavam pedidos de casais de todas as províncias que queriam aconselhamento jurídico para apresentar sua ação de amparo. E não eram somente casais de ativistas de organizações, amigos ou parentes, mas pessoas desconhecidas, de toda parte, que deixavam mensagens no Facebook para Alex e José ou enviavam e-mails para a Federação ou para as organizações em cada província.

Tornamos pública a primeira leva de amparos em dezembro, um dia antes de Alex e José finalmente conseguirem se casar. Começou na segunda-feira 21, em Córdoba, quando Juan e Javier se apresentaram ao Tribunal Provincial I, no Palácio de Justiça da capital provincial. Outro casal que preferiu não revelar sua identidade tinha se apresentado ante a justiça na cidade cordobense de Villa María.

Na cidade de Rosário, por sua vez, dez casais tinham ido ao Registro Civil para marcar uma data para o casamento e, diante da negativa, apresentaram ações de amparo nos tribunais locais. Martín, um dos requerentes, explicou à agência rosarina AG Magazine que, "mais do que injusto, é ridículo que não nos deixem casar. Nunca tivemos intenção de ser cidadãos de segunda classe", enquanto seu noivo, Nicolás, adiantava que "em todo o país, se esperam diversas apresentações de ações de amparo nos respectivos tribunais provinciais, obrigando os juízes a se moverem".

A 160 quilômetros dali, na cidade de Wheelwright, em Santa Fé — uma cidadezinha de 7.000 habitantes — um casal de lésbicas tomou a iniciativa. Rafaela e Cristina, de 30 e 26 anos de idade, namoravam já há quase quatro anos e estavam determinadas a chegar ao Supremo para conquistar o direito de se casar. As jovens explicaram que não faziam só por sua causa individual, mas para contribuir com a legalização do casamento homossexual em todo o país: "Como bem dizem, a união faz a força".

Em San Luis, três casais tinham ido ao tribunal de Villa Mercedes, mas prefeririam manter seus nomes em sigilo, de acordo com relato do jornal local *A República*. Além desses casos, foram anunciadas outras ações que seriam apresentadas em diferentes províncias e na cidade de Buenos Aires.

Vitória no México, mas só na capital

Em 22 de dezembro, o México se tornou o primeiro país da América Latina a igualar os direitos dos casais do mesmo sexo em parte do seu território. A nova legislação aplica-se somente ao Distrito Federal. Nesse dia, a capital mexicana aprovou uma reforma do Código Civil que igualou os direitos de todos os casais, permitindo que gays e lésbicas casem no civil e tenham acesso à adoção conjunta, um aspecto da reforma que foi contestado pelo direitista PAN (Partido Ação Nacional). A lei foi aprovada com o apoio do Partido da Revolução Democrática (PRD), de esquerda, que governa a capital asteca, com 39 votos a favor, 20 contra e cinco abstenções.

Os primeiros casamentos homossexuais no México, cinco no mesmo dia, seriam realizados apenas em 12 de março seguinte, quando três casais de mulheres e dois de homens casaram no antigo Palácio da Cidade, com a presença do prefeito, Marcelo Ebrard, que havia apoiado a reforma e foi convidado como testemunha de honra do casamento.

"Por que não podemos nos casar em outro lugar?"

Uns dias após o casamento que não houve, Alex e José estavam jantando com amigos e, de repente, José pergunta:

— Se já há uma sentença que nos autoriza, por mais que Macri não queira nos casar na Capital, por que não podemos nos casar em outro lugar?

Alex ligou para Carolina Von Opiela, uma das advogadas que nos assessorava — embora não pudesse representá-los, porque trabalhava no Estado —, e lhe perguntou. Ela respondeu que, a princípio, pensava que não poderiam, mas que a deixassem analisar melhor.

— Nós, que não somos advogados, estávamos nos alfabetizando juridicamente, pois tínhamos que entender o que estava acontecendo para poder explicar quando nos perguntassem — lembra Alex.

Após um instante de silêncio, a advogada voltou a falar:

— Na verdade, apesar de ser uma piada de mau gosto, a liminar de Gómez Alsina não diz que vocês não podem se casar. Não diz nada sobre o direito de se casarem. O que faz é suspender a hora que lhes haviam dado em 1º de dezembro. E notifica o diretor do Registro Civil da Capital que a suspensão deve ser mantida até que ela prolate a sentença sobre o mérito da questão. Só os proíbe de casar no Registro da Capital.

— Façamos em outra província! — disse Alex.

— Se conseguir que algum governador autorize...

"Hermes Binner ou Fabiana Rios", pensaram.

Naquela noite, a agrupação Jovens pela Igualdade fazia uma festa, e eles estavam convidados, já que originalmente havia sido pensada para comemorar o casório. Foi durante a festa, enquanto tomavam um drinque, que Alex levou o deputado estadual portenho Facundo Di Filippo a um canto, para falarem a sós:

— Facundo, não diga a ninguém o que eu vou te dizer, mas você tem uma chance de nos ajudar a casar.

— Como assim?

— Podemos nos casar em outra província e queremos que seja na Terra do Fogo. Fabiana pode autorizar.

Alex explicou-lhe o que havia conversado com Carolina. A informação não podia vazar, e tudo deveria ser feito no mais absoluto sigilo.

— Me dê uns dias e te ligo — disse o legislador, que havia ficado muito entusiasmado com a ideia.

O fim do mundo, o princípio de tudo

Fabiana Ríos vencera as eleições na Terra do Fogo como candidata do partido ARI e, embora estivesse afastada de Lilita Carrió desde que esta fundou a Coalizão Cívica e girou seu discurso à direita, ainda mantinha ótimas relações com vários colegas desse setor.

***

Assim que foram avisados de que a governadora estava de acordo, Alex e José saíram para o Aeroparque. Faltavam poucos dias para as festas de fim de ano e já não havia passagens para Ushuaia. No entanto, eles decidiram ficar e esperar. Em um dos voos que saía durante a noite, faltaram dois passageiros, e eles puderam ocupar os lugares.

Viajaram quase disfarçados, com óculos escuros pretos, escondendo o rosto e vestidos de modo que fosse difícil reconhecê-los. Sabiam que suas caras haviam estado muito expostas nos jornais e na televisão, e ninguém tinha que saber para onde estavam indo. Seria suficiente que um juiz homofóbico da Terra do Fogo impusesse uma nova cautelar proibindo que se casassem e tudo teria sido em vão.

Antes do casamento frustrado na capital, José havia tido que viajara ao para o Peru por motivos de trabalho, e quando subiu no avião estava cheio de pessoas lendo o jornal *Clarín*.

— Estávamos os dois na capa, e todo mundo me reconheceu. Sabe o que é subir num avião e todos te reconhecerem porque viram sua foto no jornal? Eu queria morrer! — lembra.

Desta vez, não podia acontecer o mesmo. Tinham que passar despercebidos.

Porém, quando desceram do avião em Ushuaia, enquanto esperavam as malas, um rapaz disse aos gritos, enquanto caminhava até eles:

— Eu sou jornalista! O que estão fazendo aqui? Que alegria vê-los! Deem-me a exclusiva! Vão se casar na Terra do Fogo?

Alex e José queriam sumir. Os óculos pretos cresciam cada vez mais e eles se escondiam atrás deles, usando os vidros como escudo. Mas não havia modo de escapar, ele os havia reconhecido.

— Não, nada de entrevistas, por favor. Viemos descansar, estamos muito mal, muito estressados, viemos para nos desconectar de tudo e não queremos falar no assunto, desculpe — responderam-lhe.

— Mas vocês sabem que a governadora é a favor do casamento gay? Ela assinou o projeto de lei quando ainda era deputada. Por que não vão até lá e pedem que case vocês? — insistia o jornalista.

— Não sei, não a conhecemos... Além disso, viemos descansar.

Quando conseguiram se livrar do homem, tomaram um táxi até a casa de Leo e, após tomarem um café e conversarem sobre o que aconteceria nos dias seguintes, foram para o hotel. A conta seria paga pelo INADI.

No dia seguinte, um jornal da Terra do Fogo publicou que eles estavam na província, de modo que tiveram que aumentar os cuidados para que ninguém pudesse vê-los e confirmar essa notícia.

— Desde que entramos no hotel até que nos casamos, estivemos sete dias numa situação tipo "prisão domiciliar", saindo disfarçados e só para fazer os trâmites necessários para o casamento. Não podíamos sair para caminhar pela cidade, nem nada do tipo. Nem sequer pudemos comer no restaurante do hotel. Tínhamos que pedir a comida no quarto! — lembra Alex.

Pelo menos haviam levado o *laptop* e tinham internet. Haviam aberto um perfil em Facebook com o nome "Alex e José María", tinham centenas de "amigos" e brincavam de deixar mensagens codificadas. "Estamos na ilha", colocavam, e todos pensavam que tinham ido passar o Natal no Tigre. Outra mensagem: "A canção para musicalizar este momento de nossas vidas é de Rafaela Carrá: 'Tem que vir ao sul'".

Passaram o Natal dentro desse quarto, trancados e sozinhos.

Nem Leo podia visitá-los, porque tampouco podiam vê-lo por lá.

Disfarçados, foram ao registro civil num horário em que não havia ninguém e pediram a habilitação para o casamento. A chefe do registro alegou que não era possível porque o Código Civil impedia. Pediram-lhe que desse essa resposta por escrito para poder contestá-la.

No começo, a ideia era apresentar uma nova ação de amparo na província, mas eles desistiram e optaram pela via do recurso hierárquico. A juíza Seijas já havia decidido a seu favor e, embora tivesse sido contra a decisão administrativa do Registro Civil portenho, a sentença amparava o direito deles ao casamento. E mesmo que a piada de mau gosto de Gómez Alsina fosse tomada como válida, esta apenas havia ordenado ao Registro Civil da capital que não os casasse, mas não dera nenhuma ordem geral que os registros das demais províncias tivessem que acatar. O que eles fizeram desta vez, então, foi recorrer administrativamente da decisão do Registro Civil da Terra do Fogo, que dependia da governadora, conforme a advogada Von Opiela orientara, anexando ao recurso uma cópia da sentença de Seijas.

Dessa forma, a última decisão seria de Ríos.

— Ah, meninos, se pudesse, eu casaria vocês com todo prazer — disse-lhes a chefa do Registro, desculpando-se.

— A senhora não diga nada... Por favor, não diga nada agora. A senhora vai nos casar. Mas não conte a ninguém — respondeu Alex, sem dar maiores explicações.

Entretanto, antes de casar, um deles deveria fixar domicílio na província. Decidiram que seria José. Como a ação de amparo da capital tinha como título de expediente "Freyre, Alejandro e outro...", preferiam que Alex continuasse com domicílio na capital. Se a ideia do casamento na Terra do Fogo desse errado, voltariam a tentar em Buenos Aires.

Um amigo de Ushuaia, Eduardo Bauducco, aceitou oferecer residência legal a José em sua própria casa, que era no meio da montanha. Foram juntos buscar uma conta de luz, que a esposa de Bauducco entregou para que José pudesse apresentar como comprovante de residência na delegacia. Não chegaram a entrar na casa, mas posaram na porta para tirar uma foto. Quem os fotografou, com sua câmara digital, foi Claudia Nanini, esposa do então ministro da Economia da província, que os acompanhava. Também os convidou, uns dias antes do casamento, para comer um churrasco na sua casa.

A foto tirada por Nanini, depois, seria muito importante, porque o número registrado na delegacia não existia. A foto provaria que havia sido um erro dos policiais quando José fez o trâmite, já que na imagem se via o número na porta, que coincidia com o que estava no recibo de luz.

Mas os noivos não ficaram ali, e sim no hotel.

À noite, Mara Martín, uma advogada fueguina que se encarregou de todos os trâmites na província, passava para buscá-los. Mara é a mandatária do Partido Humanista na Terra do Fogo.

— Era nossa fada madrinha — conta Alex —. Vinha de noite, depois das nove, quando já não havia nenhuma alma na rua. Entrávamos numa van super-*hippie*, que parecia a do Scooby-Doo, e ela nos levava a lugares mais afastados para que pelo menos conhecêssemos as paisagens. Às vezes cozinhávamos na van e comíamos juntos com ela.

— Chegaram a fazer um pouco de turismo então?

— Percorremos toda a geografia de Ushuaia, sempre de noite, mas não vimos um único ser humano, estava todo mundo dormindo. Lá, no verão, de noite, não é escuro como em Buenos Aires, e amanhece às três da manhã. Lembro que vimos várias vezes o amanhecer fumando um baseado em frente ao lago, e depois tínhamos que voltar ao hotel antes que fosse dia e alguém nos reconhecesse. Para entrar ou sair, cobríamos o rosto com gorros, cachecóis e óculos escuros.

Assim, disfarçados, passaram para buscá-los para que conhecessem Fabiana Ríos.

— Leonardo me informou que eles já estavam na cidade e decidi recebê-los. Nesse dia os conheci. Era tudo muito vertiginoso, porque houve vários feriados, entre Natal e dias de folga, e eu e meu gabinete tínhamos decidido manter tudo em segredo até que eles estivessem casados porque suspeitávamos que, caso se tornasse público, alguém poderia tentar impedir o casamento, como acontecera na capital. Para mim, foram dias de grande tensão — explica a governadora.

— Contou à sua família ou nem sequer comentou em casa?

— Toda a minha família soube antes do casamento. Meu esposo, Gustavo Longhi, é vereador e, como militante, esteve a meu lado o tempo todo. Minha filha menor, Victoria, por mais que não pudesse contar a ninguém, estava muito feliz. E minha filha mais velha, María Betania, que tanto havia militado pelo assunto, foi a que ficou mais contente.

Gorbacz recorda que a primeira coisa que disse a Ríos quando esta tomou a decisão de autorizar o casamento foi: "Betu vai ficar muito orgulhosa".

A filha mais velha de Ríos tinha planejado voltar para Buenos Aires no dia 27 de dezembro, depois de passar o Natal com a família, mas a mãe mudou a data da passagem sem avisá-la, para que fosse uma surpresa. No dia em que ela teria que ter viajado, contou-lhe tudo e combinou que, no dia seguinte, ela estivesse presente quando Alex e José se casassem.

— Quando entrei no cartório, María Betania já estava lá, muito entusiasmada — conta Gorbacz.

O funcionário deu a ordem para que a televisão pública da província tivesse tudo preparado para mandar um repórter ao local, mas não entrou em detalhes até instantes antes, pois tinha medo que a notícia vazasse.

— Preparem o equipamento de externas e esperem na porta do canal, tenham tudo pronto para sair assim que eu avisar. É para algo muito importante, não posso contar agora o que é, nem onde vai ser — disse-lhes.

Era 28 de dezembro, dia da mentira na Argentina. As pessoas do canal acharam que Gorbacz estava fazendo uma brincadeira.

— É sério! Preparem tudo e esperem a minha ligação — insistiu.

Quando ele ligou e disse "saiam já para o Registro Civil", eles entenderam tudo.

Povoado pequeno, o rumor já havia começado a correr.

Alex e José chegaram num carro oficial enviado pela governadora e entraram pela porta de trás, com os rostos cobertos, como sempre, para que ninguém os reconhecesse.

Após receber o expediente do recurso hierárquico com o parecer favorável da Secretaria Legal e Técnica, Ríos havia assinado o decreto n. 2.996, que autorizava o casamento, e havia avisado à chefa do registro civil. A ministra da Saúde pediu ao funcionário responsável que constatasse a validade do certificado dos exames pré-nupciais que os noivos já haviam feito no Hospital Muñiz, na capital, antes da tentativa anterior de se casarem.

Estava tudo pronto.

Uma crônica à distância

Logo depois de Alex falar com Di Filippo na festa, encontrei Leo Gorbacz no MSN.

— Adivinha onde vai ser, afinal, o primeiro casamento gay da América Latina? — perguntou.

— Onde?

— Em Ushuaia. Estamos combinando tudo com a Fabiana para que os rapazes possam se casar. Ficou surpreso?

No começo eu pensei que ele estava se referindo a um casal de lá. Eu não falava com Alex e José desde o dia do casamento suspenso na capital. Desde fevereiro, eu estava morando no Rio de Janeiro, embora me mantivesse envolvido na militância pela lei, fazendo tudo daqui e, além disso, cobrindo todas as notícias sobre o assunto para o jornal. Era como se estivesse em Buenos Aires.

Alguns dias mais tarde, quando Leo confirmou que os rapazes estavam na Terra do Fogo, enviei um torpedo para o Alex.

"Está muito frio em Ushuaia?", perguntei.

Em menos de um minuto, meu celular tocou. Eu estava andando pela avenida Visconde de Pirajá, em Ipanema. Do outro lado, Alex estava trancado num quarto de hotel em Ushuaia. Estávamos separados por milhares de quilômetros e muitos graus de temperatura.

— Como você soube, seu filho da puta? María te avisou? Nem pro meu pai eu pude contar ainda! Os advogados não me deixam falar com ninguém.

— Sou jornalista, tenho minhas fontes — eu disse morrendo de rir —. Já mudaram de endereço?

— José mudou.

— Quando vocês se casam?

— Ainda não sei. Estamos esperando que a governadora assine o decreto.

Leo me mantinha informado de tudo, e no dia do casamento estávamos conectados pelo MSN, eu no meu notebook e ele com seu BlackBerry. Foi assim que recebi a primeira foto dos rapazes, enquanto eles davam o sim, tirada com a câmera desse celular.

Foi essa foto que enviei para meus editores, que perderam o furo para o *Criticadigital.com* porque, precisamente naquele dia, o vice-presidente da Papel 2.0, Carlos Mateu, deu a ordem para me demitirem, por ter reclamado junto com outros jornalistas que nos pagassem os quatro meses de salário que nos deviam e que regularizassem a nossa situação — trabalhávamos sem carteira assinada —, o que a empresa se recusava a fazer. Eles publicaram a matéria que escrevi sobre o casamento[77] na edição impressa do dia seguinte, porém, por ordem de Mateu, o chefe da seção de política, Silvio Santamarina, apagou meu nome, de modo que minha matéria saiu sem assinatura. Segundo o diretor do jornal, Daniel Capalbo, Mateu decidiu me demitir porque estava com raiva da minha "atitude veligerante" (sic). Eu, por outro lado, estava zangado porque não podia pagar a luz nem o aluguel e estava faltando às aulas do mestrado porque não tinha dinheiro para o ônibus. Fazia diariamente meu trabalho, mas há meses eles não me pagavam o salário.

No dia seguinte, o jornal inteiro saiu sem assinaturas. Essa foi a maneira que o resto da redação encontrou para expressar solidariedade pelo que tinha acontecido comigo. Minha demissão foi apenas uma antecipação do que estava por vir. A

---

[77] El sur también existe para Alex y José. *Crítica de la Argentina*, 29/12/2010.

empresa parou de pagar os salários de todos os funcionários, houve greve, marchas, negociações, conciliação no Ministério do Trabalho, promessas quebradas e, em pouco tempo, o jornal fechou e duzentos trabalhadores estavam na rua.

Antonio Mata, o empresário espanhol que levou à falência o jornal que tempos antes tinha comprado de Jorge Lanata, permanece praticamente fugitivo — embora nenhum juiz o tenha declarado como tal —, e os trabalhadores do *Crítica* ainda não receberam o que lhes é devido.

***

Agora sim, a matéria sobre o casamento:

> "Vamos vencer a discriminação", disseram Alex Freyre e José María Di Bello a este jornal no dia 21 de abril. No dia seguinte, iriam ao cartório para marcar o casamento. Eles sabiam que iam dizer não, mas tinham certeza de que finalmente conseguiriam. Ontem à tarde, após várias idas e voltas, o casal finalmente contraiu casamento civil na província da Terra do Fogo, para onde tiveram que se mudar a fim de poder casar.
>
> Em 10 de novembro passado, a juíza Gabriela Seijas declarou a inconstitucionalidade dos artigos 172 e 188 do Código Civil e autorizou-os a se casar. O prefeito de Buenos Aires, Mauricio Macri, não apelou da decisão, nem o Ministério Público, por isso a sentença passou a ser definitiva. Então, o casal marcou o casamento para o dia 1º de dezembro e tudo estava preparado: lista de convidados, testemunhas, imprensa nacional e internacional, arroz, anéis, esperanças. Mas no último momento, uma juíza civil e uma decisão da Câmara, em duas causas separadas, conduzidas por advogados ligados à ditadura, ordenaram a suspensão do casamento. Apesar de Seijas ter ordenado novamente que sua sentença fosse cumprida e de diferentes juristas afirmarem que o prefeito devia acatar essa ordem, Macri suspendeu o casamento.
>
> No entanto, advogados da Federação observaram que a decisão que autorizava o casamento continuava vigente e que, se o prefeito de Buenos Aires não a cumpria, outro governador poderia fazê-lo.
>
> A governadora da Terra do Fogo, Fabiana Ríos, acompanhara durante seu mandato como deputada o projeto de lei do casamento gay e, já como governadora, tinha apresentado um *amicus curiae* ao Supremo, apoiando o pedido de María Rachid e Claudia Castro, o primeiro casal a apresentar um amparo para se casar, cujo caso deve ser resolvido pelo máximo tribunal.
>
> Então, cerca de dez dias atrás, Alex e José María viajaram para Ushuaia. Oficialmente, para participar de uma atividade de prevenção do HIV organizada pelo INADI; mas eles também foram ao Registro Civil e marcaram o casamento. Responderam que não, mas desta vez não havia necessidade de ir ao tribunal. Eles

entraram com um recurso administrativo perante a governadora, que, amparando-se na decisão da juíza Seijas, os autorizou a se casar.

"As convicções da governadora sobre este assunto são públicas, e sua resposta foi que, se não houvesse impedimentos legais, ela apoiaria. Fabiana consultou a Secretaria Legal e Técnica e o parecer foi favorável, já que a sentença da juíza Seijas autorizava, e assinou então um decreto autorizando a celebração do casamento", disse a este jornal Leonardo Gorbacz, secretário de Comunicação Social da província.

Gorbacz exerceu a função de deputado até o dia 10 de dezembro e foi um dos promotores da lei do casamento gay no Congresso. "Eu teria gostado de poder votá-la antes do final do mandato, mas o destino quis que eu fosse uma das testemunhas do casamento de Alex e José María José na minha província. Ainda acredito que é preciso uma lei para que todos os casais possam ter este direito sem necessidade de ir à justiça. Acho que é um processo que não pode ser detido, e é inexplicável que, na atual fase de desenvolvimento da humanidade, continuemos discutindo sobre isso", afirmou em diálogo com o *Crítica de la Argentina*.

A data do casamento foi mantida em segredo, já que os advogados da Federação Argentina LGBT, da qual os recém-casados fazem parte, os aconselharam a não torná-la pública até terem assinado o livro de registro de casamentos. "Quando a sentença de Seijas se tornou definitiva, nós divulgamos porque nunca imaginamos que um juiz seria capaz de executar uma manobra ilegal para impedir o casamento, uma vez que todos os prazos legais já tinham vencido, não tinham apelado da sentença e era coisa julgada. No entanto, depois do que aconteceu, desta vez preferimos esperar", explicou ao jornal um dos advogados.

Alguns minutos depois das 16 horas de ontem, Lidia Sosa, funcionária do Registro Civil da cidade, proferiu a frase que Freyre e Di Bello esperavam ouvir desde abril: "Eu vos declaro unidos em matrimônio".

"Estamos muito felizes e queremos tornar público o nosso reconhecimento à governadora Fabiana Rios, que sempre acompanhou a luta pela igualdade e hoje deu mais uma mostra de suas convicções", disse Alex a este jornal em comunicação telefônica na saída do Registro Civil.

— Você acha que este primeiro casamento abre a possibilidade de que outros casais também consigam?

— Nosso direito deve ser o de todos e todas. É urgente que o Congresso sancione a lei do casamento entre pessoas do mesmo sexo, porque nem todos os casais são formados por homossexuais de classe média com possibilidade de contratar advogados, se mudar para outra província e fazer tudo o que tivemos que fazer. Os casais heterossexuais simplesmente vão, marcam a data do casamento e se casam.

— Você acha que isso vai incentivar outros casais?

— Sem dúvida. Como disse Obama: "Sim, nós podemos". Hoje, nós mostramos que podemos, que temos razão, que temos direito. Não fizemos tudo isso apenas por uma questão pessoal, mas para ajudar a conquistar esse direito para todos e todas.

— Onde será a lua de mel?

— Agora vamos para Buenos Aires, comemorar com nossas famílias e amigos e colocar em ordem o nosso trabalho, que deixamos de lado por tudo isso. Depois, voltamos a Ushuaia para passar nossa lua de mel aqui, que é uma cidade belíssima.

Além de tirar a foto dos noivos dando o sim, Leo assinou o livro de registro, já que foi uma das testemunhas do casamento. Havia poucas pessoas na sala. Como tudo tinha sido não só tão longe, mas também em segredo, os familiares e os amigos de Alex e José não puderam ir.

— Avisei meu pai e meu irmão somente quando faltava muito pouco para o casamento. Pedi que tentassem vir, mas eles não conseguiram passagens —, lembra Alex.

Poucos minutos antes do início da cerimônia, uma mulher visivelmente desequilibrada conseguiu entrar no cartório e começou a gritar que eram todos uns degenerados, mas a advogada Mara Martin, auxiliada por outras pessoas, conseguiu acalmá-la e levá-la para fora do local.

Além de Gorbacz, testemunharam o casamento María Rachid; o presidente do INADI, Claudio Morgado — cuja presença foi um sinal de respaldo do governo federal à decisão da governadora — e a representante local do organismo, Emilce Conejero. Também viajaram especialmente Pedro Mouratián, vice-presidente do INADI, e a advogada Carolina Von Opiela, que tinha formado uma equipe de trabalho virtual para esta questão com a Dra. De Maio, da Secretaria Legal e Técnica da província.

Junto deles, presenciaram o casamento os funcionários do cartório, a chefa de gabinete da governadora, Liliana Preli, a filha da governadora e o cinegrafista da televisão pública provincial, que registrou o diálogo que ficaria gravado para sempre na nossa memória:

— Senhor José María Di Bello, aceita por esposo o senhor Alejandro Daniel Freyre? — perguntou a juíza de paz Lidia Sosa.

— Aceito.

— Senhor Alejandro Daniel Freyre, aceita por esposo o senhor José María Di Bello?

— Aceito.

— Declaro em nome da lei que o senhor Alejandro Daniel Freyre e o senhor José María Di Bello estão unidos em matrimônio.

Diante das câmeras, os noivos trocaram a alianças.

Alex improvisou um discurso:

"Por todos os casais que virão, por todas as famílias que necessitam, por você, por mim, pela Federação Argentina de Lésbicas, Gays, Bissexuais e Trans e pela Argentina, agora um país melhor, daqui, de Ushuaia, o princípio de tudo", ele disse, e acrescentou:

— Obrigado Ushuaia! Aplausos para Ushuaia!

Quando saíram, já marido e marido, foram para a confeitaria do hotel, onde haveria um brinde, ao qual também foram as funcionárias do Registro Civil. Depois foram ao palácio do governo provincial, onde Fabiana Ríos os aguardava. O marido da governadora tirou uma foto dela com os noivos, e em poucas horas a imagem apareceu nos meios digitais de todo o mundo.

Disparem contra Fabiana

Os abandeirados da discriminação não ficariam de braços cruzados. Um advogado e ex-candidato a deputado pelo Partido Popular Fueguino, Alejandro De la Riva, apresentou uma queixa-crime contra a governadora por prevaricação, alegando que o decreto que autorizou o casamento violava o Código Civil.

Outro advogado, Demetrio Martinelli, apresentou uma queixa-crime para que se investigasse a mudança de endereço de José María, aproveitando o erro cometido pela delegacia, que registrou o número errado. Martinelli alegava que tinham inventado um "endereço inexistente". Também acusava o Instituto Fueguino de Turismo de pagar a hospedagem do casal (na verdade, Alex e José ficaram em um hotel do INFUETUR, mas o INADI pagou tudo). E questionava, entre outras coisas, a certificação que o Ministério da Saúde da província fez do exame pré-nupcial realizado no Hospital Muñiz em Buenos Aires, argumentando que eles deveriam ter feito um novo pré-nupcial na Terra do Fogo.

A polícia chegou a revistar a sede de governo provincial. Mas o cúmulo foi o ofício que os responsáveis pela confeitaria do hotel receberam: queriam saber quem tinha pago pelo brinde feito depois do casamento.

Autor de uma das denúncias contra a governadora pelo casamento na Terra do Fogo, Martinelli não tinha muito que invejar à "gente boa" que trabalhou para impedir o casamento em Buenos Aires. Este advogado, formado pela Universidade Católica Argentina e ex-legislador provincial, tinha sido juiz adjunto do Tribunal Federal de Ushuaia, mas foi afastado do cargo acusado de "ajudar, auxiliar, fornecer abrigo, documentação apócrifa etc. a pessoas acusadas de crimes contra a humanidade e que tinham mandados de captura em vigor".[78] De acordo com uma investigação do jornalista Emilio Ruchansky, Martinelli teria ajudado o capitão e ex-chefe adjunto da Esma, Jorge Raúl Vildoza, fugitivo desde 1986, a escapar da justiça.

Os adversários políticos de Fabiana Ríos armaram um escândalo por causa do casamento, e o bispo fez duras críticas à governadora. A Universidade Católica Argentina, por sua vez, emitiu uma declaração afirmando que Ríos tinha feito "uma manobra jurídico-política fraudando a lei argentina vigente, que estabelece clara e imperativamente que o casamento é a união estável e permanente entre um homem e uma mulher", e a Corporação de Advogados Católicos argumentou que o casamento de Alex e José era "nulo, de nulidade absoluta", e que se tratava de um "show".

— Fizeram várias acusações contra mim, bem como algumas declarações muito ofensivas — recorda Ríos.

— E te preocupou que as queixas prosperassem?

— Não. Se a decisão que tomei me causar algum problema legal ou político, estou feliz, de qualquer maneira, de ter tomado. E me responsabilizo, porque todas as decisões que tomei foram com muita consciência e convicção, então o que acontecer não importa. Para algumas pessoas parece inverossímil que alguém que é heterossexual e católica possa compreender como naturais outras maneiras de ser. Sinto muito por elas.

Mas também houve várias manifestações de apoio à governadora, entre elas as de deputados e deputadas de diferentes bancadas. Em declarações à imprensa, Vilma Ibarra afirmou que o casamento de Alex e José tinha sido possível "pela decisão de uma juíza respeitosa dos direitos e da igualdade, e de uma valente governadora", e aproveitou a oportunidade para exigir do Congresso que "sancione definitivamente uma lei que obrigue o Estado, em todas as jurisdições do país, a tratar igualmente as famílias homossexuais e heterossexuais, permitindo o casamento de todos e todas sem que alguns tenham mais direitos que outros por causa de sua orientação sexual".[79]

---

78 RUCHANSKY, Emilio. Defensor de la moral... de los apropiadores. *Página/12*, 13/04/2010.
79 Fonte: <http://www.agmagazine.info/2010/01/04/suman-apoyo-a-fabiana-rios-tras-anuncio-

Naqueles dias, escrevi um artigo, que Leo se encarregou de enviar aos meios de comunicação locais da Terra do Fogo, defendendo Ríos:

> Alejandro Freyre e José María Di Bello deveriam ter se casado há um mês em Buenos Aires. Uma decisão da Justiça os autorizou, mas o prefeito de Buenos Aires, depois de não apelar, decidiu desobedecer a ordem, razão pela qual a juíza Gabriela Seijas, do Foro Contencioso-administrativo, pediu à justiça penal para determinar se Macri cometeu um crime. Diante dessa situação irregular, o casal decidiu mudar seu domicílio para a Terra do Fogo, confiando que a governadora desta província respeitaria a decisão da justiça.
>
> E assim foi. O casamento de Freyre e Di Bello não deveria ter sido um fato excepcional, uma vez que a regra deve ser que a Constituição seja cumprida em todo o país, não só na Terra do Fogo. Não deveria ser necessário que as pessoas se mudassem para Ushuaia para exercer os seus direitos e fazer cumprir uma decisão judicial.
>
> No entanto, depois do casamento, as mesmas pessoas que tinham conspirado durante anos contra os direitos de gays e lésbicas — com uma estranha obsessão difícil de entender — começaram uma campanha de desinformação e ataques contra a governadora. [...]
>
> Um dos primeiros a se pronunciar foi o Bispo [Juan Carlos] Romanín, que argumentou que a legalização do casamento entre pessoas do mesmo sexo "mudaria radicalmente o que hoje entendemos como uma família" e implicaria também "a redefinição do casamento".
>
> Não é assim. O reconhecimento legal dos direitos das famílias formadas por casais do mesmo sexo não muda o que é uma família, mas inclui famílias que hoje estão excluídas. A Constituição Federal garante a proteção integral de todas as famílias, não só das famílias de que o bispo goste. Nem há qualquer redefinição do casamento — que continuará a ter as mesmas características e efeitos que teve até agora —, mas sim a eliminação de barreiras discriminatórias que impedem de casar os casais formados por pessoas do mesmo sexo.
>
> Os bispos católicos levam mais de cem anos sem compreender a diferença entre a lei civil e seus dogmas: em 1887, quando o governo enviou ao Congresso a lei do casamento civil, se opuseram com os mesmos argumentos usados agora contra o casamento entre pessoas do mesmo sexo [...].
>
> Mas o mais significativo dos argumentos do bispo Romanín contra o casamento de Alex e José foi advertir que "as crianças vão crescer pensando que o comportamento homossexual é natural". Ele tem razão: as crianças das gerações futuras crescerão sabendo que homossexuais e heterossexuais têm a mesma dignidade e

---

de-denuncia-por-autorizar-matrimonio-gay/>.

merecem o mesmo respeito e os mesmos direitos, e que nem uns nem outros são mais ou menos normais ou "naturais", nem melhores nem piores. [...]

Na mesma linha de Romanín, a UCA acusou a governadora Ríos de cometer "uma manobra jurídico-política fraudando a lei argentina vigente, que estabelece clara e imperativamente que o casamento é a união estável e permanente entre um homem e uma mulher (Art. 172 do Código Civil), a fim de constituir uma família aberta ao dom da transmissão da vida". Tudo mentira. Em primeiro lugar, o que a governadora fez foi cumprir uma decisão da Justiça que havia declarado a inconstitucionalidade dos arts. 172 e 188 do Código Civil e autorizado Freyre e Di Bello a se casar, de modo que citar um desses artigos para acusar a governadora de violar a lei é não entender como funciona o controle da constitucionalidade das leis em uma república. Em segundo lugar, o artigo 172 não define o que é o casamento, mas estabelece formalidades protocolares para a sua celebração. Em terceiro lugar, nem esse artigo, nem qualquer outro do Código estabelece que a finalidade do casamento seja a procriação, como insistentemente afirma a Igreja Católica. Se fosse assim, não poderiam casar as pessoas estéreis, os idosos ou aqueles que por um motivo ou outro decidam não ter filhos.

[...] Quando os livros de história falarem destes anos, as crianças do futuro, como preocupava a Romanín, não entenderão por que nesta época se negava a gays e lésbicas o direito de se casar, assim como hoje não compreendemos por que houve uma época em que as mulheres não podiam votar ou os negros, em alguns países, não podiam comer nos mesmos restaurantes que os brancos. E certamente haverá uma página naqueles livros do futuro dedicada a uma governadora progressista que, no fim do mundo, no início de tudo, foi fiel aos seus princípios e ajudou o país a dar um passo à frente no respeito pela dignidade e pelos direitos dos seus habitantes.

No dia seguinte ao casamento, Ríos tinham agendada a assinatura de um convênio com o Ministério de Justiça por questões relacionadas com o sistema penitenciário. A assinatura era na Casa Rosada. Quando Fabiana chegou, Cristina Kirchner, num gesto que todos os meios de comunicação presentes registraram, exclamou:

— Aqui está *a* governadora!

A Presidenta se aproximou para lhe dar um abraço e disse:

— Boa tarde para a governadora que apareceu em todas as capas dos jornais!

Em tom de brincadeira, Ríos respondeu:

— Você deveria me agradecer que hoje se ocupem de mim...

Poucos dias depois, em 10 de janeiro de 2010, numa entrevista realizada pelo jornal *Página/12*, o ex-presidente Néstor Kirchner afirmou:

No século XIX, havia apenas o casamento eclesiástico. A lei do casamento civil constituiu uma ampliação dos direitos civis. A que permitiu o divórcio, um século mais tarde, também. O casamento entre pessoas do mesmo sexo será outra ampliação equivalente. Isso não tem nada a ver com qualquer religião, tem a ver apenas com estabelecer a igualdade de todas as pessoas perante a lei. A governadora Fabiana Ríos foi muito corajosa ao permitir o casamento entre esses dois rapazes na Terra do Fogo.[80]

---

80 VERBITSKY, Horacio. Proyectos y alianzas 2010. *Página/12*, 10/01/2009.

Néstor cumpre

O momento

"Kirchner vai trabalhar a favor da lei. Não tenha dúvida de que ele está de acordo, como eu também estou. O que não pode fazer, a 14 dias das eleições, é trazer à campanha um novo tema pelo qual a direita vai acabar com ele. Você tem que entender isso. O que importa são os princípios: ele já tomou a decisão", Aníbal Fernández tinha me dito em junho, quando reclamei porque o ex-presidente não quis se comprometer, durante a campanha, em apoiar o casamento gay no Congresso.

Insisti que, se Kirchner estava de acordo, que então divulgasse antes da eleição.

"Ele está de acordo com o projeto, conte com o voto dele no Congresso. Quando chegar o momento, vai levantar a mão para votar a favor e haverá uma bancada completa votando com ele. Conte com os votos, que é o importante!", Fernandez me respondia.

"E quando vai chegar o momento?" — perguntei.

Finalmente, o momento havia chegado.

Aníbal tinha me dito a verdade.

Em 9 de dezembro, dezenove dias antes do casamento de Alex e José na Terra do Fogo, o jornal *Crítica* revelou os detalhes de uma reunião da bancada da Frente para a Vitória na qual o ex-presidente participou como deputado eleito pela primeira vez. O jornalista Diego Genoud contou que nessa reunião, realizada dois dias depois de Macri suspender o casamento dos rapazes na capital, Kirchner havia anunciado a seus futuros companheiros de bancada que estava de acordo com os projetos de Vilma Ibarra e Silvia Augsburger:

> Quinta-feira passada, Néstor Kirchner se declarou, em particular, a favor da iniciativa que impulsiona, há décadas, a comunidade homossexual. No dia de sua estreia como deputado, o ex-presidente comunicou a um grupo de seus pares, numa reunião informal da bancada da Frente para a Vitória.

"Quero que saibam que eu sou a favor de casamento gay", disse ele.¹

[...] Como disseram duas testemunhas ao *Crítica da Argentina*, foi uma breve conversa que não excedeu cinco minutos. Kirchner explicou que seu apoio ao projeto era "político e filosófico" e alegou que estava "baseado no Direito". De acordo com os deputados que ouviam, ele apelou para um raciocínio de senso comum. "Não há nenhuma razão para que um setor da população tenha mais direitos do que outro, a reivindicação é perfeitamente justa", disse.

Na verdade, Kirchner já havia se manifestado a favor do casamento gay vários anos antes, numa entrevista com o falecido jornalista Juan Castro para seu programa de televisão *Zoo*. Mas a verdade é que nem nós conhecíamos essa reportagem, que naquele momento não teve tanta transcendência talvez porque o debate sobre o casamento ainda não tivesse sido proposto.

Após o furo de Genoud e o casamento de Alex e José na Terra do Fogo, o ex-presidente ratificou sua posição na entrevista com Verbitsky. Antes das palavras mencionadas anteriormente, a pergunta tinha sido:

— Quando diz expansão dos direitos civis, você está pensando na lei do casamento?
— Sim.²

Também falaria sobre o assunto no programa *CQC*.

Naqueles dias, também recebemos outra boa notícia: Vilma Ibarra continuaria presidindo a Comissão de Legislação Geral da Câmara dos Deputados. Correspondia à sua bancada a presidência de uma única comissão, e seus companheiros, com o aval de Martín Sabbatella, tinham decidido apostar nela. A decisão tinha sido motivada diretamente pela lei do casamento igualitário, uma vez que a bancada tinha decidido que fosse uma das prioridades da sua agenda parlamentar.

Ainda não sabíamos que posição a nova presidenta da Comissão de Família, Claudia Rucci, adotaria, mas tínhamos uma vantagem: a comissão que "encabeçava" o projeto de lei do casamento igualitário era a de Legislação Geral, de modo que seria Ibarra quem conduziria todo o processo.

Agora, sim, parecia que todos os planetas estavam alinhados.

A justiça tinha dito, pela primeira vez, que tínhamos razão, e essa decisão era apoiada por alguns dos mais conhecidos e respeitados constitucionalistas

---

1 GENOUD, Diego. Néstor saca al kirchnerismo del placard para retomar la iniciativa en Diputados. *Crítica de la Argentina*, 09/12/2009.
2 VERBITSKY, Horacio, *op. cit.*

do país. Depois de muitas voltas e graças à convicção de Fabiana Ríos e Leonardo Gorbacz, que colocaram o governo de sua província a serviço de um fato histórico, havia dois homens legalmente casados.

O ex-presidente e chefe político do partido do governo apoiava a lei, bem como vários importantes líderes da oposição. Entre eles, a principal referência de centro-direita, que tende a ser o setor político que se opõe aos nossos direitos em todo o mundo, Mauricio Macri. A maioria da mídia jogava a favor, e muitos formadores de opiniões na cultura, na arte, nas universidades e nos movimentos sociais começavam a manifestar o seu apoio. As pesquisas mostravam um amplo consenso.

Todas as condições estavam dadas.

De Ushuaia a La Quiaca

No dia seguinte ao casamento de Alex e José, um casal gay pediu para marcar o casamento na província de Tucumán, assessorado por advogados da delegação local do INADI. O governador Alperovich, surpreso, disse à imprensa: "Não conheço a parte legal, mas devemos fazer o que for adequado legalmente".

O "efeito *corralito*", que havia começado após a sentença de Seijas — na capital, a expectativa de novas sentenças favoráveis fez com que dezenas de casais pedissem assessoria para apresentar sua própria ação —, se expandia por todo o país: no início de janeiro, já havia recursos pelo casamento gay nos tribunais de Santa Fé, San Luis, Chubut, Santa Cruz, Terra do Fogo, Mendoza, Córdoba, Tucumán, Salta e nas cidades bonaerenses de Mar del Plata — só nesta cidade, houve sete amparos em fevereiro —, La Plata, Vicente López, Olavarria, Quilmes e Lanús. Os advogados da Federação e do INADI, que trabalhavam juntos nesta questão, não davam conta dos pedidos que chegavam de toda parte.

A lista continuaria crescendo e, até a sanção da lei, chegaria a ter em torno de cem recursos apresentados.

Enquanto isso, os cruzados não se rendiam.

O recesso forense estava para começar quando o advogado Pedro Andereggen — um dos signatários do pedido de suspensão do casamento de Alex e José no Registro Civil da capital — se apresentou no Tribunal Federal Cível pedindo que fosse "anulado" o casamento celebrado na Terra do Fogo e embargados o livro de ata e a certidão de casamento.

As palavras e as coisas

À medida que o debate sobre o casamento gay foi crescendo, uma série de argumentos contra o uso da palavra "matrimônio" começou a ser repetida em vários discursos políticos, artigos jornalísticos, comentários de leitores nos fóruns dos jornais, declarações da Igreja etc. até o dia da votação da lei no Senado. Tal como acontecera na Espanha, na Argentina os que se opunham a que as uniões homossexuais tivessem a mesma denominação das uniões heterossexuais justificavam sua oposição com uma série de argumentos linguísticos e históricos que, fossem ou não rigorosos, pareciam certos e, inclusive, óbvios. Um "discurso verdadeiro", como diz Foucault,[3] que se apoiava numa suposta autoridade científica.

A discriminação e a perseguição contra pessoas homossexuais foram justificadas em diferentes épocas por diferentes "discursos de verdade": a religião, a psiquiatria, a lei. Agora, com objetivos mais modestos (já não mais para nos mandar para a fogueira, para o hospital psiquiátrico ou para a prisão, mas para evitar que nos casemos), apelavam à linguística e à história, embora seus argumentos não conseguissem, hoje, ser aceitos como proposições verdadeiras no interior destas disciplinas.

"É impossível que a união de dois homens se chame 'matrimônio', porque essa palavra vem de *mater*, que significa 'mãe', já que sua finalidade é a procriação", explicavam, com certeza, aqueles que se opunham ao casamento gay. Por outro lado, diziam, se o anterior não fosse suficiente, o dicionário da Real Academia Espanhola diz que o matrimônio é a "união de homem e mulher, pactuada mediante determinados ritos ou formalidades legais".

Se o dicionário o diz e, além disso, está na origem etimológica da palavra, como mudar? E, como se isso não bastasse, o matrimônio é um sacramento da Igreja católica, acrescentavam, e não é preciso explicar o que a Igreja católica pensa sobre o casamento gay. Deus me livre!

Falar em "casamento gay", então, era um absurdo.

No entanto, não é tão simples.

É verdade que "matrimônio" vem de *mater*, que significa "mãe"; mas também vem de *monĭum*, que significa "gravame". Isso tem a ver com a concepção de casamento que se tinha na Antiguidade, que se parece pouco com a que conhecemos hoje. Por que combinar "mãe" com "gravame"? Segundo o ex-juiz

---

[3] FOUCAULT, Michel. *A ordem do discurso*. São Paulo: Loyola, 2009 [1970], p. 13-21.

Belluscio — que, como vimos, não está de acordo com o casamento gay —, a origem etimológica da palavra "dá a ideia de que as cargas mais pesadas resultantes da união recaem sobre a mãe".[4]

Agora, a etimologia de uma palavra pode limitar para sempre os usos que ela possa ter?[5] Nenhum linguista teria coragem de subscrever semelhante coisa. A linguística histórica realiza um trabalho mais parecido ao de um arqueólogo do que ao de um legislador.

Se as palavras estivessem presas à sua etimologia, "patrimônio" e "pátrio poder", que vêm de *pater*, deveriam ser exclusivas dos homens, como de fato eram antigamente;[6] o "salário" deveria ser pago em sal, e a isso que recebemos em dinheiro também não poderíamos chamar de "soldo", que era a remuneração que os soldados recebiam. Por outro lado, para ganhar o pão teríamos de nos submeter à tortura, porque "trabalho" vem de *tripaliare*, que significa castigar com o *tripaliu*, uma espécie de julgo utilizado para torturar escravos na Roma antiga.[7] "Família", outra palavra importante para o nosso tema, vem de *famulus*, que significa servo ou escravo. A família era antigamente o conjunto das propriedades do *pater familias*, incluindo escravos e parentes. Tinha, no período arcaico do direito romano, o poder de decidir sobre o casamento de seus filhos e também o poder de vendê-los como escravos ou ordenar a sua morte, uma vez que faziam parte do seu patrimônio. Um conceito de "família" um pouco diferente do que se conhece hoje.

Também era correta a citação do dicionário usada por aqueles que se opunham ao casamento gay na Espanha e na Argentina, mas as línguas vão mudando, e os dicionários registram essas mudanças depois que elas ocorrem, da mesma forma que os livros de história registram os fatos um pouco depois que eles acontecem: a palavra "baixar", segundo a RAE, nada tem a ver com arquivos e internet. De fato, a palavra "internet" somente será incluída na 23ª edição do dicionário, cuja publicação está prevista para 2013. Mas há anos que a RAE tem página web!

---

4 BELLUSCIO, Augusto César. *Manual de Derecho de Familia*. 5ª ed. Buenos Aires: Desalma, tomo II, 1987, p. 141.
5 Eu digo "usos" e não "significados" porque me convencem mais as teorias que sustentam que a linguagem é uma forma de vida, uma prática social e não um sistema de representação que associa nomes a coisas numa relação imutável e imanente. Nas ciências da linguagem, essa controvérsia existe desde a época dos gregos e continua dando origem a livros, tratados e teses de doutorado na atualidade.
6 Em todo caso, o pátrio poder das mães deveria se chamar "mátrio poder", e o patrimônio das mulheres, "matrimônio". E aqui teríamos um novo problema.
7 DA MATTA, Roberto. *O que é o Brasil?* Rio de Janeiro: Rocco, 2004, p. 18.

Por outro lado, os dicionários não são uma fonte de "verdade" ou correção, mas um registro de usos, e não estão livres de preconceitos: uma das definições de "judeu" no dicionário Aurélio — um dos mais reconhecidos da língua portuguesa — é "indivíduo avarento e usurário".

Quando o casamento gay estava sendo debatido na Espanha, Beatriz Gimeno disse que "os dicionários terão de se adaptar à realidade e não a realidade aos dicionários", e o tempo lhe deu razão: o Institut d'Estudis Catalans e a Academia Valenciana da Língua foram os primeiros a alterar as definições de seus dicionários, tendo em conta que na Catalunha e em Valência há muitos casamentos gays legais desde que a Espanha aprovou a nova lei em 2005.[8] E, finalmente, em meados de 2010, a Real Academia Espanhola anunciou que o "casamento homossexual" seria incluído na próxima edição do dicionário como uma das acepções da palavra "casamento". O secretário da instituição, Darío Villanueva, explicou: "A Academia não legisla, não cria realidades. Simplesmente introduz no dicionário acepções e termos que estão na língua. Não emite em relação aos mesmos nenhum juízo de valor".[9]

Quando o casamento gay começar a ser discutido nos parlamentos do Chile, Uruguai, Colômbia e outros países de língua espanhola, os homofóbicos já não poderão usar a Real Academia Espanhola como desculpa para se opor. Mas, me pergunto, serão coerentes a ponto de apoiar a reforma do Código Civil em seus países para adaptá-lo à nova definição da palavra "casamento" que a 23ª edição do dicionário da RAE incluirá? Ou o dicionário só é fonte de verdade quando diz o que eu gosto?

***

Temos, por último, o argumento de que o casamento é um sacramento e que, portanto, essa palavra não poderia ser usada para designar a união legal entre duas pessoas do mesmo sexo, que a Igreja não aceita.

É uma meia verdade.

O casamento já existia antes que a Igreja o adotasse como sacramento e não é nem nunca foi um patrimônio exclusivo dos cristãos. Desde seu nascimento e

---

8 Na verdade, antes que o casamento homossexual fosse legal na Espanha ou em qualquer outro país, a palavra "casamento" já era usada pelos falantes de castelhano para se referir às uniões legais entre pessoas do mesmo sexo, por exemplo, para debater se o casamento homossexual deveria ser legalizado. E a língua não é o que dizem os dicionários, mas sim o que as pessoas falam.

9 El "matrimonio homosexual" estará en la próxima edición del Diccionario. *ABC.es*, 29/07/2010.

durante seus primeiros mil anos, a Igreja não se ocupou dos casamentos, que eram celebrados como rituais pagãos, nem lhe deu muita importância. Tornar o casamento um sacramento foi uma decisão política tomada num determinado contexto histórico.

Por outro lado, o debate nunca foi o casamento religioso, mas o civil, que é outro, embora a mesma palavra seja usada para se referir a ambos. Que a palavra que denomina o casamento civil e o casamento religioso seja a mesma não significa que ambos devam ser iguais e, de fato, não são. Por exemplo, este último é indissolúvel, enquanto o primeiro não.

Em seu voto no caso "Sejean c/ Zacks de Sejean", pelo qual o Supremo Tribunal Federal declarou inconstitucional a proibição do divórcio, o juiz Petracchi salientou que o casamento civil e o casamento religioso são duas instituições diferentes:

> Cabe lembrar que, do ponto de vista da concepção sacramental do matrimônio que sustenta a religião católica, o casamento civil, como foi instituído pela Lei 2.393, é contrário ao direito canônico, pois este reserva à jurisdição eclesiástica a regulação de fundo e forma em matéria de casamentos contraídos por pessoas sujeitas à lei da Igreja. É contrário também à doutrina da Igreja, já que para os cristãos não há nenhum outro casamento verdadeiro e lícito do que o contraído em conformidade com as regras da Igreja. E, finalmente, é contrário à lei divina, uma vez que para os batizados o casamento é, ao mesmo tempo, contrato e sacramento por lei divina (Canon 1016, encíclica *Casti connubii* de Pio XI). Então, pode-se considerar o tema da indissolubilidade do casamento civil a partir do jogo das normas do nosso ordenamento jurídico sem necessariamente vinculá--lo a uma confissão religiosa. Da mesma forma pode-se manter a convicção religiosa da indissolubilidade do casamento celebrado no âmbito da ordem religiosa correspondente sem se pronunciar sobre o caráter da indissolubilidade ou não de uma instituição civil, que essa ordem religiosa não reconhece como casamento.

Meu grande casamento grego[10]

Há uma velha discussão entre três gregos que talvez sirva para entender parte do debate linguístico sobre a palavra "casamento".

---

10 Nota do autor: este capítulo e o seguinte são um brevíssimo resumo de alguns dos aspectos da disputa linguística pelas palavras "matrimônio" e "casamento", que analiso detalhadamente em minha dissertação de mestrado, que está disponível na biblioteca da PUC-Rio.

Falamos de Hermógenes, Sócrates e Crátilo.

Em uma obra que tem o nome deste último, Platão apresenta um diálogo cuja cena inicial pode causar perplexidade. Hermógenes relata a Sócrates que, segundo Crátilo, o nome que sempre usou como próprio não é correto. Que ele não se chamava Hermógenes, havia dito o outro, "embora todo mundo te chame assim". A provocação de Crátilo dá início a uma extensa conversa sobre a "justeza dos nomes", que oscila entre duas visões antagônicas sobre a linguagem — o convencionalismo e o naturalismo —, que podem ser identificadas, respectivamente, nas seguintes afirmações de Hermógenes e Sócrates:

> HERMÓGENES – [...] Para mim, seja qual for o nome que se dê a uma determinada coisa, esse é seu nome certo; e mais: se substituirmos esse nome por outro, vindo a cair em desuso o primitivo, o novo nome não é menos certo que o primeiro. [...] Nenhum nome é dado por natureza a qualquer coisa, mas pela lei e o costume dos que se habituaram a chamá-lo dessa maneira (384d).

> SÓCRATES – [...] o nosso legislador deverá saber formar com os sons e as sílabas o nome por natureza apropriado para cada objeto, compondo todos os nomes e aplicando-os com os olhos sempre fixos no que é o nome em si, caso queira ser tido na conta de verdadeiro criador de nomes (389a).[11]

Sócrates provoca Hermógenes sobre a possibilidade de que Crátilo tenha razão: o nome "Hermógenes" significa "filho de Hermes", e este último nome, por outro lado, se refere à oratória: Hermes "o intérprete, o mensageiro, e também o trapaceiro, fértil em discursos e comerciante com lábia, qualidades que se assentam exclusivamente no poder da palavra" (408-a). Hermógenes, então, admite que seu nome não é correto, visto que nunca foi bom orador.

Hermógenes, então, não se chama Hermógenes.

Não é que não deva se chamar assim, ou que seu nome tenha sido escolhido por engano, ou que deva mudá-lo: não se chama assim, embora as pessoas insistam em usar esse nome para se referir a ele.

Ao longo do diálogo, considerado aporético, Platão, por meio da voz de Sócrates, reconhece que uma mesma coisa pode receber diferentes nomes em diferentes línguas, porém haveria um "nome em si" para cada parcela da realidade, que os nomes particulares de cada língua ou de cada época, construídos de uma forma similar à que usa o ferreiro para fabricar instrumentos, "feitos com ferro diferente mas com a mesma forma", refletiriam.

---

11 PLATÃO. *Diálogos de Platão: Teeteto – Crátilo*. Belém: U.F.P., v. IX, 1973. (Coleção Amazônica.) Todas as citações da obra têm a enumeração usada em todas as edições.

A filosofia da linguagem deste filósofo não pode ser dissociada da sua ontologia ou compreensão da natureza do real, que distingue as coisas assim como as percebemos, por um lado, e a sua natureza essencial, por outro. No célebre *Mito da caverna* (que, lembremos, conta a história de um homem preso em uma caverna que só conhece o mundo através de sombras e um dia é libertado e consegue sair e ver o mundo tal como ele é), Platão ilustra essa oposição entre o mundo que os sentidos nos permitem ver e a essência das coisas tal como realmente são. Essa essência, no entanto, não é uma ideia na nossa mente, mas tem uma existência real e autônoma.

Se essa é a maneira de ver "a realidade das coisas", a linguagem não é outra coisa que não um instrumento para falar a respeito delas e para separá-las, tal "como a lançadeira separa os fios da tela". A figura do legislador representa o "fazedor de nomes" que Platão compara ao carpinteiro que faz o tear: assim como o carpinteiro constrói o tear com materiais diferentes, mas de acordo com uma forma ideal, o "tear em si", o legislador deve ser capaz de reproduzir "a ideia do nome, a propriedade para cada coisa, pouco importando as sílabas de que se valha". Por isso, "os nomes das coisas derivam de sua natureza" e "nem todo homem é formador de nomes, mas apenas o que, olhando para o nome que cada coisa tem por natureza, sabe como exprimir com letras e sílabas sua ideia fundamental".

O ponto de vista naturalista e essencialista de Platão opunha-se à visão pragmática de seus grandes rivais, os sofistas, para os quais as coisas não tinham medida nem essência própria, mas eram aquilo que nos pareciam ser, que vai mudando de acordo com as circunstâncias: "O homem é a medida de todas as coisas", dizia Protágoras. A linguagem, para os sofistas, não podia ter como função representar parcelas da realidade porque esta última não existia como entidade ("Nada é"); ainda que existisse, não poderia ser conhecida pelo homem e, se fosse, não poderia ser explicada.[12] Assim como não é possível escutar a cor ou ver a melodia, não seria possível trazer o ser exterior ao discurso, dizia Górgias.[13] O que dizemos, então, não representa mais que nossas opiniões ou impressões, em torno das quais se formam consensos que garantem a estabilidade da linguagem; daí sua potência criadora. Por isso, Górgias referia-se ao discurso como "um grande sobe-

---

12 Sexto Empírico. *Adversus mathematicos*, n. 65.
13 MARTINS, Helena. Três caminhos da filosofia da linguagem. In: MUSSALIM, Fernanda; BENTES, Anna Christina (org.). *Introdução à lingüística. Fundamentos epistemológicos*. São Paulo: Cortez, v. 3, 2009, p. 439-473.

rano que, com o mais diminuto e inaparente corpo, as mais divinas obras executa".[14]

Estas duas maneiras de ver a linguagem, que resumimos muito brevemente apelando para Platão e para os sofistas, deram origem a algumas das controvérsias fundadoras das ciências linguísticas do Ocidente. A pesquisadora brasileira Helena Martins afirma que não seria exagerado dizer que "muitas das maneiras com que hoje pensamos a linguagem e a questão do sentido correspondem a modos diferentes de exigir — ou de tentar rechaçar — a herança mais ou menos compulsiva que nos foi deixada pelos gregos".[15]

Nos discursos de oposição "linguística" ao casamento gay que encontramos nos debates parlamentares e mediáticos que ocorreram na Espanha, em Portugal e na Argentina, poderíamos reconhecer os fantasmas de Sócrates, Hermógenes e Crátilo tomando o corpo e falando pela voz de vários dos que se opunham à mudança da lei.

A apelação à etimologia como fonte da verdade ("a união entre dois homens não pode se chamar 'matrimônio' porque essa palavra vem de *mater*, que significa mãe") ocupa boa parte das explicações de Sócrates em Crátilo: o mestre grego realiza longuíssimas análises etimológicas de dezenas de palavras para demonstrar por que significam o que significam.[16] A apelação ao dicionário, por sua vez, guarda semelhanças com a que o filósofo faz à obra de Homero, a quem cita em várias passagens como fonte de saber autorizada para resolver controvérsias sobre a justeza dos nomes.

Do mesmo modo, a ideia de que no nome está "escrita" uma finalidade, característica ou atributo daquilo que este nomeia (matrimônio vem de *mater*, o que demonstra que sua finalidade é a procriação) está presente, por exemplo, na explicação de Sócrates sobre por que Hermógenes não se chama Hermógenes: esse nome, após analisada a etimologia, revelaria que leva escritas várias características da pessoa que assim é chamada, como por exemplo ser um hábil orador, o que Hermógenes não é.

São apenas alguns exemplos, aos quais deveríamos acrescentar que a repetida apelação à *natureza* e à *essência* da palavra "matrimônio", assim como a

---

14 GÓRGIAS. *Elogio de Helena*. In: CASSIN, Barbara. *O efeito sofístico*. São Paulo: Editora 34, 2005, p. 293-301.
15 MARTINS, Helena, *op. cit.*, p. 445.
16 Sócrates não limita sua análise à etimologia, mas vai além: encontra nos sons certos significados primitivos, de modo que as palavras com /l/ ou com /r/ trariam consigo atributos dessas consoantes.

necessidade de que seu significado se mantenha imutável ao longo do tempo, não poderiam ser explicadas sem se percorrer um caminho que nos levaria a *Crátilo*, frequentemente citado como um texto fundador de várias controvérsias sobre a linguagem que subsistem até o dia de hoje.

A persistência de algumas ideias que surgem desse texto, no entanto, é mais forte entre aqueles que nunca leram Platão do que entre os estudiosos da língua.

Enquanto, no âmbito acadêmico, os estudiosos linguísticos contemporâneos vêm frequentemente privilegiando uma concepção da linguagem como práxis e fazendo uma análise política, sociológica e inclusive psicanalítica dos discursos, fora desse âmbito, nosso "senso comum" sobre a linguagem continua sendo, por assim dizer, grego. Era aí que se assentava a plausibilidade dos discursos "linguísticos" contra o casamento gay, que, como vimos, se aproveitaram de certos supostos que pareciam, à primeira vista, ser meras obviedades da língua. Parecia claro.

Porém, esses discursos provavelmente não seriam assinados tampouco pelos linguistas contemporâneos que defendem, no campo da filosofia da linguagem, pontos de vista herdeiros da tradição platônico-aristotélica.[17] O que se usou foi uma espécie de "linguística de exportação" simplificada, construída a partir dos vestígios de um naturalismo do ano 360 a.C., apoiada em preconceitos e, como vimos no princípio quando mostramos suas contradições, pouco rigorosa.

A seguir, veremos que, ademais, os verdadeiros motivos eram outros.

Matrimônio à portuguesa

No dia 8 de janeiro, após um longo debate na Assembleia da República, Portugal tornava-se o oitavo país do mundo a legalizar o matrimônio entre pessoas do mesmo sexo, que lá se chama "casamento", como no Brasil. Essa pequena diferença pode parecer irrelevante, mas permite desmascarar alguns dos pretextos linguísticos contra o casamento gay que analisamos nos capítulos anteriores.

"Casamento" não vem de *mater*. Sua origem etimológica está, como o leitor imaginará, na palavra "casa". Antigamente, o verbo "casar" era usado em sua forma transitiva, porque o casamento funcionava de outra maneira na socieda-

---

17 Embora aqui nos refiramos a uma tradição platônico-aristotélica, devemos deixar claro que existem, entre os pontos de vista sobre a linguagem de ambos os filósofos, importantes diferenças que o tamanho deste capítulo não permitiria desenvolver sem se distanciar muito do foco do livro.

de: as pessoas não decidiam livremente *se* casar, mas eram os pais que, motivados por razões geralmente econômicas, decidiam com quem casar seus filhos.[18] E, para casá-los, os pais tinham que ceder parte de sua propriedade: dar-lhes casa ou terras.

De modo que não há nada na etimologia da palavra "casamento" que a relacione com a procriação, nem que sugira a diversidade de sexos.

Por outro lado, esta não é a palavra que a Igreja católica usou para dar nome ao seu antes mencionado sacramento, embora, na atualidade, "casamento" e "matrimônio" sejam usados como sinônimos. De fato, o Código Civil português distingue claramente dois tipos de casamento: o civil e o católico, diferentes em suas características e formas de celebração, mas ambos com efeitos jurídicos. E a lei proposta pelo primeiro-ministro socialista José Sócrates, que a Assembleia da República debatia, só pretendia ampliar o casamento civil.

Porém, o que diziam os partidos de direita, que se opunham decididamente ao casamento gay?

Que não se chamasse "casamento"!

Propunham, claro, usar a expressão "união civil".

Diziam que defendiam a "essência" da palavra "casamento" — outra vez Platão? — sem explicar muito bem o que seja a essência de uma palavra. Diziam que era necessário preservar sua "definição", seu "conceito" e sua "identidade".

O primeiro-ministro defendeu a posição de seu governo no Parlamento:

> [...] sei que existe também nesta Assembleia uma outra proposta de última hora, dita de "união civil registrada". Quero exprimir a minha discordância em relação a essa proposta. Como contrato, o próprio casamento civil não é outra coisa senão isso mesmo: uma união registrada. Por isso, quando os defensores dessa proposta pretendem que ela tem praticamente tudo o que tem o casamento, só o nome é que é diferente, o que estão de fato a dizer é que a sua proposta até é parecida com a do governo... menos numa coisa: não acaba com a discriminação! Ora, é verdadeiramente isso que nos separa, porque o nosso mandato é outro: nós estamos aqui com um mandato claro para acabar com a discriminação, não estamos aqui para prolongar essa discriminação sob outra forma, só que, desta vez, registrada com outro nome de família. Falemos claro: o que acontece é que

---

18 Em português, a forma pronominal "casar-se" — "eu vou *me* casar", "eles *se* casaram" — pode alternar-se atualmente com a forma intransitiva "casar" sem mudar o sentido da frase: "ele casou" e "ele *se* casou" têm o mesmo significado.

essa proposta mantém a discriminação, e uma discriminação tanto mais ofensiva quanto, sendo quase inútil nos seus efeitos práticos, é absolutamente violenta na exclusão simbólica, porque atinge pessoas na sua dignidade, na sua identidade e na sua liberdade. Srs. Deputados, em matéria de dignidade, de identidade e de liberdade, pela minha parte, não aceito ficar a meio caminho.[19]

Como se vê, com *mater* ou sem *mater*, com dicionário ou sem dicionário, com sacramento ou sem sacramento, o que os incomoda não é que se use uma determinada palavra, mas que se use *a mesma* palavra.

Ou seja, o que os incomoda é a igualdade. Já não é politicamente correto se opor à herança, à pensão ou ao plano de saúde. Tampouco nos mandar para a fogueira, nem para o psiquiatra. Pelo menos, então, querem garantir que a lei não nos trate como iguais.

Que de alguma forma fique claro que não somos iguais.

Como aconteceu na Espanha com o direitista Partido Popular, os partidos políticos portugueses que se opunham ao "casamento" e propunham a "união civil" antes se haviam oposto a muito menos que isso: nem sequer aceitavam a mera equiparação dos direitos dos casais do mesmo sexo com as "uniões de fato" heterossexuais, como lembraram os partidos de esquerda e centro-esquerda durante o debate. Quer dizer que eles vão mudando sua posição à medida que o debate pela igualdade progride. Quando o debate era pelo reconhecimento de apenas alguns direitos, opunham-se inclusive a isso. Quando o debate avançou para a igualdade plena, reclamavam que ao menos fosse mantida a desigualdade simbólica.

E com certeza, se em algum país não existisse no direito civil o matrimônio nem o casamento mas apenas a "união civil", e esta fosse atualmente exclusiva para heterossexuais, os homofóbicos se oporiam a que as uniões legais entre pessoas do mesmo sexo se chamassem "uniões civis" e, caso vissem avançar a possibilidade de que a lei nos incluísse, inventariam outro nome para manter a classificação discriminatória e diriam: "Tudo bem, mas que não se chame 'união civil'".

O resto são desculpas.

O que você disse, Hermes?

O Hermes de que falamos agora, esclareçamos, não é parente do Hermógenes do diálogo de Platão. Nós nos referimos ao governador da província de

---

19 DIÁRIO DA ASSEMBLEIA DA REPÚBLICA. Reunião plenária de 8 de janeiro de 2010, p. 9-10.

Santa Fé e principal expoente do Partido Socialista, Hermes Binner. No dia 10 de janeiro, uma inesperada resposta sua a uma consulta jornalística acendeu uma luz de alarme na Federação, que sempre havia contado com ele como um aliado:

> — O que acha do apoio que a governadora da Terra do Fogo, Fabiana Ríos, deu ao casamento gay? O senhor faria o mesmo se tivesse uma sentença favorável?
>
> — Na verdade, não. Porque acho que o Código Civil o impede.[20]

Imediatamente, o grupo LGBT do Partido Socialista, que faz parte da Federação, pediu uma reunião com o governador, e a Federação emitiu uma declaração pública intitulada "Que a centro-esquerda não corra para a direita", assinada por María Rachid e Guillermo Lovagnini, presidente da associação rosarina VOX:

> Desejamos levar ao conhecimento do doutor Binner que, ao autorizar o casamento de Alex e José María, a governadora Fabiana Ríos respeitou a igualdade perante a lei garantida pela Constituição Federal a todos os habitantes do solo argentino desde 1853; que a Constituição é a Lei Suprema da Nação, por isso está acima do Código Civil, e que, além disso, se o Poder Judiciário de sua província considera inconstitucional a suposta proibição para casar os casais do mesmo sexo, ele deveria respeitar o controle de constitucionalidade que corresponde a esse poder.[21]

No dia 26 de Janeiro, finalmente, Binner recebeu em seu gabinete María, Guillermo e Esteban Paulón, que foram acompanhados por Martín e Oscar, o primeiro casal rosarino a apresentar uma ação de amparo na justiça, que dentro de pouco tempo faria dois anos.

O governador retificou suas declarações: "Se contasse com uma decisão que interpretasse como inconstitucional que um casal do mesmo sexo não pudesse se casar, agiria da mesma maneira que a governadora da Terra do Fogo", garantiu. Binner também ratificou seu apoio aos projetos de lei do casamento gay apresentados no Congresso.

Ou vocês consertam isso, ou nós consertamos

No mesmo dia que Alex e José tentaram se casar na capital e não puderam — depois das idas e vindas de Mauricio Macri —, Carlos Fayt, ministro do

---

20 PERTOT, Werner. No es una receta de cocina. *Página/12*, 10/01/2010.
21 Respuesta a Binner. *Página/12*, 12/01/2010.

Supremo, disse à mídia que o máximo tribunal apreciaria em 2010 o caso de María Rachid e Claudia Castro e o de Alejandro Vannelli e Ernesto Larresse. O mesmo foi dito logo em seguida pela vice-presidenta da Corte, Elena Highton de Nolasco.

Mas a pergunta era *como* eles decidiriam. Seriam a favor ou contra a demanda de María e Claudia? Em fevereiro, pela primeira vez, tornou-se público um primeiro adiantamento do que estava sendo conversado no Tribunal.

Um dos juízes da suprema corte falou em *off* com o jornalista Mario Wainfeld e deu algumas definições importantes.[22] Em primeiro lugar, disse que a decisão judicial era "simples". "O problema não é esse", acrescentou.

— O que é difícil então? — perguntou o jornalista.

— O difícil, o duvidoso, é se devemos nos concentrar já para decidir algum dos processos que temos ou se esperamos que o Senado discuta a lei.

Aí, foi o juiz quem fez a pergunta:

— Quando o projeto será tratado no Senado?

— Tudo indica que será logo. O que não é tão certo é que consigam votos suficientes em ambas as câmaras, a mais duvidosa é a do Senado — respondeu Wainfeld.

O magistrado disse nesse momento que, se era assim, o melhor era esperar que o assunto fosse debatido na sociedade e no Congresso. Porém, caso o projeto de lei do casamento gay não tivesse êxito ou demorasse, o Tribunal seria obrigado a decidir.

— Nesse caso, será mesmo tão simples resolvê-lo? — perguntou o jornalista.

— O processo tem que circular, aqui há individualidades fortes, cada um vai querer marcar posição; é uma decisão histórica. Contudo, é quase certo que haja maioria.

"Quase certo".

O entrevistado parecia que estava mandando uma mensagem ao governo e ao Senado: se vocês não resolverem, nós vamos resolver, mas haverá casamento gay de uma forma ou de outra.

"*Fuck you*, homofobia"

Tudo começou com uma canção. Lily Allen, uma popular cantora inglesa, incluiu em seu disco *It's not me, it's you*, uma música dedicada ao ultradireitista

---

22 WAINFELD, Mario. Haciéndole la Corte al Congreso. *Página/12*, 15/02/2010.

Partido Nacional Britânico (PNB),[23] e lançou um videoclipe no qual, com efeitos especiais divertidos, ria dos discursos homofóbicos e repetia no refrão: *"Fuck you very, very much"*. No entanto, o que a princípio era apenas uma canção provocativa de uma artista que gosta de polêmicas, logo se transformou, por sua letra, numa espécie de hino:

> Olhe dentro,
> olhe dentro de sua pequena mente.
> Agora olhe com mais cuidado,
> porque estamos tão sem inspiração,
> tão enjoados e cansados
> de todo ódio que você guarda dentro...
> Então, você diz que não é bom ser gay.
> Bom, eu acho que você é perverso.
> Você é um insuportável racista
> que não consegue amarrar meus cadarços,
> e seu ponto de vista é medieval.
> *Fuck you!*
> *Fuck you very very much!*
> Porque odiamos o que você faz
> e odiamos toda a sua turma.
> Então, por favor, não mantenha contato.
> [...]

A canção foi um sucesso na internet e algo começou a ocorrer. Perante os insultos que gays e lésbicas escutam cotidianamente ao redor do mundo — "pervertidos", "anormais", "doentes", "sodomitas", "antinaturais", "pecadores" —, diante do *lobby* das igrejas que pressionam os governos para evitar a conquista de direitos civis dos casais do mesmo sexo, diante da discriminação nas escolas e nos lares, da violência, dos crimes de ódio, a resposta politicamente correta, essa que explica, que tenta convencer, não era suficiente para acalmar uma necessidade vital que a canção de Allen parecia ter descoberto. Havia uma raiva contida, uma vontade de dizer as coisas de outra maneira, e aí ela chegou, divertindo-se com o seu *"fuck you"* e sua música fácil de decorar.

O primeiro passo no caminho que a canção tomaria em todo um movimento, desses que se espalham pelo mundo 2.0 de *blogs* e redes sociais, foi dado por

---

23 Em seu perfil no MySpace, Allen disse que tinha feito a música pensando no PNB, mas que ela podia ser dedicada a muita gente, em diferentes lugares do mundo. Em shows fora do Reino Unido, ela dedicou-a ao ex-presidente dos EUA George W. Bush.

um australiano, Stevie Bee Bishop, que decidiu produzir um videoclipe transformando a canção de Allen numa campanha contra a homofobia no mundo. Bishop fez uma convocatória por meio do Youtube e recebeu mais de 25 vídeos caseiros. A ideia era que cada um e cada uma, mesmo que fosse com a *webcam* do computador, filmasse a si mesmo cantando a canção com alguma coreografia divertida, criativa, original. E editar, com o melhor dessas imagens, um *"fuck you"* em massa, com protagonistas de carne e osso, gays e lésbicas cansados de insultos. Bishop dizia em sua convocatória que, "cansado de ler e ouvir tantos comentários discriminatórios, quis fazer algo criativo e engraçado para que as vítimas da discriminação se sintam contentes e confiantes com sua forma de ser". O resultado foi surpreendente: o vídeo superou o milhão de visitas e foi publicado em *blogs*, perfis do Facebook e páginas *web* de todo o mundo.[24] Esta primeira iniciativa foi seguida pelo *site* francês Gayclic.com,[25] que quis fazer sua própria versão[26] para o Dia Internacional contra a Homofobia, celebrado todo 17 de maio. Eles dedicaram apenas um dia para fazer a convocatória e esperavam contar com não mais de 20 colaboradores. No entanto, receberam centenas de vídeos, e sua versão já tem mais de meio milhão de visitas apenas no *post* oficial.

A autora da canção, sabendo do que havia acontecido, anunciou que liberava os direitos autorais, e em vários países surgiram iniciativas de novos vídeos com o mesmo formato que os da França e da Austrália, com legendas em outros idiomas e protagonistas locais. O Brasil, a Nova Zelândia, a Hungria, o Uruguai, o México e o Reino Unido, entre outros, já fizeram seus próprios vídeos. Apesar de serem vídeos caseiros, editados por aqueles que em cada país tiveram a iniciativa de encarar a produção, o resultado da maioria é surpreendentemente melhor que o vídeo profissional lançado originalmente pela artista. Neles se veem pessoas reais, cantando uma raiva divertida, debochada e sem preconceitos, que não parece um lamento nem uma queixa, mas uma provocação, com uma espontaneidade que lhes dá vida.

No final de 2009, a iniciativa chegou à Argentina. Juan José Mauri, estudante de Comunicação Social na UBA, Germán Dupuy e Diego Moraga, estudantes de Design Gráfico na Universidade de La Plata, Martín Blanco, *designer* audiovisual da Universidade de Lanús, e Mariano Molinaro, estudante de Publicidade da

---

24 Infelizmente, o vídeo foi removido do Youtube.
25 Não está mais *online*.
26 <http://www.youtube.com/watch?v=UV26OMSb_VQ>.

UADE e *designer* de páginas *web*, abriram o *blog* http://fuckyouhomofobia.blogspot.com, de onde começaram a divulgar a convocatória.

"Tudo começou quando vimos a versão francesa do vídeo. Começamos a procurar e encontramos versões de vários países na internet, trocávamos os *links* por e-mail e de repente pensamos: 'Poderíamos fazer algo assim na Argentina'. Achávamos que poderia ser uma resposta a tantos comentários sexistas e homofóbicos que vemos na mídia, além de ser também uma oportunidade de nos divertirmos um pouco, porque a canção coloca a gente de bom humor. Mas vínhamos adiando", me explicou Molinaro numa entrevista que fiz para o jornal *Crítica*.[27]

— E por que se decidiram finalmente a fazer o vídeo?

— Quando vimos na televisão as notícias sobre Alex e José María e as reportagens sobre o casamento gay, nos decidimos. Como todos nos interessamos em lutar por esses direitos, íamos nos metendo nas páginas dos jornais, nas pesquisas e nos espaços de opinião, e por mais que encontrássemos pessoas muito gentis e com opiniões surpreendentes do tipo que te enchem os olhos de lágrimas e te dão vontade de abraçar alguém, também víamos a grande quantidade de besteiras que eram ditas só para atacar os homossexuais. A impunidade de algumas pessoas para ferir e degradar outras também é surpreendente. Sempre são as mesmas palavras: "antinatural", "anormal", "doença", "pecado", que por mais que raciocinem, só chegam a um "porque sim". E que outra resposta se pode dar a um teimoso "porque sim"? A nossa seria: "*Fuck you!*".

— Lily Allen dedicou a música ao Partido Nacionalista Britânico. A quem vocês dedicariam na Argentina?

— Primeiro, dedicamos aos dirigentes do Pro, como Mauricio e Gabriela, que primeiro dizem uma coisa e depois dizem outra. Segundo, à Igreja... Ou melhor, aos líderes da Igreja, que pregam uma mensagem de ódio e pressionam quando não devem. Aos defensores da ditadura, como o Colégio de Advogados de Buenos Aires, que apresentaram recursos na justiça contra nossos direitos. E a todos os políticos que constroem sua postura dependendo do que possa influir nos votos, como Carrió e Prat-Gay.

— Com certeza, muitos vão dizer que a resposta é agressiva, que insultar não é a forma.

— Nós pensamos que é bom responder à teimosa postura dos homofóbicos com um "*fuck you*" porque é de certa forma um modo de devolver a mensagem que eles nos dão. Como "dar a outra face" já não dá resultado, passamos então

---

27 BIMBI, Bruno. "Fuck you" a la homofobia". *Crítica da Argentina*, 20/12/2009.

a um "vá à merda". Esta canção de Lily Allen foi escolhida como "hino" contra a homofobia principalmente pelo que a letra transmite: fala de uma pessoa com preconceitos, com pensamentos medievais. Àqueles que a consideram agressiva ou violenta, lembramos que a homofobia é muito mais agressiva e violenta que a simples letra de uma música.

Em fevereiro de 2010 a versão argentina do vídeo[28] — que já tem mais de 70 mil visitas no Youtube e é, na minha opinião, a mais divertida — estreou em tela gigante diante do Planetário de Buenos Aires, durante o segundo "Piquenique pelo mesmo amor", organizado pela Federação.

Michetti, você mentiu para Cumbio

A estreia do vídeo contra a homofobia foi a estrela do segundo "Piquenique pelo mesmo amor", realizado em 14 de fevereiro de 2010. Desta vez, a convocatória foi feita em dezesseis cidades argentinas e inclusive fora do país: a cidade de Guadalajara, no México, aderiu realizando o seu próprio piquenique. Em Buenos Aires, como no ano anterior, a convocatória foi feita principalmente através da internet.

Desde o casamento de Alex e José, a *fan page* do Facebook *Yo estoy a favor de la legalización del matrimonio gay*, tinha começado a crescer num ritmo vertiginoso. Eram mil novos fãs por semana. Mais tarde, com o debate no Congresso, começariam a ser mil por dia. À equipe formada por Diego e Agustín se juntou Alejandro Nasif Salum, que era um dos fãs da página que mais comentários publicava e acabou sendo um dos administradores.[29] Tivemos que fazer ajustes e nos adaptar a uma série de regras burocráticas exigidas pelo Facebook para páginas com esse volume de participação: no dia do segundo piquenique, eram mais de 20 mil fãs.

Quando o projeto de lei foi votado no Senado, já tinha chegado a 200 mil.[30]

O segundo piquenique foi muito mais organizado, com melhor qualidade de som, telão, grupos artísticos, vários voluntários que cozinharam tortas, pre-

---

28 <http://www.youtube.com/watch?v=g_hRkHGt9J8>. Mais informações no *blog* oficial: <http://fuckyouhomofobia.blogspot.com>.
29 Nota do autor: atualmente, Alejandro é secretário das relações internacionais da FALGBT. O crescimento da Federação durante a campanha pelo casamento civil igualitário foi impressionante, e muitos dos seus atuais dirigentes nacionais e estaduais, antes do início da campanha, não participavam de nenhuma organização LGBT. É uma nova geração de ativistas.
30 Nota do autor: enquanto reviso esta tradução, em maio de 2013, a *fan page* já tem mais de 400 mil fãs e ganhou uma irmã brasileira (facebook.com/casamentoigualitario), que administro junto com João Junior e já têm mais de 80 mil fãs.

pararam sanduíches ou trouxeram biscoitos doces e salgados, e mais de 500 pessoas.

Mas uma das maiores novidades foi o álbum de fotos: foram preparados vários cartazes com diferentes frases, e cada grupo de pessoas escolhia uma e tirava uma foto para o perfil do Facebook com seu *slogan* favorito (por exemplo: "O mesmo amor, os mesmos direitos", "Sou a favor de casamento entre pessoas do mesmo sexo", "Fabiana Rios, eu te apoio" etc.).

E a mais pedida de todas: "Michetti, você mentiu para Cumbio".

***

Às vezes, quando os políticos estão em campanha, o Senhor faz milagres que, passadas as eleições, algum monsenhor desfaz. São como os feitiços dos contos de fadas, que vão embora com a luz do dia.

Era público que Michetti era contra o casamento gay. Ao quase ministro Liprandi lhe custou o cargo se pronunciar a favor, graças ao *lobby* de De Estrada e Michetti para que Macri o demitisse antes de assumir. Menina mimada de Bergoglio, Gabriela tinha se oposto, quando era legisladora portenha, a todos os projetos que significassem mais respeito, mais direitos e mais liberdade para gays e lésbicas, e tinha apoiado aqueles que servissem para reprimir as travestis. Nunca defenderia uma posição que contrariasse os desejos do cardeal num assunto tão delicado para alguém que queria ser Papa,[31] como o casamento homossexual.

Mas, na campanha, vale tudo por um voto.

Um dia, em pleno percurso proselitista, a vice-prefeita e candidata a deputada pelo Pro se encontrou na rua com a popular *flogger* Cumbio — a adolescente lésbica mais famosa do país —, que perguntou quais eram as suas propostas para os jovens homossexuais.

Enquanto uma câmera digital registrava tudo, Michetti assegurou: "Eu acredito que a igualação dos direitos dos casais do mesmo sexo com casais heterossexuais é absolutamente necessária. Tenho somente uma dúvida simples, que é sobre a adoção". Cumbio, que de ingênua não tem nada, pressionou-a:

— Se eu votar em você, Michetti, vou poder me casar com a minha namorada?

— Sim, com certeza — respondeu a candidata.

---

31 Nota do autor: na edição original deste livro, publicada em 2010 na Argentina, escrevi: "para alguém que *quer* ser Papa". Infelizmente, Bergoglio conseguiu, e agora se chama Francisco. Por isso, nesta edição, foi preciso mudar o tempo verbal do seu antigo desejo.

— Tem certeza mesmo? — perguntou Cumbio, com cara de "não acredito".

— Obviamente — ratificou Michetti, com um sorriso que, imaginemos, queria dizer: "Nem a pau, garota".

Mas sua promessa durou pouco. Alguns meses mais tarde, quando a eleição já havia passado, ela questionou publicamente, numa entrevista ao jornal *La Nación*, a decisão de seu colega de partido Mauricio Macri de não recorrer da decisão judicial que autorizava Alex e José a se casarem no civil: "Não estava no país, mas não teria autorizado. O casamento heterossexual e o homossexual não são o mesmo, e as posições de Mauricio e Bergoglio são incompatíveis", disse a deputada, deixando claro quem é seu verdadeiro chefe político.

O que ela respondeu em campanha para Cumbio talvez se explique porque, embora os direitos de uma jovem lésbica, para a Sara Palin argentina, não valham o mesmo que os direitos das jovens heterossexuais, o voto dela também conta.

(Desculpem-me aqui um pequeno parêntese: na vizinha província de Buenos Aires, a lei 5.109, sancionada em 1946, proibia o voto aos homossexuais, e esta proibição permaneceu vigente até 1990, quando foi eliminada pela lei 11.019. No entanto, é duvidoso que alguma vez tenha sido aplicada de forma eficaz, porque devia ser difícil para o presidente da mesa determinar se o cidadão que se apresentava com seu título de eleitor para votar gostava de homens ou e mulheres).

Mas os feitiços e as campanhas eleitorais duram pouco.

Quando fecharam as portas das escolas e a apuração dos votos começou, a carruagem se transformou de novo em abóbora, Gabriela foi rapidamente se confessar com seu amigo cardeal, pediu a absolvição, rezou dois Pais-nossos, cinco Ave-marias, e pronto.

Que os veados e as sapatões deixem de encher o saco com o casamento.

E que Cumbio procure um rapaz de boa família, como Deus manda.

— Aí sim você vai poder se casar, querida.

Facebook ou Twitter?

Gabriela Michetti e Federico Pinedo, líder da bancada do Pro no Congresso, tinham montado um projeto alternativo de lei de "união civil" que, além de negar o direito de casar a gays e lésbicas, negava os direitos e benefícios que a lei garante para as crianças aos filhos destes. As notas de imprensa enviadas pela bancada incluíam entre os signatários do projeto a deputada Paula Bertol.

Desde que o debate da lei no Congresso começou, o Facebook e o Twitter começaram a desempenhar um papel importante. Muitos deputados e senadores têm perfis nessas redes sociais e, embora alguns os usem apenas para se promover e nem sequer leiam as mensagens que recebem, ou diretamente deleguem a administração da conta a um assessor, outros aprenderam a aproveitar as redes sociais para se comunicar com pessoas que talvez não pudessem alcançar por outros meios.

Encontrei no Facebook a deputada Bertol e decidi enviar-lhe uma mensagem privada falando sobre o projeto de Michetti e Pinedo. Ela me respondeu prontamente. Esclarecia que ainda não haviam apresentado o projeto, mas defendia seus fundamentos. Eu respondi dando as razões por que considerávamos que se tratava de uma proposta discriminatória, que violava os direitos humanos dos casais do mesmo sexo e de seus filhos. Ela foi muito cordial e respeitosa e me pediu para enviar mais informações a fim de entender a discussão em profundidade. Enviei a bateria de argumentos que tínhamos preparado para estes casos.

— Você não sabe o quanto eu gostaria que ligasse para o meu celular e que nos encontrássemos para tomar um café, então poderíamos ter uma longa conversa sobre esse assunto a sós. Se quiser, após a próxima sessão, eu estarei mais tranquila — dizia a mensagem seguinte que recebi.

Mas era tarde para aceitar o café. Depois de passar um mês em Buenos Aires, eu já estava de volta ao Brasil. Eu me expliquei, e combinamos conversar por telefone, mas então ela pegou conjuntivite e ficou vários dias sem responder.

Quando a saúde dela melhorou, continuamos conversando pelo Facebook.

Bertol parecia muito interessada. Ela me contou que tinha lido algumas decisões judiciais relacionadas ao tema e me fez perguntas sobre alguns tópicos específicos sobre os quais tinha dúvidas. Após vários dias de troca de mensagens, confirmou:

— Depois de muito refletir, e como na bancada há liberdade de pensamento sobre este tema, finalmente não assinei o projeto da união civil.

Não só não assinou o projeto de Michetti e Pinedo. Em 4 de maio de 2010, quando a lei do casamento igualitário foi apreciada pela Câmara dos Deputados, Paula Bertol votou a favor, bem como outras três deputadas do Pro.

***

Contávamos os votos assim, de um em um, convencendo.

Alguns nem nos atendiam, mas a maioria daqueles que aceitavam dialogar terminava apoiando a lei. Propus a Gabriela Michetti o mesmo tipo de diálogo várias vezes, mas ela foi mais esquiva.

Gabriela prefere o Twitter ao Facebook. Uma das principais diferenças entre ambas as redes sociais é que no Twitter é preciso dizer tudo em 140 caracteres: as frases devem ser breves, é impossível aprofundar qualquer ideia. E é fácil escapar de um tema difícil com uma resposta fácil que não responda nada.

Por isso, quando não quer falar a sério, a deputada só responde pelo Twitter, nunca por e-mail nem pelo Facebook. Muito menos cara a cara.

Várias vezes eu tinha entrado em contato com seu gabinete e falado com suas assessoras, pedindo uma entrevista. Para a Federação, persuadir líderes de centro-direita era importante, porque colocava em aperto as bancadas majoritárias e mostrava um apoio mais transversal à nossa reivindicação, isolando os fundamentalistas. O vídeo de Macri apoiando o casamento gay somou, politicamente, mais de vinte vídeos de apoiadores "progressistas", porque foi surpreendente e o posicionou mais à esquerda que muitos que não tinham ainda se definido e se consideravam à esquerda dele. Isso mudava o cenário político da discussão.

Sabíamos que era muito mais difícil convencer Michetti, mas pelo menos eu tinha que tentar e, em todo caso, deixar em evidência que ela não aceitava o diálogo. Então, continuei ligando para o seu gabinete e pedindo a entrevista.

Quando me cansei de ter resposta, mandei-lhe uma mensagem pública pelo Twitter perguntando por que ela tinha mentido para Cumbio. Aí sim ela respondeu, e sua primeira resposta foi engraçada. Ela tuitou que quando Cumbio lhe perguntou se ia poder casar, pensou que estivesse se referindo à "união civil". Achei que ela estava brincando comigo. "Casamento e união civil são duas coisas diferentes, Gabriela, não pense que somos estúpidos", eu tuitei. "Você nunca escutou um casal homossexual dizer: 'nos casamos', e o que tinham feito era uma união civil? *Você* não pense que sou estúpida!", ela me respondeu, mas foi por mensagem privada, que eu arquivei.

É preciso dizer que quando um casal gay de Buenos Aires realizava uma união civil e dizia "nos casamos" não era porque não soubesse a diferença entre o certificado municipal de veado — ou sapatão, conforme o caso —, que não dá direito a quase nada, e um casamento com todos os direitos que a lei assegura, mas porque era a única celebração pública com reconhecimento oficial que o Estado lhe permitia realizar? É preciso lembrar que, quando não havia lei do divórcio, muitos casais que não podiam casar, porque um dos dois era "separado", usavam anel e palavras como "marido" ou "esposa" para se referir à sua condição de casados sem papéis? Mas quando a famosa *flogger* lhe perguntou se, caso votasse na deputada, poderia casar, Gabriela entendeu a pergunta.

Ela não é boba.

Mas eu entrei, propositalmente, no jogo dela.

Já que ela faz parte de um setor político que sempre diz, na televisão, que o que o país precisa é de diálogo, consenso e todas essas coisas, propus que dialogássemos. Ela disse em público que tinha "dúvidas" em relação à adoção, que não tinha conhecimento de todos os temas, que queria aprender. Passei-lhe meu e-mail: entre em contato comigo, diga quais são suas dúvidas. Tudo o que dizíamos, qualquer um poderia ler nos nossos perfis — e desse modo ela estava se comprometendo. Ofereci informações e todas as respostas que poderia dar, dentro de minhas possibilidades.

No final, ela pareceu se render e me deu seu e-mail: "Me envie um e-mail e, quando tiverem passado os dias de fim de ano, que começam em 8 e terminam no dia 1º, 'conversamos', ok?", dizia sua mensagem privada. E acrescentava: "Beijo. E obrigada pela paciência". Eu esperei até janeiro e mandei um e-mail. Esperei um pouco mais. Outro e-mail. Mais outro. Ela nunca respondeu. Enviei novas mensagens por Twitter. Nada. Durante o mês que passei em Buenos Aires, no início de 2010, liguei para seu gabinete, falei com a secretária, deixei mensagens, disse que passaria quando ela tivesse um horário livre para conversar. Silêncio.

Tinha tomado cuidado com cada palavra no e-mail que lhe enviei: era um convite ao diálogo sem condições ou críticas, aberto, sem preconceitos. Quando comecei a insistir publicamente no Twitter, ela respondeu, mas tentando evitar o diálogo — respondia só por Twitter, nunca por e-mail —, dizendo que eu me achava "dono da verdade", que era "autoritário" etc. Ou respondia com frases lindas que não diziam nada.

Eu respondi que não acreditava nem em verdades nem em donos, eu que só queria compartilhar informações com ela. Que se realmente ela tinha dúvidas, gostaria que conversássemos, porque eu tinha muito material para oferecer, informações, pesquisas acadêmicas, relatórios de universidades etc. Ela começou a se fazer de boba, não respondia mais. Eu insistia, perguntava por que não aceitava dialogar, ela que sempre disse que o governo não dialoga...

Quando a bancada do Pro anunciou, mediante nota de imprensa, que protocolaria o projeto alternativo contra o casamento entre pessoas do mesmo sexo e que Michetti seria uma das signatárias, voltei a questioná-la no Twitter. Ela respondeu que não estava de acordo com esse projeto (o que ficou provado que era falso quando, na sessão que aprovou na Câmara a reforma do Código Civil, ela defendeu o parecer minoritário escrito pelo deputado Pinedo, que propunha justamente a aprovação desse projeto, e votou contra o casamento).

Voltei a pedir diálogo. O gato comeu sua língua de novo.

Pouco antes da votação, quando Gabriela participou de uma reunião organizada pelos bispos para montar estratégias com os deputados que eram contra a igualdade de direitos para gays e lésbicas, eu tuitei que Michetti se reunia com os bispos para conspirar contra a igualdade.

Ela voltou a responder. Tuitou: "Como se vê, você não tem ideia do que foi a minha intervenção nessa reunião! Faltou muito pouco para eu ser excomungada da minha religião!". Eu respondi que, se era assim, que demonstrasse com seu voto e eu lhe pediria desculpas.

Aí mesmo lhe enviei um novo e-mail, voltando a propor um diálogo sobre a questão e pedindo que me contasse suas dúvidas sobre a adoção conjunta. Enviei materiais e textos sobre o tema e insisti, apesar de não acreditar que ela fosse votar a favor, que se ela fizesse e me mostrasse desse modo que era verdade o que dizia no Twitter, eu lhe pediria desculpas em público. Nenhuma resposta.

Finalmente, Michetti votou contra que Cumbio se casasse com a namorada.

— Não, Cumbio, você não vai poder casar. Vou fazer todo o possível para impedir, sapatão degenerada — deveria ter respondido. Mas em campanha não se pode fazer isso. Você deve ficar bem com todo mundo, sorrir, tirar fotos, dar beijos e dizer a cada um o que ele quer ouvir.

Após a campanha, o Twitter permite, com frases curtas e simples, responder a todos sem dizer nada. Mas não lhe convém sair daí, porque depois dos 140 caracteres, termina Gabriela e começa Michetti.[32]

A frente parlamentar do arco-íris

Desde o surgimento da Federação havia a ideia de formar uma "frente parlamentar" com deputados(as) e senadores(as) de todos os partidos que assumissem, juntos, o compromisso de trabalhar pela lei do casamento igualitário,

---

32 Na campanha que os levou ao governo municipal da capital, Macri e Michetti se apresentavam como Mauricio e Gabriela, sem usar o sobrenome, por conselho do marqueteiro equatoriano Durán Barba. Kirchner respondeu, irônico: "Mauricio é Macri", e a frase virou bordão. Daí o trocadilho no texto.

pela lei de identidade de gênero, pela reforma da lei antidiscriminação e outras reivindicações. Copiamos esse modelo de outros países: María tinha visto algo semelhante nos Estados Unidos em 1995, quando morava lá, e eu conhecia a experiência da Frente Parlamentar Mista pela Cidadania LGBT, que funciona no Congresso brasileiro.[33] Ao contrário do que acontece em alguns países europeus, onde a divisão entre aqueles que são a favor e aqueles que são contra os direitos de gays e lésbicas coincide com alinhamentos partidários,[34] em países como Argentina, Brasil e — por suas próprias peculiaridades — Estados Unidos, as fronteiras são diferentes.

Tínhamos feito uma primeira tentativa no início de 2009, mas sem muito sucesso. Em março de 2010, deveria começar de novo o debate dos projetos de Ibarra e Augsburger nas comissões da Câmara dos Deputados, então tentamos novamente. María Rachid e Martín Canevaro mantiveram reuniões com legisladores(as) de várias bancadas, e Esteban e eu nos encarregamos de preparar uma carta de apresentação e uma declaração de adesão à frente que entregávamos nos gabinetes. Os escritórios do Partido Socialista funcionavam na prática como nosso *bunker* no Congresso, por isso nem precisávamos convidar os deputados dessa bancada: os mais ativos, desde que Silvia Augsburger terminou o mandato, eram Ricardo Cuccovillo, Roy Cortina e Mónica Fein.

Também aderiram os novos deputados do partido EDE, liderado por Martín Sabbatella — Vilma Ibarra, naturalmente, já participava —. O ex-prefeito de Morón, que acabava de assumir como deputado, já havia tomado posição a favor das reivindicações da Federação no início de 2007, e sua bancada tinha lançado uma declaração institucional de apoio ao casamento gay e outros direitos que foi aprovada por unanimidade pela Câmara Municipal daquela cidade.

"É fundamental que se acabe com o atual desamparo legal que discrimina os casais do mesmo sexo, privando-os da proteção do Estado. Não é apenas uma preocupação das organizações, é uma dívida que o Estado tem e que diz respeito à igualdade de direitos entre todos e todas",[35] explicava Sabbatella à imprensa.

---

33 Nota do autor: atualmente liderada por Jean Wyllys, deputado federal pelo PSOL-RJ.
34 Na Espanha, por exemplo, o PSOE e todas as bancadas de esquerda e centro-esquerda votaram a favor da lei do casamento homossexual, e o PP e um partido de direita da Catalunha votaram contra. Poucas bancadas votaram divididas. O mesmo aconteceu em Portugal, onde o PS e a esquerda votaram a favor e a oposição de direita contra, quase sem fissuras. Na Argentina, foram poucas as bancadas que tiveram uma postura comum.
35 Otro avance del matrimonio gay. *Página/12*, 19/02/2010.

A bancada do GEN, partido presidido pela deputada Margarita Stolbizer, também decidiu apoiar os projetos da Federação de forma institucional.

— Não se trata de matéria de opinião, mas sim de uma posição política que assumimos como partido — explica Stolbizer —. A bancada do GEN defendeu a igualdade de direitos para que todas as pessoas, de qualquer sexo, possam se casar umas com as outras.

— Outras bancadas não tinham uma posição comum e colocaram como uma questão de liberdade de consciência. Qual é a sua opinião sobre isso?

— Para nós é uma posição ideológica. E se sustenta a partir de uma definição ético-política e jurídica sobre o que significa ser uma "pessoa" e sobre os direitos que correspondem a uma pessoa, independentemente de esta ter corpo de homem ou de mulher.

Outros deputados e deputadas de diferentes partidos se uniram à frente parlamentar a título pessoal. O líder da bancada da Frente para a Victoria, Agustín Rossi, somou seu apoio e se comprometeu a conseguir o voto a favor da reforma do Código Civil de pelo menos metade dos deputados governistas.

Ao reassumir como presidenta da Comissão de Legislação Geral, Vilma anunciou publicamente que em março voltaria a tratar da lei do casamento gay a fim de aprovar o parecer favorável que não tinha sido assinado no ano anterior.

Elogio a Elena

Quando Jorge Salazar e Damián Bernath souberam pelos jornais da decisão de Gabriela Seijas que autorizava o casamento de Alex e José, a ideia de se casar, que até então parecia um sonho inatingível, tornou-se uma possibilidade.

Nenhum dos dois militava em qualquer organização, mas eram muito amigos da advogada Florencia Kravetz, que fizera parte da equipe que escreveu a representação de María e Claudia, na qual se basearam todas as que vieram depois.

— Eu e Dami nos conhecemos numa viagem às Cataratas do Iguaçu, em 89 ou 90; eu ainda estava no colégio. Imediatamente nos demos bem e fomos muito amigos por muito tempo, até que a vida foi nos afastando. Um tempo atrás, ele apareceu no Facebook, conversamos, nos encontramos e foi uma delícia — lembra a advogada.

— Quando vocês conversaram sobre apresentar um amparo?

— Damián tinha lido na época sobre a ação de María e Claudia e sabia da minha colaboração no caso. Estava muito ansioso com a questão, já que há muito tempo estava com Jorge, que me caiu muito bem quando conheci. Um dia, jantando lá em casa, logo após a sentença de Seijas, eles me perguntaram se poderiam fazer. Eu disse que, se quisessem, eu apresentaria a ação de amparo, e que teriam o apoio da Federação. Quando o casamento de Alex e José foi suspenso, eles ficaram bastante angustiados, mas assegurei que, se fizéssemos com discrição, poderíamos conseguir.

14 de dezembro de 2009, próximo ao meio-dia, o casal se apresentou num cartório para marcar o casamento, que lhes seria negado, como nos outros casos. Mas dessa vez sem câmeras, nem fotos, nem entrevistas para a imprensa. A Federação tinha decidido, tendo em conta tudo o que acontecera no caso de Alex e José, que a divulgação das ações fosse estatística, contando quantos iam se apresentando em cada província, mas sem dar muitos detalhes sobre o casal, o bairro, as datas etc. Era para evitar, caso houvesse novas sentenças favoráveis, que os advogados católicos e seus juízes aliados pudessem suspender os casamentos.

O caso de Jorge e Damián caiu na 4ª Vara Contencioso-administrativa da cidade de Buenos Aires, cuja responsável era Elena Liberatori, uma juíza que já conhecíamos por suas sentenças: meses atrás, tinha tido em mãos o caso de Marisa e María del Pilar.

***

O primeiro passo tinha sido conseguir que o plano de saúde admitisse María del Pilar. Este procedimento simples, que para qualquer casal heterossexual não significa na maioria das vezes um problema, para elas foi complicado. Marisa, enfermeira do hospital de Gastroenterologia de Buenos Aires, foi à sede do plano de saúde dos funcionários do governo da cidade e consultou sobre como fazer para incluir sua companheira como dependente.

— Vocês têm união civil? —perguntaram-lhe no guichê.

Como moradoras de La Matanza, elas sabiam que mesmo os escassos benefícios dessa lei municipal portenha lhes estavam vedados. Os casais de gays e lésbicas que vivem fora da cidade de Buenos Aires não tinham nem isso.

— Eu aconselho que se mudem — disse a funcionária, e finalizou o atendimento. —Próximo!

Acostumadas a superar os obstáculos que normas concebidas exclusivamente para aqueles que se apaixonam por pessoas do sexo oposto tinham colocado no caminho uma infinidade de vezes, elas se comunicaram com os advogados da Federação e, depois de uma notificação extrajudicial elaborada pelo advogado Gustavo López, María del Pilar foi aceita como dependente.

Antes da nova lei do casamento, até para isso era necessário um advogado.

— Vocês são as primeiras que conseguem sem a união civil — disse outra funcionária do plano de saúde, com uma piscada cúmplice, quando elas foram pegar a carteira. Ela também sabia do que se tratava.

Após essa primeira vitória, veio o segundo passo. Assessoradas por um escritório de advocacia especializado, fizeram um pedido conjunto ao plano de saúde: "Constituímos um casal com longo tempo de convivência em concubinato. E é com o amparo dos direitos que foram reconhecidos por meio da legislação e jurisprudência vigentes aos casais formalizados como nós, que reclamamos a cobertura integral da aplicação da Tecnologia de Reprodução Assistida, bem como de tudo que implique o posterior estado da gravidez, parto e assistência de quem nasça como filho(a) das duas, com todos os direitos inerentes", diziam Marisa e María del Pilar na carta preparada pelos advogados Alberto e Fernando Malimovca, que se ofereceram para assessorá-las de forma gratuita

Na maioria dos países, as lésbicas que querem ser mães só conseguem através de relações sexuais com um homem. Em alguns países, incluindo a Argentina, as que podem pagar têm como alternativa a fertilização assistida, com doadores anônimos ou conhecidos. No entanto, o custo é impeditivo para a maioria, e os hospitais públicos não realizam estas práticas, embora alguns médicos com boa vontade, às vezes, ofereçam assessoramento.[36]

Os planos de saúde não se responsabilizam. Alguns cobrem somente os medicamentos, mas apenas para mulheres com problemas de fertilidade ou cujos maridos têm problemas de fertilidade. As lésbicas nem mesmo isso têm reconhecido. "OSDE[37] deve ser o único plano de saúde que cobre as consultas, que são caríssimas nas clínicas especializadas, mas as aplicações, ou seja, cada tentativa de inseminação, ninguém cobre. Há mulheres que engravidam na primeira tentativa, mas outras somente conseguem na terceira ou na quarta. Nem todo mundo pode gastar milhares de dólares em aplicações e medicamentos", explica a ativista Claudia Castro.

Em 26 de setembro de 2008, Marisa recebeu uma carta assinada por María Gabriela Mata, funcionária do plano de saúde. A resposta não surpreendeu pelo conteúdo — o advogado tinha previsto que seria negativa e teriam que ir à Justiça — mas sim um pouco pela forma: estava dirigida somente a ela, apesar de o pedido ter sido assinado pelas duas.

---

36 Nota do autor: Isso não ocorre mais. Em 2013, foi aprovada no Congresso argentino uma lei que garante a gratuidade dos tratamentos de fertilização assistida. A lei inclui os casais do mesmo sexo.
37 Plano de saúde particular líder no mercado de alto padrão.

— Eu pensei que, depois de María del Pilar ter recebido a carteira, esse tema estivesse superado, mas eles a ignoraram completamente na resposta — queixa-se Marisa.

A negativa do plano de saúde baseou-se no fato de que a prática de fertilização assistida "não é reconhecida pelas normativas da ObSBA[38] que regulam a matéria, como tampouco figura como prestação no Programa Médico Obrigatório".

— É verdade que o PMO não inclui a fertilização assistida e era de se esperar que respondessem isso. No entanto, existem várias decisões judiciais que ordenaram que os planos de saúde cobrissem essas práticas — explicava o Dr. Alberto Malimovca numa entrevista.[39] Não se tratava de um caso de discriminação baseada na orientação sexual, mas de uma injustiça social: somente têm acesso a este benefício aqueles que podem pagar.

Por isso, assim como tinham feito antes muitos casais heterossexuais que não podiam pagar, Marisa e María del Pilar decidiram recorrer à justiça. A Câmara Correcional e de Garantias da cidade de Salta[40] havia obrigado há algum tempo o Instituto Provincial de Saúde saltenho a fornecer essa cobertura para um casal. Outra sentença da 11ª Vara Civil e Comercial havia dado razão para outro casal numa reivindicação contra o OSDE, e o Foro Contencioso-administrativo e Tributário da capital tinha feito o mesmo em outra reclamação contra o mesmo plano de saúde de Marisa e María del Pilar.

— A novidade, neste caso, é que a reclamação foi feita por um casal de lésbicas. Mas não se trata de uma reivindicação homossexual, mas simplesmente humana — assinalava o advogado. Marisa já tinha dois filhos de um relacionamento anterior com um homem. María del Pilar nunca tinha sido mãe, mas juntas elas formavam uma família numerosa que esperavam expandir: os filhos de Marisa, a irmã mais nova e a mãe de María del Pilar viviam com elas e iam junto de um lado para o outro. A gravidez que buscavam seria, para o casal, a realização do sonho de ter um filho juntas.

O prefeito portenho tinha decretado a intervenção do plano de saúde do servidor municipal da cidade de Buenos Aires. Quando María Rachid me ligou para contar a história e entrei em contato com o casal para fazer uma matéria, decidi

---

38 Obra Social de Buenos Aires, plano de saúde dos funcionários da prefeitura da cidade de Buenos Aires.
39 BIMBI, Bruno. Ser mamás. *Crítica da Argentina*, 05/10/2008.
40 Talvez cause estranheza que a decisão provenha de um tribunal penal, mas, em algumas províncias argentinas, as ações de amparo são sorteadas entre todos os juizados, independentemente do tema.

ligar para Hernán Stella, porta-voz do secretário da Fazenda da Prefeitura, para perguntar o que eles pensavam fazer. Quando disse aos assessores dele que o jornal ia publicar o caso — "Talvez seja manchete de capa", assegurei, embora não fosse nada provável —, o secretário decidiu me atender.

— Nenhum plano de saúde cobre essas práticas, a menos que haja uma decisão judicial. Contudo, a intervenção está estudando uma resolução para oferecer aos associados uma cobertura parcial das práticas de fertilização assistida. Algumas mulheres engravidam na primeira tentativa, mas outras requerem várias e cada uma tem um custo altíssimo, então estamos pensando num sistema de cobertura que incorpore uma quantidade limitada de tentativas.

— Essa cobertura incluiria as associadas cujas parceiras sejam outras mulheres ou se limitaria a casais heterossexuais com problemas de infertilidade? — perguntei.

— Se a resolução sair, será igual para todos. Caso contrário, seria discriminatório. O problema é econômico e tem a ver com as possibilidades dos planos de saúde assumirem os custos, mas isso vale para todos: quando se trata de ampliar as coberturas para os beneficiários, qual é a diferença?

A declaração de Stella, que foi publicada no jornal *Crítica*, foi muito importante para resolver o caso. Logo depois eu soube dos detalhes por uma fonte do Tribunal.

Houve uma audiência de conciliação no Tribunal, na qual a juíza Liberatori citou o casal e os advogados do plano de saúde. A conversa começou muito mal.

— Você não tem qualquer problema de saúde. Se deseja tanto ter um filho, tenha pela via natural — disse um dos advogados de ObSBA a María del Pilar.

Liberatori ficou irritada.

— A Constituição da Cidade de Buenos Aires estabelece que o direito à saúde é integral — disse-lhe. — O senhor já leu a Constituição da Cidade, doutor?

O advogado não sabia o que dizer.

— Traga-me, por favor, uma cópia da Constituição para ele — a juíza pediu a um de seus funcionários. O diálogo foi se tornando cada vez mais tenso.

A seguir Liberatori leu para o advogado os parágrafos da minha matéria no *Crítica* em que Stella dizia que se comprometia que Marisa e María del Pilar recebessem o mesmo tratamento que os casais heterossexuais, e perguntou qual seria esse tratamento. O advogado disse que não sabia. Após a audiência, Liberatori emitiu sua sentença, na qual ordenou que o ObSBA "imediatamente tomasse as medidas necessárias destinadas a cobrir os custos econômicos do tratamento médico pertinente, a fim de que [as reclamantes] possam ter acesso à possibilidade de ter um filho em comum".[41]

"Em comum", dizia.

Quando lemos com os advogados da Federação, percebemos que o que a juíza tinha escrito ia muito além da cobertura de tratamentos de fertilização. Havia nessa sentença um reconhecimento explícito de que o filho que teriam seria de ambas. Certamente, quando ele nascesse, o Registro Civil se recusaria a registrá-lo como filho das duas. Mas a sentença de Liberatori dizia que era. Tínhamos um precedente que seria o ponto de partida para a próxima etapa.

Além disso, o casal havia decidido realizar o procedimento de fertilização com uma nova técnica que serviria também para a batalha judicial pelo reconhecimento dessa maternidade conjunta.

Marisa e María del Pilar sabiam que a lei Argentina não previa a possibilidade de uma criança ter duas mães, e uma criança gerada mediante fecundação assistida por um doador anônimo somente poderia ser adotada pelo parceiro da mulher que lhe deu à luz, se fosse um casamento heterossexual.

Quando uma criança tinha duas mães, uma das duas não existia para o Estado.

Elas, então, decidiram desafiar o conceito jurídico e biológico da maternidade: eles inseminariam *in vitro* um óvulo de María del Pilar, mas o útero que levaria o bebê seria o de Marisa.

— Ninguém será capaz de negar que eu sou a mãe, porque eu vou dar à luz, e a lei considera mãe biológica àquela que dá à luz —, dizia Marisa.

— E ninguém poderá me dizer que eu não sou a mãe porque vou pedir um teste de DNA para provar. Queremos que nosso filho ou filha tenha o amparo legal de suas duas mães, para que tenha os mesmos direitos que qualquer criança — dizia María del Pilar.

— Os juízes terão de revirar a biblioteca e encontrar uma solução, porque não vai ter forma de negar que, jurídica e biologicamente, as duas serão as mães — completava o advogado.

Alex e José tinham tido que viajar até a Terra do Fogo para se casar.

Elvio chegou ao Supremo, ganhou, mas ainda não recebe sua pensão.

Marisa e María del Pilar tiveram que buscar um método original de procriação para que seu futuro filho não ficasse desamparado por uma legislação que não contemplava os direitos das crianças com duas mães. Mas, antes disso, tive-

---

41 BIMBI, Bruno. Mamá y mamá. *Crítica da Argentina*, 27/11/2009.

ram que ameaçar com uma ação judicial para que o plano de saúde de Marisa aceitasse María del Pilar como dependente.

Na vida dos casais do mesmo sexo, antes da lei do casamento igualitário, os direitos que para os demais são óbvios tinham de ser conquistados um por um, passo a passo, com muita criatividade e paciência.

Era como uma longa escadaria que não se terminava nunca de subir.

***

Enquanto escrevo estas linhas, Marisa está grávida de três meses. Os tratamentos de fertilização atrasaram por um problema de saúde — nada grave, felizmente —, mas afinal foi feito e deu tudo certo.

— Se for uma menina, vamos colocar o nome María Elena, por causa da juíza —, me diz.

Liberatori ainda não sabe.[42]

***

Conhecendo a atuação dessa juíza no caso de Marisa e María del Pilar, ficou claro que Jorge e Damián tinham tido muita sorte no sorteio do tribunal. Liberatori foi a segunda juíza a autorizar um casamento entre pessoas do mesmo sexo na Argentina, e eles foram o primeiro casal gay que se casou na cidade de Buenos Aires.

Mas Liberatori escolheu um caminho diferente do de Seijas: não declarou a inconstitucionalidade dos artigos 172 e 188 do Código Civil. A juíza considerou que estes não proibiam que dois homens ou duas mulheres se casassem, mas que simplesmente não contemplavam essa possibilidade. E como, segundo a Constituição Federal, o que não está proibido está permitido, tratava-se simplesmente de um caso não previsto. Então, para garantir a vigência do princípio constitucional da igualdade perante a lei, cabia aos juízes, até que o legislador modificasse o código, autorizar a administração — o Registro Civil — a celebrar os casamentos.

— Devemos distinguir o caso em si do seu impacto na sociedade — explica Liberatori—. Em nosso trabalho, todos os casos são analisados do mesmo modo. Insisto em distinguir a repercussão midiática de uma suposta complexidade jurídica do caso, porque não houve tal coisa para mim: a solução foi um raciocínio lógico, com base numa solução prevista pelo Código Civil, numa interpretação coerente com a Constituição Federal e os tratados internacionais.

— Por que não declarou inconstitucionais os artigos 172 e 188 do Código Civil, como fez Seijas?

---

42 Nota do autor: nasceu um menino e se chama Martín. A juíza já faz parte da família.

— Não considerei necessário. Que a união homossexual não estivesse prevista pelo codificador é completamente diferente de que fosse proibida, e esses artigos não a proibiam. Como o juiz deve resolver sempre que uma questão é apresentada, o codificador previu essa situação e estabeleceu como agir: se não se pode resolver por analogia com os casos previstos, deve-se aplicar os princípios gerais do Direito. Citei o mestre Juan Francisco Linares, que exemplifica deste modo: se eu tenho os casos A, B e C, e o caso não previsto é D, devo verificar se existe uma condição comum nos quatro casos que permita aplicar a D a mesma regra determinada para A, B e C. Neste caso, essa condição comum é dada pelo fato de que tanto na união heterossexual como na homossexual, se trata de *pessoas*. Portanto, o caso não previsto (a união homossexual) é regulado como o caso previsto, ou seja, a união heterossexual.

— Acredita que, se este caso tivesse chegado há 10 ou 15 anos, a senhora teria decidido da mesma forma?

— Teria decidido da mesma maneira porque tais são minhas convicções democráticas: convicções. Além disso, eu mesma sofri a exclusão social por ser uma "concubina", por não haver, na época, lei de divórcio.

— E como acha que este debate será lembrado dentro de 10 ou 15 anos?

— Como uma questão arcaica e preconceituosa, assim como aconteceu com a distinção no Código Civil entre os filhos matrimoniais, ilegítimos, adulterinos etc., que mudou com a reforma de 1968.

— Por sua sentença, como aconteceu com Seijas, a senhora foi acusada de invadir as atribuições do Congresso. Como responde a isso?

— Essas críticas desconhecem as competências constitucionais e legais de cada um dos poderes do Estado. Nenhum juiz disse que o Congresso Nacional devia fazer ou deixar de fazer. E nisto volto ao conceito essencial da minha sentença: tanto o administrador como o juiz devem resolver. No primeiro caso porque daquele depende, por exemplo, a satisfação dos serviços públicos; no segundo porque deve prevalecer a paz social, e o modo civilizado de solução de controvérsias é por intermédio dos juízes.

— A senhora é católica?

— Como diz o Cuarteto de Nos:[43] "Nunca saberão o que há na minha cabeça".

— A Igreja disse que o casamento gay ia "destruir a família" e que se opunha para "defender a família". O que a senhora acha?

---

43 Grupo de rock alternativo uruguaio.

— É inaceitável que a Igreja católica exerça pressões sobre os juízes que não decidam de acordo com seu pensamento. A independência judicial não deve ser afetada em nenhuma circunstância. A Justiça não deve receber pressões nem mesmo da Igreja católica.

***

A juíza chamou a advogada e o casal em seu gabinete para anunciar sua decisão. Geralmente, uma notificação por escrito é enviada, mas Liberatori quis anunciar pessoalmente que eles iam poder casar, explicar os fundamentos de sua sentença e felicitá-los por haver reclamado seus direitos.

Também explicou que, considerando o que aconteceu com Alex e José e a fim de evitar que eles tivessem de suportar o mesmo tipo de humilhação caso algum juiz civil decidisse se intrometer a pedido dos advogados católicos, ela tinha decidido "dar por removidos todos os aspectos normativos formais que impliquem uma dilação desnecessária". Ou seja, eles não precisariam esperar os 28 dias de prazo requerido normalmente para correrem os proclamas, e o governo municipal deveria garantir que os exames pré-nupciais fossem realizados rapidamente.

A sentença foi proferida em 22 de fevereiro, e o casamento foi no dia 3 de março.

Até esse dia, apesar de ter sido divulgado na imprensa que havia outra sentença, nem os nomes dos noivos nem qualquer outro detalhe que facilitasse o trabalho daqueles que tentariam impedir o casamento eram conhecidos. Uma vez casados, eles dariam entrevistas para a mídia e poderiam comemorar sem se esconder.

— Eles eram superdiscretos. Não queriam nem a repercussão que o caso anterior teve, nem ficar sem poder cumprir a sentença — explica Florença Kravetz, advogada do casal.

O governo de Macri, desta vez, se colocou à disposição desde o início para garantir que tudo saísse bem. Não houve apelação. De fato, a Procuradoria-geral também não rejeitou a alegação do casal ao contestar a ação — como tinha ocorrido nos casos anteriores—, mas se limitou a dizer que o Código Civil não permitia ao Registro Civil celebrar o casamento, que era uma decisão que excedia as faculdades do Poder Executivo e que cabia à Justiça decidir.

Funcionários da Prefeitura já haviam adiantado informalmente a todos os juízes do Foro Contencioso-administrativo e Tributário que o prefeito não recorreria de nenhuma sentença favorável ao casamento gay.

Todos os trâmites foram feitos rapidamente, com a colaboração das autoridades do governo da cidade e na maior discrição, para evitar vazamentos. Somente no dia do casamento os meios de comunicação foram convidados para uma coletiva de imprensa na sede da Associação dos Advogados de Buenos Aires, entidade que reúne advogados progressistas da cidade, quando Jorge e Damián se apresentaram com a certidão de casamento em mãos, acompanhados por Florença Kravetz, María Rachid, a deputada kirchnerista Adela Segarra, a ex-deputada socialista Silvia Augsburger e funcionários do INADI.

Já eram dois casais casados — e seriam muitos mais.

Os juízes da casa lotérica

Os advogados *pitbull* não iam ficar quietos.

Na segunda-feira, 8 de março, o juiz federal civil Félix de Igarzábal, a pedido do advogado Ernesto Lamuedra,[44] decidiu "declarar inexistente" o casamento de Jorge e Damián e anular "o ato" de sua celebração.

Em sua petição, o advogado Lamuedra disse, entre outras coisas, que "o dano social [que o casamento homossexual produz] é imenso", uma vez que "o 'casamento' (sic) entre pessoas do mesmo sexo é uma moeda falsa (....) [que] desvaloriza a verdadeira". Lamuedra também utilizava os argumentos etimológicos comentados nos capítulos anteriores e fornecia definições para diferentes palavras, por exemplo: "Mulher: fêmea humana, mas mais especificamente a que tem aptidão para ser mãe por seu encontro sexual com o macho".

Vossa Excelência lhe deu razão.

Novamente, era um juiz de primeira instância anulando os efeitos da sentença de outro juiz de primeira instância, de outro foro, numa causa iniciada após decorridos todos os prazos legais, por uma pessoa que não era parte no processo e não tinha nenhum interesse legítimo que lhe permitisse atuar legalmente. Foi, novamente, uma piada de mau gosto.

Na realidade, era quase a mesma piada de mau gosto: a sentença de Félix de Igarzábal era um *"copy/paste"* da de Gómez Alsina. Havia parágrafos inteiros que tinham sido copiados sem mudar uma única vírgula. Na verdade, ele manteve as vírgulas que estavam a mais e não acrescentou as que faltavam: até os erros de pontuação foram os mesmos.

---

[44] Até o dia da sanção da lei, Lamuedra se dedicou a postar trechos de sua demanda em todas as páginas e perfis do Facebook onde descobria que o tema estava sendo debatido. Em várias páginas de senadores onde deixei comentários, logo aparecia Lamuedra, publicando sempre os mesmos textos.

A redação do texto não teria passado num exame do vestibular.

Entre outras coisas, o juiz disse, nos fundamentos de sua decisão, que a Declaração Universal dos Direitos Humanos, o Pacto de São José da Costa Rica e o Pacto de Direitos Políticos, Econômicos e Sociais "garante" (sic) o direito do homem e da mulher de contrair casamento e de constituir família e que "o direito recepciona a instituição do casamento como cédula (sic) básica da sociedade e estabelece as condições mediante as quais deve ser legítima a uniao (sic) intersexual entre um homem e uma mulher no sentido de que deve ser reconhecida e protegida como tal, a fim de perpetuar a espécie na ordem natural por meio de procriação".[45] Mais adiante, ele acrescenta que "a Sociedade (sic) e o Estado devem observar que esses direitos substanciais sejam cumpridos[46] para não expor a República Argentina à desordem social, qe (sic) é nossa obrigação *evitar como juízes fazer respeitar a norma*".

Só faltava ele declarar inconstitucionais a gramática e a ortografia.

Após "anular" o "ato" pelo qual o casamento de Jorge e Damián fora celebrado, que num parágrafo anterior tinha sido considerado "inexistente",[47] e esclarecer que a nulidade decretada não significava "antecipar qualquer opinião sobre o mérito da causa", nem discriminar casais homossexuais, o juiz informava ao Registro Civil que, "porque o perigo da demora está dado pelos interesses superiores envolvidos" (?), ele resolvia, como medida cautelar, suspender provisoriamente os efeitos do casamento.... que acabava de declarar inexistente. Além disso, determinava que os esposos devolvessem a certidão e toda a documentação do casamento, impondo uma multa de mil pesos diários caso não obedecessem.

A sentença não era parecida com a de Gómez Alsina apenas no conteúdo, mas também na sua origem. O juiz era outro, mas a vara era, novamente, a 85ª, a mesma de onde tinha saído a ordem para suspender o casamento de Alex e José. Na ocasião anterior, Gómez Alsina — que é titular da 102ª vara — havia atuado como substituta.

---

45 De Igarzábal e Gómez Alsina sempre faziam o mesmo: primeiro citavam tratados internacionais que garantem o direito ao casamento (e que em nenhum lugar dizem que só seja possível entre pessoas de sexo diferente) e depois acrescentavam que este tem como finalidade a procriação e a "perpetuação da espécie" na "ordem natural", algo que não está escrito em nenhum desses tratados, nem na Constituição, nem no Código Civil, nem em nenhuma lei.
46 Embora diga "direitos" (no plural), lendo o parágrafo anterior, parece que o juiz se refere ao direito [não está claro de quem] de contrair casamento, que, de acordo com a sua interpretação, seria violado se dois homens se casassem.
47 Primeiro o juiz diz que três possibilidades devem ser distinguidas: "1) o "casamento inexistente" (sic), 2) o casamento nulo e 3) a nulidade do "ato" pelo qual o casamento foi celebrado. E depois disse que o casamento de George e Damián é "inexistente" e declara inválido "o ato" realizado.

Quando alguém inicia uma causa na justiça, se realiza um sorteio entre os juizados do foro e jurisdição correspondentes, para ver a qual deles caberá intervir. Por alguma razão, duas causas abertas por advogados católicos que obtiveram sentenças favoráveis — a primeira para suspender o casamento de Alex e José e a segunda para cancelar o de Jorge e Damián — tinham sido sorteadas para o mesmo tribunal.

Poderia ser coincidência.

Mas era estranho.

Especialmente se levarmos em conta que, após essas sentenças, houve mais duas "anulando" os casamentos de outros casais que também foram autorizados a se casar pela justiça contencioso-administrativa da cidade de Buenos Aires. E ambas as sentenças tinham a assinatura de Martha Gómez Alsina.

Os mesmos juízes, os mesmos argumentos, os mesmos erros de pontuação. Muito estranho. Existem 110 tribunais federais cíveis, mas os processos iniciados pelos advogados católicos terminavam sempre nas mãos de Félix de Igarzábal ou Martha Gómez Alsina.

Eles têm sorte com sorteios.

Deveriam deixar os tribunais e abrir uma casa lotérica.

Quem matou Natália Gaitán?

Enquanto tudo isso acontecia, uma notícia muito triste veio de Córdoba.

No sábado 6 de março, dois dias antes da sentença de Félix de Igarzábal, a jovem Natália Gaitán, de 27 anos de idade, tinha recebido um tiro de escopeta calibre 16 a cem metros da sua casa, no bairro Parque Liceu 2ª seção, nos arredores de Córdoba Capital. A ambulância demorou mais de uma hora, e Natália, que esperava deitada na rua, rodeada de sangue, faleceu no hospital.

O assassino, Daniel Torres, era padrasto de Daiana, a namorada de Natália. Ele e sua esposa não aceitavam o relacionamento entre as jovens, que tinham ido viver juntas. "Natália estava discutindo com a sogra na porta quando este homem, que no início ouvia tudo de longe, entrou na casa, pegou a arma e saiu atirando sem dizer uma só palavra", relata a advogada da família Gaitán, Natália Milisenda.

— O assassinato de Natália foi um evento decisivo na história do movimento LGBT cordobês e em nossas próprias vidas — diz Martín Apaz, do grupo Devenir Diverse, uma das organizações de base da Federação em Córdoba. — Lembro-me que o velório foi em 9 de março, dia do meu aniversário, e nós estávamos lá acompanhando a família e não podíamos parar de chorar, ainda que não a tivéssemos conhecido. Era como dizer: "é por isso que militamos, para que não aconteça mais". É incrível, porque você vai às atividades, com todos, no maior astral, e depois, como um balde de água fria, te dizem que mataram uma garota de 27 anos de idade por ser lésbica.

— Que marcas o assassinato de Natália deixou em Córdoba?

— Ainda é muito doloroso. Nossa advogada, Dra. Milisenda, continua à frente da causa,[48] que é custeada pelo Devenir Diverse com as diferentes atividades que realizamos. O lado positivo, se é que se pode tirar algo positivo de uma morte injusta e cruel, é que a família é de ferro, não teve vergonha ou medo de tornar visíveis as razões da morte da Pepa. Eu me lembro que a primeira vez que falei com Graciela Vázquez, na noite de 8 de março, ela me disse: "que a morte da Pepa sirva para que não haja mais Pepas, que seja a última".

— Desde então, a mãe de Natália tornou-se uma ativista...

— Sim, Graciela nos acompanhou em todas as atividades da campanha pela lei do casamento sem nunca ter militado pela diversidade antes. Dizia que nada lhe devolveria a filha, nem o julgamento, nem a lei, nem nada, mas que ela simplesmente não podia permitir que outra família passasse pela mesma situação. Nós tampouco.

Quando estivemos em Buenos Aires, na noite em que a lei foi aprovada, Graciela, que nos acompanhou, me disse: "Fique tranquilo, querido, que a Pepa está aqui presente".[49]

***

Natália recebeu um tiro porque a família da namorada — ao contrário da dela — não aceitava o relacionamento. Se fossem um rapaz e uma moça, talvez o padrasto de sua namorada o tivesse convidado para jantar em casa. Mas eram duas mulheres. Numa província onde é comum que a polícia pare os casais do mesmo sexo só por andarem de mãos dadas nas ruas, alguém tinha ensinado a esse homem que ser homossexual ia contra a natureza, contra Deus, que era vergonhoso, pecaminoso, abominável, anormal.

Ele não pôde permitir que isso acontecesse na sua família.

---

48 Nota do autor: em 8 de agosto de 2011, o assassino foi condenado a 14 anos de prisão. No entanto, por incrível que pareça, os juízes consideraram que não se tratou de um crime de ódio motivado pela orientação sexual da vítima.

49 Nota do autor: conheci a mãe de Natália quando fui apresentar este livro na Universidade Nacional de Córdoba. Ela sentou-se à mesa comigo e falou antes de mim. Fiquei muito emocionado e com vontade de chorar depois de ouvi-a, e nos demos um abraço muito forte.

Daniel Torres matou Natália Gaitán porque ela era lésbica.
Foi ele quem puxou o gatilho.
Mas quem a matou realmente?

***

Em agosto de 2009 entrevistei, para o *Crítica*, Javier Díaz, membro da Equipe de Evangelização e Catequese da Inspetoria Salesiana do Chile, um dos responsáveis pela edição do livro *Homossexualidade juvenil: orientações educativo-pastorais*, que tinha sido apresentado ao público com a presença do presidente da Área de Educação da Conferência Episcopal Chilena, monsenhor Carlos Pellegrin.

A publicação dizia que a homossexualidade é "um desequilíbrio e um desvio" e a comparava ao sadismo, ao masoquismo, à pedofilia e ao bestialismo. Dizia também que "a atividade homossexual impede a própria realização e felicidade, porque é contrária à sabedoria criadora de Deus", que "o ato homossexual é pobre e empobrece quem o realiza", e acusava os homossexuais de narcisistas, pecadores e desviados, cujos atos "desordenados" não deveriam receber nenhuma aprovação.

— Na natureza há uma desordem que explica da morte à doença. São coisas que nós não deveríamos viver, como as guerras, a doença, o ateísmo... — Díaz me explicou.

— Que relação existe entre a guerra e a homossexualidade? — perguntei

— A relação é que há uma ordem estabelecida por Deus, mas o homem, em seu egoísmo, vive como se essa ordem não existisse. As guerras surgem porque a fraternidade é esquecida, assim como esquecemos que o sentido da sexualidade está ordenado de forma heterossexual.

— Como o senhor se sentiria se fosse homossexual e lesse o seu livro?

— Eu me sentiria feliz por ser finalmente valorizado como pessoa e não pela minha sexualidade, e o livro me diz que sou filho de Deus e que as dificuldades que estou sentindo, da mesma forma como uso óculos, estão relacionadas a crimes, assassinatos ou pornografia porque, como seres humanos, nós estamos danificados.

— Eu não entendi bem o que o senhor disse. Para começar, explique-me sobre os óculos....

— Eu sou míope e isso é algo com o qual não deveria viver; isso ocorre porque o plano de Deus se desvirtuou, assim como outras pessoas estão doentes ou morreram.

— Ser homossexual é como usar óculos, estar doente ou morrer?

— A questão básica é que há algo que não deveria existir. Há pessoas que tiveram seu desenvolvimento normal da heterossexualidade tergiversado, assim como minha vista está danificada e assim como todos morrem.

Quando chegamos a este ponto, o diálogo já estava bastante tenso. Terminamos falando sobre causas e consequências. Eu disse a ele que havia jovens que se suicidavam por esse tipo de discurso, que havia famílias que rejeitavam seus filhos pelos ensinamentos da Igreja e pessoas que praticam violência contra os gays por considerá-los desviados ou pecadores, como o livro descrevia. Díaz me respondeu que não se podia responsabilizar a Igreja por isso, já que eles não comungam com a violência nem promovem a discriminação. Reli, então, o que o livro diz sobre os homossexuais e perguntei se isso não era discriminação. Nossos argumentos — já não era mais uma entrevista, mas uma discussão — se repetiam com palavras diferentes. Não nos entendíamos.

Terminei minha matéria[50] citando a opinião da jornalista chilena Pilar Pezoa, que tinha escrito um artigo questionando duramente o Bispo Pellegrin, que aprovou a publicação do livro e acompanhou sua apresentação pública. Pezoa dizia:

Monsenhor Pellegrin nunca sujaria as mãos batendo em uma bicha na rua. Responderia que como eu posso pensar que ele faria ou apoiaria vulgaridades ou crimes como esses. Mas da próxima vez que um brutal e indignado heterossexual decidir insultar, golpear ou até mesmo matar um gay, não apenas poderá dizer que faz porque ele não suporta os anormais e os desviados, mas também que há autoridades religiosas e seculares, pessoas com cargos e poder, que pensam mais ou menos o mesmo que ele.

Dito isso, pergunto mais uma vez: quem matou Natália Gaitán?[51]

---

50 BIMBI, Bruno. Insultarás a tu prójimo. *Crítica da Argentina*, 30/08/2009.
51 Nota do autor: eu poderia perguntar também: quem mata as mais de 300 pessoas LGBT assassinadas a cada ano no Brasil? Quão intensa é a relação causal entre esses crimes e o discurso de ódio das igrejas evangélicas fundamentalistas, do deputado Bolsonaro, do pastor Malafaia, do "bispo" Macedo e de outros empresários da fé e da política? Qual é a responsabilidade do governo Dilma e do Partido da Teocracia (PT), que não fazem nada para impedir que esses crimes aconteçam e nem sequer os repudiam, enquanto mantêm suas alianças com os fundamentalistas, dão a eles ministérios onde pescar quem sabe o quê e cargos no governo e no Congresso, como a vergonhosa presidência da CDHM para o pastor racista e homofóbico Marco Feliciano, bloqueiam o PLC-122 no Congresso e cancelam o programa Escola sem Homofobia, que ajudaria a prevenir o *bullying* homofóbico nas escolas? No Chile, governado pela direita herdeira de Pinochet, o assassinato do jovem gay Daniel Zamudio levou o presidente Sebastián Piñera, um empresário multimilionário e conservador, a se manifestar publicamente contra a homofobia, a se solidarizar pessoalmente com a família da vítima e a apoiar a aprovação de uma lei similar ao PLC-122 brasileiro, a "lei Daniel Zamudio". No Brasil, com mais de 300 assassinatos por ano e pastores gritando na TV, no Congresso e nos cultos que nós gays somos uma porcaria abominável, a Presidenta Dilma Rousseff, ex-guerrilheira marxista, continua cega, surda e muda, encerrada num armário de aço.

"Félix, não se meta", disse Elena

A juíza Liberatori ficou indignada com a sentença de seu colega do foro civil declarando "inexistente" o casamento de Jorge e Damián. "É como se eu fosse ao tribunal de De Igarzábal, onde suponho que divórcios são resolvidos, e dissesse 'não, este divórcio é nulo', 'aquele divórcio também é nulo', 'aquele outro é nulo porque Seu José da outra rua veio e disse que a ordem social foi alterada por esta sentença de divórcio'. É aberrante o que aconteceu, e não entendo como não há uma reação generalizada que diga 'que tipo de juízes temos, afinal?'",[52] disse a magistrada numa entrevista concedida ao jornal *Página/12*.

Após a sentença de Gómez Alsina contra a decisão que autorizou o casamento de Alex e José, esta nova invasão de juízes civis em causas tramitadas no Foro Contencioso-administrativo foi entendida por muitos juízes portenhos como uma ameaça à autonomia da cidade e uma falta de respeito a todo o foro. As juízas Elena Liberatori e Gabriela Seijas receberam a solidariedade de todos os seus colegas.

Liberatori agiu rapidamente para frear a manobra dos advogados católicos: confiscou o registro de casamento da repartição do Registro Civil antes que outro juiz o fizesse, enviou um ofício para De Igarzábal exigindo que se abstivesse de continuar atuando na causa e lhe entregasse o processo iniciado por Lamuedra ou que enviasse tudo para o STF, e denunciou seu colega ao Conselho da Magistratura. Também aceitou receber e ter sob custódia em seu gabinete a certidão de casamento e outros documentos que o casal lhe entregou, para "resguardá-los".

"O que esse juiz fez é juridicamente aberrante", assegurou.

A Federação e a advogada Florencia Kravetz, que representava o casal, esclareceram à imprensa que Jorge e Damián permaneciam casados legalmente e que o casal não reconhecia outra autoridade que não a da juíza que havia autorizado o casamento.

Enquanto isso, os advogados católicos continuavam agindo.

Antes do casamento, Pedro Andereggen — desta vez, em nome da Associação Civil para a Promoção e Defesa da Família, também chamada de "Pro Família" — tinha iniciado outro processo na justiça civil, semelhante ao de Lamuedra. A notícia tornou-se conhecida após a sentença de Igarzábal, quando a juíza Laura Julia Servetti de Mejías, da 8ª Vara Cível da Justiça Federal, solicitou que Liberatori enviasse o processo do casamento, embora não tenha avançado em nenhuma decisão sobre a sua validade.

---

52 Conflicto en la justicia por el matrimonio gay. *Página/12*, 11/10/2010.

Liberatori ignorou o pedido, que lhe chegou por escrito três vezes.

Neste caso havia uma situação curiosa. Andereggen — o mesmo que impediu o casamento de Alex e José obtendo uma decisão favorável da Câmara Cível, posterior à de Gómez Alsina — pedira anos antes o encerramento de uma exposição do artista plástico León Ferrari por entender que suas obras eram ofensivas para os cristãos. Nessa causa, que lhe rendeu seus 15 minutos de fama, ele obteve uma decisão favorável em primeira instância, assinada, coincidentemente, por Elena Liberatori, que mais tarde foi revogada pela Câmara.

Perguntei à juíza sobre aquela decisão:

— Em ambos os casos, parece haver uma tensão entre as crenças religiosas de alguns e o direito à liberdade de outros. Quais são as diferenças fundamentais para explicar por que a senhora decidiu de maneira diferente em cada caso?

— Eu não decidi de modo diferente, uma vez que as duas questões são substancialmente diferentes. Aquele caso é do final de 2004. Efetivamente colidiram abertamente o sentimento religioso predominante em nosso país (questão que foi ignorada pela mídia, mas está bem explicada na decisão recorrida), que eu entendi, *com base no Código Civil*, que devia ser protegido contra uma gestão cultural que não soube manejar com a prudência necessária uma exposição de arte polêmica. A especialista em arte que interveio no caso colocou a questão em termos precisos no seu relatório: "Onde alguns veem uma ofensa, outros veem uma alegação". No caso de Jorge e Damián, estamos diante do direito de duas pessoas de não serem excluídas, e ponderei no sentido de, efetivamente, fazer prevalecer seu desejo de viver suas vidas privadas de acordo com a lei — respondeu.

Na época, eu não estava de acordo com a decisão de Liberatori no caso da exposição de León Ferrari, e continuo discordando.

Mas depois de ler suas sentenças em outras causas, como as que citamos neste livro, compreendi que ela não compartilhava as motivações ideológicas que levaram Andereggen a solicitar a suspensão daquela mostra artística, mas acreditava que devia evitar um conflito maior. Os que a conhecem bem dizem que se alguma coisa caracteriza essa juíza é que, quando está convencida de algo, não hesita em enfrentar os poderes ou ir contra o politicamente correto. Neste caso, ela estava convencida do direito de casais do mesmo sexo se casarem. E, falando com ela, nota-se que está feliz e orgulhosa de ter participado do processo jurídico-político que conduziu ao reconhecimento legal desse direito.

Sobre a atuação de Igarzábal e Gómez Alsina, Liberatori assegura que até um estudante de direito em seus primeiros anos de faculdade se daria conta, se lhe apresentassem as decisões desses juízes como casos a serem resolvidos numa prova, que o que aqueles eles fizeram foi um absurdo. E acrescentou:

— Muitas coincidências se juntam, a ponto de tornar pouco crível que não se trate de uma questão, como vulgarmente se chama, "operada".

***

Outra decisão da justiça nacional cível que se tornou conhecida naqueles dias voltou a mostrar que nesse foro era difícil encontrar um juiz *"gay friendly"*.

A juíza María Rosa Bosio negou aos líderes da CHA, Marcelo Suntheim e César Cigliutti, a validação na Argentina do casamento que tinham celebrado na Espanha. Marcelo e César casaram-se em Madrid em 21 de janeiro de 2008, mas somente em 11 de dezembro de 2009 tinham entrado com o pedido de reconhecimento do seu casamento na justiça civil.

"A juíza disse que a única figura matrimonial que existe é a do nosso país, esquecendo-se de que não estamos sozinhos, que o Estado espanhol celebrou o casamento e o considera totalmente válido. E não é diferente de um casamento entre pessoas de sexos diferentes: o casamento é um só, em um e outro caso. Agora o juiz vai negar o registro de todos os casamentos celebrados na Espanha?",[53] perguntava o advogado do casal, Pedro Paradiso Sottile.

Desta vez, sai ou sai

Quinta-feira, 18 de março, as comissões de Legislação Geral e de Família, Mulher, Infância e Adolescência reabriram o debate sobre o casamento entre pessoas do mesmo sexo, tal como a presidenta da primeira, Vilma Ibarra, havia prometido.

No princípio do ano, a deputada teve de apresentar novamente seu projeto de lei, arquivado no ano anterior por não ter sido apreciado. Desta vez, acompanharam-na com sua assinatura os(as) deputados(as) Agustín Rossi (líder da bancada governista), María Luisa Storani, Cecilia Merchán, Margarita Stolbizer, Nora Iturraspe, Liliana Parada, Martín Sabbatella, Jorge Rivas e Sergio Basteiro.

O projeto foi protocolado no dia 5 de março. Esse projeto e o de Silvia Augsburger, que foram apensados, seriam os que receberiam um parecer das comissões e dariam lugar, nesse ano, à lei do casamento igualitário. Quase houve um

---

53 Un océano de distancia para un derecho. *Página/12*, 12/03/2010.

terceiro projeto, mas Ibarra conseguiu brecá-lo a tempo. A CHA havia convencido a deputada Diana Conti — a quem acompanharia Eduardo Macaluse — a apresentar um projeto "alternativo" aos de Ibarra e Augsburger, que foi conhecido pela imprensa no dia anterior à reunião.

Desta vez não falavam de "união civil", mas sim casamento. No entanto, propunham uma grande quantidade de reformas do Código Civil, que incluíam, por exemplo, a eliminação do dever de fidelidade e da obrigação dos esposos de viverem em uma mesma casa, a não obrigatoriedade dos exames pré-nupciais, a possibilidade de divórcio por decisão unilateral de um dos membros do casal, mudanças no regime de guarda dos filhos em caso de divórcio etc. Além disso, propunham a eliminação de algumas cláusulas discriminatórias (na prática, já em desuso), como a que impede que os surdos-mudos contraiam casamento.

Algumas das propostas eram corretas, como esta última, outras podiam ser discutidas ou, então, eram muito mais complexas. Em qualquer caso, eram opináveis. Contudo, o que era certo é que a introdução, no debate, de assuntos como fidelidade obrigatória, regras para a guarda dos filhos ou "divórcio express" e unilateral acrescentaria um estranhamento adicional à discussão, o que tornaria muito mais difícil a tarefa de se conseguir um parecer favorável.

Vilma soube do projeto numa reunião que teve com César Cigliutti e Marcelo Suntheim e pediu-lhes que não o apresentassem.

— Peço por favor que não façam isso — disse, e explicou todas as dificuldades que ele poderia gerar —. Podemos perder o debate e que a lei não saia por isso. Os que se opõem à lei vão usar essa proposta como desculpa e vão mostrar a comunidade dividida em suas propostas.

— Não queremos dificultar a sanção da lei, mas precisamos marcar uma posição própria — respondeu-lhe o presidente da CHA.

— Vamos fazer uma coisa: em vez de apresentar o projeto na mesa de entrada e dar a ele estatuto parlamentar, enviem para mim como presidenta da comissão. Dessa maneira, fica registrado que vocês apresentaram sua proposta, podem fazer publicidade, mas não complicam a aprovação da lei — propôs a deputada.

— Deixe eu falar na reunião da CHA e te respondo.

No último momento, Cigliutti ligou para Ibarra e confirmou que aceitavam sua proposta e que fariam chegar até ela o projeto da Organização de forma não oficial. Convidou-a à entrevista coletiva em que apresentariam o projeto, mas a deputada explicou que não poderia ir porque daria sinais contraditórios acerca do projeto que ela defendia.

— Eu disse que lhes daria lugar na comissão para falar como organização e ser parte do debate, e assim foi feito — lembra Ibarra —. Sempre senti que foram corretos comigo e eu com eles, e que isso permitiu que a comunidade não se dividisse. Se tivessem apresentado outro projeto, acho que realmente a história teria sido diferente. Sabia que havia muitas dificuldades de diálogo entre a Federação e a CHA, e sabia também, por experiência, que para que a lei saísse não podia surgir nenhuma organização empurrando para outro lado. Então me ocupei pessoalmente disso.

***

A reunião conjunta das comissões durou mais de quatro horas.

Apesar de já ter terminado seu mandato, Silvia Augsburger participou como expositora. Além dela e de Ibarra, o presidente do INADI, Claudio Morgado; a presidenta da Federação, María Rachid; o constitucionalista Andrés Gil Domínguez (UBA), e a juíza Gabriela Seijas também falaram a favor dos projetos. Falaram contra: o vice-presidente da Corporação de Advogados Católicos, Eduardo Sambrizzi; o secretário acadêmico da Universidade Católica Argentina, Nicolás Lafferriere; a advogada Úrsula Basset, também docente da UCA, e o pastor evangélico Fernando Saraví. No último momento, também se somou Teresa De Rito, que se apresentou como membro da associação "Cidadãos em movimento", cofundadora da CHA e sindicalista, e defendeu a "união civil".

O titular do INADI dedicou parte de sua intervenção a explicar as diferenças entre o casamento civil e o religioso, que pareciam se confundir mais que nunca: todos os que expuseram contra eram parte de alguma instituição vinculada à Igreja católica ou às evangélicas. Morgado explicou:

> Estamos nos referindo — é necessário esclarecer — ao casamento civil, não estamos debatendo o casamento canônico. O casamento, como vocês sabem, tem, há um século, duas dimensões: a dimensão civil, sobre a qual o único poder é o do Estado, e a dimensão religiosa, que compete a cada culto em particular.
>
> Este projeto não altera nenhuma vírgula, em um ápice, as capacidades de auto-organização de cada culto em particular. Cada culto estará em total liberdade para casar ou deixar de casar quem quiser, como ocorre hoje em dia. Então, estamos falando do casamento civil, que não é nem mais nem menos que uma construção convencional das pessoas que integram a nossa sociedade, que como tantas outras instituições do direito foi regulada pelo Estado, ou seja, para todos e todas sem distinção de crenças religiosas ou espirituais de nenhum tipo. É fun-

damental que entendamos isto porque este é o âmbito do debate; é um debate sobre direitos civis.⁵⁴

A maioria dos expositores — tanto a favor como contra — repetiu mais ou menos o mesmo que já foi citado em outras partes deste livro. Laferriere acrescentou uma crítica insólita ao projeto de lei, que no seu entender abria uma porta para a poligamia:

> Para mim esta redação foi um pouco problemática, especialmente porque não esclarece nem as condições pessoais nem o número de nubentes. Ou seja, o novo artigo 172 simplesmente se limita a dizer "os contraentes".
>
> Ultimamente tem havido uma série de interpretações expressas judicialmente que têm feito com que, dentro da mesma instituição matrimonial, seja possível interpretar quem são os habilitados para se casar. Se a redação do novo artigo fosse formulada desta maneira, colocando só "os contraentes", a pergunta que surgiria é se no futuro não poderia aparecer o questionamento de que a instituição matrimonial possa ser entre três, quatro ou mais pessoas, visto que não especifica nem número, nem qualidades pessoais.⁵⁵

Na redação final, a expressão "os contraentes" foi mudada para "ambos os contraentes", para evitar confusões.

Basset falava de "casamentos sãos", quando foi interrompida por Ibarra.

— O que quer dizer "casamento são"? — perguntou a deputada.

— "Casamento são" quer dizer casamento que seja estável e duradouro, entre homem e mulher — respondeu a advogada.

Também pediu que não fosse qualificado de homofóbico "aquele que pensa diferente", e denunciou que os defensores da Proposta 8 (a proposta que foi a plebiscito na Califórnia para proibir o casamento gay) haviam sofrido "assédio, chamadas telefônicas e outro tipo de coisas, que suponho aqui não vai ter".

— Tivemos, sim. Recebemos uma quantidade de e-mails e de agressões graves — disse Ibarra.

— O que eu estou dizendo é que lá isso aconteceu contra as pessoas que defendiam a heterossexualidade — esclareceu Basset.

— Aqui é o contrário.

---

54 H. Câmara dos Deputados da Nação. Versão taquigráfica da reunião conjunta das comissões de Legislação Geral e de Família, Mulher, Infância e Adolescência de 18 de março de 2010, p. 7.
55 *Op. cit.*, p. 14.

A juíza Seijas citou alguns argumentos da sua sentença, aproveitou para questionar as intromissões da justiça civil nas causas do Foro Contencioso-administrativo portenho e afirmou:

> Acho que somos muitos os que sabemos a resposta para a pergunta "Por que eu não posso casar?". Todos nós sabemos qual é a resposta, está no ar.
>
> É muito difícil falar disso porque já se falou tanto, já se escreveu tanto, se publicou tanto, é tão simples, é tão claro, é tão evidente, que acho que já não podemos falar de uma minoria. Já estamos num ponto em que a minoria é que se opõe.
>
> [...] Se o Estado deixar de discriminar, talvez isso se transfira para a sociedade. Então, talvez consigamos um país mais decente, como dizia Zapatero. Um país onde não se humilhe o outro. Eu usaria — embora seja uma palavra religiosa — outra palavra. Diria "um país mais piedoso", um país onde não se machuque o outro.
>
> Isso está em suas mãos. E desculpem a onipotência, mas vocês não têm muito tempo para mudar esta realidade. Há muita gente sofrendo por isso. Portanto, seria bom que vocês tentassem mudar esse quadro.[56]

Ficou claro, na reunião, que o parecer seria aprovado, embora não fosse naquele dia, pois a sessão do dia anterior havia terminado depois das quatro da manhã, e vários deputados não puderam chegar. No entanto, o clima era de otimismo. Com exceção de Mario Merlo, de San Luís, todos os deputados que pediram a palavra se expressaram a favor da lei.

***

No mesmo dia da reunião das comissões, soube-se da notícia de que uma promotora cordobesa, Silvia Barrigó, havia se pronunciado um dia antes a favor da inconstitucionalidade dos artigos 172 e 188 do Código Civil, na causa do Juizado Civil e Comercial 30, em que um casal de homens reclamava o direito de se casar. Por sua parte, o legislador provincial Roberto Birri, da Frente Cívica e Social, apresentou-se na causa com um *amicus curiae* a favor do casal e o mesmo foi feito pela delegação local do INADI.

Entretanto, um mês depois, o juiz Federico Osola indeferiu a demanda por questões formais (alegou que deveria ter sido realizada contra o município e não contra a província, porque o regime legal do Registro Civil das Pessoas Naturais de Córdoba é descentralizado), sem se pronunciar sobre o mérito da questão.

---

56 *Op. cit.*, p. 26-29.

Uma certidão que abre portas até no banco

Os direitos negados aos casais do mesmo sexo devido à falta de acesso ao casamento eram muitos. Dentre os mais citados estão a herança, a pensão por falecimento do cônjuge e a possibilidade de adotar em forma conjunta. Porém há outros, como por exemplo, a possibilidade de se obter um crédito conjunto num banco. Isso foi o que Jorge e Damián fizeram.

Queriam fazer reformas na casa onde viviam juntos havia doze anos. Mas antes, como para a lei eram solteiros, não podiam pedir o empréstimo conjuntamente. A diferença é que, quando um casal pede um empréstimo, o banco soma os salários dos dois para decidir o limite do crédito.

Os esposos foram entusiasmados à agência do Banco Santander Rio, localizada no bairro portenho de Flores, e saíram com o crédito aprovado. "Eles foram muito bem atendidos", explicou a advogada do casal à mídia.[57] O sistema informático usado para colocar os pedidos de crédito não estava preparado para registrar duas pessoas do mesmo sexo como um casal, mas os funcionários do banco conseguiram solucionar o problema.

A notícia era importante por três razões: primeiro, pelo que significava para o casal que necessitava do dinheiro; segundo, porque era outra prova tangível e evidente da diferença que há, na prática, entre poder e não poder se casar; terceiro, porque o banco não deu a menor importância ao idiota Félix Igarzábal e reconheceu que o casal estava legalmente unido em matrimônio.

Clandestinas

Se o crédito aprovado para Jorge e Damián demonstrava as vantagens de estarem casados, Diana e María tiveram uma prova do que significava não ter seu casamento reconhecido pela lei.

Diana é argentina e María, espanhola.

Haviam percorrido juntas muitos quilômetros: conheceram-se na Venezuela, onde Diana estava trabalhando e María passava as férias. Apaixonaram-se e, como tinham residência em países diferentes, passaram quase um ano viajando de Sevilha a Caracas e de Caracas a Sevilha, até que María decidiu ficar na Venezuela. Casaram em Toronto, Canadá, quando o casamento ainda não era legal na Espanha. Em março de 2009, decidiram viver juntas na Argentina porque a mãe de María já estava muito idosa e queriam estar perto dela. Aproveitando a

---
57 SEGHEZZO, Mariana. Crédito de família para família gay. *Página/12*, 21/03/2010.

nacionalidade de María, e como a lei impulsada por Zapatero já havia sido aprovada, registraram o casamento canadense no consulado espanhol e obtiveram a certidão daquele país.

Finalmente (quantas voltas um casal homossexual tinha que dar para conseguir que seus direitos fossem reconhecidos!), com os papéis que certificavam que María, de acordo com as leis de seu país, estava casada com Diana, pediram ao Departamento Nacional de Migrações da República Argentina que concedesse a ela a residência permanente na qualidade de cônjuge de uma cidadã argentina, com toda a documentação exigida e devidamente certificada pelas autoridades da Espanha e do Canadá.

Mas não seria tão fácil.

O organismo respondeu-lhes por escrito recusando o pedido e informando que a situação migratória de María era irregular, que sua residência temporária havia sido cancelada e que ela tinha trinta dias úteis para sair do país. Caso contrário, seria expulsa e proibiriam que ela retornasse.

"Você vai embora!", disse a República Argentina à esposa de Diana.

"Por ser sapatão!", faltou dizer.

Assessorada por advogados da Federação, o casal apresentou um recurso na Justiça para impedir que María tivesse que abandonar o país.

Era um absurdo.

***

O jornalista e escritor argentino Luis Corbacho e o escritor peruano Jaime Bayly, que passaram quase uma década juntos, viajando de San Isidro a Miami, de Miami a Lima e de Lima a San Isidro, tiveram de suportar mais de uma vez as consequências migratórias de não terem um vínculo reconhecido pela lei. Assim conta Luis, numa carta, publicada aqui pela primeira vez:

> Meu namorado vive em Miami há dezesseis anos. É peruano, de Lima, mas o destino o levou a tentar a sorte no país do norte, e ficou lá. Para obter a cidadania americana, casou-se com uma gringa. Fingiram estar perdidamente apaixonados diante das autoridades migratórias, submeteram-se a várias entrevistas, visitas de surpresa e provas de todo tipo (que incluíam, por exemplo, perguntar a cor da roupa íntima do outro, dentre outras intimidades). Ao cabo de uns anos, meu namorado se tornou cidadão americano.
>
> Depois de uns meses, divorciou-se da esposa fictícia. Sua nova cidadania ficou intacta. Quando eu e ele nos apaixonamos, pouquíssimas pessoas apostaram na nossa relação. Um vivia em Miami, o outro em Buenos Aires. Um tinha 37, o outro,

24. Um saía na televisão divulgando-se bissexual, o outro vivia com seus pais em San Isidro sem que ninguém soubesse, nem sequer ele mesmo, que gostava de homens.

Oito anos se passaram, e até o dia de hoje eu e meu namorado continuamos juntos, tão apaixonados como no primeiro dia que cruzamos nossos olhares no *hall* de um hotel portenho. Eu o amo cada vez mais, quero estar com ele até o momento em que chegue a hora de partir para um dos dois. Ele diz que também quer estar comigo para sempre. Eu acredito nele.

No ano passado, o destino nos fez passar um momento difícil. Meu namorado ficou doente e teve que ser operado de urgência. Ele estava em Miami, trabalhando, quando ocorreu essa desgraça. Eu estava em Buenos Aires, visitando a família e contando os dias para a entrevista de renovação de meu visto de jornalista. Desde que nos apaixonamos, ele viajou a Buenos Aires todas as vezes que pôde e eu, de tempos em tempos, devia me ocupar de demonstrar perante os funcionários da embaixada americana que era jornalista e que minhas funções me obrigavam a entrar nos Estados Unidos várias vezes por ano. Assim estivemos todo esse tempo, fazendo o impossível para ficarmos sem nos ver o menos possível. Às vezes duas semanas, outras, um mês.... e a espera sempre me pareceu eterna.

O negócio é que a semana da operação do meu namorado coincidiu com minha entrevista para renovar o visto. Então juntei os papéis necessários, comprei uma passagem para Miami e me preparei para terminar com o trâmite o mais rápido possível. Mas na embaixada me negaram o visto, alegando que devia apresentar uma declaração de impostos atualizada que eu, ingênuo, não levei à entrevista porque ninguém tinha me dito e porque nas várias entrevistas anteriores nunca me haviam solicitado.

Pedi ao oficial que me desse um horário para o dia seguinte, explicando que tinha a declaração de impostos em casa e que devia viajar com urgência por um assunto de saúde. Ele me perguntou se eu estava doente e eu disse que não. Perguntou se um familiar meu estava mal e eu disse que sim. Quis saber o tipo de parentesco que me unia ao doente. Respondi que se tratava de meu companheiro. Perguntou se estávamos casados. Disse que não. Ele me respondeu que se não estávamos casados não éramos formalmente familiares. Eu expliquei que meu companheiro era um homem, e que isso nos impedia de nos casar, apesar de estarmos juntos há sete anos.

Ele não disse uma palavra sobre o assunto e me entregou um papel com o novo horário para a entrevista: dentro de três semanas.

Depois fechou o guichê e gritou pelo microfone: "Next!"

Não pude estar com meu namorado durante seu pós-operatório. Ele teve de ligar para sua ex-esposa, que continuava vivendo em Miami, para que cuidasse dele.

Finalmente as autoridades de nossos países se encarregaram de fazer cumprir uma estranha lei: um homem, quando está doente, deve ser cuidado por uma mulher.

O garoto da capa

Martín Canevaro começou sua militância no ensino médio, quando foi presidente do grêmio estudantil do Colégio Nicolás Avellaneda, uma das mais prestigiosas escolas públicas da capital. Anos mais tarde, foi eleito secretário-geral da Federação Juvenil Comunista Regional da Capital, e no início dos anos 1990 fazia parte da corrente interna do PC que rompeu com o partido para se integrar à Frente Grande. Lá nos conhecemos, quando ambos tínhamos cabelos compridos, e Chacho e Graciela[58] pareciam encarnar a esperança de acabar com o bipartidismo e construir uma alternativa de centro-esquerda para mudar o país.

Eu ainda estava na escola.

A ideia de acabar com o bipartidismo foi um fracasso, e o péssimo governo da Aliança acabou em 2001 com o "panelaço". Quando nos conhecemos, Martín tinha o cabelo muito mais comprido do que eu e o conservou por mais tempo, mais do que Chacho e Graciela demoraram desperdiçando nossas esperanças.

No final, alguma coisa nós mudamos no país, mas não foi através da Frente Grande. Pode-se ficar sem partido, mas a militância é a última coisa que se perde.

Naquela época, eu nem imaginava que era gay, e muito menos que seria um ativista e lutaria pelo casamento homossexual. Tinha 16 ou 17 anos e toda a libido na militância política, que, além de me empolgar, me ajudava a não pensar muito sobre outras coisas mais complicadas. Martín sabia desde pequeno, mas nunca tocamos no assunto até quase 10 anos depois, quando nos encontramos por acaso numa boate gay.

Isso nos aproximou mais, e nos tornamos muito amigos.

Quando comecei a militar na Federação, Martín ficou muito entusiasmado com tudo o que nós fazíamos e várias vezes participou das atividades, mas sempre como convidado. Eu queria que ele se juntasse a nós, pois precisávamos de quadros políticos como ele. Acho que uma das chaves para o sucesso da Federação foi a participação de muitas pessoas que vinham de outras

---

[58] Líderes da Frente Grande. Chacho foi vice-presidente do desastrado governo De la Rúa e renunciou denunciando um "mensalão" do governo no Senado.

militâncias, nos partidos e em outros movimentos sociais, o que deu à organização um olhar mais amplo e mais ferramentas para uma luta que era eminentemente política.

No final, Martín se uniu à Federação.

Acho que era inevitável que nós dois terminássemos fazendo o que fizemos porque, em última análise, sempre fomos militantes. E como éramos gays, mais cedo ou mais tarde acabaríamos sendo também militantes da veadagem. Em menos de um ano, Martín estava organizando nossa ala para a parada gay de Buenos Aires.

A primeira vez que ele foi a uma reunião da Federação, de lá fomos a um churrasco na casa de Rodolfo com vários colegas, e foi lá que Martín e Carlos se conheceram. Com aquele cara negro com *dreadlocks*, para quem não tinha deixado de olhar no churrasco inteiro, ele sairia, alguns anos mais tarde, fotografado em todos os jornais, inclusive na primeira página, mostrando a certidão de casamento ao lado de Cristina Kirchner.

E pensar que a primeira coisa que meu amigo me disse quando comecei a militar na Federação foi que eu me "expunha demais", porque assinava algumas matérias e notas de imprensa com o meu nome. E ali estava ele, na capa dos jornais, casando com outro homem e cumprimentado a Presidenta.

Mas ainda faltava muito para isso.

Saímos do churrasco e fomos tomar um café juntos. Eu terminei o meu, disse a eles que tinha que ir e deixei-os sozinhos.

"Sem convicção"

Tínhamos decidido, depois das experiências anteriores, que não divulgaríamos a existência de decisões favoráveis até que cada um dos casais estivesse legalmente casado. Sem ter o livro de registro assinado, não se podia falar com ninguém, para evitar que os juízes civis tentassem impedir os casamentos.

Cada vez que recebíamos a notícia de uma sentença — às vezes nos informávamos antes das notificações, por amigos que trabalhavam no fórum ou por funcionários da Prefeitura —, não podíamos contar a ninguém.

Até na lista interna de e-mails da Federação a informação era bastante limitada: "Amanhã teremos notícias importantes", María escrevia, e dava um horário e lugar. Todo mundo supunha que se tratava de um novo casamento. Nos perfis e páginas do Facebook, onde milhares de pessoas se inteiravam das novidades, deixávamos mensagens cifradas.

No entanto, o caso de Martín e Carlos se tornou público muito antes. Uma complicação que surgiu na metade do caminho mudou seus planos.

***

Martín Canevaro era então secretário de organização da Federação. Atualmente, ele preside a associação civil 100% Diversidade e Direitos, um novo grupo que nasceu como "uma organização da diversidade onde há pessoas de todas as idades e identidades sexuais, incluindo heterossexuais". Martín explica que, por esse motivo, não se consideram apenas um grupo LGBT, mas um grupo "misto e aberto que entende a diversidade sexual como parte de outras diversidades", e acrescenta: "nós íamos para a Tenda Branca[59] sem ser professores, ou colaborávamos com outras reivindicações sociais. A luta pela igualdade não é um problema apenas de identidades, mas um problema político, por isso são bem-vindos todos que queiram participar desta luta".

Carlos Álvarez, que também milita no 100%, é um uruguaio residente em Buenos Aires com participação ativa no movimento de afrodescendentes. É um dos líderes da associação civil África e sua diáspora, tem duas filhas, estuda sociologia e trabalha no INDEC.[60]

Em 19 de março de 2010, o juiz Guillermo Scheibler[61] decidiu a favor da ação de amparo apresentada pelo casal. Foi a primeira vez que Scheibler teve de julgar uma ação pelo casamento gay, e com ele já eram três juízes do contencioso-administrativo que ditavam sentenças favoráveis. Desde que os amparos da capital começaram a ser apresentados nesse foro, nenhum casal tinha recebido uma sentença desfavorável.

A prefeitura, como vinha acontecendo, não apelou, mas sim a promotora, Mariana Pucciarello. Era uma situação que não tínhamos enfrentado até então,

---

59 N. da T.: A instalação de uma tenda (*Carpa*) de cor branca em frente ao Congresso Nacional argentino e o jejum rotativo de docentes durante 1003 dias (de 2/4/97 a 30/12/99) foram uma forma de protesto da Confederação de Trabalhadores da Educação da República Argentina (CTERA) contra o desfinanciamento da educação pública, os baixos salários dos professores e a reforma educativa neoliberal do governo Menem. Artistas, políticos e referentes sociais de todo tipo iam à Tenda Branca para se solidarizar com os professores.
60 Instituto dependente do governo federal com funções semelhante às do IBGE brasileiro.
61 Por uma questão de ordem, dediquei bastante espaço para analisar os fundamentos da sentença de Gabriela Seijas e menos aos de Elena Liberatori. Como este livro não é um livro direcionado especificamente para advogados ou estudantes de Direito, tento dosar as questões mais técnicas e por isso não incluo aqui uma análise da sentença do juiz Scheibler, cujos fundamentos seguem uma linha mais parecida com a de Seijas do que com a de Liberatori, uma vez que opta pela declaração de inconstitucionalidade. No entanto, para as pessoas interessadas nos aspectos jurídicos do debate, recomendo enfaticamente a leitura das três sentenças. Em particular, a explicação de Scheibler sobre a aplicação da doutrina da categoria suspeita, que é um luxo.

e colocava uma questão: devíamos esperar ou tornar pública a situação imediatamente?

Após a apelação da promotora de primeira instância, a causa iria à segunda instância do contencioso administrativo da cidade de Buenos Aires, que deveria sortear uma turma da Câmara para confirmar ou revogar a decisão do juiz. Se revogasse, o casal deveria recorrer ao Superior Tribunal de Justiça da cidade e, eventualmente, chegar ao Supremo Tribunal Federal. O casamento, nesse caso, teria de esperar.

***

Carlos tem duas filhas, fruto de relacionamentos heterossexuais. Ambas vivem no Uruguai, com suas mães, e sabem que o pai é gay. Após apresentarem a ação de amparo, eles tinham viajado juntos para passar as férias em Montevidéu, e Martín conheceu as meninas. Eles contaram que pensavam em se casar.

Quando saiu a sentença e Carlos avisou as filhas, elas ficaram entusiasmadas, pensando na roupa que colocariam para a cerimônia. Mas a apelação suspendeu tudo, e agora eles não sabiam quanto tempo ia levar para o casamento se concretizar. Era muito complicado fazer uma menina de 6 anos e outra de 7 entenderem o que é uma apelação e por que havia pessoas que não queriam que seu pai pudesse se casar com o namorado.

— Como explico para as meninas que há pessoas que nem nos conhecem mas se sentem incomodadas por sermos gays e por nos casarmos? — Carlos se perguntava.

O irmão de Martín que mora em Madri também tinha planejando viajar.

Em março, eles tinham ido visitá-lo.

Algo que aconteceu durante a visita terminou de convencê-los da importância de lutar pelo casamento gay para acabar com os preconceitos contra os homossexuais.

O sobrinho de 8 anos de Martín perguntou ao pai:

— Quem é Carlos?

— É o noivo do seu tio — respondeu o irmão de Martin.

— Ah, como Julián, o marido de Ernesto — disse o menino.

Tempos antes, ele tinha ido à festa de casamento de um casal amigo do pai e, portanto, não se surpreendeu que o noivo de seu tio fosse outro homem.

— E vão se casar? — perguntou.

***

A apelação da promotora de primeira instância tinha suspendido o casamento, mas havia uma maneira de resolver o problema: a procuradora da Câmara, Daniela Ugolini, devia decidir se sustentava ou desistia do recurso interposto por Mariana Pucciarello. Se desistisse, a sentença de Scheibler faria coisa julgada, e Martín e Carlos poderiam se casar.

E tinha um detalhe importante que colocava um ponto de interrogação no processo: Mariana Pucciarelo tinha apelado "sem convicção", pois teria preferido não fazê-lo, mas foi forçada. Durante a investigação do caso, outra promotora, que a tinha substituído na sua ausência, María del Carmen Gioco, tinha dado um parecer contra o casamento de Martín e Carlos, e existe uma instrução obrigatória segundo a qual, quando dois promotores de justiça diferentes atuam numa causa na mesma instância — por exemplo, por uma licença —, não podem se contradizer. Se o promotor de justiça que atuou no início tinha decidido contra o pedido do casal, ainda que Pucciarelo não estivesse de acordo — como registrado em seu parecer—, deveria apelar.

A promotora Gioco, formada pela Universidade Austral — casa de estudos do Opus Dei — tinha pedido em seu parecer que a proposta de inconstitucionalidade fosse rejeitada argumentando que o Foro Contencioso-administrativo da cidade era incompetente para resolver e, além disso, que a possibilidade de casamento entre pessoas do mesmo sexo era algo que competia ao Congresso decidir, como se o controle da constitucionalidade das leis não existisse. A promotora Pucciarelo apelou, citando os argumentos do parecer de Gioco, mas a fundamentação da apelação era pobre e, como ela própria reconheceu, "sem convicção".

Agora, Ugolini tinha de decidir o que fazer.

O casal avaliou, combinando a análise jurídica com outra avaliação mais política, que a melhor maneira de conseguir que Ugolini desistisse do recurso seria divulgar o caso, já que Ugolini tinha sido proposta por Mauricio Macri para preencher a vaga aberta no Superior Tribunal de Justiça da cidade. Agora, sua candidatura deveria ser aprovada pela Assembleia Legislativa, onde ela encontrava resistência de várias bancadas da oposição e enfrentava diferentes denúncias e questionamentos. Sua candidatura chegou a provocar um conflito entre o prefeito e alguns juízes portenhos. Não convinha à candidata se ver envolvida em um novo escândalo por impedir um casamento gay.

No dia 5 de abril, Carlos e Martín pediram publicamente que Ugolini desistisse do recurso e se apresentaram pessoalmente, acompanhados por María Rachid, para pedir uma audiência. Ugolini não os recebeu, mas eles conseguiram fazer bastante barulho na imprensa e fizeram com que ela sentisse o peso da decisão que deveria tomar.

Além disso, os noivos citaram Macri nas entrevistas, salientando que era a candidata dele ao STJ quem decidiria e indicando também as consequências políticas que o caso poderia ter: "Mais uma vez, Mauricio Macri tem a possibilidade de decidir",[62] disse Martín ao *Página/12*.

***

Poucos dias depois, tocava o celular de Martín.

Era Aníbal Ibarra.

O grupo político do qual Martín participa há muitos anos, a agrupação Nova Comuna, tinha apoiado a candidatura a deputado estadual do ex-prefeito de Buenos Aires, irmão de Vilma Ibarra, com quem tinham uma longa história de militância desde o tempo da Frente Grande.

Martín, além disso, tinha trabalhado no Prefeitura durante a gestão de Ibarra e tinha bom diálogo com ele.

— Tenho boas notícias para você — anunciou o legislador.
— É mesmo? Me conta...
— Acabei de falar com Ugolini.
— E?
— Você vai poder se casar!
— Não vai apelar?
— Não. Vai desistir. Parabéns!

O deputado tinha entrado em contato com a procuradora e, informalmente, tinha perguntado qual seria a sua decisão. Sem pedir nada de forma direta, avisou que era amigo do casal e estava preocupado com a situação. Ugolini sabia que, para que a Assembleia Legislativa[63] aprovasse sua candidatura, precisava do voto das bancadas da oposição, uma das quais liderada por Ibarra.

***

Depois de defender a competência da justiça contencioso-administrativa para apreciar "todas as contendas judiciais requeridas por e contra as autoridades da cidade de Buenos Aires, seja aplicando o direito público ou privado", que tinha sido questionada pela promotora de primeira instância, Ugolini deixou

---

62 VALLEJOS, Soledad. Esperamos la decisión política. *Página/12*, 05/04/2010.
63 Mesmo assim, por razões que nada têm a ver com o casamento gay, Ugolini não conseguiu a aprovação da Assembleia Legislativa e, mais tarde, acabou renunciando à candidatura.

clara a sua opinião sobre o mérito da causa. Argumentou que o que provocava a inconstitucionalidade dos artigos 172 e 188 do Código Civil não era o que eles dizem, mas o que não dizem: havia um vazio legislativo que deixava desamparados os casais do mesmo sexo que desejassem casar, violando direitos reconhecidos pelos tratados internacionais de direitos humanos com hierarquia constitucional. A promotora concluiu que, "na nossa legislação interna, por não contemplar os direitos das pessoas homossexuais de terem acesso a um sistema que lhes outorgue os mesmos direitos que às uniões heterossexuais, há uma omissão normativa que deve ser corrigida".

No entanto, não foi em sua posição sobre a questão de mérito que ela fundamentou sua decisão, mas na análise da apelação feita pela promotora. Ugolini fez uma análise de cada um dos argumentos de Pucciarelo e concluiu que sua apelação não continha "uma crítica concreta e fundamentada" das partes da sentença que considerava equivocadas e, portanto, não cumpria os requisitos legais para ser levada em conta.

Embora, pela maneira como fundamentou sua decisão, Ugolini não estivesse estabelecendo um critério que impedisse o julgamento favorável à apelação de uma sentença favorável ao casamento gay em casos posteriores, uma leitura política da sua decisão permitia supor que isso não ocorreria. Ou seja, o caminho ficava aberto para os casais que viessem depois, já que qualquer recurso deveria passar por ela.

O amor nos tempos do cólera

Quando o publicitário Brian Kinney — o menino egoísta e cínico que não para de pular de cama em cama, personagem ícone da série gay *Queer as Folk* — chega aos 30, seus amigos lhe organizam um funeral. A original festa de aniversário substitui o bolo de chocolate por um caixão com velas, e Brian é declarado oficialmente morto.

Exagero? Talvez, mas a série, que nunca quis ser politicamente correta, nesse episódio, ria da forma peculiar como o mundo gay urbano se relaciona com o envelhecimento:[64] parece, dizia tempos atrás um artigo da revista brasileira *Junior*, "que nessa comunidade só existem jovens bonitos e bem-vestidos".[65] Cla-

---

64 Nota do autor: sobre este ponto, é muito recomendável o livro *Los últimos homosexuales*, do sociólogo argentino Ernesto Meccia, que analisa a velhice homossexual em Buenos Aires em épocas de casamento igualitário e igualação de direitos, e se pergunta o que mudou, para o bem e para o mal, para os gays portenhos de mais de 40 anos.
65 FISCHER, André; FILHO, Hélio. Questão de tempo. *Junior*, A. 2, n. 9.

ro que não é assim, mas, numa sociedade cujas normas de acessibilidade para as pessoas com uma sexualidade minoritária são bastante deficientes, os jovens gays têm, pelo menos, espaços de encontro, que vão da boate ao ginásio, às festas ou à internet, onde os mais velhos não são tratados da mesma forma.

Até a lei do casamento igualitário, os casais que envelheciam juntos começavam a enfrentar mais seriamente a falta de proteção estatal e a falta de leis que reconhecessem os direitos e benefícios sociais que os casais heterossexuais têm: os viúvos gays que tiveram de chegar ao Supremo Tribunal para que tivessem reconhecido o direito à pensão pela morte do parceiro — volto a insistir: Elvio ainda está aguardando — são um exemplo disso. Quem fica sozinho começa a enfrentar também a falta de espaços de reunião e de associação para a terceira idade.

Pensando em todas essas pessoas, no final de 2009, um casal de aposentadas, acompanhando uma iniciativa da associação civil Porta Aberta, fundou o primeiro centro de aposentados e pensionistas para lésbicas, gays, bissexuais e trans da Argentina. Norma Castillo, uma velha militante que tinha sido candidata a deputada nas eleições daquele ano por um partido da base governista, foi escolhida para presidir o centro.

Norma e sua esposa, Ramona Arévalo, uruguaia, apelidada de "Cachita", estavam vivendo na Colômbia, mas decidiram há algum tempo voltar ao país. E rapidamente se entusiasmaram com a proposta da psicóloga Graciela Balestra, da Porta Aberta, para abrir o centro de aposentados.

— O que acontece com pessoas homossexuais da terceira idade? Onde estão? Aonde vão? Evaporam? — se perguntava Norma—. À medida que ia me aproximando nessa fase da vida, eu pensava nisso, e agora que já cheguei, estou aqui e quero ver o que acontece com todas essas pessoas que são invisíveis.

— E onde elas estão?

— As pessoas da nossa idade, na juventude, foram muito discriminadas e escondidas. Nem mesmo usávamos a palavra 'lésbica', era um tabu enorme. Fomos arrastando isso e eu acho que, além da discriminação dos outros, há a autodiscriminação. A isso se adiciona a idade, que toca igualmente hétero e homossexuais: a gente fica velha e é deixada de lado. A proliferação de clínicas de repouso para idosos é um sinal de que, um pouco por falta de amor e outro pouco por problemas de trabalho e de tempo, vamos nos afastando e perdemos nosso direito de continuar fazendo coisas. O que queremos tornar visível é que, com a idade e a experiência que temos, podemos continuar vivendo e participando ativamente da sociedade. E queremos preparar uma sociedade melhor para quando os jovens de hoje chegarem à nossa idade — ela diz.

Mas Norma e Cachita tinham também planos para o próprio futuro. Estavam há trinta anos juntas e queriam formalizar o relacionamento. Já tinham a união civil, permitida pela lei portenha. No bairro, Parque Chas, os vizinhos organizaram uma festa em um clube e lhes deram presentes quando registraram a união. Não faltou ninguém.

Mas elas queriam se casar.

Por isso, em 11 de dezembro de 2009, foram ao cartório pedir uma data para o casamento. Martín e Carlos também fizeram o mesmo, junto com elas, como parte de um movimento organizado pela 100 %, grupo no qual os casais militavam, que trabalhou em conjunto com a Federação na campanha pela lei do casamento igualitário.

O caso caiu no juizado de Elena Liberatori, a mesma juíza que autorizara o casamento de Jorge e Damián.

Tinham a data marcada no Registro Civil.

A decisão, no caso delas, foi anterior à do juiz Scheibler no caso de Martín e Carlos, mas foi mantida em segredo até o dia do casamento. No mesmo dia em que se soube da decisão de Ugolini no caso de seus companheiros, Norma e Cachita se casaram no Registro Civil da rua Uruguai. Acompanharam a cerimônia as deputadas federais Vilma Ibarra e Juliana Di Tullio e as estaduais Gabriela Alegre e María José Lubertino, bem como familiares, amigos e ativistas.

Do cartório, elas foram para a Associação de Advogados de Buenos Aires, onde deram uma coletiva, e de lá para a sede da CTERA,[66] onde haviam organizado uma festa de casamento. Houve bolo de merengue com morango e creme, com bonequinhas representando as noivas, e um show da cantora de tangos Gabriela Elena. Martín e Carlos sonhavam em celebrar seu próprio casamento, e María Rachid não parava de chorar.

"Esperamos este momento por 30 anos, 5 meses e 12 dias. Não queria ir embora desta vida sem que fosse reconhecido esse amor que tem mais de 30 anos", disse Norma, e acrescentou: "Muitos morreram sem poder gritar aos quatro ventos: 'Eu te amo'".

As primeiras mulheres a se casar na Argentina tinham, então, 67 anos de idade, embora na identidade de Norma constasse que tinha 66.

---

66 Confederação dos Trabalhadores da Educação da República Argentina.

— Nasci em 1942. Em 77, tive que ir para o estrangeiro, e quando voltei, ao pedir uma segunda via da carteira, cometeram um erro e colocaram que nasci em 1943 — recorda. — Imagina se eu ia reclamar pelo ano que tiraram!

O jornalista Damián Martino fez uma extraordinária entrevista com Norma para o caderno "SOY", do *Página/12*, na qual ela relembra diferentes momentos de sua vida e conta como conheceu e acabou se apaixonando por Cachita:

— Conheci Ramona em março de 71, por intermédio de Julio, meu marido. Ela era a mulher do primo do meu marido e vivia com ele no Uruguai. Cachita vinha com o marido de visita à Argentina para, em seguida, instalar-se definitivamente na Colômbia, que era o país natal do meu marido e de toda a família. Naquela época eu tinha 28 anos, fazia muito pouco tempo que tinha casado e vivia em La Plata. Foi a primeira vez que nos vimos, e não voltei a vê-la até 1977, quando Julio e eu fomos morar na cidade onde eles moravam.

— Você gostou dela desde o começo?

— Naquele tempo, eu não podia sequer pensar em um relacionamento com outra mulher. Se alguém tivesse me dito que eu ia me apaixonar pela Ramona, eu teria caído no chão, porque era completamente homofóbica e parte de um sistema conservador que hoje quero derrubar completamente.

Durante todo o primário, as freiras da escola que eu frequentava, em Corrientes, se encarregavam de incutir toda a doutrina de culpa e aberração para os "sodomitas", então não havia nenhuma outra opção a não ser casar com um homem e começar uma família "como Deus manda".

— Mas você gostava de mulheres....

— Naquele momento não podia definir concretamente o que estava acontecendo comigo. Lembro que na adolescência eu era encantada pela Doris Day, mas era algo secreto. Eu gostava, mas não podia definir esse sentimento e, muito menos, externar isso.

— Então você se casou para continuar a esconder o que você não podia explicar?

— Eu me casei porque gostava do Julio. Eu me apaixonava facilmente, e ele me fisgou. Além disso, o movimento *hippie*, que começava a surgir em nosso país, dava margem a uma revolução na qual todo mundo soltava a franga. Era uma raridade que uma garota de 23 ou 24 anos de idade ainda fosse virgem.

Foi assim como eu preferi esquecer o que sentia e viver uma vida heterossexual como meus pais e a sociedade tinham me inculcado. Depois as coisas mudaram, porque eu já não era a mesma e também porque Ramona tinha reaparecido na minha vida.

— Por que você e seu marido decidiram deixar a Argentina e viver na Colômbia?

— Tínhamos de ir, eram tempos muito difíceis. Eu estudava e militava ativamente em La Plata e, naqueles tempos de ditadura, era muito difícil fazer política no país. Lembro que, em uma das muitas manifestações que fizemos na universidade, durante a ditadura de Onganía, a coisa ficou preta e os milicos soltaram os cachorros em cima da gente. Um deles agarrou o poncho que eu usava e quase me devora viva; naquele dia eu pensei que não viveria para contar a história. De qualquer forma, aquelas não foram épocas tão cruéis como as de Videla. Em março de 76 tudo piorou e, após um ano de eventos indescritíveis, tivemos de nos exilar na Colômbia.

— Indescritíveis?

— É muito difícil falar sobre o tema, porque me confronta com um passado de muita dor. Basicamente, quero enfatizar que o que aconteceu comigo e com muitos dos meus amigos foi terrível, e ainda hoje continuo lamentando os mortos. Naquela época eu trabalhava como colaboradora no Hospital Infantil, e desde o início da ditadura de Videla o panorama começou a ficar caótico e aterrorizante. Todos os dias ficávamos sabendo do desaparecimento de um colega, e sempre havia batidas policiais. Nos sentíamos muito mal. Eu tive que ir porque não tinha outra opção e não tinha como escolher. Se tivesse tido uma opção, sem dúvida teria ficado para lutar pelo meu país, mas fui presa e, depois de me achacarem, me torturaram reiteradas vezes. Tinha duas alternativas: ou ia para a Colômbia com meu marido ou me matavam.

— O exílio foi difícil?

— Quando deixei a Argentina, comecei a viver novas experiências e me afastei da política, mas nunca esqueci meu passado. Enquanto ia no trem rumo à Colômbia, recordava tudo o que tinha deixado no caminho e senti uma dor que ainda perdura. Na fronteira com a Bolívia tinha um alambrado que separava esse país e o nosso, e quando eu cruzei senti que estava abrindo uma nova porta, sem deixar fechada a anterior. Hoje, à distância, o passado ainda pesa.

— Você admitiu que era lésbica quando voltou a ver a Ramona?

— A história é incrível, mas percebi que gostava das mulheres um minuto antes de entrar no trem que me faria abandonar o país. Realmente, acho que sou meio atrasada, porque sempre cheguei tarde a todos os lados, e muito mais para perceber o que acontecia comigo sexualmente (risos). O ponto é que, se não fosse pela Teresa, eu nunca teria assumido.

— Quem é Teresa?

— Teresa era uma velha amiga de militância que vivia ao lado da minha casa, junto com outra garota que também militava comigo. Ela viu primeiro que ninguém o que eu sentia e foi a primeira a falar sobre a minha sexualidade. Embora tivesse diversos conflitos e estivesse um pouco louca, era uma pessoa muito especial e não demorou muito para ser minha amiga. Naquela época eu estava casada com Julio e não existia a possibilidade de uma relação lésbica, mas Teresa tinha visto algo em mim. "Te arranham um pouco e se descobre o que esconde", me insinuava constantemente, e eu não entendia nada. Por isso, o que ela me disse um minuto antes que eu subisse no trem mudou minha vida completamente: "Você me quer". Foi nesse momento que me dei conta de que era verdade o que ela dizia: eu gostava de mulheres. E, mais do que isso, eu gostava da Teresa.

— Você lamentou não ter tido um relacionamento com ela?

— Não. Teresa era muito boa amiga, mas era muito louca. Teria complicado minha vida mais do que era! Ela significou muito para mim e foi a pessoa que me ajudou a descobrir minha sexualidade e o que eu realmente queria.

— No entanto, você decidiu continuar com seu casamento....

— Absolutamente. Era muito difícil, para mim, falar sobre isso. Quando chegamos à Colômbia, Julio e eu fomos morar em Pivijay, a aldeia de seu primo, e lá me encontrei novamente com Ramona. Nos tornamos amigas e ela, inconscientemente, me ajudou muito em todo esse processo. Em pouco tempo, eu estava apaixonada por Cachita e precisava muito dela, mas não disse nada porque tinha medo da resposta. Como sempre digo, os roteiros de Alberto Migre[67] não são nada perto da nossa novela, porque não só estava apaixonada por uma mulher, mas ela estava casada com o primo do meu marido e tinha um filho adolescente; detalhes suficientes que reduziam minhas possibilidades completamente. Mas uma noite eu esqueci tudo e fiz algo que mudou a história.

— O que aconteceu?

— Estávamos na festa de um vizinho da aldeia, e, como eu nunca soube beber, fiquei totalmente bêbada com rum. A festa acabou e nossos maridos bebiam a saideira, enquanto Ramona e eu esperávamos por eles no carro para ir embora. Estávamos lado a lado e conversávamos, até que, movida por um instinto que não sei de onde veio, me aproximei dela e lhe mordi a orelha, lentamente. Se não estivesse bêbada, eu nunca teria feito isso.

— Essa foi a primeira vez que ficaram juntas?

— Não, nessa noite ficou por aí porque os nossos maridos estavam lá. No dia seguinte, não me lembrava de nada, e Ramona apareceu na minha casa para me dizer que precisávamos conversar. Eu queria morrer porque imaginei que fosse algo relacionado com o que eu sentia, mas não conseguia lembrar o que tinha feito. Assim ficamos uma semana até que um dia aproveitamos que nossos maridos

---

67 (1931-2006), roteirista e produtor de TV. Autor das novelas mais famosas da televisão argentina.

tinham ido ao campo para ficarmos juntas. Quando cheguei na casa da Cachita, ela não hesitou em me confrontar com a firmeza que a caracteriza: "Você teria feito a mesma coisa se estivesse sóbria?", perguntou, e eu respondi que sim, sem saber o que tinha acontecido. Assim foi como ficamos toda noite juntas e vivemos nossa primeira experiência lésbica, aos 37 anos de idade.

— Como o seu casamento e o de Ramona continuaram após aquela noite?

— Minha relação com Julio continuou até que fiquei viúva. Inicialmente, o que aconteceu conosco era tomado como um jogo passageiro, e não tínhamos pensado em terminar nossos casamentos, nem em começar um relacionamento. Com o passar do tempo, Cachita se separou do marido, o filho dela foi com o pai para Barranquila e ela veio morar em nossa casa. No meu caso custou muito mais e durou vários anos, por causa da doença do meu marido. Ele era alcoólatra, fumava muito e, com o tempo, teve câncer de laringe. Eu sentia muita culpa pelo que estava acontecendo com ele e muito mais pela relação clandestina que vivia com Cachita.

— Ramona te pediu alguma vez que deixasse Julio por ela?

— Não, muito pelo contrário. Ela me compreendia e me ajudava a lidar com a doença do meu marido porque, apesar de tudo, eu continuava com ele. Enquanto Julio estava doente, passamos vários meses sem estar juntas e ambas tínhamos que cuidar dele para que não bebesse nem fumasse.

— O que aconteceu após a morte de Julio?

— Naquele momento, começamos a construir nossa relação, embora tenha me custado bastante me livrar das culpas, e até acho que ainda hoje me perseguem. Continuávamos morando juntas na casa de Pivijay e as pessoas nunca fizeram qualquer comentário sobre o assunto. Obviamente, a maioria dos nossos vizinhos e familiares sabiam da relação, mas nunca nos faltaram com o respeito nem viraram a cara para nós. Eu acho que é algo que eles imaginavam antes que meu marido morresse. Além disso, o filho de Cachita adorou e ainda me pediu para ser testemunha de seu casamento.

— Vocês estão vivendo na Argentina há doze anos. Por que voltaram?

— Em princípio, para que Ramona reencontrasse o filho, que estava estudando aqui, e porque eu precisava reconstruir meu passado. Realmente, voltar para a Argentina significou uma reviravolta na minha vida, e hoje eu quero me mostrar para o mundo inteiro, para que minha história possa contribuir para que as pessoas não discriminem, nem tomem um caminho errado como eu, sempre movida pelo terror e pela culpa.[68]

***

---

68 MARTINO, Damián. De la clandestinidad al orgullo. SOY, *Página/12*, 22/01/2010.

Norma e Cachita foram pioneiras em várias coisas. Foram o primeiro casal de mulheres que conseguiu se casar na Argentina. Foram também o primeiro casal homossexual formado por pessoas idosas que veio a público e se tornou uma referência na luta pela igualdade de direitos

Elas quebraram todos os estereótipos.

Até elas aparecerem, os editores de qualquer jornal, revista ou portal da internet que quisessem publicar uma matéria sobre o casamento gay procuravam, para ilustrá-la, uma foto de dois homens, e se possível jovens e bonitos. Excepcionalmente, podiam ser duas mulheres. Talvez uma foto de arquivo de María e Claudia. Mas não ocorreria a ninguém colocar duas senhoras de quase 70 anos, porque, no imaginário coletivo, não havia casais de lésbicas dessa idade.

Elas surpreenderam porque mostraram uma das muitas realidades invisíveis do ambiente gay: a dos velhos. Quando tinham a idade de María e Claudia, nunca teriam pensado em ir a um registro civil e marcar o casamento para apresentar um amparo, e se tivessem feito certamente teriam terminado presas ou, quem sabe, desaparecidas. Agora podiam. E continuavam apaixonadas e com mais vontade do que nunca de se casar.

Sua história sensibilizou uma parcela da população que até então não prestava muita atenção ao tema. Quem podia ser contra o amor dessas duas avós adoráveis que estavam juntas há trinta anos? A empatia que elas provocaram foi enorme e quem as conhecia sabia que eram duas militantes muito lúcidas e determinadas que iam lutar até que saísse a lei.

"Claudia Rucci também me mentiu"

Enquanto a justiça portenha continuava dando boas notícias, no gabinete da deputada Claudia Rucci, que chegou ao Congresso pelas mãos do empresário Francisco De Narváez e do ex-presidente Duhalde, planejavam uma manobra contra a lei do casamento civil igualitário. No início do ano, Rucci tinha realizado uma reunião com María Rachid e outros ativistas da Federação, e não só se comprometeu a apoiar a lei, como também tirou uma foto, sorrindo e olhando para a câmara, segurando em suas mãos um cartaz dizendo: "Eu sou a favor do casamento entre pessoas do mesmo sexo".

Mas não era a favor. Ou sim. Ou talvez não soubesse. Talvez fosse a favor até que seus padrinhos políticos explicaram que tinha de ser contra.

Nunca se sabe com essas pessoas.

A verdade é que ela saiu na foto com o cartaz. Ninguém a obrigou. Ela estava sorrindo. E isso foi menos de dois meses antes de votar contra a lei, aquela que ela era a favor. Mas seu discurso esquizofrênico não terminaria aí.

Em entrevista ao jornal *El Urbano*, de Chacabuco, após a votação, Rucci disse: "Eu nunca fiz manifestações a favor. Simplesmente recebi as entidades, estudei a lei e tirei minhas próprias conclusões. Nunca disse que era a favor. E votei contra". A foto está postada na internet para quem quiser ver.[69]

— Claro que se comprometeu a votar a lei. Mas no final da reunião escorregou: "Se o partido governista vota a favor, talvez tenha de me opor, pois não posso apoiar um projeto K" — recorda o ator Ernesto Larresse, que participou do encontro com a deputada. A preocupação como os dividendos políticos que Néstor Kirchner pudesse colher com a lei do casamento igualitário foi, para alguns deputados, mais importante do que os direitos humanos de gays e lésbicas.

Mas isso não impediu que eles fizessem promessas que não cumpririam depois.

"Em primeiro lugar, quero dizer que estou de acordo com o casamento de pessoas do mesmo sexo. E também a maioria dos membros da comissão que presido", Rucci escreveu para Ariel Magan em 8 de março. Essa e outras mensagens estão publicadas na página do Facebook "Claudia Rucci também me mentiu",[70] que tem mais de 600 fãs.

***

Além de se deixar fotografar com o cartaz, Rucci tinha se comprometido a trabalhar em equipe com Vilma Ibarra para obter o parecer favorável. Como era presidenta da Comissão de Família, Mulher, Infância e Adolescência, sua assinatura era necessária para convocar as reuniões conjuntas com a Comissão de Legislação Geral.

Na primeira vez, cumpriu. Concordou em assinar a convocatória para o dia 18 de março, mas pediu a Vilma Ibarra que manejasse o tema e fosse discreta.

— Estou de acordo com o projeto, mas tenho recebido muitas pressões da minha bancada — disse.

Nessa primeira reunião, notava-se que ela estava muito nervosa.

Na semana seguinte, Rucci começou a não atender ao telefone e se recusou a assinar a convocatória da segunda reunião, que era a mais importante porque era

---

69 < http://on.fb.me/aLdVQn>.
70 <http://www.facebook.com/Ruccimemintio?ref=ts&fref=ts>.

quando o parecer seria assinado. Ibarra tentou entrar em contato com ela várias vezes e deixou mensagens no celular, mas não teve jeito. Quando ela finalmente atendeu, disse que precisava de tempo porque estava sofrendo muitas pressões.

— À medida que o tempo passar, a pressão vai ser pior —advertiu Ibarra, insistindo que para que ela assinasse a convocatória para a reunião, mas em vão. Rucci garantiu que estava de acordo com o projeto, mas tinha muitos problemas com a bancada.

Vilma estava muito preocupada e pediu que tentássemos convencê-la, mas a deputada não nos atendia. Decidimos, então, fazer uma convocatória através do Facebook. Pedimos às pessoas que, respeitosamente, escrevessem ou ligassem para o gabinete dela para pedir que ela assinasse a convocatória com Ibarra.

Rucci voltou a fazer o que melhor sabe: mentir. Do gabinete, informavam que ela já havia assinado e que havia uma campanha difamatória contra ela. "Estão espalhando informações falsas. A reunião já foi convocada", diziam. Liguei para Vilma para contar e ela confirmou que Rucci não estava dizendo a verdade: tinha convocado uma reunião da sua comissão, separadamente, o que era o mesmo que nada.

— Ela sozinha não pode decidir porque nem mesmo está com o processo. A comissão principal é a de Legislação Geral, a que eu presido. Pelo regimento da Câmara, o parecer deve ser conjunto — explicou.

Passei esta informação para Diego Mathé, para que fosse divulgada no Facebook, de modo que as pessoas soubessem responder quando Rucci dissesse que já tinha convocado a reunião. Em poucos dias, a deputada recebeu centenas de e-mails e ligações.

Enquanto isso, na *fan page* do grupo 100%, uma pessoa que não fazia parte de nenhuma organização, César Rosenstein, deixou duas mensagens no mural, dizendo:

> (1) Temos alguma citação textual com o compromisso assumido por ela de convocar a reunião? Então, eu acho que tem mais legitimidade a ligação. Por enquanto, enviei e-mails e mensagens por aqui. Vai adiantar bater à porta do gabinete?
>
> (2) Se lhe mandarmos um pacote de biscoitos "Traviata", ela entenderá a indireta?

O segundo comentário foi, sem dúvida, uma barbaridade. Claudia Rucci é filha de José Ignácio Rucci, ex-secretário geral da CGT[71] que, em 1973, foi assas-

---

71 A Confederação General do Trabalho (CGT), de orientação peronista, é a central sindical mais poderosa do país e a única reconhecida pelo Ministério do Trabalho.

sinado pelos montoneros[72] no episódio que ficou conhecido como "Operação Traviata".[73] A referência ao assassinato do pai estava completamente fora de lugar. Era, no entanto, um comentário entre os milhares que recebíamos naqueles dias nas redes sociais, onde qualquer pessoa pode participar sem necessidade de autorização prévia dos administradores. Em geral, esse tipo de mensagem — assim como as de alguns malucos que se inscreviam para nos insultar — era imediatamente apagado. Mas algum assessor do gabinete da deputada — que não estava inscrita na página — fez uma captura de tela e armou com isso uma campanha midiática desproporcional e absurda, com a qual Rucci tentou justificar sua mudança de posição sobre a questão principal, que era o debate do projeto de lei.

"A agressão de gays contra a deputada Rucci não para", intitulou o portal de internet *Urgente24*. "Deputada que discute o casamento gay denunciou ameaças de morte", dizia o *Jornal de Junín*. A "notícia" saiu principalmente em *sites*, jornais locais e alguns meios de comunicação dedicados à atividade do Congresso, como a revista *Parlamentar*. Do gabinete da deputada, enviavam notas de imprensa nas quais denunciavam que continuava "a campanha de injúrias e ameaças" contra Rucci, "vinculada ao procedimento legislativo do projeto de lei do casamento para pessoas do mesmo sexo", e citavam a mensagem de Rosenstein na *fan page* do 100%.

A seguir, diziam: "Embora a página não informe quem é o responsável ou criador, entre aqueles que contribuem com informações[74] está Bruno Bimbi, que também participa do grupo do Facebook 'Sou a favor da legalização do casamento gay', fonte inicial da campanha de injúrias e ameaças contra a legisladora".

De repente, um comentário de um dos milhares de fãs de uma das páginas do Facebook que tinham sido abertas para apoiar a lei do casamento se transformava numa "campanha de injúrias e ameaças" organizada pela própria página. Além disso, apesar de o comentário ter sido publicado na página do 100%, o boletim mencionava a página "Eu sou a favor da legalização do casamento gay" — que naquela ocasião tinha 55.847 seguidores — porque sabiam que era a página oficial da campanha de apoio à lei, e me implicavam pessoalmente, com

---

72 Organização guerrilheira peronista que atuou na década de 70 na Argentina.
73 E "Traviata" é também uma marca de biscoitos.
74 Note-se a forma rebuscada como a deputada me envolve em sua operação de imprensa: "entre aqueles que contribuem com informações", diz, como se isso me fizesse responsável pelos comentários de qualquer fã da página.

nome e sobrenome, apenas por eu ser um dos administradores desta última, junto com outras três pessoas.

A princípio, vendo que mencionavam essa página no boletim, pensamos que o comentário sobre as traviatas estava lá, ou que algum fã tinha publicado no mural da deputada. Procurávamos e não encontrávamos; então nos demos conta de que era no mural do 100 %. Não sabíamos quem era César Rosenstein e não entendíamos bem o que tinha acontecido.

Enviei um e-mail para a deputada, que ela nunca respondeu:

> Li com muitíssima surpresa e indignação as notas de imprensa e matérias em diferentes meios de comunicação nas quais a senhora me acusa, com nome e sobrenome, sem qualquer razão, de promover algum tipo de campanha de "injúrias" e "ameaças" contra a senhora, e acusa a "comunidade gay" — generalização tão grande como seria acusar de algo "os(as) heterossexuais" — de intolerância e agressividade. Isso é um disparate absoluto.
>
> [...] a senhora me acusa falsamente de ser responsável por supostas mensagens que sabe quem lhe enviou, com um conteúdo que não tem nada a ver com a convocatória realizada pelo grupo, que nem mesmo fui eu que realizei pessoalmente. [...] Sempre que convocamos as pessoas a se comunicarem com os(as) legisladores(as) pela lei do casamento entre pessoas do mesmo sexo ou por qualquer outra questão, pedimos explicitamente que façam com respeito e educação. Não queremos (e seríamos, entre outras coisas, muito estúpidos se quiséssemos) que alguém insulte ou ameace a senhora ou qualquer outra pessoa, o que consideramos algo condenável e injusto. [....] nossas únicas armas são os argumentos.
>
> [...] Ora, aqui a discussão principal é outra, e toda essa vitimização exagerada parece ter o objetivo de evitá-la. Mais além dessas mensagens a que a senhora alude, muitíssimas pessoas entraram em contato com a senhora para pedir, respeitosamente e sem qualquer injúria, que convoque a reunião conjunta com a Comissão de Legislação Geral (esse era o sentido da convocatória realizada), cumprindo sua palavra, para que possa haver um debate democrático e um parecer favorável para a sanção da lei do casamento entre pessoas do mesmo sexo.
>
> A senhora respondeu — e também disse à imprensa — que já assinou a convocatória, mas isso não é verdade. A senhora convocou uma reunião da comissão que preside, de forma separada, mas bem sabe que para emitir um parecer é necessário assinar a convocatória conjunta que Vilma Ibarra (presidenta da Comissão de Legislação Geral) já assinou, tal como ambas tinham se comprometido publicamente a fazer, porque Legislação Geral é a comissão principal do projeto. [...] Os leitores dos meios de comunicação aos quais a senhora declarou que "já tinha convocado a reunião" e que nós estávamos "espalhando informação falsa", ou as

pessoas que respeitosamente lhe perguntaram e receberam a mesma resposta, podem não conhecer o regimento da Câmara dos Deputados e não entender a diferença técnica entre o que a senhora fez e o que tinha se comprometido a fazer, mas nós e a senhora, sim, sabemos.

[...] Repudio enfaticamente qualquer mensagem insultante ou ameaçante contra a senhora, que nós nunca promoveríamos e, ao mesmo tempo, peço que não faça disso um show para a imprensa.

No entanto, logo percebemos que não havia nada para explicar. Era má-fé. A deputada sabia que não havia nenhuma campanha de ameaças contra ela. Sabia que ninguém a tinha ameaçado. Estava inventando uma história que não existia para ter ibope. Estava usando um comentário de uma página do Facebook para se fazer de vítima e esconder o fato de que tinha mudado sua posição sobre a lei. Alguns dias depois do escândalo, recebi uma mensagem de Rosenstein, que dizia:

Olá Bruno, como vai? Eu sou César Rosenstein, e hoje, lamentavelmente, você sabe quem eu sou. Quero pedir desculpas a você pelo que aconteceu. Acabei de saber que te envolveram também. Não tenho desculpa, então só posso pedir perdão, como fiz com Martín Canevaro e María Rachid. Acho que Rucci está se aproveitando e se fazendo de vítima, mas cometi uma estupidez injustificável. Tanto a Federação como o 100% deram um lugar para nós, heterossexuais, militarmos e apoiarmos a causa. Eu mandei e-mails, estive nas reuniões de comissão, na parada gay, nos piqueniques, nas tentativas malsucedidas de Alex e José María etc. Aliás, na semana passada, em resposta à campanha, enviei a seguinte mensagem a ela pelo Facebook: "Comissão de família. Claudia, por favor, convoque a reunião da comissão para tratar o casamento de pessoas do mesmo sexo. Obrigado". [...] Muitos dos meus amigos podem dar fé de que sou um cara pacífico e algumas vezes me acham meio mole. Portanto, estou longe de querer promover a violência; a verdade é que escrevi uma estupidez, que até mesmo considerava engraçada; que estúpido. Conhecendo você através de seu trabalho — e, uma vez, em pessoa — suponho que em algum ponto uma confusão como esta é a arena onde você se movimenta de modo mais confortável. Seja como for, quero pedir desculpas por gerar involuntariamente esta situação gravosa para todos. Perdão. Muito obrigado, César.

Ficou claro que essa pessoa havia cometido um erro, mas não tinha a intenção de ameaçar ninguém, nem criar tal escândalo. Escrever esse comentário numa página do Facebook que não é a da deputada — de modo que a mensagem não estava dirigida a ela — não constitui uma ameaça, já que faltam as condições materiais para que seja: para ameaçar alguém, é necessário dirigir-se

de alguma forma a essa pessoa.⁷⁵ Qualquer pessoa com o mínimo de critério perceberia que o que ele escreveu foi uma piada que nem mesmo supunha que a deputada chegaria a ler. Uma péssima piada, de mau gosto, mas não era uma ameaça de morte. Menos ainda uma "campanha de ameaças".
E ainda menos uma "campanha de ameaças da comunidade gay".
César Rosenstein é heterossexual.

Mas com sua deplorável manobra para a imprensa, Rucci procurava enxovalhar o debate e esconder sua repentina e nunca explicada mudança de opinião sobre os direitos de gays e lésbicas. Enquanto isso, junto com o deputado Amadeo e o setor da bancada do Pro que era contra a lei, preparavam um parecer contra e tentavam conseguir votos na comissão. Por isso ela ainda não tinha convocado a reunião.

Por incrível que pareça, César Rosenstein foi investigado, por decisão do juiz federal Julián Ercolini, numa ação penal por ameaças agravadas contra Claudia Rucci. Naqueles dias, vazou a notícia de que o promotor Guillermo Marijuan tinha pedido que juntassem ao processo os autos do processo do assassinato de José Ignácio Rucci, como se Rosenstein — que quando mataram o pai da deputada não tinha nascido — tivesse algo a ver.

O promotor, no entanto, nega que isso tenha ocorrido.

Rucci disse que tinha feito a denúncia⁷⁶ (seis dias após o envio das notas de imprensa de sua assessoria) porque estava "atemorizada", e seus filhos não tinham coragem de sair de casa porque estavam mortos de medo. No entanto, quando da delegacia lhe telefonaram para oferecer proteção, ela não quis atender. Um assessor da deputada respondeu para os policiais que ficassem tranquilos, pois não era necessário.

Não parecia muito assustada.

Quem estava morto de medo era Rosenstein. Por causa da manobra midiática de Rucci, poderiam mandá-lo para a prisão de Marcos Paz, a mesma que aloja militares condenados por crimes cometidos durante a ditadura. Apesar de ter sido interrogado em 18 de maio e de já ter passado muito

---

75 É possível que exista uma ameaça mesmo quando não haja uma mensagem direta, caso o autor a torne pública por qualquer meio que seja capaz de "alarmar ou assustar" o destinatário da mesma, com essa finalidade. Neste caso, Rosenstein tinha feito apenas um comentário em um fórum de uma página do Facebook em que nem incluía uma mensagem que fosse ameaçadora. Em qualquer caso, fazendo uma leitura literal e descontextualizada, supondo-se que não fosse uma piada, o máximo que se podia dizer era que insinuava a possibilidade de ameaçá-la no futuro, o que não seria uma ameaça em si.
76 Na verdade, ela apresentou por intermédio de uma secretária.

mais do que o prazo de dez dias que fixa a lei, quando comecei a escrever este capítulo, o juiz ainda não tinha decidido sobre a sua situação processual. O promotor Marijuán me garantiu que poderiam absolvê-lo ou lhe dar liberdade condicional.

Mas isso não era possível: o delito que lhe imputavam tem uma pena mínima de cinco anos, o que excluía a possibilidade da liberdade condicional. O promotor de justiça deveria reler o Código Penal, e não só por isso:

— Embora Rosenstein não tenha tido a intenção de ameaçá-la, a deputada se sentiu ameaçada. Isso é o que conta — me disse numa conversa telefônica. A lei, no entanto, diz que o crime se configura quando o réu "fizer uso de ameaças para alarmar ou assustar a uma ou mais pessoas" ou "com o propósito de forçar o outro a fazer, não fazer ou tolerar algo contra a sua vontade".

A intenção é um dos requisitos. Não existem ameaças culposas.

O promotor me garantiu que "Rosenstein enviou um e-mail para a deputada falando sobre o Traviata". Não é verdade.

— Na verdade, Rosenstein não enviou um e-mail para Rucci, apenas fez um comentário numa página do Facebook — eu disse a ele.

— É a mesma coisa. Não importa se enviou a mensagem por e-mail ou Facebook, o importante é que enviou para ela.

— Mas não "enviou para ela". Ele publicou numa página em que Rucci nem estava cadastrada, ou seja, não foi dirigido a ela. Foi no contexto de uma troca de opiniões com outras pessoas, e todos entenderam, nesse contexto, que era uma piada.[77] O senhor sabe como funciona o Facebook?

— Não, não faço a menor ideia — reconheceu o promotor.

Em um país onde há muita gente que deveria estar presa e não está, este rapaz corria o risco de ir para a cadeia — já que o crime do qual Rucci o acusava não permite liberdade provisória — só porque escreveu um comentário estúpido no Facebook que uma deputada mentirosa teve a ideia de usar só para ter mais ibope. E o promotor que atuava na causa nem sabia o que é o Facebook ou como funciona.

---

77 Gumperz diz que para analisar qualquer interação linguística deve-se levar em conta o contexto em que ela se produz, ou seja, o "tipo de atividade" da qual é parte, entendida como a "unidade básica de interação socialmente relevante em cujos termos o significado das elocuções é avaliado". Os conhecimentos prévios do tipo de atividade (neste caso, a sucessão de comentários no Facebook da qual a mensagem de Rosenstein faz parte) vão dar "*pistas de contextualização* que restringem as interpretações possíveis". Quando dizemos que uma sentença está "fora do contexto", nos referimos basicamente a isso. Ver: GUMPERZ, J. *Convenções de contextualização*. In: RIBEIRO, B. T.; GARCEZ, P. M. (orgs.). *Sociolinguística interacional*. 2ª ed. São Paulo: Loyola, 2002 [1982].

— Agora vão interrogá-lo e depois o juiz decidirá — Marijuán me explicou.
— Doutor, ele foi interrogado em 18 de maio, há cinco meses — esclareci.
— Ah... já o interrogaram? Eu não sabia.

Quando Rosenstein foi interrogado, não foi o juiz que tomou sua declaração, como estabelece a lei. Vale a pena dizer que a lei, nesse ponto, quase nunca é cumprida. Mas, de acordo com o relato dos funcionários do tribunal, Ercolini se aproximou e sugeriu ao acusado, diante de todos os presentes, que chegasse a um "acordo" com Rucci.

— Falei com a deputada e ela disse que se você se desculpar numa coletiva de imprensa ela dá por encerrado o assunto e você fica livre — teria dito Sua Excelência. Note-se que o delito imputado a Rosenstein é de ação pública, de modo que Rucci não poderia retirar a queixa. O "acordo", então, era com o juiz. O acusado não aceitou porque não tinha nenhuma garantia de que uma promessa tão informal fosse cumprida. "Se me liberam primeiro, não tenho problema em fazer a coletiva de imprensa", teria dito.

Desde então a causa ficou mais de cinco meses em *stand-by*. Rosenstein continuava esperando, sem saber o que aconteceria. Mas depois que conversei com o promotor e com o secretário da vara e disse-lhes que a história seria publicada neste livro, Ercolini assinou a liberação.

Um exemplo de justiça rápida.

O pai da deputada foi morto de verdade. Quem sabe o que pensaria ele se soubesse do circo que a filha[78] armou com a memória de sua morte. "Hegel diz em algum lugar que todos os grandes eventos e personagens históricos se repetem, por assim dizer, duas vezes. Mas se esqueceu de acrescentar: uma vez como tragédia e a segunda como farsa", escreveu Karl Marx no *18 Brumário de Luís Bonaparte*.

"Mesquinhez, egocentrismo urbano e autoritarismo feudal"

Claudia Rucci não foi a única pessoa que disse uma coisa e depois fez outra.

O deputado Christian Gribaudo foi um dos primeiros legisladores do Pro a tornar público seu alinhamento com Mauricio Macri, quando o prefeito decidiu não recorrer da decisão de Gabriela Seijas e declarar publicamente que era a fa-

---

[78] Ofereci à deputada a possibilidade de dar a sua versão dos fatos para este livro, mas ela não aceitou, alegando que eu tinha feito comentários ofensivos sobre ela no meu mural do Facebook. Parece que a deputada passa muito tempo no meu mural do Facebook. Seus assessores me disseram que o juiz poderia me "citar" na causa das ameaças. Não entendi se foi — que ironia — uma ameaça. Quero crer que não.

vor do casamento gay. Nem lerdo nem preguiçoso, Gribaudo começou a enviar notas de imprensa proclamando aos quatro ventos suas profundas convicções em favor da igualdade.

Era o que dizia o e-mail oficial do deputado que recebi diretamente de seu gabinete em 17 de novembro de 2009:

"A favor da liberdade"
A FAVOR DO CASAMENTO ENTRE PESSOAS DO MESMO SEXO

O Dep. Fed. Christian Gribaudo (PRO) anunciou sua posição sobre o casamento entre pessoas do mesmo sexo. A este respeito, disse: "Não se pode legislar para reduzir liberdades, mas para garanti-las no âmbito da lei. As leis que saírem do Parlamento devem ir nessa direção. Se a Constituição fala de igualdade perante a lei, não há justificativa para ir contra esse princípio. Nós somos a favor da liberdade".

Gribaudo também afirmou que "o direito de que a lei garanta a união de duas pessoas que se amam deve ser para todos, sem qualquer tipo de discriminação".

Christian Gribaudo
Deputado Federal
PRO

No entanto, as convicções de Gribaudo duram pouco.

Quando a lei do casamento entre pessoas do mesmo sexo finalmente foi votada no Congresso, menos de seis meses mais tarde, o deputado votou contra.

Como não pediu a palavra na sessão para fundamentar seu voto e também não voltou a enviar boletins informativos sobre o assunto, não sabemos o que aconteceu.

Ele nunca explicou sua mudança de opinião.

Mas estes tipos são assim: mudam de convicções como mudam de cuecas.

Mais tarde, quando vi que Gribaudo tinha Twitter, mandei uma mensagem lembrando sua nota de imprensa e disse que ele era um cara de pau e um mentiroso.

Ele respondeu que eu era um intolerante.

— A tolerância não tem nada a ver com aceitar a mentira. Deixe de se fazer de bobo. Você é um mentiroso, essa é a questão — respondi—. A menos que o que você esteja pedindo é que eu seja tolerante com a mentira, e que você a assuma como parte de sua identidade política. Se essa é a sua pergunta, então, sim: eu sou intolerante com os mentirosos. E você é um mentiroso.

— Querer impor "sua" verdade e difamar o outro potencializa sua mesquinhez, egocentrismo urbano e autoritarismo feudal — respondeu o deputado.

Honestamente, eu não entendi muito bem o que é "egocentrismo urbano", como se combina com a mesquinhez e o "autoritarismo feudal" e o que tem a ver tudo isso com as mentiras do deputado.

"Não se pode dar tanto aos homossexuais"

Finalmente, a reunião conjunta das comissões de Legislação Geral e Família para assinar o parecer ocorreu em 15 de abril, quase um mês depois do primeiro debate.

Não foi fácil conseguir.

Claudia Rucci tinha convocado a Comissão de Família de forma separada e pretendia apresentar o projeto alternativo de "união civil" que alguns setores de direita, com um aceno da Igreja, tinham começado a promover para dificultar o debate do casamento igualitário. Quando Ibarra soube da convocatória da deputada — que há vários dias não atendia seus telefonemas — decidiu estar presente na reunião.

— Apesar de não integrar a Comissão de Família, decidi ir como deputada, com voz mas sem voto, para evitar que incorporassem a união civil na ordem do dia. Quando chegamos, Claudia Rucci ficou muito alterada ao me ver e convocou as deputadas Gil Lozano e María Luisa Storani para uma reunião em seu gabinete a fim de pedir mais tempo para debater com a bancada. Pedi a Juliana Di Tullio, que acabava de chegar, que se unisse a esse conciliábulo para evitar um atraso maior da questão — recorda Ibarra.

Di Tullio entrou no gabinete de Rucci e disse que ia pedir que se convocasse a reunião conjunta com a comissão de Legislação Geral para decidir, e que o único ponto na ordem do dia que deveria ser tratado era a lei do casamento, porque a "união civil" era outra instituição e não era o que estava na pauta.

Não se chegou a nenhum acordo, e elas foram todas juntas para a reunião.

Rucci começou o debate dizendo que tinha sido "ameaçada de morte" pela internet, em referência ao famoso comentário no Facebook. Após o show de vitimização da deputada, o também duhaldista Eduardo Amadeo defendeu a "união civil", com um discurso memorável, no qual disse que não se podia "dar tanto" aos homossexuais.[79] Ibarra lhe respondeu em termos duros e exigiu que

---

79 Nota do autor: Amadeo foi secretário de Desenvolvimento Social durante o governo Menem. Ficou famoso num debate televisivo com o então deputado Carlos Auyero, um prestigioso

fosse convocada a reunião conjunta com a comissão de Legislação Geral para decidir sobre a lei do casamento.

A moção de Ibarra e Di Tullio foi apoiada, entre outros, por Miguel Barrios, Cecilia Merchán, Liliana Parada, Marcela Rodríguez e a chaquenha María Josefa Areta, que foi uma das mais firmes defensoras da lei entre os deputados do interior do país.

Rucci e Amadeo ficaram em minoria, e a comissão decidiu que fosse convocada a reunião conjunta para o dia 15 de abril.

A deputada evangélica vota a favor do casamento gay

A reunião começou às 10 da manhã e a sala estava repleta. Distribuídos ao redor do retângulo de mesas no qual os deputados se acomodavam, ativistas gays e lésbicas que tinham prestar apoio estavam misturados com fanáticos religiosos, militantes de grupos nacionalistas e estudantes da UCA que tinham ido para se opor.

Muito cedo, quando ainda não havia quórum, a deputada Verónica Benas perguntou se poderia assinar o parecer e ir embora. Tinha de viajar para um evento oficial e, se ficasse para a reunião, corria o risco de perder o voo. Ibarra disse que sim, mas um dos funcionários da comissão disse que o regulamento não permitia que se começasse a assinar o parecer até que a reunião tivesse começado formalmente, com quórum.

— Se ela assinar agora, depois o parecer poderia ser impugnado — disse o funcionário.

"A regra das assinaturas é muito flexível; muitas vezes assinam no gabinete e em dia diferente daquele no qual o parecer foi votado. Neste caso, a deputada estava presente no horário e local da sessão da comissão", diz outra funcionária que presenciou a discussão e esclarece que o problema, na verdade, era que o empregado era contra a lei. Mas Ibarra se deu conta de que não dava para arriscar.

— Se eu tivesse um táxi me esperando, assim que tiver quórum, assinaria e sairia correndo, mas tentei reservar e não há nenhum... Não quero ir sem assinar, mas não posso perder o voo —disse Benas para Ibarra.

---

democrata-cristão de esquerda que questionava as políticas neoliberais que estavam levando milhões de pessoas ao desemprego e à miséria. Auyero falou para ele, se referindo aos primeiros "piqueteros", desempregados que faziam protestos nas estradas da Patagônia: "Eles nem sequer querem mudar o sistema, apenas estão pedindo para entrar no sistema". Amadeo defendeu a repressão ordenada pelo governo e condenou os protestos sociais com um discurso incrivelmente cínico. Auyero ficou muito irritado, teve um infarte e morreu ao vivo por televisão, no meio daquele bate-boca com Amadeo.

— Por favor, fique e espere, que depois um dos rapazes te leva no meu carro — Vilma respondeu. As assinaturas eram contadas uma a uma.

Benas esperou com a caneta na mão, olhando para o relógio.

Assim que Ibarra anunciou que havia quórum e assinou o parecer, os primeiros aplausos eclodiram, a deputada santafesina assinou e um dos assessores de Vilma, que já estava esperando no estacionamento com o motor do carro ligado, levou-a ao aeroporto. Chegou a tempo. Os legisladores continuavam assinando enquanto a lista de oradores avançava. O terceiro a assinar foi Juan Carlos Vega, da Coalizão Cívica, que também avisou que não podia ficar.

Felizmente, ele não precisava de outro carro.

Três funcionárias do gabinete de Vilma levavam em mãos o parecer da maioria e iam recolhendo assinaturas uma por uma.

Um funcionário da Câmara quis fazer o mesmo com o parecer da minoria — contra o casamento igualitário — que Rucci, Amadeo e Pinedo tinham elaborado. Uma deputada que integra a Comissão recorda, rindo, quando Ibarra colocou a mão em cima dos papéis e disse:

— Você é um funcionário da casa, não pode militar por um parecer. Quem quiser assinar ou difundir, que se aproxime e peça.

Sem ser capaz de disfarçar a raiva, o homem calou a boca.

A deputada evangélica Cynthia Hotton pediu a palavra para exigir que o parecer fosse assinado apenas no final da reunião. Ibarra respondeu que não era necessário esperar e, dessa vez, o empregado do contra teve de reconhecer que o regimento dava razão à presidenta. Todos sabiam que, no final da reunião, a comissão poderia ficar sem quórum. Se Ibarra não tivesse começado a recolher as assinaturas desde o primeiro minuto, não teríamos conseguido.

***

Enquanto os deputados se revezavam no uso da palavra e continuavam assinando o parecer, Martín e Carlos entraram na sala mostrando orgulhosos e felizes a certidão de casamento.

Ainda tinham arroz nos cabelos.

Acompanhados pela mãe e pela irmã de Martín, uma das filhas de Carlos — Alisha, de 7 anos, que viajou de Montevidéu com a mãe para estar presente —, Norma e Cachita e outros companheiros e amigos, os noivos deram o sim, tiraram fotos e pegaram um táxi para o Congresso. Não queriam perder a assinatura do parecer.

Depois, iriam para Montevidéu, descansar um pouco e visitar a outra filha de Carlos, Zoe, de 6 anos de idade, que não tinha podido viajar.

***

"Há três anos comparecemos ao cartório para casar. Temos 34 anos juntos. O que esperamos?", diziam os cartazes pendurando nos pescoços de Alejandro Vannelli e Ernesto Larresse, que ouviam os discursos dos deputados sem se separar um do outro. "O casamento é homem e mulher", parecia responder o cartaz escrito à mão que uma jovem de cara séria, toda de cinza e com uma cruz no peito pendurada para fora do vestido, sustentava com as mãos no alto. "Nossa filha precisa que nos casemos para ter os mesmos direitos de seus colegas", dizia outro cartaz nas mãos de Mercedes Monjaime, com uma foto da filha. Sentadas, Norma e Cachita ouviam a deputada Checha Merchán, que contava: "Enquanto conversávamos, um jovem de Córdoba, de Villa Ciburu, catador de lixo, gay, que conheço desde que era um garoto porque lhe dava aulas de reforço, me escreve e diz: 'Checha, que bom que eu não vou ter mais vergonha'".[80]

Um dos opositores à lei, indignado, levantava um cartaz que dizia: "Com a costela que havia tirado do homem, o Senhor Deus fez uma mulher e a levou até ele".

Eram dois idiomas que não se entendiam.

Atrás da bandeira da Federação, Martín e Carlos não deixavam de mostrar a certidão, como se fosse um troféu. Ao seu lado, María Rachid e María José Lubertino sorriam. Ali perto, o advogado Pedro Paradiso Sottile levantava uma bandeira da CHA e Alex e José usavam enormes laços vermelhos.

Pouco depois do meio-dia, Vilma Ibarra anunciou:

— Quero informar que o parecer da maioria está assinado com o aval de 18 integrantes da Comissão de Legislação Geral e de 20 deputados da Comissão de Família, Mulher, Infância e Adolescência.

— É uma excelente notícia! — exclamou a deputada Juliana Di Tullio.

Houve gritos, beijos, abraços, lágrimas e aplausos que não terminavam mais.

Um minuto antes, o chubutense Juan Mario Pais tinha acabado de anunciar seu apoio ao parecer da maioria. Era um dos deputados que, até um mês antes, tinha se oposto, como ele próprio reconheceu. Por aqueles dias, Pais comentava com os colegas que seus filhos o tinham convencido: os rapazes não podiam

---

80 H. Câmara dos Deputados da Nação. Versão taquigráfica da reunião conjunta das comissões de Legislação Geral e de Família, Mulher, Infância e Adolescência de 15 de abril de 2010, p. 30.

acreditar que o pai fosse contra algo que parecia tão óbvio para eles. Outra deputada, também de uma província do sul e que também era contra a lei no início, diria mais tarde que a filha ligou para ela muito irritada:

— Se você votar contra, não pisa mais na minha casa. Seria votar contra meus direitos e isso não posso perdoar — disse.

A filha da deputada é lésbica.

Ambos os legisladores terminaram convencidos e começaram a militar em favor da lei. Eles não foram os únicos. Nos corredores do Congresso são contadas muitas histórias assim.

***

O que se via, fora do Congresso, era muito consenso. Um consenso que tinha custado muito tempo e esforço para ser construído e que agora começava a tomar forma também no edifício situado em frente à praça onde, alguns anos antes, tínhamos passado o áudio com as palavras de Zapatero.

Finalmente nossas vozes tinham conseguido entrar no recinto onde um grupo de cidadãos nos representa, também a nós. Vilma, Silvia e outros deputados — e sobretudo deputadas — abriram a porta para nós e lutaram conosco para que nos ouvissem.

Tínhamos vencido a primeira batalha.

Como havia uma moção de preferência já aprovada, o casamento gay já podia ser tratado na próxima reunião ordinária da Câmara dos Deputados.

Estávamos a um passo da sanção parcial.

Assinaram o parecer da maioria, em favor de casamento igualitário, Vilma Ibarra, María Josefa Areta, Silvia Storni, María C. Regazzoli, María V. Linares, Hugo Prieto, María J. Acosta, Miguel Barrios, Verónica Benas, Elisa Carca, Remo Carlotto, Hugo Castañón, María E. Chieno, Luis F. Cigogna, Diana Conti, Stella Maris Córdoba, Juliana Di Tullio, Mónica Fein, Paulina Fiol, Fernanda Gil Lozano, Elizabeth Guzmán, Cecilia Merchán, Gerardo Milman, Carlos Moreno, Liliana Parada, Sandra Riooboó, Marcela Rodríguez, Alejandro Rossi, Adela Segarra, María Luisa Storani e Juan P. Tunessi. Também eram a favor, mas levantaram algumas divergências parciais com o texto da lei, Celia Arena, Juan C. Morán, Juan M. Pais, Juan C. Vega e Mirta Pastoriza.

Apenas seis deputados assinaram o parecer contra a lei: Claudia Rucci, Eduardo Amadeo, Gladys González, Federico Pinedo, Alicia Terada e Mario Merlo.

Por último, alguns assinaram o parecer favorável "em total dissidência". É uma forma de expressar que não se está de acordo mas que, na prática, se vota a favor, já que o que conta, para determinar se o parecer majoritário é o positivo ou o negativo, é aquele que tem o maior número de assinaturas. Assim, por exemplo, um legislador pode aprovar um parecer favorável por disciplina partidária, mas deixa claro que, pessoalmente, não concorda. Assinaram o parecer favorável "em total dissidência" os deputados Jorge Alberto Landau, Graciela Giannettasio e Cynthia Hotton.

Landau e Giannettasio eram contra a lei — e votaram contra quando ela foi apresentada no Plenário —, mas concordaram em assinar esse parecer como um gesto para facilitar as coisas e não dividir a bancada governista. Foi importante, porque não houve nenhuma assinatura da Frente para a Vitória no parecer contrário.

Inicialmente, Landau tinha decidido apresentar seu próprio parecer contra o casamento igualitário. Um dia antes da reunião, Ibarra o chamou e ficaram mais de meia hora conversando a sós no gabinete. A deputada temia que, se algum governista apresentasse um parecer minoritário, isso arrastasse alguns indecisos da bancada e outros que eram contra mas que, por uma questão política, não assinariam um parecer contrário das bancadas da oposição de direita. Então ela pediu que ele apelasse para a assinatura em dissidência, para que ficasse clara sua posição contrária sem comprometer a possibilidade de que o projeto chegasse ao plenário.

— Vou pensar e te ligo esta noite — disse finalmente o deputado. À noite, ele deixou uma mensagem no celular de Vilma confirmando que aceitava o pedido e que assinaria o parecer da maioria "em total dissidência".

Já o caso de Hotton foi um erro.

A deputada evangélica foi uma das líderes da oposição ao casamento gay e promoveu comícios e marchas junto com as igrejas extremistas, mas, por desconhecimento da técnica parlamentar e do Regimento da Câmara, acabou assinando o parecer que favorecia a aprovação do projeto.

Você não existe!

A juíza Gómez Alsina, anuladora compulsiva de casamentos homossexuais, finalmente atendeu Norma e Cachita com uma sentença. A decisão foi proferida uma semana depois do casamento, a pedido do já mencionado advogado Ernesto Lamuedra, o mesmo que havia conseguido que Félix de Igarzábal "anulasse" o casamento de Jorge e Damián. Os fundamentos, para que repeti-los, foram mais ou menos os mesmos de sempre.

Liberatori considerou inaceitável essa nova intromissão de Gómez Alsina, que já havia passado por cima de uma sentença de Gabriela Seijas. Como nos casos anteriores, a juíza civil pretendia anular os efeitos de uma sentença definitiva de uma colega de igual hierarquia, de outro foro, com todos os prazos legais vencidos e a pedido de um particular alheio ao processo e sem interesse legítimo no caso. Algo juridicamente impossível.

A juíza portenha decidiu, então, fazer com que Gómez Alsina provasse do seu próprio remédio: para "resguardar os direitos jurídicos adquiridos" das novas esposas, ordenou a apreensão dos livros do Registro Civil, pôs sob custódia a certidão de casamento e denunciou Gómez Alsina perante o Conselho da Magistratura por sua "grosseira intromissão".

Por outro lado, Liberatori emitiu um ofício à secretaria da Câmara de Apelações para que se investigasse por que motivo as causas dos advogados católicos contra os casamentos homossexuais caíam sempre nas mãos dos mesmos juízes.

***

Enquanto isso, na Terra do Fogo, um juiz de menores e família, Marcos Meillien, declarou o casamento de Alex e José "inexistente".

O casal ficou sabendo pelos jornais.

Um dia antes da reunião das comissões da Câmara dos Deputados que aprovaram a lei do casamento igualitário, uma FM de Ushuaia informava a sentença de Meillien, o que fez com que Alex e José começassem a receber consultas dos jornalistas, embora não tivessem sido legalmente notificados de nada pelo tribunal. Outro papelão.

A Federação anunciou que apelaria de todas essas decisões e faria as denúncias correspondentes ao Conselho da Magistratura. Além disso, ratificou a validade de todos os casamentos celebrados, já que cada um dos casais contava com uma sentença judicial definitiva que os autorizava a fazê-lo.

Reality show

Após haver recebido o parecer das comissões, os projetos de Silvia Augsburger e Vilma Ibarra — agora unificados em um texto comum — deviam ser tratados no dia 28 de abril no plenário da Câmara dos Deputados, tal como haviam combinado os líderes das bancadas nas reuniões de trabalho parlamentar. Tudo parecia indicar, segundo as contagens prévias, que havia maioria para que a reforma do Código Civil fosse aprovada e passasse ao Senado. Se não houvesse nenhum contratempo inesperado, poderíamos comemorar.

Mas houve: a guerra entre partidos governistas e opositores transformou o que devia ser uma jornada histórica num papelão. Segundo quem for consultado, a culpa foi da oposição ou do partido governista. Em minha opinião, ambos atuaram com mais ou menos a mesma parcela de irresponsabilidade, colocando suas necessidades políticas acima das ilusões de milhares de pessoas que vinham esperando a hora em que, finalmente, seriam levadas em consideração por seus representantes.

Muita gente havia pedido o dia de folga no trabalho para assistir à sessão ou havia viajado durante horas, de todas as províncias, para estar lá naquilo que pensavam que seria um dos dias mais importantes de suas vidas.

Muitos não puderam voltar na semana seguinte.

Nem os partidos governistas nem os opositores perceberam que essa lei era mais importante que suas brigas de gato e rato. Em poucos minutos, e sem nenhuma necessidade, transformaram esperança em raiva, ilusões em indignação e um dia de festa num dia de merda. Com acusações cruzadas, verdades ditas na cara e legisladores gritando desaforados diante das câmeras de televisão, mais que uma reunião do parlamento, parecia um *reality show*.

***

A briga foi pela coparticipação do imposto sobre o cheque.

Não tinha nada a ver com o casamento gay.

Era uma discussão importante do Senado, onde os partidos governistas e oposicionistas não entravam em acordo sobre quem havia vencido a votação: os primeiros garantiam que o projeto da oposição não havia sido aprovado porque a Constituição exige uma maioria especial para o tipo de lei em questão, que não havia sido alcançada, e os segundos respondiam que a maioria especial não era necessária. O vice-presidente Cobos — que, singularidade argentina, milita na oposição — enviou o projeto para a Câmara dos Deputados para revisão, e o partido governista dizia que era uma manobra ilegal. Os constitucionalistas não chegavam a um acordo, e cada setor acusava o outro das piores coisas.

Agora, esse debate chegava com o processo na câmara baixa.

O "Grupo A" pediu, na reunião do colégio de líderes da Câmara, que o primeiro ponto da ordem do dia para a sessão de 28 de abril fosse a admissão do processo questionado, que o partido governista negava-se a debater.

Vilma Ibarra pediu que a lei do casamento gay fosse tratada primeiro e que a outra discussão ficasse para o final. Os oposicionistas Patricia Bullrich e Oscar Aguad disseram que era melhor deixar o casamento gay para a semana seguinte, porém ninguém os apoiou. Então, Bullrich insistiu que o primeiro tema fosse a entrada do processo sobre o imposto sobre o cheque e que a lei do casamento, em todo caso, fosse tratada depois. Pino Solanas, por sua vez, pediu que o tema do cheque fosse tratado primeiro, depois um projeto seu sobre a dívida externa e, em último lugar, a lei do casamento. Ibarra voltou a insistir que a lei do casamento fosse tratada em primeiro lugar, porque se corria o risco de que entrassem em um debate interminável que frustrasse seu tratamento posterior, mas Felipe Solá expressou a oposição do "Grupo A", e as únicas que apoiaram Ibarra foram Silvia Vázquez e Cecilia Merchán.

Solanas levantou-se, aproximou-se da deputada Merchán, da mesma bancada, e reclamou por ela ter apoiado a moção de Ibarra:

— Ninguém se importa com esse assunto — disse-lhe o cineasta, com referência ao casamento gay, e foi embora zangado. Merchán o seguiu e tiveram uma discussão muito acalorada no fundo do salão que os demais deputados escutaram.

Finalmente a oposição conseguiu impor seu critério: o primeiro ponto da ordem do dia seria a admissão e o encaminhamento para as comissões do projeto do imposto sobre o cheque, depois seria tratado o casamento gay e, por último, o projeto de Solanas. No entanto, resolveu-se que para o primeiro tema haveria apenas dois oradores, um da oposição, que defenderia a entrada do processo, e outro da bancada governista, que proporia devolvê-lo ao Senado, com vinte minutos cada um. Após isso, haveria a votação e passariam imediatamente a tratar o casamento gay, deixando para o final o projeto de Solanas. O kirchnerismo aceitou. Entretanto, no dia seguinte, decidiram não dar quórum, embora isso também frustrasse o debate sobre reforma do Código Civil. Mas não avisaram nada às outras bancadas. Um artigo publicado no *La Nación* no mesmo dia 28 mostra que ninguém esperava que o partido governista faltasse, mas sim o contrário:

> Não faltará nenhum ingrediente a esta sessão. O primeiro será a expectativa de conseguir o quórum; de fato, um dos entusiastas da iniciativa, o chefe da bancada dos deputados governistas, Agustín Rossi, dedicou horas inteiras para ligar para cada um dos seus para que fossem ao local e avisar-lhes que, sentado em sua mesa, estará o ex-presidente Néstor Kirchner.

O atual deputado estreará assim sua primeira discussão legislativa, talvez a última antes de ir embora como presidente da Unasul se for eleito pelos presidentes da região na próxima terça.[81]

Clarín, por sua vez, dizia:

> As bancadas opositoras na Câmara dos Deputados confiam em habilitar hoje, no plenário, a volta às comissões do projeto sobre o imposto ao cheque oriundo do Senado e que tanta polêmica gerou na semana anterior. Ontem à noite ficou resolvido que seria o primeiro tema da discussão, de forma rápida, para passar depois ao debate sobre o casamento gay. Para evitar outra disputa regulamentar que levaria horas, estabeleceram que tenha a palavra um representante de cada setor para firmar posição.[82]

Contudo, não houve quórum devido à ausência dos partidos governistas.

E os opositores, que tinham quantidade suficiente de deputados para conseguir quórum sem o partido governista, não sentaram a quantidade necessária de deputados nas cadeiras e, assim que o tempo regulamentar foi cumprido — o que jamais é respeitado —, levantaram uma moção para terminar a sessão.

— A culpa é deles! — garantiam uns e outros mais tarde, e, em parte, tinham razão.

A oposição tinha culpa pela manobra: sabia que no dia em que o processo sobre o imposto ao cheque fosse tratado, os kirchneristas não iriam à sessão, então escolheu impor que fosse o primeiro ponto na ordem do dia de uma sessão em que, se o partido governista faltasse, frustraria a aprovação do casamento gay, que o próprio Néstor Kirchner havia prometido que apoiaria. Se o que realmente importasse fosse o imposto sobre o cheque, a oposição teria conseguido o quórum sozinha.

A mensagem aos governistas foi clara: "Querem tratar do casamento gay? Primeiro têm que se sentar para habilitar o ingresso do processo sobre a coparticipação do imposto sobre o cheque. Senão, paguem o custo político de não haver sessão. Vão xingar vocês".

Os do partido governista também tiveram culpa, porque entraram nesse jogo e privilegiaram a briga política com a oposição por cima do seu compromisso com a aprovação da reforma do Código Civil. Poderiam ter descido para denunciar a manobra e debater. Inclusive, teria sido mais conveniente para eles

---

81 SERRA, Laura. Diputados se apresta a dar un duro debate sobre el matrimonio gay. *La Nación*, 28/04/2010.
82 Dan entrada a la ley del cheque en Diputados. *Clarín*, 28/10/2010.

uma conversa com a Federação para expor o problema: com certeza, teríamos saído publicamente para exigir da oposição que nesse dia se tratasse unicamente do casamento gay e não obstaculizasse a aprovação da lei metendo outros temas pela janela. Talvez a sessão fracassasse de qualquer jeito, mas o custo político não teria sido pago por eles. Mas, nem ligaram para avisar.

Era, ademais, uma briga estéril.

Apenas uma queda de braço.

Porque os governistas sabiam muito bem que, se não fosse naquela semana, o assunto do cheque ingressaria na semana seguinte ou na outra. Não iam poder bloquear o funcionamento do Congresso para sempre.

E os opositores sabiam que, mesmo quando conseguissem que seu projeto fosse aprovado, a Presidenta iria vetá-lo, então, não seria lei.

Acontecesse o que acontecesse, não teria efeitos práticos.

O negócio era jogar para ver quem ganhava e quem perdia.

Como dois moleques brincando de mostra o seu que eu mostro o meu.

***

Quando uma bancada — seja do partido governista seja de algum setor da oposição — decide não dar quórum, geralmente ocorrem três coisas: primeiro, ninguém se surpreende, porque é uma decisão anunciada a partir de um desacordo prévio; segundo, o outro setor faz o impossível para reunir o quórum sozinho, senta todos os seus deputados nas cadeiras[83] e dilata o tempo de espera o máximo possível; terceiro, o setor que concorreu à sessão aparece depois na televisão acusando o outro bando de não respeitar a democracia, atentar contra as instituições e não querer trabalhar pelo país.

O mais engraçado é o último, porque uns e outros se alternam.

Os mesmos que hoje "defendem as instituições", amanhã não darão quórum. E os mesmos que não deram quórum hoje, amanhã acusarão os outros de feri-las. Às vezes, inclusive, mudam de papel de uma semana para a outra e, no entanto, não ficam com vergonha. Parece uma peça de teatro em que só mudam os papéis em cada apresentação, e cada um recita sua parte.

"Hoje é a sua vez."

Mas desta vez foi diferente.

Os governistas surpreenderam não dando quórum, e os opositores não

---

83 Na época do governo Menem, a bancada governista sentou uma pessoa que não era deputado numa das cadeiras para obter o quórum para a privatização da empresa estatal de gás. A fraude foi descoberta, mas a lei não foi anulada.

pareciam nada preocupados em consegui-lo. Tanto é assim que, nem bem decorrido o tempo que marca o regimento — que, repito, jamais é respeitado —, o deputado oposicionista Felipe Solá pediu que a sessão fosse encerrada. O deputado Macaluse, de uma bancada de centro-esquerda, que estava mais preocupado com o casamento gay do que com o imposto do cheque e não queria que a sessão fracassasse, pediu mais tempo:

> Senhor presidente: sugiro que tenhamos uns minutos de tolerância, porque senão acontece o seguinte: às vezes, quando convém, queremos apressar e, quando não, dilatar. Acho que devemos ter a mesma posição sempre; ou seja, tentar debater acima de tudo.
>
> Lembro que há bancadas que incentivaram alguns temas, como a modificação do Código Civil em matéria matrimonial, cujos integrantes não estão presentes, e estou convencido de que eles tinham intenção de dar quórum.[84]

Patricia Bullrich, da Coalizão Cívica, opôs-se:

> Todos nós estamos aqui com pontualidade, cumprindo nossas obrigações. Ontem, na reunião de líderes (o senhor foi testemunha), se questionou que se propusesse como primeiro tema de debate a modificação do Código Civil. Houve um grupo de deputados (que hoje não estão aqui e deveriam) interessados que este assunto fosse tratado no dia de hoje. Então, por que não estão?
> Queremos que o senhor presidente cumpra o regulamento hoje e sempre. Se o regulamento não for cumprido, e os senhores deputados não vieram porque não querem decidir a volta, para as comissões, da sanção do Senado sobre a modificação do imposto ao cheque, que eles se responsabilizem por isso perante a sociedade. Repito: não estão presentes aqueles que ontem debateram com tanto fervor este tema nas comissões e que se alinham com o partido governista.[85]

Enquanto Bullrich dizia isso, Vilma Ibarra e Martín Sabatella — a quem era dirigida a indireta da deputada — estavam entrando na sala, mas não chegaram a tempo. Nas imagens que depois mostraram na televisão, eles eram vistos entrando apressados, com as pastas debaixo do braço, enquanto os demais deputados se levantavam de seus lugares, às 11h50. Assim que o presidente da Câmara, Eduardo Fellner, deu por encerrada a sessão, os principais expoentes da oposição saíram para enfrentar as câmeras e colocaram a culpa de tudo em Vilma. Parecia que a sessão havia fracassado pura e exclusivamente devido à

---

84 Versão taquigráfica provisória das "manifestações em minoria" de 28/04/2010. Fonte: <http://www1.hcdn.gov.ar/sesionesxml/provisorias/128-06.htm>.
85 *Op. cit.*

sua ausência. No entanto, mesmo que toda a bancada do seu partido tivesse ocupado seus lugares, não seria suficiente: faltavam dezenove deputados, e eles eram cinco.

— Nesse dia, de manhã, dei várias entrevistas na rádio dizendo que teríamos a sanção da Câmara; não tinha dúvidas. Estava em minha sala preparando o discurso, talvez um dos mais importantes da minha história parlamentar — lembra Ibarra.

— Antes do horário previsto para o início da sessão, vocês sabiam que o kirchnerismo não ia dar quórum?

— Não. Todos estavam se preparando para a sessão, não havia por que pensar que não haveria quórum. Lembro que Martín me ligou e perguntou se eu estava nervosa; já estava na hora. Eu disse que sim, e ele falou que ia me buscar para irmos juntos. Respondi que de qualquer forma tinha tempo, porque primeiro ficariam quarenta minutos discutindo o tema do cheque. Juntei as pastas e os papéis dos discursos, Martín subiu para me buscar, conversamos, contei o que pensava dizer enquanto descíamos e atravessamos a Avenida Rivadavia — a sala da deputada fica no edifício anexo, do outro lado da rua —, conversando com um jovem que tinha vindo da Espanha e nos pedia que o fizéssemos entrar para assistir à sessão. Ninguém ligou para a gente. O deputado Basteiro havia ligado para Martín fazia já um bom tempo, e Martín havia dito para ele que em poucos minutos atravessaríamos a rua para ir à sessão.

— Quando souberam o que estava acontecendo?

— Na escada topamos com uma pessoa, que nem lembro quem era, e ela nos disse que a sessão tinha sido encerrada. Não podíamos acreditar! "O quê? O que aconteceu?", perguntamos. "Não havia quórum". Subimos os cinco degraus que faltavam apressadíssimos, e chegamos quando os deputados ainda não tinham saído da sala. Entramos e lá soubemos que Bullrich e Felipe Solá, quando deu a hora exata, haviam pedido que a sessão fosse encerrada por falta de quórum; lá também ficamos sabendo que a Frente para a Vitoria, no último momento, havia decidido não dar quórum e que o "Grupo A" não tinha feito todo o seu pessoal entrar na sala.

— Qual foi a primeira impressão que você teve do que tinha acontecido?

— Uma sessão nunca é encerrada em meia hora por falta de quórum. Acho que uma parte da oposição, que não queria debater a lei do casamento, se aproveitou, por isso não desceram todos. Pelo teor dos gritos, percebemos que iam colocar a culpa na gente. Pino estava falando com a imprensa, dizendo que éramos os culpados, que era uma "vergonha" etc. Era muito estranho... porque, em vez de colocar a culpa em quem havia pedido a suspensão da sessão, culpavam a gente. Foi um dia muito ruim. A gente não esperava que a FPV não entrasse, já que, no dia anterior, no colégio de líderes, havia ficado combinado que haveria sessão e inclusive foi combinada a quantidade de oradores para o tema do cheque.

— E o que vocês fizeram então?

— Saímos imediatamente para explicar a situação à imprensa, às organizações sociais e a todos os militantes que tinham vindo acompanhar a sessão. Para mim, tinha de ser um dia histórico, e foi um dos mais tristes. Já passou. Ainda bem que na semana seguinte tivemos a sanção da Câmara e depois a lei.

O que Ibarra diz hoje coincide com o que me lembro desse dia.

Na Federação, ninguém sabia que o kirchnerismo não daria quórum. Eu coloquei a transmissão ao vivo da sessão pela internet e, quando ouvi que a sessão estava sendo suspensa, liguei para María e ela me disse que não podia ser, que estavam indo para lá, que devia ser um engano. Foi questão de um ou dois minutos. A transmissão começou, deu-se o diálogo que reproduzo ao princípio e se levantou a sessão. Uns instantes depois Vilma me ligou, estava chorando e dizia que não entendia o que tinha acontecido.

Quando Sabatella ligou, como ela conta, para ir buscá-la no escritório, ele estava saindo de uma entrevista coletiva que a Federação havia organizado. Se tivéssemos suspeitado que o quórum estava em perigo, jamais teríamos feito uma entrevista coletiva com legisladores minutos antes da sessão, a quatro quadras do Senado. Ninguém esperava por isso.

É bem provável que os do partido governista tenham pensado que a oposição ia reunir o quórum sozinha e tenham previsto entrar na sala só quando isso ocorresse, como já havia acontecido em outras oportunidades, para tirar a legitimidade à entrada do processo questionado. E que os deputados do partido de Vilma pensassem entrar mais tarde para não ter que se posicionar na briga pelo processo do Senado justamente no dia em que seria tratado um projeto próprio, que necessitava dos votos do partido governista e dos opositores.

Por que a oposição não sentou todos do seu grupo para iniciar a sessão?

Há duas interpretações possíveis: a primeira é que tenham feito de propósito porque queriam que o kirchnerismo pagasse o custo político do fracasso da sessão; a segunda, que um setor do "Grupo A" não tenha descido para a sala por estar em desacordo com o casamento gay. Talvez tenha havido um pouco de cada coisa. O que ficou claro é que não havia muito interesse em que houvesse sessão. Pelo contrário, estavam muito apressados em se levantar e sair para falar com a imprensa.

Todos os representantes da oposição iam contra Vilma e Martín, que foram enfrentá-los. A deputada Gil Lozano estava tão enlouquecida que chamava a atenção de todas as câmaras, e gritava para Ibarra:

— Você está mentindo!

Pino Solanas, mais tranquilo, parecia muito preocupado com o casamento gay — antes dizia que "ninguém se importa com isso" — e questionava Vilma e Sabbatella — disse que eram "a pérola do dia". Até Federico Pinedo, autor de um parecer contra a lei, parecia preocupado e triste por nós. A televisão faz milagres.

No meio de tanto escândalo, ao menos havia algo positivo: agora todos diziam que o tema precisava ser debatido. E o papelão havia aumentado a pressão sobre partidos governistas e oposicionistas para que fizessem isso. Nos programas políticos da televisão, acusavam-se entre si, dividiam as culpas, mas todos concordavam que, na semana seguinte, fosse como fosse, a lei tinha de ser tratada.

Todas as bancadas se comprometiam.

A Federação questionou duramente tanto os governistas quanto a oposição, e vários ativistas, eu inclusive, fizemos declarações defendendo Vilma Ibarra do que considerávamos um ataque injusto. Era uma das deputadas que mais haviam feito para que a lei saísse.

À noite, a bancada governista convocou María Rachid para uma reunião. Estavam Agustín Rossi, María Teresa García e Juliana Di Tullio, e todos se sentiam muito mal.

— Me disseram que estavam muito angustiados pelo que tinha acontecido, que tinha se misturado um tema que não tinha nada a ver e tinha complicado tudo: juraram que o Governo e a maioria da bancada estavam comprometidos com o projeto e me garantiram que a lei sairia de qualquer jeito — lembra María.

Em Paris não pode

No dia 30 de abril, dois dias depois da frustrada sessão da Câmara dos Deputados, o argentino Alejandro Luna e o francês Gilles Grall celebraram seu casamento civil na cidade de Buenos Aires, autorizados por uma sentença da juíza Elena Liberatori. Haviam se conhecido em salas de bate-papo e após visitarem um ao outro lá e cá, fixaram residência em Palermo. Em Paris não teriam podido se casar. Desta vez, a Argentina mostrava ao mundo que podia estar na vanguarda em matéria de direitos humanos para gays e lésbicas. Ao menos em Buenos Aires, graças à valentia de alguns juízes.

Grall estava fazendo os papéis da cidadania argentina, trâmite que seria mais fácil após a boda. Ficava em evidência outro dos direitos que começávamos a conquistar, tão necessário para muitos casais, como bem aprenderam Luis, Jaime, Diana e María depois de suportar a humilhação de serem tratados como subcidadãos pelos funcionários da migração dos Estados Unidos e da Argentina, respectivamente.

Giles não deveria enfrentar esse problema.

Agora tinha direitos.

Com cada boda, ficava claro que o casamento entre pessoas do mesmo sexo já era uma realidade. Em cada entrevista que dava, Alex repetia: "Pela via judicial, muitos casais já estão se casando. Agora o Senado tem de aprovar a lei para que não seja necessário apresentar uma ação na justiça, para que todos os casais tenham os mesmos direitos, sem importar em que parte do país vivem".

E a juíza Gómez Alsina, pouco depois....

Deixemos para lá, porque é chato falar dela.

Um pacto com Lilita Carrió[86]

No início de 2009, o jornalista Daniel Seifert fez uma longa entrevista com Elisa Carrió para a revista *Notícias* e aproveitou a oportunidade para perguntar qual era sua posição sobre o casamento gay.

Daniel sabia que essa pergunta provavelmente não entraria na edição final da matéria, uma vez que teria poucas páginas e o foco da entrevista era outro, mas tinha um interesse pessoal na resposta.

Ele queria se casar com o namorado.

---

86 Nota do autor: é difícil explicar Lilita Carrió para um estrangeiro. Deputada pela UCR, ela saiu do partido durante o governo De la Rúa e começou a crescer politicamente denunciando a corrupção e os pactos mafiosos dos partidos majoritários, com um discurso de centro-esquerda e aliada a movimentos sociais e de direitos humanos. Criou um partido, saiu dele, criou outro, saiu de novo, e foi brigando com todas as pessoas que a acompanharam. Hoje ela é nitidamente uma dirigente de centro-direita, aliada aos setores mais reacionários e conservadores da sociedade. Do segundo lugar nas eleições presidenciais de 2007, com quase 30% dos votos, passou para o último lugar em 2011, com menos de 2%.

Se tivesse tido na sua frente Cristina Kirchner, Mauricio Macri ou qualquer um dos dirigentes políticos que poderiam conseguir votos no Congresso para que isso fosse possível, ele também teria perguntado.

— Eu levanto as bandeiras de um profundo liberalismo de esquerda — Carrió estava dizendo quando Daniel a interrompeu:
— É a favor da legalização do aborto?
— Não. Sou uma liberal americana. Sou uma feminista católica, ou seja, acredito no feminismo e não acredito na legalização do aborto.
— Não acredita no casamento gay tampouco.
— Acredito... na união civil.
— Não no casamento?
— Não, na palavra "casamento", não.
— Por quê?
— Porque a origem da palavra casamento está ligada ao religioso.
— Mas a palavra não dá igualdade afinal?
— Não, porque ela está ligada ao religioso. E esse não é um laço religioso. Acredito na união civil e assinei todos os projetos.

Não é verdade.

Desde 1998, houve no Congresso vários projetos de "união civil", "parteneriato" e outras figuras alternativas ao casamento destinadas para casais do mesmo sexo. Não seria justo colocar todas essas propostas no mesmo saco: uma coisa são os projetos apresentados antes que o debate do casamento igualitário fosse instalado, e que, evidentemente, buscavam um avanço de direitos quando ainda não havia nada, e outra coisa são aqueles que foram apresentados durante o debate pelo casamento igualitário, que tinham como único objetivo retardar o avanço para a igualdade. Dado esse contexto histórico, os primeiros foram projetos progressistas; os últimos, profundamente reacionários, embora o conteúdo fosse similar. De fato, os deputados que assinaram os primeiros, e continuavam na Câmara quando o casamento igualitário foi debatido, votaram a favor, e os deputados que assinaram os segundos votaram contra.

Elisa Carrió, ao contrário do que diz no diálogo que reproduzimos, não assinou nenhum deles, nem antes nem depois, em nenhum dos seus mandatos como deputada, como se pode comprovar no arquivo da Câmara.

Daniel voltou à carga:
— Mas a união civil da Assembleia Legislativa de Buenos Aires é outra coisa, não é o mesmo que o casamento, você sabe disso....

— Oh, não! Não falo da lei da Assembleia Legislativa, mas de uma lei nacional com igualdade de direitos, como a sociedade conjugal. Mas não acho que a palavra "casamento" esteja certa.

— Por quê?

— Porque, na origem, o casamento é um sacramento.

***

É difícil acreditar que uma pessoa culta como a líder da Coalizão Cívica não saiba que o casamento existia muito antes que a Igreja ou o cristianismo e que, nas tradições das quais o cristianismo o tomou, era um ato privado, um contrato. O casamento como um sacramento é muito posterior ao casamento como um contrato e tem apenas 795 anos de vida.

Na Roma antiga, nos séculos anteriores ao nascimento de Cristo, apenas os homens livres podiam casar — ou seja, o casamento estava proibido para os escravos. Para quem tinha acesso a ele, explica Veyne, "o casamento era um ato privado, um fato que nenhum poder público devia sancionar: ninguém passava diante do equivalente a um juiz ou a um padre",[87] mas havia uma cerimônia com testemunhas, presentes e certas práticas ritualizadas que podiam variar de região para região. Salvo em alguns casos, no contrato de dote, não havia nada escrito. Os juízes se baseavam em evidências para determinar se alguém era casado, por exemplo, que o marido falecido sempre tivesse se referido à sua mulher como "esposa" ou que houvesse testemunhas da cerimônia de casamento.

Apesar de suas características serem, a princípio, informais — igualmente informal era o divórcio —, o casamento produzia efeitos jurídicos: por exemplo, determinava se os filhos eram "legítimos" e se lhes cabia levar o nome do pai e continuar sua linhagem, além de receber a herança. O casamento era considerado um dever cívico do homem — a mulher era apenas uma de suas propriedades, como a casa e os filhos — e tinha mais a ver com a herança do que com afeto. Na maioria dos casos, era um acordo entre famílias.

Para os judeus, por outro lado, o casamento sempre foi um ritual regulado pela tradição, mas, como todos os outros rituais, não precisa ser celebrado por um ministro religioso e sua validade é dada pelo cumprimento das normas que o regem.

---

87 VEYNE, Paul. O império romano. In: ____ (org.). *História da vida privada. Do Império Romano ao ano mil.* Coleção dirigida por Philippe Ariès e Georges Duby. São Paulo: Companhia de Bolso, 2009 [1985], v. 1, p. 43-44. Na citação, os tempos verbais foram alterados para manter a coesão textual do parágrafo.

— Os judeus não têm sacramentos — explica o rabino Guido Cohen —, de modo que o casamento não poderia ser um. No casamento judaico tradicional ninguém "declara" os cônjuges unidos em casamento, e sim são eles que se "casam", ou melhor, "o homem desposa a mulher". Ou seja, o casamento é mais um "contrato" que um "sacramento". Obviamente, um contrato ritual, um ato de consagração.

— Então, seria incorreto dizer que o casamento tem sua "origem" no sacramento católico....

— O judaísmo tem mais de três mil anos, e os judeus vêm se casando desde sempre. Não existe no judaísmo a ideia de sacramentos nem neste nem em qualquer outro assunto. Nesta mesma lógica, como o casamento não é um vínculo criado por Deus, assim como os homens o estabelecem, podem dissolvê-lo. Por isso, no judaísmo, o divórcio sempre existiu.

— Então, para os judeus, é um ato privado?

— A distinção entre algo "entre privados" e algo solenizado pela Igreja também não se aplicaria ao judaísmo. Mesmo que o casamento fosse algo do âmbito privado, no judaísmo ele sempre esteve regulado pela lei religiosa. Mas, e isto é muito importante, essa lei é dinâmica. De fato, até mil anos atrás, a poligamia era permitida no judaísmo e apenas no início do segundo milênio da *era vulgaris* foi abolida. Isso significa que durante mais de dois terços da nossa história a poligamia era permitida — explica o rabino.

Como podemos ver, então, a origem do casamento não é o sacramento católico.[88] Na verdade, quando o cristianismo surge, no início, não se preocupa com o assunto. De acordo com Boswell, para os cristãos convertidos mais devotos do século IV, casar-se era algo "trivial ou, pior ainda, uma distração perigosa".[89] Por essa razão, praticavam o celibato, que era, ao contrário, condenado como imoral pela maioria dos judeus — para os quais a reprodução era um mandato moral — e pelos pagãos.

A maior parte do povo cristão, no entanto, continuou se casando, seguindo os costumes romanos, mas o cristianismo levou mais de mil anos para se ocupar seriamente do casamento como instituição. Os monges podiam abençoar as cerimônias nupciais privadas, "como eram abençoados campos, grãos, nas-

---

88 Falamos aqui de Roma e da tradição judaica porque o cristianismo é herdeiro da segunda e expandiu-se na primeira, mas o casamento também existe desde antes da Igreja católica, em outras culturas e tradições.
89 BOSWELL, John. *Las bodas de la semejanza*. Barcelona: Muchnik, 1996 [1994], p. 205.

cimentos, mortes e casas",⁹⁰,⁹¹ mas essas bênçãos eram consideradas "favores", que podiam ser negados, e não eram obrigatórias para os leigos.

Diferentemente da religião judaica, na qual os rabinos são casados e isso é visto como um critério quase obrigatório da sabedoria, os líderes cristãos se identificam com o celibato,⁹² cuja obrigatoriedade foi estabelecida, após algumas idas e vindas, no Concílio de Trento (1545-1563).

Existem documentos que comprovam que, até o século IV, o casamento, como contrato privado com reconhecimento social e efeitos jurídicos, também era possível entre pessoas do mesmo sexo, embora não fosse a prática mais habitual. Um exemplo histórico é o do imperador Nero, que se casou sucessivamente com dois homens, em uma cerimônia pública. Boswell cita Suetônio, que comentava com ironia que, "se o pai de Nero tivesse casado com esse tipo de esposa, o mundo teria tido melhor sorte".⁹³ No ano 342, no contexto de uma série ações legais contra a homossexualidade, os casamentos homossexuais passam a ser proibidos.

Mas foi somente no século X que a Igreja passaria a se preocupar com a regulação do casamento (heterossexual). De acordo com Barthelemy, perto do ano 1100 aparecem os primeiros rituais litúrgicos para o casamento no norte da França, o que marca "o indício de uma penetração crescente do poder dos clérigos na vida das 'famílias'".

Finalmente, em 1215, a Igreja declara o casamento um sacramento. Isso aconteceu, como explica Osvaldo Bazán, no IV Concílio de Latrão:

> Houve 1215 anos da era cristã em que o casamento não era um sacramento. [...] O casamento não é "o que Deus uniu". Seus autores foram homens reunidos com fins políticos e econômicos bem específicos, que interpretaram e — caramba — monopolizaram a palavra de Deus ao seu capricho e necessidade. Que Quando o casamento heterossexual e monogâmico fosse foi definido como sagrado, estabeleceu-se uma primazia que excluía qualquer outro tipo de relacionamento.⁹⁴

---

90 *Op. cit.*, p. 208.
91 Atualmente, em alguns países do norte da Europa onde o casamento gay é legal há quase uma década, os padres católicos também "abençoam" os casamentos homossexuais. Depois da cerimônia civil, os noivos vão à Igreja para receber a bênção, que é uma cerimônia diferente do sacramento matrimonial. A Igreja não diz exatamente a mesma coisa em todas as partes do mundo, porque, em alguns lugares, se falasse as mesmas coisas que o cardeal Bergoglio disse na Argentina, ficariam sem fiéis.
92 BROWN, Peter. Antiguidade tardia. In: VEYNE, Paul (org.). *História da vida privada. Do Império Romano ao ano mil.* Coleção dirigida por Philippe Ariès e Georges Duby. São Paulo: Companhia de Bolso, 2009 [1985], v. 1, p. 241.
93 BOSWELL, John. *Cristianismo, tolerancia social y homosexualidad.* Barcelona: Muchnik, 1993 [1980], p. 106.
94 BAZÁN, Osvaldo. Poder y matrimonio. *Noticias,* 17/02/2007.

A liturgia finalmente adotada pela Igreja para o sacramento do matrimônio não fazia mais que reunir, com alguns ajustes, alguns dos antigos ritos que já eram praticados em diferentes tradições. Não inventaram nada novo.

***

— Querem os mesmos direitos? Sou a favor da igualdade de direitos — Carrió disse, finalmente, a Daniel.

— Os mesmos direitos com os mesmos nomes, dizem as organizações.

— Eu não acredito nisso.

Sabíamos que a líder da Coalizão Cívica tinha essa posição e que não daria o braço a torcer. No entanto, sabíamos também que quase todos os seus deputados, bem como a senadora Maria Eugenia Estenssoro, apoiavam a lei do casamento igualitário. O que nos preocupava não era o voto de Carrió — embora, como regra geral, todos os votos nos preocupassem —, mas a influência que sua palavra pudesse ter sobre os outros deputados da sua e de outras bancadas.

Uma coisa era que houvesse um projeto de "união civil", assinado por Federico Pinedo, um deputado da direita tradicional, ou um parecer do duhaldismo, que representava o mais rançoso conservadorismo, e outra muito diferente era que houvesse um projeto de "união civil" de Carrió. Um discurso dela defendendo essa alternativa poderia nos fazer perder votos não só na Coalizão Cívica, mas provavelmente também na UCR, onde a deputada começou sua carreira política.

É sempre mais fácil ter como adversários um grupo de direitistas fanáticos e desagradáveis. Carrió é um quadro político com uma sólida formação cultural e, mal em que nos pese aos que acreditarmos que tem defendido posições cada vez mais reacionárias, ela ainda é vista por muitas pessoas como uma líder progressista. Não seria bom tê-la como adversária.

María pediu uma entrevista com ela.

Os companheiros de grupo do setor LGBT do partido de Carrió, "a JxI", se encarregaram de conseguir a entrevista e a acompanharam. Também participou um dos assessores da deputada, Maximiliano Ferraro. Era importante que nas reuniões com cada setor político participassem os militantes gays e lésbicas do partido que faziam parte da Federação.

***

A primeira coisa que María tentou foi convencer a deputada a votar a favor da lei, ainda que soubesse que seria muito difícil. Carrió repetiu mais ou menos os mesmos argumentos que tinha dado para Daniel, e María respondeu mais ou menos as mesmas coisas que dizemos aqui. Ainda explicou por que a Federação se opunha à adoção de uma lei nacional de "união civil" como alternativa ao casamento para gays e lésbicas, que considerávamos discriminatória.

— De todos os nossos argumentos, o que senti que a comoveu mais foi quando eu expliquei que a ideia de criar um instituto separado para os casais do mesmo sexo tinha sua origem na doutrina do "iguais, mas separados" que serviu para justificar as leis de segregação racial em diferentes partes do mundo: os assentos para os negros nos ônibus, as escolas especiais para os negros, os bares para os negros etc., e lembrei a ela como o movimento afro-americano teve de lutar contra este tipo de lei — relembra María.

A resposta da deputada foi que ela não tinha intenção de criar uma legislação desse tipo, mas, diretamente, tirar o casamento do Código Civil e substituí-lo por uma figura que queria chamar de "união familiar", para "deixar o casamento para a Igreja". Ou seja, aprovada a sua proposta, não haveria mais casamento civil na Argentina, mesmo para os casais heterossexuais. Seria como antes de 1888, com a diferença de que haveria uma nova figura no direito civil, que substituiria o casamento e seria igual para todos os casais, do mesmo ou de sexo diferente.

— Desta forma, não é discriminatório. Seria o mesmo para todo mundo, vocês teriam todos os direitos, e devolvemos a palavra "casamento" à Igreja — explicou Lilita.

— Não seria discriminatório, mas algo muito pior. Seria uma ofensa para gays e lésbicas! — María respondeu indignada.

— Por quê?

— Porque você está considerando remover o casamento do Código Civil no contexto do debate sobre os direitos dos casais do mesmo sexo.

— Eu sempre pensei isso, não é que esteja propondo agora para ofender.

— Mas nunca propôs antes. Poderia ter proposto em qualquer dos seus mandatos anteriores ou quando foi deputada constituinte, mas nunca apresentou um projeto sobre o tema. Diz agora porque estamos debatendo a inclusão de nossas famílias, e você quer eliminar o casamento civil quando pedimos que nos inclua. É como dizer: "só para que gays e lésbicas não possam se casar, eu prefiro até que não exista mais o casamento". É extremamente ofensivo! Você não percebe? Além disso... os heterossexuais também vão querer te matar quando lhes disser que quer abolir o casamento civil...

— Mas acontece que eu tenho um conflito entre os direitos e o que pensa a minha Igreja. Eu não posso ir contra a minha Igreja.

— Desculpe-me, Lilita, mas você é divorciada duas vezes. Você já foi contra a sua Igreja quando precisou.

No final, após uma longa discussão, Carrió deixou de argumentar.

— Vocês têm razão — ela disse.

Houve um silêncio.

Entre tantos argumentos religiosos, María esperava um milagre.

— Mas não posso — disse finalmente a deputada. — Não posso votar contra a minha Igreja.

María fez uma última tentativa, mas não teve jeito.

Carrió deixou claro que não mudaria de posição:

— Não vou obstaculizar, mas não me peçam mais que isso. Toda a bancada vai votar a favor, salvo Alfonso e eu — prometeu.

A reunião tinha chegado a um ponto em que não vale a pena continuar discutindo porque as posições são claras, estão sobre na mesa e não vão mudar. Então, María lhe propôs chegar um acordo político para que sua decisão pessoal não obstruísse a aprovação da lei.

Carrió concordou.

Finalmente, concordaram com o seguinte:

Carrió e Prat-Hétero se absteriam de votar, em vez de votar contra;
1. Ela aceitaria, dentro do partido, o voto favorável do resto dos deputados, sem tentar convencer ninguém a acompanhá-la;
2. Carrió, em suas declarações públicas e em seu discurso no Plenário, se expressaria a favor da "questão de fundo", concentrando-se nos direitos, de modo que sua posição fosse vista como positiva, embora deixasse claro, sem muita ênfase na questão, a sua oposição ao uso da palavra "casamento";
3. A deputada não apresentaria nenhum projeto alternativo e guardaria o de "união familiar", que já tinha preparado, para ser apresentado apenas caso a lei do casamento não fosse aprovada;
4. A Federação se comprometia, em troca de tudo isso, a não criticá-la publicamente por não votar a favor e a respeitar a sua abstenção como uma questão pessoal;

5. Caso perdêssemos a votação — como Carrió assegurava que aconteceria — e a lei do casamento igualitário fosse rejeitada, a Federação aceitaria voltar a discutir[95] o projeto "união familiar".

***

Carrió cumpriu quase todo o acordo. Não votou contra: absteve-se, assim como Prat-Hétero. Seu discurso focalizou os aspectos positivos da reforma, tanto assim que, no início, parecia que estava antecipando um voto favorável e somente no final disse que sua abstenção era uma questão estritamente pessoal.

Na verdade, a bancada da Coalizão Cívica divulgou, nos dias prévios, o rumor de que Lilita tinha mudado de opinião e apoiaria a lei.

Até aí, tudo conforme o combinado.

No entanto, ela apresentou o projeto de "união familiar" por meio de outra deputada do seu grupo, Alicia Terada, embora não tenha feito nenhum esforço para defendê-lo. Quando María soube que Terada tinha apresentado o projeto, ligou para Maximiliano Ferraro, preocupada.

— Fique tranquila. Lilita quer que fique registrado que ela fez outra proposta, nada mais, mas não vai divulgá-la agora; é mais uma apresentação simbólica — ele disse.

Até que o debate na Câmara dos Deputados terminou, a líder da Coalizão Cívica manteve sua palavra.

Mas nós ganhamos a votação, ao contrário do que ela pensava.

A lei passou para o Senado.

Daí em diante, sua atitude seria outra.

A sessão é minha, minha, minha!

Após o escândalo, no dia 28 de abril, todos concordaram que a lei do casamento gay devia ser apreciada com urgência. Mas não chegavam a um acordo em alguns detalhes: que dia, hora, com que temário, em que ordem. Cada setor tinha a sua própria convocatória para a sessão e não aceitava negociar. E como, com certa quantidade de assinaturas, as bancadas podem convocar "sessões especiais", houve diferentes convocatórias, por exemplo:

---

[95] O que não significava que fossemos apoiar o projeto de Carrió, já que, nesse caso, como deveríamos esperar o ano seguinte para voltar a apresentar o projeto de casamento no Congresso (Art. 81 da CF), nossa estratégia se concentraria exclusivamente nos amparos e esperaríamos a decisão do Supremo Tribunal Federal nos casos Rachid-Castro e Vannelli-Larresse.

A Frente para a Victoria convocava para uma sessão especial na quarta-feira, 5, às 10h30, para a apreciação apenas da lei do casamento, como pedia a Federação;

Projeto Sul, GEN e o Partido Socialista convocavam para uma sessão na terça-feira, 4, que tinha em primeiro lugar a lei do casamento e, depois, o processo questionado do Senado e um projeto de Solanas sobre a dívida externa;

A UCR, o Peronismo Federal e a Coalizão Cívica queriam uma sessão ordinária com todos os temas, começando com o processo sobre o imposto do cheque.

A Federação solicitou a todas as bancadas que fizessem uma trégua, cancelassem todas as convocatórias realizadas e convocassem juntas uma sessão especial para apreciar exclusivamente a reforma do Código Civil, sem qualquer outro tópico, para que a briga entre oposição e governistas não viesse a estragar tudo de novo.

Os kirchneristas responderam que aceitavam retirar a sua convocatória[96] se a oposição fizesse o mesmo. A UCR, o Pro, o Peronismo Federal e a Coalizão Cívica diziam que aceitariam apreciar o casamento em uma sessão especial com a condição de que os governistas aceitassem convocar uma sessão ordinária para discutir o tema do cheque. O PS se recusou a retirar o pedido de sessão para a terça-feira, argumentando que não iam permitir que o kirchnerismo desse as regras, e Pino Solanas, simplesmente, se recusava a receber a Federação para uma reunião. Conversei com o filho de um deputado da bancada de Solanas, Claudio Lozano — o filho sempre falava a favor da lei em seu programa de rádio e tinha um bom astral conosco —, para que tentasse convencer o pai a receber María, mas não teve jeito.

María preparou uma nota com o pedido de sessão extraordinária consensual e pediu para todas as bancadas assinarem. Os representantes das bancadas da base governista assinaram e também se comprometeram a dar quórum em qualquer sessão que incluísse a lei do casamento, sem importar o resto do *temário*, desde que a Federação estivesse de acordo. Então, através de uma carta aberta, a Federação pediu ao PS, GEN e Projeto Sul que cancelassem o pedido de sessão haviam feito, como já tínhamos solicitado em privado sem sucesso, e aderissem à convocatória que tinha o casamento como o único ponto da ordem do dia.

---

96 Pode parecer um absurdo o pedido que fazíamos, já que a convocatória que o kirchnerismo tinha assinado era para a quarta-feira e com o casamento gay como único tema, como a Federação pedia. Mas, na lógica da política, se pedíssemos aos opositores que fossem a essa reunião, eles diriam que não porque era "a dos governistas". Então, tínhamos de pedir aos governistas que também cancelassem a convocatória e depois acertar uma nova convocatória para esse dia, que fosse assinada por todos, para que ninguém sentisse que estava cedendo.

Esta carta gerou alguma irritação: a deputada Margarita Stolbizer, líder do GEN, me ligou dizendo que se sentiu magoada porque sempre apoiara a lei e agora ficava como se ela estivesse dificultando. Mas a Federação precisava que essas bancadas fizessem um gesto para pressionar o setor mais duro da oposição.

Pela Coalizão Cívica, o deputado Horacio Piemonte, a quem conheço há muitos anos, tinha recebido María. Então, liguei para ele. Ele me disse que estavam tentando chegar a um acordo com as outras bancadas grandes do "Grupo A", o Peronismo Federal, o Pro e a UCR:

— Expliquei a María que, sem importar que possamos assinar a convocatória para a sessão, é melhor que antes tentemos fazer com que o resto assine, para que a sessão aconteça. Se assinarmos sozinhos, daremos a desculpa para os outros, como o Projeto Sul, dizerem que saímos sozinhos, e então cada um vai fazer o que bem quiser. Em vez de ficar bem de maneira demagógica e a sessão fracassar depois, estou mais interessado em poder levar o resto. Se na segunda-feira virmos que não dá porque os outros colocam como condição incluir o tema do imposto do cheque, a bancada vai decidir se assina sozinha — me disse. Mais tarde ele confirmou que eles dariam quórum em todas as convocatórias que houvesse.

A Frente para a Vitória anunciou à imprensa que não daria quórum nas sessões que incluíssem o processo questionado do Senado, mas que, se esse tema não fosse incluído, estavam dispostos a discutir a lei do casamento em qualquer dia e hora. No entanto, em particular, eles nos prometeram que, se não chegassem a um acordo com a oposição, dariam quórum para tratar a lei do casamento qualquer que fosse o temário.

A essa altura, havia, a princípio, uma sessão convocada para terça e outra para quarta. A Federação preferia que a sessão fosse na quarta — como os governistas propunham — porque sabíamos que vários deputados do interior já tinham programado o retorno para essa data e temíamos que, mesmo que houvesse quórum, vários legisladores que concordavam com a lei estivessem ausentes e perdêssemos a votação.

Em meio à confusão geral, na terça, 4 de maio, às 08h57 da manhã, escrevi no meu perfil do Facebook:

> Hoje pode ter sessão ou não ter quórum. Amanhã também. Há três sessões convocadas por diferentes bancadas para analisar a lei do casamento, mas para cada uma há um setor que não vai. O imposto do cheque importa mais que os nossos

direitos, e os deputados governistas e da oposição brincam de mostra o seu que eu mostro o meu. Se acham os espertos e fazem um espetáculo lamentável.

Finalmente, apesar de não ter havido nenhum acordo, o partido do governo e a oposição decidiram dar quórum na reunião convocada por Projeto Sul, o GEN e o PS para a terça, 4 de maio.

Felizmente, ninguém quis um novo escândalo.

Às 12h04, fiz um novo comentário no mural:

> Confirmam que hoje vai ter quórum. Todas as bancadas comparecerão, e temos a maioria para aprovar a lei do casamento entre pessoas do mesmo sexo. Infelizmente, muitos deputados que votariam a favor não estarão porque a sessão era para ser de manhã e muitos estão em suas províncias; não fosse isso, a lei sairia com uma maioria mais significativa.[97] Mas, mesmo assim, vamos ganhar por uma ampla maioria.

O *lobby* gay

O ativismo de gays e lésbicas que militam dentro dos partidos políticos e, em muitos casos, trabalham no Congresso foi fundamental para somar apoio e, em seguida, votos — tanto nas comissões como, depois, no Plenário — e conscientizar muitos legisladores e dirigentes sobre o tema. É o caso, por exemplo, de Pablo Fracchia, da Coalizão Cívica. Pablo trabalha com a deputada provincial Natalia Gradaschi e milita na corrente interna do partido liderada pelo deputado federal Horacio Piemonte. Ele também é ativista da Federação.

— Quando foi a primeira vez que o seu ativismo político se cruzou com a sua orientação sexual?

— A primeira coisa que me lembro é quando fui visitar pela primeira vez o gabinete de Horacio Piemonte, que era deputado estadual. Foi em 2006, lembro-me que eu nunca tinha ido a La Plata. Conhecia vários companheiros que trabalhavam com Horacio, porque nós militávamos na mesma agrupação, mas não todos. Eu já era abertamente gay, embora apenas alguns companheiros do partido soubessem disso. Meus pais constantemente repetiam que, em política, isso poderia ser usado contra mim, e durante um tempo eu acreditei neles. Ao chegar ao local, subi pelo elevador e me deparei com dois escritórios contíguos

---

97 Essa previsão foi equivocada. No final, faltaram apenas três deputados: Asef, Chiquichano e Sluga. Havia outros seis licenciados — que, por conseguinte, também não teriam estado se a sessão fosse no dia seguinte — e um em missão oficial, Juan Carlos Gioja, que certamente teria votado contra. Outros seis se retiraram antes de votar.

pequenos, que eram usados como gabinete. Entro em um dos escritórios e vou cumprimentando cada um, quando vejo um cinquentão e me dei conta que era gay. Pergunto, de forma particular, à pessoa que tinha me convocado, e ele responde: "É o que dizem, mas ele não diz nada". Passo para o escritório seguinte, onde havia vários homens, e ouço que, entre risadas exageradamente masculinas, eles se referiam a este companheiro como "o tubarão-branco", por sua "capacidade atacar com o rabo". As paredes eram de papel, e dava para ouvir tudo. O companheiro permaneceu em silêncio, como sempre.

— Apesar de você ter saído do armário com todos...

— Sim. Até aquele momento, dentro da agrupação, ninguém nunca tinha dito, pelo menos pública e abertamente, que era gay. Era um ambiente machista onde, em meio a piadas, mandavam as mulheres cozinhar, que era na cozinha que elas tinham que estar. Alguns anos mais tarde, vários colegas confirmaram que a minha presença gerou um debate entre os dirigentes da agrupação. Estavam diante de um militante que não só não escondia sua homossexualidade, mas que fazia dela uma causa política, reivindicando direitos. Como fazer piada? Como dizer que lhes causava rejeição — não a todos, obviamente — sem parecerem fascistas, num espaço com uma história dentro do campo progressista e popular? Como combinar ser "progressista" e machista?

— Houve discussões por isso?

— Sim, por exemplo, quando propus acompanhar a parada gay. "É uma questão complicada, fica para mais adiante", respondiam alguns dirigentes. Outra coisa que me lembro é de uma vez em que voltávamos de trem de Bahía Blanca, em 2007. Vínhamos de uma atividade de prevenção do HIV na qual expliquei como colocar uma camisinha com a boca. Nós éramos cerca de dez jovens. Doze horas de viagem, luzes acesas a noite toda, muito frio, porque a maioria das janelas estavam quebradas, e um garoto que estava nos bancos da frente não parava de olhar para mim. Acabamos compartilhando o banco e alguns carinhos, com todos os meus amigos como testemunhas. O resultado foi um sermão do deputado para quem eu trabalhava na época, me pedindo para ser "menos gay", porque eu era um assessor da Assembleia Legislativa da província e, "além de ser, tem que parecer", por isso eu devia ter cuidado com as minhas "maneiras" quando estivesse em público.

— O que você respondeu?

— Mandei tomar no cu! E eu disse a ele que se minha conquista tivesse sido uma mina, certamente ele teria me dado os parabéns. Mas claro, éramos dois homens. Esse deputado era o mesmo que, um tempo antes, quando era assessor de Piemonte, fez a piada do tubarão-branco. Com o tempo, foi mudando e acabou apresentando vários projetos sobre diversidade sexual. Acho que a minha presença no gabinete ajudou.

— Suponho que, a princípio, ver você colocando uma camisinha com a boca deve ter sido uma experiência forte para ele...

— Sim... inclusive me lembro que uma vez eu mencionei que tinha fotos colocando camisinha com a boca em pênis de madeira como parte do meu ativismo na prevenção do HIV. A versão foi distorcida e chegaram a dizer que eu tinha participado de filmes pornôs fazendo sexo oral, o que levou um "dirigente" a colocar duas pessoas para procurar pornografia gay e ver se viam o meu rosto, até que me chamaram para pedir que lhes enviasse a foto.

— Quando você começou a militar pelos direitos LGBT dentro da Coalizão Cívica?

— Em 2007 e 2008, eu e outro companheiro gay da agrupação, que teve a coragem de sair do armário, decidimos ir à parada gay com quem nos apoiassem, usando nossas próprias bandeiras e nossos próprios folhetos junto com outra corrente do partido chamada Tendência Dínamo, onde militam várias pessoas abertamente homossexuais. Companheiros da JxI também participavam, mas de forma independente. Ninguém se atrevia a fazer de maneira partidária, porque ninguém queria enfrentar a Carrió. Num partido onde uma das fortalezas políticas é o que Lilita pensa de você, ninguém quer se arriscar até ouvir a opinião dela sobre diferentes assuntos. Por isso, tendo em conta o seu nível de religiosidade, ninguém ia ter coragem de se pronunciar a favor dos direitos de casais homossexuais.

— Alguma vez falou com ela sobre isso?

— Sim, durante um encontro em Salto, em 2005, perguntei a posição dela sobre o casamento gay. "Eu não tenho opinião formada", disse. No entanto, comentava-se que, de modo privado, dizia ser contra. Em 2007, ela se manifestou favorável ao reconhecimento de certos direitos e da "união civil", que estava no programa de governo, e, finalmente, no debate da lei, fez um dos discursos, no meu entender, mais favoráveis e fundamentados, sob o ponto de vista teológico, político e social. Pena que terminou e depois se absteve. Mas isso não faz com que eu não reconheça a mudança que teve desde 2005, sem opinião, a dizer na C5N[98] que a história deve um pedido de desculpas aos homossexuais. Merece reconhecimento por isso.

---

98 Canal de notícias da TV a cabo.

— Como foi o debate no gabinete do deputado com quem você trabalha atualmente?

— Horacio Piemonte sempre teve uma posição a favor do casamento igualitário. Dentro da agrupação, isso ajudou bastante, porque aqueles que eram contra calaram a boca, sabendo a posição do dirigente.

— Como foi o debate na bancada?

— Os pontas de lança foram [as deputadas] Fernanda Gil Lozano e Fernanda Reyes (impulsionada pelos companheiros da agrupação Diversidade JxI). Os rapazes da Diversidade JxI conversaram com cada um dos legisladores da bancada para explicar por que eles tinham de votar a favor. Pessoalmente, Horacio me pediu umas "dicas" mais fortes para argumentar a favor e poder debater durante as reuniões da bancada. Surgiram — suponho que como em outras bancadas — posições diferentes ao longo do tempo. Carrió pediu pessoalmente a seus assessores que elaborassem um projeto de ampliação jurídica dos direitos não só para os casais homossexuais, mas também para outras configurações familiares, mas sempre tirando a palavra "casamento" do âmbito civil.[99] Ou seja, deixava a palavra para a Igreja, enquanto o resto se enquadraria nessa nova "união familiar". Como Horacio me contava, a discussão sempre foi essa: se deviam incluir os casais do mesmo sexo dentro do casamento ou gerar uma nova instituição.

— Quem apoiou a posição de Carrió?

— Alicia Terada, que disse: "Se votar isso, me matam lá no Chaco". Prat-Gay disse que votaria no que Carrió votasse. Depois, em algum momento, discutiram a possibilidade de se remover a adoção conjunta e votar uma espécie de casamento sem adoção para discuti-lo no futuro. Um dos deputados que assinou o parecer a favor disse: "Eu assino, de qualquer maneira, não vai sair de jeito nenhum".

— Você acha que, se soubesse que a lei ia ser aprovada, ele teria assinado?

— A análise efetuada por vários deputados da Coalizão era de que a lei cairia no Senado, não tinha o número de votos suficientes. Então, a maioria votou a favor convencida, mas houve outros que fizeram por demagogia, pensando que não ia sair, e eles, de qualquer maneira, ficariam bem.

***

---

99 Trata-se do projeto de "união familiar" que depois seria apresentado pela deputada Terada.

Juan Manazzoni é assessor do deputado Felipe Solá e milita no Peronismo Federal.[100] Não faz parte de nenhuma organização LGBT, mas sentiu necessidade de dar a sua contribuição durante ao debate do casamento igualitário. Quando a lei estava sendo debatida na Câmara dos Deputados, ele estava de licença por causa de um problema de saúde, mas voltou durante o debate no Senado. Então, decidiu enviar uma carta para todos os senadores, na qual se apresentava, saía do armário e lhes pedia o voto:

> Meu nome é Juan, há 26 anos nasci em Tandil e há quatro, por minhas ocupações, moro aqui na Capital Federal. Trabalho na Câmara dos Deputados. Eu sei que é muita a correspondência que chega diariamente a cada legislador, no entanto, não desanimo: enquanto escrevo, imagino que estou falando e olhando de frente para cada um. Como também imagino que o senhor me escuta com atenção.
>
> O senhor sabe por que estou escrevendo: pedindo-lhe que considere justo apoiar e votar a favor da lei do casamento entre pessoas do mesmo sexo. Muitas cartas que receberá nestes dias serão, certamente, "extraordinárias", pelas situações, modos ou histórias. Mas minha carta não tem nada de "extraordinário".
>
> Nasci em uma família da província, muito religiosa, onde nada me faltou. Uma família que me garantiu tudo, mas onde me custou experimentar a alegria da liberdade: cresci com as noções de "bem", "mal" e "culpa" tão presentes como o oxigênio no ar. Noções que influenciaram minhas decisões de vida por vários anos.
>
> Naquela época, eu também era daqueles que falavam do "amor ordenado", da "educação no amor" e de um longo e bastante hipócrita etecetera. Durante aquele tempo, eu descria da possibilidade de que duas pessoas do mesmo sexo pudessem se amar, *comme il faut*. "A sociedade" (apenas uma parte, obviamente) tinha me convencido de que "o amor gay é um amor egoísta", por "não estar aberto à procriação e à vida" e muitos argumentos semelhantes.
>
> Senhor Senador: graças à vida, hoje já não penso assim. O tempo e sua experiência, que sabem muito mais de compreender que de argumentar, mudaram o meu coração. Agora ninguém poderá me incutir "a culpa de ser livre".
>
> Eu também me apaixonei, meu coração encontrou um sentido, me fazendo feliz: por ser quem sou, por mim e pelo outro. "Outro" que também é sujeito pleno de direitos, que não é um objeto de mera satisfação como querem aqueles que distinguem "um amor egoísta" de "um amor generoso". Ao amor, quando é amor, sobram adjetivos.
>
> Se meu relacionamento vai prosperar ou não, o tempo dirá. Mas enquanto eu

---

100 Nota do autor: o Peronismo Federal foi um racha do PJ que foi para a oposição, com um discurso de centro-direita. Trata-se, no entanto, de um grupo muito heterogêneo, com pessoas muito de direita e outras nem tanto. Felipe Solá, ex-governador da província de Buenos Aires e ex-aliado de Kirchner, é o mais razoável e progressista do grupo.

estiver com a pessoa que meu coração aponta, quero que o Estado possibilite o mesmo que possibilita ao resto da sociedade. É bem simples. Pedimos pelos direitos que nos pertencem e que queremos exercer plenamente. Saiba, também, que não nos esquivamos de nossas responsabilidades. Para aqueles que falam de "amor responsável", com esta lei, cuidaremos e protegeremos a pessoa que está ao nosso lado, não só dos altos e baixos da vida, mas também do preconceito, do apontar o dedo e da desigualdade.

Hoje, nós fazemos história.

E história da boa.

Como a história que foi escrita com grandes leis, como a 1420, a lei Sáenz Peña,[101] o voto feminino, a educação "laica ou livre" ou o divórcio.

Hoje o senhor pode fazer história.

Se o trem passar hoje... não fique na plataforma.

Um grande abraço, desejo-lhe o melhor.

Outro assessor contou que o deputado Solá estava sentado em sua cadeira, em plena sessão, quando viu no BlackBerry o e-mail de Manazzoni; mostrou para vários deputados e disse-lhes:

— Imagine, se eu tivesse votado contra a lei, não ia mais poder olhar nos olhos do Juan.

***

Sem deputados ou senadores cujos votos pudessem influenciar, outros ativistas gays e lésbicas que pertencem a partidos de esquerda também fizeram parte da luta pelo casamento igualitário. Um exemplo — e não é o único — foi o de Maximiliano Zwenger, militante do morenista Movimento Socialista dos Trabalhadores e do grupo Livre Diversidade, setor LGBT desse partido que faz parte da Federação.

— O MST sempre esteve relacionado com a defesa dos direitos de lésbicas, gays, bissexuais e trans. Nos anos 70, quando éramos PST, um dos nossos principais dirigentes, Nahuel Moreno, deu espaço em nossa sede central para que a Frente de Libertação Gay se reunir.[102] Em 1992, o único dirigente político pre-

---

101 Lei 1.420: ensino fundamental gratuito e obrigatório (1884); Lei Sáenz Peña: voto secreto, universal e obrigatório (1912); lei de voto feminino (1947); lei do divórcio (1987). "Laica o livre" é como é conhecida a polêmica que se deu durante o governo de Frondizi, em 1958, quando os estudantes se mobilizaram contra a habilitação das universidades particulares, muitas delas católicas, para outorgar títulos.
102 Osvaldo Bazán conta a história da FLH, incluindo algumas histórias interessantes relatadas por Maximiliano, em seu livro *Historia de la homosexualidad en la Argentina*, op. cit.

sente na parada gay de Buenos Aires foi Luis Zamora, que na época fazia parte do nosso partido. Em 2001 e 2002, Vilma Ripoll, como legisladora da cidade, foi uma das impulsionadoras da união civil portenha, que poderíamos considerar um passo prévio para o casamento igualitário — explica Maximiliano.

— Como foi formado o Livre Diversidade?

— Nasceu de uma necessidade, no partido, de acompanhar essa luta de uma maneira mais responsável e com medidas concretas, e não como parte de temas não relacionados. É por isso que nos demos a possibilidade de trabalhar de maneira articulada com a Federação. Em todo o país, surgiram novas frentes além da Livre Diversidade, que é um grupo de Buenos Aires. Em Córdoba, foi formada Ousadia e Luta; em Santa Fé, Luta e Liberdade, e também nasceram o Grupo de Gênero e Diversidade Sexual em Mendoza e outros em Tucumán, Salta e Jujuy. Nossos dirigentes, como Vilma Ripoll e Pablo Vasco, participaram dos atos da Federação e viajaram para diferentes lugares do país para defender a lei.

***

Quando a lei foi votada na Câmara dos Deputados e, mais tarde, no Senado, cada um dos ativistas com militâncias partidárias ou sociais — que são muitos mais do que mencionamos neste livro, alguns dos quais preferem não sair com seus nomes por motivos pessoais — estiveram lá, trabalhando para que a lei fosse aprovada. Alguns, dentro do Congresso, "operando", chamando seus deputados, intercambiando informações, discutindo estratégias, pressionando, contando votos. Outros fora, mobilizando seus colegas de partido para dar uma força na rua, carregando bandeiras, organizando atividades de apoio ou tentando conseguir a adesão dos dirigentes e de figuras públicas relacionadas às suas áreas de militância.

Naqueles dias, militantes pró-governo e opositores de quase todos os partidos trabalharam juntos, trazendo sua experiência política e contatos, e dando prioridade ao objetivo comum acima das diferenças partidárias.

Boca de urna

Na bancada governista, supostamente, havia "liberdade de consciência", mas o ex-presidente Néstor Kirchner e o líder da bancada, Agustín Rossi, militavam a favor da lei.

"Em política, esse é um sinal claro. Obviamente, há posições contrárias, mas se o presidente do partido e o líder da bancada são a favor, os deputados, apesar da liberdade de ação, levam muito em conta essa opinião. São eles que dão a linha política a ser seguida",[103] asseguravam da bancada kirchnerista.

Mas a verdade é que a liberdade de consciência nunca existiu.

Convenhamos que teria sido muito pouco *peronista* — e digo isso como um reconhecimento. As dificuldades que, no Senado, a bancada radical nos traria, mostram as consequências indesejáveis da falta de liderança política nas bancadas legislativas. Não é possível que se converse com o líder de uma bancada e depois fique em evidência que o sujeito é ignorado por seus pares: nós tivemos que convencê-los um a um os cinco senadores radicais que votaram a favor da lei — apenas cinco, embora o líder da bancada e o presidente do partido tivessem se pronunciado a favor.

Néstor Kirchner apoiava a lei e estaria presente na sessão. Seria a primeira lei — e acabou sendo a única — que votaria, já que ele não costumava assistir às sessões. Os deputados que eram leais ao governo deviam votar a favor, como em todos os casos em que o governo quer que um projeto seja aprovado. Os que não estivessem de acordo poderiam faltar à sessão, abster-se ou se retirar antes da votação.

Votar contra não estava entre as possibilidades.

Se há algo que ninguém pode deixar de reconhecer ao governo é que, quando ele decide batalhar — e, felizmente, no final, tinha decidido —, batalha de verdade. Ele faze tudo que tem que fazer para ganhar a batalha, desde fazer que um deputado falte à sessão para não votar contra até levar duas senadoras para a China.

Alguém vai dizer que não é a maneira ideal — tampouco é ilegal —, mas convenhamos que não estávamos enfrentando as carmelitas descalças nem se tratava de um jogo limpo. Do outro lado, os bispos ligavam para ameaçar e extorquir os legisladores, se metiam com suas famílias e mobilizavam crianças de 10 anos das escolas católicas, que financiamos com nossos impostos, com cartazes que diziam: "Não ao casamento gay", como se as crianças soubessem do que se tratava.

O governo tinha vestido a camisa e faria o que fosse preciso.

O líder da bancada governista, Agustín Rossi, trabalhava para garantir a vitória, e duas deputadas do partido, Juliana Di Tullio e María Teresa García, revisavam diariamente a lista de votos confirmados com Vilma Ibarra:

— Vários dias antes da votação, Teresa me disse a quantidade de votos garantidos que tinha e jurou que todos os dias checava pessoalmente e confir-

---

[103] RUCHANSKY, Emilio. El turno del casamiento homosexual. *Página/12*, 28/04/2010.

mava esses votos — lembra Vilma. — Dizia quais votos eram duvidosos, quais tinham de ser reforçados etc. Dois dias antes, pedi que puséssemos nome e sobrenome a cada voto. Ela veio com a lista completa. Fomos verificando juntas, um por um, cada voto. Os dados que me deu eram precisos. Com efeito, antes da votação, quando estávamos no plenário, fizemos uma lista de todas as bancadas, com nome e sobrenome, voto por voto. O número de votos que conseguimos foi exatamente igual ao que contabilizamos com Teresa García e Juliana Di Tullio.

Os "dissidentes" da bancada também se mobilizaram. A deputada Patricia Fadel percorria os gabinetes à procura de votos contra. Um jornalista do jornal *Los Andes* nos advertiu, dias antes da sessão, que a deputada — que quando foi legisladora provincial se recusou a votar a lei de saúde reprodutiva em sua província — estava militando ativamente contra a lei. Fadel, ao lado da fueguina Rosana Bertone, inimiga de Fabiana Ríos, e vários governadores pró-governo ligados à Igreja — como Gioja e Urtubey — conseguiu reunir uma parte importante da bancada, que se rebelou contra Kirchner, mas não foi suficiente para ganhar a votação.

Como em toda vez que nosso país enfrenta uma decisão importante, os dois peronismos — o mais revolucionário e o mais conservador —, que reivindicam para si facetas contraditórias do legado de Perón, se confrontaram, dentro e fora do partido do governo, porque esta divisão profunda e ideológica nem sempre coincide, na política argentina, com os posicionamentos nas disputas internas. Dependendo da conjuntura, eles se unem para conseguir ou conservar o poder, mas certas questões *de fundo* devolvem cada um ao seu lugar, ainda que temporariamente. Nesses momentos, a política parece fazer sentido novamente.

Também se defrontaram, como em outras épocas, os dois radicalismos.

Debates como este mostram o absurdo do sistema político argentino: a radical María Luisa Storani e a peronista Juliana Di Tullio são mais parecidas entre si que a primeira com o radical Oscar Aguad ou a segunda com o peronista José Luis Gioja. E seria mais fácil que qualquer uma delas ficasse de acordo com a socialista Silvia Augsburger e seus colegas de partido com o republicano Federico Pinedo. Qual deveria ser o "Grupo A" e qual o "Grupo B"? Era muito difícil explicar a Pedro Zerolo, nosso amigo espanhol, que deputados de um mesmo partido votassem diferente em uma questão que tanto tem a ver com as convicções ideológicas que fazem com que se esteja em um partido ou em outro.

Na UCR, dois nomes importantes tinham decidido apoiar a lei: o presidente do partido, Gerardo Morales, e o filho do ex-presidente Alfonsín, Ricardo. Mas eram as deputadas María Luisa Storani e Silvia Storni que militavam, discutiam, convenciam e contavam voto a voto. Storni explicou naqueles dias ao *Pagina/12* que seus correligionários, "no início, não aceitavam nem a união civil, muito menos o casamento, muitos achavam que era piada. Tivemos que explicar que não estávamos discutindo o casamento religioso, mas o casamento civil". O apoio de Alfonsín, assim como o do constitucionalista Ricardo Gil Lavedra, cuja intervenção mencionamos num capítulo anterior, ajudaram a somar vários votos no partido. E também, o apoio firme da Juventude Radical e da agrupação estudantil Franja Morada,[104] que participaram ativamente da campanha da Federação.

María Luisa Storani é uma militante feminista, fundadora da ONG Casa da Mulher, e faz parte da corrente interna de Ricardo Alfonsín. Durante a campanha de 2009, quando foi eleita deputada, anunciou publicamente seu apoio à lei:

— Em cada ato de campanha a que comparecia, sempre que me perguntavam quais seriam as minhas prioridades de trabalho no Congresso, e eu mencionava o casamento gay — recorda a deputada.

— Como foi o debate com seus colegas da bancada?

— A verdade é que a maioria não achava uma questão importante e preferia que não fosse discutida logo, para se livrar. Então, nunca esteve na agenda da bancada, sempre priorizavam outros temas de conjuntura. Quando a discussão começou a avançar nas comissões, eu e Silvia Storni ficamos firmes e exigimos um debate interno

— Conseguiram?

— Sim, houve dois dias seguidos de reuniões da bancada nas quais falamos exclusivamente sobre esse assunto.

— Quem as ajudou?

— O mais importante foi o apoio de Ricardo Alfonsín e de Ricardo Gil Lavedra, que é um constitucionalista muito respeitado e todos o escutam. No princípio, ele tinha dúvidas, se inclinava pela união civil; conversamos muito, e no final ele se convenceu. Sua voz nas reuniões da bancada foi fundamental, bem como o apoio que tivemos da JR, da *Franja* e dos setores de mulheres, tanto nacional quanto os de várias províncias, que mandavam cartas e participavam das manifestações a favor da lei. Também ajudou muito o material que Esteban

---

104 "Faixa Roxa".

Paulón sempre mandava, a quem eu pedia ajuda sempre que precisava responder a algum argumento contrário.

— Quais eram os argumentos contra na bancada?

— Ouvi coisas insólitas, por exemplo, deputados que diziam que não podiam votar a favor porque tinham um tio bispo ou uma irmã freira. Uma deputada falou de "famílias de degenerados". Havia algumas posições de direita e muitos preconceitos a respeito da adoção. Cada coisa que eu tive de ouvir! Uma vez fiquei irritada e disse: "Você acha que as crianças vão ver o que o casal faz na cama? É o mesmo que os heterossexuais fazem". Também havia deputados do interior que tinham medo de que votar essa lei e os prejudicasse eleitoralmente...

— Apenas se recusavam a votar ou militavam contra?

— Não... Aqueles que se opunham militaram como nunca! Eu nunca vi essa gente trabalhando tanto por outra questão. Reuniam-se com Cynthia Hotton, convocavam às marchas! No Senado, aconteceu a mesma coisa: Morales e Sanz queriam ter uma posição comum como partido, e, paradoxalmente, aqueles que mais se opuseram à lei foram os senadores mais jovens. Mas nós vencemos.

— E quem se opunha mais?

— Os mais duros foram o deputado Norberto Erro e a deputada Norah Castaldo. Ambos estavam atacados nas reuniões da bancada, muito nervosos.

— Como o debate te impactou como radical?

— Estou muito feliz de ter entrado na Câmara justamente para a apreciação dessa lei e acho que militando a favor cumpri com os princípios históricos da UCR. Sempre me lembrava dos momentos que vivemos com Raúl Alfonsín e Florentina Gómez Miranda durante o debate da lei do divórcio, que foi maravilhoso. Alfonsín tomou a decisão política de seguir em frente com esse tema e enfrentar o que tivesse de enfrentar.

Embora Storani não mencione, era público que estavam contra a lei dois nomes de peso no partido: o vice-presidente da República, Julio Cobos, e o líder da bancada de deputados radicais, Oscar Aguad, que em Córdoba é conhecido como "o milico", por seus vínculos com figuras da ditadura. O ativista cordobês Martín Apaz conta que, tempos depois da votação na Câmara dos Deputados, foi realizado um congresso da UCR na província e surgiram cartazes anônimos com Néstor Kirchner de noivo e o senador Luis Juez[105] de "noiva". "Eles não ti-

---

[105] O senador Luis Juez, um dos principais líderes políticos da província, que encabeça uma força política independente, tinha se declarado a favor da lei e deu seu respaldo na votação no Senado, assim como sua companheira de bancada, Norma Morandini, que tinha assinado o projeto de Augsburger quando era deputada.

nham a assinatura de Aguad e Mestre,[106] mas foram eles", Apaz assegura. Aguad também tentou — sem sucesso — proibir a entrada dos ativistas LGBT para presenciar a sessão.

Alguns dos seus correligionários, no entanto, juram que, em particular, Aguad confessava que era a favor do casamento gay, mas que votaria e se expressaria publicamente contra porque seu eleitorado é muito conservador, e acrescentam que ele facilitou o debate na bancada, com alguns gestos para aqueles que apoiavam o projeto.

Entrevistado por Jorge Fontevecchia, o deputado se justificava:

> Sou a favor de construir consensos, e o casamento de pessoas do mesmo sexo dividiu a sociedade. Se tivéssemos aprovado a união civil, teríamos tido quase unanimidade na sociedade. Um passo muito largo foi dado, e as sociedades devem evoluir não tão largamente quando se trata de mudanças culturais.[107],[108]

No final, a bancada radical se dividiu quase pela metade, ainda que tenha havido mais votos contra que a favor. Também houve surpresas. Um deputado dessa bancada conta que, quando consultado sobre seu voto, o radical pampeano Ulises Forte, dirigente ruralista que foi eleito para o Congresso por causa do conflito do campo, ele disse que era a favor e acrescentou:

— Vocês acham que no campo não tem veados?

Na Coalizão Cívica, como já dissemos, Carrió, Prat-Hétero e Alicia Terada se opunham — embora os dois primeiros tivessem se comprometido a abster-se —, mas o resto apoiava sem ressalvas. Ainda que não tivessem tornado pública sua sexualidade, alguns deputados e deputadas gays e lésbicas que chegaram ao Congresso com o apoio de Lilita tinham militado pelo tema no partido durante anos. Além disso, a juventude do partido conta com um grupo LGBT muito importante (que faz parte da Federação) e vinha trabalhando muito para assegurar cada voto, conforme explicou no capítulo anterior o ativista Pablo Fracchia.

Toda a centro-esquerda — tanto o setor mais próximo à base governista como o mais opositor — apoiava sem fissuras. Na centro-direita, a maior oposição estava no Peronismo Federal, onde o empresário Francisco De Narváez e o casal Duhalde militavam abertamente contra. No entanto, o deputado Felipe

---

106 Senador pela UCR que votou contra a lei.
107 FONTEVECCHIA, Jorge. Cobos para presidente; Alfonsín, gobernador de Bs. As. y Sanz, de Mendoza. *Perfil*, 09/05/2010.
108 O engraçado é que, quando Aguad fala de "quase unanimidade na sociedade", o que faltam entre o *quase* e a unanimidade são, precisamente, os gays e as lésbicas.

Solá, um dos presidenciáveis desse setor, era a favor e contava com o apoio de cinco colegas de bancada. Do Pro, Christian Gribaudo, Laura Alonso e Paula Bertol confirmaram seu apoio, embora o primeiro fosse trair sua promessa. Finalmente, mais duas deputadas da bancada que não tinham adiantado sua posição, Soledad Martínez e Pinky, também votaram a favor.

A contagem de votos nos favorecia.

Esteban Paulón jurava que teríamos entre 130 e 140 votos. Não foram tantos, mas Esteban costuma ser muito otimista. Não posso criticá-lo, pois tenho o mesmo hábito.

De qualquer forma, tínhamos certeza de que ganharíamos a votação, mesmo que, até que o painel mostrasse o resultado, continuássemos cagados de medo de que algo desse errado.

"Maldição! Vai ser um belo dia!"

Em 4 de maio de 2010, finalmente a Câmara dos Deputados se reuniu para debater a lei do casamento entre pessoas do mesmo sexo. Tudo parecia indicar que ganharíamos a votação, mas, mesmo que perdêssemos, já era um fato histórico: seria a primeira vez que o Congresso debateria abertamente os direitos dos casais do mesmo sexo. Talvez conseguíssemos aprovar a lei nesse dia ou talvez devêssemos esperar mais um ou dois anos, mas a conquista da igualdade já não era uma utopia.

Estava aí, a um passo.

Depois de uma longa história na qual fomos queimados na fogueira, enviados para o inferno, diagnosticados como doente mentais, internados em hospitais psiquiátricos, enviados para os campos de concentração do nazismo, estigmatizados como delinquentes ou sujeitos perigosos, condenados à morte ou à prisão, presos sem motivo na rua ou em batidas policiais e maltratados pela polícia, extorquidos, humilhados, insultados e ridicularizados,[109] o Parla-

---

109 Essas coisas continuam acontecendo em diferentes partes do mundo. De acordo com uma pesquisa do ILGA, mais de 80 países têm leis que criminalizam a homossexualidade (ou seja, uma pessoa pode ir para a prisão apenas por ser gay ou lésbica) e/ou o sexo anal ou oral (nestes casos, mesmo entre homem e mulher). No Irã, Mauritânia, Iêmen, Arábia Saudita, Sudão e algumas regiões da Nigéria, os homossexuais podem ser condenados à pena de morte. Seis países africanos estabelecem penas que variam de 11 anos de prisão à prisão perpétua (Serra Leoa, Uganda, Quênia, Tanzânia, Malawi, Zâmbia e partes da Nigéria), 18 têm penas menores a 11 anos (Saara Ocidental, Marrocos, Argélia, Tunísia, Líbia, Egito, Eritreia, Etiópia, Botsuana, Zimbábue, Camarões, Togo, Gana, Burundi, Guiné, Senegal, Suazilândia e Ilhas Comores) e cinco condenam a homossexualidade sem estabelecer claramente as penas (Libéria, São Tomé e Príncipe, Angola, Namíbia e Moçambique). Na Ásia, vários países mandam pessoas homossexuais para a prisão: Síria, Kuwait, Jordânia, Qatar, Turcomenistão, Uzbequistão, Afeganistão, Paquistão, Bangladesh,

mento argentino estava debatendo a possibilidade de que em nosso país nos tratassem como gente.

Não só isso: que nos tratassem como gente igual aos outros.

Parece óbvio, mas, olhando a história, é revolucionário.

Só o fato de ter conseguido que a lei fosse debatida nos daria razões suficientes para comemorar, mesmo que perdêssemos. Na Espanha perderam muitas votações antes de ganhar a definitiva. "Em vinte anos, a Argentina avançou quinhentos", me disse Rodolfo naquele dia, antes de saber se a lei seria aprovada.

As galerias com vista para o plenário da Câmara dos Deputados estavam cheias de ativistas e havia bandeiras da Federação, da CHA, da 100%, da agrupação Putos Peronistas e outras organizações.[110] Do outro lado, tinha também um bando de fanáticos barulhentos, seguidores de Cynthia Hotton, que protestavam contra a lei.

"Maldição! Vai ser um belo dia", cantava o grupo de rock *Patricio Rey y sus Redonditos de Ricota*, "os redondos". Penso nos seguidores da deputada evangélica amanhecendo naquele 4 de maio, quando iriam ao Congresso para protestar contra o mundo que avança sem lhes pedir licença, e me vem à mente a voz do Índio Solari dedicando-lhes a canção.

Desta vez sim

Às 14:25, com a presença de 140 deputados, começou a sessão.

A primeira a falar[111] foi Vilma Ibarra, porta-voz do parecer da maioria (favo-

---

Myanmar, Butão, Malásia, Singapura, Brunei, Sri Lanka, Maldivas, Palau e Omã, enquanto, entre os gigantes do continente, Rússia e China não têm leis específicas sobre a homossexualidade, mas a discriminação ainda é muito grande, e a Índia recentemente eliminou a penalização por decisão judicial. Na América, a homossexualidade é delito na Guiana, Jamaica, Belize e em algumas ilhas do Caribe. Jamaica é considerada um dos piores lugares do mundo para se ser gay, pela extrema violência homofóbica existente. Lesoto e Suazilândia, na África, Belize e Trinidade e Tobago, na América Central, proíbem a entrada no país de homossexuais, enquanto 16 países, entre os quais os vizinhos Chile e Paraguai, têm idades diferentes de consentimento para relações homossexuais, de modo que a homossexualidade pode ser perseguida entre os mais jovens.

110 Ou seja, estavam, inclusive, aquelas organizações que nos criticaram por defender o casamento igualitário, como a CHA e os Putos Peronistas.

111 A versão taquigráfica da sessão é quase tão longa quanto este livro, então eu só posso citar algumas passagens de algumas intervenções e não tenho outra opção que deixar de fora um monte de coisas interessantes. O recorte, como o leitor verá, é completamente parcial e subjetivo. Os argumentos contra eram muito repetidos (vários disseram, quase textualmente, a mesma coisa retirada dos documentos da Igreja católica) e eram bastante pobres, portanto foram poucos os incluídos, a título de exemplo. Alguns discursos já tinham sido citados em capítulos anteriores, como o de Gil Lavedra (por sinal, excelente), por isso não voltarei a citá-los aqui. A leitura dos debates completos de ambas as casas é um exercício interessante que recomendo muito: ajuda a saber o que pensam, que conhecimentos têm sobre os temas que devem analisar, como se expressam e que tipo de argumentos usam as pessoas que nos representam e fazem as leis.

rável) e autora de um dos projetos, que começou fazendo um reconhecimento às organizações e à outra incentivadora da lei, a ex-deputada Silvia Augsburger. Era uma pena que Silvia não pudesse estar em uma cadeira para defender e votar a lei pela qual tanto tinha trabalhado.

Em seu discurso, tendo em conta que a principal oposição vinha da Igreja católica e de algumas igrejas evangélicas, a deputada fez uma clara distinção entre o casamento civil e o religioso:

> [...] O que estamos discutindo hoje é a modificação de leis civis num Estado laico. Não estamos abordando, e nem poderíamos, o casamento das diferentes religiões. Não abordamos o casamento católico, não abordamos o casamento da religião judaica, não abordarmos o casamento dos muçulmanos. Repito: estamos lidando com leis civis num Estado laico.
>
> E, nesse sentido, hoje o casamento civil já é bastante diferente dos casamentos religiosos. Na religião católica, por exemplo, o casamento é um sacramento e é indissolúvel. Já no âmbito civil de nossas leis civis, temos o divórcio, e as pessoas de todas as religiões — e também aquelas que optam por não ter nenhuma religião — têm acesso a esse casamento civil.[112]

Mais adiante, Ibarra se referiu à proibição constitucional de se estabelecer regras discriminatórias e esclareceu a questão da adoção, que vinha sendo distorcida por opositores à lei para criar confusão sobre o seu conteúdo:

> O Supremo afirmou que, em um estado constitucional de direito, não podemos reconhecer direitos a alguns e tirar de outros sem um argumento plausível que nos permita explicar o porquê. Neste sentido, deveríamos nos perguntar por que podemos decidir diferentes capacidades contributivas ou a aplicação de diferentes impostos. Precisamente porque há equanimidade no fato de compreender que os impostos são aplicados de acordo com as várias capacidades contributivas. Poderíamos nos perguntar também por que exigimos uma determinada idade para o acesso a cargos públicos ou para dirigir um carro. A resposta é que há razoabilidade na afirmação de que um menino de onze ou doze anos não pode ocupar cargos públicos ou conduzir um veículo.
>
> O que não parece razoável — aliás, está proibido — é outorgar direitos a alguns e tirar de outros com base na orientação sexual. Digo isto porque existe uma interdição, uma proibição da nossa Constituição e dos tratados internacionais,

---

Alguns são brilhantes, outros são assustadores.
112 Todas as citações do debate foram extraídas da versão taquigráfica da sessão da H. Câmara dos Deputados da Nação do dia 05/04/2010. Usei como fonte uma versão provisória que a web da Câmara publica em formato html, já que a versão definitiva ainda não estava disponível, por isso não é possível indicar números de página.

no sentido de que não se pode discriminar, diferenciar ou distinguir com base na orientação sexual.

Um parágrafo à parte merece o assunto da adoção. [...] A este respeito, deve-se notar que o parecer em apreciação não dá direito aos homossexuais a adotar crianças; eles já têm esse direito. A lei em vigor não permite nem impede que gays e lésbicas a adotem nas mesmas condições e com os mesmos requisitos que se aplicam aos heterossexuais. Hoje já não fazem isso. Existem centenas de crianças que foram adotadas por casais homossexuais, que criam seus filhos em família. Esta é uma faculdade contemplada desde sempre na nossa lei de adoção. Tanto é assim que o artigo 312 do Código Civil estabelece que ninguém pode ser adotado por mais de uma pessoa simultaneamente, salvo quando os pais adotivos sejam cônjuges. Como podem observar, a norma não exige orientação sexual; não se pergunta se o pai adotivo é homossexual ou heterossexual. Hoje os casais homossexuais adotam filhos e os criam, mas apenas um deles fica registrado como adotante. Esta é a realidade que estamos vivendo; não é algo que se estabeleça por meio deste projeto. O que afirmamos nesta iniciativa é que os filhos criados por pais homossexuais, se apenas um deles fica registrado como adotante, estão em inferioridade de direitos diante daqueles que foram adotados por casais heterossexuais. Esses filhos estão desamparados pela lei.

[...] Não estamos inventando nada com esta iniciativa; estamos protegendo os direitos dos filhos que hoje recebem tratamento desigual em relação aos adotados por um casal heterossexual. Tanto é assim que, se sancionássemos um projeto de lei do casamento impedindo que as pessoas homossexuais adotassem, iríamos colocá-los diante da escolha de casar ou adotar, quando hoje a lei já permite adotar. No entanto, se eles quisessem casar, teríamos de dizer que eles deveriam optar por se casar ou adotar.

Contra esta explicação de Ibarra, o deputado Federico Pinedo (Pro), que foi o porta-voz do primeiro parecer contrário ao casamento igualitário, confessou sua posição:

[...] não queremos que, sem uma ampla discussão sobre a necessidade de se modificar ou não a lei de adoção vigente, os juízes sejam obrigados a adotar determinadas posições, fornecendo pautas de adoção quando poderiam considerar que isso não é o mais conveniente para o caso de uma criança em particular.

[...] o parecer da maioria avançou nesse ponto, porque, ao estabelecer a igualdade das uniões homossexuais e heterossexuais no casamento com relação à adoção — tema no qual progride especificamente —, fixa uma posição na lei que o juiz terá de aplicar. Os juízes não podem optar pela aplicação ou não de uma lei. Pode ser que num caso concreto um juiz acredite que para uma criança em particular é melhor que o adotante seja João em vez de Pedro ou María.

Pinedo admitia, assim, que a lei de adoção não impedia que gays e lésbicas adotassem como solteiros, mas os juízes podiam não conceder as adoções por preconceito, e que a lei em debate, ao estabelecer a igualdade de acesso ao casamento, permitiria aos casais homossexuais adotar como casados e impediria os juízes de discriminar.[113] O que o deputado estava defendendo — quase abertamente — era deixar uma brecha para que os juízes tivessem a possibilidade de escolher entre discriminar ou não.

Nunca tinham dito isso tão claramente.

Em outro parágrafo, Pinedo reconheceu que, quando ele e os colegas analisaram a propositura de uma legislação especial para gays e lésbicas, "achamos que era discriminatória", mas, finalmente, decidiram fazer assim mesmo, porque "é melhor do que não ter nenhum direito".

Conforme-se com isso, velho, é melhor que nada.

Em seguida, Alicia Terada (Coalizão Cívica) defendeu o projeto de "união familiar" que tinha apresentado a pedido de Carrió. Não disse: "Se eu votar o casamento gay, no Chaco vão me matar", como se justificava nas reuniões da bancada. Essas coisas não são reconhecidas. Ela argumentou que queria incluir outras configurações familiares, por exemplo, dois irmãos que vivem juntos. No final, falou do princípio da igualdade perante a lei, mas esclareceu que ele tinha de ser considerado "na sua verdadeira dimensão". Não ficou claro qual era, mas sim que não incluía gays e lésbicas.

O último orador de um parecer contrário foi Mario Merlo (Peronismo Federal), que se opunha tanto ao casamento quanto à "união civil". Ele disse que "a natureza não discrimina quando nos faz homem ou mulher". Em seguida, citou o artigo 14 da CF e outros artigos de vários tratados de direitos humanos que, evidentemente, não tinha entendido — entre outras coisas, citou o mandato de "proteger a família" que estabelece a Constituição como um argumento contra o reconhecimento de direitos para as famílias de gays e lésbicas — e afirmou que considerar "nas mesmas condições" os casais do mesmo sexo era "uma discriminação injusta".

Reprovado em direito constitucional.

---

113 Isso não significa que a lei agora obrigue os juízes a conceder uma adoção para qualquer casal do mesmo sexo que a solicite, como também não são obrigados a concedê-la para qualquer casal heterossexual — e como tampouco nunca estiveram obrigados a concedê-la individualmente a um único adotante solteiro, hétero ou gay —, mas que, em qualquer caso, deverão aplicar os mesmos critérios para decidir. O que não poderão fazer é negar uma adoção para alguém *porque* é homossexual. Antes, também não podiam, mas o que Pinedo observa é que, com a nova lei, depois de todo o debate, isso fica mais claro.

A deputada Silvia Storni (UCR) defendeu o voto a favor e lembrou as discussões que a lei do divórcio tinha gerado durante a presidência de Raúl Alfonsín. Era uma mensagem para sua bancada. Também resgatou um slogan memorável da reforma universitária de 1918: "As dores que ficam são as liberdades que nos faltam".

Em uma passagem brilhante, Storni citou Sigmund Freud:

> [...] em *Três ensaios sobre a teoria da sexualidade*, [Freud] refere-se a uma criança de três anos a quem certa vez ouviu se dirigir à tia, do quarto onde o tinham encerrado, da seguinte maneira: "Tia, fala comigo, tenho medo porque está muito escuro". E a tia lhe respondeu: "De que adianta? Mesmo assim, você não pode me ver". A criança respondeu a isso dizendo: "Não importa. Há muito mais luz quando alguém fala". É disso que trata a aplicação da Constituição neste caso: dar luz simbólica e normativa desse outro não absoluto e não incomensurável àquelas pessoas que hoje, com a lei, estão sendo discriminadas e não estão sendo consideradas.

À tarde, via Twitter, o deputado Felipe Solá (Peronismo Federal) antecipava que ele e outros cinco deputados da sua bancada votariam a favor da lei. Poderiam ter sido seis, mas Roberto Mouilleron, que havia prometido seu voto e até pendurou no gabinete uma bandeira da Federação, mudou de ideia depois de ser pressionado pelo ex-presidente Duhalde. Durante a sessão, não abriu a boca.

O discurso de Solá foi, na minha opinião, um dos melhores do debate. O ex-governador bonaerense entrou em cheio na discussão sobre a palavra "casamento":

> As palavras têm um enorme valor. Dizem que, quanto mais palavras conhecemos, maior quantidade de imagens podemos ter e, portanto, mais amplo pode ser o nosso pensamento. Da mesma forma, diz-se que um idioma restrito limita a capacidade de olhar o mundo.
>
> O termo "matrimônio", que encerra um valor proibitivo para os varões e as mulheres de boa vontade que estão hoje neste recinto e que não querem seguir discriminando ninguém, é justamente o termo que implica igualdade de direitos para aqueles que não elegeram sua sexualidade, que são homossexuais e querem ter a possibilidade de se casar. A palavra "matrimônio" é a única que eles sentem que pode lhes devolver o direito pleno.
>
> [...] Se falamos de pessoas e se todos são iguais perante a lei, como estabelece a nossa Constituição, por que queremos dar outro nome para a união definitiva entre casais do mesmo sexo? Estamos mostrando quem realmente somos; estamos mostrando discriminação, por mais sutil que seja.

Em outra passagem, o deputado perguntou: "Por que não nos submetemos por um dia a uma câmara de homossexuais para que julguem nossos direitos?", e ao referir-se ao debate sobre a adoção, disse, citando um livro de seu avô, que o que as crianças precisam é "amor e proteínas".

"O amor não é propriedade dos heterossexuais", arrematou.

Após a votação, um companheiro da Federação se aproximou para agradecer a Solá pelo voto e pelo discurso e, em tom de brincadeira, o deputado respondeu:

— Se tivesse votado contra, não poderia voltar para casa!

A filha, quem a conhece diz, estava tão convencida da importância da aprovação da lei que lhe levou argumentos e insistiu até se certificar de que ele votaria pelo sim.

A deputada Marcela Rodriguez (Coalizão Cívica), citando doutrina e jurisprudência, colocou em evidência — sem mencionar expressamente — a conexão entre os caminhos legislativos e judiciais para a conquista do casamento igualitário ao afirmar que, na realidade, o Congresso era obrigado a aprovar a lei porque, do contrário, continuaria a existir uma violação dos princípios constitucionais que a justiça deveria resolver:

> [...] Não é uma questão de mera decisão ou algo que tão simplesmente possam escolher aqueles que hoje são os representantes do povo. Isso escapa à vontade de todos nós, porque é uma questão que está decidida pela nossa Constituição.
>
> [...] O Estado é obrigado a garantir o exercício destes direitos básicos para cumprir tanto os tratados internacionais como as obrigações que se comprometeu e assumiu internacionalmente.
>
> [...] Como disse o juiz Warren em uma famosa sentença do Supremo norte-americano, existem decisões que, como representantes do povo, não podemos tomar, dado que a própria Constituição já [as] tomou [...] por nós. O direito das pessoas do mesmo sexo a se casar é uma dessas decisões.

Outra que se referiu à Constituição foi a deputada Gladys González (PRO), mas, ao que parece, sem ler. Ela disse que o casamento estava "concebido" como uma "união entre homem e mulher" no Código Civil, na Constituição e nas convenções e tratados internacionais.

***

Com relação ao Código Civil, não era tecnicamente assim: o Código não diz o que é casamento, não o define e nem proíbe expressamente que se realize entre pessoas do mesmo sexo, mas é verdade que essa possibilidade não estava contemplada na redação anterior. Era isso, precisamente, que o projeto propunha modificar, de modo que citá-lo como exemplo era um absurdo.

Sobre os tratados e a Constituição, o que foi dito pela deputada era pura e simplesmente mentira.

González provavelmente tirou o argumento de um documento que a Universidade Católica Argentina fez circular, no qual afirmava que a carta magna "define" o casamento dessa forma. No entanto, o certo é que a Constituição não define o casamento em nenhum dos seus artigos como "a união entre homem e mulher" e, na verdade, também não define de outro modo: não existe qualquer definição de "casamento" na Constituição. A única referência ao casamento está no artigo 20, que diz:

> "Estrangeiros gozam no território da Nação de todos os direitos civis dos cidadãos; podem exercer sua indústria, comércio e profissão; possuir imóveis, comprá-los e aliená-los; navegar rios e costas; exercer livremente o seu culto; dispor em testamento e *casar-se em conformidade com as leis*".

Se a Constituição protege o direito dos estrangeiros a "casar-se em conformidade com as leis" no território nacional como parte dos "direitos civis do cidadão", que também merecem desfrutar, é evidente que o direito dos cidadãos argentinos a "casar em conformidade com as leis" também goza de proteção constitucional, e assim o entendeu o Supremo. Mas não há nada nesse artigo ou em outros que sugira sequer que esse direito é só para os heterossexuais.[114]

Com relação aos tratados internacionais de direitos humanos, nenhum deles dá uma definição de casamento, nem limita de forma alguma sua possibilidade de acordo com o sexo dos contraentes. O problema é que os opositores do casamento gay fazem uma análise equivocada da estrutura dos constituintes da frase usada por alguns dos tratados. Veem as palavras "homem" e "mulher", mas

---

114 Na época, nós tentamos não fazer muito barulho com essa discussão para que os inimigos dos nossos direitos não percebessem as consequências da redação do artigo 20 da Constituição. Assim que a lei foi aprovada, solicitamos a regulamentação do direito ao casamento civil para os estrangeiros. Isso permitiu que vários casais de outros países, com visto de turista, sem residência legal na Argentina, pudessem se casar e voltar à sua terra com uma certidão oficial de casamento para reclamar à justiça local o reconhecimento oficial dessa união. Como a Constituição diz que os estrangeiros têm direito a se casar no território nacional (e não diz "os residentes estrangeiros", mas apenas "os estrangeiros"), a Argentina se tornou o segundo país do mundo, depois do Canadá, a permitir o casamento entre pessoas do mesmo sexo com visto de turista. Meus amigos Simón Cazal e Sergio Lopez, ativistas paraguaios do grupo Somos Gay, foram os primeiros estrangeiros a se casar na Argentina, na cidade de Rosário, já que a província de Santa Fé foi a primeira a regulamentar essa possibilidade.

não analisam a sintaxe da frase. "O direito do homem e da mulher a contrair casamento" é equivalente a "o direito do homem a contrair casamento e o direito da mulher a contrair casamento" e não a "o direito do homem a contrair casamento *com* a mulher". A referência ao homem e à mulher simplesmente indica que ambos têm esse direito.

Por outro lado, nem todos os tratados usam essa expressão. A Declaração Americana dos Direitos e Deveres do Homem, por exemplo, estabelece que "toda pessoa tem direito de constituir família, elemento fundamental da sociedade, e a receber proteção para ela", e o Pacto Internacional de Direitos Econômicos, Sociais e Culturais diz que "o casamento deverá ser contraído com o livre consentimento dos futuros cônjuges". Em ambos os casos não há referência ao sexo ou à orientação sexual dos cônjuges ou contraentes.

Mas mesmo quando os tratados só falaram do casamento heterossexual, isso não significaria que estivessem proibindo o casamento gay. Nem poderiam proibi-lo, porque esses tratados nunca podem ser usados como pretexto para se negar um direito. Isso é chamado de "princípio da progressividade". Como bem lembra o juiz Guillermo Scheibler, o Supremo Tribunal Federal já deixou claro que "os tratados internacionais podem apenas melhorar a proteção de direitos, e não piorá-la".[115] Seria bom que os deputados, antes de falar sobre o que não sabem, lessem um pouco. Os livros não mordem, dizia meu avô, que tinha uma biblioteca enorme.

O deputado Roy Cortina (PS) citou um artigo de minha autoria, que tínhamos divulgado entre os deputados, e que fora publicado — parcialmente, já que era muito extenso — no jornal *Crítica*:

> Gostaria de ler alguns parágrafos de um documento [...], publicado pelo jornalista Bruno Bimbi, no jornal *Crítica* se não me engano, no qual a ênfase é sobre algumas questões que são levantadas contra a promulgação da presente proposta de lei. Entre estas questões está, por exemplo, aquela que diz que a finalidade do casamento é a procriação, o cuidado dos filhos e a preservação da espécie. [...]
>
> Diz o documento que "se assim fosse, deveriam proibir o casamento de pessoas estéreis ou de mulheres após a menopausa. Seria necessário instaurar um teste de fertilidade antes do casamento e que cada casal jure que vai procriar, sob pena de nulidade se não fizer dentro de um determinado prazo". Ele também fala de casais de lésbicas que procuram métodos de fertilidade assistida para procriar. "A verdade — diz o documento — é que as pessoas não se casam para ter filhos, se casam

---

115 Sentença da causa "Canevaro, Martín y otro s/amparo (artículo 14 ccaba)", p. 13.

porque se amam, têm um projeto de vida em comum e querem receber a proteção que a lei garante aos cônjuges. Alguns casais se casam e nunca procriam porque não podem ou não querem, e outros têm vários filhos sem nunca se casarem".

Pouco depois que Cortina acabou de falar, o deputado Manuel Morejón (Bancada Peronista de Chubut) disse que o casamento era a união de homem e mulher "como condição para a procriação, a fim de garantir a preservação da espécie". Será que cada deputado ouve o que dizem os anteriores ou é um diálogo de surdos? Claro que Morejón poderia não estar de acordo, mas nesse caso deveria ter refutado o argumento, não simplesmente repetir o que já tinham dito antes.

Mas, voltando ao discurso de Roy:

> [...] Outras dúvidas ou controvérsias são as seguintes: "A homossexualidade não é natural, não é normal" e "o casamento vem da natureza; o casamento homossexual não é natural", às quais o documento responde: "Se ao longo da história e em todas as épocas e culturas houve sempre uma proporção mais ou menos estável de pessoas homossexuais, é evidente então que essa possibilidade faz parte da natureza dos seres humanos, entre outras espécies. Quando um homem se apaixona por outro homem ou uma mulher por outra mulher, é porque essa é a sua inclinação natural. Por outro lado, muitas vezes confundem maioria com normalidade e minoria com anormalidade". E o documento continua: "o casamento homossexual é tão antinatural quanto o casamento heterossexual. O pátrio poder, o sobrenome, a herança, o plano de saúde, os direitos migratórios, os bens do casal são invenções humanas. O ser humano viveu sem casamento [...] por milhares de anos até que o inventou. É um produto da nossa cultura, da nossa história, e respondeu às necessidades de uma época". E depois acrescenta: "não existe nenhuma lei da natureza que regule quem pode se casar. As leis civis é que se encarregam do casamento".
>
> [...] Pergunta-se: "Mas qual é a importância do nome?". E o documento responde: "o nome pode ser ainda mais importante do que os próprios direitos que o casamento reconhece, e que poderiam ser conquistados por outras vias" e, mais adiante, acrescenta: "haverá uma mensagem simbólica muito forte, que emana da autoridade pública, que diz que estes casais e, portanto, aqueles que os formam não merecem o mesmo respeito como pessoas" se não fosse promulgada uma lei destas características.
>
> Continua dizendo que o documento: "é claro que isso é o que querem aqueles que se opõem, como quando na Espanha o voto feminino foi aprovado e alguns sugeriram que não se chamasse 'voto' mas 'direito à participação política da mulher' porque 'o voto é um atributo essencialmente masculino'". "Quando obrigavam os negros a se sentarem no banco de trás dos ônibus, todos os assentos eram confortáveis, mas aceitar a humilhação de ir para o fundo com a cabeça baixa significada resignar-se a ser tratado como escória".

A deputada María Virginia Linares (GEN) se referiu às mudanças que o casamento tinha sofrido ao longo da história:

> Talvez alguma avó ou bisavó — no meu caso, minha avó — ou uma tia mais velha tenha comentado que se casou com quem a família escolheu e não com quem queria. E que não tinha casado por amor. A questão era que as pessoas se casavam para toda a vida. Ouviram alguma coisa desse tipo? Eu sim. Por isso não podemos dizer que o casamento é o mesmo que na década de vinte, na de sessenta, e muito menos na atualidade.

Linares também questionou a apelação à etimologia que, apesar de já ter sido claramente refutada, continuava e continuaria a ser repetida por vários opositores da lei:

> [...] Não devemos adotar conceitos etimológicos porque, se for assim, quando falamos de patrimônio e pátrio poder, estaríamos falando só de homens; no entanto, há uma lei que estabelece o poder familiar compartilhado.

Martín Sabbatella (EDE) disse que "este Congresso será lembrado pelo passo que estamos à beira de dar", e defendeu a ampliação de direitos e salientou que toda sua bancada votaria a favor. Cecilia Merchán (Libres del Sur), por outro lado, referiu-se à situação dos filhos de gays e lésbicas, em comparação com sua experiência, como filha de pais separados quando não havia lei do divórcio:

> Eu era muito pequena, vivia numa família de mãe e pai separados, mas isso não podia ser dito. Durante anos, as crianças de famílias de pais separados tinham de esconder uma realidade que era, efetivamente, que nossos pais não viviam juntos, algo tão simples como isso. Quando se discutia a respeito dos interesses das crianças e do casamento — parecia que íamos ficar na rua — não se levava em conta que estávamos obrigados a esconder nossa própria realidade. Acho que hoje acontece exatamente o mesmo com os meninos e meninas que são criados por casais do mesmo sexo.

Merchan também disse que não podia falar de "maiorias e minorias" em matéria sexual, mas de diversidade, e usou, para terminar, uma das melhores metáforas do debate: "Às vezes a política é vista em preto e branco, e nos dizem que tentemos ver os tons de cinza. Há pessoas que veem a realidade em preto, branco e cinza. A verdade é que temos muita vontade de ver a realidade a cores".

Minutos mais tarde, falou Julio Ledesma (Corrente de Pensamento Federal); em vez de um discurso, ele fez um sermão:

> [...] Vou me referir aos capítulos I e II do Gênese, onde lemos: "e Deus criou o homem à sua imagem; o criou à imagem de Deus, os criou macho e fêmea". "Então com a costela que tinha tirado do homem, o Senhor Deus formou uma mulher e apresentou-a ao homem. O homem exclamou: 'Esta é agora osso dos meus ossos, e carne da minha carne; esta será chamada mulher'". "E os abençoou, dizendo: 'Sede fecundos, multiplicai-vos, enchei a terra e submetei-a'". [...] O ser humano foi criado à imagem de Deus. Esta imagem não só se reflete no indivíduo, mas projeta-se na complementaridade e reciprocidade — homem e mulher —, na dignidade comum e na unidade indissolúvel dos dois, chamada desde sempre "casamento".[116]

Elisa Carrió pediu um aparte e disse algo que fez com que muitos pensassem que tinha mudado de opinião e votaria a favor:

> [...] para garantir a pluralidade do debate é bom que cada um de nós fale de sua própria fé e de sua própria interpretação dela, porque há outros de nós que também somos católicos praticantes e lemos todos os evangelhos e sabemos apenas que a primeira lei é a do amor, a do amor na diversidade e na não exclusão.

Depois, Ledesma continuou rezando.

Outro dos melhores discursos da sessão foi o de Silvia Vázquez (Forja), que salientou, como Marcela Rodriguez, que a questão era modificar uma lei que inconstitucional, pois discriminava as pessoas homossexuais, e fez uma extensa viagem histórica sobre a "instituição" do casamento, que outros deputados diziam "defender":

> O casamento foi concebido desde antes do Império Romano, na *civitas* romana, no século IV a.C., como uma questão relacionada com a proteção do direito à herança e à propriedade, relacionada principalmente com a figura do chefe da família ou *pater familias* e com o lugar da mulher nesta conformação particular de família.
>
> Falamos desse casamento, uma instituição que tem 2.400 anos, quando hoje estamos a legislar sobre o casamento civil? [...] Falamos do casamento concebido como um contrato entre as famílias, vinculado fundamentalmente a interesses econômicos e desvinculado completamente do amor?
>
> [...] É uma instituição que, como tal, é uma construção cultural que mudou ao longo de séculos e milênios da história da humanidade e foi se adaptando às particularidades dos desejos e das exigências das épocas em que os seres humanos vivem.

---

116 Ledesma, em vez de preparar um discurso, leu sem citar um documento da Igreja sobre o tema: a Declaração da 99ª Assembleia Plenária da Conferência Episcopal Argentina (20 de abril de 2010). O deputado Merlo também tinha usado parágrafos desse texto, e depois outros legisladores também fariam o mesmo.

Esta instituição de 2.400 anos não pode ser a mesma que debatemos, porque nada se mantém — nem mesmo a biologia — em termos estáveis por semelhante quantidade de tempo. Como poderíamos, então, pensar hoje que a partir da cultura poderíamos sustentar instituições com os mesmos traços que 2.400 anos atrás, ou mesmo cem anos?

A resposta de Vázquez a certos discursos sobre a adoção foi uma das passagens mais aplaudidas da sessão:

> Que injusto é o sistema jurídico e que injustos podemos ser entre nós, seres humanos! Há pessoas que unicamente por sua condição de heterossexuais, mesmo sendo apropriadores de filhos de desaparecidos, podem adotar. E neste recinto negaríamos esta possibilidade a homens e mulheres de bem que querem ser responsáveis pela vida de outros somente pela condição da homossexualidade?

Nélida Belous, da Terra do Fogo, estava orgulhosa que tivesse sido em sua província, por decisão da governadora Fabiana Ríos, que se realizou o primeiro casamento entre pessoas do mesmo sexo na América Latina:

> É muito difícil ser progressista numa província tão pequena como a nossa, onde não há elites acadêmicas ou intelectuais, como nas grandes cidades, que ajudam, legitimam e nutrem toda a política progressista.
>
> [...] a oposição a esta decisão, em particular por grupos conservadores — e a todo o nosso programa de governo —, foi e é extremamente feroz e lamentável. Mas continuamos trabalhando em políticas não discriminatórias, porque Fabiana Ríos não perdeu o objetivo.
>
> [...] Além disso, vale ressaltar que o primeiro casamento entre duas pessoas do mesmo sexo aconteceu no fim do mundo, mas este ato de igualdade e não discriminação não causou o fim do mundo, da civilização ou da família, como alguns argumentam, mas sim que, simplesmente, o Estado deu os mesmos direitos que os casais heterossexuais gozam, de escolher livremente com quem querem se juntar e de que maneira.

Raúl Paroli (Frente Cívica e Social de Catamarca) afirmou que o heterossexual era "o único e verdadeiro casamento", preparando o terreno para a exposição da evangélica fundamentalista Cynthia Hotton (Valores para o Meu País), que liderava a oposição à lei entre os deputados e tinha percorrido os canais de televisão com um discurso focado na questão da adoção. Hotton começou falando sobre as "ameaças" denunciadas por Claudia Rucci e pediu um plebiscito para decidir:

> Tenho a convicção de defender o casamento como a união entre um homem e uma mulher, mas, além disso, minha convicção está respaldada porque tenho a certeza de que represento o voto de milhões, milhões e milhões de argentinos que pensam isso.[117]
> Sei que somos modernos, mas não fiquemos apenas com o que pensam os portenhos ou o que dizem os meios de comunicação; falemos com o nosso povo. Em 25 de maio de 1810,[118] no "cabildo aberto", as pessoas disseram: "O povo quer saber do que se trata". Estamos muito perto de comemorar o bicentenário, vocês não acham que o povo merece ser consultado? Não acham que o povo tem de participar deste debate, que tem a ver com uma grande transformação da nossa sociedade? Eu os consultaria.

Em outra passagem de seu discurso, chegou a afirmar:

> Repito: o casamento é a união entre um homem e uma mulher. Se hoje começamos a dizer que pessoas do mesmo sexo podem se casar — não me refiro exclusivamente a seus direitos —, no dia de amanhã também poderemos permitir o casamento entre três ou quatro pessoas, entre irmãos ou entre um adulto e um menor se se amam e há consentimento, etecetera. Eu realmente não sei se estamos prontos para tudo isso.

"Queremos pai e mãe"

Os discursos de oposição à lei tiveram, desde o começo do debate, algo em comum: o uso das crianças como escudos humanos.

Não era novidade.

No começo da década de noventa, quando alguns programas de televisão aberta começavam a falar da possibilidade do casamento gay, que naquele momento parecia muito distante, um padre — sempre o mesmo — aparecia em todos os canais rodeado de crianças. "As relações homossexuais são contra a natureza e intrinsecamente desordenadas", dizia, e por mais que as crianças não opinassem, sua simples presença parecia confirmar as palavras de quem, além de falar em nome de Deus, dizia fazer isso também em nome delas.

Chamava-se Julio César Grassi.

Pouco mais de um ano depois da aprovação da lei do casamento igualitário, Grassi foi condenado a 15 anos de prisão por abuso sexual de menores. Conti-

---

117 No ano seguinte, esses milhões e milhões de argentinos não votaram nela. Na verdade, quase ninguém votou, e ela deixou de ser deputada.
118 Revolução de Maio de 1810.

nua livre, porque na Argentina é assim, mas algum dia terminará atrás das grades. A Igreja não o manda mais falar nos programas de televisão.

A deputada Hotton também centrou sua oposição à lei nas crianças, dizendo que estava contra o fato de que os casais do mesmo sexo pudessem adotar. Disse no plenário e dizia na televisão que defendia "os direitos das crianças". Convocava passeatas com as igrejas evangélicas mais extremistas.

Seu lema era "Queremos pai e mãe".

Numa curiosa operação discursiva, ela usava a primeira pessoa do plural, como se pudesse falar em nome das crianças. No entanto, nunca perguntou a opinião dos filhos de gays e lésbicas. Talvez tivessem respondido: "Eu quero minhas duas mamães" ou "Eu quero meus dois papais". Ou também: "Eu quero meu pai, que é gay e solteiro", "Eu quero minhas duas mães, que estão separadas" ou "Eu quero minha mãe, seu novo marido, meu pai e seu namorado". Por que não: "Eu quero minha avó, que foi quem me criou"? Quem sabe.

Há muitas possibilidades mais do que as que cabem na cabeça da deputada.

De fato, segundo os dados[119] do último censo nacional de população (2001), apenas 40,76% dos lares argentinos são formados pelo combo tradicional "pai, mãe e filhos", e 9,32% têm "pai, mãe e filhos" mais outros familiares conviventes. Porém, há 8,43% de mães sozinhas, 1,77% de pais sozinhos, 3,93% de mães sozinhas que criam seus filhos com outros familiares, 0,97% de pais sozinhos com outros familiares, 0,39% de pais sozinhos ou mães sozinhas que criam seus filhos com outras pessoas que não são familiares, 15,01% de pessoas que vivem sozinhas, 12,23% de casais que não têm filhos, 1,55% de casais sem filhos que vivem com outros familiares etc.

Ou seja, na vida real, há muitos tipos de famílias e lares.

Ao longo do debate, os opositores à lei insistiam em dizer que se opunham "à adoção" como se a lei vigente até o momento proibisse que os gays e as lésbicas adotassem, e estivessem propondo mudar isso. Não era assim. Nunca foi proibido e já era uma realidade. Assim como era realidade que muitos casais de lésbicas já tinham filhos biológicos, concebidos por inseminação artificial, ou que muitos gays ou lésbicas criavam com seus namorados(as), os filhos que haviam tido antes de sair do armário.

Há muitas possibilidades diferentes de paternidade ou maternidade na vida real.

---

119 Fonte: <http://www.indec.gov.ar/webcenso/publicados.asp>.

As crianças com duas mães ou dois pais já existem há muito tempo, não era uma hipótese. A lei vigente no momento do debate legislativo permitia, mas não aceitava que seus dois pais ou suas duas mães — os que já cumpriam essas funções, os que os criavam — fossem reconhecidos formalmente, de modo que todas essas crianças eram, para a lei, filhas de um só ou uma só.

Isto é, a lei fazia de conta que os filhos de gays e lésbicas não existiam. Ao ignorá-los, ignorava também seus direitos. Se o pai ou a mãe legal morria, ficavam órfãos, e seu outro pai ou sua outra mãe não era ninguém para a lei. Um juiz podia entregá-los a outro familiar ou dá-los em adoção a outras pessoas, desconhecendo totalmente o vínculo com seu pai ou mãe sobrevivente, que se encarregou de sua criação, trocou suas fraldas, educou-os e deu-lhes amor e proteção. Caso morresse o pai ou a mãe sem vínculo legal, não herdavam nada. Se seu pai ou mãe legal não tivesse trabalho, o outro ou a outra não podia incluí-los como dependentes no plano de saúde, nem receber salário-família. Se seus pais ou mães se separassem, as crianças não tinham direito a escolher com quem ficar, nem a um regime de visitas, nem a reclamar pensão alimentícia.[120]

O problema, então, eram os direitos das crianças.

— Eu e minha companheira recorremos à inseminação artificial e fiquei grávida, mas o vínculo do nosso filho com ela não está reconhecido legalmente — explicava, antes da aprovação da lei, María Luisa Peralta, bióloga, mãe lésbica e ativista do grupo Lesmadres. — Não estamos discutindo uma lei que permita ter filhos nem fazendo questionamentos abstratos. Na Argentina deve haver, no mínimo, umas cem crianças nascidas por inseminação artificial com mães lésbicas. Estas crianças já existem, e a lei as discrimina, negando-lhes os direitos básicos.

— Por exemplo?

— As pessoas tendem a pensar em coisas extremas, como a morte: "se eu morrer, meu filho fica legalmente órfão"; "se morrer a outra mãe, ele não herda nada". Mas isso não é o pior, porque é excepcional. Uma das mães não existe nem para o jardim da infância. Quando o menino se acidentou, ela o levou ao hospital, mas enquanto não cheguei e assinei a autorização para os exames, não passaram de uma radiografia. Se a mãe reconhecida não tem trabalho, a outra não pode dar à criança o plano de saúde, nem receber o salário-família, que são

---

[120] Neste último caso, fica ainda mais claro que os direitos das crianças estavam sendo violados: a omissão legal eximia um dos pais ou mães, nas famílias homoparentais, de parte de suas obrigações para com os filhos.

benefícios para a criança, não para nós. Isso é muito comum neste contexto de precariedade de trabalho.[121]

A jornalista Marta Dillon contava a história de Luciana e Natalia, mães de uma menina com uma doença que provoca convulsões e que, por isso, necessita periodicamente de internação:

> Toda vez que a menina chega à terapia intensiva, uma das mães é marginalizada. Lá, só os familiares diretos podem entrar. "Os outros pais se queixam se deixo a tia entrar". No meio da angústia, as duas têm de perder tempo a discutir, apresentar papéis, falar com o diretor do hospital, conseguir a autorização. A criança tem medo quando é internada, não se acalma até ver a cara das duas mães ao lado do berço.[122]

O debate que Hotton propunha era falso: a deputada não se opunha a que gays e lésbicas pudessem adotar ou criar filhos porque já era possível. Tampouco podia se opor a que tenhamos filhos: muitos casais já os têm. Para ser sincera, deveria ter dito: não quero que essas crianças herdem, não quero que tenham plano de saúde, quero que uma de suas mães não possa assinar o boletim da escola nem acompanhá-la no hospital etc.

Mas isso não ficava bem.

A discriminação que alguns hipócritas defendiam em nome das crianças só fazia prejudicá-las. Tê-las usado para opor-se a uma lei que garantiria seus direitos foi um dos atos de cinismo mais incompreensíveis que este debate nos proporcionou.

***

Sem prejuízo do que foi dito anteriormente, nunca escapamos ao debate sobre a criação de crianças em famílias homoparentais e penso que é importante dar uma resposta, de modo informativo, a algumas afirmações anticientíficas que foram difundidas naqueles dias.

Manipulou-se uma série de preconceitos que a ciência havia derrubado faz tempo, afirmando-se, por exemplo, que "se um casal do mesmo sexo tem filhos, essas crianças serão também homossexuais". Se fossem, não haveria nada de errado nisso, pois a orientação homossexual não é nem melhor nem pior que a orientação heterossexual, só diferente. No entanto, na verdade, não existe relação entre uma

---

121 BIMBI, Bruno. *Nuestros hijos ya existen y la ley los discrimina*. Crítica de la Argentina, 23/08/2009.
122 DILLON, Marta. Album de familia. *Página/12*, 09/05/2010.

coisa e outra: as pesquisas[123] realizadas em diferentes países demonstram que as porcentagens de crianças criadas por casais do mesmo sexo que são, depois, heterossexuais ou homossexuais são as mesmas porcentagens que se dão entre as crianças criadas por casais heterossexuais.[124] De fato, a maioria dos gays e lésbicas tem pais heterossexuais e vive numa sociedade heteronormativa em que tudo o que os rodeia — escola, bairro, amigos, pais, televisão, livros de contos, jogos infantis etc. — grita-lhes: "Você tem que ser heterossexual". Isso deveria ser suficiente para diminuir um pouquinho a possibilidade de que a orientação sexual dos pais ou de outras pessoas do círculo familiar ou social influísse na definição da própria.

Foi dito também que "os meninos e as meninas necessitam de uma figura materna e uma figura paterna que um casamento homossexual não poderia lhes dar". Não é a essa opinião da maioria dos psicólogos:[125] eles falam de papéis, na criação, que não dependem do sexo dos pais. Além disso, se o problema fosse a falta de uma "figura materna" ou de uma "figura paterna", os viúvos, os pais solteiros ou os separados não poderiam criar seus filhos. Há milhares de crianças com pais sozinhos ou sob a responsabilidade de uma avó, uma tia, um irmão ou outras formas de configuração familiar, e nunca se propôs que isso fosse proibido devido a uma necessidade de "uma figura paterna e uma figura materna".

Esses preconceitos só aparecem quando falamos de gays e lésbicas.

Outro argumento usado contra a lei foi o de que permitir que gays e lésbicas adotassem conjuntamente era uma forma de tratar as crianças argentinas como "cobaias", como se fosse "experimento". Contudo, quando a lei do casamento igualitário foi aprovada na Argentina — que, repito, não "permitiu" a adoção por parte dos casais homossexuais, mas regularizou a situação já existente —, a adoção conjunta por parte de casais do mesmo sexo já era legal em Andorra, Bélgica, Canadá, Dinamarca, Espanha, Guam, Holanda, Islândia, Israel, Noruega, Reino Unido, África do Sul, Suécia, Uruguai, Cidade de México e em algumas regiões da Austrália e dos

---

123 FRÍAS NAVARRO, M. D.; PASCUAL LLOBELL, J.; MONTERDE I BORT, H. *Hijos de padres homosexuales: qué les diferencia*. Valencia: Universitat de Valéncia, 2003, p. 4-5.
124 É, no entanto, um preconceito generalizado. Conheço uma ativista lésbica de outro país, cujo filho é gay. Não é uma criança adotada, mas filho biológico: ela o teve com um homem, depois se separou, saiu do armário e passou a viver com uma mulher. O juiz lhe deu a guarda, e o menino vive com ela e sua esposa. Ambas sempre tiveram medo de que algum grupo contrário aos direitos de gays e lésbicas soubessem que seu filho é gay e usassem como prova de que todas as crianças criadas por homossexuais são gays.
125 O livro *Adopción, la caída del prejuicio*, compilado pelo Dr. Jorge Horacio Raíces Montero e editado pela CHA, inclui artigos assinados por vários dos mais prestigiosos psicólogos e especialistas em infância e adoção da Argentina, que refutam esse preconceito. Os conselhos de psicologia de várias províncias emitiram, durante o debate da lei, declarações em que explicam a questão, e o mesmo fizeram os conselhos diretivos das faculdades de psicologia de várias universidades públicas.

Estados Unidos. Na Alemanha, na Finlândia e na França só é legal a adoção do filho do companheiro ou da companheira homossexual, mas a Corte Europeia de Direitos Humanos já deu sentença contra este último país por não permitir diretamente a adoção conjunta aos casais do mesmo sexo, e isso fez com que a justiça local começasse a convalidar esse tipo de adoção.

Uma das legalizações mais recentes foi no Brasil, onde o Supremo Tribunal Federal convalidou em 2010 o direito dos casais do mesmo sexo à adoção conjunta, a partir da reclamação de um casal de lésbicas que vinha criando seus filhos há sete anos e pedia que ambas fossem reconhecidas como mães das crianças e não só uma delas. O ministro-relator do caso, Luís Felipe Salomão, defendeu que:

> [...] se os estudos científicos não sinalizam qualquer prejuízo de qualquer natureza para as crianças, se elas vêm sendo criadas com amor e se cabe ao Estado, ao mesmo tempo, assegurar seus direitos, o deferimento da adoção é medida que se impõe.[126]

O juiz enfatizou que "no plano da realidade", essas crianças já tinham duas mães, às quais ambas reconheciam como tais e que eram as que cuidavam delas, de modo que o que faltava era, simplesmente, reconhecer essa realidade legalmente, para evitar que essas crianças tivessem menos direitos que as demais.

Como são muitos os países onde a adoção homoparental é legal, nos últimos anos realizou-se uma grande quantidade de pesquisas de campo. Todos esses estudos concluíram que não existe nenhuma diferença relevante entre as crianças criadas por casais homossexuais ou heterossexuais, e incluem recomendações favoráveis para que se permita a adoção conjunta aos casais gays, destacando que o que uma criança necessita é de amor, proteção, cuidado, educação e outras coisas que não dependem da sexualidade dos pais, mas de sua qualidade humana.

Citemos alguns exemplos.

Nos Estados Unidos, em fevereiro de 2002, a Academia Americana de Pediatria fez público seu relatório *Coparent or Second-Parent Adoption by Same-Sex Parents*, elaborado por seu Comitê de Aspectos Psicológicos da Saúde Infantil e Familiar.

O relatório afirma que "as crianças merecem saber que suas relações com ambos os pais são estáveis e reconhecidas legalmente. Isto se aplica a todas as

---

126 Recurso Especial n. 889.852 – RS (2006/0209137-4), p. 9.

crianças, tanto se seus pais são do mesmo sexo como de diferente sexo. A Academia Americana de Pediatria reconhece que um corpo considerável da literatura profissional proporciona evidências de que as crianças com pais homossexuais podem ter as mesmas vantagens e as mesmas expectativas para a saúde, o ajuste e o desenvolvimento que as crianças de pais heterossexuais".[127]

Outro relatório da mesma instituição, divulgado junto com o anterior, após analisar diferentes pesquisas sobre meninos e meninas criados por casais homossexuais, conclui que "o peso da evidência recolhida durante várias décadas, utilizando amostras e metodologias diversas, é convincente ao demonstrar que não há nenhuma diferença sistemática entre pais gays e não gays em saúde emocional, habilidades como pais e atitudes na criação dos filhos. Não há dados que indiquem risco para as crianças como resultado de crescer em uma família de um ou mais pais gays".[128]

Na Espanha, um trabalho publicado em 2003, realizado por María Dolores Frías Navarro, Juan Pascual Llobell e Hector Monterde i Bort, da Universidade de Valencia, afirma, citando vários estudos, que "os pais e mães homossexuais exercem suas funções parentais de cuidado, afeto e orientação de um modo não estatisticamente diferente ao dos pais heterossexuais".[129] Este relatório inclui uma extensa lista de estudos científicos sobre o assunto:

Em geral, a pesquisa sobre o desenvolvimento das crianças cujos pais são gays ou mães lésbicas não encontrou diferenças, estatisticamente, entre crianças criadas em lares de pais gays, mães lésbicas ou pais heterossexuais com respeito a:

1. Funcionamento emocional (Chan, Raboy e Patterson, 1998; Flaks, Ficher, Masterepasqua e Joseph, 1995; Huggins, 1989; Golombok, Spencer e Rutter, 1983; Golombok, Tasker e Murray, 1997; Green, Mandel, Hotvedt, Gray e Smith, 1986; Kirkpatrick, Smith e Roy, 1981; Patterson, 1994; Steckel, 1987).

2. Ajuste da conduta relacionado a problemas de conduta ou de insociabilidade (Brewaeys e Hall, 1997; Chan et al., 1998; Chan et al, 1998; Flask, et al., 1995; Golombok, et al., 1983; Golombok, et al., 1997; McCandlish, 1987)

3. Funcionamento cognitivo relacionado à inteligência (Flaks et al., 1995; Green et al., 1986; Kirkpatrick et al., 1981).

---

127 Ellen C. Perrin and Committee on Psychosocial Aspects of Child and Family Health.Technical Report: Coparent or Second-Parent Adoption by Same-Sex Parents. In: *Pediatrics*, 2002, 109, p. 341-344.
128 Committee on Psychosocial Aspects of Child and Family Health. Coparent or Second-Parent Adoption by Same-Sex Parents. In: *Pediatrics*, 2002, 109, p. 339-340.
129 FRÍAS NAVARRO, M. D.; PASCUAL LLOBELL, J.; MONTERDE I BORT, H. *Familia y diversidad: hijos de padres homosexuales*. Valencia: Universitat de Valéncia, 2003, p. 4.

4. Funcionamento social (Chan et al., 1998; Golombok, et al., 1983; Tasker e Golombok, 1997; Patterson, 1994).

5. Questões de preferência sexual, como identidade de gênero, comportamento sexual ou orientação sexual (Bailey, Bobrow, Wolfe e Mikach, 1995; Bozett, 1988; Golombok, et al., 1983; Gottman, 1990; Green, 1978; Green et al., 1986; Hoeffer, 1981; Miller, 1979; O'Connell, 1993; Patterson, 1994; Tasker e Golombok, 1997).

Afirmam mais adiante, baseando-se nessa bibliografia, que "a evidência atual é unânime ao revelar que as crianças de pais gays e mães lésbicas não diferem sistematicamente das crianças criadas em famílias heterossexuais e, portanto, a qualidade da parentalidade é semelhante. O ajuste social e psicológico da criança não está relacionado ao sexo dos pais, mas com as aptidões que, como pais, devem exercer. Ser um bom pai ou uma boa mãe não está relacionado com ser heterossexual ou homossexual, mas com saber cobrir as necessidades que as crianças manifestam, e dar amor e consistência nas relações familiares".[130]

Outro trabalho dos mesmos autores, intitulado *Hijos de padres homosexuales: qué les diferencia*, apresenta mais referências sobre os pronunciamentos de diferentes entidades profissionais com respeito a este assunto:

> Várias associações renomadas apoiam a qualidade da parentalidade de mães lésbicas e de pais gays. Em 1976, a American Psychological Association (APA) adotou uma resolução em que se destacava que nem o sexo nem a identidade de gênero nem a orientação sexual são motivos que impeçam a adoção, do mesmo modo que não devem ser variáveis que retirem a custódia. Em 1995, o APA publica *Lesbian and Gay Parenting: A resource for psychologists*, proporcionando uma bibliografia comentada de estudos psicológicos. Em resumo, conclui-se que os resultados das pesquisas mostram que os pais heterossexuais e os pais homossexuais criam seus filhos de forma muito semelhante, não apoiando, os dados, os estereótipos sociais. Em 2000, a American Psychiatric Association apoiou o direito legal das uniões do mesmo sexo, reconhecendo seus direitos, benefícios e responsabilidades, destacando seu apoio à adoção e à adoção compartilhada. Em fevereiro de 2002, o parecer elaborado pela American Academy of Pediatrics deu seu apoio à adoção por parte de pais gays e mães lésbicas como também à legalização da coparentalidade. Em maio de 2002, a posição da American Psychoanalytic Association também foi de apoio à adoção, destacando a competência dos pais gays e homossexuais.[131]

---

130 *Op. cit.*, p. 6.
131 FRÍAS NAVARRO, M. D.; PASCUAL LLOBELL, J.; MONTERDE I BORT, H. *Hijos de padres homosexuales: qué les diferencia*. Valencia: Universitat de Valéncia, 2003, p. 3.

Outro relatório, intitulado *Dinámicas familiares, organización de la vida cotidiana y desarrollo infantil y adolescente en familias homoparentales*, realizado por pesquisadores da Universidade de Sevilha e do Colégio Oficial de Psicólogos de Madri — financiado pela Oficina del Defensor del Menor de la Comunidad de Madrid y la Consejería de Relaciones Institucionales de la Junta de Andalucía — propôs-se, mediante uma pesquisa sobre uma amostra de 47 famílias homoparentais, a responder às seguintes perguntas:

1. Como gays e lésbicas desempenham seus papéis parentais e que lares configuram para seus filhos e filhas?
2. Como é a dinâmica de relações dentro das famílias homoparentais?
3. Como é o entorno social destas famílias: são famílias isoladas ou integradas na sociedade?
4. Como é a vida cotidiana destes meninos e meninas?
5. Como é o desenvolvimento e o ajuste psicológico dos meninos e meninas que vivem com mães lésbicas ou pais gays?[132]

As respostas são extensas, por isso cito aqui apenas um fragmento das conclusões finais, que reflete os resultados do estudo:

> Nossos dados abundam em uma ideia em torno da qual há bastante consenso no momento atual da comunidade científica: a estrutura ou a configuração de uma família (isto é, que membros a compõem e que relação há entre eles) não é o aspecto determinante na hora de formar o desenvolvimento dos meninos e das meninas que vivem nela, mas a dinâmica das relações que se dão no seio da família. Ou seja, não parece ser importante se esta família é biológica ou adotiva, com um ou dois progenitores, se estes são de diferente ou do mesmo sexo, se previamente passaram por uma separação ou se é a primeira união. Pelo que sabemos a partir de diferentes pesquisas, os aspectos-chave estão, sim, relacionados com o fato de que, nesse lar, seja dada a esses meninos e meninas, uma boa dose de afeto e comunicação; que o lar seja sensível às suas necessidades presentes e futuras e viva uma vida estável com normas racionais que todos tentam respeitar, enquanto são mantidas relações harmônicas e relativamente felizes. Portanto, e particularizando os objetivos deste estudo, a orientação sexual dos progenitores, em si mesma, não parece ser uma variável relevante na hora de determinar o modo como são construídos o desenvolvimento e o ajuste psicológico de filhos e filhas.

---

[132] DEL MAR GONZÁLEZ, María et al. Dinámicas familiares, organización de la vida cotidiana y desarrollo infantil y adolescente en familias homoparentales. In: *Estudios e investigaciones 2002*, Defensor del Menor de la Comunidad de Madrid, 2003, p. 524-525.

Em definitivo, se nos permitem a metáfora, o importante de um lar não é sua forma externa, se está construído de pedra ou de madeira, se tem um ou dois andares ou se tem telhado ou terraço. O importante mesmo é que sirva para as funções de comodidade e proteção que deve exercer.[133]

Os trabalhos antes mencionados, assim como muitos outros que foram publicados nos últimos anos em diferentes lugares do mundo, demonstram o que qualquer um que conheça um casal de dois homens ou de duas mulheres com filhos adotivos, ou que cuidam juntos dos filhos biológicos de um deles, pode perceber sem necessidade de ler nenhum relatório científico: as crianças necessitam é de amor, proteção, educação e de outras coisas que não dependem de que tenham dois papais, duas mamães ou um pai e uma mãe, mas de que aqueles que cumprirem essas funções sejam boas pessoas e possuam as qualidades humanas necessárias para fazê-lo.

Como disse o deputado Solá, as crianças precisam de "amor e proteínas".

Por outro lado, as crianças geralmente não têm os preconceitos dos adultos: são os adultos que ensinam esses preconceitos.[134] Uma das únicas diferenças relevantes que alguns dos estudos internacionais mostraram com respeito aos filhos de gays e lésbicas é que costumam ser mais abertos e tolerantes com outras diversidades — religião, cor da pele etc. —, porque aprenderam em casa a não discriminar.

Por último, foi dito também que "os filhos adotivos de lésbicas e gays sempre vão sofrer a discriminação e as gozações na escola por ter dois pais ou duas mães". É outra falácia. As crianças judias muitas vezes sofrem discriminação na escola, e não há por isso nenhuma lei que lhes proíba ter filhos ou adotá-los. O mesmo poderíamos dizer dos filhos de imigrantes paraguaios ou bolivianos, dos afrodescendentes, dos pobres ou de muitos outros que são vítimas do preconceito e da discriminação. Proibimos a todas essas pessoas que tenham filhos ou que adotem?

A resposta que o Estado deve dar a esse problema é a inversa: trabalhar por meio da educação para eliminar o preconceito.

Neste sentido, a legalização do casamento entre pessoas do mesmo sexo foi também um ato educativo. O Estado fez chegar a todas as crianças, a seus pais e ao conjunto da sociedade uma mensagem: queremos construir um país em que

---

133 *Op. cit.*, p. 575-576.
134 Sempre que alguém pergunta: "Como faço para explicar ao meu filho que tem dois homens se beijando na rua?", eu respondo: "Não tente explicar a ele, é você que não entende; peça para ele te explicar".

se respeitem as lésbicas, os gays e os trans da mesma maneira que se respeitam as pessoas heterossexuais.

"Não é uma questão puramente humana"

Voltemos à Câmara dos Deputados. Logo após as 21h, avisaram que Kirchner tinha chegado. Era um sinal de que a contagem garantia a vitória. Discursava a deputada Stella Maris Córdoba (FpV), que se opôs à alternativa da "união civil" com uma metáfora muito eloquente:

> [...] também não concordo com a opção da união civil, [...] é mais uma maneira de seguir discriminando e de dizer que nós, os heterossexuais, temos certos direitos, enquanto os homossexuais têm um direito diferenciado. Quer dizer, uns vão ter uma certidão de casamento vermelha e outros, uma certidão de casamento azul.

Eduardo Amadeo (Peronismo Federal), o mesmo que na comissão tinha dito que "não se pode dar tanto aos gays", disse que havia "meia biblioteca" dizendo que as crianças "precisam de mamãe e papai", mas não citou um único livro. E esclareceu: "Não estamos falando de cobaias, de ratos". Em seguida, falou das crianças chagásicas, entre outros assuntos, e insinuou que, por se ocupar com o casamento gay, o Congresso não fazia nada por elas, como se houvesse qualquer relação entre uma coisa e outra. Cabe destacar que o arquivo da Câmara dos Deputados não registra que o senhor Amadeo tenha apresentado nenhum projeto de lei relacionado com a situação das crianças chagásicas — ou dos adultos chagásicos.

Vários deputados contrários à lei tinham falado da "defesa" do "conceito de casamento". Então Laura Alonso (PRO), que votava a favor, se encarregou de responder:

> Os conceitos são o recipiente, e o conteúdo vai sendo completado à medida que vai mudando o ritmo dos usos e costumes das sociedades. As instituições, por sua vez, também mudam e se adaptam às novas realidades e à transformação.
>
> Estas mudanças, que ocorrem no nível social, vão dando novos significados aos conceitos. É provável que, três séculos atrás, o casamento tenha tido um determinado significado, que 200 anos atrás tivesse outro e que meus avós entendessem por casamento algo completamente diferente do que eu e, provavelmente, muitos dos meus pares geracionais entendem. Quando há mudanças nas sociedades, surgem novas demandas, e estamos aqui para processar essas novas demandas.

Miriam Gallardo (FpV), uma das governistas que votava contra, comparou o casamento gay ao rapto de mulheres:

> [...] que um homossexual diga que é discriminado porque não pode se casar com alguém do mesmo sexo é o mesmo que uma pessoa que polígama diga que é discriminada porque não tem permissão para se casar com várias mulheres. Por exemplo, pode ocorrer o caso de um sequestrador que rapta uma mulher para se casar com ela, como ocorre em algumas culturas do Oriente, dizer que é discriminado porque não lhe é permitido casar.

Os argumentos contra tendiam a ser desse nível.

Mais tarde, Carlos Comi (CC) refutou algo que tinham repetido muito: que esse assunto só importava à classe média portenha. O deputado explicou que, ao contrário, a lei beneficiaria mais os gays e lésbicas mais pobres:

> Sofre-se mais [a discriminação] quanto mais se desce na pirâmide social, porque não é igual a violência da polícia para um garoto que vive num bairro e está apaixonado por outro garoto — ou por outra garota, se for uma mulher — do que para aquele que pertence a outra classe.
>
> Mas esse rapaz, esse jovem, esse atleta, esse pedreiro que é despedido da obra quando seus pares sabem da sua condição amanhã saberá que o Estado argentino está do seu lado, que o parlamento nacional o contempla e o considera em sua definição.

Rodolfo Fernández (UCR) foi o autor de uma das afirmações mais insólitas daqueles que se opunham: disse que "o casamento não é uma instituição puramente humana". Extraterrestre, talvez? Por sua vez, a pedagoga Adriana Puiggrós[135] (FpV) falou da história do sistema educacional e sua relação com a sexualidade:

> Gostaria de me referir ao tema dos anos do centenário da Revolução de Maio, com o discurso disciplinador do governo conservador, que incluía a homossexualidade entre os perigos que a onda de imigração poderia provocar, junto com as pestes, a dissolução da língua nacional, a subversão anarquista e a penetração de certas religiões, como as dos protestantes, evangélicos, judeus e maometanos.
>
> Contando com esses medos, o Conselho Nacional de Educação armou um dispositivo que designava a hierarquia e se ocupava de excluir os doentes, os homossexuais e os deficientes.
>
> O positivista Victor Mercante temia uma epidemia nos pátios das escolas de freiras porque dizia que ali conviviam mulheres e que, além disso, havia a possibilidade de que os homens se contagiassem de feminilidade.

---

135 Talvez a maior especialista em educação do país.

O Conselho Médico Escolar tinha proibido o beijo por razões de higiene, e posso continuar com muitos exemplos como esse, mas me refiro ao fato de que no Centenário tentavam construir a unidade nacional eliminando a diferença de forma autoritária. Em outras palavras, construir a unidade nacional com base na negação e na exclusão daquele que, de alguma forma, fazia uma escolha diferente, genérica, religiosa, ideológica, o que for.

A deputada Cecilia Arena, uma das legisladoras do Peronismo Federal, que votava a favor, contou sua experiência em matéria de adoção:

> [...] alguns anos atrás era a encarregada da área de infância, adolescência, mulher e família da minha província. Esta área tem sob sua órbita os institutos de menores, e a verdade é que, enquanto analisava esta questão, não podia deixar de recordar as carinhas de tristeza e as vozinhas que, quando chegávamos para visitá-los, nos chamavam de "tia" ou "tio", além da frase "me leva com você", e se penduravam nas nossas saias ou nossas calças [...]. E nesse momento me disse: "O que é que eu estou me questionando? Se estão melhor com um casal do mesmo sexo ou neste lugar?".

Por sua vez, Sergio Basteiro (EDE) denunciou as chamadas e as pressões da Igreja, que todos comentavam às escondidas:

> [...] Preocupa-me ter ouvido hoje, mais de uma vez, nos corredores do Congresso, diferentes comentários sobre a situação de alguns legisladores, que receberam ligações de representantes da Igreja para dizer como deveriam votar. Seria lamentável que isto tivesse se materializado através da atitude de alguns sacerdotes, bispos ou monsenhores, que em vez de proclamar o amor e a igualdade entre as pessoas, contra a discriminação, estejam ocupados e preocupados tentando deter uma legislação que só trará mais direito e mais igualdade para todos os argentinos.

Ambos a favor, Adela Segarra (FpV) comparou a ideia de criar instituições separadas com as leis de outras épocas, que só permitiam o casamento entre brancos ou espanhóis, ou as leis que classificavam os filhos em legítimos e ilegítimos, e Ulises Forte (UCR) disse acreditar que amanhã poderia olhar seus filhos nos olhos e dizer que apostou na igualdade, e que não se perdoaria se tivesse que dizer que votou pela discriminação

"Recesso?"

A ordem do dia da sessão incluía, em primeiro lugar, o casamento igualitário, depois o ingresso do processo do Senado, motivo pelo qual a sessão anterior tinha terminado, e, finalmente, um projeto de Pino Solanas sobre a dívida externa.

Se o debate do casamento se estendesse, como tudo parecia indicar, até a madrugada, não abordariam os outros temas e teriam de fazer um recesso. Naturalmente, uma vez que votassem a lei do casamento, o partido governista poderia não dar quórum no dia seguinte.

Pino Solanas teve, então, uma ideia para se certificar de que seu projeto seria apreciado: que o recesso fosse antes da votação da lei do casamento e que tudo continuasse na quarta-feira às 14 horas. Solanas, inclusive, escreveu em seu Twitter: "Amanhã continua a reunião sobre a lei de união civil (sic). A uma começa um recesso". Vários deputados — tanto governistas como opositores — enviaram torpedos para María Rachid, avisando-a.

Ibarra, além disso, tinha avisado que se oporia, como presidenta da comissão, e não deixaria que suspendessem a sessão pela metade assim tão fácil.

María enviou um torpedo para o deputado Claudio Lozano, braço direito de Solanas na Câmara, e ele confirmou: "A coisa continua amanhã às 14". A resposta dele, por SMS, chegou às 2h26. Furiosa, María foi para as galerias onde estavam os ativistas da Federação e contou o que estava acontecendo. Sabia que entre os companheiros tinha alguns militantes do Projeto Sul, o partido de Solanas:

— Seja quem for que proponha um recesso, temos de armar um barraco. Por exemplo, se Pino Solanas fizer a proposta, saímos para as varandas das galerias e cantamos: "Projeto Sul/votem sem demora/casamento agora". Se for outro, basta mudar o nome do partido. E se a sessão for finalizada, convocamos uma coletiva de imprensa no ato para denunciar publicamente aquele que tenha pedido o recesso — propôs.

Um dos ativistas desse partido se aproximou para perguntar o que estava acontecendo e ela lhe mostrou o torpedo de Lozano. Indignados e preocupados, os militantes do Projeto Sul se comunicaram com os deputados para avisá-los do que aconteceria se eles fizessem a moção — e para pedir que não fizessem.

Pino Solanas não propôs nada, e a sessão continuou.

Seria o último obstáculo a vencer. Agora só precisávamos garantir os votos.

"Um dos meus filhos é gay"

Foi acordado entre as bancadas fechar a lista de oradores à uma da manhã. Então terminariam de falar aqueles que já estivessem inscritos e passariam à votação. A deputada Lidia Satragno (Pro), mais conhecida como Pinky,[136] recordou seus anos na televisão, quando conheceu as estrelas de cinema, teatro, rádio e TV que escondiam sua homossexualidade para não serem rejeitadas, e fundamentou o voto citando um prócer, o criador da bandeira:

> O doutor Manuel Belgrano costumava dizer que governar é fazer feliz ao povo que é governado. Eu acredito que existem argentinos, que juntos somam cifras de sete números, que não são felizes, que vivem dissimulando, que são rejeitados por suas famílias, colegas de trabalho, companheiros de equipe esportiva, que são apontados com o dedo. E para mim as coisas são justas ou injustas, não há "injusticinhas"; e esta é uma enorme injustiça.

Mas "o" discurso da noite coube ao deputado socialista Ricardo Cuccovillo, que falou do seu filho gay. Todos ouviram suas palavras com uma atenção e um respeito que não tinham sido tão unânimes com nenhum outro orador:

> Tenho três filhos: dois homens e uma mulher. Um dos meus filhos é gay, um ser humano que eu considero que tem igualdade de direitos e de sentimentos com o resto dos meus filhos.
>
> O senhor deputado Solá falou de hipocrisia; por isso senti que me identificava muito com seu pensamento e suas emoções. Em geral tento não ser duro porque creio que as questões culturais são muito difíceis de transformar, e entendo quem não está de acordo com este processo.
>
> Mas, conversando com alguns dos meus colegas, dizia que a verdade é que teria querido que aqueles que hoje estão em desacordo com este projeto tivessem maiores fundamentos científicos, ou seja, fundamentos concretos. Reconheço em muitos dos meus colegas, talvez em todos, uma grande sinceridade e uma grande militância em suas convicções, mas entendo que não há elementos científicos concretos nem emotivos que respaldem sua posição na vida cotidiana.
>
> Meu filho tem os mesmos direitos que o resto da sociedade. Com certeza, haverá muitos filhos, irmãos e pais na mesma situação. Quando nos revezamos para cuidar do meu neto, meu filho mais velho não pensa que quem vai cuidar nos dias que lhe cabe é um tio gay que pode "contagiar" ou "deformar" a criança. A verdade é que eu não sinto que pense assim.

Cuccovillo abriu a cabeça de muitas pessoas e, com suas palavras, se transformou em uma referência indiscutível no debate da lei. Até hoje, muitas pes-

---
136 Famosa apresentadora de TV.

soas ainda o param na rua para agradecer. Quando foi sua vez de falar, Agustín Rossi disse que o debate deveria ter terminado com a fala de Cuccovillo.

Apenas depois de Ricardo, foi a vez de Gabriela Michetti (PRO), que votou contra o casamento de Cumbio. Entre outras coisas, esclareceu em sua exposição que tinha amigos gays.

É provável que também tenha um amigo judeu.

O *outing* de Carrió

O discurso de Elisa Carrió poderia ter sido um dos melhores da sessão. De certa forma, foi. Respondeu com muita clareza várias das questões que foram levantadas e deu uma aula de história, antropologia, direito e filosofia.

Ela disse, entre outras coisas:

> Quero lembrar aos que tanto invocam a Igreja que a verdadeira família, a família cristã, é o oposto da família nuclear. A família do Evangelho é o oposto da família nuclear. O Evangelho diz que, se você quer tempo para enterrar seu pai e sua mãe, você não serve para o Reino de Deus. E quando Maria se aproxima e diz: "Aqui estão o seu irmão e sua mãe", Jesus responde: "Meus irmãos são todos".
>
> A família de Jesus é María Madalena. Digam-me onde os católicos colocam María Madalena! De acordo com a ortodoxia da conduta, María Madalena não teria que ser santa, mas teria que estar condenada à marginalização.
>
> Ele veio para nos curar de tudo, senhor presidente, e o primeiro mandamento é esse amor. Deveríamos respeitar algo que, efetivamente, é um mistério. Sei que muitos dizem que isso é liberdade, mas ninguém quer ser minoria, nem quer viver a vida escondendo o que é. Como dizia um amigo meu, psicanalista, em Corrientes: "Você tem de ser muito macho para ser gay em Corrientes".
>
> Lembro-me de *Alexis*,[137] a famosa obra de Marguerite Yourcenar, que diz: "A vida é difícil". É difícil para todos, mas tem sido mais difícil para um grupo de pessoas que apenas por ser diferente foi punido, marginalizado e submetido ao constrangimento. E sabem por que há muitos gays nas grandes cidades? Porque são os filhos e filhas das classes médias das províncias, que vêm a Buenos Aires para viver sua liberdade porque em sua província não podem.
>
> Eu mesma tive de falar com muitos amigos para que abençoassem as uniões de seus filhos. Eles vivem bem aqui, mas querem poder passar o Natal com suas

---

137 *Alexis ou o tratado do vão combate*, uma obra extraordinária de Yourcenar, é uma longa carta que um homem gay escreve à sua mulher para explicar por que não pode mais continuar com ela: "Tinha contraído compromissos imprudentes e a vida se encarregou de protestar", ele diz. A palavra homossexual não aparece no texto, destacando que a interdição é tão forte que não permite a ele colocar um nome para o que procura explicar.

famílias, querem que seus sobrinhos saibam que não são contagiosos, querem a bênção dos pais e que não os escondam.

E a humanidade tem de pedir muito perdão a eles.

Mas, depois dessas e outras palavras, quando ela tinha exposto de maneira muito convincente várias das razões por que a lei deveria ser aprovada — razão pela qual muitos se convenceram de que finalmente votaria a favor —, Carrió confirmou que se absteria porque não poderia ir contra a sua Igreja: "Eu voto como uma cristã. (...) não posso ir ao Santíssimo de manhã e à noite vir aqui e dizer outra coisa", argumentou.

Um discurso brilhante que foi acompanhado por uma decisão incongruente.

Justamente a solidez de seus argumentos a favor da lei era o que fazia imperdoável que não votasse a favor. Hotton pode ser perdoada, coitada; nem mesmo deve ter entendido o discurso de Carrió. Mas havia uma contradição insustentável entre o que Lilita dizia — e a forma como dizia — e a decisão que, depois, explicava com argumentos do nível do deputado Ledesma.

Eram duas pessoas diferentes.

Algo não se encaixava.

O questionamento de Carrió continuava sendo o uso da palavra "casamento". Talvez devesse reler o prólogo de Yourcenar para a edição de 1963 de *Alexis*:

> [...] o drama de Alexis e Mônica continua sendo vivido e continuará sem dúvida enquanto o mundo das realidades sensuais seguir coalhado de proibições. Quiçá as mais perigosas sejam as da linguagem, eriçada de obstáculos, que evita ou rodeia sem preocupar demais a maioria das pessoas, mas com que tropeçam, quase inevitavelmente, os espíritos escrupulosos e os corações puros.[138]

Mas o mais triste mesmo do discurso de Carrió foi um dos argumentos que usou para se defender, para provar que não era homofóbica. Foi pior que Michetti dizendo que tinha amigos gays.

Ela disse que, se havia gays e lésbicas no Congresso, era graças a ela.

E tirou do armário uma deputada da sua bancada.

***

"A porta-voz da minha bancada é uma pessoa que tem uma identidade sexual diferente", Carrió lançou.

Diferente, ela disse.

---

138 YOURCENAR, Marguerite. *Alexis, o el tratado del inútil combate*. Madrid: Suma de Letras, 2000.

Estava se referindo a Marcela Rodriguez.

Conforme publicou Daniel Seifert na revista *Notícias*, o deputado Adrián Pérez — presidente da bancada — perguntou ao ouvido de Marcela, se ela havia autorizado sua chefa política a dizer isso.

— Não. — Foi a resposta lacônica da deputada, que, mais tarde, teria tido uma discussão aos gritos com Carrió (que ambas negaram, mas que outros dizem ter presenciado). A matéria afirma que Rodriguez considerou a possibilidade de deixar a Coalizão Cívica, que não atendeu mais as ligações de Carrió e que finalmente lhe enviou uma mensagem:

— Que Lilita se cale e não faça mais referências a Marcela porque vai pôr tudo a perder. — foi o que os colaboradores de Rodríguez disseram aos da chaquenha. "O que ela fez com Marcela foi uma barbaridade, porque ela sempre apoiou Carrió. Está ao seu lado desde que juntas fundaram o ARI, ainda quando muitos do partido a abandonaram. E agora devolve a fidelidade falando em nome dela sem nem mesmo saber se a família de Marcela sabia ou não", disse um assessor da deputada ao jornalista.

Nos dias seguintes, a deputada "diferente" nem apareceu no Congresso.

No entorno de Carrió, dizem que, vários meses depois, a relação continua "fria". Que elas quase não se falam. Rodriguez, consultada pelo autor deste livro, respondeu através de seu assessor de imprensa que compreendia que este episódio fosse parte da história e não se incomodava, mas preferia não fazer comentários.[139]

***

Em 2009, eu tinha entrevistado Marcela para o *Crítica*, e era evidente que ela não queria falar especificamente sobre a sua sexualidade. Com a condição de que eu não mudasse nenhuma vírgula da pergunta nem da resposta, aceitou responder apenas o seguinte:

— Como seria o debate sobre o casamento gay no Congresso se um deputado pedisse a palavra em uma reunião e exigisse que votassem a lei explicando, na primeira pessoa, o que significa para ele não poder se casar com a pessoa que ama?

— Ninguém tem de se converter em militante da sua sexualidade. Cada pessoa dá a ela o lugar que quiser. Na construção da identidade, pode ser um lugar transcendental ou não. Muitas pessoas podem ter pouco interesse em que a identidade

---

139 Nota do autor: um tempo depois da publicação deste livro, Rodríguez finalmente saiu do partido de Carrió.

fique subsumida em variáveis (como a sexualidade) que talvez não sejam as que decidem priorizar. Também é possível que o entendimento da sexualidade não passe por uma questão necessariamente identitária, principalmente se você entender que a sexualidade é mutável e que não necessariamente se classifique em compartimentos estanques.

Se a isto se acresce que os custos da experiência pública de sexualidades não hegemônicas são amplamente definidos, lidos, avaliados, analisados e julgados pelos poderes hegemônicos, é fácil entender por que estas questões passam por processos pessoais que cada pessoa decide como lidar. Provavelmente, se alguém decidisse falar na primeira pessoa poderia provocar diferentes dinâmicas. Essa visibilidade pode ser positiva, incentivar outros dentro do corpo legislativo ou a cidadania em geral.

Isso não vai converter o Congresso em um espaço necessariamente amigável, mas talvez, sim, num lugar que torne visível a existência de pessoas que não optam por modelos de sexualidade hegemônica. Mas também poderia gerar dinâmicas não necessariamente valiosas: acusações de parcialidade, falta de objetividade ou o exercício de autointeresse.[140]

Teria sido bom que algum deputado ou deputada tomasse a palavra para explicar que é gay ou lésbica e que queria se casar. Ou não, mas que queria ter o direito de decidir se o fizesse.

Que alguém falasse na primeira pessoa.

Quando milhares de cidadãos negros foram impedidos de votar na Flórida, na eleição presidencial americana que consagrou George W. Bush como presidente em meio a alegações de fraude, os deputados negros do Partido Democrata levantaram um a um a mão no Congresso para denunciá-lo.

Esses cidadãos tinham uma voz própria que os representava.

Teria sido bom que um dos deputados homossexuais tomasse coragem e fizesse isso na Argentina. Com certeza teria ajudado muito o debate, como as palavras de Cuccovillo sobre seu filho ajudaram. Porque o testemunho humaniza a teoria, transforma artigos da Constituição em pessoas, jurisprudência em vidas, direitos humanos em Joões, Pedros e Marias. Teria sido bom. Na Federação sabíamos quem eram os deputados gays e lésbicas e falamos com eles.

Pedimos para fazerem isso, mas respeitamos sua decisão.

O que Carrió fez é outra coisa. Chama-se *outing*, e não se faz, exceto — creio eu — se for a única forma de desmascarar uma atitude desonesta que impeça

---

140 BIMBI, Bruno. Tienen la mayoría para votarlo. *Crítica de la Argentina*, 21/06/2009.

a conquista de direitos ou reforce preconceitos. Se não fosse pelo fato de não poder bancar uma demanda civil dos interessados, diria neste livro quais são os senadores homossexuais que votaram contra a lei com argumentos que deveriam dar vergonha ou com um silêncio covarde. Diria com prazer, porque é uma informação política relevante: são três hipócritas — o quarto votou a favor.

O que Lilita disse sobre sua companheira de bancada, no entanto, não se justifica. Foi uma decisão pessoal de Marcela dizer ou não dizer, e ela já tinha falado no debate e não tinha dito.

Carrió fez o que fez apenas para se defender. Para dizer: viram como eu não discrimino?

Eu coloquei uma lésbica no Congresso. Como eu sou boa!

Espelho, espelho meu...

O pessoal é político

Contudo, houve outra deputada que saiu do armário por vontade própria.

Não foi público, não deu nos jornais, mas ela fez.

A história é contada, pela primeira vez, neste livro.

"Não estamos legislando, Senhorias, para pessoas remotas e estranhas. Estamos ampliando as oportunidades de felicidade para nossos vizinhos, para nossos colegas de trabalho, para nossos amigos e para nossos familiares", o presidente espanhol, José Luis Rodríguez Zapatero disse durante o debate da lei do casamento gay em seu país.

Porém, o que geralmente acontece quando se debate o casamento gay é que a maioria faz de conta que é um assunto dos outros, de gentes remotas e estranhas. Uma reclamação que vem de fora, *dessa gente* que pede para ter os mesmos direitos que *nós, os heterossexuais*. Como se não houvesse deputados e senadores homossexuais ou com filhos, irmãos, sobrinhos, funcionários ou amigos homossexuais.

Cuccovillo deu um grande passo para quebrar essa lógica ao falar de seu filho gay e defender os direitos de sua família na primeira pessoa.

A deputada María Lenz, da Frente para a Vitória, que terminou seu mandato em dezembro de 2009, e por isso não pôde participar da votação da lei, deu outro passo enorme: saiu do armário com seus colegas e foi, gabinete por gabinete, pedir que apoiassem o casamento gay.

Ela mesma contou para mim:

> Transcorria meu último ano de mandato popular na Câmara dos Deputados. Terminavam, também, dois anos de leis que marcaram o governo e a sociedade:

o imposto ao setor agropecuário, "a 125", a nacionalização da Aerolíneas Argentinas, a lei da mídia, a nacionalização dos fundos das AFJP,[141] a lei de atualização da aposentadoria etc.

Mas havia outra lei que eu queria votar antes de deixar o Congresso.

Durante o tratamento da reforma política, numa longa noite, perguntei a Juliana Di Tullio em que situação o projeto do casamento igualitário estava. Ela presidiu a Comissão de Família, uma das comissões onde ele era tratado, e é uma incentivadora fervorosa de todos os projetos cujas consequências diretas sejam o avanço de direitos. Após as eleições de 28 de junho, a composição de algumas comissões ia ser modificada, mas Vilma Ibarra, coautora do projeto junto com Silvia Augsburger, continuou na presidência da Comissão de Legislação Geral, que encabeçava o projeto. Continuávamos em boas mãos. Na conversa com Juliana, eu disse que achava que a Câmara merecia votar essa lei. No exercício das liberdades sempre aparecem as diferenças de classe, agora elegantemente chamadas de "diferenças de oportunidades", que são de classe, afinal, não é? Nesse sentido, esta lei também ia favorecer os que menos têm.

Depois tomei coragem para falar com Agustín Rossi, líder de nossa bancada, para saber se era um assunto que tinha possibilidade de ser tratado esse ano. Com esse colega, a quem admirava e com quem poucas vezes tinha conversado, fiz minha "saída do armário".

Agustín seguia atentamente o debate sobre a reforma política no seu assento e, curiosamente, não tinha ninguém ao redor. Me aproximei com cuidado, com a timidez dos que vão se confessar. Não sabia o que falaríamos afinal. Se a conversa seria em termos políticos, do bem comum, ou em termos pessoais.

Perguntei se ele sabia como estava o andamento da "lei do casamento gay". Como bom líder de bancada, ele me relatou o percurso do projeto e quais, ele achava, eram as chances de que fosse tratado no transcurso desse ano: se houvesse extraordinárias,[142] era possível.

Repeti minha argumentação e lhe transmiti minha vontade de poder votar esse projeto. Claro, não dependia só da vontade dele, e ele disse que me avisaria se houvesse novidades. Eu disse que, pela primeira e única vez, ia fazer um pedido pessoal, interessado: se ele podia tentar que o projeto chegasse ao plenário antes do fim do ano. E lhe disse que, se fosse aprovada, eu iria "fazer uso da norma".

Essas foram as minhas palavras. Entre nervosas, formais e liberadoras. Mas principalmente emocionadas.

---

141 A deputada se refere à estatização da Previdência Social, que tinha sido privatizada durante o governo Menem.

142 Quando o período de sessões ordinárias acaba, o Congresso só pode se reunir se o Poder Executivo convocar, por decreto, para sessões extraordinárias, e nesses casos é o Executivo que decide a pauta da sessão. Isso não aconteceu no verão de 2009 e, portanto, a lei só foi debatida em 2010.

Me senti muito bem, pensei que estava num lugar onde, se deixasse passar essa possibilidade de influir, não teria me perdoado. Agustín me olhou, acho que comovido, e disse que ia considerar. E antes que eu me levantasse para voltar ao meu lugar, me disse: "Eu também considero-o pessoal". Abri meu coração e toquei o dele. Eu sei. Ficou estabelecida entre nós uma cumplicidade muito parecida com amizade.
Nessa noite, quando cheguei em casa, o coração ainda tentava sair do peito. Minha vida pública, embora modesta, mudaria. Eu sabia e me inquietava, mas não havia retorno e não queria que houvesse. Em 3 de dezembro, meu mandato terminava e havia reunião de bancada. Nesse dia, os novos deputados prestaram juramento, entre eles Néstor Kirchner. Seu único tema nessa animada reunião, que o teve como protagonista, foi ir falando com os deputados do quão necessário e importante era, para os peronistas, acompanhar, com a outorga de direitos, as longas lutas de diferentes setores. Que era necessário fazer o esforço e sancionar o "casamento gay". Eu o escutei e, um pouquinho mais distante do grupo que o rodeava, sorria e pensava que, se ele incentivasse, eu tinha que ir preparando o enxoval.
Em fevereiro de 2010, minhas colegas, amigas e deputadas Juliana Di Tulio e Teresa García (secretária parlamentar de nossa bancada) me disseram que o tratamento do projeto avançava e que o incentivo da Presidenta da Nação era determinante para a sanção.
"Estou disposta a trabalhar", eu disse. "O que há para fazer?".
Me ofereci para falar com meus colegas de bancada e das outras bancadas para ajudar. E fiz isso. Foi uma etapa de longas e sempre emocionadas conversas. Consegui comover alguns, outros não, mas tentei com todos.
Os que modificaram seu voto tinham como denominador comum, em sua argumentação, o reconhecimento da existência de vidas diferentes: sobrinhos, amigos, enfim, gente próxima de cada um deles e delas. Os que votaram contra, o argumento utilizado era que seu arcebispo havia pedido que apresentassem um projeto de "união civil", que lhes parecia "muito" igualar, que no interior é diferente, enfim... Eu lhes lembrava de que sou de Los Toldos. Mas com alguns não foi suficiente.
Juliana Di Tulio e Teresa García levaram adiante a titânica tarefa de conseguir quórum e unificar as vontades que depois se transformariam em votos.
Vou cometer uma infidência: Teresa é uma colega muito peronista e muito católica. Fez um esforço de reflexão, de analisar sua ética e convicções, que vou lhe agradecer sempre. Somou realidades à sua profunda fé e cresceu, como todas nós.

— E agora, vai se casar?
— Claro que sim! Agustín vai ser meu padrinho e Tere e Juliana, as testemunhas.

***

A ilha de Quarracino

O último orador foi Agustín Rossi, que começou reconhecendo que a bancada governista votaria dividida e antecipou que em seu discurso representaria aqueles que estavam a favor da lei.

Um de seus eixos foi explicar por que diziam não à "união civil":

> [...] qualquer outro caminho que tivéssemos elegido não teria resolvido o problema, pois o que se propunha como alternativa não fechava a discussão. A união civil era um estágio intermediário e, além disso, com todo o debate prévio sobre este tema, as palavras já não representam a mesma coisa. Não é a mesma coisa a união civil sancionada pela Assembleia Legislativa da Cidade de Buenos Aires em 2000 e nós debatermos sobre ela neste Congresso da Nação em 2010. Há mais dez anos de luta, de demandas e de reivindicações.
>
> As palavras em si mesmas representam coisas: as palavras incluem ou excluem, integram ou isolam, mantêm o *statu quo* ou significam um avanço. Apesar da boa vontade de alguns, não era o mesmo falar de união civil e de matrimônio. Era seguir estigmatizando, era seguir falando para eles: "Vocês são diferentes, vocês podem até aqui, o resto está reservado para nós, para vocês é isto".

Mais tarde, ele recordou um discurso pronunciado anos atrás pelo falecido cardeal Antonio Quarracino, chefe da Igreja católica durante o governo Menem:

> Em 1994, Monsenhor Quarracino — na época, presidente da Conferência Episcopal —, em um programa que tinha na televisão pública, disse (e vou ler porque, senão, não se consegue dar verdadeira magnitude ao debate): "Eu pensei se não se poderia fazer aqui uma grande área para que todos os gays e lésbicas vivam aí, que tenham suas leis, seu jornalismo, sua televisão e até mesmo a sua Constituição; que vivam como uma espécie de país à parte, com muita liberdade. Poderão fazer manifestações quase todos os dias, poderão escrever e publicar. Eu sei que vou ser acusado de promover a segregação. Bem, mas seria uma discriminação em favor da liberdade, com toda a caridade, com muita delicadeza e misericórdia. Também tenho de acrescentar que assim se limparia uma mancha ignóbil do resto da sociedade". Isso, senhor presidente, foi dito há quinze anos pelo principal porta-voz da hierarquia da Igreja católica argentina.

Eu me lembro como comemorei essa citação. Poucas horas antes, eu tinha escrito no Facebook: "A união civil é a ilha de Quarracino". Para finalizar, Rossi leu, livro na mão, fragmentos do epílogo da *Historia de la homosexualidad en la Argentina*, de Osvaldo Bazán:

Algum dia, finalmente, será conhecida a verdade tão zelosamente guardada: a homossexualidade não é nada. Não o era no princípio e não o será no futuro. Quando tirarmos do meio todos os incêndios e todas as torturas e todas as mentiras e todo o ódio e toda a ignorância e todo o preconceito, vamos descobrir que não há nada.

[...] Nós aprendemos a mentirmo-nos primeiro, a mentir depois. A escondermo-nos, a desvalorizarmo-nos, a desprezarmo-nos. A não confiar em nossa família mais próxima (eu afirmo que é impossível para qualquer heterossexual, mesmo o mais aberto, saber o que isso significa. As crianças negras, as crianças judias sempre tiveram em casa um lugar onde se resguardar das estúpidas ofensas externas. O primeiro lugar onde um menino homossexual é ofendido é em sua própria casa. Seu filho conta com você?). A não falar. A aceitar resignadamente que as coisas são assim. A envergonharmo-nos de cada gesto íntimo.

Não era nada, e depois foi pecado (não foi Deus, foi um grupo de pessoas que decretou). E depois era uma doença (tão arbitrária que um dia deixou de ser), e foi também um crime (usado sempre arbitrariamente). E depois foi tudo junto: pecado, doença e crime. Como reagir tendo contra a religião, a ciência e o Estado?

O dia em que nasceu o conceito de "orgulho gay", a injustiça começou a ser freada. Orgulhar-se disso que querem que te envergonhe foi o dique contra o avassalamento com o qual a maioria se relacionou conosco.

[...] O mundo é muito estranho, os filhos gays são os que têm que terminar entendendo seus pais. Como podem pedir isso?

— Velho, eu queria te dizer que estou namorando.

— Que alegria, filho! É um garoto ou uma garota?

— Algum dia vai acontecer. Eu gostaria de estar aí. Por isso escrevi este livro. Porque a homossexualidade voltará a ser o que nunca deveria ter deixado de ser: nada.[143]

Enquanto Rossi falava, alguns deputados governistas que eram contra a lei se retiraram do recinto a pedido do ex-presidente Néstor Kirchner. De qualquer forma, os votos era suficientes.

Finalmente, ouvimos as palavras que estávamos há tantos anos esperando: "Vai ser votado em geral o parecer da maioria das comissões, de Legislação Geral e outras, que recai no projeto de lei sobre modificações do Código Civil sobre o casamento", disse o presidente da Câmara.

Havia 241 deputados presentes.

O secretário da casa anunciou o que já podia ser visto no painel eletrônico, enquanto todos aplaudiam, gritavam, choravam, se abraçavam:

---

143 BAZÁN, Osvaldo, op. cit., p. 453-454.

— Positivos, 126; negativos, 110.
Fellner confirmou:
— Foi aprovada em geral.

Numerologia

Em um parlamento que sempre se divide entre governismo e oposição, a distribuição de votos a favor e contra o casamento gay foi surpreendente: as bancadas com o maior número de deputados votaram divididas.

Ordenados pelo grau de apoio à lei, estes são os números:

— As bancadas do Partido Socialista, o EDE – Novo Encontro, GEN, SI, Projeto Progressista (Terra do Fogo), Livres do Sul, Projeto Sul e o Partido do Acordo — Forja (radicais K) votaram "sim" por unanimidade.

— Da Coalizão Cívica, 16 deputados votaram a favor, 1 contra e 2 se abstiveram.

— Da Frente para a Vitória, 46 votaram a favor, 31 contra e 10 não estavam presentes.

— Da UCR, 24 votaram contra, 17 a favor e faltou um.

— Do Pro, 6 votaram contra, 4 a favor e um estava de licença.

— Do Peronismo Federal, 22 votaram contra e 6 a favor.

Podemos tirar muitas conclusões desses números:

— Todas as bancadas de centro-esquerda votaram a favor.

— A bancada que contribuiu com mais votos para aprovar a lei foi a da Frente para a Vitória (partido governista).

— No entanto, dentre as principais bancadas, a que teve maior proporção de deputados favoráveis à lei em seu interior (16 de seus 19 deputados) foi a da Coalizão Cívica.

— Enquanto quase todos os deputados desse partido votaram a favor, sua fundadora, candidata presidencial e líder indiscutível, Elisa Carrió, era contra e, finalmente, se absteve.

— Enquanto quase todos os deputados do Peronismo Federal votaram contra, o líder da bancada, Felipe Solá, que é também um dos principais líderes do espaço, votou a favor e fez um dos melhores discursos em defesa da lei.

— Na bancada do Pro, considerada de centro-direita, o casamento gay teve o mesmo grau de consenso que na UCR (40%), um partido que pertence à Internacional Socialista e votou majoritariamente contra (no Senado, os números dos "radicais" foram os mesmos).

— A proporção foi exatamente ao contrário no kirchnerismo (60% a favor), mas isso também mostra que 40% da bancada governista se rebelou contra a Presidenta da República.

— Enquanto Luis Juez, a principal referência da Frente Cívica de Córdoba, votaria a favor no Senado, e a outra senadora do partido, Norma Morandini, tinha sido signatária do projeto, seus únicos dois deputados votaram contra.

— A maioria dos partidos provinciais (Partido Federal Fueguino, Partido Liberal de Corrientes, Partido Democrático de Mendoza etc.) foi contra. A exceção foi o Movimento Popular Neuquino, mas se a votação tivesse sido no ano anterior, teria sido diferente, já que um deputado dessa força que deixou o cargo em 2009, Hugo Acuña, foi um dos mais fervorosos opositores do projeto de lei junto a Cynthia Hotton.

— Entre as mulheres deputadas, 61 votaram a favor, quase o dobro das que votaram contra, que foram 33; já entre os homens houve 77 votos contra e 65 a favor.[144]

O *blog* de Andy Tow[145] fornece outra análise interessante:

— Apenas 14% dos representantes da região de Cuyo e 18% dos do noroeste (NOA) votaram "sim", contra 41% do nordeste (NEA), 50% do Centro, 57% da Patagônia, 67% da província de Buenos Aires e 72% da Capital Federal.

— Todos os deputados de Salta e San Luís votaram contra, assim como 8 de 10 de Mendoza e 4 de 5 nos casos de La Rioja, Catamarca e Chubut.

Todos os deputados de Santa Cruz — a província da Presidenta — votaram a favor.

— Mais da metade dos deputados de Entre Rios e Santa Fé apoiaram a lei; enquanto em Córdoba, mais da metade dos deputados foram contra.

— Votaram a favor 88% dos deputados solteiros, 71% dos separados e 67% dos divorciados. Entre os viúvos (57%) e os casados (47 a 42%) houve mais votos contra.

— Outro dado surpreendente é que a quantidade de votos a favor baixa de acordo com o número de filhos: 80% dos deputados sem filhos (4-1), 65% dos que têm apenas um filho (11 a 4), 58% dos que têm dois (25 a 16), 52% dos que têm três (23 a 13), 46% dos que têm quatro (aqui há um empate: 11 a 11, e 2 ausentes) e 11% dos que têm cinco (8 a 1 contra) apoiaram a lei. O único deputado[146] com 6 filhos votou contra e o único que tem 7 estava ausente.

---

144 Mario Wainfeld destaca esse dado em sua coluna do jornal *Página/12* de 06/05/2010.
145 O *blog* de Andy é uma fonte confiável e muito consultada por jornalistas, já que tem um "atlas eleitoral" com os resultados das eleições e de algumas votações importantes no Congresso. Link: <http://towsa.com/wordpress/2010/05/10/el-voto-familiar/>.
146 Ou deputada: o autor do *blog* não esclarece se é homem ou mulher.

Na votação em particular, não houve surpresas.
Às 2h43, a reunião foi encerrada.
Ganhamos. Agora faltava o Senado.
Ninguém nos impedia.

A guerra de Deus

Homens, perdoai-lhe, porque ele não sabe o que faz.

José Saramago
O Evangelho segundo Jesus Cristo

Teresita

Não, ninguém. Nem mesmo Liliana Teresita Negre de Alonso, senadora pelo peronismo de San Luis, controlado pelos senhores feudais dessa província, Adolfo e Alberto Rodríguez Saá, fervorosa opositora do governo de Cristina Fernández de Kirchner e membro do Opus Dei. No início do ano, quando as presidências das comissões do Senado foram renovadas, Negre de Alonso tinha ficado à frente da Comissão de Legislação Geral, que — como na Câmara de Deputados — deveria decidir sobre o projeto antes que fosse tratado no plenário. Foi eleita para o cargo por um acordo entre as bancadas do "Grupo A", e nenhum dos senadores opositores que militavam a favor da lei se opôs à designação, nem mesmo o socialista Rubén Giustiniani.

Há alianças difíceis de entender, mas o Senado funciona assim na Argentina. Para ganhar uma queda de braço com a oposição, o Governo pode chegar a pactuar com Ramón Saadi ou Carlos Menem[1] — este último, por exemplo, daria quórum para aprovar a lei do casamento gay e depois se retiraria para não votar contra; e, para ganhar uma queda de braço com o Governo, um senador socialista pode votar em uma ultradireitista do Opus Dei como presidenta de uma das comissões mais estratégicas da casa, onde ela teria a possibilidade de boicotar um projeto que esse senador apoiava.

O histórico da senadora dava medo: foi a única que votou contra a lei da educação sexual, opôs-se à ratificação do protocolo da CEDAW,[2] foi uma das

---

1 Nota do autor: se fosse no Brasil, Renan Calheiros e José Sarney.
2 "Convenção para a eliminação de todas as formas de discriminação contra a mulher", aprovada pelas Nações Unidas em 1979. O protocolo facultativo da convenção, a que Negre de Alonso se opunha, foi adotado pela Assembleia Geral da ONU em 1999. Já são 99 os Estados signatários do protocolo, isto é, que reconhecem a autoridade do comitê internacional para receber denúncias por descumprimento

que mais batalhou contra a designação de Raúl Zaffaroni, Carmen Argibay e Elena Highton de Nolasco para o Supremo Tribunal Federal — e, antes, contra a cassação de seu companheiro do Opus Dei Antonio Boggiano e outros juízes da "maioria automática"[3] menemista, acusados de gravíssimos casos de corrupção —, opôs-se à lei de práticas cirúrgicas anticonceptivas, defendeu o padre Antonio Baseotto quando este exigiu que "pendurassem uma pedra de moinho no pescoço e jogassem no mar" o ex-ministro da Saúde Ginés González García, e, como se tudo isso não bastasse, declara-se amiga de Cecilia Pando, organizadora de manifestações em defesa dos militares acusados de roubar bebês, sequestrar, torturar e assassinar durante a ditadura.

Nas mãos dessa pessoa estaria agora o projeto aprovado pela Câmara dos Deputados. Sabíamos que o parecer da comissão seria negativo — já que, além disso, a contagem de votos entre seus membros ia muito mal desde o início —, de forma que era necessário fazer todo o possível para que esse golpe não desmobilizasse nem tirasse as forças do projeto. Em definitiva, onde se decide é no plenário.

Mas não imaginamos até que ponto Negre de Alonso tornaria nossa vida impossível durante longos meses, percorrendo o país em campanha contra a lei. Opor-se aos nossos direitos transformou-se na razão de sua vida, e temos de reconhecer que ela fez tudo o que pôde.

Se esta fosse uma história de heróis e vilões, não poderia ter feito melhor seu papel, com paixão, persistente, incansável. Foi nossa Cruella De Vil.

Depois da Copa

No dia 18 de maio o processo com aprovação da Câmara dos Deputados seria discutido pela primeira vez na Comissão de Legislação Geral do Senado. Nesse mesmo dia, foi divulgada uma nova sentença que autorizava um casamento entre duas mulheres. Desta vez, porém, não havia sido na cidade de Buenos Aires, mas em La Plata.

---

da Convenção.
3 Durante o governo do ex-presidente Carlos Menem, o Congresso votou uma lei que aumentava de cinco para nove o número de ministros da Corte; um dos ministros renunciou, e Menem, portanto, conseguiu nomear cinco novos juízes. A partir de então, esses juízes formaram uma 'maioria automática' que sempre votava de acordo com os interesses do governo (o livro *Hacer la Corte*, de Horacio Verbitsky, explica esse processo detalhadamente). Em 2003, quando chegou ao poder, Kirchner promoveu o *impeachment* dos juízes da maioria automática, que eram repudiados pela população, e propôs novos ministros, de muito prestígio nacional e internacional. O renomado Eugênio Raúl Zaffaroni foi um deles, e sua nomeação foi vista, na época, como um sinal de renovação do Tribunal, que recuperou o prestígio perdido na década anterior.

O 2º Tribunal Oral Criminal[4] dessa cidade, com os votos favoráveis dos juízes Claudio Bernard e Liliana Torrisi e a dissidência da juíza Carmen Palacios, recebeu a ação de amparo apresentada por Verónica Dessio e Carolina Pérez. Os juízes declararam a inconstitucionalidade dos artigos 172 e 188 do Código Civil para que elas pudessem se casar.

Outro governador, Daniel Scioli, devia então decidir se apelava da sentença ou a acatava como seu colega portenho Mauricio Macri. Scioli decidiu não apelar, o que lhe custou duras críticas do arcebispo de La Plata, Héctor Aguer, líder da ala mais dura da Igreja, que disse que o casamento entre duas mulheres era "uma anomalia jurídica e social". A sentença foi declarada definitiva, e as mulheres se casaram no dia 25 de junho.

Com este novo caso, a igualdade cruzava outra fronteira e continuava reforçando a ideia de que o casamento gay era uma realidade que agora os senadores deviam reconhecer. Mas não seria tão rápido.

"Não há pressa", dizia Negre de Alonso.

Na reunião de 18 de maio, a senadora puntana ratificou sua posição contra a lei e disse que a comissão ouviria "todas as vozes". "Aqui não vão ser duas ou três reuniões e votamos, como fez Vilma Ibarra", insistia. Os senadores Romero e Escudero, de Salta, pediram que se realizassem audiências públicas nas províncias e que a deles fosse incluída. Outros senadores começaram a propor audiências em diferentes lugares do país — algo que jamais havia sido feito antes para o tratamento de uma lei — e parecia que o debate duraria o ano inteiro, ou mais.

A ideia da senadora era protelar e desgastar, para que a vitória na Câmara dos Deputados ficasse cada dia mais distante. Entretanto, os presidentes da bancada kirchnerista e da UCR, Miguel Ángel Pichetto e Gerardo Morales — que não integravam a comissão, mas foram à reunião e manifestaram seu apoio à lei acompanhados por legisladores de outras bancadas — pediram que se estabelecesse um cronograma. Foi a primeira queda de braço, e terminou num empate. Haveria audiências públicas nas províncias, mas o debate teria uma data limite para decidir.

Ficou definido que a lei seria tratada no plenário no dia 14 de julho, e para isso a comissão deveria emitir sua decisão no dia 6 desse mês. No meio, a Copa na África do Sul, que pararia o mundo. Diferentemente do que aconteceu na

---

4 Pode parecer estranho que a decisão tenha sido tomada por um tribunal "criminal", mas na província de Buenos Aires todos os tribunais podem receber amparos, independentemente do foro. Pode ser qualquer um.

Câmara dos Deputados, desta vez sabíamos qual seria o Dia D. Começava a contagem regressiva.

E era uma linda coincidência.

Num 14 de julho, lá por 1789, foi a Revolução Francesa, início da era contemporânea para os historiadores. Seu lema bem poderia sintetizar o que estava em debate: "Liberdade, igualdade, fraternidade".

Com esses e outros lemas, continuávamos em campanha.

Dois dias antes da reunião da comissão, o grupo 100% Diversidade e Direitos havia reunido umas quinhentas pessoas nas portas do Senado, numa original manifestação a favor da igualdade: convocaram as pessoas para irem com camisetas com uma das cores do arco-íris, levaram enormes tecidos vermelhos, laranjas, amarelos, verdes, azuis e violetas e, juntos, formaram uma imensa bandeira humana do orgulho, que foi a foto que depois se fez pública nos meios de comunicação e por meio dos perfis do Facebook.

***

A milhares de quilômetros, naqueles dias, apareceu uma notícia horrível que comoveu a todo mundo. Um casal homossexual de Malawi, na África, havia sido condenado pela justiça desse país a quatorze anos de prisão.

O delito: Steven Monjeza, de 26 anos, e Tiwonge Chimbalanga, de 20, haviam selado compromisso em uma cerimônia. O casamento gay não só não é legal em Malawi, como também é um delito. Os dois jovens foram julgados e condenados por "sodomia e comportamento indecente".

"Condeno os dois à pena máxima porque quero que evitemos que os filhos e filhas malauianos copiem os casamentos do mesmo sexo, que não são malauianos nem pertencem à nossa cultura, nem às nossas crenças religiosas", disse o juiz Nyakwawa Uisiwausiwa. Enquanto em nosso país os casais homossexuais recorriam à justiça para se casar, em outro continente dois jovens iam para a prisão por terem ficado noivos.

Uns dias depois, contudo, após a repercussão internacional do caso e uma visita ao país do secretário-geral da ONU, Ban Ki-moon, o presidente Bingu wa Mutharika assinou um indulto, e o casal foi libertado. Mas a lei de Malawi não mudou.

A multipartidária

Votos, não sabíamos com certeza quantos teríamos. Mas o debate no Congresso começou com um importantíssimo apoio político. No dia seguinte à reunião de comissão em que se estabeleceu o cronograma de trabalho, a Federação convocou uma entrevista coletiva para exibir o apoio dos principais líderes das bancadas. Sentados ao lado de María Rachid, com as bandeiras do arco-íris e cartazes que diziam "Eu sou a favor do casamento entre pessoas do mesmo sexo", estavam os líderes das bancadas dos principais partidos.

"Está resolvido", poderia ter dito Pedro Zerolo, que nos contou que na Espanha falaram somente com os líderes das bancadas. E, como são poucas bancadas, a conta tinha sido simples.

Lembro que já no começo de 2005, quando nos conhecemos em Porto Alegre, Pedro me adiantou exatamente o que aconteceria. Faltavam quase seis meses para que a lei fosse aprovada, mas o resultado já estava mais ou menos claro. Podia haver um ou outro que votasse em dissidência, nada mais.

— Se o líder te diz que a bancada apoiará a lei, você conta os votos de todo o partido — ele me diria tempos depois, no dia 14 de julho de 2010, porque não entendia como era possível que, perto da meia-noite e quando metade dos senadores já havia discursado, ainda não soubéssemos se ganharíamos ou perderíamos.

— Na Argentina é um pouco mais complicado — eu respondia —. Aqui os votos são contados um a um, e não vamos ter certeza até que os números apareçam na tela.

De qualquer forma, começar a fase final do trâmite da lei com o apoio dos líderes da maioria das bancadas mais importantes e vários senadores de outras forças políticas era um excelente ponto de partida.

Em 2007, quando apresentamos a primeira ação de amparo, contávamos com apenas três votos certos no Senado, e entre 25 e 30 na Câmara dos Deputados.

A casa se reserva o direito de admissão

Desde que começaram as audiências da comissão, o primeiro desafio a vencer, em cada uma delas, era que os ativistas conseguissem entrar. Não havia nenhum cartaz na porta que dissesse "Gays e lésbicas não são admitidos", mas estava claro que a segurança da casa tinha recebido instruções precisas.

— O público devia entrar pela porta grande giratória da rua Hipólito Yrigoyen, com rampa para pessoas com deficiência, que está sempre fechada — explica a advogada Analía Mas, uma das responsáveis pela equipe jurídica da Federação.

— E o que acontecia quando chegavam?

— Todas as manhãs acontecia a mesma coisa: os seguranças nos barravam na porta e diziam que não podíamos passar porque não havia mais lugar. Não importava a que horas chegássemos, a sala já estava lotada.

— E era verdade?

— Não. Na verdade, enquanto nos diziam isso, o pessoal da UCA e da Universidade Austral entrava por outra porta menor que fica ao lado. Entravam de dez em dez, vinte em vinte, diante dos nossos olhos, mas a gente eles mandavam para a porta grande, e lá nos diziam que não podíamos passar. As situações que vivíamos todos os dias ao chegar ao Senado eram terríveis...

— Por exemplo?

— Enquanto esperávamos lá fora, havia os "laranjas",[5] que ficavam rezando sem parar na nossa orelha. Tinha que ter uma paciência oriental! Junto com María, tínhamos que avisar algum senador para que viesse exigir que nos deixassem passar. A senadora Elena Corregido foi mais de uma vez até a porta pessoalmente porque, do contrário, não entrávamos.

— E como faziam com as listas de oradores?

— Negre decidia quem falava e quem não falava. Eu estava na lista que a Federação passou, e nunca me chamaram. Outra estratégia era que o pessoal das universidades católicas sempre ia à mesa acompanhado por mais um, e terminavam falando os dois. Não nos deixavam fazer isso. Os senadores aliados passavam nossas listas de oradores e pressionavam para deixá-los falar. Às vezes deixavam e às vezes não.

Rua ou maricas?

Em 1º de junho houve a primeira audiência para a discussão do projeto. Como aconteceria desde então, semana após semana, houve vários expositores, entre eles vários ativistas da Federação. Mas o momento mais forte foi protagonizado pelo reconhecido diretor teatral, ator e dramaturgo Pepe Cibrián Campoy.

Pepito tinha debatido com Negre de Alonso e Cynthia Hotton num dos almoços da apresentadora de televisão Mirtha Legrand. As legisladoras explicavam que eram contra que os casais homossexuais pudessem adotar, quando ele perguntou a Hotton:

— Me dá a criança ou ela continua na rua?

— Existem 10 mil crianças para serem adotadas — a deputada respondeu.

---

5 O grupo da deputada evangélica Cynthia Hotton, que sempre vestia essa cor.

— Sim, mas há 300 mil que estão morrendo. Me dá uma... Me dá duas ou três... Você daria para mim? Eu quero saber isso, para ficar tranquilo e poder dormir, Cynthia. Você me daria um filho ou prefere que continuem morrendo? Vocês acham que os homossexuais violam as crianças? Que eu coloco nele uma pluma de manhã, para ele dançar o chá-chá-chá na rua e digo: "Garoto, seja homossexual, seja homossexual"... Não! Porque vocês, as pessoas, a sociedade inteira, quando se diz a palavra "homossexual", pensam em "cama"! Não pensam em outra coisa a não ser em cama! Quando você, ou quem quer que seja, que é heterossexual, se casa, eu não pergunto "E à noite, na cama, o que você vai fazer?", porque é um pressuposto, é um direito íntimo...

A câmera mostra Negre de Alonso com a cabeça levemente inclinada para a direita e uma expressão de desagrado no rosto. A deputada Hotton olhava para Pepito com cara de "não fui eu".

Cibrián rematou com a pergunta que se transformaria em slogan:

— Rua ou Pepe?

— Rua não! — disse Hotton, e Negre de Alonso levantou os olhos de repente e olhou fixo para ela —. Mas eu vou te responder algo de muito importante, para que saibam...

— Sim, me diga...

— Eu, há dois anos, quando fui eleita deputada federal, chorava pelas crianças que estão na rua...

— E eu choro porque elas não estão na minha casa!

— Estou na Comissão de Família... e apresentei um projeto de adoção.

— Para homossexuais?

— Não, para adoção.

— Mas contemplando também os homossexuais?

— Não. Mas respondendo às necessidades das crianças...

— Mas qual é a necessidade de uma criança que está morrendo na rua!?

— Pais.

— Então, me dá!

Cynthia tentava falar sobre seu projeto, mas Cibrian não deixava:

— Rua ou Pepe? — perguntava.

Ela fazia qualquer coisa, menos responder, e ele repetia:

— Rua ou Pepe?

***

Agora que tinha a oportunidade de falar no Senado, Cibrián voltou à pergunta que tinha feito à deputada, e explicou:

Primeiro, devo deixar claro que tenho o direito de adotar como um homem solteiro. Na verdade, no ano passado, um juiz me chamou para me dizer que havia uma possibilidade de adotar. Então, depois de pensar e chorar muitíssimo, porque foram dez anos de luta, eu disse a Santiago que não poderia, já que se esse menino ou menina — ou três ou quatro irmãos, dava no mesmo — crescesse conosco e eu morresse, Santiago não teria nenhum direito legal sobre essa criança. Portanto, não pude aceitar.

[...] Em um instituto, em Tucumán, eu me aproximei de um menino e perguntei como se chamava. Ele me respondeu: "815". Já que lutamos tanto pela identidade, para recuperar a identidade, que deve ser de todos aqueles que foram roubados, tirados das famílias de sangue, eu pergunto: não é dignidade que uma criança deva se chamar "Eduardo" em vez de "815"? Não é um ato de lesa-humanidade, também, permitir que uma criança seja chamada "815" e que eu não possa tê-la em casa e chamá-la de "Luísa", "Mário" ou "Patrício"?[6]

No final da sua exposição, Cibrián anunciou que iria ler alguns versos de uma peça de teatro de sua autoria sobre Federico García Lorca, poeta espanhol assassinado pelos franquistas por ser homossexual.

A obra é um diálogo entre Federico e seu assassino:

— *Meus generais dizem, e Queipo de Llano também diz, que você é marica; e eu respeito o dito por generais e, acima de tudo, por Queipo de Llano. Palavras de uma marica, que não sei se são palavras. Dentro de pouco tempo Espanha terá um marica a menos* — diz o assassino, e oferece a Federico falar antes de morrer.

— *Fala, marica!!!!* — grita, e as paredes do Senado tremem pela primeira vez.

Federico responde:

— *Batalhão de mariquinhas de soldados que vieram para me maricar com cem maricas, cor de chumbo de pólvoras, os maricas; e de maricas, seus tiros. Maricas que contaminaram as falanges de Alejandro, utilizando-as como um símbolo sem saber que era um marica...*

Os senadores começam a se olhar. Alguns sorriem, festejam para dentro, outros não sabem se ficar ou sair. As estudantes da UCA que estão na audiência observam a cena horrorizadas.

Federico continua:

—*... E como maricas matam o amor por pervertido, e cegam os olhos das crianças que, assim, não verão maricas. Maricas que me maricam por mariquear*

---

6 Câmara de Senadores da Nação. Versão taquigráfica. Reunião da Comissão de Legislação Geral de 01/06/2010, p. 3.

fantasias, que chamam de mariconas por não encontrar-lhes sentido. Pelotões mariquinhas que destroem, maricões!, o coração deste homem com dignidade de marica...

A seguidora do padre franquista Escrivá de Balaguer não pode acreditar no que ouve. Federico a denuncia, gritando, cada vez mais marica:

— *Crivem meus genitais, que adoçaram maricas e, ao fazê-lo, que explodam como morangos... maricas. Que meu sangue reproduza, neste solo marica, flores de cores novas, que minhas maricas verão. Marica, quem me aplaudiu! Marica, quem me leu! Marica, quem lutou!* — grita Federico, e o Senado já é uma sala de teatro.

Alguns choram antecipadamente a morte do poeta. Os canais de televisão transmitem ao vivo do sinal do Senado.

— *Marica, mãe, marica!, por ter me dado à luz. Marica também meu pai, por ter sêmen marica. E maricas meus antepassados, por nos gerar maricas. E assim, somando maricas, veremos que em cada túmulo de humanidades maricas, jazem apenas esqueletos. Esqueletos de maricas!*

Um montão de maricas aplaude emocionado.

***

Dois dias após o discurso de Pepito Cibrián, outros dois maricas se casaram. Alberto Fernández e Matías Méndez contraíram casamento civil em 3 de junho, depois de autorizados por sentença do juiz Hugo Zuleta, titular do 10º Juizado Contencioso-administrativo e Tributário da Cidade de Buenos Aires.

Embora tivesse sido mantida em segredo, a decisão tinha saído em 19 de abril. O casamento foi adiado porque houve uma apelação e, novamente, a promotora do Ministério Público na Câmara, Daniela Ugolini, teve de intervir e tomou a mesma decisão do Martín e Carlos, aplanando o caminho para os noivos.

O efeito dominó não parava.

***

As exposições a favor da lei nas audiências do Senado continuaram por várias semanas. As audiências, quase diárias, já tinham se tornado parte da rotina da Argentina e tinham lugar reservado, todos os dias, nos jornais e noticiários.

Entre outros, expuseram a favor da lei o escritor Osvaldo Bazán, os diretores das faculdades de direito da Universidade de Buenos Aires e da Universidade de Palermo, representantes do Centro de Estudos Legais e Sociais e da Associação pelos Direitos Civis e os juízes Guillermo Scheibler, Gabriela Seijas, Elena Liberatori e Hugo Zuleta, que haviam autorizado casamentos homossexuais.

O juiz Scheibler destruiu a ideia da "união civil" como uma alternativa para o casamento igualitário:

> [...] lembra muito outros tipos de instituições jurídicas e de doutrinas superadas em matéria de igualdade, como é a clássica doutrina "iguais, mas separados". Como diz o clássico romance *A revolução dos bichos*: "Somos todos iguais, mas existem alguns mais iguais que outros". Para alguns há uma figura que tem determinado status social e consagra determinados direitos e para outros, uma figura "classe b". [...] O documento da pessoa, na seção de estado civil, o que vai dizer? Casado ou solteiro? Não. Vai constar "unido civilmente". [...] Esse projeto gera um registro de uniões civis, ou seja, um registro de homossexuais! Isso me lembra muito as listas rosas da Alemanha nazista.[7]

Para se opor à reforma, entre outros, passaram pelo Senado professores da Universidade Católica e da Universidade Austral — esta última do Opus Dei —, os advogados do "Colégio" e da "Corporação" e os juízes Martha Gómez Alsina e Félix de Igarzábal. Também falaram alguns advogados evangélicos, como Daniel Di Paolo, que se atribuiu a representação de "5 milhões de pessoas".

Sua exposição teve momentos hilariantes.

Por exemplo quando, para explicar por que se opunha ao casamento gay, contou uma parábola: "O dilema do sorvete quente". Era sobre um pai a quem um dos filhos pediu para comprar-lhe um sorvete quente. O homem tem outros nove filhos que gostam do sorvete frio, mas não quer deixar de satisfazer os desejos do único com gosto diferente, e passa o problema para o sorveteiro. Este enfrenta, então, vários dilemas: lógicos, físicos, "morais"... e finalmente comprova que não conseguirá fazer um sorvete quente "sem que se produza uma grande desordem e a sorveteira acabe se sujando toda".

Di Paolo finalmente anuncia que vai dar uma explicação para sua história: "O pai é o Estado. Os filhos satisfeitos com o sorvete frio são os cidadãos heterossexuais. O filho que quer um sorvete quente é o cidadão homossexual. A sorveteria é o direito e o sorveteiro é o legislador".

Diante de argumentos irrefutáveis como os deste homem, estivemos prestes a nos render e retirar o projeto.

O sujeito quase nos convence.

Iraaaaaaaaaaaaaaaaado!

---

7 Câmara de Senadores da Nação. Versión taquigráfica. Versão taquigráfica. Reunião da Comissão de Legislação Geral de 15/06/2010, p. 13-14.

No circo *freak* de Negre de Alonso, tudo era possível. Até o ex-juiz Rodolfo Barra — outro do Opus Dei —, e Gustavo Breide Obeid, ex-militar golpista, foram convidados como expositores. Contra, claro.

Só faltou que chamassem Alejandro Biondini![8]

Em outras audiências, um pastor evangélico disse que a homossexualidade "tem cura". Imediatamente, um homem e uma mulher que estavam sentados na primeira fila se levantaram de mãos dadas. O pastor *apontou-os* e exclamou:

— Ela foi abusada pelo tio!

Em voz baixa, Analía Mas disse:

— Parece que o tio era heterossexual.

O pastor continuou:

— E, depois, exerceu o lesbianismo!

Sim, "exerceu".

— Mas agora está curada e se casou com ele, que antes era gay e também foi curado — explicou o pastor, e ambos assentiram.

— Se agora um paralítico se levantar, eu me converto — disse Analía.

Ao seu lado, a senadora Beatriz Rojkés, que já havia adiantado o voto a favor e vinha suportando as pressões da Igreja na sua província, não podia acreditar no que via. Conversavam sobre o que estava acontecendo, quando uma senhora se aproximou, com um rosário na mão, e disse:

— Rezo pela senhora, senadora.

Não se mancha a camisa

A juíza Graciela Medina apresentou-se na audiência do dia 15 de junho com uma camisa da Comunidade Homossexual Argentina, organização assessorada por ela. Lembremos que Medina é autora da lei da união civil portenha e do projeto de lei de união civil nacional que a CHA havia apresentado alguns anos antes.

Não estava com essa camisa porque não tivesse outra para vestir, mas sim para dar mais força ao que ia dizer (Negre de Alonso e outros senadores repetiriam depois, à exaustão, que a "assessora da CHA" era contra a lei) e para se proteger de qualquer acusação de homofobia: "As críticas que a partir de agora eu fizer ao projeto de lei, não penso que alguém possa tomar como de quem é contrário aos direitos de meus amigos que estão sentados ali e são membros da Comunidade Homossexual Argentina", avisou.

---

8 Líder do Partido Nacional-Socialista Argentino (nazista), declarado ilegal pelo Supremo.

E começou seu ataque. Disse que o projeto violava "os direitos humanos das mulheres. Direitos humanos que custou conseguirem através de anos de luta". A maioria de suas críticas partia do seguinte suposto: como o projeto mudava a expressão "pai e mãe" para a expressão "pais" — para que incluísse os casos de dois pais ou duas mães — em diferentes partes do Código Civil, Medina interpretava que as mães deixavam de existir para a lei.

Segundo sua curiosa leitura, se a reforma fosse aprovada, as mães não teriam mais o pátrio poder de seus filhos, a linha de parentesco seria estabelecida somente do lado masculino, e as avós, tias ou bisavós deixariam de ser parentes legalmente reconhecidas. "Por que tenho de perder, eu, mulher, meus direitos com respeito a dar o parentesco a meus descendentes colaterais? Em breve serei avó, e isto me assusta",[9] dizia a juíza.

Alguns senadores se assustaram com ela.

A senadora Escudero, baseando-se no que foi dito por Medina, diria depois que o projeto de lei era uma "vergonha política". No entanto, vergonha foram as mentiras de Medina.

"Apenas sob uma ótica mal-intencionada, o texto da lei poderia ser entendido dessa maneira", diz Vilma Ibarra, e dá vários exemplos que demonstram isso. O Código Civil, em sua redação anterior à lei do casamento igualitário, já usava o genérico "pais" para fazer referência ao pai e à mãe em uma infinidade de artigos, e jamais se interpretou que essas referências valessem só para o homem. "E mais, há vários artigos que a doutora Medina criticava por terem introduzido o vocábulo 'pais' em uma parte e, contudo, omitia que na redação anterior à reforma já dizia 'pais' em outra parte da mesma oração", acrescenta a deputada.

Dos 46 artigos do título "Do pátrio poder" do Código Civil (nos quais Medina centrou suas críticas), 29 referiam-se, já na redação anterior, aos "pais", e somente oito usavam a expressão "pai e mãe". Por outro lado, o texto do parecer que obteve aprovação dos deputados — e que é fonte de interpretação da lei — dizia expressamente, em seus fundamentos:

> [...] falta esclarecer que o uso do termo genérico "pais" inclui também as "mães" e que a não modificação dos termos em alguns artigos tem a ver com motivos de técnica legislativa que excedem o presente trabalho, mas que de maneira nenhuma deve ser interpretado como havendo a exigência de que exista ao menos

---

9 Câmara dos Senadores da Nação. Versão taquigráfica. Reunião da Comissão de Legislação Geral de 15/06/2010, p. 20.

um homem no casamento, atento ao claro conceito do art. 172 e concordantes, proposto como reforma do regime atual.

Será que Medina pensa que, por ser mulher, pode sacar uma arma e matar todas as pessoas que quiser, principalmente mulheres, por que o Código Penal diz: "Será aplicada reclusão ou prisão de 8 a 25 anos *ao* que matar *outro*...", mas não diz nada sobre *a* que matar *outra*? Uma coisa é propor o uso da linguagem de gênero e outra bem diferente é dizer que, se a lei fala de pais, as mães perderão seu pátrio poder.

Não se podia, numa reforma parcial que tinha como único fim incluir os casais do mesmo sexo no casamento, mudar a técnica legislativa de todo o Código Civil, por isso o que se fez foi, simplesmente, adaptar os artigos que era preciso adaptar. O termo "pais", até que haja uma reforma integral do Código, continuará sendo interpretado como foi interpretado a vida toda.

Medina deixou um escrito ampliando suas críticas, que voltavam quase todas ao mesmo ponto, com diferentes exemplos.

Questionava também o regime de guarda dos filhos em caso de separação. Antes da reforma, a lei dizia que, em caso de separação, "os filhos menores de 5 anos ficarão sob a responsabilidade da mãe, salvo causas graves que afetem o interesse do menor", e a reforma introduzia uma exceção: no caso dos casais do mesmo sexo, o juiz decidirá levando em consideração o interesse da criança. Medina dizia que isto era discriminatório para os homens heterossexuais. O mesmo com relação ao sobrenome: os casais do mesmo sexo poderiam escolher a ordem dos sobrenomes de seus filhos, enquanto os casais heterossexuais não.

Antes tampouco podiam fazer isso.

A reforma deixa sem tocar o que já existia antes para não misturar no debate do casamento gay uma discussão sobre como devem ser resolvidos temas como a guarda dos filhos em caso de separação de um casal heterossexual ou a ordem dos sobrenomes. São assuntos diferentes, que poderão ser analisados — ou não — em outro momento.[10] Simplesmente era necessário esclarecer o que se fazia com os casos de dois homens ou duas mulheres.

Medina também criticava que, no caso dos casais de lésbicas que recorrem à inseminação artificial, ao se reconhecer que ambas são mães da criança, seria criado um caos jurídico, porque o doador de sêmen poderia reconhecer a paternidade, e então a criança teria um pai e duas mães legais. Medina dizia que,

---

10 Nota do autor: de fato, estão sendo analisados e fazem parte da reforma integral do Código Civil que está sendo debatida no Senado argentino.

então, para operar uma criança, elas necessitariam da assinatura do doador de sêmen. Uma loucura.

Mas isso também era falso. Em primeiro lugar, os bancos de sêmen guardam o anonimato do doador; em segundo lugar, se fosse um doador conhecido e acontecesse o que Medina diz, caso este exigisse a paternidade, a culpa não seria da lei do casamento gay, mas da falta de uma legislação específica sobre fertilização assistida: se um casal de homem e mulher em que o homem é estéril recorre a um doador de sêmen — hoje, ou antes da nova lei —, pode acontecer a mesma coisa, só que, em vez de um pai e duas mães, a criança teria dois pais e uma mãe. Quer dizer, esse "problema" já existia (embora eu não conheça nenhum caso em que o que Medina apresenta tenha acontecido na Argentina), não fomos nós que criamos. Um dia certamente será resolvido, por meio de uma lei sobre fecundação *in vitro*, bancos de sêmen e demais. É outro debate.

Ibarra se deu ao trabalho de preparar um documento de 25 páginas, que entregou a vários senadores, no qual respondia ponto por ponto, detalhadamente, a todos os questionamentos de Medina.

Se dizer tudo o que disse foi uma grande irresponsabilidade — é difícil acreditar que, com a sua formação jurídica, não soubesse que estava falando besteira —, dizê-lo com uma camiseta da CHA foi o cúmulo.

A pedra no sapato já parecia um paralelepípedo.

Uma festa da democracia

Durante a sessão de 14 de julho, a senadora Negre de Alonso defendeu sua decisão de levar o debate da lei do casamento gay a todo o país por meio de audiências realizadas província por província, para ouvir a voz do povo do interior. Contado dessa maneira, parecia muito bom. "Foi uma festa da democracia, um compromisso cívico, uma coisa maravilhosa",[11] disse Liliana Teresita. Inclusive passou um vídeo, convenientemente editado, que foi criticado por vários senadores por causa da sua parcialidade.

Durante semanas, a senadora havia desgastado os ativistas, levando-os de norte a sul e de leste a oeste, fazendo-os percorrer suas "festas democráticas", nas quais, com "compromisso cívico", deviam escutar maravilhosos insultos, maravilhosos gritos de fanáticos, maravilhosos sermões que os mandavam para o inferno, e sair protegidos por maravilhosos policiais para que os maravilho-

---

[11] H. Senado da Nação. Versão taquigráfica da sessão de 14/07/2010, p. 18.

sos manifestantes das maravilhosas igrejas não caíssem em cima deles maravilhosamente.

Para uma festa, não foi muito divertido.

— A primeira viagem foi ao Chaco, no dia 10 de junho, e já no ônibus começou tudo — lembra Analía Mas, que foi com María Rachid e Martín Canevaro à festa da democracia de Resistência, realizada na sede local da Universidade Tecnológica Nacional.

— O que aconteceu?

— Eu sentei com Martín, e María estava sentada atrás, do lado do corredor, com outra passageira. Conversamos muito e depois de servirem uma massa com muito molho, retiraram nossas bandejas e apagaram as luzes. Estávamos dormindo quando María me acordou, aflita, às 4 da manhã: havia despertado assustada e encharcada de molho e massa da cabeça aos pés. Pedimos explicações ao motorista, que nos disse que com certeza alguma bandeja devia ter ficado no bagageiro e caído com o movimento do veículo. Não fazia sentido porque, na altura do assento de María, no bagageiro, havia sacolas e papéis, e também não dava para entender como caído o molho e a massa poderiam ter apenas em María, que estava do lado do corredor, e nada na menina ao lado. Eu imagino que havia no ônibus mais alguém viajando para o mesmo destino, mas que não pensava como a gente.

— Como foi a audiência?

— Quando chegamos, fomos à entrevista coletiva que os companheiros da província tinham organizado com a delegação do INADI. Dali fomos à audiência. Os companheiros não queriam nos deixar sozinhos porque tinham medo de que nos fizessem algo. Na porta havia gente com tambor e muita polícia. Assim que chegamos nos avisaram que Negre de Alonso havia decidido que não poderíamos falar porque éramos de Buenos Aires. De forma que o ex-delegado do INADI, Darío Gómez, me deu o microfone na sua vez de falar, e reclamei que Negre de Alonso impedia que nos expressássemos. Ela disse que me cabia falar em Buenos Aires, e respondi que lá ela também não me deixava falar. María, por telefone, saiu em várias rádios e canais de televisão denunciando o que estava acontecendo e, no fim, Negre a deixou falar.

— O que os outros oradores diziam?

— A maioria era de pastores evangélicos com pouquíssima educação, então os discursos eram no nível de "o que você põe e o que você tira do ânus"...

Algo desse gênero foi dito por Roberto Gómez, que se apresentou como ginecologista e explicou que "a mulher foi desenhada com um aparelho genital feminino realmente interessante para receber o órgão masculino. A natureza fez isso. As outras partes do corpo, chamada ânus, reto, não estão desenhadas ou preparadas para outras coisas".[12] Parecia que o que estava em discussão, mais que o casamento, era o que cada casal fazia na cama.

Houve discursos a favor — do delegado do INADI, de membros das organizações LGBT locais, de alguns legisladores, de sindicalistas da CTA, das organizações de direitos humanos e de diferentes movimentos sociais, como Barrios de Pié ou o grupo Juana Azurduy —, mas havia uma clara maioria de evangélicos, com coletes com a palavra "casamento" e as imagens de um homem e uma mulher. Umas quinhentas pessoas lotavam a sala. Falou-se de Sodoma e Gomorra, disseram que a homossexualidade era uma abominação e um "transtorno psicológico",[13] que "a maioria dos homossexuais morre de Aids",[14] que era preciso impedir que nas escolas se ensinasse que ser gay é "normal", e que os homossexuais que quisessem deixar de ser e "curar-se da Aids" encontrariam os braços abertos do Senhor.

Ler a versão taquigráfica da reunião é como fazer uma viagem à Idade Média. Sente-se o fogo da fogueira, o calor cada vez mais intenso, a condenação eterna ao inferno. O que as audiências de Negre de Alonso criavam em cada província era um teatro grotesco em que o microfone era dado a dezenas de pastores fanáticos ou advogados de extrema-direita que, como se fossem a representação genuína da comunidade, recitavam seus sermões diante dos fiéis mobilizados pelas igrejas, que atuavam como se estivessem no culto.

É difícil discutir com alguém que invoca um poder sobrenatural e te diz: "eu tenho razão porque Deus está de acordo comigo, você vai para o inferno e não se discute porque está na Bíblia". Assim se expressava, por exemplo, Claudio Amarilla, que foi apresentado como porta-voz das instituições de Villa Berthet e falou diretamente aos senadores presentes:

> Queria dizer que vocês foram postos nesse lugar, não só porque cada um dos cidadãos que aqui estão votou, mas também porque foram postos por Deus. A Bíblia diz que "as autoridades são postas por Deus", por isso, de forma pessoal — e como muitas pessoas fizeram esta manhã —, queria lhes dizer que, como Deus os colocou neste lugar, vocês também podem fazer honra ao que Deus estabeleceu.

---

12 Câmara dos Deputados da Província do Chaco. Versão taquigráfica da reunião da Comissão de Legislação Geral do Senado da Nação de 10/06/2010, p. 62-63.
13 *Op. cit.*, p. 140.
14 *Op. cit.*, p. 152.

[...] Sabem por que vivemos numa sociedade tão corrupta? Por que vivemos numa sociedade que é, em grande parte, imoral? Por que vivemos numa sociedade onde há miséria, onde há pobreza, onde há discriminação? É pela simples razão de que o homem se afastou do seu criador, que é Deus.

Patricia Verón, que se apresentou como estudante, futura docente e membro da Igreja Cristã de Resistência, disse que não estaria disposta a ensinar a seus alunos "que está certo que haja famílias homossexuais e que isso é o normal". "Estou convencida de que nenhum de nós, os heterossexuais, vamos querer ensinar e legitimar a homossexualidade como algo digno",[15] explicou.

Na sua vez, o pastor Jorge Ledesma, da Igreja Internacional Cristã de Resistência, disse que "a homossexualidade é expressamente reprovada por Deus e ele se refere a esta prática como uma abominação", e avisou: "Há exemplos na Bíblia que nos mostram que, quando uma sociedade legitima e estabelece aquilo que Deus não aprova, sobre essa sociedade pesa a maldição, a destruição, como o caso da cidade de Sodoma".[16] Saturnino Vargas gritava: "Porque, segundo as sagradas escrituras, o Senhor diz: 'Em meu nome colocarão a mão, expulsarão demônios e curarão os doentes!'", e os fiéis, enlouquecidos, respondiam: "Aleluia!".

Vale enfatizar a intervenção de um pastor da Igreja Evangélica Luterana Unida, Raúl Gleim, que se diferenciou dos demais religiosos, lembrando, com lágrimas nos olhos, as épocas em que os protestantes não podiam celebrar casamento: "Os que não confessávamos que pertencíamos à Igreja católica romana não tínhamos acesso ao reconhecimento do casamento, nem podíamos ser enterrados nos mesmos cemitérios nem registrar legalmente nossos filhos e filhas", disse, e explicou que apoiava o casamento igualitário porque:

> [...] estamos discutindo as modificações de uma lei que se refere a um contrato civil; não estamos debatendo mudanças em nenhum versículo bíblico e nem nenhuma alteração em nossas identidades confessionais. É um debate secular, e embora nós, protestantes, abençoemos, os casamentos continuam sendo para nós contratos civis. É por isso que defendemos a autonomia do Estado como um valor muito importante, que garante a liberdade de consciência religiosa e o pleno direito humano para todos e todas.

---

15 *Op. cit.*, p. 109.
16 *Op. cit.*, p. 109.

Analía Mas conta que, enquanto essa audiência se realizava, perto dali estavam julgando os responsáveis pelo massacre de Margarita Belén,[17] por isso muita gente — de um lado e do outro — ia e vinha. Um dos defensores dos militares da ditadura reconheceu militantes que havia visto no tribunal um pouco antes, e que estavam ali para falar a favor do casamento igualitário, e gritou-lhes:

— São os mesmos da outra audiência!

E do outro lado responderam:

— Vocês também!

Deixaram María falar no final da reunião, mas sua participação foi omitida na versão taquigráfica, que tem 153 páginas. Não deixaram que Martín e Analía, que viajaram várias horas para estar lá, participassem.

Uma festa da democracia.

Apesar de tudo, a Assembleia Legislativa da província, pouco depois da audiência, emitiu uma declaração institucional de apoio à lei.

***

Os ativistas da Federação corriam de uma audiência a outra. De Chaco a Corrientes, onde a reunião estava programada para o dia seguinte, viajaram com a jornalista do *Página/12* Soledad Vallejos, cujas maravilhosas reportagens com certeza serviram para que muitos senadores que não estiveram nas audiências soubessem o que realmente estava acontecendo.

Quando chegaram a Corrientes, encontraram-se com um grupo de cerca de vinte pessoas que esperava na rua com uma bandeira do arco-íris, e aproximaram-se para cumprimentar. Os correntinos explicaram que haviam tido muitas dificuldades para se inscrever para falar. Por mais que, supostamente, a inscrição fosse pública, havia duas listas, como na Capital: uma para os que iam falar contra o casamento gay e outra para os que iam falar a favor. Esta última costumava ser mais restringida, a inscrição fechava mais rápido e havia mais obstáculos. Também contaram que a Igreja católica havia começado a recolher assinaturas contra a lei de casa em casa.

— A cidade estava empapelada com cartazes contra o casamento gay, chamando a população a "defender a família", e, por meio da agenda escolar,

---

[17] Em 13 de dezembro de 1976, durante a ditadura militar, o Exército e a polícia da província do Chaco torturaram e fuzilaram 22 presos políticos perto da localidade de Margarita Belén, simulando uma tentativa de fuga quando supostamente eram trasladados para um presídio da província de Formosa. Com a reabertura dos processos contra os genocidas da ditadura, durante os governos de Néstor e Cristina Kirchner, oito repressores foram condenados a prisão perpétua.

tinham convocado as crianças dos colégios católicos para irem à Legislatura. De qualquer forma, não eram mais de quinhentas pessoas — lembra Martín Canevaro.

Nesse mesmo dia, um casal gay correntino, Roberto e Denis — hoje casados —, compareceu ao cartório para tentar marcar o casamento e apresentar sua própria ação de amparo.

Desta vez, o problema era entrar.

Na porta da Legislatura, toparam com uma barreira policial.

— A polícia não nos deixava passar, e os manifestantes das igrejas nos insultavam da praça. Reclamávamos e diziam que não podíamos entrar porque não estávamos "na lista" e que era "ordem do vice-governador". Começamos a gritar e insistir com a polícia, enquanto María dava declarações para a televisão denunciando o que acontecia — conta Analía Mas.

Uma ex-deputada estadual que os viu, Araceli Ferreyra, interveio para que os deixassem entrar. Martín a havia conhecido anos antes, quando, junto a um grupo de jovens de Buenos Aires, foi a Goya, Corrientes, durante as inundações, para colaborar com os centros de evacuados que a irmã Marta Pelloni havia organizado. Ferreyra teve de falar pessoalmente com o vice-governador para que desse a ordem que os deixasse passar, e depois, em seu discurso, pediu que deixassem Martín Canevaro falar:

> Encontra-se presente, acompanhando-nos, Martín Canevaro, que é amigo meu. Há pouco soube que havia se casado com outro homem, não sei o nome de seu companheiro, há uns dias, na Capital Federal. Estava inscrito na lista para falar e não sei, disseram-me que talvez por não ser correntino não possa falar.
>
> Queria contar-lhes que Martín, sendo muito jovem, nas inundações de 98, juntou um montão de coisas com amigos na capital, conseguiram um trailer de assistência médica, vieram colaborar com os correntinos inundados, trabalhando com a irmã Pelloni e metendo-se em lugares onde ninguém queria se meter. Se isso não é razão suficiente, que se saiba que Martín também é filho de correntinos. Muito obrigada.[18]

Dessa vez, afinal, todos falaram. A estratégia havia mudado. Tentavam não deixar passar os ativistas, mas se eles conseguissem driblar os obstáculos e chegassem à sala de audiências, Negre de Alonso permitia que participassem para evitar denúncias posteriores.

---

18 H. Câmara dos Senadores da Província de Corrientes. Versão taquigráfica da reunião da Comissão de Legislação Geral do Senado da Nação do dia 11/06/2010, p. 31.

O tom dos discursos antigays foi ainda mais agressivo nessa província. "Não queremos, senhores, essa porcaria!",[19] exclamou Felipe Bonastre. "Foi a própria sociedade que se encarregou de ir limpando todas essas máculas", disse o engenheiro Rodolfo Paladini. Este homem também garantiu que "80% do Poder Judiciário da Capital Federal são homossexuais. Tivemos a oportunidade de desbancar um juiz por haver se mostrado com outro degenerado na famosa boate Espartacus, quando, fantasiado de carrasco, fazia-se servir sexualmente, e a cidadania argentina ficou sabendo disso, e vocês, deputados, aceitaram e legitimaram". E acrescentou: "os representantes do máximo tribunal da Nação têm desvios sexuais, e vocês, senadores, permitem. E não sancionam".[20]

O doutor Alfredo Revidatti garantiu que "as pessoas homossexuais experimentam com mais frequência que a população em geral certas situações desfavoráveis, como, por exemplo, uma saúde em geral mais deteriorada, maior taxa de doenças mentais, maior tendência ao suicídio e três vezes mais Aids — isto está atualizado — e outras doenças de transmissão sexual; e condutas de risco em suas relações afetivas, mais promiscuidade, maior taxa de ruptura de relações, altas taxas de relações sexuais com menores de idade".[21]

Juan José Laprovitta, por sua vez, deu uma aula com maestria de zoologia e botânica para explicar por que o casamento gay não podia ser aprovado: "Vejamos o que acontece com os animais: um bezerro é porque há uma vaca e um boi; um potro é porque há uma égua e um cavalo; um pinto, porque há uma galinha e um galo. E o mamão? Se não existisse a planta macho e a planta fêmea não poderíamos comer o doce de mamão. Então, para que vamos dar mais exemplos, se isto é a realidade? E aquele que nega a realidade retrocede, porque se esvazia espiritualmente".[22]

E assim os discursos seguiram, até que Verónica Silberman tomou a palavra. A jovem lésbica correntina que, pela primeira vez numa província onde custa dizer "sou lésbica", pegava um microfone para dizer isso perante uma centena de pessoas, disse palavras emocionantes, que ainda se encontram em vídeos na internet:

> Por momentos, não posso evitar de me perguntar o que é tudo isto. Olho para o chão e nem sequer entendo em que superfície estou pisando. Olhe para mim, estou te pedindo que olhe para mim. Por que se esquiva dessa maneira? Não percebe que existo?

---

19 *Op. cit.*, p. 46.
20 *Op. cit.*, p. 54.
21 *Op. cit.*, p. 13.
22 *Op. cit.*, p. 33.

> [...] E é assim, é assim, senhores, porque para mim, como cidadã irrepreensível, direitos não existem, não há direitos. Que piada, não? Ainda não posso apagar da minha mente aquela noite em que entendi, deixei de lutar e entendi, foi lá mesmo quando cuspi um veneno asqueroso que me enroscou diante daquilo que sempre detestei: a falsidade. Foi ela que me permitiu continuar caminhando, adulterando, ocultando; claro, e essa encruzilhada foi a da mentira diária, era esta mentira diária que me permitiria encontrar um bom trabalho e levar uma vida normal.
>
> Ufa! Outra vez ela. Desculpa, é que ao falar desta maneira só volto a saborear aquela sensação de medo, tão amarga como a pata de um caranguejo. Lembro o que me disse um amigo: "Me escute, boba, é assim: ou você mente, ou será discriminada eternamente". *Click*, havia chegado o momento do *click* na minha vida.[23]

Martín apresentou-se como o filho de Walter Canevaro, um correntino de Goya que imigrou para Buenos Aires, e contou que, autorizado pela justiça, havia podido se casar com a pessoa que ama, Carlos Álvarez. Disse que sabia que muitos correntinos não estavam ali por medo da discriminação, e que queria, como havia feito Verónica, dar seu depoimento por eles. Mostrou sua certidão de casamento:

> [...] é a certidão que me dá o direito de que, se eu amanhã adoecer, meu companheiro possa me dar assistência; é a certidão que me permite — como aqui se falou — poder me apresentar em um banco com meu contracheque e o contracheque de meu marido para pedir um empréstimo para comprar uma casa que nos acolha, ou um carro; é a certidão que me permite compartilhar meu plano de saúde com ele; é a certidão que me dá a condição de cidadão.
>
> [...] Me apresento: sou um ser humano, me chamo Martín Canevaro, tenho 33 anos, sou uma pessoa saudável mental e fisicamente; nasci de um casamento heterossexual; meu pai se chama Walter, minha mãe se chama Ana; são heterossexuais e tiveram a mim, que sou tão humano e tão natural como qualquer um de vocês; não sofri nenhuma alteração genética nem química; não vim de um disco voador, não sou um extraterrestre, sou tão argentino quanto vocês e sou um cidadão. E a Constituição me garante o direito de igualdade perante a lei, diz que meus atos privados não são da competência de nenhum magistrado e diz também que minha família deve ser protegida pelo Estado. É simplesmente isso o que todos nós queremos.[24]

---

23 *Op. cit.*, p. 33.
24 *Op. cit.*, p. 56-58.

No entanto, não serviu de muita coisa. Martín terminou, e vieram mais sermões, mais Adãos e mais Evas, mais Gêneses e Apocalipses, mais aleluias. Quando Martín voltava para o seu lugar, após falar, um dos pastores pediu para ver sua certidão de casamento:

— É igual? — surpreendeu-se ao vê-la.

Os correntinos gays e lésbicas que haviam ido à audiência tiveram depois uma reunião com María, Martín e Analía. Muitos não se conheciam entre si. Após a audiência, começaram a se organizar e hoje formam um grupo integrado à Federação.

Já não estão tão sozinhos.

***

Em Tucumán, o clima de violência que as festas da democracia de Negre de Alonso geraram foi pior ainda. Havia padres incentivando as pessoas aos gritos na rua, convocavam passeatas das quais as crianças das escolas católicas eram obrigadas a participar, levavam-nas em ônibus.

Nos jornais, publicavam anúncios contra a senadora Beatriz Rojkés, esposa do governador Alperovich, que havia adiantado seu apoio à lei. "A troco de quê?", dizia o aviso em que exigiam que mudasse seu voto, mas a senadora se manteve firme. Em uma das audiências no Congresso, ela disse a Analía Mas: "Me sinto muito só, mas vou votar a favor".

— Quando fui a Tucumán para a audiência, as pessoas que a igreja mobilizou nos insultavam na rua — lembra Analía —, e me doeu muito ver tanto ódio no olhar de muitos adolescentes que haviam levado para se manifestarem contra nós. Perguntava-me o que viam quando me olhavam.

O clima de intolerância era tão forte que, quando os ativistas da Federação saíram da audiência, a polícia estadual teve de escoltá-los com capacetes e escudos para que os bandos de fanáticos mobilizados pela Igreja não os linchassem na rua. Antes, dentro, a lista de oradores era manejada com absoluta arbitrariedade. Um padre ia passando papeizinhos ao senador Mansilla, indicando quem devia falar.

Fernando Cabrera, da Comissão Vida e Família, insistia que a homossexualidade era uma "doença" e questionava o *Relatório Kinsey*. Garantia que, para realizar o relatório, "o que o doutor Kinsey fez foi violar bebês de 4 meses de idade; tratava-se de um grupo de bebês que estavam num orfanato, foram violados com diferentes elementos por homens que estavam numa prisão. Então, quando lhes introduziam — imaginem o que podiam introduzir nos bebês —, a princípio os bebês choravam, depois se cansavam e ficavam quietinhos, então o doutor dizia: 'goza, está gozando'".[25]

A professora Eugenia Lobo disse que, se o casamento entre dois homens ou duas mulheres fosse aceito, também deveriam ser aceitos "a poligamia, diferentes formas de endogamia, incesto, combinações 'homoanimais', necrofilia etc.", e acrescentou: "pedimos aos senhores senadores que coloquem freio a tão frondosa criatividade".[26]

Por sua vez, um dos filhos do genocida Antonio Domingo Bussi,[27] Ricardo, garantiu que, "em nosso país, minha filha de 13 anos não pode se casar com um homem de 40 anos, minha irmã não pode se casar comigo e as pessoas do mesmo sexo também não podem se casar. Isto faz a essência da cultura da República Argentina".[28]

Quando esfolavam vivos os seres humanos com o gume de uma baioneta, na época em que seu pai era amo e senhor da vida e da morte dos tucumanos, os militares também diziam que defendiam a essência do "ser nacional".

**

Em San Juan não permitiram que o grupo La Glorieta, organização de base da Federação, inscrevesse seus ativistas para participar da audiência. Então, após várias tentativas, estes decidiram finalmente não ir e denunciar sua ilegitimidade.

A situação vivida nessa província foi muito especial, já que o governador José Luís Gioja, que tem uma filha freira, aderiu fervorosamente à campanha da Igreja contra o casamento gay. A tal ponto que o governo provincial decretou que os alunos e os professores das escolas públicas que participassem de uma passeata contra a lei, convocada pela Igreja católica para receber a comissão do Senado, teriam as faltas justificadas.[29] As crianças das escolas católicas eram levadas diretamente pelos professores. O uso de crianças vinha aumentando: em várias províncias, as escolas católicas enviaram aos pais, por meio da agenda escolar, uma petição contra o casamento gay.

Era uma tarefa escolar.

---

25 Versão taquigráfica da reunião da Comissão de Legislação Geral do Senado da Nação realizada na província de Tucumán no dia 18/06/2010, p. 172.
26 *Op. cit.*, p. 38.
27 Condenado à prisão perpétua, chefe da repressão militar durante a ditadura na província de Tucumán e responsável por dezenas de assassinatos, casos de tortura, sequestros, subtração de menores etc., o ex-general Bussi morreu em 2011.
28 *Op. cit.*, p. 16.
29 Sin faltas por ir a marcha contra boda gay. *Ámbito.com*, 23/06/2010.

No dia seguinte, os alunos tinham de levar a petição assinada pelos pais, e se não levassem era como se não tivessem feito as contas de matemática ou a redação. "Mobilizam guris de 8 anos por algo que nem sabem do que se trata. Alguns colégios estão fazendo a chamada para que as crianças compareçam às marchas e obrigam-nas a recolher assinaturas contra o casamento",[30] denunciava Fernando Baggio, presidente de La Glorieta.

Houve pais que não quiseram assinar e, pela direção da escola, foram avisados de que, se não fizessem, seus filhos perderiam a bolsa ou, diretamente, não seriam admitidos no ano seguinte. Os grupos antigays de San Juan se defendiam: "Os colégios católicos são dirigidos por sacerdotes, religiosos e laicos comprometidos e, portanto, a educação que passam está em consonância com a Bíblia e com o magistério da Igreja. As crianças devem ser informadas e formadas do que acontece a respeito do 'casamento' (sic) entre pessoas do mesmo sexo",[31] diziam.

O Foro da Diversidade Sexual — formado por La Glorieta junto com o INADI e diferentes organizações políticas e sociais — convocou uma passeata própria, com um festival artístico, em apoio à lei, mas o governo de Gioja negou a permissão.

Aí viria o pior.

No dia 24 de junho de manhã, quando seria a audiência e a mobilização estava programada, policiais da província rodearam a casa de Sergio Loyola, militante do Foro, e onze homens fardados entraram pelo telhado, quebrando portas, com mandado de busca, procurando, supostamente, um par de tênis número 42, um forno de micro-ondas e um telefone sem fio preto. Não encontraram o que supostamente procuravam, mas levaram Sergio Loyola à delegacia de polícia, onde ele ficou incomunicável durante duas horas. Na busca, os policiais apreenderam aparelhos de som que seriam utilizados no festival de apoio à lei e estavam no domicílio. O dirigente do Movimento Socialista dos Trabalhadores e do sindicato dos professores universitários, José Mini, denunciou a repressão, numa declaração conjunta com a ex-legisladora portenha Vilma Ripoll:

> Ontem à noite a polícia revistou a loja de Cultura Ativa, uma organização que, além de se opor às empresas de mineração, participaria hoje da audiência pública. a única coisa que apreenderam foram os cartazes e folhetos a favor do casamento gay. Eu mesmo estava inscrito para falar, mas diante desses absurdos resolvemos não participar.

---

30 INDART, Ramón. El matrimonio gay separa a Gioja de los K. *Perfil*, 24/06/2010.
31 Fonte: <http://www.cerromercedario.com/2010/06/masivo-rechazo-al-matrimonio-gay-en-san.html>.

Finalmente os ativistas decidiram suspender o festival.

A passeata contra a lei, por outro lado, teve cenário e sistema de som cedidos pelo governo, ônibus pagos e contingentes de alunos das escolas. Reuniram-se entre 6 e 8 mil pessoas, embora a mídia local falasse de muito mais. O papel de parte da imprensa sanjoanina foi lamentável: o jornal *El Zonda* chegou ao cúmulo de publicar uma montagem fotográfica na primeira página, onde aparecia um casal de homens deitados olhando um exemplar da revista *Men's Health*,[32] com uma criança sentada na beirada da cama, chorando. O título era: "Casamento gay. Conflito de identidade".[33]

Era nesse contexto que se desenvolvia a festa da democracia sanjoanina.

As organizações locais também decidiram não participar da audiência em Salta, onde não havia garantias mínimas para que os ativistas estivessem presentes. Por outro lado, Analía Mas participou com Facundo García e Claudia Castro da audiência em Jujuy, onde a senadora Liliana Fellner adiantou que votaria a favor do projeto.

***

Em Córdoba era forte a confluência de diferentes setores políticos e sociais que apoiavam a lei. Além disso, dois dos três senadores cordobenses, Luis Juez e Norma Morandini, já haviam adiantado seu voto a favor do projeto. No dia 15 de março, havia se formado a "Multissetorial pela democratização do casamento", da qual participavam as juventudes políticas de quase todos os partidos, legisladores, dirigentes da Central dos Trabalhadores Argentinos, organizações sociais e de direitos humanos, a Federação Universitária e até um grupo de padres católicos que se rebelaram contra a hierarquia da Igreja. No entanto, houve muitas dificuldades para se expressar na festa da democracia cordobense.

— A audiência teve muitas irregularidades — denuncia Martín Apaz, ativista da Devenir Diverse, organização de base da Federação que liderou a Multissetorial —. Para começar, não confirmaram se ela seria realizada até somente cinco dias antes. Escolheram uma sala muito pequena, onde nem sequer cabiam os oradores anotados, deixaram entrar gente que estava contra primeiro, e fizeram o resto esperar. Muitos que eram a favor ficaram fora e só mais tarde puderam passar. As inscrições para falar durante a audiência não foram confir-

---

32 *Men's Health* é uma revista de *fitness*, mas, como costuma ter na capa imagens de homens musculosos mostrando parte de seu corpo, eles devem ter pensado que se tratava de uma revista pornô gay.
33 Fonte: <http://www.agmagazine.info/2010/05/10/el-diario-el-zonda-de-san-juan-muestra-una-clara-postura-denigrante-hacia-el-matrimonio-gay/>.

madas jamais e a lista definitiva excluía muitíssimos dos que eram a favor, que haviam se inscrito corretamente. Negre de Alonso fazia passar dez contra e um a favor, até que as pessoas se cansavam de esperar e iam embora.

— Afinal puderam falar?

— Só no final, e os que não tinham ido embora. Negre de Alonso foi arbitrária até no tratamento. De quem era contra, ela mencionava a formação acadêmica ou a profissão; os que eram a favor, ela chamava pelo nome, quase sempre malpronunciado. Cada detalhe foi cuidado. Houve discursos para morrer de rir e, ao mesmo tempo, de dar medo: um homem que falava do fim da espécie humana, outro que dizia que, como os criadores de lhamas do norte tinham relações sexuais com suas lhamas, também haveria que legalizar o casamento com animais; um guri cheio de ódio, que ironicamente desafiava dois homens ou duas mulheres a que procriassem "se pudessem"; um garoto que delirou e terminou dizendo aos senadores Juez e Morandini que eles eram "lobos disfarçados de cordeiros" e um rapaz que falava do "*lobby* gay" que com quantias infinitas de dinheiro estava comprando votos no Congresso para expandir o turismo gay.

— Quem falou a favor?

— Advogados, psicólogos, pessoas contando suas histórias de vida, seus planos e os impedimentos da lei para cumprir seus sonhos; a mãe de Natália Gaitán, Graciela Vázquez, o padre Nicolás Alessio, que foi ameaçado várias vezes de ser retirado da sala porque se indignava com os discursos fascistas de alguns expositores, já que também estava sua irmã, que é lésbica e mãe, e ele sentia que sua família estava sendo insultada. Ele disse que, para seguir a Bíblia rigidamente, era necessário fazer muitas coisas que hoje são consideradas aberrantes. Falaram as organizações estudantis e de diversidade. A ampla maioria de expositores com responsabilidade institucional (legisladores, funcionários, vereadores etc.) falou a favor.

— Como foi a experiência?

— Apesar de tudo, foi muito emocionante; estávamos supergays. A gente não percebe, mas toda essa merda que jogam em você vai ficando e se acumulando. Às vezes, no âmbito da militância, como nos rodeamos de gente sem preconceito, por alguns momentos nos esquecemos de que toda essa merda ainda existe. Depois te fazem lembrar com uma Natália Gaitán... ou com discursos como os da audiência. As pessoas que não puderam entrar aguentaram do lado de fora, cantando o dia todo, nos compravam comida, cigarros, falavam com a mídia. Terminamos cansadíssimos e, ainda por cima, tínhamos a passeata no dia seguinte.

A passeata a que se refere Apaz, convocada pela Multissetorial, reuniu entre 7 e 8 mil pessoas (segundo a polícia) no centro da capital da província. Foi a maior mobilização[34] a favor da lei realizada em todo o país — houve outra muito grande em Rosário — e terminou com um ato em que falaram os ativistas das organizações, o padre Alessio e Graciela Vázquez, a mãe de Natália.

***

As audiências continuaram, e os argumentos contra a lei eram sempre mais ou menos os mesmos. Também as ciladas para impedir a participação dos ativistas, as pressões, as mobilizações da Igreja com crianças em idade escolar e toda a campanha de ódio contra gays e lésbicas que foi lançada pela cúpula eclesiástica e alguns setores políticos. Claro que houve, também, muitas expressões a favor, muitos grandes discursos e algumas participações contra um pouco menos brutais. Contudo, o clima vivido nas "festas da democracia" de Negre de Alonso parecia demais com um auto de fé da Inquisição.

A senadora, em seu giro pelo país, aliando-se, em cada província, aos grupos mais extremistas e gerando cenários fictícios para amplificar suas vozes como se eles representassem o sentimento das maiorias, gerou uma situação de violência inédita na Argentina atual.

Era uma viagem no tempo a épocas de pesadelo.

Imaginemos, por um minuto, que o Congresso estivesse debatendo uma lei sobre os direitos da população judia para eliminar alguma norma discriminatória que ainda existisse em nossa legislação. Imaginemos que uma senadora antissemita tivesse a responsabilidade de dirigir o debate.

Imaginemos audiências públicas, a maioria em cidades com altos níveis de antissemitismo, escolhidas especialmente por isso. Imaginemos, nas audiências, os representantes das entidades da comunidade judaica acompanhando os poucos judeus de cada lugar que se animassem a assistir, apesar do medo de serem identificados como tais e, por isso, agredidos, insultados e ofendidos. Imaginemos que eles tivessem de aguentar, durante horas, longos discursos de representantes de grupos neonazistas que dissessem — com microfone oficial e registro na versão taquigráfica — que os judeus são... *(imaginemos aqui algo*

---

34 Oito mil pessoas, na cidade de Córdoba, é muita gente para uma mobilização política ou social. Foi surpreendente.

equivalente a todas as coisas que nas páginas anteriores consta que foi dito, nas audiências de Negre de Alonso, sobre os homossexuais).

O parlamento argentino teria permitido isso?
Não teria sido um escândalo nacional?

É difícil entender tantos aplausos, tanta alegria, tanta comemoração, minutos antes da votação da lei no Congresso, quando o senador Pichetto disse a Negre de Alonso que suas propostas separatistas faziam lembrar as leis da Alemanha nazista e ela chorou diante das câmaras, sem tentar se colocar no lugar de quem teve de estar em cada uma de suas festinhas democráticas suportando horas de insultos e saindo do lugar com custódia policial.

As lágrimas da senadora — parece feio dizer, mas foi assim — foram reparadoras, após tanta violência gerada por ela e por sua gente.

Tráfico de sêmen

Em San Luis não houve audiência pública. Negre de Alonso, representante dessa província, explicou com orgulho que não era necessário porque seus três senadores votariam contra, como tinham feito todos os deputados, de todos os partidos. Mas Teresita não deixou de participar de uma passeata contra a lei em San Luis, convocada pela Igreja católica, e pronunciou um discurso inflamado, em pé ao lado do bispo e de vários sacerdotes.

Antes da marcha, o bispo Jorge Lona tinha afirmado que a homossexualidade é uma "patologia" que pode ser "curada com tratamento adequado".[35] Dias mais tarde, o psicólogo Gabriel Rolón, em sua exposição no Senado, questionou esses termos. Rolón disse que tinha escutado que o bispo Lona tinha falado da homossexualidade como uma "anormalidade". Negre de Alonso o interrompeu para esclarecer:

— Doença, disse.
— Não, não, anormalidade. Eu ouvi, senadora — Rolón insistiu.
— Ah.
— Aliás, seria muito pior se ele tivesse dito doença, porque a OMS já descartou essa possibilidade...
— Claro, é que o bispo... O Monsenhor criticou a metodologia utilizada para descartar... Bem, não quero tirar seus minutos.[36]

Mas as palavras da senadora na marcha antigay de San Luis também tinham sido um pouco delirantes. Nas audiências em Buenos Aires e nas entrevistas com a mídia

---

35 Monseñor reclama curar a los gays. *Página/12*, 19/06/2010.
36 Las palabras de monseñor. *Página/12*, 23/06/2010.

portenha, Negre de Alonso se apresentava como a presidenta da comissão que, com equanimidade e transparência, dirigiria um debate em que todas as vozes seriam ouvidas sem preconceitos. Mas em sua província e rodeada de batinas, dizia o que realmente pensava.

"Esta lei foi criada pelo porto, é uma lei portenha. A Câmara dos Deputados deu as costas ao interior do país. O porto criou esta lei porque quer ser a capital gay do mundo e quer atropelar as províncias. Querem atropelar nossas famílias!", gritava Negre de Alonso.

Essas expressões também teriam sua resposta em uma das melhores intervenções que foram ouvidas nas audiências do Senado, pronunciada pelo jornalista Osvaldo Bazán, que recordou à senadora que muitos gays que vivem em Buenos Aires "somos exilados de nossas pequenas cidades, que continuamos amando como no primeiro dia, mas tivemos de partir. E queremos voltar com a cabeça *erguida*", e propôs: "vão a uma cidade pequena e perguntem pelo veadinho do lugar. Perguntem pelo veadinho para ver que discriminação ele está sofrendo ali. Muito poucos sofrem na Argentina a humilhação sofrida pelo veadinho da aldeia, a sapatão da aldeia, que na melhor das hipóteses pode fugir de lá. Por isso nos reunimos em Buenos Aires".[37]

"A senadora se equivocou ao dizer que o assunto não interessava ao interior. Para nós, que vivemos na província que ela diz representar, o assunto é de vital importância", diz Mariela, 32, advogada. "Significa acabar com uma longa história de discriminação e violência", completa. Mariela e Elena, jornalista, de 34 anos, estavam entre os primeiros casais de San Luis que apresentaram uma ação de amparo para se casar antes da promulgação da lei. Elas estão há oito anos juntas. "Infelizmente, muitos santa-luisenses vemos nossa província com angústia e constrangimento toda vez que a nossa senadora fala — diz Juan Pablo Giusepponi, 20, estudante de psicologia —. Estamos numa província que vive com censura, como na ditadura. Em San Luis, os homossexuais têm de viver ensimesmados por medo de sofrer ante o discurso retrógrado e ferino de pessoas como Negre de Alonso".

Mas o prato forte do discurso da senadora no ato organizado pela Igreja em sua província foi quando denunciou, exaltada, que, com o casamento gay, viria o "comércio ilegal de sêmen"!

Sim, ela disse isso.

Estava descontrolada.

---

37 VALLEJOS, Soledad. Una audiencia con diversidad. *Página/12*, 25/06/2010.

Os guerreiros do arco-íris

— Após a vitória na Câmara dos Deputados, tivemos alguns dias de descanso e já começamos a planejar a campanha para a grande batalha no Senado — recorda Diego Mathé, um dos responsáveis pela EMA e pela campanha em redes sociais como o Facebook —. Convocamos uma reunião em casa, e vieram Mariano Ruiz, Javier Capuano, Jair Bellante e Ale Nasif. E depois viriam Inés Roselló e o casal de fotógrafos Javier Fuentes e Nicolás Fernández.[38] Já trabalhávamos com alguns, e tínhamos conhecido os demais durante o debate na Câmara dos Deputados. Nasciam os "guerreiros do arco-íris".

— Como surgiu o nome?

— Foi por uma matéria do jornalista Federico Sierra, intitulada "Os guerreiros do arco-íris contra a Legião do Mal".

Os guerreiros começaram a lançar ideias de ações de forte impacto midiático que pudessem servir para apoiar a campanha. Queriam filmar vídeos em apoio à lei com diversos setores sociais e, em seguida, organizar um evento massivo. Então, entra em cena Alejandro Vannelli. Como contamos no início, Ale é representante dos atores, um dos mais importantes do país. Junto com ele, com uma câmera na mão e um texto preparado, começaram a produção.

— Nos conhecemos praticamente quando começamos a ir de casa em casa, com base num itinerário que montei 24 horas antes, com "precisão Vannelli" — ele lembra —. A primeira visita foi à casa da atriz Natalia Oreiro, mansão espetacular na Travessa Santa Rosa, a poucos passos da Praça Serrano. Num segundo, tietamos, tiramos foto etc. Então o mandão que vive em mim acorda e organizo rapidamente o cartaz para que Naty leia, fotos dela nesse lugar, agora a gravação do *spot*, uma foto com o grupo, e assim saímos em menos de vinte minutos, já que às 10:30 tínhamos de estar na casa de outra atriz, Florencia Peña, que vive a poucos quarteirões de Naty.

— Quanto tempo levou todo o trabalho?

— Foram 44 vídeos gravados em dois dias.

O resultado foi impactante.

"Todos os dias, milhares de argentinas e argentinos se apaixonam. Alguns formam um casal e se casam. Outros também formam um casal, mas não podem se casar", dizia Alfredo Alcón, figura estelar do teatro, do cinema e da televisão argentina, sentado numa poltrona de teatro. "O mesmo amor, os mesmos di-

---

38 As fotos da capa e da contracapa deste livro são deles.

reitos, com os mesmos nomes. O direito ao casamento para todas e para todos garante a igualdade perante a lei", completava Norma Aleandro.[39]

Foi apenas uma prévia.

No *spot* seguinte, vários artistas apareciam dizendo o nome:

> Eu sou Alfredo Alcón. Eu sou Ricardo Darín. Eu sou Cecilia Roth. Eu sou Natalia Oreiro. Eu sou Mike Amigorena. Eu sou Ana María Picchio. Eu sou Celeste Cid. Eu sou Guillermo Francella. Eu sou Carola Reina. Eu sou Fernán Mirás. Eu sou Claribel Medina. Eu sou Luciano Castro. Eu sou Jorgelina Luci. Eu sou Diego Ramos. Eu sou Andrea Pietra. Eu sou Gonzalo Heredia. Eu sou Florencia Peña. Eu sou Oscar Martinez. Eu sou Pedro Aznar. Eu sou Eleonora Wexler. Eu sou Enrique Pinti. Eu sou María Leal. Eu sou Gerardo Romano. Eu sou Griselda Siciliani. Eu sou Germán Palacios. Eu sou María Onetto. Eu sou Mercedes Morán. Eu sou Vicentico. Eu sou Valeria Bertuccelli. Eu sou Virginia Innocenti. Eu sou Armando Córdoba. Eu sou Darío Lopérfido. Eu sou Esmeralda Mitre. Eu sou Andrea Bonelli. Eu sou Nacho Gadano. Eu sou Arturo Bonín. Eu sou Susana Cárpena. Eu sou Andrés Calamaro. Eu sou Julieta Cardinali.

E novamente Calamaro: "E somos a favor do casamento para casais do mesmo sexo".

— Alguém daqueles que vocês foram ver disse não?

— Sim. Uma que me surpreendeu foi a atriz Soledad Silveyra. Ela é uma grande amiga, e pensei que ia se oferecer com prazer, mas ela me disse: "Ale, por que não se contentam com o que já têm, assim não melindram a tantas pessoas que não estão de acordo". Outra que se recusou até mesmo a considerar o pedido foi China Zorrilla, que respondeu que era "antinatural".

Também participaram de novos vídeos, entre outros, Irma Roy, Carolina Papaleo, Jorge Marrale, Cristina Banegas, Pacho O'Donnell, Boy Olmi e Lito Cruz. O'Donnell, que é um famoso historiador, fez breves *spots* documentários sobre a história do voto feminino e da lei do divórcio, explicando o paralelo entre os conflitos provocados por essas duas conquistas de direitos e o que estava ocorrendo em torno do casamento gay.

Era impossível alugar espaço publicitário na televisão, mas conseguimos que alguns programas amigos passassem os vídeos e que saíssem no noticiário. Também demos ampla divulgação através do Youtube e das redes sociais.

---

39 A mais renomada atriz argentina, protagonista do filme *A história oficial*, vencedor do Oscar de melhor filme estrangeiro em 1986.

No seu mural do Facebook, a deputada Cynthia Hotton escreveu: "O *lobby* gay tem muito dinheiro e pôde pagar todos esses famosos".

Para quem eu canto, então?

Os *laranjas* não iam ficar para trás. Eles queriam seus próprios *spots*, mas não conseguiam ninguém ligado à cultura que os acompanhasse. Então, decidiram usar músicas sem pedir permissão. Assim, o grupo "Valores Pro", liderado por Eduardo Schweitzer e vinculado à deputada Cynthia Hotton, subiu um vídeo contra o casamento gay na *web*, usando a canção "Candombito", de Kevin Johansen.

"Era um vídeo com bebês que pediam para não serem adotados por homossexuais. Achei nojento. Pessoalmente, acredito que ninguém pode decidir quem é capaz ou não de dar amor a uma criança nessa vida",[40] disse o cantor para a revista *Noticias*. Johansen não apenas anunciou que, junto com a Sony Music, iria iniciar uma ação judicial por violação de direitos autorais da música, mas também se juntou a um festival artístico em favor do casamento igualitário, organizado pela Federação.

Mas não foi o único artista com quem eles brigaram.

Também usaram uma música do Moby, "Porcelain". O músico foi avisado através do seu *site* e imediatamente anunciou que também processaria o grupo, além de publicar uma nota de repúdio: "Eu nunca deixaria que uma campanha contra o casamento gay usasse minha música", explicou.

Fizeram um novo vídeo com a canção "Vos sabés", na versão do grupo Los Cafres. Mas Fabio Ciancarulo, baixista dos Fabulosos Cadillacs e autor do tema, também os repudiou publicamente e avisou que já tinha falado com seu advogado para processá-los: "Sou a favor do amor. Se duas pessoas, sejam homens ou mulheres, querem adotar e cumprem com os requisitos, acho que está tudo bem", disse a *Noticias*. Os músicos — incluindo o norte-americano Moby — tinham sido alertados, em cada caso, pelos fãs da página do Facebook "Eu sou a favor da legalização do casamento gay", que pedia às pessoas que escrevessem para eles.

No final, o Pro esclareceu que o "Valores Pro" não tinha nada a ver com seu partido. E exigiram que não usassem mais o nome e o logotipo. Então, eles foram para o Partido Democrata da Cidade de Buenos Aires e mudaram o nome para "Boina vermelha".

E, por via das dúvidas, não roubaram mais músicas.

---

40 ABIUSO, Marina. Spot escandaloso. *Noticias*, 03/07/2010.

Unanimidade

Em 11 de junho, a Islândia entrou para a lista de países que legalizaram o casamento homossexual. Mas fez isso de uma maneira especial: sem oposição. O Althingi, parlamento islandês, aprovou por unanimidade a reforma do Código Civil. O país tinha uma legislação sobre uniões civis desde 1996, aprovada com somente um voto contra, que reconhecia todos os direitos do casamento para casais do mesmo sexo, menos a adoção conjunta. Até então, nenhum país do mundo permitia o casamento homossexual ainda. Em 2006, a Islândia igualou os direitos sobre adoção, por unanimidade. Apenas faltava pôr fim à discriminação simbólica e aprovar o casamento civil para que a igualdade fosse plena.

Uma das primeiras a se casar graças à nova lei foi a primeira-ministra do país, Jonina Leosdottir, que é lésbica.

De férias com um garoto de programa

Em 19 de junho, o *La Nación* publicou um novo editorial (mais um...) contra o casamento gay. O eixo do seu questionamento, desta vez, era a adoção.

Como todos aqueles que diziam que se opunham à adoção por gays, o jornal dos Mitre não esclarecia que já podíamos adotar. Não dizia que já existiam muitas crianças vivendo com seus dois pais ou suas duas mães, nem que a verdadeira discussão era sobre os direitos dessas crianças, que estavam sendo violados pela legislação em vigor.

O jornal fazia de conta que os gays não podiam adotar e que com a nova lei isso mudaria. Até aí, o discurso de sempre.

Mas desta vez eles passaram dos limites.

Citavam "especialistas da Universidade da Carolina do Sul", que afirmavam, num relatório supostamente "científico", que as crianças adotadas por casais do mesmo sexo tinham uma série de "problemas". O *La Nación* não dizia quem eram os "especialistas" que tinham preparado o relatório. Por que esconderam essa informação?

Talvez porque o único "especialista" da Universidade da Carolina do Sul que fez um relatório dizendo as coisas que o *La Nación* mencionava fosse George Rekers, um personagem vergonhoso para ser citado como especialista, membro do grupo antigay Family Research Council (FRC). Como parte de suas ações para a promoção do ódio e da homofobia, o FRC contratou lobistas que trabalham no Congresso norte-americano para impedir uma declaração contra a execução de homossexuais em Uganda e organizou campanhas de boicote contra as empresas que reconhecem benefícios sociais para os companheiros de seus funcionários gays ou lésbicas.

No entanto, uma recente notícia mostrava a hipocrisia que se escondia por trás do relatório publicado pelo jornal: pouco antes do editorial, o "especialista" Rekers tinha sido fotografado na Europa, num hotel onde estava de férias, acompanhado por um garoto de programa de 20 anos do *site* RentBoy.com.

Quando as fotos saíram, ele disse que tinha contratado o rapaz para "carregar as malas". Desde então, a expressão "carregar as malas", nos Estados Unidos, é sinônimo de transar. Publiquei em *Perfil.com*[41] um artigo contestando o editorial do *La Nación* — Christian Rodríguez, do blog de putoyaparte.com, me passou os dados — e, pouco depois, o jornalista José Benegas me contou que havia recebido um e-mail do FRC, em resposta a uma consulta que ele tinha feito sobre o famoso relatório. A organização respondeu que tinha decidido retirar o apoio a esse trabalho porque chegara à conclusão de que ele não era científico, mas meramente político.

Nem eles se responsabilizavam.

O jornal nunca pediu desculpas.

***

Quando digo "o jornal" não falo dos seus trabalhadores, mas dos proprietários, e acho importante esclarecer isso num momento em que o papel do jornalismo está sendo tão discutido. Os que trabalham todos os dias na redação do jornal *La Nación* não são responsáveis pelos insultos que saíam regularmente em suas páginas contra gays e lésbicas. A responsabilidade é de quem decide e, em menor medida, de alguns dos seus mais proeminentes colunistas, que acompanham ou se calam. Alguns, inclusive, poderiam se beneficiar com a lei do casamento igualitário se tivessem coragem de ir ao cartório com seus parceiros, mas ficaram em silêncio diante das barbaridades que eram ditas nos editoriais sobre pessoas como eles, como nós.

Os trabalhadores do jornal fazem o seu trabalho como podem, como fazem todos os jornalistas.

Logo após a aprovação da lei, tomei um café em Buenos Aires com um dos editores-chefes do *La Nación*. Tínhamos trocamos alguns e-mails falando sobre o assunto e combinamos de falar pessoalmente. Ele queria me contar como via a discussão de dentro do jornal:

---

41 Link: <http://www.perfil.com/contenidos/2010/06/23/noticia_0011.html>.

— A maioria da redação não era contra a lei do casamento gay. Se você observar as matérias de todos os dias, vai se dar conta. Mas há coisas que nós não escrevemos, como os editoriais, que expressam a opinião da direção — me explicou.

— E como vocês viviam o debate na redação?

— É difícil, porque as pessoas pensam que o *La Nación* é uma caverna cheia de dinossauros, e não é assim. Esse editorial, bem como os anteriores, davam vergonha a muitos, mas não temos influência sobre essas coisas. Acho que a redação faz um esforço, que se nota, para atualizar os conteúdos do jornal e torná-los aceitáveis para uma sociedade do século XXI como a que vivemos. Neste caso, muitos jornalistas do jornal fizeram matérias favoráveis, e é um progresso ter conseguido que o *La Nación* publicasse, não só na edição de papel, mas também na revista de domingo. Lembro-me, por exemplo, de uma matéria de capa, muito aberta, sobre pais do mesmo sexo, ou da carta de um jovem adotado por um engenheiro gay, muito forte, que publicamos no *site* do jornal. O editorial permanece congelado no tempo, mas o resto do jornal se modernizou e é mais democrático. É também o que aconteceu com o jornal em 140 anos: flutua entre o conservador e o genuinamente liberal.

***

Enquanto os adversários da lei continuavam mentindo sobre a adoção e a criação dos filhos, o testemunho de mães lésbicas no Senado colocava as coisas no lugar. Por exemplo, o de Andrea Majul, radialista, jornalista, mãe de trigêmeos e, agora que a lei finalmente foi aprovada, casada com Silvia Maddaleno, sua companheira há quase vinte anos:

> Quem tem filhos conhece essa estranha transformação que acontece aos pais, esse paradoxo pelo qual nos tornamos seres vulneráveis, em desespero diante de uma mínima linha de febre, seres poderosos capazes de superar os limites humanos da fadiga. Novamente, o único antídoto válido foi o amor, essa força que, como um motor tenaz, faz girar a roda dos dias, um amor que nossos filhos recebem tanto de nós quanto de seus avós, tios, padrinhos, amigos, vizinhos; uma vasta rede de ternura que lhes dá uma criação responsável, comprometida e estável.
>
> Hoje estão à beira dos 3 anos, são grandes, saudáveis, vão ao jardim de infância, falam, jogam, riem com a mesma intensidade com que fazem birra e, como toda criança, se entusiasmam mais com as caixas de brinquedos do que com os próprios brinquedos. Quem os vê pode reconhecer o óbvio: são felizes. Eles sabem perfeitamente bem que têm duas mães, assim como outras famílias têm pai e

mãe ou só uma mãe ou um pai. Para eles é um dado descritivo, não valorativo, e muito menos desqualificador. Com apenas 3 anos, já sabem algo que alguns adultos parecem ignorar: que existem muitos tipos de famílias e todos merecem igual respeito.

Nossa realidade não difere muito da de qualquer outra família, com exceção de um aspecto crucial: o Estado Nacional não garante os mesmos direitos para os nossos filhos, como garante para qualquer outra criança neste país. Direitos concedidos pela Constituição, mas que sem a aprovação da lei do casamento igualitário continuarão a ser desrespeitados como foram até agora, deixando-os desprotegidos num vazio jurídico.

Hoje, aos olhos da lei, minha esposa é uma mãe solteira a quem eu, obviamente, por pura cortesia e amabilidade, ajudo nas tarefas domésticas, na criação e manutenção dos filhos 24 horas por dia, 7 dias por semana, 12 meses do ano, todos os anos desde antes que eles nascessem e até eu morrer. Eu digo até eu morrer porque nossos filhos não poderão ser meus herdeiros, nem terão assegurada a casa que está no nome de nós duas. Aliás, agora, quando ainda estou viva, eles não podem ter meu plano de saúde ou contar com o salário-família que eu não posso cobrar, ainda que mais não seja para comprar algumas das 540 fraldas ou 90 litros de leite que consumimos por mês.[42]

Um banho de realidade concreta.

Não no meu nome

Quem cansou de ver na televisão as barbaridades que diziam sobre quão perigoso era que os gays adotassem crianças foi Daniel. Ele tinha acompanhado o pai ao Senado para assistir a uma das audiências.

E disseram todas aquelas coisas, ali, diante dele.

Quando saiu, estava indignado. Queria fazer algo, contar a sua história.

"Senhores senadores, meu nome é Daniel Lezana, sou filho de Luis Lezana, tenho 16 anos e nos adotamos faz seis, por isso agora posso levar nosso sobrenome. Na terça-feira, 8 de junho, estive com meu pai no Senado, ouvindo as diferentes opiniões, então também quero dar a minha", começava a carta que ele escreveu para os senadores.

> [...] Meus pais biológicos eram heterossexuais e, por essas coisas da vida, eu e meu irmão acabamos vivendo num orfanato. Não quero falar do porquê. Quatro vezes tentaram me adotar (famílias heterossexuais) e me devolveram, porque diziam

---

[42] H. Senado da Nação. Versão taquigráfica da reunião da Comissão de Legislação Geral do dia 24/06/2010, p. 4-5.

que eu era travesso. Uma vez me devolveram porque coloquei muita comida para os peixes e eles morreram, aparentemente por comer muito. E as outras vezes eu não me lembro bem, só tinha cerca de 8 anos. Com tudo isso, não estou dizendo que todos os héteros são ruins — e mais, eu sou hétero, gosto de meninas. E eu sou uma boa pessoa.

Aos 10 anos, Luis, meu pai de alma, apareceu no orfanato. O juiz então me disse: "Olha, Dani, há um senhor solteiro, que tem um grande cachorro chamado Carolo e quer adotar você". Eu não podia acreditar: havia uma nova esperança para mim. Eu pensava que ia acabar no orfanato como muitos dos meninos grandes. Meu irmãozinho já tinha sido adotado porque era muito pequeno, ele sim tinha tido sorte, mas eu já era grande, por que ninguém me queria? Todas as noites eu me perguntava, até que adormecia, sem respostas.

E foi assim que chegamos a Buenos Aires. No início não foi fácil, Luis é arquiteto, então a casa é uma bagunça, sempre está remodelando algo, não descansa. [...] Quando o tempo passou e me animei a falar com meu pai sobre o que é a homossexualidade, no início não gostei, mas porque não entendia! Com os senhores senadores deve acontecer o mesmo, não é? Entendem com o coração o que é ser gay? Depois, com o tempo, comecei a ver com meus olhos do coração Luis e Gustavo (seu ex-namorado, agora se separaram)... Também sou filho de pais separados... hahaha... Cuidado com meus traumas...

Eu teria gostado que Luis e Gustavo tivessem se casado, eu teria dois pais. Quando os cinco vivíamos juntos (havia dois cães), tudo era mais divertido; Luis (meu velho) era mau, e nós éramos suas vítimas... hahaha... Era muito divertido, estávamos todos contra ele, ele sempre tinha que organizar tudo.

[...] Agora eu estou escrevendo pelos meus direitos e do meu pai. Eu gostaria que ele se casasse, como vou me casar no futuro! E, quando ele se casar, vai ser com outro gay, que sinta como ele, não vai se casar com os héteros, de que têm medo? Que os gays sejam uma praga que vai nos invadir?

Se meu pai se casar, os dois vão poder assinar o boletim escolar, qualquer um deles poderá ir às reuniões do colégio. Eu quero ter os mesmos direitos que meus colegas de escola têm, e se eles (meus pais) se separarem, ter os mesmos direitos que os filhos de pais separados têm. Seus filhos têm e eu não, por quê?

Bem, por último: orgulho-me do pai que tenho, dele aprendi que na vida se tem que lutar por aquilo que queremos, e eu, querido velho, sempre estarei ao seu lado!

E, por favor, senhores senadores, os gays vão se casar entre eles, não tenham medo, não vão se casar com os senhores.

Não deixaram Daniel ler sua carta no Senado.

Negre de Alonso disse que não podia permitir porque ele era menor de idade.

Mobilizar os alunos das escolas católicas — e, em algumas províncias, como San Juan, também de escolas públicas — e passeá-los pelas ruas com cartazes contra o casamento gay ou dar-lhes como "dever de casa" recolher assinaturas contra a lei, isso sim. Mas deixar que um adolescente de 16 anos leia uma carta que ele mesmo escreveu falando sobre seus direitos como filho adotivo de um gay, isso não.

De qualquer forma, a carta foi publicada em todos os jornais e foi comentada nos noticiários. E quem leu a carta no Senado foi Luis, que já tinha contado sua história com Dani um ano antes, numa entrevista com Osvaldo Bazán.

"Vocês não imaginam o que é ir a um orfanato, não têm a menor ideia", disse Luis aos senadores. "Sabem a quantidade de crianças em orfanatos que não sabem o que é a palavra 'futuro'? A única coisa que eles conhecem é a angústia, e têm a dor incorporada em suas almas como algo normal, porque não sabem o que é felicidade".

Luis dizia tudo isso e chorava.

— Porque além de gay, eu sou marica — disse.

— Como foram as reações, por exemplo, na escola da Dani, depois que você foi para o Senado e saiu na mídia?

— Foi muito bacana. Quando fui pegar o boletim, um mês depois, todos os professores me parabenizaram, e o mesmo aconteceu com ele com o grupo de amigos dele. No clube, os pais dos outros meninos vieram dar apoio e dizer que esperavam que aprovassem a lei.

Dessangrando pombos

"Não te deitarás com um homem, como se fosse mulher: isso é uma abominação", diz o Levítico (18:22). Talvez tenha sido uma das passagens da Bíblia mais citadas em todo o debate da lei do casamento gay, assim como toda vez que se fala sobre homossexualidade e alguém quer condenar os gays usando Deus como desculpa. Mas o que ninguém explica, quando cita essa frase, é em que contexto ela foi escrita, que mais disse o Levítico, o que é, sobre o que é.

Já dissemos que o casamento civil é diferente do casamento religioso, que o Estado argentino é laico e que as leis devem contemplar igualmente os direitos dos crentes e dos não crentes. Ou seja, diga a Bíblia o que disser, não tem a menor importância para este debate. No entanto, uma vez que tivermos de suportar que recitem a Bíblia na nossa cara e que nos condenem em seu nome ao fogo eterno, vamos dedicar algumas páginas ao tema.

O Levítico é o terceiro livro do Antigo Testamento e é composto por 27 capítulos. O primeiro fala sobre os sacrifícios que devem ser feitos para aparecer diante de Deus: explica como matar o animal que será oferecido — que tem de ser macho e sem nenhum "defeito" — e qual é a maneira correta de esquartejar, derramar o sangue no altar e nas paredes e queimar.

O segundo capítulo se refere às oferendas com farinha, incenso e sal, e há a descrição de uma série de rituais que espantariam qualquer cristão contemporâneo. Os capítulos seguintes continuam com a carnificina de animais para diferentes tipos de oferendas a Deus. No quinto capítulo, por exemplo, se ensina a expiar os pecados matando pombos:

> Se não houver meio de se obter uma ovelha ou uma cabra, oferecerá ao Senhor em expiação pelo seu pecado duas rolas ou dois pombinhos, um em sacrifício pelo pecado e o outro em holocausto. Leva-los-á ao sacerdote, que oferecerá primeiro a vítima pelo pecado, quebrando-lhe a cabeça, perto da nuca, sem desprendê-la. Aspergirá a parede do altar com o sangue da vítima pelo pecado, e o resto do sangue será espremido ao pé do altar; este é um sacrifício pelo pecado. Fará da outra ave um holocausto segundo os ritos. É assim que o sacerdote fará por esse homem a expiação do pecado que ele cometeu, e ele ser perdoado.

Ao chegar ao capítulo 11, o estômago do leitor já não aguenta mais. Mas depois de todo esse esparramo de sangue, a Bíblia começa a falar de gastronomia. Explica quais animais podem ser comidos e quais não. O Levítico é categórico: nada de porco ou lebre ou qualquer tipo de marisco. Nem camelos. A lista é longa. A *paella* à valenciana e o churrasco de leitão estão tão proibidos como "deitar-se com um homem como se fosse uma mulher". O arroz com lula e o sexo entre homens são malvistos por Deus. Depois, vem uma série de instruções para não tocar as mulheres após o parto e ter cuidado com os leprosos. No capítulo 18, finalmente, vem a famosa frase sobre relações homossexuais, como parte de uma longa lista de proibições, incluindo o incesto, a zoofilia e as relações sexuais com uma mulher que está menstruada. E esclarece o Levítico que não se devem imitar os costumes do Egito e de Canaã.

O capítulo seguinte diz: "Se um homem se deitar com uma mulher escrava desposada com outro, mas não resgatada nem posta em liberdade, serão ambos castigados, mas não morrerão, porque ela não era livre" (19:20). Também neste capítulo, o sábado é ordenado para descanso, e tatuagens são proibidas. E no seguinte, estabelece-se que "Se um homem cometer adultério com uma mulher casada, com a mulher de seu próximo, o homem e a mulher adúltera serão punidos de morte" (20:10).

A descrição acima é apenas uma pequena lista de exemplos: barbear-se, cortar o cabelo ou vestir roupas que misturam diferentes fios também é proibido.

Contudo, a única frase de todo o Levítico que a Igreja católica e as igrejas evangélicas homofóbicas lembram é a de 18:22. Comer mariscos, tudo bem; fazer tatuagens, qual o problema?; sacrificar animais, nem pensar; a escravidão é coisa do passado; matar adúlteros saiu de moda... mas a proibição de deitar com um homem como se fosse uma mulher (quando vão entender que quando dois homens se deitam, são dois homens?[43]) permanece em vigor. Não se discute.

"É uma abominação". A palavra soa horrível.

Mas... o que significa que algo seja uma "abominação"?

Como sabemos, a Bíblia não foi escrita em espanhol. Segundo Boswell, o termo hebraico *toevah*, traduzido como "abominação", não designava algo intrinsecamente mau, mas ritualmente impuro para os judeus, como comer carne de porco ou ter relações sexuais com uma mulher menstruada.[44] A observância desse código de conduta servia para diferenciar os judeus dos outros povos da região e diferenciar seus rituais dos rituais daqueles que praticavam o politeísmo. Por isso, no caso do Levítico 18:22, o que é proibido é seguir os costumes do Egito ou Canaã, incluindo a sexualidade idólatra. Ou seja, não se condena o relacionamento homossexual em si, mas a prática ritual no contexto de outras culturas, assim como se condena a adoração de ídolos.

O padre Luís Corrêa Lima, teólogo e professor da Pontifícia Universidade Católica do Rio de Janeiro, explica que "essa parte do Levítico trata do código de santidade, que regula o culto de Israel e estabelece as diferenças que devem haver entre esse povo e os outros".

— Esse código foi adotado mais tarde pelos cristãos?

— Não. Quando o cristianismo se espalhou entre os povos não judeus, deixou de ser normativo. No entanto, como a proibição do homoerotismo per-

---

[43] É um lugar-comum, como quando alguém pergunta, sobre um casal gay, quem é o homem e quem é a mulher: os dois são homens! (e entre lésbicas, ambas são mulheres!). É precisamente por isso que eles são *homo*-sexuais. O equívoco é querer heterossexualizar a homossexualidade para entendê-la. É como se eu, de um ponto de vista gay, perguntasse a um amigo hétero: "Quando você transa com sua namorada, ela faz de conta que é homem?".

[44] BOSWELL, John. *Cristianismo, tolerancia social y homosexualidad*. Barcelona: Muchnik, 1992 [1980].

maneceu, estes versículos continuam sendo citados. Sem dúvida, é uma leitura retrospectiva e seletiva — diz o sacerdote.

O rabino Guido Cohen, formado no Hebrew College de Boston, no Instituto Schechter de Jerusalém e no Seminário Rabínico Latino-americano "Marshall T. Meyer" de Buenos Aires, onde agora é professor, explica que o que o Levítico condena não é a homossexualidade tal como a entendemos hoje, mas os atos sexuais que tinham a ver com o paganismo:

— Não era uma sexualidade baseada no amor e no respeito, mas em relações de poder. Quando a Torá ou a Bíblia falam da proibição da homossexualidade, não estão se referindo a um fenômeno que a Bíblia desconhecia, que é uma relação de amor entre duas pessoas do mesmo sexo. O rabino Goldman, por sua vez, disse no Senado que, se lêssemos literalmente os textos bíblicos, deveríamos desenterrar a escravidão e os sacrifícios de animais. Se podemos ler tudo o mais de forma moderna, por que mantermos um único versículo, sendo fundamentalistas com sua leitura literal? O texto bíblico deve ser lido como poesia, e a tradição judaica nunca o tomou ao pé da letra. Do contrário, estaríamos lapidando os filhos rebeldes até morrerem, como a Bíblia diz.

— O versículo 18:22 do Levítico é sempre citado para condenar a homossexualidade. Mas outros versículos desse texto proíbem comer frutos do mar sem barbatanas ou escamas, ou vestir roupas que misturem fios diferentes...

— Isso alguns judeus fazem, eu inclusive: não usamos roupas com diferentes fios, nem comemos frutos do mar sem barbatanas ou escamas. Mas mesmo que alguns judeus praticantes façam, eles não organizam campanhas para perseguir quem não faz. Eu não como presunto, mas há pessoas na minha congregação que comem, e eu não as discrimino por isso. E mesmo os judeus que cumprem a lei judaica não o fazem literalmente; o texto diz: "Não cozinharás o cabrito no leite de sua mãe", e nós não comemos frango com queijo. Felizmente, o judaísmo, desde a sua concepção, entendeu que o texto bíblico deve ser interpretado.

Sodomitas

Outra parte do Velho Testamento muito usada para condenar a homossexualidade é a que fala de Sodoma e Gomorra. A relação entre a história bíblica de Sodoma e o ódio antigay é tão intensa que a palavra "sodomita" foi usada por um longo tempo para se referir aos homossexuais.

Conta o Gênesis que Deus, ao ouvir boatos de que em Sodoma e Gomorra se pecava muito — o texto não esclarece que tipo de pecados eram cometidos —, decidiu enviar dois anjos para confirmar. Se os boatos fossem certos, destruiria ambas as cidades. Ao saber disso, Abraão intercedeu perguntando a Deus se, destruindo duas cidades inteiras onde talvez nem todos pecassem, não estaria castigando justos por pecadores. Deus lhe prometeu que se ele encontrasse cinquenta justos, perdoaria a todos. "E se em vez de cinquenta forem quarenta e cinco?", Abraão perguntou. Deus acedeu. "E se forem quarenta?". OK, 40, Deus aceitou. Encorajado, Abraão continuou baixando o número.

No final, eles fecharam em dez.

Se houvesse dez justos, o Senhor perdoaria o resto.

Quando os anjos chegaram a Sodoma, Lot — um sobrinho de Abraão que tinha se estabelecido ali —ofereceu-lhes alojamento. Aí começou o problema:

> Mas, antes que se tivessem deitado, eis que os homens da cidade, os homens de Sodoma, se agruparam em torno da casa, desde os jovens até os velhos, toda a população. E chamaram Lot: "Onde estão, disseram-lhe, os homens que entraram esta noite em tua casa? Conduze-os a nós para que os conheçamos". Saiu Lot a ter com eles no limiar da casa, fechou a porta atrás de si e disse-lhes: "Suplico-vos, meus irmãos, não cometais este crime. Ouvi: tenho duas filhas que são ainda virgens, eu vo-las trarei, e fazei delas o que quiserdes. Mas não façais nada a estes homens, porque se acolheram à sombra do meu teto". Eles responderam: "Retira-te daí! — e acrescentaram: Eis um indivíduo que não passa de um estrangeiro no meio de nós e se arvora em juiz! Pois bem, verás como te havemos de tratar pior do que a eles". E, empurrando Lot com violência, avançaram para quebrar a porta. (Gênesis 19:4-9)[45]

Deus se enfureceu e destruiu Sodoma e Gomorra, fazendo chover enxofre e fogo. Lot se salvou: o Senhor permitiu que ele fugisse com sua esposa e filhas, mas a mulher não o alcançou. Quando escapavam, ela se virou para olhar para trás e foi transformada em uma estátua de sal. Ao ficar viúvo, Lot não podia se reproduzir para continuar povoando a terra, de modo que suas duas filhas o embebedaram, tiveram relações sexuais com ele e engravidaram.

Tudo bem com isso.

A história não deixa claro o que foi que irritou Deus e o levou a destruir Sodoma e Gomorra. Boswell sugere quatro hipóteses: 1) Deus já tinha sido informado dos

---

45 Na edição original deste livro, todos os textos foram retirados da Bíblia em espanhol publicada no *site* oficial do Vaticano. Para a tradução, foram usados os textos do *site* www.bibliacatolica.com.br, já que o *site* do Vaticano não tem uma versão da Bíblia em português. Em algumas notas de rodapé, comparamos com a versão espanhola antes citada e com a Bíblia evangélica da Assembleia de Deus (Brasil), para mostrar as diferenças.

pecados (que não estão detalhados no Gênesis), por isso mandou os anjos para confirmar a situação; 2) foi a tentativa dos homens de Sodoma de estuprar seus enviados; 3) foi o fato de que os homens de Sodoma tenham querido ter relações homossexuais com os anjos (ou seja, não o intento de violação, mas a natureza homossexual do mesmo); ou 4) foi a falta de hospitalidade da cidade para com os visitantes.

O padre Guillermo Mariani se inclina pela última: "É muito provável que o pecado de Sodoma expresso neste acontecimento seja a falta de respeito com a hospitalidade, virtude pela qual os judeus tinham excepcional apreço. Em Gen.19:8, Lot chama expressamente de "coisa perversa" à injúria a seus convidados, e quer apaziguar seus sitiantes dando-lhes duas filhas virgens para que fizessem com elas o que quisessem. Um episódio semelhante é relatado em Juízes 19,[46] e a perversidade consiste em violar a hospitalidade, cujo respeito é preferível a qualquer coisa para um judeu, que sempre deve lembrar quando Israel foi estrangeiro no Egito".

Lot, como diz o texto, era um imigrante e estava violando a lei da cidade ao receber hóspedes sem a permissão dos anciãos, o que provocou o conflito. Mais uma vez, uma das chaves é a tradução. Quando lhe pedem: "Conduze-os fora para que tenhamos relações com eles", a palavra hebraica que se traduz, na Bíblia em espanhol,[47] como "tenhamos relações" é *iadá*, particípio do verbo *iodoá*: "conhecer". De acordo com Boswell, das 943 vezes que esse verbo aparece no Antigo Testamento, somente em dez tem o sentido de conhecimento carnal, e apenas na passagem de Sodoma acreditando-se que se refere a relações homossexuais.

O autor acrescenta que o próprio Jesus, no Novo Testamento, interpreta o pecado de Sodoma como falta de hospitalidade — e mais nada —, quando envia os discípulos a buscar as "ovelhas perdidas" do povo de Israel:

> Mas se entrardes nalguma cidade e não vos receberem, saindo pelas suas praças, dizei: "Até o pó que se nos pegou da vossa cidade, sacudimos contra vós; sabei, contudo, que o Reino de Deus está próximo". Digo-vos: naqueles dias haverá um tratamento menos rigoroso para Sodoma. (Lucas 10: 10-12)[48]

---

46 A semelhança entre ambas as histórias é claríssima.
47 Nota do autor: este parágrafo pode parecer estranho porque, de fato, a edição brasileira da Bíblia católica que usamos na tradução diz: "Conduze-os a nós para que os conheçamos" (a mesma palavra aparece na versão evangélica da Assembleia de Deus), e não "para que tenhamos relações com eles", como diz a Bíblia "oficial" católica em espanhol.
48 A Bíblia católica em espanhol é diferente, o texto é bem mais longo: *"En las ciudades donde entren y sean recibidos, coman lo que les sirvan; curen a sus enfermos y digan a la gente: 'El Reino de Dios está cerca de ustedes'. Pero en todas las ciudades donde entren y no los reciban, salgan a las plazas y digan: '¡Hasta el polvo de esta ciudad que se ha adherido a nuestros pies, lo sacudimos sobre ustedes! Sepan, sin embargo, que el Reino de Dios está cerca'. Les aseguro que en aquel Día, Sodoma será tratada menos rigurosamente que esa ciudad".*

Nas cidades ou aldeias onde entrardes, informai-vos se há alguém ali digno de vos receber; ficai ali até a vossa partida. Entrando numa casa, saudai-a: Paz a esta casa. Se aquela casa for digna, descerá sobre ela vossa paz; se, porém, não o for, vosso voto de paz retornará a vós. Se não vos receberem e não ouvirem vossas palavras, quando sairdes daquela casa ou daquela cidade, sacudi até mesmo o pó de vossos pés. Em verdade vos digo: no dia do juízo haverá mais indulgência com Sodoma e Gomorra que com aquela cidade. (Mateus 10:11-15)

Há também várias passagens do Antigo Testamento com referências a Sodoma e Gomorra que contrariam a hipótese de que o castigo de Deus tenha tido por motivo a homossexualidade, por exemplo:

Suportavam justamente o castigo de sua própria maldade, porque tinham mostrado excessivo ódio pelo estrangeiro. Houve muitos que não quiseram receber hóspedes desconhecidos, mas estes reduziram à escravidão hóspedes que tinham sido benfeitores. (Sabedoria 19:13-14)

Deus não poupou a terra onde residia Lot, mas abominou os seus habitantes por causa de sua insolência.[49] (Eclesiástico 16:8)

O único argumento que sustentava a tese da conotação sexual do verbo "conhecer" no relato do Gênese sobre Sodoma é o oferecimento de Lot a seus vizinhos para levar suas filhas virgens, em vez destes "conhecerem" os seus convidados. No entanto, o teólogo anglicano Derrick Bailey afirma que esta oferta era uma tentativa de suborno que só pode ser entendida considerando-se o pouco valor reconhecido naquela época às filhas mulheres, e cita o caso de Tertalo, cônsul romano que, cercado por uma multidão enfurecida, também oferece as filhas, sem que houvesse sobre ele nenhuma ameaça de tipo sexual. Em Juízes 19:22, a outra passagem citada por Mariani, a história é praticamente idêntica à de Sodoma e Gomorra e, no entanto, nem os judeus nem os cristãos nunca a interpretaram como se referindo à homossexualidade. Em Josué 6, Deus ordena a destruição da cidade de Jericó, e só se salva uma prostituta — embora a prostituição estivesse proibida no Levítico —, por ter oferecido hospitalidade aos mensageiros de Josué:

A cidade será votada ao Senhor por interdito, como tudo o que nela se encontra; exceção feita somente a Raab, a prostituta, que terá a sua vida salva com todos os que se encontrarem em sua casa, porque ocultou os espiões que tínhamos enviado. (Josué 6:17)

---

49 Na Bíblia em espanhol não se diz "insolência", mas "orgulho".

Durante séculos, a interpretação que judeus e cristãos fizeram do relato história do Gênesis sobre Sodoma e Gomorra não tinha nenhuma relação com a homossexualidade. Por outro lado, o termo "sodomita", que aparece duas vezes, em algumas versões do Antigo Testamento, com conotação sexual (Deut. 23:18[50] e Reyes 14:24[51]), não se refere necessariamente à homossexualidade. Até o início do século XVII, "sodomia" se referia aos atos sexuais considerados "antinaturais", que poderiam ser hétero ou homossexuais, como por exemplo o sexo anal.[52]

As interpretações atualmente difundidas, segundo as quais Deus destruiu estas cidades por causa da prática da homossexualidade, começaram a circular quando a Igreja começou a precisar de justificativas para perseguir os homossexuais. Como no romance *1984*, de Orwell, a Igreja católica é campeã na arte de reescrever a história e reinterpretar a Bíblia à medida que precisa adaptá-la às suas posições políticas sobre temas mundanos que, uma vez que mudam, nunca foram diferentes, já que reconhecer que mudaram colocaria em dúvida sua infalibilidade.

Um judeu no armário

O Antigo Testamento, por outro lado, nem sempre foi tido em tão alta estima pela Igreja católica. Durante a Inquisição, seguir os ensinamentos do Levítico ou de qualquer outro capítulo da "lei morta de Moisés" podia levar à fogueira.

Foi o que aconteceu com Francisco Maldonado da Silva.

Em seu maravilhoso romance, *La gesta del Marrano*, Marcos Aguinis conta a história de Francisco e seu pai, Diego, um judeu português que teve de fugir, primeiro para a Espanha, depois para o Brasil, e, finalmente, para o que é hoje a

---

50 Na Bíblia em espanhol publicada pelo Vaticano, o termo "sodomita" não aparece: "*Ningún hombre o mujer israelita practicará la prostitución sagrada*". Em português, o texto é um pouco diferente" ["Não haverá mulher cortesã nem prostituta entre as filhas ou entre os filhos de Israel"]. A citação de Boswell, retirada da tradução inglesa de King James, por sua vez traduzida para a publicação em espanhol do seu livro, diz: "*No habrá puta entre las hijas de Israel ni sodomita entre los hijos de Israel*". O que é evidente, em todos os casos, é que a proibição não se refere à homossexualidade, mas à prostituição. Na Bíblia evangélica da Assembleia de Deus, a palavra "sodomita" aparece em Deut. 23-17 e em 23-18.
51 Novamente, a tradução espanhola do Vaticano não menciona o termo: "*Incluso se llegó a tener en el país hombres dedicados a la prostitución sagrada. Así imitaron todas las costumbres abominables de las naciones que el Señor había desposeído delante de los israelitas*". A versão em português nem sequer menciona os homens: "Até prostitutas (sagradas) houve na terra. Imitaram todas as abominações dos povos que o Senhor tinha expulsado de diante dos israelitas". Por sua vez, a Bíblia citada por Boswell na versão espanhola do seu libro, diz: "*Y hubo también sodomitas en la tierra: y cometieron todas las abominaciones de las naciones a las que el Señor arrojó de entre los hijos de Israel*". Cada tradução da Bíblia é diferente, e o termo "sodomita" nem sempre aparece, mas em todos os casos fica claro que o texto faz referência à prostituição sagrada (praticada no templo), seja masculina ou feminina, e não à homossexualidade.
52 BOSWELL, *op. cit.*, p. 124.

Argentina. Fugia da Inquisição, que queimava os judeus. Por que o livro se chama *La gesta del Marrano*? Porque "marrano" era o que diziam dos judeus que fingiam haver se convertido ao cristianismo para não serem queimados vivos. Iam à missa, confessavam-se, usavam uma cruz no peito, tinham uma figura de Jesus e outra da Virgem Maria em casa, sabiam de memória o Novo Testamento. Mas continuavam sendo judeus. Reuniam-se em segredo, em porões, para ler a Torá. Respeitavam em segredo o *shabat*. Tomavam cuidado para não serem descobertos.

Eram judeus que estavam no armário!

Estar no armário era a única maneira que tinham de não serem mortos.

Ninguém gosta que o matem. Assim explicava Diego ao filho:

— Não é fácil ser judeu como não é fácil o caminho da virtude. Nem sequer isso: não é permitido ser judeu.

— Então?

— Ou você se converte de coração...

— O coração não responde à vontade — interrompeu-o Francisco —, você acaba de reconhecer.

— Ou dissimula. É o que faço.

— Representação, aparência. Somos iguais ou piores que eles — balançou a cabeça, triste —. Que triste, que indigno, papai.

— Nos obrigam a ser falsos.

— Realmente.

— Não há outra possibilidade?

— Não. Somos réus de uma prisão indestrutível. Não há alternativa.

Chegava o momento de ir embora. A cortina cinzenta de nuvens inflamava o horizonte. Começou a esfriar e as ondas avançaram sobre a areia.

— É difícil me resignar — murmurou Francisco —. Tenho o pressentimento de que existe outro caminho, muito estreito, muito difícil. Sinto que quebrarei os muros da prisão.[53]

Francisco Maldonado da Silva, o filho desse judeu português que fugiu para a América e se converteu falsamente ao cristianismo, não é um personagem de ficção inventado por Aguinis. Existiu. Nasceu em Tucumán. Estudou medicina em Lima, no Peru. Finalmente, não aguentou mais e saiu do armário. *Eu sou o que sou, minha criação e meu destino.*[54] Disse: "Sou judeu". *Esse é meu*

---

[53] AGUINIS, Marcos. *La gesta del marrano*. Buenos Aires: Planeta, 2003 [1991], p. 290.
[54] As frases em itálico são trechos da música *I am what I am* (em espanhol, *Soy lo que soy*), de Gloria Gaynor, que, cantada pela argentina Sandra Mihanovich, é o hino oficial da parada gay de Buenos Aires.

mundo, por que não sentir orgulho disso? Rebelou-se, defendeu-se em seu "julgamento", enfrentou os inquisidores. *A vergonha real é não poder gritar: eu sou o que sou.* Foi queimado vivo no dia 23 de janeiro de 1639, com outros dez judeus.

Queimaram-no por seguir os ensinamentos da lei morta de Moisés, por ler o livro proibido, por respeitar as tradições do seu povo. O livro proibido devido ao qual queimaram Francisco é o mesmo que agora usam para condenar os homossexuais.

Aqueles que decidiram que ele morresse no fogo da fogueira diziam que esta era a vontade de Deus.

Sempre colocam a culpa em Deus.

***

Todavia, além de citar o Antigo Testamento para condenar os homossexuais, também se costuma citar uma passagem do Novo, atribuído a Paulo:

> Acaso não sabeis que os injustos não hão de possuir o Reino de Deus? Não vos enganeis: nem os impuros, nem os idólatras, nem os adúlteros, nem os efeminados, nem os devassos, nem os ladrões, nem os avarentos, nem os bêbados, nem os difamadores, nem os assaltantes hão de possuir o Reino de Deus. (1 Coríntios 6:9-10)

Em algumas traduções da Bíblia, a palavra *efeminados* é substituída, diretamente, por "homossexuais", algo linguisticamente absurdo pois, quando a Bíblia foi escrita, não existia nenhuma palavra que pudesse ser traduzida por "homossexual",[55] porque a ideia de que há pessoas que *são* homossexuais não existia ainda como critério classificatório.

A outra referência de Paulo que costuma ser associada à homossexualidade está no contexto de sua explicação sobre a Lei. O apóstolo diz que esta não foi estabelecida para os justos, mas para os transgressores e os rebeldes, entre outros que incluem "os pervertidos" (1 Timóteo 1:9-10). Neste caso, a palavra-chave é "pervertidos", embora algumas traduções usem o termo "sodomita".[56]

---

55 A palavra "homossexualidade" surgiu em 1869, em alemão: *homosexualität*. Diz Mondimore que "as línguas grega e latina não dispõem de uma palavra que possa ser traduzida por homossexual, devido em grande parte a que essas sociedades não tinham as mesmas categorias sexuais que nós" (MONDIMORE, Francis. *Una historia natural de la homosexualidad*. Barcelona: Paidós, 1998 [1996], p. 21-22).
56 A edição da Bíblia católica em português não diz "pervertido" nem "sodomita", e, na mesma posição na enumeração, diz: "os infames". Mas, na edição da Assembleia de Deus, diz: "os devassos, os sodomitas...". Note-se como as escolhas lexicais, nas traduções, podem ter consequências políticas.

Mas: que palavras foram traduzidas nas edições modernas da Bíblia como "afeminados" e "pervertidos" (ou "sodomitas"). A primeira dessas palavras, na versão grega da Bíblia, aparece várias vezes, e é traduzida, segundo o contexto, como "doente", "líquido", "delicado", "covarde", "refinado", "amável" etc. Boswell diz que, num sentido mais amplo, poderia ser traduzida como "desenfreado" ou "lascivo", mas o termo jamais foi usado na Grécia para fazer referência aos homossexuais. Até muito depois de começado o século XX, tanto católicos como protestantes interpretavam que essa passagem se referia à masturbação. Segundo o autor, a mudança na moral social (hoje quase ninguém aceitaria que os que se masturbam não entrarão no Céu), levou a transferir a um grupo ainda tratado com mais desprezo pela tradição cristã.[57] A segunda palavra é um termo grego muito estranho que, até o final do século IV, foi interpretado como "prostituto" e depois começou a ser interpretado como homossexual.[58]

Por último, há uma passagem de Romanos em que Paulo, segundo as interpretações difundidas atualmente, condena a homossexualidade:

> Por isso, Deus os entregou a paixões vergonhosas: as suas mulheres mudaram as relações naturais em relações contra a natureza. Do mesmo modo também os homens, deixando o uso natural da mulher, arderam em desejos uns para com os outros, cometendo homens com homens a torpeza, e recebendo em seus corpos a paga devida ao seu desvario. (Romanos 1:26-27)

Novamente, em cada versão moderna da Bíblia a redação muda um pouco. Na versão de Boswell, em vez de "a torpeza",[59] diz "torpezas nefandas". Mas o que Paulo condenava?

Segundo o padre Corrêa Lima, a "carta de são Paulo aos romanos contém uma refutação ao politeísmo. Os pagãos não adoravam um único deus, e como permitiam o homoerotismo, que era abominado pelos judeus, isso era visto como castigo divino por causa da prática religiosa errada. No contexto judaico--cristão da Antiguidade, este argumento era compreensível, mas não deve ser usado hoje para indivíduos constitutivamente gays, para quem a orientação

---

57 BOSWELL, *op. cit.*, p. 132-133.
58 Na obra de Boswell há um estudo muito mais detalhado e erudito, que ocupa várias páginas, sobre os diferentes termos gregos e hebraicos antigos (citados por Boswell com sua grafia original) que foram traduzidos, em diversas edições contemporâneas da Bíblia, como sodomita, efeminado, pervertido e até homossexual. É fascinante. Esses mesmos termos aparecem em outras passagens da Bíblia, mas são traduzidos de outra maneira. As palavras que fazem referência à homossexualidade são usadas na tradução só naquelas passagens em que possam ter uma conotação negativa. E essa distorção do texto começa em um determinado momento histórico, quando a Igreja começa a usar a Bíblia contra os gays.
59 Na Bíblia católica em espanhol: *"relaciones deshonestas"*.

sexual não tem nada a ver com a crença em um ou vários deuses". Lendo a passagem isolada que costuma ser citada, não se entende a interpretação deste padre e teólogo, mas com a leitura completa de *Romanos 1*, fica muito mais claro: Paulo faz uma referência às práticas sexuais dos romanos depois de fazer referência a suas práticas religiosas, à adoração de ídolos e imagens e ao rechaço à ideia do deus único.[60]

Se vamos falar de Paulo, no entanto, melhor é o que ele diz em *1 Corintos 13*. Foi daí que o mítico músico brasileiro Renato Russo — que era bissexual — pegou alguns versos para compor uma de suas mais lindas canções, "Monte Castelo", em que reúne o apóstolo com o poeta português Luís Vaz de Camões:

> *Ainda que eu falasse*
> *A língua dos homens*
> *E falasse a língua dos anjos,*
> *Sem amor eu nada seria.*
> *É só o amor! É só o amor*
> *Que conhece o que é verdade.*

Outro Deus é possível

O padre Corrêa Lima coordena uma linha de pesquisa sobre homossexualidade e religião na Pontifícia Universidade Católica do Rio de Janeiro, onde dá aulas e é encarregado da paróquia do campus universitário. Baseado em suas pesquisas como teólogo e historiador, desconfia das interpretações que encontram na Bíblia uma condenação à homossexualidade.

— A homossexualidade é pecado? — perguntei a ele.

— A condição homossexual por si nunca é pecado, porque não se trata de uma escolha livre da pessoa. Com relação ao comportamento ou às escolhas, aí sim entra a liberdade.

— E que comportamento um cristão homossexual deve ter?

— Todo ser humano é, antes de tudo, chamado a amar e ser amado. O Concílio Vaticano II ensina que a consciência é o sacrário onde Deus se manifesta,

---

60 A interpretação de Boswell é um pouco diferente (ele apresenta a explicação centrada na oposição monoteísmo/politeísmo e faz uma crítica a ela, apresentando depois outra interpretação possível do texto bíblico), mas a proposta dele é complexa demais para ser desenvolvida num capítulo tão breve. Acho suficiente dizer, por enquanto, que Boswell concorda, na questão de fundo, com Corrêa Lima: o que Paulo condena naquela passagem não é o que hoje, no mundo contemporâneo, chamamos de homossexualidade. A leitura da obra de Boswell na íntegra é muito recomendável.

e ninguém deve agir contra sua própria consciência nem ser impedido de agir de acordo com ela. As pessoas adultas muitas vezes devem tomar decisões, em situações complexas, em que as normas da sociedade e as instituições não preveem de maneira adequada todas as circunstâncias. O cristão adulto deve ser adulto também em sua fé, colocando-se diante de Deus e de sua consciência.

— Por que a hierarquia da Igreja condena a homossexualidade?

— A Igreja tem seus alicerces na milenar tradição judaico-cristã, mas está espalhada pelo mundo, vivendo na cultura moderna. No judaísmo antigo, acreditava-se que o homem e a mulher haviam sido criados um para o outro, para se unirem e procriarem, e o homoerotismo era considerado uma abominação. Israel devia se distinguir de outras nações de várias maneiras, entre elas, proibindo-o. O cristianismo herdou essa visão antropológica com sua interdição. A doutrina da Igreja corresponde a uma longa sedimentação, de muitos séculos. O consenso sobre a compreensão da Bíblia e da chamada lei natural não é imutável, mas não muda rapidamente.

— Costuma-se dizer que a Bíblia condena a homossexualidade. É verdade?

— A Bíblia expressa a fé do antigo povo de Israel e das primeiras gerações cristãs. Nessa expressão, a palavra de Deus está presente. A revelação divina é encarnada na linguagem e nas categorias humanas e tem um enraizamento sociocultural, mas não deve ser confundida com ele. Na Bíblia, não há respostas para todas as nossas perguntas.

— É possível ser homossexual e ser católico ao mesmo tempo?

— É. A Igreja nasceu rompendo as fronteiras do judaísmo no primeiro século, incorporando multidões de povos que não eram circuncidados. Hoje, pode-se também conceber uma identidade simultaneamente gay e cristã, estimulando as comunidades locais a acolher as diversidades.

— Na página da agência católica ACI, os artigos mais destacados são declarações contra o casamento gay. Por que tanta obsessão com os homossexuais?

— Certa vez o papa Bento XVI disse que o cristianismo "não é um conjunto de proibições, mas uma opção positiva". Essa consciência hoje desapareceu quase por completo. Há no cristianismo uma tradição de séculos de proibição, medo e culpa. Convém retornar a nossas origens. A palavra evangelho quer dizer "boa nova" e, para os cristãos, é o amor de Deus e sua salvação revelados em Jesus Cristo. Hoje é necessário focar a dimensão positiva e alegre da mensagem cristã.

— Segundo Boswell, a Igreja nem sempre condenou a homossexualidade e chegou a celebrar casamentos homossexuais no passado. É verdade?

— A história da Igreja é vastíssima; abrange um terço da humanidade por vinte séculos. Boswell é bem documentado e é provável que o que diz tenha acontecido, mas essas práticas não se tornaram hegemônicas. Porém, podem ajudar a pensar esta questão no presente e no futuro.

— Acredita que chegará o dia em que a Igreja católica aceite casar homossexuais, como fazem algumas igrejas protestantes?

— O futuro é imprevisível, contudo a Igreja católica está sempre inserida em um contexto mais amplo, que é a sociedade. Quando a sociedade muda, a Igreja acaba mudando. A modernidade vem desencadeando grandes mudanças na Igreja nos últimos séculos, e esse processo continua.— Suponhamos, num exercício de ficção, que essa mudança ocorra. Como padre, gostaria de casar um casal gay?

— Se a Igreja algum dia aceitar, eu não vou recusar.

***

No judaísmo, o rabino Guido Cohen tem uma visão parecida. Junto a vários rabinos argentinos, entre eles Daniel Goldman, Sergio Bergman, Damián Karo, Alejandro Avruj, Darío Feiguin e Silvina Chemen, e o presidente da Fundación Judaica, Marcelo Svidovski, assinou uma carta que foi enviada aos legisladores apoiando a lei do casamento entre pessoas do mesmo sexo.

— Por que decidiu expressar seu apoio a essa lei?

— Quero viver em uma sociedade com mais igualdade. Era inadmissível que houvesse cidadãos com mais direitos que outros. A segregação contra gays e lésbicas era uma das poucas coisas que ficavam sem resolver em termos de desigualdade legal e, como judeu, como parte de uma minoria que foi perseguida, que foi desigual em muitas instâncias de sua história, sempre acreditei que temos de ter um compromisso sólido com todos os que hoje estão sendo vítimas da opressão. Aprendi muito sobre isso durante o ano que vivi em Boston...

— Por quê?

— Massachusetts foi o primeiro estado norte-americano que legalizou o casamento gay. Eu estudava em um seminário rabínico e muitos de meus companheiros eram homossexuais, mas isso era apenas mais um dado. Eu dizia "sou casado" e eles me diziam "eu também", e só ficava sabendo que era com outro homem quando conhecia seus maridos. A sensação que tive, depois de um tempo, foi de que não havia diferença e nem tinha por que haver.

— Algumas igrejas protestantes têm bispos abertamente gays, como a Igreja anglicana dos Estados Unidos...

— Há outras vozes também entre os cristãos, mas foram silenciadas no Congresso. Não deixaram que os metodistas, os luteranos falassem...

— Por que você acredita essas diferenças acontecem no interior das religiões?

— Aconteceu também na ditadura. As religiões oficiais foram coniventes com a repressão, mas houve alguns que tiveram coragem de denunciar o que acontecia, e faziam isso partindo da fé: o rabino Meyer, o bispo Etchegoyen, que era metodista, os bispos Angelelli e De Nevares, que eram católicos. As religiões, ao longo da história, dividiram-se sempre entre oprimir e libertar. Uma pessoa pode pensar na Inquisição e na Igreja que foi conivente com Hitler, porém também existiram Fray Bartolomé de las Casas, que era católico, ou Martin Luther King, que era pastor batista, ou o rabino Marshall Meyer, que falava de um Deus que está com os oprimidos, com os pobres, com os famintos...

— Qual deve ser a relação das igrejas com o Estado?

— Temos de rumar para uma sociedade em que as igrejas não tenham influência na lei civil. Eu tive discussões com colegas meus que jamais aceitariam o casamento gay dentro da tradição judia, mas que estão de acordo com o civil. Isso acontece com outros assuntos: nós, rabinos, não estamos de acordo com o casamento entre judeus e não judeus. Não o incentivamos, não o aprovamos em nossas sinagogas. No entanto, eu me oporia a qualquer legislação que proibisse que um judeu se casasse com um não judeu civilmente, assim como me oporia a uma lei que proibisse que os judeus comessem presunto, por mais que eu não goste que os judeus comam presunto. Isso tem a ver com certa insegurança de alguns setores: se você confia que pode conduzir como pastor seus seguidores, não precisa da lei civil para obrigá-los a nada.

— Além do debate sobre o casamento civil, o que acontece na tradição judia com o casamento religioso?

— É outra discussão. Uma vez instalada a igualdade de direitos em matéria civil, quanto disso devemos incorporar em nossas religiões? Em algumas, como a católica, há uma pessoa que decide. Outras religiões são mais descentralizadas, como a judia. Não temos um Papa, mas muitos rabinos. A maioria de nós está afiliada a algum movimento, mas temos mais liberdade.

— O senhor acha possível que casamentos gays sejam celebrados dentro de uma sinagoga?

— Acho, mas antes é necessário esclarecer algo. O casamento judeu é muito machista, a ata diz que o homem obtém uma mulher por uma quantidade de moedas de ouro, que depende de ela ser virgem ou não. Há uma questão de fidelidade à tradição pela qual não mudamos isso, mas acho que se algumas mulheres soubessem o que diz a ata (que está em aramaico, por isso muitos não a entendem) não se casariam... Na cerimônia tradicional de casamento judeu, que é mais difícil modificar que o Código Civil, o noivo quebra uma taça. Se tenho dois noivos ou duas noivas, deveria ter duas taças. Há questões que deveriam ser diferentes na cerimônia, para adaptá-la, mas os rabinos deveriam desenvolver rituais criativos para casamentos entre dois homens ou duas mulheres. Em outros países há rabinos que fazem.

— Se um casal gay judeu pedisse, o senhor o casaria?

— Eu gostaria de fazê-lo. Estou de acordo com o fato de uma sinagoga celebrar casamentos entre pessoas do mesmo sexo, mas o rabino não decide sozinho. A tradução de rabino é "mestre", e isso significa que a nossa comunidade nos designa para guiá-los com nosso conhecimento, mas o poder continua nas mãos da comunidade. Se um casal gay me pedisse para casá-lo, eu lhe faria as mesmas perguntas que faço aos casais heterossexuais: se querem formar uma família judia, se querem ter filhos (ou adotá-los) e educá-los como judeus, se as cerimônias e tradições judias vão ser importantes em suas vidas. Se me dissessem que sim, eu estaria de acordo em casá-los. Não o faria para alguém que quer dar uma de galo e mostrar que se casou, só se realmente esse casal quiser se casar com tudo o que isso implica para uma família judia. Reuniria minha comunidade e defenderia a posição de que o casamento fosse realizado. Acredito que conseguiria convencê-los. Fiz parte, nos Estados Unidos, de congregações judias que celebravam casamentos gays e estou de acordo.

— Acredita que esta posição seria compartilhada por outros rabinos?

— Na Argentina e na América Latina, a imensa maioria não aceitaria. Sim ao casamento civil entre pessoas do mesmo sexo, mas não ao religioso. Na Europa e nos Estados Unidos há mais rabinos que aceitam ambas as coisas.

— Segundo as organizações LGBT, proibir o casamento aos casais do mesmo sexo seria o mesmo que proibir o casamento aos judeus ou a outra minoria. Está de acordo?

— Felizmente, para algumas pessoas essa comparação vai parecer ridícula; isso significa que os judeus já foram aceitos como parte da sociedade. Acho que, em ambos os casos, a perseguição tem a mesma raiz, que é o ódio, mas parece que tem uma diferença entre a minoria judia e a minoria homossexual: ser judeu é uma escolha, salvo segundo a concepção dos nazistas, que consideravam judeu aquele que tivesse sangue judeu. De qualquer forma, me parece importante enfatizar que, na lei argentina, nós, os judeus, nem sempre tivemos direito de casar. Há coisas que hoje damos por óbvias que nem sempre foram assim. Até a Assembleia do Ano XIII, a Inquisição ainda estava vigente na Argentina, e a liberdade de cultos somente foi sancionada na Constituição. O primeiro casamento judeu chegou anos depois.

***

Vários religiosos com um olhar diferente ao olhar hegemônico tentaram expressar sua voz no Congresso durante as audiências organizadas por Negre de Alonso, mas a senadora não permitiu. No dia programado para a audiência em que falariam ministros de diferentes cultos, Negre de Alonso não quis convidar nenhum dos padres católicos que haviam se pronunciado a favor do casamento gay, nem permitiu que as igrejas protestantes históricas, que também apoiavam a lei, fizessem uso da palavra. Só deixou que um dos rabinos falasse, Daniel Goldman. Na comunidade judia, foi amplamente majoritária a expressão de rabinos e instituições a favor da lei.

A senadora do Opus Dei armou um cenário de goleada, em que aparecia uma grande quantidade de religiosos contra a lei e só um a favor, mas esse cenário foi construído com base na censura. Entre outras manifestações de religiosos que se pronunciaram a favor da lei, embora Negre de Alonso não os tenha levado em consideração, podemos citar:

— a carta para as congregações sobre o tratamento do casamento de pessoas do mesmo sexo do bispo metodista Frank de Nully Brown;

— a declaração conjunta a favor do casamento de pessoas do mesmo sexo da Igreja Evangélica do Rio de la Plata e da Igreja Luterana unida;

— os documentos fornecidos pelo sínodo da Igreja evangélica valdense do Rio de la Plata;

— a declaração da FAIE, Federação Argentina de Igrejas Evangélicas, que reúne várias igrejas protestantes históricas da Argentina, tomando distância das manifestações contra a lei convocadas pela ACIERA (Alianza Cristiana de Iglesias Evangélicas de la República Argentina) e pela FECEP (Federación Confraternidad Evangelica Pentecostal).

"O amplo debate também se estendeu ao catolicismo, e ficou evidente a diferença de posições com respeito às posturas mais oficiais. Marcelo Márquez tomava contato com organizações católicas e espaços de convergência ecumênica. Diferentes ordens e religiosos católicos expressaram uma posição favorável em seus documentos", explica Norberto D'Amico, do Centro Cristão da Comunidade GLTTB, um dos diversos grupos que articulam identidade religiosa com diversidade sexual, que faz parte da Federação. D'Amico cita, dentre outros, documentos oriundos da Igreja católica:

> — a *Contribuição para o debate sobre alterações à lei do casamento civil,* do Grupo de Sacerdotes Enrique Angelelli de Córdoba, liderado pelo padre Nicolás Alessio, que se manifestou a favor da lei;

> — vários pronunciamentos do Centro Nova Terra, como o intitulado *Cristianismo sim, homofobia não;*

> — a carta do Departamento de Justiça e Paz do bispado de Quilmes.

E, por último, os órgãos ecumênicos:

> — pronunciamento sobre o acesso ao casamento de pessoas do mesmo sexo do Espaço Ecumênico;[61]
> — declaração do MEDH, Movimento Ecumênico pelos Direitos Humanos, firmada pelo pastor Dr. Arturo Blatezky.

No dia 16 de junho de 2010, a Igreja Metodista de Flores realizou um evento organizado pela Secretaria de Diversidade Religiosa da Federação: "A fé diz sim à igualdade". No templo, líderes religiosos, pastores e laicos das igrejas protestantes e evangélicas, rabinos, religiosos e laicos católicos, como também representantes de religiões de matriz africana, falaram sobre o casamento igualitário sem barreiras, contra o fundo do *banner* da Federação, que rezava: "Deus não discrimina".

Estavam presentes os pastores metodistas Viviana Pinto, Daniel Favaro e Carlos Valle, este último representando o bispo metodista Frank de Nully Brown; o pastor Federico Schäffer, presidente da Igreja evangélica do Rio de la Plata; o pastor Gerardo Oberman, presidente da Igreja reformada argentina; o pastor Angel Furlan, em representação da Igreja luterana unida; o pastor Andrés Albertsen, da Igreja luterana dinamarquesa; Magy Carrera e Eduardo Obregón, representantes da Igreja evangélica valdense do Rio de la Plata; a Lic. Marisa Strizzi, da Igreja menonita; o rabino Daniel Goldman e a rabina Silvina Chemen, da comunidade Bet-El; o sacerdote católico Leonardo Belderrain; a freira católica Liliana Marzano, das Irmãs de Santo Antonio de Pádua, integrantes do

---

[61] Após a declaração do Espaço Ecumênico, houve fortes pressões, por meio das quais alguns de seus membros retiraram a assinatura.

Espaço Ecumênico; Damián Fernández Courel, diretor do Centro Nova Terra, e Mameto Kiamasi, pelas religiões de matriz africana.

Este encontro, apesar de ter tido pouca difusão, mostrava que havia outras vozes também no âmbito da fé.

A Federação conta com um espaço de diversidade religiosa, coordenado pelo pastor Roberto González e o ex-seminarista católico Marcelo Marquez, do qual participam grupos como o Centro Cristão da Comunidade GLTTB, Judeus Argentinos Gays (JAG), Cristãos e Cristãs Evangélicos LGBT (CEGLA) e Outras Ovelhas. Já durante o ano 2007, Elsa San Martín, antiga militante lésbica, feminista, teóloga e ex-freira, junto com Marcelo Márquez, ativista de Nexo, haviam tido a iniciativa de criar a Secretaria, intuindo a contribuição que um espaço de confluência do ativismo religioso podia dar aos esforços pelos direitos da diversidade sexual e o papel principal de muitas religiões nas configurações opressivas. O engenheiro Marcelo Sáenz, coordenador dos CEGLA, e o pastor Roberto González tinham fortalecido relações estratégicas com as igrejas protestantes (reformados, luteranos, metodistas e valdenses), e Marcelo havia feito parte de iniciativas sobre diversidade sexual na Igreja evangélica do Rio de la Plata. O trabalho de todos eles permitiu mostrar, durante o debate da lei, que nem todos os religiosos são homofóbicos e que há espaço para uma maneira diferente de ver a relação entre religião e diversidade sexual.

"O integrismo tentou apresentar-se como um bloco unívoco, representativo do sentir religioso e oposto ao acesso ao casamento dos casais do mesmo sexo. A hierarquia católica, as igrejas conservadoras evangélicas e pentecostais federadas na ACIERA e na FECEP falavam em nome de toda a cristandade. E, portanto, do povo argentino, majoritariamente cristão. Mas não era assim", explica D'Amico.

***

No Congresso, não deixaram que os pastores protestantes a favor da lei falassem: só estavam convidados os pastores mais extremistas, com discursos ultra-homofóbicos, que falavam como se representassem todos os evangélicos. A Federação Argentina de Igrejas Evangélicas enviou uma carta a todos os senadores denunciando a censura de Negre de Alonso. A entidade foi fundada em 1957 como continuadora da Confederação de Igrejas Evangélicas no Río de la Plata, criada em 1938, e reúne a maioria das igrejas protestantes históricas, que estão no país desde o século XIX.

O jornal *Página/12* publicou o texto do discurso que a senadora do Opus Dei não permitiu que Carlos Valle, pastor da Igreja Metodista argentina e ex-presidente da Associação Mundial para as Comunicações Cristãs, lesse:

> [...] A centralidade do respeito e da dignidade de todos os seres humanos estão no coração da fé cristã. Uma fé que se baseia no amor de Deus a todos os seres humanos sem distinções, que chama a amar os demais seres humanos como a si mesmo. Dessa maneira, erradica a discriminação e a exclusão.
>
> O conceito de casamento é uma construção social. Varia de acordo com a sociedade a que nos referimos. [...] Algumas confissões religiosas afirmam que o casamento é uma instituição sagrada que impõe certas regras aos nubentes. Em geral, cerimônias ou contratos matrimoniais — religiosos ou não — envolvem uma série de deveres e direitos, tais como o cuidado e a proteção.
>
> No entanto, o casamento religioso, não importa o caráter que lhe seja dado, não tem o mesmo significado que o civil. O civil é um contrato social com repercussões de variado tipo, mas sem consequências religiosas que o determinem. Os fundamentos e requerimentos de um casamento religioso devem ser resguardados para os crentes, mas não cabe impô-los a toda a sociedade.
>
> A convivência em uma sociedade pluralista só é possível quando se preservam o respeito e a dignidade de todos os seres humanos. Para este fim, o Estado deve procurar que os direitos sejam exercidos sem nenhum tipo de discriminação. E isso é parte da nossa própria história.
>
> O pedido de modificação legal que permita que os homossexuais que quiserem exerçam seus direitos como os casais heterossexuais deveria se enquadrar no contexto desta sociedade plural, que busca preservar a liberdade e a dignidade de todos.[62]

Na Igreja católica, por sua vez, o padre Alessio foi punido pelo bispo da sua província, Carlos Ñañez, que o proibiu de continuar celebrando missa. O padre, que tem uma irmã lésbica, havia encabeçado em Córdoba uma declaração a favor da lei, que foi assinada, dentre outros, pelos padres Miguel Berrotarán, Gustavo Gleria, Julio Aguirre, Juan Carlos Ortiz, Horacio Fábregas, Victor Acha e os já aposentados Guillermo Mariani — citado anteriormente — e Adrián Vitali. Também assinaram dois ex-padres que haviam deixado o hábito: Antonio Farfán e Carlos Ponce de León. Alessio dizia que seus fiéis homossexuais, após esta declaração, "puderam livrar-se de uma culpa enorme de acreditar que eram malditos para Deus. Notava-se sua sensação de haver restituído sua fé ao

---

62 VALLE, Carlos. Respeto y dignidad. *Página/12*, 01/07/2010.

conhecer a possibilidade de ser cristãos e gays".[63]

O bispo pediu aos padres rebeldes que se retratassem publicamente e eles se negaram, de modo que iniciou os procedimentos para expulsá-los da Igreja.

"Estou sentido porque não achava que o bispo de Córdoba estivesse disposto a cortar a cabeça dos que pensavam diferente. Vou continuar celebrando missa nos fins de semana, a menos que me prendam. Isto é censura e castigo. Não podem me proibir o exercício da minha função",[64] denunciou Alessio.[65]

Outro padre católico, o mendocino Vicente Reale, se juntou aos que apoiavam publicamente a lei. Também o fizeram os grupos de laicos dos bispados de Quilmes, Avellaneda e outros distritos do subúrbio bonaerense. Nessa região, além disso, um grupo de quinze sacerdotes católicos assinou uma declaração a favor da lei. Entre eles estava o padre Eduardo de la Serna, conhecido por seu trabalho social em Quilmes.

"Se para a Igreja o casamento civil não é válido! Qualquer católico que estiver casado assim, e não pela igreja, é um pecador... então, o que os preocupa, se não se está debatendo legislar sobre o casamento religioso para gays e lésbicas? (...) A hierarquia não se conforma em perder o poder de se meter na cama das pessoas. Eu não me tornei padre para me meter na cama das pessoas",[66] explicava De la Serna numa entrevista.

Muitos outros se manifestariam em particular, mas não teriam coragem de sair na mídia por medo das sanções. Uns séculos antes, com certeza seriam todos eles queimados na fogueira.

E dê alegria, alegria para o meu coração[67]

No dia 28 de junho, quando se completava um novo aniversário da revolta de Stonewall e faltava um pouco mais de duas semanas para que o Congresso debatesse a lei, a Federação convocou um festival artístico na Praça do Congresso, que serviria para mostrar o apoio de diferentes setores da sociedade à reforma do Código Civil.

Diante de milhares de pessoas, cantaram, entre outros, Fito Páez, Vicentico, Kevin Johansen e Pedro Aznar e falaram o escritor Osvaldo Bazán, Graciela

---

63 SIERRA, Federico. Curas que desafían a la Iglesia. *Noticias*, 09/07/2010.
64 RODRÍGUEZ, Carlos. Esto es censura y castigo. *Página/12*, 14/07/2010.
65 Em 2013, Alessio foi finalmente expulso da Igreja católica por decisão do Vaticano. Era um dos padres mais populares de Córdoba, desses que celebram missa com a igreja lotada.
66 RUCHANSKY, Emilio. Parece una cruzada, parece el Medioevo. *Página/12*, 11/07/2010.
67 "Y dale alegría, alegría a mi corazón", trecho de uma música do cantor argentino Fito Páez.

Vázquez (a mãe de Natália Gaitán), o padre Nicolás Alessio, María José Lubertino, os deputados Ricardo Cuccovillo e Agustín Rossi, a desenhista Maitena e a presidenta da Federação, María Rachid. Havia representantes dos partidos políticos, da Central dos Trabalhadores Argentinos, da Federação Universitária de Buenos Aires, organismos de direitos humanos, agrupações estudantis e movimentos sociais.

O festival serviu também para tornar públicas todas as adesões à campanha da Federação pelo casamento igualitário, que não paravam de chegar. Nesse mesmo dia tivemos de imprimir a lista várias vezes porque, quando parecia que já estava pronta, chegavam mais. Além do secretário-geral da CTA, Hugo Yasky, que havia aderido em 2007, somou-se o da CGT, Hugo Moyano.[68] Emitiram declarações oficiais de apoio à lei os conselhos superiores das universidades federais de Buenos Aires, La Pampa, Córdoba e San Luis, reitores e diretores de várias universidades e centenas de professores e pesquisadores. Também aderiram a Federação Universitária Argentina, os conselhos profissionais de psicólogos de várias províncias, escritores, músicos, atores, atrizes, jornalistas, governadores, legisladores, partidos e juventudes políticas e líderes de diferentes âmbitos da sociedade civil. A lista era enorme. O jornal *Tiempo Argentino*, por decisão de seu proprietário, Sergio Szpolski, publicou o abaixo-assinado com todas as assinaturas, em página inteira e de forma gratuita.

Um grupo de cientistas e pesquisadores do Conicet, coordenado pelo Dr. Carlos Figari,[69] elaborou um documento de apoio à lei com fundamentos históricos, sociológicos, antropológicos e jurídicos, que foi editado pela Federação em livro, junto com um relatório de minha autoria que analisava os pontos mais controvertidos do debate. O livro foi impresso com a colaboração da Fundación Triángulo (Espanha) e a Cooperación Extremeña, e foi entregue um exemplar para cada senador.

Este capítulo precisa ser lido pelos roteiristas da TV Globo!

A quantidade de adesões que recebemos foi imensa e muitas "celebridades" e personagens da cultura, da arte e de outros âmbitos sociais se ofereciam para

---

68 A Confederação General do Trabalho é a central sindical mais poderosa, ligada ao peronismo e tradicionalmente conservadora. Moyano é líder do Sindicato dos Caminhoneiros.
69 Universidad Nacional de Catamarca-CONICET/Grupo de Estudios sobre Sexualidades, Instituto de Investigaciones Gino Germani (GES-IIGG), Universidad de Buenos Aires (UBA).

colaborar no que fizesse falta. Entretanto, o que não pudemos conseguir foi o apoio de algum jogador de futebol. Durante a Copa, quando tudo para e não existe absolutamente mais nada que não seja futebol, fizemos todo o possível para chegar à Seleção. Queríamos tentar convencer os jogadores que tirassem uma foto na África do Sul com os cartazes com a legenda: "Eu sou a favor do casamento para casais do mesmo sexo" ou que entrassem no campo com uma bandeira.

Se tivéssemos a Seleção, então, nem se fala. Se a equipe de Maradona se animasse a apoiar o casamento gay, ganharíamos de goleada. Falei com jornalistas de diferentes meios que estavam lá para ver se podiam me ajudar a passar a mensagem, mas não consegui acesso direto à equipe. Por meio de um amigo em comum, tentei comunicar-me com um dos jogadores, que tem um familiar gay. Tentamos de diferentes maneiras, porém foi impossível.

Apesar disso, o que não havíamos conseguido na vida real, chegou por meio da ficção. Na novela *Botineras*, da Telefé, uma história inédita chegava à televisão argentina: dois jogadores de futebol de primeira divisão, Lalo e Manuel, viviam um romance gay que, aos poucos, começava a se tornar público. Era a primeira vez que a televisão ousava falar de um dos tabus do esporte: a homossexualidade no futebol. Claro que há jogadores gays, como há advogados gays, políticos gays e jornalistas gays. Mas num esporte em que "veado" é uma das piores coisas que se pode gritar ao adversário, todo mundo está no armário.

Lalo e Manuel não só protagonizaram a primeira história de amor entre dois jogadores de futebol na Argentina, como também realizaram a primeira cena de sexo gay na televisão aberta; e foi numa novela popular, com muita audiência e em horário nobre.

E que cena, com Christian Sancho e Ezequiel Castaño!

Perto do final da novela, Manuel, o Ribeiro, o campeão, o goleador, o ídolo da torcida, decide sair do armário durante uma entrevista. E seu *coming out* da ficção coincidiu com o debate da lei na vida real. Então, naqueles dias, Ribeiro fala do casamento gay com os jornalistas e alguns de seus colegas de equipe também se somam, mostrando-se a favor.

Na vida real, o ator e modelo Christian Sancho também se somou à campanha com um vídeo gravado pelos Guerreiros do Arco-íris.

Outro casamento, outra juíza

No dia 1º de julho foi celebrado o oitavo casamento homossexual do país, autorizado pela juíza Alejandra Petrella. Diego de Jesús Arias e Leonardo Miguel de Santo disseram sim no cartório, acompanhados por Alex Freyre e José María Di Bello, entre outros.

Também esteve, como testemunha, o sindicalista Víctor Santa Maria, secretário-geral do Sindicato Único de Trabalhadores de Edifícios de Renda Horizontal (Suterh) e presidente do Partido Justicialista portenho. Diego é porteiro e afiliado ao sindicato, que lhe deu de presente a lua de mel em Bariloche.

Com este caso, já eram sete — dois bonaerenses e cinco portenhos — os juízes que haviam decidido a favor dos amparos apresentados pela Federação.

O Supremo manda um recado para o Congresso

> A decisão já está tomada. Se no dia 14 de julho o Congresso não aprovar a lei do casamento entre pessoas do mesmo sexo, o Supremo Tribunal Federal declarará inconstitucionais os artigos 172 e 188 do Código Civil e exigirá que o Registro Civil celebre o casamento de María Rachid e Claudia Castro, estabelecendo assim uma jurisprudência que se tornaria obrigatória para os quase cem recursos que tramitam em fóruns de todo o país. [...] A decisão que apoia o casamento gay já está escrita e assinada e tem a maioria de votos, conforme confirmaram a este jornal altas fontes do tribunal.[70]

No dia 2 de julho, o jornal *Tiempo Argentino* adiantou na capa — fui eu mesmo que escrevi a matéria — que o Supremo Tribunal Federal confirmaria o pedido de casamento de María e Claudia, o primeiro casal a apresentar um amparo, cujo caso estava pendente de resolução no máximo tribunal junto ao de Alejandro e Ernesto. A decisão já estava tomada, mas os juízes queriam esperar para ver se o Congresso resolvia o problema aprovando a lei. Senão, não teria outro jeito: eles teriam de resolver.

O que já se havia adiantado no começo do ano como uma hipótese, agora era uma certeza: a sentença seria favorável e já estava pronta.

Após o pronunciamento do procurador-geral, Esteban Righi, o caso havia começado a circular entre os ministros. O primeiro a pegar o processo desde que voltou da Procuradoria foi Carlos Fayt, que o reteve por menos de uma semana. Logo depois, o processo passou para o parecer do juiz Zaffaroni, que o reteve por mais de dois meses. Este juiz foi o primeiro a escrever um voto, que fez circular entre seus colegas.

---

70 BIMBI, Bruno. La Corte Suprema de Justicia fallará a favor del matrimonio igualitario. *Tiempo Argentino*, 02/07/2010.

Zaffaroni propunha que fosse declarada a inconstitucionalidade dos artigos 172 e 188 do Código Civil e que o casal fosse autorizado a celebrar o casamento, conforme o que já haviam decidido vários juízes de primeira instância em outros casos, começando por Gabriela Seijas no de Alex e José. O primeiro a expressar concordância com esse critério, embora com um voto com fundamentos próprios, foi o juiz veterano Carlos Fayt, que está no Supremo desde a época de Alfonsín.

Juan Carlos Maqueda também estava de acordo e assim confirmou pessoalmente a um integrante da comissão diretiva da Federação que o consultou a respeito. Também garantiu que o voto de Enrique Petracci iria no mesmo sentido, o que já desconfiávamos por seus argumentos nas sentenças anteriores, como o já citado caso Sejean[71] ou o conhecido caso Bazterrica,[72] em que estavam em jogo alguns dos princípios constitucionais também afetados pela proibição do casamento entre pessoas do mesmo sexo.

A juíza Carmen Argibay, por sua vez, garantiu a um advogado de um dos casos promovidos pela Federação que também votaria a favor do pedido do casal e que sabia que Elena Highton de Nolasco faria o mesmo, embora não tenhamos conseguido confirmar este último dado. Circulava a versão — que tampouco pudemos checar — de que o presidente do tribunal, Ricardo Lorenzeti, se pronunciaria contra o casamento homossexual.

Ainda desconsiderando os votos de Petracchi e de Highton, dos quais havíamos tomado conhecimento de maneira mais indireta, era certo que havia pelo menos quatro juízes a favor da declaração de inconstitucionalidade: Zaffaroni, Fayt, Argibay e Maqueda. Com este dado, que havia sido checado por fontes confiáveis e seguras, decidi publicar o artigo citado, adiantando a decisão do tribunal. Era uma forma de pressionar os senadores: que soubessem que, para o Supremo, a proibição do casamento homossexual violava a Constituição e que, votassem o que votassem no dia 14 de julho no Senado, isso seria o que os juízes do máximo tribunal diriam nos casos que tinham em estudo.

Sim, quero

No dia 5 de julho, no Centro Cultural Caras e Caretas, o grupo 100% organizou o festival artístico "Sim, quero", em apoio à lei do casamento igualitário,

---

71 Caso em que a Corte declarou inconstitucional a proibição do divórcio.
72 Caso em que a Corte declarou inconstitucional a penalização da posse de drogas para consumo pessoal.

que contou com a participação de diversas personalidades do cenário artístico e cultural, que leram cartas a favor da lei, escritas por autores e roteiristas de renome, que também estiveram presentes.

Além disso, houve uma exposição de artes visuais (com peças do artista plástico León Ferrari, entre outros), uma mostra de teatro e danças, projeção de *spots* de apoio à lei e um show com a participação da cantora Sandra Mihanovich. Participaram do evento alguns dos casais já casados pela sentença judicial, como Martín e Carlos e Norma e Cachita.

Vox Populi

Em 6 de julho, foi divulgado um novo estudo de âmbito nacional realizado pela consultora Analogias: 69% dos entrevistados se manifestaram a favor de que o Senado sancionasse a lei do casamento igualitário tal como tinha sido aprovada pela Câmara dos Deputados, e 57,6% se expressaram contra a campanha de oposição à lei feita pela Igreja católica.

Desta vez, além disso, foram apresentados os resultados discriminados por cidades e regiões. Na cidade de Buenos Aires, o apoio ao casamento gay chegava a 85,8%; na Grande Córdoba, 69,7%; na Grande Buenos Aires, 67%; na Grande Rosario, 63,7%; em Santa Rosa, 63%; em Comodoro Rivadavia, 62,3%; em Neuquén, 56,4%, e na Grande Mendoza, 56,2%. Contando o interior como um todo, o apoio à lei alcançava 56,9%, enquanto na área metropolitana de Buenos Aires subia para 71,7%.

Em nível nacional, o apoio da lei foi maior entre as mulheres (84,2%) do que entre os homens (76,6%). Também foi maior entre os mais jovens (84%) e entre aqueles que tinham concluído os estudos universitários (83,3%).

Vox Dei

No mesmo dia em que a pesquisa foi divulgada, o bispo auxiliar de La Plata, monsenhor Antonio Marino, fez declarações escandalosas em relação aos casais homossexuais. Disse, entre outras coisas, que "as pessoas que praticam a homossexualidade sofrem mais ansiedade, são mais propensas ao suicídio e consomem entorpecentes com mais frequência. Isso os torna menos amigáveis para as crianças e menos úteis para o Estado".

Marino também disse que gays têm oito parceiros por ano e até quinhentos durante toda a vida — puxa, me falta um montão! —, que nossos parceiros são "trinta vezes mais violentos" do que os heterossexuais e que nossos relacionamentos são instáveis e não duram mais de três anos.

As declarações do bispo, que ele depois desmentiu, tinham sido divulgadas pela agência oficial de notícias da Igreja católica, AICA, que as apresentou como parte de uma entrevista. Quem melhor respondeu a ele foi o jornalista Jorge Lanata, em seu programa DDT, que ia ao ar no canal 26:

> Monsenhor Antonio Marino, se o senhor olhar ao seu redor vai encontrar vários padres gays. Não um ou dois, mas vários padres gays. Aqueles que tenham vontade de ser, aqueles que banquem e tenham vontade de dizer, aqueles que não queiram dizer nada, não importa... Agora, monsenhor, garanto que o senhor tem ao seu redor vários sacerdotes que estão olhando para a sua bunda. Isto, em princípio. Monsenhor, sou parte da Igreja como o senhor, que coisa curiosa! Que ampla é a Igreja no fundo! Porque abrange o senhor, que é um fascista, e a mim, que sou um idiota, mas não um fascista. [...] Me batizaram, tomei a comunhão e acredito em Deus, como o senhor. Então, tenho todo o direito do mundo de discutir as coisas terríveis que o senhor diz. O senhor, monsenhor, é um bruto e um ignorante. Volte para a escola, ainda que seja a escola noturna, tente ler um pouco e depois fale. Enquanto isso, tome cuidado e nunca se agache para pegar um sabonete no chuveiro do bispado.

Clap, clap, clap.

Teresita trapaceia

Em 6 de julho, a Comissão de Legislação Geral do Senado, tal como temíamos desde o início, votou contra o casamento igualitário. A maioria, formada por Liliana Teresita Negre de Alonso, Roland Bermejo, María José Bongiorno, Sonia Escudero, Adriana Bortolozzi, Ramón Mestre, Mario Cimadevilla, José Cano e José Roldán, assinou um parecer que propunha a rejeição da aprovação da Câmara dos Deputados.

Por outro lado, Luis Juez, Nicolás Fernández, Marcelo Fuentes, Pedro Gustavino, Liliana Fellner e Guillermo Jenefes assinaram um parecer da minoria a favor do casamento gay. Jenefes assinou "em total desacordo", uma vez que era contra — e depois votaria contra no plenário — mas, a pedido da presidenta Cristina Kirchner, concordou em assinar o parecer para permitir o debate, quando o partido governista ainda acreditava poder reunir os votos necessários na comissão. Antes da votação, a bancada governista tinha conseguido que o tucumano Sergio Mansilla, que ia votar contra, renunciasse à comissão. No seu lugar assumiu Liliana Fellner, que votou a favor.

Perdemos, no entanto, dois senadores, que inicialmente tinham dito que votariam a favor — um em privado e outro em público — e voltaram atrás: os radicais José Cano e Ramón Mestre. Também surpreendeu o voto contra da ex-governista María José Bongiorno, que havia chegado ao Senado nas mãos da Frente Grande — em aliança com o kirchnerismo — e foi expulsa do partido depois da votação. A bancada kirchnerista, por outro lado, tentou até o último momento convencer o mendocino Rolando Bermejo, mas não conseguiu.

Mas, além de decretar a rejeição da lei do casamento igualitário, Negre de Alonso tentou instalar uma armadilha legislativa ilegal que procurava criar confusão com a figura da "união civil".

Alguns senadores não queriam assinar a favor da lei por pressão dos bispos ou pelos próprios preconceitos, mas também não queriam pagar o custo político de se mostrarem contra os direitos humanos de gays e lésbicas. Então, como aconteceu na Espanha e em Portugal, eles queriam disfarçar a homofobia — ou falta de coragem — votando algo que pudesse ser vendido como um avanço. Negre de Alonso sabia, no entanto, que, se propusesse reformar a aprovação dos deputados, transformando a lei do casamento igualitário em uma lei de "união civil", ainda que conseguisse os votos no plenário e o Senado aprovasse sua proposta, corria o risco de a Câmara dos Deputados insistir no projeto original. Se a "união civil" não obtivesse os dois terços no Senado, a Câmara dos Deputados poderia ratificar a lei do casamento igualitário com os mesmos votos que tinha tido em maio.

Negre de Alonso tinha duas opções: propor a rejeição da aprovação da Câmara dos Deputados, concluindo, assim, o assunto e expondo aqueles que a acompanharam a um custo político maior, ou propor que ela fosse aprovada com modificações, transformando-a numa "união civil", correndo o risco de a Câmara dos Deputados nos devolver a vitória. No entanto, a senadora inventou uma terceira via: fez com que fossem assinados dois pareceres paralelos. O primeiro rejeitava a lei do casamento gay e o segundo propunha aprovar a "união civil" tendo o Senado como origem. Dessa forma, independentemente do que acontecesse na Câmara dos Deputados, o Senado teria a última palavra.

Mas havia um problema: a Constituição não permite tal coisa.

Há um mecanismo para a sanção de leis a ser cumprido. Havia um processo em revisão, que tinha sido aprovado pela câmara de origem. A câmara revisora poderia aprová-lo sem alterações, com alterações ou rejeitá-lo. O que Negre de

Alonso pretendia era uma armadilha pela qual se alterava a câmara de origem do projeto, violando a Constituição. Rapidamente, o senador Miguel Ángel Pichetto, líder da bancada governista, impugnou o segundo parecer — o da "união civil" — mediante um recurso administrativo, e o presidente provisório do Senado, José Pampuro, descartou sua inclusão na ordem do dia da sessão de 14 de julho.

Assim, naquele dia, seria votado, em primeiro lugar, o parecer de rejeição da aprovação da Câmara dos Deputados, assinado pela maioria da comissão. Aqueles que fossem a favor da lei do casamento igualitário deviam optar pelo "não" na primeira votação. Se o parecer de Negre de Alonso fosse rejeitado, seria votado o parecer da minoria, que propunha aprovar a lei, e só então deveriam votar "sim".

Que cada um decidisse de que lado estava.

A certidão rosa

O leitor deve ter notado que, desde as primeiras páginas deste livro, nos referimos à "união civil" sempre entre aspas. Não é apenas uma questão de estilo, nem tampouco uma ironia.

Acontece que, quando, no contexto deste debate sobre a inclusão dos casais do mesmo sexo ao direito de família, falamos de *casamento*, não existe nenhuma dúvida sobre o que estamos dizendo. Dizer que foi aprovado o "casamento gay", "casamento igualitário", "casamento entre pessoas do mesmo sexo", ou como o quisermos chamar, significa dizer que gays e lésbicas agora podem se casar e usufruir de todos os direitos e obrigações que a lei reconhece através desse instituto.

É claro que o casamento pode mudar no futuro, como mudou no passado, e que não é exatamente o mesmo que em outros países, mas sabemos que, quando falamos de "casamento", é esse que está aí no Código Civil, o que já conhecemos, o mesmo que até 14 de julho de 2010 só incluía — sem ações na justiça — os casais heterossexuais.

Quando falamos de "união civil",[73] por outro lado, do que estamos falamos? De uma figura jurídica que ainda não existe e, portanto, não sabemos como é. Até ver a letra da lei que seja proposta, não podemos ter certeza do que seja.

Vejamos um pouco de história. As uniões civis surgiram em diferentes lugares do mundo, basicamente, de duas maneiras. Em alguns países, foram leis locais que só tinham vigência em determinadas cidades ou estados (por exemplo, a Lei 1.004, de

---

[73] Nota do autor: no Brasil, muitas vezes a imprensa confunde a "união civil" com a união estável, que é outra coisa, e até com o próprio casamento civil — quando envolve gays ou lésbicas. Falaremos a respeito disso no posfácio.

Buenos Aires). Não poderiam ser chamadas de "casamento", nem garantir os mesmos direitos, porque estes são regulados por leis nacionais. A união civil portenha, por exemplo, é mais simbólica do que prática, já que tem muito poucos benefícios.

Em outros países, as uniões civis foram o substituto do casamento para casais do mesmo sexo, uma vez que, por haver uma proibição constitucional ou por não existir suficiente respaldo político para a igualdade plena, chegaram até aí. Em alguns casos, depois de um tempo, deram lugar à legalização do casamento homossexual, como aconteceu na Suécia e na Islândia.

As principais objeções à ideia da "união civil" são duas, uma de fundo e outra prática. A de fundo é que seria inconstitucional classificar as pessoas, por lei, de acordo com a sua orientação sexual, concedendo-lhes direitos diferentes ou enquadrando-as em institutos separados. Seria como criar um casamento para brancos e outro para negros, ou um para judeus e outro para cristãos, com diferentes nomes e regulamentos. Na verdade, a ideia da criação de institutos diferentes está inspirada na doutrina "iguais mas separados",[74] usada para justificar leis racistas nos Estados Unidos. A "união civil", por outro lado, funcionaria na prática como um registro público de homossexuais, o que agravaria sua inconstitucionalidade.

A objeção de ordem prática é que a "união civil" não poderia garantir os mesmos direitos porque, ainda que incluísse ponto por ponto tudo o que o casamento traz e só fosse diferente no nome, cada instituição evoluiria de modo diferente daí em diante, e o direito de família, não obstante o Código Civil, é uma teia complexa de normas, regulamentos e jurisprudência. O andaime que mantém o casamento não existiria, seria preciso começar do zero, e as linhas, inevitavelmente, se bifurcariam. Aliás, em geral, os institutos diferenciados que já existem apresentam diferenças importantes. Houve, ao longo do debate nas duas casas do Congresso, vários projetos de lei de "união civil". Alguns incluíam a adoção conjunta e outros não. Alguns incluíam o direito de herança e outros não. Alguns incluíam o direito a pensão por morte do cônjuge e outros não. Alguns usavam o mesmo regime patrimonial do casamento e outros usavam um regime diferente. E assim poderíamos continuar enumerando diferenças.

Há tantas "uniões civis" como projetos, cada uma diferente da outra, e o mesmo se aplica à legislação comparada: não era a mesma união civil que existia na Islân-

---

74 A Constituição norte-americana de 1776 proclamou que "todos os homens são iguais perante a lei", mas em 1896, no caso Plessy contra Ferguson, o Supremo Tribunal Federal considerou que as leis da Luisiana que estabeleciam assentos separados para brancos e negros nos ônibus não violavam a Constituição, desde que os assentos de uns e outros fossem do mesmo tipo e qualidade. Ou seja, os assentos poderiam ser separados, sempre que fossem iguais. A doutrina "iguais mas separados" manteve-se até meados do século XX.

dia antes da aprovação do casamento igualitário que as que existem atualmente[75] no Uruguai (chamada de "união concubinária"), na França ("PACS") e em outros países. Cada uma reconhece alguns direitos e nega outros, e tem requisitos e características diferentes.

Nesse sentido, apesar de não ter sido discutido no Senado, o projeto da "união civil" acordado por Negre de Alonso com alguns senadores da UCR e do peronismo não-kirchnerista (baseado nos projetos dos senadores Luis Petcoff Naidenoff, Laura Montero, Sonia Escudero, Adriana Bortolozzi, Juan Pérez Alsina, Roberto Basualdo, Emilio Rached, Mario Cimadevilla, José Roldán e Juan Carlos Romero) revelava as verdadeiras intenções daqueles que defendiam a discriminação. Longe de oferecer a proteção que garantiria a união matrimonial, a proposta da senadora do Opus Dei e de seus aliados chegava ao extremo de extinguir direitos que já tinham sido reconhecidos antes da lei do casamento igualitário.

— Bem, então, aproveitemos para tirar o pouco que já têm — parece ter pensado Teresita.

Suponhamos que Alberto seja casado com Marta. Alberto morre aos 40 anos de idade num acidente, e Marta, por lei, é herdeira forçosa de uma parte de seus bens. Além disso, tem direito a receber uma pensão da Previdência. Já se Alberto tivesse se unido civilmente com Pedro, de acordo com o projeto de Negre de Alonso, nada disso estaria garantido. Para herdar, seria necessário um testamento que, talvez, Alberto não tivesse pensado fazer (as pessoas, geralmente, não planejam morrer jovens), e para receber a pensão Alberto deveria ter feito em vida um convênio específico. O projeto dava marcha a ré, inclusive, com o que já tinha avançado em matéria de pensões, por meio de decisões judiciais e pela resolução da ANSeS comentada em capítulos anteriores.

Suponhamos agora que Roberto seja casado com Alejandra e, como ele tem um problema de fertilidade, eles decidem ter filhos mediante um tratamento de fertilização assistida. Várias clínicas realizam e algumas decisões judiciais têm ordenado aos planos de saúde que cubram esses tratamentos, inclusive para casais de lésbicas. O filho de Alejandra e Roberto, embora o sêmen utilizado para a fertilização tenha vindo de um doador anônimo, será registrado como filho dos dois, e Roberto será o pai aos olhos da lei. Agora, suponhamos que Alejandra, em vez de se casar com Roberto, tenha se unido civilmente com Natalia. A união civil de Negre de Alonso não lhes permitiria ter acesso à fertilização *in vitro* nem adotar.

---

75 Nota do autor: felizmente, esse advérbio ficou velho. Em 2013, tanto a França quanto o Uruguai aprovaram o casamento civil igualitário.

"Era uma chantagem: se você se une civilmente, é proibido ter filhos", María Rachid denunciava.

Suponhamos que Gabriel, solteiro, adotou uma criança e, depois, conheceu Susana. Se apaixonaram e decidiram viver juntos. Susana passou a ser, de fato, a mãe de Tomás, filho adotivo de Gabriel. Então, eles decidem se casar. Susana pode pedir ao juiz a coadoção e passar a ser legalmente mãe de Tomás. Mas suponhamos que Gabriel, em vez de conhecer Susana, tivesse conhecido Jorge. Se apaixonaram e decidiram viver juntos e há anos criam juntos Tomás. Caso se unissem civilmente de acordo com o projeto mencionado, Tomás continuaria sendo filho de Gabriel somente. Jorge nem mesmo poderia inscrevê-lo como dependente no plano de saúde (se Gabriel ficasse sem trabalho), não poderia ir à reunião de pais da escola, nem autorizar uma intervenção cirúrgica em caso de emergência. Muito menos coadotá-lo: o projeto proibia expressamente. Além disso, se Jorge e Gabriel se separassem, Jorge não seria obrigado a dar assistência alimentar, nem teria um regime de visitas.

As leis de segunda sempre outorgam direitos de segunda.

Mas a união civil de Negre de Alonso não aceitava sequer que gays e lésbicas tivéssemos, ainda que fosse, alguns direitos de quarta.

E havia algo pior. Suponhamos que, quando Alejandra quis se unir civilmente com Natalia, ou Jorge com Gabriel, tivessem o azar de que, no cartório, um empregado homofóbico os atendesse. O projeto permitia que o empregado levantasse uma "objeção de consciência" e se recusasse a atendê-los.

Em algumas cidades isso poderia significar uma impossibilidade para os casais se unirem civilmente, porque as igrejas poderiam incitar seus fiéis que trabalham em registros civis a se negarem a atender os homossexuais. Pela primeira vez na história da legislação argentina, o Estado lhes daria o direito de dizer: "Eu não atendo veados". Seria perfeitamente legal.

Se aprovada essa anomalia, seria aberto um precedente: se a lei permite que alguém se recuse a atender homossexuais, um funcionário racista também poderia se recusar a atender negros e um antissemita, a atender judeus. O texto era tão amplo em sua redação que não apenas um empregado do Registro Civil poderia se recusar a atender os casais homossexuais, mas qualquer funcionário público ou privado; por exemplo, o empregado de um plano de saúde poderia se recusar a associar um casal do mesmo sexo por "objeção de consciência".

"Estamos lutando contra a discriminação e vêm legalizá-la", disse Vilma Ibarra em referência ao projeto acordado pela maioria da Comissão de Legislação Geral do Senado. Por sua vez, o presidente do INADI, Claudio Morgado, apresentou um relatório técnico do organismo detalhando todos os aspectos do projeto que violavam a Constituição Federal e os tratados internacionais de direitos humanos.

Talvez, se tivesse feito um projeto de "união civil" mais bem elaborado, sem tanta má-fé, que pelo menos reconhecesse alguns direitos básicos para casais de gays e lésbicas, Negre de Alonso conseguisse ganhar a votação. Alguns senadores, com medo de represálias da Igreja em suas províncias, a teriam acompanhado, sentindo que poderiam se desculpar perante a sociedade explicando que aprovaram uma lei que significava um avanço em termos de direitos, embora não garantisse a igualdade plena.

Nós teríamos rejeitado qualquer projeto que, em vez de reconhecer a igualdade no acesso ao casamento, criasse uma legislação especial, um gueto para gays e lésbicas, e teríamos denunciado que esta alternativa era segregacionista e estava inspirada no racismo. Mas, para muitos senadores, teria sido um debate teórico, abstrato. Se a proposta de Teresita tivesse incluído todos os direitos, diferenciando-se apenas no nome, talvez tivéssemos perdido a votação.

Mas a senadora se excedeu. Quis tudo, e ficou muito evidente. Fez um projeto que era tão brutalmente discriminatório e inconstitucional, tão claro na tentativa de menosprezar e ofender gays e lésbicas, que muitos dos que a tinham acompanhado fugiram. Não queriam ficar ligados a ela.

Ao mostrar sua posição, ela nos ajudou. Foi um sincericídio.

Ficou claro que de um lado estavam aqueles que queriam a igualdade e do outro, os que defendiam a discriminação.

Ficou claro que não havia meios-tons.

***

No dia seguinte ao da assinatura do parecer da comissão, o nono casal se casou.

Autorizados pelo juiz Hugo Zuleta, Alejandro González e Alberto Báez contraíram casamento civil no cartório da rua Uruguai, na cidade de Buenos Aires. Eles seriam os últimos entre os primeiros.

Os próximos a se casar não precisariam de advogados, escrivães, ações de amparo nem juízes. Com a aprovação da nova lei, bastaria marcar o casamento como qualquer um.

A JR não se dobra[76]

As juventudes políticas da União Cívica Radical, o Partido Socialista e a Coalizão Cívica divulgaram uma declaração conjunta de apoio à lei, chamando os senadores desses partidos a acompanhá-las. O pedido era dirigido, principalmente, aos "radicais", já que tanto o senador Giustiniani (PS) como a senadora Estenssoro (CC) apoiavam a reforma desde o começo. Já na bancada da UCR, apesar do apoio declarado do presidente do partido, Gerardo Morales, e do líder da bancada, Ernesto Sanz, a maioria dos senadores preparava-se para votar contra. O vice-presidente Julio Cobos, um dos pré-candidatos a presidente do centenário partido, também era contra.

Vários senadores radicais se justificavam internamente dizendo que era um "projeto do Governo" e eles, como opositores, deviam recusá-lo. Quer dizer, as etiquetas de "opositor" ou "governista" valiam mais que os direitos civis de gays e lésbicas. A nota assinada pela juventude do partido, no entanto, lembrava que os projetos em debate haviam sido impulsionados por uma deputada socialista (opositora) e outra de um partido de centro-esquerda aliado ao governo, com o apoio de legisladores de todas as bancadas na Câmara dos Deputados.

"Temos enviado comunicados, artigos e mantido reuniões com os senadores do partido para que apoiem a lei. Tentamos fazê-los entender que é um tema de direitos humanos, e lembramos que nosso partido lutou pelo divórcio e também pelo voto universal e secreto", explicava o presidente da Juventude Radical portenha, Patricio Isabella. Também enviaram cartas aos senadores radicais pedindo para apoiarem a lei a Franja Morada (agrupação universitária do partido) e a Federação Universitária Argentina, conduzida por estudantes da UCR.

Osama Bergoglio

Fecho os olhos e vem uma imagem na minha mente. Caderno Rivadavia, lápis, borracha, apontador, "As Malvinas são argentinas", escrito com uma letra ziguezagueante, que escapava das linhas em tamanho e direção. Segundo ano, professora Edith, filha de um militar, que nos obrigava a dormir a sesta sentados em nossas carteiras com a cabeça abaixada, e nos batia com uma régua de madeira se a levantássemos durante a meia hora que durava.

---

76 Leandro Alem, fundador da UCR, quando se suicidou, em 1896, deixou uma carta que dizia: "Que se rompa, mas que não se dobre!", o que é interpretado como um pedido para que o partido, mesmo que precise rachar, não renuncie aos seus princípios. Seus seguidores, no século seguinte, não levaram o pedido muito a sério e vem se dobrando cada vez mais.

Até que um dia eu quebrei a maldita régua dela.

"As malvinas são argentinas". A frase, em 1984, continuava presente, embora a guerra já tivesse passado. O caderno, as letras tortas e rebeldes, as ilhas, foi o mais perto que estive de uma guerra. Até junho de 2010.

***

Queridas irmãs:

Escrevo estas linhas a cada uma de vocês que estão nos quatro Monastérios de Buenos Aires. O povo argentino deverá enfrentar, nas próximas semanas, uma situação cujo resultado pode ferir gravemente a família. Trata-se do projeto de lei sobre casamento entre pessoas do mesmo sexo. Aqui estão em jogo a identidade e a sobrevivência da família: pai, mãe e filhos. Está em jogo a vida de tantas crianças que serão discriminadas de antemão, privando-as da maturação humana que Deus quis que houvesse com um pai e uma mãe. Está em jogo uma negação frontal à lei de Deus, gravada, além disso, em nossos corações.

Lembro de uma frase de Santa Teresinha, quando fala de sua doença de infância. Diz que a inveja do Demônio quis vingar-se de sua família com a entrada de sua irmã mais velha no Carmelo. Aqui também está a inveja do Demônio pela qual entrou o pecado no mundo, que astutamente pretende destruir a imagem de Deus: homem e mulher que recebem o mandato de crescer, multiplicar-se e dominar a terra. Não sejamos ingênuos: não se trata de um mero projeto legislativo (este é apenas o instrumento), mas de uma "jogada" do pai da mentira, que pretende confundir e enganar os filhos de Deus.

Jesus nos diz que, para nos defender deste acusador mentiroso, nos enviará o Espírito de Verdade. Hoje a Pátria, diante desta situação, necessita da assistência especial do Espírito Santo, que coloque a luz da Verdade no meio das trevas do erro; necessita deste Advogado que nos defenda do encantamento de tantos sofismas com que se procura justificar este projeto de lei, e que confundem e enganam inclusive pessoas de boa vontade.

Por isto recorro a vocês e peço-lhes oração e sacrifício, as duas armas invencíveis que Santa Teresinha confessava ter. Clamem ao Senhor para que envie seu Espírito aos senadores que darão seu voto. Que não o façam movidos pelo erro ou por situações de conjuntura, mas conforme o que a lei natural e a lei de Deus mostram. Peçam por eles, por suas famílias; que o Senhor os visite, fortaleça e console. Peçam que eles façam um grande bem para a Pátria.

O projeto de lei será tratado no Congresso depois de 13 de julho. Olhemos São José, Maria, o Menino, e peçamos com fervor que eles defendam a família argentina neste momento. Lembremos o que Deus mesmo disse a seu povo em um momento de muita angústia: "esta guerra não é vossa, mas de Deus". Que eles nos socorram, defendam e acompanhem nesta guerra de Deus.

Obrigado pelo que farão nesta luta pela Pátria. E, por favor, peço-lhes também que rezem por mim. Que Jesus as abençoe e a Virgem Santa as cuide.

Com afeto,

Card. Jorge Mario Bergoglio s.j., arcebispo de Buenos Aires

A carta que o chefe político da Igreja católica argentina enviou às freiras carmelitas mudou os termos do debate.

E foi o princípio do fim, para eles.

No começo não entendíamos por que Bergoglio havia escrito semelhante coisa. Uma freira tucumana, cujo nome não menciono por razões óbvias, contou nesses dias a um companheiro da Federação que uma das irmãs que recebeu a carta do cardeal vinha realizando um trabalho pastoral com um grupo de meninas travestis e — como a irmã tucumana e muitas outras — havia se expressado a favor do casamento gay em sua comunidade.

Foi por isso que o cardeal lhes escreveu? Elas pensavam que sim. E estavam preocupadas. Também se dizia que ele havia feito isso sob pressão. Que ele queria ter uma posição mais conciliadora e o arcebispo de La Plata, Héctor Aguer, queria pintar a cara, confrontar o Governo, levar a Igreja para a rua como na Espanha. Que houve uma votação interna no Episcopado e Bergoglio a perdeu por sessenta a quarenta. O próprio cardeal se justificaria depois em privado, jurando que agiu condicionado por seu rival interno, que queria ficar com sua cadeira.

— É sua forma habitual de fazer as coisas: faz, diz e depois mantém gestões privadas em que baixa o tom ou inclusive chega a dizer que foi obrigado a fazer o que fez ou dizer o que disse — afirma Pablo Herrero Garisto, um laico com conhecimento da interna eclesiástica —. São velhas armas de um homem com baixo perfil, pouco amigo da exposição pública, mas eminentemente político desde sua época de chefe da Companhia de Jesus na Argentina durante a última ditadura militar.

E assim foi, como Pablo diz.

***

— Olá, Marcelo? Quem fala é Jorge Bergoglio.

Marcelo Marquez não acreditava.

Menos de uma hora antes que o celular tocasse, ele tinha deixado uma longa carta para o cardeal na catedral de Buenos Aires.

"Tenho 41 anos, sou laico católico, professor de teologia, docente e bibliotecário", ele se apresentava. "Sou um homem de profunda fé em Jesus Cristo e, ao mesmo tempo, de um profundo e fervoroso amor à Igreja. Cresci num ambiente de fé, que minha mãe me inculcou e logo cresceu na comunidade da paróquia São Jorge, de Florencio Varela, na diocese de Quilmes", acrescentava. Nos parágrafos seguintes, Marcelo falava de sua fé, do seu passo por diferentes âmbitos da Igreja, mas também da dor pelo discurso de ódio que naqueles dias humilhava milhares de gays e lésbicas católicos como ele, saído das bocas da hierarquia eclesiástica e do próprio cardeal.

"Nestes últimos tempos, em torno do debate sobre o projeto de lei do casamento igualitário, vi e ouvi coisas que me doem na alma. Foram ditas barbaridades sobre as pessoas homossexuais. Esta lei não tem nada a ver com a 'destruição da família'. Muito pelo contrário, ela é inclusiva, sanadora e até salvadora, pois habilita as pessoas da diversidade sexual a serem reconhecidas em dignidade e igualdade perante a sociedade. É uma coisa que há tempos a sociedade nos deve. Ouvi expressões muito dolorosas dos bispos. Quanto enojo eles parecem transmitir contra a nossa gente! A Igreja deve a todas as pessoas um debate sério sobre a homossexualidade; mas, especialmente, ela deve isso a lésbicas e gays, e não é com atitudes fechadas e até fanatizadas que a porta ao diálogo se abre. Gays e lésbicas crentes e católicos estão esperando dos nossos pastores uma palavra lúcida e uma atitude de misericórdia", escreveu Marcelo, ex-seminarista e ativista da Federação Argentina LGBT.

Quando leu a carta de Bergoglio para as freiras, ele ficou arrasado e decidiu escrever outra carta para ele, mas não esperava resposta, e menos ainda tão rápido. Quando o celular tocou e era ele, Marcelo se surpreendeu.

— Por que o senhor fez isso? — foi a primeira coisa que perguntou ao cardeal.

Bergoglio agradeceu a carta e disse que estava de acordo com grande parte do que Marcelo tinha escrito.

— Tenho um grande respeito pela comunidade homossexual — ele disse.

— Então por que o senhor fez isso?

— Porque não é o momento apropriado para essa lei ser aprovada.

Mas como assim? Não era o momento para "destruir o plano de Deus"? Tem algum momento apropriado para isso? Ou será que o cardeal não acreditava em suas próprias palavras? Se não era uma questão de fé, se não havia uma "ameaça contra a família" nem uma manobra de Satã, mas apenas não era o momento

apropriado para aprovar a lei, o que ele escreveu não seria então uma forma de "usar o nome de Deus em vão", dar falso testemunho, mentir?
Não lembrava, Bergoglio, os dez mandamentos?
— Esse tema foi usado para contendas políticas, e as coisas se complicaram. Quer dizer: por uma questão política ele tinha declarado a guerra em nome de Deus.
Curiosa lógica.
As mesmas justificativas que ele usou no diálogo com Marcelo seriam repetidas por seus colaboradores nos diálogos *off the record* com os jornalistas. Que Aguer o pressionava, que era um problema político, que teria preferido não ter de enviar aquela carta. Segundo os porta-vozes do cardeal, Aguer o acusava de "brando".
— Sua luta interna com Aguer é ideológica? — perguntei a Herrero Garisto.
— Há pequenos matizes, mas é principalmente uma luta de poder pela direção da Igreja católica. Aguer vem fazendo *lobby* para ser nomeado cardeal e, oportunamente, ocupar o lugar de Bergoglio como arcebispo primaz da Argentina.
— E como é Aguer?
— É um homem formado, um intelectual de direita que segue a linha do pior do integrismo e do nacionalismo católico argentino. Esse é o lugar onde está e de onde julga uma sociedade que avança na laicidade e "se distancia de Deus". Mas seu tom e sua maneira de se dirigir, por mais que contenha toda essa bagagem ideológica, são profundamente didáticos, com um manejo de todos os meios de comunicação superior ao de Bergoglio. Passou a ser arcebispo de La Plata graças a seus contatos no Vaticano, basicamente o cardeal Sodano e o ex-embaixador menemista Esteban Caselli, "cavalheiro de sua Santidade", um título honorífico que poucos têm e que abre portas. Ganhou-o graças a sua gestão "pró-vida" durante o governo de Carlos Menem, quando conseguiu o alinhamento automático desse governo com as políticas vaticanas.
Bergoglio culpava Aguer, mas, com aquela carta, acabou ficando à direita dele.
E depois, quando a lei saiu, Aguer colocou a culpa em Bergoglio.
Até o *La Nación* o culpou, num artigo publicado na primeira página.[77] E, em parte, tinham razão: a radicalização do discurso da Igreja pela boca da sua autori-

---

77 DE VEDIA, Mariano. La carta de Bergoglio, un error estratégico. *La Nación*, 16/07/2010.

dade máxima, não fez mais que nos ajudar. Até a carta de Bergoglio, havia alguns senadores governistas que, por seus preconceitos ou por medo de represálias dos bispos de suas províncias, iam votar contra a lei. Eles se justificariam dizendo que se tratava de uma dissidência pontual que não colocava em dúvida sua lealdade ao governo. Porém Bergoglio fez com que essa justificativa se tornasse impossível.

O cardeal insinuou em sua carta às freiras carmelitas que Néstor Kirchner era o próprio Demônio. *"Aqui também está a inveja do Demônio pela qual entrou o pecado no mundo, que astutamente pretende destruir a imagem de Deus."*

E disse "guerra".

Na verdade, não disse: escreveu; se tivesse dito apenas, poderia ter sido um desabafo, escapou num momento sem pensar, mas não. Teve tempo de pensar antes de assinar. "Guerra", repetiu, para que ficasse claro. Os senadores governistas que estavam em dúvida anotaram a novidade.

Numa guerra não há dissidências. Ou se está de um lado, ou de outro.

E não era qualquer guerra: era uma guerra de Deus.

Guerra Santa. *Jihad.*

Parecia um proclama da Al-Qaeda, do Hezbolá ou do Hamás. Parecia Oriente Médio e não Buenos Aires. Recebi a carta em 7 de julho,[78] de um amigo que recebe correspondências internas da Igreja. Reenviei-a na hora para uma editora-chefe do *Tiempo Argentino*, que fez a manchete no dia seguinte: "Casamento gay: Bergoglio chama para uma 'guerra de Deus'", provocando todo tipo de reações políticas. A agência da Igreja, AICA, também começou a difundi-la.[79] Quando o jornalista Gustavo Sylvestre me colocou no ar no seu programa de rádio para comentá-la, eu disse:

— Não estamos em guerra com ninguém. E não me parece que o debate democrático de uma lei possa ser questionado em termos de guerra, menos ainda de "guerra santa". Isso não existe na Argentina. Mais que pelo cardeal Bergoglio, parece que esse texto foi escrito por Osama Bin Laden.

Foi o discurso que adotamos para responder. Em vez de levar a sério, havia que mostrar até que ponto a oposição da Igreja era demencial. O cardeal nos deu de bandeja, e ficou como um louco.

---

78 A carta está datada 22/6, mas só se fez pública em 8/7 em *Tiempo Argentino*.
79 O jornalista Joaquín Morales Solá escreveu em *La Nación* que a AICA havia difundido a carta sem a autorização de Bergoglio, como parte da disputa interna da Igreja, mas a agência respondeu esclarecendo que o *Tiempo Argentino* e a agência oficial, Télam, já haviam divulgado antes. Na verdade, o primeiro lugar em que foi difundida foi no boletim da cúria portenha — uma espécie de boletim oficial que traz as nomeações, resoluções administrativas e demais —, que depende diretamente de Bergoglio, e qualquer um pode assinar. Daí enviaram para mim e eu enviei para o *Tiempo Argentino*. Depois a Télam a encontrou, e por último a AICA.

Porém o mais importante foi que, ao declarar guerra, ele obrigou os soldados a formarem fileiras. E Kirchner aproveitou para jogar o jogo de que mais gostava: combater um inimigo indefensável.

Apesar disso, não é verdade, como depois alguns políticos da oposição diriam, que Kirchner tenha usado o casamento gay para atacar a Igreja ou procurar um novo inimigo. Foi a Igreja que instalou esse cenário. Nem a Federação, nem Di Pollina, nem Vilma Ibarra, nem Silvia Augsburger, nem os deputados de quase todas as bancadas que assinaram os projetos, nem os setores sociais que os apoiaram, nem o Governo, nem Néstor, nem Cristina, nem os líderes da oposição que apoiaram a reforma (inclusive, Mauricio Macri) nunca pensaram o casamento igualitário como uma queda de braço com a Igreja. Menos ainda como uma guerra.

Mas quando Bergoglio mandou essa carta, Kirchner aceitou o desafio. E então, sim, foi uma guerra. Se já estava convencido a apoiar a lei, após a carta do cardeal, o ex-presidente colocou o uniforme de comandante.

Néstor não gostava de perder nem na bolinha de gude.

E menos ainda para um homem que insinuava que ele era o Demônio.

O cardeal ordenou que no domingo prévio à votação no Congresso, todos os padres do país lessem durante a missa uma declaração contra o casamento homossexual. Vários bispos também falaram contra a lei durante o *Te Deum* de 9 de julho em cada província. A Presidenta respondeu nesse mesmo dia, em Tucumán, que "se as maiorias restringirem os direitos das minorias, entraríamos numa fase muito ruim da nossa sociedade."[80]

Um supernumerário do Opus Dei, Benigno Blanco, ex-funcionário de José María Aznar, viajou especialmente à Argentina para colaborar com a Igreja católica e as igrejas evangélicas extremistas na organização de uma passeata contra a lei.

Kirchner, por sua parte, acusou Bergoglio de pressionar o Congresso e disse que sua posição era "obscurantista".

A pressão aumentou de ambos os lados. Vários senadores governistas que estavam em dúvida se enfileiraram: se votassem contra a lei, seriam traidores. A discussão já era outra.

O cardeal declarou a guerra e perdeu.

Demos graças ao Senhor.

---

[80] Fuerte escalada del conflicto entre el Gobierno y la Iglesia por el matrimonio gay. *Clarín*, 09/07/2010.

"Basta de injustiça"

No mesmo dia em que *Tiempo Argentino* publicou a chamada à guerra santa de Osama Bergoglio, a revista *Veintitrés* chegou às bancas com uma capa inédita. Até aquele momento, a maioria dos meios de comunicação e a maioria dos jornalistas haviam mostrado simpatia e apoio à campanha do casamento igualitário, com maior ou menor compromisso. Alguns meios, como os jornais *Página/12* e *Crítica de la Argentina*, haviam assumido uma posição mais "militante", enquanto outros, como o *Clarín*, adotaram uma linha editorial em geral favorável, mas mantendo uma certa distância.

Entretanto, a equipe editorial da *Veintitrés* decidiu tornar pública, na capa, sua adesão institucional à campanha da Federação. Uma colagem com fotos de Natalia Oreiro, Enrique Pinti, Ricardo Darín, Guillermo Francella, Luciano Castro, Florencia Peña, Julieta Cardinali, Andrés Calamaro e Norma Aleandro segurando os cartazes da campanha dos Guerreiros do Arco-íris rodeava o título da capa: "Basta de injustiça".

A revista trazia um trabalho de pesquisa sobre adoção e famílias homoparentais que apresentava na capa como uma forma de apoio à lei: "Filhos de casais homossexuais pedem aos senadores que não os discriminem. Diferentes figuras demandam que todos sejam iguais perante a lei. A *Veintitrés* se soma à reivindicação e traz uma reportagem reveladora sobre as mentiras e pressões da cruzada antigay. Porque o país não pode desperdiçar esta oportunidade histórica".[81]

— *Veintitrés* é uma revista progressista, que tomou a decisão editorial de defender a lei do casamento igualitário como uma causa própria e de seus leitores — explica o jornalista Diego Rojas, um dos editores-chefes da redação —. Em 2009, com uma capa na qual o estilista Roberto Piazza e seu companheiro Walter Vázquez aparecem segurando juntos um bebê no colo, começou a tratar da questão das novas famílias que a lei ampararia. Piazza e Vázquez anunciaram naquele artigo que se a lei fosse aprovada eles se casariam.

— Decidiram, de algum modo, quebrar essa pretensa "objetividade" jornalística e explicitar uma posição política?

— Sim, sob a gestão de Roberto Caballero como diretor, a revista já havia se pronunciado a favor de alguns temas que considerava cruciais. Teve capas a favor dos operários da fábrica alimentícia Kraft (e chamava a boicotar os produtos de Terrabusi até que a empresa cedesse diante das reclamações

---

81 Capa. *Veintitrés*, 08/07/2010.

trabalhistas) e declarou-se a favor da aprovação da Lei da Mídia. A atitude de compromisso diante de certos temas que a direção editorial considerou fundamentais foi mantida sob a gestão do diretor Jorge Cicutin.

— Como foi a decisão de apoiar o casamento gay?

— Foi discutida na redação. E decidimos ter como eixo não o direito a se casar que toda pessoa tem, mas sim o fato de que os filhos dos casais gays ou lésbicas já constituídos ou a se constituir careciam de direitos civis de que os filhos de casamentos heterossexuais gozavam.

— Você escreveu esses artigos e o fez abertamente como gay...

— Mostrei que quem escrevia os textos era gay porque me parecia pertinente, já que o tema me implicava de maneira pessoal. Acho que essa série de artigos e a capa que posicionou a revista a favor da lei se inscrevem nas contribuições realizadas pelos diferentes setores sociais para a que a lei fosse aprovada, neste caso por meio do jornalismo. Ter podido usar a primeira pessoa faz com que eu sinta que também contribuí, mediante o ofício que exerço, com um grãozinho de areia para esse grande passo que toda a sociedade deu.

Cristina: "Parece o tempo das cruzadas"

No dia 13 de julho, um dia antes da votação da lei, a Presidenta fez declarações em Beijing respondendo à declaração de guerra de monsenhor Bergoglio. Cristina já havia se pronunciado a favor da reforma do Código Civil durante o ato de 9 de julho em Tucumán, mas suas palavras numa entrevista realizada durante sua visita à China foram mais duras, já que se referiu pela primeira vez ao conflito com a hierarquia da Igreja católica: "Expressões como 'guerra de Deus' ou 'projeto do demônio' remetem aos tempos da Inquisição, principalmente vindo daqueles que deveriam incentivar a paz, a tolerância, a diversidade e o diálogo, ou pelo menos isso é o que sempre disseram nos documentos",[82] disse a Presidenta, e acrescentou: "Parece o tempo das Cruzadas, imagino Rolando indo conquistar o Santo Sepulcro. Isto não é bom porque nos questiona como sociedade, um lugar onde ninguém quer estar".

Cristina Kirchner também questionou a manobra legislativa de Negre de Alonso e se referiu ao seu projeto de "união civil", insistindo na cláusula incorporada pela senadora que permitiria que os funcionários dos registros civis apresentassem uma "objeção de consciência" para se negar a atender os casais

---

[82] CIBEIRA, Fernando. Como en la Inquisición. *Página/12*. 13/10/2010.

do mesmo sexo: "Aceita-se a objeção de consciência, que um funcionário possa deixar de te atender em um trâmite por esta questão. Ou seja, deixariam de te atender porque você é gay ou lésbica. Não quero viver numa sociedade onde um funcionário decide se me atende ou não por minha escolha sexual", disse.

A Presidenta explicou que havia decidido se manifestar porque, quando anos depois se lembrasse do debate sobre os direitos dos casais homossexuais, queria que se soubesse de que lado tinha estado, e garantiu que a polêmica sobre a reforma do Código Civil "em alguns anos será vista como uma discussão anacrônica".

Tela dividida

No mesmo dia em que a Presidenta dava estas declarações na China, a Igreja católica, aliada com as igrejas protestantes extremistas, fazia o máximo de esforço em Buenos Aires, seguindo a linha dura de confrontação liderada e impulsionada pelo arcebispo platense. Convocaram um ato no Congresso, para o qual mobilizariam refeitórios públicos, escolas, paróquias e templos. A cidade de Buenos Aires estava abarrotada de cartazes com a convocatória. O cardeal Jorge Bergoglio pediu, por carta, aos reitores das universidades católicas, capelães e sacerdotes de todas as igrejas, que "facilitassem os meios" para que os fiéis pudessem participar. De vários colégios católicos do país saíram ônibus com alunos usando uniforme escolar.

"Como se diz 'pelo cachorro-quente e pela coca'[83] em latim?", o jornalista Daniel Seifert perguntava no Twitter e, em seguida, respondia: "Cáritas". Como em muitos atos políticos, o aparelho foi acionado, apelando a todos os métodos assistencialistas e extorsivos que, quando usados pelo peronismo ou pelos "piqueteiros", escandalizam os setores mais conservadores, mas quando a Igreja usa, recebe o perdão e a graça divina. Os estudantes da UCA receberam e-mails das autoridades universitárias, convocando para que assinassem uma petição *on-line* contra a lei e comparecessem ao ato. Em algumas universidades e colégios católicos, suspenderam as aulas ou anunciaram que não as faltas dos alunos seriam registradas, e ofereceram serviço de transporte gratuito. Era previsível que reunissem muitas pessoas.

Tínhamos de fazer algo para minimizar o impacto midiático e político que milhares de pessoas contra a lei reunidas em frente ao Congresso provocariam. Assim nasceu o "barulhaço".

---

83 *"Por el pancho y la coca"* é uma expressão usada pela direita para desqualificar a participação de pessoas pobres em comícios políticos. Dizem que foram apenas para receber a refeição, daí a ironia do Daniel.

Como não tínhamos tempo nem meios para montar uma mobilização paralela que reunisse um número "competitivo" de pessoas, decidimos convocar, no mesmo dia, na mesma hora, dezenas de manifestações menores, mais baratas e mais fáceis de organizar. Palco, som, microfones ou qualquer coisa do tipo não seriam necessários. A ideia era que, em diferentes esquinas das principais cidades do país, ativistas e pessoas que apoiavam a lei convocassem amigos, vizinhos e pessoas que passassem pela rua para se concentrarem com cartazes e bandeiras do orgulho, e que levassem vuvuzelas, panelas, apitos, buzinas, o que tivessem à mão, para fazer barulho, muito barulho.

Em vez de um ato contra outro, teríamos um ato contra dezenas de pequenas manifestações com um estilo mais espontâneo e alegre, que certamente teriam a adesão de muitos transeuntes. Seria suficiente para "dividir a tela". Ou seja, que na hora marcada, os noticiários tivessem de dividir o televisor ao meio e mostrar, de um lado, o ato contra a lei e, de outro, os atos a favor, sem que a imagem levasse a comparar a quantidade de pessoas em um e nos outros.

Foi na cidade de Buenos Aires que mais barulhaços aconteceram. Mas eles também foram organizados na Grande Buenos Aires e em várias cidades do interior. Participaram as juventudes políticas — de partidos da base governista e da oposição —, as organizações de direitos humanos e diversos movimentos sociais que apoiavam a lei.

Mas uma das principais ferramentas para a convocação ao barulhaço foi a página do Facebook. Várias esquinas se auto-organizaram através das redes sociais, e somente no Obelisco se reuniram cerca de mil pessoas, que fizeram barulho até depois da meia-noite.

— Por que estão tão contentes, se a lei ainda não saiu? — perguntou uma jornalista aos manifestantes.

— Porque já ganhamos, a igualdade vai chegar e não se pode voltar atrás — respondeu um dos barulhentos, e continuou tocando sua vuvuzela no meio de uma festa.

O que foi, *Clarín*?

A partir do momento em que Kirchner começou a manifestar seu apoio à lei, começamos a perceber uma mudança na atitude de alguns meios de comunicação em relação ao debate. A questão começou a se mover da seção "sociedade" para a seção "política", com tudo o que isso implica. Quando a comissão presidida por Negre de Alonso deu o parecer contra o casamento gay, os meios de comunicação do grupo Clarín colocaram como uma "derrota do governo".

No canal de notícias do TN, um repórter entrevistava o senador Luis Juez e o interpelava sobre sua assinatura no parecer favorável:

— O senhor é um senador da oposição, mas apoiou este projeto do kirchnerismo. Por quê? — perguntou o jornalista.

— Não é um projeto do kirchnerismo. Na Câmara dos Deputados, legisladores de todos as bancadas apoiaram. Não tem nada a ver... Sou a favor da igualdade de direitos, e não me importa a posição do governo — respondeu Juez, em resumo.

— Mas, senador, o projeto é promovido pelo Governo...

— Não tem nada a ver!

Juez estava começando a se irritar, e o jornalista insistia em questionar por que ele não havia votado contra, como se tivesse passado a ser governista. Na tela, aparecia a expressão "lei do casamento K", uma frase que recordava a que o grupo tinha usado contra a nova lei de serviços de comunicação audiovisual, que chamaram de "lei da mídia K".

Aí nos preocupamos.

Se, pelo seu confronto com o Governo, o grupo Clarín começava a jogar contra o projeto, surgia um inesperado e poderoso inimigo. Até então, em geral, a linha editorial tanto do jornal como dos canais de televisão e das estações de rádio do grupo — como a de quase todos os meios de comunicação, com exceção do *La Nación* e alguns jornais provinciais conservadores — tinha sido favorável à lei. Por isso nos surpreendeu quando, naqueles dias, um artigo publicado no jornal insistia em registrar o projeto com a lógica "governistas *versus* oposição", com clara intenção política.

O jornalista que assinava a matéria, que era a favor da lei, nos ligou preocupado:

— Mudaram os três primeiros parágrafos, eu não escrevi isso — assegurava.

Consegui me comunicar com um importante diretor de um dos meios do grupo e coloquei a situação. Expliquei a ele que, apesar de o Governo apoiar o projeto e de que tanto Néstor quanto Cristina estarem empenhados em aprová-lo, se tratava de uma iniciativa que tinha surgido da sociedade civil, que tinha a ver com os direitos de uma parte da população e que também contava com o apoio de vários líderes de primeira ordem da oposição, de várias universidades públicas, de federações de estudantes, de sindicatos, de organizações de direitos humanos etc. Era muito mais que uma "lei K".

— Por favor, não misturem nossos direitos com a guerra que têm com o Governo. Não tem nada a ver uma coisa com a outra — disse a ele.

Meu interlocutor, surpreso, garantiu que não havia nenhuma decisão política do grupo em relação ao assunto e me lembrou de várias matérias favoráveis que foram feitas durante o debate. Era verdade, e eu disse que me lembrava e por isso achava estranho e estava preocupado com o que tínhamos visto nos últimos dias.

— Se alguém disse ou colocou "lei do casamento K" na tela, foi um erro, vou tentar averiguar o que aconteceu, mas não acontecerá mais. E garanto que não há nenhuma má intenção, muito pelo contrário — disse.

— Posso pedir uma coisa, então?

— Diga...

— Façam uma cobertura equilibrada do nosso "barulhaço", para que não se note tanto a marcha da Igreja...

Dito e feito. Foi um sucesso: tela dividida, metade nós, metade eles. Os outros canais acabaram fazendo o mesmo, e nosso barulhaço, feito sem um tostão e com muito esforço militante, com muito menos pessoas, mas espalhadas por vários pontos de concentração, competiu na mídia com a fortuna que a Igreja tinha gasto para mobilizar mais de vinte mil pessoas em frente ao palácio legislativo — embora, com muito exagero, dissessem que eram duzentas mil.

As cenas vistas, por outro lado, nos favoreciam bastante.

No Congresso, havia cartazes com *slogans* como "Argentina = Sodoma", "A Argentina será boiola?" e uma enorme bandeira mostrando uma porca e um parafuso! No nosso barulhaço, por outro lado, os cartazes falavam de amor, liberdade e igualdade. As legendas do noticiário, agora, diziam: "Atos a favor e contra o casamento gay".

Dois dias antes do ato e dos barulhaços, o *Clarín* publicou um editorial claramente a favor da lei,[84] na coluna diária da seção "Do editor para o leitor", assinada pelo número um de redação, Ricardo Kirschbaum, que concluía dizendo: "o casamento gay deve ser aprovado".[85]

Finalmente, Kirchner e o *Clarín* voltavam a concordar com alguma coisa.

---

84 Não acredito que nossas gestões junto aos jornalistas do grupo, nem meu diálogo com o mencionado diretor tenham tido a ver com esse editorial. Obviamente, os gestos dos dias anteriores tinham sido decisões individuais de alguém "mais papista que o Papa", ou então houve tentativa e erro e decidiram voltar à linha editorial de apoio à lei que, embora não expressamente, eles tinham tido até a intervenção de Néstor Kirchner no debate.

85 KIRSCHBAUM, Ricardo. Tolerancia y diversidad. *Clarín*, 11/07/2010.

O cu fechado

Enquanto a marcha antigay e os barulhaços aconteciam, María Rachid debatia, no canal C5N, com o deputado saltenho Alfredo Olmedo. O legislador, um personagem pitoresco que ia para todo lugar com uma jaqueta amarela e queria ficar famoso se opondo ao casamento gay e pedindo o retorno do serviço militar obrigatório, tinha dito ao jornalista Jorge Lanata, numa entrevista que depois faria furor no Youtube:

— Tenho a mente fechada e o cu também.

Logo depois, o jornal *Crónica* publicaria na capa uma foto de Olmedo no conhecido bordel portenho Cocodrilo, admirando o show de um *stripper* masculino.

— A senhora é uma mulher bonita, tenha um filho de forma natural. Um dia vai me agradecer: "Obrigada, Alfredito, mudou minha vida, tive um filho naturalmente" — o deputado dizia para María, que não podia acreditar no que ouvia, ria e respondia:

— Para ter um filho, não preciso dos seus conselhos.

Olmedo chegou a se oferecer para "ajudá-la" a tê-lo.

— O senhor acha que ela vai mudar? O senhor mudaria? — perguntou o jornalista Eduardo Feinmann.

— Não... Eu não vou mudar. Um dia sofri um acidente de moto, caí para trás, e algo se meteu dentro de mim... e eu não gostei, então eu sou bem homem! Experimentei e não gostei! E eu estou defendendo a família normal — respondeu o deputado.

No início, María discutia com ele, depois deixou de levá-lo a sério. O tipo era um palhaço, então ela o deixava falar, ria e, em seguida, argumentava em favor da lei, pensando mais na audiência do que em Olmedo.

A audiência não parava de subir, e da produção faziam sinais para que eles estendessem o debate o máximo possível. Era bizarro.

Coitado do filho do palhaço, a quem ele mostrava como um troféu — "meu filho é bem machinho" —, e coitado, sobretudo, de um de seus familiares diretos, que é gay e deve sentir vergonha de ter um parente assim, e, ainda por cima, deputado.

No dia do debate da lei no Senado, comentando o episódio, a deputada Cecilia Merchán recordava o que Olmedo tinha dito a Lanata:

— Tenho a mente fechada e o cu também.

— Aí está a explicação — me disse Checha, com humor cordobense —. De tanto ter o cu fechado, toda a merda lhe subiu à cabeça.

E se vencermos?

Desde que a lei foi aprovada na Câmara dos Deputados, os otimistas começaram a se convencer de que a hora havia chegado e os pessimistas começaram a jogar baldes de água fria. Mas, entre os ativistas, naquele momento — não seria sempre assim, aconteceu de tudo ao longo do caminho — só havia otimismo.

Mas não faltava quem nos dissesse todos os dias:

— Parabéns, na verdade é impressionante o que vocês conseguiram, mas no Senado não conseguirão, se preparem para isso. De qualquer modo, já é um grande avanço, a lei virá em alguns anos.

No início, muitos jornalistas e muitos políticos pensavam assim. O Senado é mais conservador, já se sabe, porque muitas províncias pequenas e conservadoras têm, juntas, mais peso que os grandes estados, com muito mais população e mais progressistas.

Agora que já passou e ganhamos, podemos fazer a pergunta: para que serve o Senado? Supostamente, a Câmara dos Deputados representa o povo da Nação e o Senado, as províncias.

Por isso, a representação das províncias na câmara baixa é proporcional ao seu número de habitantes, enquanto na câmara alta são três senadores para cada uma, de modo que os cerca de 14 milhões habitantes da província de Buenos Aires (de acordo com o censo de 2001; agora devem ser mais) têm a mesma quantidade de votos no Senado do que os pouco mais de 600 mil de San Juan.

É lógico que, para decidir, por exemplo, a distribuição dos recursos federais, a coparticipação de impostos ou outras questões que afetam os interesses das províncias, exista esse resguardo. Se não fosse assim, Buenos Aires imporia a San Juan o que quisesse. Mas, em que afeta o casamento gay — por exemplo — os interesses de uma ou de outra província?

Talvez um dia devamos avançar em direção a uma reforma constitucional que substitua o anacrônico Senado por um corpo com outro perfil e funções limitadas, que sirva como câmara revisora dos projetos que, em determinadas matérias, afetem os interesses provinciais. Já para todas as outras questões, o parlamento deveria funcionar na forma unicameral.

É apenas uma ideia...

Mas falemos sobre otimismo e pessimismo.

Ao longo do caminho, houve momentos em que parecia que estávamos ganhando e outros em que parecia que estávamos perdendo. No início, íamos cada vez melhor, mas quando a Igreja começou a exercer pressão sobre os senadores começamos a perder votos todos os dias. Nos dias que antecederam a votação, havia muitas dúvidas.

Na noite anterior à sessão, após a barulhaço e a marcha laranja, enquanto María brigava na televisão com o senador Petcoff Naidenoff, na casa de Greta, conversamos com vários companheiros, e surgiu a pergunta:

— E se perdermos?

Então, começamos a analisar como deveria ser o nosso discurso.

Que não tínhamos de nos deixar vencer. Que é uma batalha, mas não a guerra. Que na Espanha perderam muitas votações antes de ganhar. Que tínhamos de destacar os avanços que tínhamos conseguido em tão pouco tempo. Que a decisão judicial sairia com certeza...

Até que chegaram as *empanadas*, comemos e mudamos de assunto.

Mais tarde, eu disse para Greta:

— Você se deu conta de que somos um bando de esquerdistas acostumados a perder? Ficamos uma hora discutindo o que faremos se perdermos e não nos perguntamos o que faremos se ganharmos.

Bolsa de valores

Se na Câmara dos Deputados há 257 representantes e no Senado apenas 72, distribuídos, ademais, numa quantidade menor de bancadas políticas — ainda que pareça mentira, havia na época 35 bancadas na câmara baixa e 24 na câmara alta — seria lógico que fosse muito mais simples averiguar, rapidamente, com quantos votos a favor e quantos contra poderíamos contar.

No entanto, uma coisa é a lógica e outra coisa é a política.

E outra bem particular é a política argentina.

Desde o dia em que o projeto do casamento gay chegou ao Senado, começaram a circular todos os tipos de listas com contagem de votos, especulação, rumores, confirmações que depois eram refutadas, promessas que eram descumpridas, operações, dúvidas, pessoas com as quais "temos de falar" para que tal senador vote de tal maneira — e até tarifários.

Os votos, todos os dias, iam mudando como se fosse o preço das ações na bolsa de valores ou o câmbio do dólar, do euro e do real.

A quanto fechou o Senado hoje?

Contávamos um voto. Perdíamos dois. Quatro deram pra trás. Recuperamos um. A Igreja está nos tirando três. Há um que antes era certo, agora está em dúvida. Três prometeram se ausentar. Há dois que votariam, desde que...

Os principais jornais e revistas realizavam sua própria contagem e iam atualizando. Alguns também divulgavam dados falsos. Nós inflávamos um pouco nossos números e nossos adversários faziam o mesmo: sempre há alguns indecisos que acabam se inclinando para onde parece que o vento sopra, então tínhamos de soprar com todas as nossas forças.

No dia da votação, o *site* da revista especializada *Parlamentario* dizia que havia um empate de 32 votos e que o desempate (a favor da lei) caberia ao presidente provisório, José Pampuro, já que o vice-presidente Julio Cobos estava encarregado do Poder Executivo por causa de uma viagem da Presidenta e não poderia presidir a sessão. *Infobae* assegurava que havia entre 31 e 33 votos a favor e entre 33 e 34 contra. *La Gaceta Argentina* dizia que a lei seria aprovada com 35 votos, embora depois relativizasse, enquanto para o reconhecido portal mendocino *MDZ* havia empate, com 33 votos de cada lado. Dias antes, o *Clarín* tinha garantido que havia 32 votos a favor, 30 contra e 10 indecisos; *Parlamentario* havia dito que o "não" ganharia por um voto e o *site* gay *SentidoG*, que haveria 37 votos a favor.

Se tivesse sido um jogo de apostas, ninguém teria levado o prêmio. Nenhuma das previsões anteriores acertou o resultado da votação.

Nem a nossa.

A última vez que atualizei a planilha do Excel onde registrávamos cada passe, três dias antes da votação, eu tinha 31 votos a favor, 30 contra, quatro abstenções ou ausências e sete indecisos. Se contar os votos a favor e contra do resultado final, o leitor vai pensar: "Não erraram por tanto".

Mas erramos por mais do que parece.

Entre os que contávamos a favor, houve um que votou contra e outra que se absteve; entre os que contávamos contra, houve três que votaram a favor, dois que se abstiveram e quatro que não compareceram; entre os que contávamos que se absteriam, uma votou a favor e outro contra. Finalmente, entre os que contávamos como indecisos ou "duvidosos", cinco votaram contra e dois a favor.

E essa era a lista de três dias antes da votação, depois de falar com um por um em cada gabinete mais de uma vez, revisar as declarações públicas que cada senador tinha feito para as mídias nacional e local, consultar os colegas etc. Se comparássemos o resultado com a planilha da semana anterior, as diferenças seriam maiores. "Há 35 votos a favor confirmados, 15 contra e 20 indecisos, muitos dos quais tiveram posições favoráveis a medidas como o aborto legal, por exemplo",[86] María disse em 19 de maio ao *Página/12*.

---

86 RODRÍGUEZ, Carlos. El Senado ya puso fecha. *Página/12*, 19/05/2010.

Tínhamos esses números. Depois tivemos outros. E, mais tarde, outros diferentes.

A verdade é que até cerca das três da manhã de 15 de julho de 2010, quando faltava pouco mais de uma hora para a votação, não sabíamos com certeza o que aconteceria.

De manhã, ganhávamos. À tarde, estávamos na dúvida. À meia-noite, perdíamos. Quando finalmente votaram, ganhamos.

Como uma lei é aprovada no Senado argentino?

É o que tentarei explicar nos próximos capítulos.

Real politik

Primeiras sondagens

Houve senadores cujo voto nunca esteve em dúvida.

Rubén Giustiniani, do Partido Socialista, tinha sido um aliado da Federação desde que lançamos a campanha pela lei, e seu gabinete era nosso *bunker* no Senado. María Eugenia Estenssoro, da Coalizão Cívica, tornou público o seu apoio durante a campanha na qual foi eleita senadora em 2007. Da Frente para a Vitória, sabíamos de cara que contávamos com Miguel Angel Pichetto — o líder da bancada governista que trabalhou como faz sempre que um projeto é uma prioridade para o governo e esteve todo o tempo em comunicação com a Federação —, Daniel Filmus, Elena Corregido, Eric Calcagno e Nicolás Fernández. Também contávamos, no início, com Fabio Biancalani, que depois virou a casaca e disse que votaria contra, mas no final se absteve. Da UCR, Gerardo Morales já havia manifestado publicamente seu apoio em 2009, e Ernesto Sanz e Alfredo Martínez se manifestaram logo que o projeto foi para a câmara alta. A cordobense Norma Morandini tinha assinado o projeto em 2007, quando era deputada, então não havia dúvidas, e seu companheiro de bancada, Luis Juez, adiantou o voto afirmativo em todos os meios. Embora tempos antes tenha tido dúvidas e feito declarações contraditórias, Juez foi, durante o tratamento da lei no Senado, um dos que mais a promoveram, estava em toda parte, denunciando em vários momentos as manobras de Negre de Alonso, e pronunciou um dos melhores discursos da sessão de 14 de julho. Também tínhamos certeza dos votos dos fueguinos María Rosa Díaz e José Martínez, aliados políticos de Fabiana Ríos. Díaz tinha sido cossignatário, tempos antes, do *amicus* que a Governadora apresentou no Supremo Tribunal Federal apoiando a ação de amparo de María e Claudia.

Contra, descontávamos nossa arqui-inimiga Negre de Alonso, Chiche Duhalde, o kirchnerista sanjoanino César Gioja e os saltenhos Juan Carlos Romero,[1] Juan Pérez Alsina e Sonia Escudero. O caso da província de Salta é especial. Todos os deputados e senadores que representam esse estado, o governador Juan Manuel Urtubey e quase todas as lideranças locais, entre as quais o ridículo deputado Olmedo, militaram abertamente a favor da discriminação contra gays e lésbicas.

Inclusive um importante político saltenho que é homossexual e vive escondido no armário.

A senadora Escudero foi o braço direito de Negre de Alonso em sua cruzada homofóbica e fez um dos discursos mais duros contra a lei durante a sessão.[2]

— Meu maior sonho na vida é sair daqui; não estou falando em ir para Buenos Aires, mas pelo menos para alguma outra província onde não nos tratem tão mal. É muito difícil ser gay em Salta — me dizia um companheiro da Federação dias antes da votação da lei do casamento igualitário no Senado.

Entretanto, mais difícil ainda é ser travesti em Salta: como jornalista me coube publicar as denúncias que recebia de assassinatos, extorsão policial, detenções ilegais e torturas em delegacias de polícia contra as travestis da província.[3] Na Salta de Urtubey, como antes na de Romero, a ditadura não acabou para uma parte da população, e a democracia continua sendo um futuro a conquistar.

Além dos senadores mencionados, também supúnhamos, por sua história, que Carlos Menem votaria contra a lei, mas desde o primeiro dia houve rumores de que poderia se ausentar ou se abster. Um dos seus assessores, inclusive, disse a Esteban: "não o considerem contra sem antes falar com ele, talvez ele surpreenda e vote a favor". Também sabíamos que a mendocina Laura Montero, alinhada com o vice-presidente Cobos, era contra — de fato, ela apresentou um projeto de "união civil" —, mas desde o primeiro dia corria o boato de que iria se abster na votação, o que foi repetido por vários meios de comunicação. No final, não foi assim.

---

[1] Romero, assim como Rodríguez Saá e Reutemann, aprovou o parecer de Negre de Alonso que rejeitava o casamento gay e, ao perder essa votação, se retirou sem participar da segunda, na qual foi colocado em consideração o parecer da minoria, que propunha aprovar a lei.
[2] O impacto cultural que o debate e a aprovação do casamento igualitário tiveram na Argentina foi tão grande que, em 2012, quando o Senado aprovou (por unanimidade!) a lei de identidade de gênero, a mais avançada do mundo, que reconhece o direito de identidade e de decidir sobre seus corpos a travestis e transexuais, a senadora Escudero não só votou a favor, como fez um discurso tão lindo, tão correto, tão progressista, que parecia outra pessoa. Liliana Teresita Negre de Alonso faltou à sessão para não ter de suportar o constrangimento de ser a única a votar contra.
[3] BIMBI, Bruno. Nunca sabemos si vamos a salir con vida. *Crítica de la Argentina*, 26/10/2008.

A partir desses primeiros dados, começamos a fazer contas, somando e subtraindo, a cada dia, com base no que íamos averiguando. Eu usava uma planilha do Excel que era atualizada o tempo todo com as novidades que todos iam informando à lista de discussão interna da Federação.

Todos os dias, María e Esteban se reuniam com senadores de diferentes bancadas e faziam um relatório. Eu me encarregava de contatar gabinete por gabinete, como ativista da Federação, e Damián Hoffman fazia o mesmo, mas apresentando-se como jornalista. Vários outros companheiros dividiam as listas de senadores para telefonar. Os ativistas das organizações de base de cada província pediam entrevistas com seus senadores e depois contavam o que eles tinham respondido. Além disso, todas as manhãs, eu procurava novidades nos meios de comunicação nacionais e provinciais e fazia buscas no Google com o termo "casamento gay", junto com o nome de cada senador do qual não tivéssemos o voto confirmado, um por um, para ver se tinham feito declarações públicas sobre o assunto.

Os fãs da página do Facebook "Eu sou a favor da legalização do casamento gay" deixavam mensagens nos murais dos senadores de suas províncias, enviavam e-mails ou ligavam para o gabinete, e depois comentavam a resposta obtida. Diego Mathé, Agustín Marreins e Alejandro Nasif se encarregavam de alertar sobre as novidades que chegavam por ali, bem como de fazer suas próprias ligações.

Vilma Ibarra ia passando a informação que circulava no Congresso e o que ela mesmo falava com senadores de diferentes bancadas. Rubén Giustiniani fazia o mesmo. María estava em constante comunicação com Pichetto e Filmus, encarregados da contagem dos votos dentro do partido do governo. Os companheiros da JxI e da Juventude Radical percorriam os gabinetes dos senadores do Acordo Cívico y Social.[4]

Por último, um funcionário do INADI, Dante Bowen, se encarregava novamente de ligar para todos aqueles que tinham confirmado o voto a favor, para agradecer, reforçar e oferecer apoio e materiais de consulta para a fundamentação.

Os que diziam que eram contra eram passados para a lista do Facebook: os fãs da página enchiam suas caixas de e-mail com argumentos, deixavam mensagens nos murais e também criavam páginas específicas, por província, na rede social: "Para que Mestre vote a favor...", "Para que Montero vote a favor...", às quais seus conterrâneos aderiam.

---

4 Aliança eleitoral, já desfeita, da qual faziam parte o Partido Socialista, a UCR e a Coalizão Cívica.

Os argumentos a serem usados em conversas com cada senador ou seus assessores eram adaptados a cada caso: recordávamos aos radicais o impulso de Alfonsín à lei do divórcio, falávamos com os peronistas sobre o voto feminino com Eva Perón; em cada caso, tentávamos fazer o contato do senador ou senadora com as organizações da província, oferecíamos argumentos e documentação de acordo com os temas que víamos que mais os preocupavam e tínhamos o auxílio de diferentes companheiros, com conhecimentos mais específicos, que podiam falar sobre cada assunto: religião — segundo o credo do senador —, adoção, questões legais, pesquisas nacionais e de sua província etc. A equipe de Vilma Ibarra, por sua vez, estava preparada para responder a todas as perguntas de técnica legislativa sobre cada artigo do projeto.

Assim, todos os dias, íamos somando, subtraindo, riscando e corrigindo. A planilha tinha uma coluna para os votos e outra para marcar a confirmação final, que não dávamos por certa até que o próprio senador nos desse o "sim" ou que um de seus assessores nos respondesse por escrito, ou também até que houvesse declarações textuais inequívocas do senador em algum meio, preferencialmente rádio ou televisão, para ouvir de sua própria boca. Mesmo assim, alguns "confirmados" depois viravam a casaca, para um lado ou outro. Havia também uma última coluna na qual colocávamos quem tinha obtido a informação, onde havia checado e, caso houvesse declarações ou respostas textuais, transcrevíamos.

A Deus rogando e com maço dando

A Igreja católica trabalhou como nunca antes. Durante o debate na Câmara dos Deputados, as igrejas evangélicas extremistas, nucleadas em torno da deputada Hotton, foram a principal oposição à lei. A Igreja católica também jogou, mas com menos intensidade, concentrando-se em casos judiciais que foram dando origem a casamentos, já que é provável que tenha pensado que a lei não sairia, e o maior "perigo" estava na justiça. Por outro lado, para alguns pastores, saísse ou não a lei, esse debate era sua chance de ter destaque na imprensa e se posicionar, ocupar um nicho no mercado da religião — algo de que a Igreja católica não necessita —, e por isso exageraram com a campanha laranja.

Para Hotton, foram seus 15 minutos de fama: até então, ninguém a conhecia.

Tudo mudou quando o projeto de lei passou para o Senado com a aprovação e soou o alarme em Roma. Então, como já vimos, Aguer e Bergoglio se colocaram à frente da cruzada antigay e saíram em confronto direto com o governo.

Neste contexto, os bispos ameaçavam fazer campanha contra os senadores na próxima eleição e até escrachavam — fizeram uma marcha na porta da casa do senador Ernesto Sanz, quando este disse que votaria a favor da lei —, organizavam manifestações e atos em cada província, enviavam cartas aos pais dos alunos de colégios católicos, reuniam assinaturas pressionando com as bolsas de estudo das crianças ou através da sua rede assistencial, falavam contra a lei nas missas e exerciam toda a pressão imaginável e inimaginável.

Pude verificar diretamente pelo menos dois casos de professores de escolas católicas que foram demitidos por se recusarem a colaborar com a cruzada contra a lei e a doutrinar os alunos do ensino fundamental e médio, mas recebemos denúncias de muitos outros casos semelhantes.

A "guerra de Deus" estava em marcha.

"Não vão me pressionar", me assegurou a senadora Norma Morandini naqueles dias, durante uma entrevista.[5] Tinha recebido uma carta de um pastor evangélico que dizia que ela iria para o inferno.

— Deu vontade de rir, eu sei que não vou para o inferno — dizia Morandini, e minimizava a importância do episódio.

— Respondeu a ele?

— Sim, tive o trabalho de responder a todos os e-mails que recebi. Respondi que ao longo da carta há uma extorsão velada e expliquei por que acredito nos direitos humanos. Além disso, disse que aqueles que votaram em mim sabem da minha militância humanitária. Ele respondeu com uma carta muito respeitosa. Esse diálogo é riquíssimo, é uma pena não poder publicá-lo.

— Há pressões da Igreja católica sobre os senadores? — perguntei. Faltavam poucos dias para a votação.

— É claro que a Igreja está pressionando forte, mas isso deveria ser anedótico. A responsabilidade de um legislador é a sua consciência e o seu compromisso com a democracia. Eu respondo para aqueles que me escrevem que se perguntem qual é a idoneidade de um senador. Devemos votar sem ter em conta as pressões, ou acontece o que aconteceu com as leis Blumberg.[6] Além disso, hoje as pressões são à luz do dia, mas o que acontece quando são econômicas ou de outro tipo? Tais debates colocam à prova a qualidade da democracia.

---

5 BIMBI, Bruno. La Iglesia presiona a los senadores contra el matrimonio homosexual. *Tiempo Argentino*, 05/06/2010.
6 Pacote de leis contra a insegurança pública que foram votadas sob a pressão da mídia e do engenheiro Blumberg, que organizou marchas e comícios. As leis eram péssimas, algumas delas de duvidosa constitucionalidade, e não serviram para combater a insegurança.

— A senhora falou sobre o assunto com outros senadores?

— Sim. Um senador me disse que não poderia votar esta lei porque seu eleitorado é católico, e eu respondi que temos de fazer educação democrática. Temos de ser firmes e capazes de contrariar.

O companheiro de bancada de Morandini, Luis Juez, denunciou as pressões que recebeu durante seu discurso na sessão de 14 de julho:

> Eu suportei o que não aguentei em vinte e cinco anos de militância política: injúrias, calúnias, ofensas, lesões e contusões; confesso que já estou no meu limite, porque um cara que te diz: "Deus vai te castigar, você vai queimar no fogo do inferno"... Eu aguento, eu sou assim. Serei o bonsai do *la Mole Moli*,[7] mas aguento. Tenho uma filha por quem diariamente peço a Deus por sua saúde. Então, quando me dizem: "Deus vai te castigar com tua filha...", aí, o corpo me queima. Por quê? E pode ser verdade? Deus vai me castigar por atribuir direitos? Nossa Senhora baixará o polegar por entender que tenho a obrigação de olhar meus companheiros com caridade cristã? Para que Cristo eu rezo? O Cristo para quem rezo tem um coração enorme! [...] Ontem alguns amigos que vieram de Córdoba me diziam, desesperados: "Podemos perder a eleição, Juez". Se eu, para ser governador, tiver de fazer algo que machuque, que fira, que me torne um hipócrita — o que critico —, que me converta num mentiroso ou num enganador, prefiro não ser governador nunca.[8]

Vários senadores contaram, durante a sessão ou em entrevistas jornalísticas, que tinham recebido chamadas dos bispos, embora a maioria tenha evitado questioná-los. A senadora Roxana Latorre, por exemplo, me disse que não se sentia pressionada, mas reconhecia que tinha atendido ligações da Igreja. "Todos os senadores receberam. Nos pediram que não votássemos a lei do casamento, mas a união civil. No meu caso, o pedido foi respeitoso. Eu vou votar a favor do casamento, tal como saiu da Câmara dos Deputados", disse. E cumpriu.

O senador Jenefes, que votou contra, expressou em seu discurso a tensão que sentia entre a pressão da Igreja e a lealdade à Presidenta: "Sinto que, se votar a favor deste projeto (...), estou votando contra a opinião da Igreja católica. Se votar contra (...), estou votando contra um governo a que pertenço".

O senador Fuentes contou na sessão que tinha recebido uma carta do bispo da sua província, contendo parte do texto escrito por Bergoglio chamando à guerra santa:

---

7 Boxeador cordobense, campeão da categoria "peso-pesado".
8 H. Senado de la Nación. Versão taquigráfica da sessão do dia 14/07/2010, p. 34-35.

Agora, mudando de assunto. Recebi — como calculo que muitos dos meus colegas — uma mensagem do bispo da minha jurisdição com qual me enviou a cópia de um documento, mas essencialmente me pedindo para cumprir os deveres que tenho como senador. [...] também queria, em função da devolução da gentileza, lembrar ao meu pastor que a principal obrigação do pastor — porque a mensagem diz "pastorear o rebanho" — consiste em tranquilizar, serenar, dissipar os temores que essa congregação possa ter; propiciar, a partir de uma medida de concepção generosa das diversidades e dos novos tempos que vêm, que todos possam conviver em harmonia, desativar o conflito, serenar, aplacar.[9]

Um caso paradigmático foi o do radical catamarquenho Oscar Castillo. O senador se reuniu com as organizações de base da Federação na província e assegurou que votaria a favor da lei, mas pediu que, por favor, não divulgassem.

"Estou recebendo muitas pressões da Igreja, eles se metem até com a minha família e já não aguento mais", confessou, e pediu que o "cuidassem", que ele manteria sua decisão, mas preferia que, até o último dia, todos pensassem que votaria contra. A filha de Castillo, que milita na JR de Catamarca, participava ativamente das marchas e atividades a favor da lei e assegurava que o pai não mudaria de ideia, embora o bispo ligasse para ele "o tempo todo".

No entanto, o inusitado foi que, até um dia antes da votação, nem seus correligionários sabiam que ele votaria a favor. O próprio líder da bancada da UCR garantia a María que só ele, Morales, Martinez e Artaza acompanhariam o projeto.

— Você se esqueceu de Castillo — disse María.
— Não, Castillo vota contra — assegurava Sanz.

Nesse mesmo dia, um importante empresário amigo do senador ofereceu-se para falar com ele a fim de desvendar o mistério. Ele dizia a verdade para os ativistas ou para sua bancada? À noite ele me ligou para dar a resposta:

— Fique tranquilo, eu voto a favor, mas não diga nada até que eu peça a palavra no plenário — tinha respondido o senador ao empresário. Como Juez, Castillo denunciou na sessão as pressões recebidas:

> Durante esta tarde, este telefone tocou várias vezes — padres, párocos, esse, aquele e aquele outro —, apesar de ter tido conversas com o clero e com os bispos, procurando, de certa forma, algum tipo de diálogo; já não era conversa, mas, diretamente, algumas exigências.[10]

---

9 *Op. cit.*, p. 115.
10 *Op. cit.*, p. 127.

Independentemente deste ponto em particular, seu discurso foi uma das melhores peças de oratória do Senado naquele dia. Uma aula magistral de história que vale a pena ler inteira.

Voto a voto

A entrerriana Blanca Osuna, o portenho Samuel Cabanchik e o missioneiro Eduardo Torres participaram da primeira coletiva de imprensa em apoio à lei, organizada pela Federação no Senado, no dia 19 de maio. O correntino Nito Artaza prometeu seu voto a Martín Canevaro, que o viu numa manifestação por outra questão no centro da cidade e se aproximou para falar com ele. Alguns dias mais tarde, os assessores da neuquina Nancy Parrilli me adiantaram que a senadora votaria a favor e me pediram materiais de estudo sobre a adoção, a fim de preparar seus argumentos. O mesmo pedido recebi dos assessores do chubutense Marcelo Guinle, que também estava decidido mas queria ter mais argumentos para o debate. Antes de termos contato com ele, achávamos que ia votar contra, porque isso tinha saído no *Clarín*. Mas Guinle cumpriu com a palavra no dia da votação.

A jujeña Liliana Fellner me respondeu pessoalmente, algo que alguns senadores evitavam fazer. Em seu gabinete me deram seu e-mail pessoal e lhe enviei o pacote de informações, lista de perguntas e respostas e documentação sobre cada tema que enviávamos a todos os senadores. Ela agradeceu o material e me disse que há muitos anos tinha uma posição tomada sobre a questão e que contássemos com seu voto. Edgardo Ávila, presidente de uma das organizações de base da Federação em Jujuy, já nos tinha antecipado que supunha que a senadora apoiaria a lei, uma vez que sempre os tinha ajudado em seus projetos locais e era uma pessoa progressista. Durante a audiência realizada por Negre de Alonso em sua província, Fellner teve de suportar os gritos e afrontas de um grupo de manifestantes das igrejas. Alguém chegou a lhe dizer que, se votasse "não", seus filhos poderiam sentir orgulho de levar o seu sobrenome, em referência a que ambos, ao completar 18 anos, tinham adicionado o sobrenome da mãe.

— Deu muito pena ver como a insultavam. Ela se aproximou e nos disse que estava absolutamente convencida de seu voto e nos demos um abraço — me contou Analía Mas.

Perguntei sobre o que aconteceu e a senadora respondeu:

— Depois de escutar o que escutei e ver o que vi, tenho mais forças para agir de acordo com minhas convicções.

Um ativista entrerriano, agora vivendo em Buenos Aires, José Mayé, avisou que em uma rádio local o governador Urribarri tinha falado a favor da lei e dito que os dois senadores kirchneristas da província a apoiariam. Com Osuna já contávamos; se uniu, então, Gustavino, que depois confirmou seu voto em declarações a um jornal provincial. Em diferentes meios de comunicação nacionais e locais diziam que os kirchneristas Jorge Banicevich (Santa Cruz) e Marcelo Fuentes (Neuquén) e a ex-peronista santa-feense Roxana Latorre — ex-aliada de Reutemann — votariam a favor. Esta última me confirmou por telefone e também garantiu pessoalmente a Esteban; os assessores confirmaram o voto de Banicevich e Fuentes fez declarações apoiando a lei para um jornal de Río Negro.

O prefeito da cidade de La Banda (Santiago del Estero), Héctor "Chabay" Ruiz, tirou uma foto com o cartaz de apoio à lei que a Federação tinha desenhado e confirmou o voto da senadora Ana María Corradi de Beltrán, companheira de seu espaço político. Cumpriu.

O peronista mendocino Rolando Bermejo respondeu a Damián que votaria contra, assim como o radical tucumano José Cano, embora o primeiro tivesse dito a María que estava indeciso e o segundo tivesse dito aos ativistas locais da Federação, numa reunião na província, que votaria a favor. Ele pediu que eles não divulgassem porque estava recebendo muitas pressões. O mesmo que Castillo havia dito, mas, ao contrário deste, Cano votou contra.

Isso acontecia com frequência: diziam uma coisa aos jornalistas, outra para a Igreja e outra para nós.

Por esta razão, fazíamos uma dupla checagem: Damián ligava como jornalista e não esclarecia que era da Federação. Assim, ele confirmou também o voto contrário do sanjoanense Roberto Basualdo, alinhado com o Peronismo Federal.

No caso de Cano, sua mudança de posição foi depois que o jornal tucumano *La Gaceta* publicasse um anúncio pago, assinado pela "Rede de Pais", que exigia a este senador e a Mansilla que votassem contra a lei e disparava contra a senadora Beatriz Rojkés, esposa do governador Alperovich, que era a favor da reforma: "Mude seu voto, não desconheça os princípios religiosos que professa, saiba manter o título de primeira-dama de Tucumán". O título do anúncio pago era injurioso: "Em troca de quê?". A senadora confirmou, apesar de tudo, que votaria a favor, embora, confessasse que se sentia muito só naqueles dias. Mansilla disse à imprensa que votaria contra, porque "na caverna onde nasci que me ensinaram coisas diferentes". O senador, no entanto, acabou acatando o pedido de Kirchner e se ausentou da votação, depois de renunciar à Comissão de Legislação Geral para não pôr sua assinatura no parecer contrário à lei.

A ativista Claudia Contreras Newbery, de Chubut, avisou que a mídia local assegurava que o radical Mario Cimadevilla votaria contra. *La Nación* dizia o mesmo, mas o senador disse a María que ainda não tinha decidido. Era um voto importante porque integrava a Comissão de Legislação Geral, mas, no final, ele assinou o parecer de Negre de Alonso, antecipando seu voto contra no plenário. Outro integrante da comissão, o mendocino Rolando Bermejo, foi um dos senadores mais pressionados pelo Governo, já que depois que Kirchner persuadiu Mansilla que renunciasse à Comissão e Jenefes concordou em assinar o parecer favorável em *"total desacordo"* — depois, Jenefes, votaria contra no plenário —, o voto de Bermejo poderia ter mudado o parecer da comissão. Mas não puderam convencê-lo, e ainda por cima, a rio-negrense María José Bongiorno passou no último momento para o lado da Igreja, então a proposta de Negre de Alonso teve nove assinaturas contra seis das nossas.

Esteban avisou que o correntino José Roldán disse que votaria contra e propôs que falássemos com sua colega de partido María Josefa Areta, que na Câmara dos Deputados tinha militado a favor de lei. Mas Hernán Madera — ativista da Federação e assessor da deputada Belous — deixou claro que ambos estavam brigados, porque Areta militava com o governador Ricardo Colombi — da UCR, mas aliado ao governo — enquanto Roldán e a outra senadora que tinha entrado pela mesma chapa, Josefina Meabe, agora respondiam ao vice-presidente Cobos.

O vice-presidente opositor, já sabíamos, era contra a lei. Também confirmamos que o correntino Arturo Vera e o rio-negrense Pablo Verani, ambos da UCR, seriam contra. Verani disse a Damian que "em princípio" se opunha ao casamento gay, mas que estava lendo sobre o tema para melhor se informar. No final, ele votou contra.

Sobre a senadora Élida Vigo, kirchnerista de Missiones, as versões coincidiam — e eram corretas — que era contra, mas aceitaria a sugestão do líder da bancada para se ausentar durante a votação e não votar contra o governo. Também descontavam a ausência do companheiro de partido e província, Luis Viana, porque, neste caso, estava licenciado por problemas de saúde. No entanto, um dos seus assessores me garantiu por telefone que ele era a favor.

— Você é a favor ou contra? — me perguntou.

— Sou ativista da Federação Argentina LGBT, que é a organização que impulsionou os projetos de lei — respondi.

— Ah, tudo bem. Desculpe a pergunta, mas é que os evangélicos ligam o tempo todo para pressionar porque sabem que o senador é a favor... são insuportáveis, não aguentamos mais — me disse o assessor. Mas no final, Viana esteve na sessão e votou contra. Suponho que para os evangélicos diziam que éramos insuportáveis e não nos aguentavam mais.

No início, contávamos que o radical Luis Petcoff Naidenoff e a justicialista Adriana Bortolozzi votassem a favor. Não tínhamos podido falar com eles, mas pelo histórico de iniciativas legislativas e suas trajetórias políticas imaginávamos que eles estariam de acordo. Bortolozzi havia apresentado um projeto para que o Estado deixasse de financiar a Igreja católica e Petcoff Naidenoff era um jovem radical, advogado, que tinha trabalhado em defesa de usuários e consumidores.

Além disso, ele tinha assinado um parecer favorável a um projeto de reforma da lei antidiscriminação que incluía a orientação sexual, de modo que não fazia sentido votar a favor de nos discriminar. Mas ambos apresentaram projetos de "união civil" e começaram a colaborar com Negre de Alonso em sua cruzada homofóbica. Na verdade, foram dois dos adversários mais militantes.

O projeto de Petcoff Naidenoff era escandaloso, já que estabelecia expressamente a discriminação entre heterossexuais e homossexuais:

> O ato jurídico pelo qual duas pessoas maiores e capazes manifestam sua vontade de se unir civilmente em um compromisso de assistência mútua se denomina casamento quando um dos contraentes é uma mulher e o outro um homem; se denomina união civil quando os contraentes são do mesmo sexo. A união civil produz efeitos semelhantes ao casamento, nas condições que a lei estabelecer.[11]

Nos artigos seguintes, ia explicando em que se diferenciavam os efeitos "similares" dos "iguais", mas a sinceridade com a qual dizia "os homossexuais pra cá, os heterossexuais pra lá" era brutal. Na noite anterior à votação da lei, María teve um duro confronto com ele durante um programa de televisão. O senador, no final, tentou ser conciliador e disse que, apesar das diferenças que tinham neste tema, com certeza voltariam a se ver e poderiam continuar conversando sobre outros projetos.

---

11 PETCOFF NAIDENOFF, Luis. *Proyecto de ley Expte. S-2160/10*. Fuente: Senado de la Nación; Secretaría Parlamentaria; Dirección General de Publicaciones.

— Certamente, senador, vamos nos ver em cada lugar da sua província onde o senhor for fazer campanha nas próximas eleições, e vamos lembrar às pessoas que o senhor se opôs aos nossos direitos e votou a favor da discriminação — respondeu María.

O projeto de Petcoff Naidenoff também tinha a assinatura do radical santiaguense Emilio Rached, que desde então passamos a contar como um voto contra. No entanto, no momento da votação, ele não estava presente.

No caso de Bortolozzi — a quem *Parlamentario* contava a favor e a agência *DyN* e *La Nación*, contra —, sua atitude tinha a ver com que estava preparando sua saída da bancada kirchnerista, então queria começar a se mostrar como opositora em todos os temas. E ultimamente, ela tinha agido de modo escandaloso, querendo aparecer na mídia. Seus argumentos eram incríveis: "Não podemos, de um país antiquado, passar a ser um país como Holanda ou Dinamarca em um único lance", disse em uma entrevista filmada pelo site NCN. E acrescentou: "Creio que deveríamos fazer um plebiscito, como diz a Igreja católica, ainda que eu seja anticlerical, acho que setenta e duas pessoas não podem decidir sozinhas algo tão importante". É estranho, porque os setenta e dois senadores passam todo o ano decidindo coisas importantes e, desde o acordo sobre o canal de Beagle, na década de 80, nunca fizeram um plebiscito sobre nada.

Outro que, inicialmente, Esteban contava a favor e, depois, se pronunciou contra foi o chaquenho Roy Nikisch, que também propôs um plebiscito. O problema comigo e com Esteban é que às vezes somos muito otimistas; María depois rebaixava nossos números quando conversava com alguns senadores. Mas houve um caso em que Esteban tinha razão: quando foram ver a catamarquenha Lucía Corpacci, da Frente para a Vitória, Esteban saiu convencido de que ela votaria a favor e María suspeitava que votaria contra — talvez apenas em relação a alguns artigos, na votação em particular —, porque a senadora tinha colocado uma série de "poréns" sobre algumas questões menores, detalhes técnicos, e parecia procurar uma desculpa para se opor. Para *La Nación*, ela estava indecisa. Votou a favor em geral e em particular.

O peronista chaquenho Fabio Biancalani sempre prometeu apoio. Inclusive, era o senador que assinava os pedidos de salas do Senado que usávamos para fazer palestras ou reuniões da campanha pelo casamento igualitário, e também pedia o *catering* e não perdia nenhuma atividade. Parecia um militante da Federação. Mas, junto com o radical Nikisch, teve um encontro com pastores evangélicos extremistas de sua província, onde essas igrejas têm muito peso, e prometeu votar contra. "Dou todo o meu respaldo a todas essas entidades que se reuniram e me comprometo a votar negativamente contra (sic) esta lei. Eu acho muito boa esta convocatória e o trabalho das instituições evangélicas de transmitir e falar com as pessoas dos valores, que é o que nossa sociedade precisa. Eu acredito que a lei não vai sair, que terá mudanças. O objetivo é a união civil, para voltar novamente para a Câmara dos Deputados e continuar falando", disse Biancalani na reunião com os evangélicos. "Acho que 14 de julho a lei será rejeitada, na bancada da União Cívica Radical muitos que eram a favor hoje são contra", acrescentou Nikisch. No final, Biancalani se absteve e Nikisch votou contra.

Não sabíamos como classificar o senador José Mayans, um peronista de Formosa. Durante o tempo que trabalhei no Senado, jamais o ouvi falar, exceto uma vez, que teve de se defender de uma reportagem do *Telenoche Investiga*[12] na qual era acusado de manipulação irregular de programas sociais. Eu o imaginava votando contra, mas, por outro lado, supunha que ele poderia ser suscetível às pressões da bancada ou do governo. *Parlamentario* o considerava a favor e o *La Nación*, contra.

Diego Mathé foi encarregado de ligar para o gabinete e um assessor respondeu que ele estava indeciso, mas Diego assegurou:

— Acho que votará contra e não quer dizer.

Tinha razão.

A riojana Teresita Quintela deu várias voltas. Fez declarações que no início pareciam ser a favor, e depois parecia ser contra. Mas depois voltava a dar argumentos a favor e outros contra. Em entrevista ao jornalista Victor Hugo Morales, na Rádio Continental, ela disse que "meu voto vai ser muito consciente e apesar de eu ter algumas outras convicções, não me interessa, porque eu tenho que agir como legisladora e não de uma forma pessoal", defendeu a lei, em seguida se opôs, pediu um plebiscito e terminou dizendo que não queria tomar uma decisão precipitada sem fazer "consultas". Victor Hugo, que sempre defendeu o casamento igualitário, pressionava-a para que se definisse.

Na saída de uma reunião com o bispo da sua província, Roberto Rodríguez, a senadora lançou uma nota de imprensa na qual anunciava um projeto para que se realizasse uma consulta popular, porque "no Congresso Nacional não estamos em condições de decidir, porque 200 pessoas não podem legislar sobre um assunto tão pungente, tão comprometido" e pedia que além do casamento

---

12 Segmento de investigações do *Telenoche*, o "Jornal Nacional" do canal 13, do Grupo Clarín.

gay se votasse sobre aborto, eutanásia e outros temas, para "não gastar tanto dinheiro em um plebiscito por uma única questão". Depois, acrescentou: "Conheço gays que adotaram filhos e os criam muito bem e também conheço gays que criam muito mal crianças que são normais geneticamente (sic). Talvez adotem e essas crianças se mimetizem com o casal e adotem a mesma conduta que seus protetores".

A senadora também se meteu com a etimologia da palavra matrimônio (de repente, vários deputados e senadores se tornaram especialistas em etimologia, tomando os argumentos de algum documento da Igreja, mas não se davam o trabalho de pegar um livro de linguística para não dizer burradas) e propôs que, em vez de matrimônio, as uniões de pessoas do mesmo sexo se chamassem 'monômio', não obstante tenha deixado a fundamentação etimológica da sua proposta de neologismo para outro dia. Finalmente, um dia antes da sessão, Quintela disse que não estava de acordo com a lei, mas que votaria a favor "pelo bem-estar de sua província". É provável que o governador tenha explicado para ela a etimologia das palavras "coparticipação", "orçamento" e "obras".

A outra senadora governista da província, Ada Maza, expressou claramente seu apoio à lei, sem mais delongas: "Estou de acordo que se deve dar direitos e tudo o que sirva para dar a todos os cidadãos igualdade perante a lei. Não é uma decisão fácil pela idiossincrasia social que os argentinos têm, mas se uma lei é necessária para compensar um setor que vive na injustiça, trabalharei positivamente".

Não houve maneira de convencer o neuquino Horacio Lores, do MPN. Adrián Urrutia e outros companheiros do grupo de base da Federação na província tiveram uma reunião com ele, mas não teve jeito. Primeiro estava indeciso — Adrián garantia que, em sua opinião, realmente estava, talvez pela idade e formação política —, depois lhes disse que votaria a favor do parecer que obtivesse a maioria na Comissão de Legislação Geral e, finalmente, começou a defender a "união civil". No dia anterior à sessão, a pedido de Adrián, pude conversar por mais de uma hora e meia com o principal assessor do senador, mas foi impossível. Estava decidido e votou contra.

Também não foi possível convencer o radical pampeano Juan Carlos Marino. Os socialistas, que têm uma aliança com a UCR nessa província, tentaram. Marino pretendia ser candidato a governador e setores importantes do PS deixaram claro que se ele votasse contra o casamento gay, não estariam dispostos a acompanhá-lo. Também lhe mandaram as pesquisas que mostravam que, na capital provincial, 63% dos eleitores apoiava a reforma do Código Civil, mas Marino votou contra.

Chin chu voto

O kirchnerista bonaerense José Pampuro manteve-se em silêncio até o último momento. Não respondia nem quando ligávamos, nem quando os jornalistas ligavam. No entanto, sempre o contávamos a favor por lealdade ao Governo: custava-nos imaginar Pampuro dizendo não a Kirchner.

O governo também contava com a lealdade do 1º vice-presidente do Senado e queria que fosse ele quem presidisse a sessão para evitar que, em caso de empate, o vice-presidente opositor Julio Cobos pudesse definir com seu voto "não positivo".[13] A coincidência da viagem de Cristina Fernandez de Kirchner à China com a sessão em que seria tratada a lei do casamento gay tirava do meio o fantasma de Cobos, que deveria ocupar transitoriamente a Presidência e deixar o mando da câmara alta ao senador bonaerense.

E, já que ia tão longe, Cristina podia aproveitar para conversar longamente, durante o voo, com as senadoras Marina Riofrío e Ada Iturrez de Capellini e explicar-lhes por que estavam equivocadas ao se oporem ao casamento igualitário. Se não conseguisse convencê-las, de qualquer forma não importava, porque elas estariam numa reunião diplomática com o presidente chinês Hu Jintao, a meio mundo de distância. A Igreja e os senadores opositores à lei ficaram muito putos com a viagem dessas duas senadoras à China, pois contavam com elas do seu lado. Chegaram a dizer que a Presidenta as havia "sequestrado". Na sessão, Bortolozzi, cada vez mais incrível, disse:

> E vou denunciar que aqui foram violados os foros de duas senhoras senadoras que, em vez de colocadas em um calabouço — como faziam os monarcas das monarquias parlamentares —, foram metidas num avião presidencial![14]

Sim, disseram muitas besteiras nessa sessão.

---

13 Cobos passou para a oposição no dia em que teve de desempatar a votação sobre as retenções fiscais aos produtores de soja, no meio do "conflito do campo". Ele votou contra a Cristina e, na hora, fez o anúncio com a frase: "Meu voto é não positivo", que virou bordão.
14 H. Senado de la Nación. Versão taquigráfica da sessão do dia 14/07/2010, p. 58.

Sexo, mentiras e videoteipe

Adolfo Rodríguez Saá e Carlos Reutemann escolheram semear o mistério sobre seu voto. O primeiro, no dia seguinte da aprovação na Câmara dos Deputados, fez declarações ao canal TN elogiando o discurso de Ricardo Cuccovillo sobre seu filho gay e dando a entender que poderia votar a favor. De qualquer forma, esclareceu que ainda não estava decidido e que tinha de pensar muito bem. O ex-governador puntano e fugaz ex-presidente — que em 1993 havia protagonizado um confuso episódio, quando foi encontrado no hotel "Y... não C", supostamente sequestrado com uma amante, e um pênis de borracha no ânus — manteve sua posição ambígua até o último dia. De fato, também fez correr o boato de que viajaria ao exterior antes da sessão, para não ter que votar.

A família Rodríguez Saá e os "boatos" costumam andar juntos.

Há muitos boatos sobre o senador.

Alguns setores políticos especulavam que, como Negre de Alonso — sua companheira de bancada e protegida política — liderava a oposição à lei, ele votaria a favor para equilibrar a posição do seu grupo diante do eleitorado de sua província. Também falava-se de outros motivos. No dia da sessão, ele pronunciou um estranho discurso, no qual, a princípio, não se entendia se votaria a favor ou contra. Começou dizendo:

> Senhor presidente: tenho dificuldades para me pronunciar nesta oportunidade. Em primeiro lugar, devo dizer que estamos tentando acabar com a intolerância, buscar a igualdade e reconhecer o direito que têm as pessoas homossexuais, bissexuais.[15]

No entanto, depois defendeu a "união civil" e disse que havia "consenso" de que ela não era discriminatória. É estranho: todos os que propunham nos discriminar diziam que isso não era discriminatório e, além disso, falavam de "consenso", sem nos levar em conta. Ia ser votada uma lei que tinha a ver com os direitos de gays e lésbicas. Nós, os gays e as lésbicas que participamos do debate e fomos os que impulsionamos e apresentamos os projetos, dissemos claramente que a "união civil" era discriminatória e apresentamos na comissão legislativa a cargo do tema a opinião de vários dos mais reconhecidos constitucionalistas do país e até um parecer técnico do Instituto Nacional contra a Discriminação, a Xenofobia e o Racismo que nos dava razão. Mas o senador disse que havia "consenso" de que não era assim. Consenso entre quem? Talvez,

---
15 *Op. cit.*, p. 152.

com tanta etimologia, haja descoberto algo na raiz da palavra "consenso" que os demais não conhecem e por isso não entendem.

Ou talvez, simplesmente, seja um charlatão.

O senador também lembrou de seu avô, Carlos Juan Rodríguez, que havia sido presidente da Comissão de Legislação Geral do Senado em 1888 e porta-voz quando a lei do casamento civil foi debatida, e entrou por um caminho de argumentação que permitia supor que votaria a favor. Também disse que tinha familiares que pediam que votassem "em outro sentido" — sim, nós sabíamos disso, e sabíamos quem estava pedindo —, mas depois voltou a defender a posição de sua companheira do Opus Dei e disse que votaria pela "união civil". Algo impossível, já que esta não estava na ordem do dia; havia apenas duas opções: votar pela rejeição à lei do casamento gay ou pela sua aprovação. No final, Rodríguez Saá votou pela rejeição. Sua posição perdeu e, quando passaram à segunda votação — o relatório de minoria, a favor do casamento gay —, ele se levantou e foi embora sem apertar nem o botão verde nem o vermelho.

Reutemann fez o mesmo, mas, como é costume do ex-piloto de Fórmula 1, não disse nada. É incompreensível que tanta gente — conforme as pesquisas — e a maioria dos analistas e dirigentes políticos considerem presidenciável um homem que nunca diz nada, que jamais pede a palavra no Senado, que não gosta de falar com os jornalistas, que não se sabe o que ele pensa sobre quase nenhum assunto.

O santa-feense, assim como Rodríguez Saá, havia mantido o mistério sobre seu voto. Não só porque não dizia nada, mas porque deixava correr boatos. Sua esposa comunicou-se com a Federação para pedir uma reunião, que depois se confirmou. Dava a entender que poderia votar a favor e nos prometia um café, que não se realizou. Sua ex-colega Roxana Latorre, entretanto, disse-me que tinha certeza de que *o Lole* votava contra.

O estranho foi quando sua ex-esposa, Mimicha, apareceu. Não ficou claro por que ela começou a ameaçá-lo em público pela internet.

Os mistérios sempre rodeiam o ex-governador de Santa Fé. Todos se lembram de quando ele ia ser candidato a presidente, foi a uma reunião com o então presidente Duhalde, saiu, e disse: "Vi algo de que não gostei e que nunca vou dizer" e anunciou que desistia da candidatura. "Não vou ser candidato", disse. "Não, não, não, não." Repetiu tantas vezes a palavra "não" que foi objeto de todo tipo de piada.

O que foi que ele viu e não disse?

No Senado, fala-se de um sobrinho de um ex-presidente que não queria que Reutemann fosse candidato. Dizem que o sobrinho do ex-presidente tinha um vídeo no qual havia uma pessoa maior de idade e outra menor, do mesmo sexo. São infinitas as pessoas que garantem conhecer a história, mas nenhuma diz em "*on*" porque nenhuma pode provar. O filho de um político importante de outra província garante que conhece alguém que viu o vídeo.

Falam muitas coisas, e não posso garantir que sejam verdadeiras.

No entanto, o concreto é que Mimicha, a ex-esposa de Carlos Reutemann, atualmente residindo no exterior, no início daquele ano começou a deixar mensagens sugestivas e misteriosas em seu *blog* pessoal, "Pericotas". Em março, escreveu:

> Direto da Europa, informo ao senador e seus seguidores, em honra da verdade, a qual defendo como virtude primordial do SER, que não aceito mais este jogo inadmissível e sujo no qual me vejo envolvida. Se isto não terminar, me encarregarei de contar a Verdade, sobre a qual, por pudor e respeito, tenho sabido calar.[16]

Repetiu várias vezes mensagens iguais ou parecidas com essa, ameaçando "falar" se "isto" não acabasse. No dia 13 de julho, um dia antes da sessão do Senado, a ex do senador publicou nesse mesmo *blog* o logo dos "laranjas" de Cynthia Hotton: uma imagem de um pai, uma mãe e uma criança com o título: "A única família"[17] e, em seu Twitter, deixou mensagens contra o casamento gay. No dia seguinte, com a lei aprovada, escreveu: "É uma vergonha o que aconteceu nesta madrugada ao votarem a favor do casamento homossexual".

O governador nunca esclareceu o que foi que viu e não gostou, do que é que Mimicha estava falando, por que votou contra o casamento gay na primeira votação e por que foi embora antes da segunda.

Como sempre, manteve a boca fechada e, assim como o deputado Olmedo..., a mente também.

O filho do senador

— Meu pai não sabe que sou bicha — diz o filho de um dos senadores que votou a favor — Pode suspeitar que estive com algum cara, mas nunca falamos disso.

— Quer dizer que é uma situação diferente da de Cuccovillo...

---

16 PANDOLFO, Gabriel. El espectro Mimicha planea sobre Reutemann. *Perfil*, 21/03/2010.
17 *Link*: <http://mimichabobbio.blogspot.com/2010/07/la-unica-familia.html>.

— É, porque eu nunca falei com ele sobre o assunto como algo pessoal. Sim, dei minha opinião sobre a lei como um debate político e de direitos. Em nossa agrupação esses temas são discutidos ideologicamente e a posição que ele defendeu é a que a agrupação tem sobre o assunto, da qual ele está convencido.

— E agora que a lei foi aprovada, vai falar com ele?

— Minha intenção é que cheguem até ele os convites dos meus três ou quatro primeiros casamentos e, se for possível, dos divórcios também — diz, entre risos.

— Ele irá?

— Aos primeiros, acho que sim.

O filho do senador conta que, tempos atrás, se relacionou com o sobrinho de outro senador e também com o filho de uma senadora, de diferentes partidos. Ambos votaram a favor da lei.

No Senado, há tantos gays e lésbicas como no resto do mundo, não podia ser diferente. Os secretários, assessores e parentes homossexuais dos senadores — inclusive dos fervorosos opositores à lei — nos passavam muita informação e colaboravam, em sigilo, em tudo o que podiam.

O colaboracionista

Houve também hipócritas.

Por exemplo, um senador da oposição, muito de direita, que é casado, mas mantém há dez anos um apartamento com seu secretário particular e amante e, no entanto, votou contra a lei.

Não só votou contra: argumentou. Ele defendeu Negre de Alonso. Falou sobre "os homossexuais", na terceira pessoa e disse que negar a "eles" o direito de se casar não era discriminatório; que ele não aceitava que o acusassem de discriminar.

Foi vergonhoso, e dava pena.

É compreensível que o senador, que não teria coragem de deixar a esposa e se casar com o namorado, não esteja interessado numa lei que não vai poder usar. Mas, ainda que fosse por dignidade, se lhe faltava coragem para votar a favor, poderia ter calado a boca e optado pela abstenção em ambas as votações.

"Tudo tem um preço"

Pablo Fracchia ficou de conversar com três senadores radicais. Entre eles, a catamarquenha Blanca Monllau, da Frente Cívica e Social. A primeira coisa que ele fez foi se comunicar com o delegado do INADI de Catamarca para que lhe desse informação sobre ela e o ajudasse em sua missão.

— Quando o delegado do INADI ligou para Monllau, ela disse que seu voto não era algo que seria definido por ela, mas que respondia a um dos secretários do governo da província, que seria quem tomaria a decisão — relata Fracchia.

— Falaram com o secretário?

— Sim, o delegado do INADI me disse que ligou para ele...

— E o que ele disse?

— Segundo me contou, a resposta do secretário foi: "Tudo tem um preço. Digam-me o que têm para oferecer e aí veremos". Ele respondeu que não podia oferecer nada, e o secretário respondeu: "Diga a [o ministro-chefe da Casa Civil] Aníbal Fernández que me ligue".

— E o que vocês fizeram?

— Eu contei para uma das pessoas que controlavam a contagem de votos e essa pessoa ligou para Fernández, informando o que o secretário havia dito. Não sabíamos o que fazer, então nos limitamos a transmitir a informação.

— E o que Aníbal Fernández respondeu?

— Segundo me contaram, sua resposta textual foi: "Diga ao secretário que vá à merda". De qualquer maneira, como se nada tivesse acontecido, continuei tentando falar com a senadora, mas ela nunca me atendeu.

Blanca Monllau votou contra o direito de argentinos e argentinas homossexuais a contrair casamento civil. Seu discurso foi um copiar/colar de intervenções dos advogados da UCA nas comissões legislativas e de declarações do Episcopado. Também disse que a lei dividia a sociedade e que "o fruto não estava maduro".

***

Os pampeanos Carlos Verna e María Higonet, que sempre votam juntos, mantiveram sua posição em dúvida quase até o último dia. Diziam que estavam "estudando todas as opiniões" e "escutando todas as vozes". Em um tema que vinha sendo debatido desde 2007 no país e, desde o final de 2009 mais abertamente no Congresso, após meses de reuniões da comissão em ambas as câmaras, com dezenas de expositores, depois de centenas de matérias nos jornais, nas rádios e na televisão, de marchas a favor e contra, de cartas e e-mails e pastas e livros e informativos de um lado e do outro, era estranho que poucos dias antes da sessão ainda estivessem "escutando".

Quanto tempo um senador demora para formar sua convicção sobre uma questão de direitos humanos? É tão difícil? Três dias antes da sessão descobririam algo que, nos últimos três anos, não tinham descoberto?
No Senado se comentava que havia outras razões. Quem falou com eles naqueles dias garante que os senadores especulavam que, se a votação fosse apertada, os dois votos poderiam pender a balança para um lado ou outro. Enquanto isso, montavam a farsa. Convocavam as pessoas para discutir no mural do Facebook — mas nunca respondiam ou declaravam nada —, pediam informações — que nunca leram ou responderam — às organizações e asseguravam que antes da sessão tomariam uma decisão, depois de ouvir todas as opiniões e debater com a militância do seu grupo numa plenária.

O governador tinha pedido fundos ao governo federal para pagar os "82% móveis"[18] aos aposentados da província em troca do voto dos senadores. Ou seja, queria pagar com o dinheiro da Nação, mas capitalizar o fato politicamente. Cristina teria respondido que não.

Então, Verna e Higonet votaram contra.

Seus argumentos no debate demonstraram claramente que não tinham lido nada do que tínhamos enviado, nem os comentários recebidos no espaço de debate aberto no Facebook; não tinham estudado nada, nem escutado nenhuma voz. Quando o governador confirmou que eles tinham de votar contra, eles pediram aos assessores para escrever algo rápido e leram. Se tivessem estudado algo, poderiam ter se oposto à lei sem cair em clichês que foram respondidos e explicados no livro que lhes enviamos. Poderiam ter procurado outras desculpas, em vez de repetir que o casamento vem do latim e blá-blá-blá, que é um "dom da criação" e blá-blá-blá, que os tratados dizem o contrário do que dizem e blá-blá-blá, que a adoção e blá-blá-blá...

Se o governador tivesse mandado que votassem a favor, com certeza teriam usado alguns dos textos que enviamos. Sem entendê-los, tampouco, e sem se preocupar nem um pouco com o que diziam.

Marxistas, linha Groucho

O caráter puramente cênico de alguns discursos, de senadores que apenas cumpriam o ritual de dizer algo para justificar seu voto, contrastava com a pai-

---

18 Aposentadoria que é equivalente a 82% do salário mínimo de um trabalhador.

xão com que outros — a favor ou contra — defendiam suas posições. Contrastavam na falsidade, embora parecessem igualmente apaixonados.

Houve um senador radical que, poucos dias antes da sessão, entrou no gabinete, chamou dois assessores e disse:

— Você se encarrega de preparar um discurso a favor do casamento gay com todos os argumentos dos que apoiam a lei e todos os antecedentes que encontrar. E você se encarrega de preparar um discurso contra, com tudo o que dizem os que se opõem. Guardem os dois discursos numa pasta e deixem em cima da minha mesa para que eu passe para pegar antes de ir à sessão.

Os assessores não sabiam o que dizer. O senador acrescentou:

— Depois veremos qual usar.

"Estes são meus princípios. Se você não gostar, tenho outros", dizia Groucho Marx.

***

Entre os senadores com os quais eu tinha de falar quando cheguei a Buenos Aires estava Graciela Di Perna, que responde ao governador de Chubut, Mario Das Neves. Algum tempo antes, quando Alex e José se casaram na Terra do Fogo, falei com Pablo Das Neves, o filho do governador, porque tínhamos alguns casais que iam apresentar ações de amparo em Chubut e queríamos saber se o pai teria coragem de fazer o mesmo que Fabiana Ríos.

O filho do governador ouviu, ficou de conversar com o pai e nunca respondeu.

Agora, voltávamos a nos comunicar, mas desta vez quem falou foi Adrián Urrutia — um companheiro de Neuquén, de uma das organizações de base da Federação no Sul —, que tem boa relação com ele porque milita no peronismo há muitos anos. Adrián se encarregou das gestões, e o governador, segundo seu filho assegurou, pediu à senadora para votar a favor. Esteban, Alejandro Nasif e eu fomos falar com um dos assessores, tal como Adrián nos orientou, em uma reunião que, no início, foi um pouco formal. E começou mal.

O assessor nos disse que a senadora se inclinava pela "união civil", mas que estava disposta a ouvir argumentos para apoiar o casamento. Disse-nos:

— O projeto de Negre de Alonso é muito bom, reconhece todos os direitos, o único que não dá é a palavra "casamento".

— Tem certeza? — perguntei.

— Sim, é um projeto muito bom.

— Você leu?

— Bem, eu tenho aqui, estava para ler, dei uma olhada por cima.

— Ah, está bem. Talvez fosse bom ler algumas partes, para que você veja por que não parece muito bom para nós — eu disse e comecei a ler os artigos que negavam o direito à herança, à pensão, diferenciavam o regime patrimonial, proibiam a adoção... Deixei para o final a "objeção de consciência".

— Olha, na verdade, eu não tinha visto essas partes — disse o assessor.

— De qualquer maneira, somos contra qualquer projeto que estabeleça um regime diferenciado. E, além disso, o que será votado amanhã não é o projeto de Negre de Alonso, que nem sequer estará na ordem do dia. A votação é sim ou não ao casamento — explicou Esteban.

— Bem, deixem-me conversar com a senadora e amanhã voltamos a falar.

No dia seguinte, em plena sessão, com a senadora já sentada na sua cadeira e anotada na lista de oradores, falei várias vezes com o assessor.

— Olha, o problema é que ela não pode votar a favor sem modificações porque não somos kirchneristas, e o governo apoia o projeto. Ela não quer votar contra, mas precisa mudar alguma coisa, mostrar que se opõe a alguma parte, para que não pareça que votou com o governo — confessou.

— E o que é que ela propõe mudar?

— Não sei... algo. Que parte não pode ser tocada?

— Os artigos 172 e 188 do Código Civil são o núcleo duro da reforma, porque é aí que o casamento entre pessoas do mesmo sexo será habilitado — eu disse.

Então, começou a ler os artigos e dizia:

— Este podemos mudar?

— Mas o que é que você quer mudar? Este artigo é uma adaptação da forma.

— E este? — insistia e lia o seguinte.

— Não me ocorre nenhuma mudança. Você tem alguma ideia?

A essa altura, apesar da pouca seriedade do diálogo, pelo menos queria ter certeza que contávamos com o voto favorável de Di Perna na votação em geral. No final, o assessor me disse que ia falar com a senadora para tentar convencê-la de que votasse tudo sim e não mudasse nada.

Ele não voltou a me atender.

Di Perna se absteve:

> Eu gostaria de pedir permissão para me abster nesta votação, fundamentalmente, por duas razões. A primeira é porque me preocupa muito o que considero uma armadilha na qual este Senado e toda a sociedade argentina caíram como resultado

dessa postura extrema entre diferentes setores e a Igreja, que leva esta votação a um tudo ou nada, a um preto ou branco. A segunda razão é porque me sinto o ramo do mesmo tronco de uma geração de mulheres argentinas que viveu a adolescência e a juventude na segunda metade do século XX...[19]

Et cetera.

***

Outro senador com quem tive de falar foi Daniel Pérsico, o único kirchnerista de San Luis. O *La Nación* o considerava indeciso, o *Parlamentario* dizia que ele era a favor, DYN não o incluía na contagem. Um amigo jornalista jurava que o senador em pessoa havia dito que votaria a favor, mas não diria nada até o último dia para se preservar das pressões, e uma senadora que o conhece dizia que ele confidenciou que votaria contra. Sendo um opositor de Rodríguez Saá e kirchnerista, supúnhamos que isso poderia pesar: tinha de mostrar ao seu eleitorado que era uma opção diferente. Mas outros que o conheciam asseguravam que ele tinha uma relação muito próxima com a Igreja católica.

Quando liguei para o gabinete no dia anterior à sessão, me atendeu uma assessora que disse logo que ela era totalmente a favor da lei e nos desejava sorte.

— E o senador, o que vai fazer? — perguntei.

— Olha... a resposta do senador é "Ni".

— Isso significa que está indeciso?

— Não. Isso significa que ele está pronto para votar sim ou votar não. Ainda não definiu, mas não é que esteja indeciso. Digamos que tem as duas opções.

A assessora prometeu tentar fazer com que o de senador me atendesse, pessoalmente ou por telefone, mas não conseguiu.

Pérsico votou contra:

> Quero aproveitar esta exposição, também, para esclarecer várias coisas. Nos últimos dias, divulgaram na mídia — eu ouvi — que eu não tinha uma posição clara. No entanto, desde o primeiro momento, falei com vários setores da cidade de San Luis, que represento — a grande maioria respeita o casamento como a diversidade do homem e da mulher —, e me manifestei respeitando essa posição. Eu disse em todos os meios de comunicação. Nunca disse nada em contrário. Por isso fiquei surpreso quando vi algumas publicações em meios nacionais. Mas não vou me colocar contra eles nem, discutir o assunto.

---

[19] H. Senado de la Nación. Versão taquigráfica da sessão do dia 14/07/2010, p. 169.

No final, o "ni" se transformou em "não".

***

O radical Ramón Mestre começou dizendo que votaria a favor. Numa entrevista de rádio, ouvi ele dizendo que era a favor. Mais tarde, porém, começou a criticar o governo e a dizer que, embora estivesse de acordo com casamento gay, acreditava que Kirchner usava esse tema "para encobrir outras coisas". Mais tarde, numa entrevista para *La Voz*, disse: "Eu concordo com o avançar da igualdade de direitos, mas não decidi se através do casamento ou da união civil".

Contraditório, porque, se é "igualdade", não poderia ser "união civil", que é um instituto diferenciado, ou seja, não igual.

Depois, afirmou que era contra.

O grupo Devenir Diverse, organização de base da Federação na província, tinha tido uma reunião com ele no início de junho, em que o senador não adiantou qual seria seu voto, mas prometeu voltar a recebê-los mais adiante. Depois não voltou a atendê-los.

"Como ele não respondia às ligações, fomos buscá-lo. Seis companheiros se vestiram de noivos e noivas e 'performaram' três casais, um de homens, outro de mulheres e um heterossexual. Montamos um bolo artificial onde os seis ficaram se beijando e acenando para as pessoas que passavam em frente ao Pátio Olmos e à Casa Radical, em pleno centro da cidade. Em uma mesa ao lado juntávamos assinaturas e, por megafone, pedíamos que Mestre votasse a favor e convidávamos as pessoas a assinar. Foi a última tentativa com um Mestre que já tinha definido seu voto contra", conta o ativista cordobense Martín Apaz.

A Juventude Radical da província (ou seja, do seu partido), Franja Morada e a Federação Universitária de Córdoba se expressaram a favor da lei e pediram ao senador que reconsiderasse sua posição, mas não teve jeito. De acordo com militantes, Mestre disse que sua mãe, que é muito religiosa, tinha lhe dito que não olharia mais para a cara dele se ele votasse a favor.

Na sessão, ele votou contra e não abriu a boca.

Amor cão

Quando começou o debate na Câmara dos Deputados, preparei um guia "FAQ"[20] que Vilma Ibarra distribuiu entre os membros das comissões e depois

---

20 Uma versão traduzida e adaptada desse guia está disponível no site da campanha nacional pelo

entregamos a todos os deputados, e, mais tarde, aos senadores. A ideia era responder a todas as perguntas, dúvidas, questionamentos e objeções mais comuns em relação ao casamento gay em todos os lugares do mundo onde ele é debatido. Muitas dessas questões foram abordadas ao longo deste livro (a etimologia da palavra matrimônio, o dicionário, o sacramento, a religião, a adoção etc.), mas no guia as respostas eram muito mais breves e simples, pois, caso contrário, muitos não iam ler.

Havia uma pergunta que incluí porque às vezes aparecia no fórum dos leitores do *La Nación*. Era ridícula, mas servia justamente para mostrar até que ponto os argumentos contra a lei eram grosseiros:

> "Se legalizarem o casamento gay, por que não posso me casar com meu cachorro?"

Eu começava explicando que a pergunta não fazia muito sentido e era uma falta de respeito, mas, em seguida, respondia:

> Façamos um acordo. No dia em que aqueles que dizem isso vierem com seu cachorro, pedirem para casar e o cachorro se expressar em alguma língua compreensível e manifestar de forma clara e inequívoca sua vontade de contrair casamento, nós conversaremos.

Nunca pensei que precisássemos responder isso a um senador.

Uma coisa é um louco ou um provocador anônimo num fórum na internet, outra coisa é um cara que ocupa um assento no Congresso. Mas o peronista fueguino Mario Colazo disse numa entrevista, sobre o casamento gay:

Acho que a vida tem de ser defendida, nisto é importante o natural, não o antinatural, senão, amanhã, alguém vai poder se casar com um cachorro, com um burro. Acho que é antinatural.

No entanto, no dia da sessão, Colazo votou a favor da lei.

Não esclareceu se tinha se apaixonado pelo cachorro. Ou por um burro.

Fontes muito confiáveis asseguram que o senador tinha problemas com a justiça, e alguém o advertiu: "Você tem três opções: votar a favor, renunciar ou ir preso". Essas teriam sido as palavras com que outro senador explicou em uma reunião por que Colazo votaria a favor. Um juiz me confirmou que alguém

---

casamento civil igualitário no Brasil: <www.casamentociviligualitario.com.br>, e foi com base nesse texto que gravamos vídeos com artistas e especialistas que respondiam às perguntas e questionamentos. Nos primeiros vídeos, que filmamos e editamos junto com João Junior e para os quais escrevi um roteiro baseado naquele texto, participaram, entre outros, Marcelo Tas, Maria Berenice Dias, Isabella Taviani, Paulo Iotti, Wagner Moura, o rabino Nilton Bonder, Marcos Bagno e Idelber Avelar.

ligou para o tribunal para saber que provas havia num caso criminal em que o senador é acusado de corrupção.

A sessão já vai começar

Ao contrário da Câmara dos Deputados, onde — apesar de o presidente da bancada radical, Oscar Aguad, tentar impedir — abriram as portas, e as varandas estavam cheias de cidadãos presenciando o histórico debate, no Senado nos proibiram de passar. De portas fechadas, como se as câmeras de televisão não estivessem abrindo uma janela para que se pudesse ver de qualquer forma, o Senado finalmente debateu o casamento igualitário numa sessão que começou no dia 14 de julho a uma da tarde e terminou perto do amanhecer do dia seguinte.

Se os capítulos anteriores falavam do *backstage* do debate na câmara alta, o que vem agora é o filme que saiu na televisão.

Lá fora, na rua, as pessoas começavam a se reunir. Milhares de pessoas esperariam até a hora da votação, depois das quatro da manhã, numa praça cada vez mais gelada, em pleno inverno portenho. No palco montado pelo INADI, vários músicos se apresentaram, houve discursos, adesões, e mais tarde os *alto-falantes* transmitiram o áudio da sala, tomado da internet. Lá dentro, a primeira surpresa foi a presença do senador e ex-presidente Carlos Menem, de quem se dizia, nos últimos dias, que faltaria à sessão. Era um voto contra com o qual não contávamos. Preocupada, María ligou para Pichetto:

— Menem está sentado — ela disse.

— Fique tranquila. Quando houver quórum, ele vai embora — respondeu o líder da bancada governista.

E assim foi. Outros senadores também se retirariam antes da votação.

Antes de entrar no debate de fundo, a senadora Negre de Alonso pediu a palavra para questionar o primeiro vice-presidente do Senado, José Pampuro, por haver invalidado o relatório ilegal com o qual ela havia pretendido meter pela janela seu projeto de "união civil", mudando a câmara de origem do trâmite da lei.

— Isto é uma vergonha, senhor presidente: ciladas, ciladas e mais ciladas[21] — dizia Negre de Alonso, apesar de ter sido ela a querer armar uma cilada. O senador Pichetto respondeu, acusando-a de violar o artigo 81 da Constituição

---

21 H. Senado da Nação. Versão taquigráfica da sessão do dia 14/07/2010, p. 10.

Nacional:

— A senhora senadora é uma pessoa que tem trajetória parlamentar e sabe perfeitamente que este projeto veio em revisão, e que nunca poderia ter sido deixado de lado para aprovar outro projeto com o Senado como câmara de origem.[22]

Quando finalmente passaram a debater a lei, em primeiro lugar cabia à senadora do Opus Dei falar, já que era porta-voz do parecer da maioria da comissão. Negre de Alonso havia mandado colocar uma tela — cuja presença surpreendeu muitos senadores — para passar um vídeo com imagens, convenientemente editadas, de suas festinhas da democracia. A senadora esclareceu que havia percorrido 15.500 quilômetros e que, nas reuniões que realizou nas províncias, 1.087 pessoas haviam falado ao longo de 100 horas e 35 minutos de debate, dos quais o vídeo mostra os poucos minutos que ela havia selecionado.

Norma Morandini, que além de senadora é jornalista, esclareceu depois que o fora exposto não era informação, mas propaganda, intencionalmente editada. Com o humor que o caracteriza, seu colega Luis Juez disse: "Esta semana, meu filho me pediu que o levasse ao cinema para ver *Shrek* e não pude; e agora eu tive de engolir um videozinho sem vergonha".[23] Depois do videozinho, Teresita expôs seus argumentos contra a lei, baseados principalmente nos questionamentos de Gabriela Medina, que já analisamos anteriormente. A assessora da CHA, mencionada vinte e duas vezes ao longo do debate e protagonista dos discursos de Negre de Alonso e Escudero, seria o cavalinho de batalha dos opositores à lei.

Teresita falou de religião[24] e disse que, embora o Estado fosse laico, nosso Código Penal se inspirava "nos dez mandamentos". Também garantiu que seu

---

22 *Op. cit.*, p. 11.
23 *Op. cit.*, p. 32.
24 Uma simples contagem de palavras pode servir para se ter uma ideia da presença da religião na Argentina, em comparação com Espanha e Portugal, os três países que estudei para a minha dissertação de mestrado. As palavras "Deus", "sacramento", "Bíblia" e "Igreja" não foram usadas durante o debate na Assembleia da República de Portugal, e apenas uma deputada se referiu à distinção entre casamento civil e casamento religioso, e outro mencionou as "convicções religiosas". Essas foram as únicas menções à religião. Na Espanha, ao contrário, o argumento de que o matrimônio é um sacramento esteve presente ao longo do debate, da mesma maneira que a religião: a palavra "sacramento" foi usada 5 vezes no Congresso dos Deputados e 2 vezes no Senado; "Dios", 2 vezes no Congresso dos Deputados e 1 no Senado; "Iglesia" 23 vezes no Congresso dos Deputados e 4 no Senado, e "religión", "religioso" e outras da mesma família semântica, 19 vezes no Congresso dos Deputados e 11 vezes no Senado. A Argentina, por último, foi o país onde a religião teve mais influência no debate: a palavra "Dios" foi mencionada 29 vezes na Câmara dos Deputados e 59 no Senado; "sacramento", 13 vezes na Câmara dos Deputados e 7 no Senado; "Biblia", 1 vez na Câmara dos Deputados e 4 no Senado; "Iglesia", 23 vezes na Câmara dos Deputados e 74 no Senado e "religión", "religioso" e outras da mesma família semântica, 80 vezes na Câmara dos Deputados e 89 vezes no Senado.

projeto de "união civil" reconhecia "quase 99% dos direitos" aos casais homossexuais. Ainda que isso fosse certo — como já vimos, não era —, a senadora parecia esquecer que a Constituição e os tratados internacionais de direitos humanos dizem que todos temos *os mesmos* direitos. Ou seja, cem por cento, não "quase 99". No final de sua exposição, disse que o que mais a preocupava do casamento gay era como ele repercutiria na educação sexual: "Agora vamos ter de ensinar aos nossos filhos o que é o lesbianismo, o que é gay, o que é bissexual, o que é transexual", alarmou-se.

E ela tinha razão. A escola deve ensinar isso, e também que a Terra é redonda e gira ao redor do Sol, que a cegonha não existe e que Papai Noel são os pais.

A porta-voz do parecer de minoria — a favor da lei — foi a kirchnerista jujenha Liliana Fellner, que recomendou a seus colegas que lessem com atenção o relatório de Vilma Ibarra e sua equipe de assessores, que respondia em detalhe às críticas de Medina, como já mostramos. E salientou que o debate de fundo era a igualdade. Fellner explicou as conquistas do projeto de lei aprovado pelos deputados, separou as águas entre o casamento civil e o religioso e mostrou-se surpresa com a baixa qualidade de certas argumentações contra o projeto: "Defendeu-se que os homossexuais são promíscuos, infiéis e incapazes de ter vínculos a longo prazo. Diante disso, eu pergunto: como estamos nós, os heterossexuais?".[25] Também se referiu à festinha da democracia de sua província:

> É verdade que muita gente falou contra. Mas, uma vez terminada a audiência — tivemos que dá-la por terminada muito apressados —, um grupo de pessoas me disse que tinha ficado sem falar. Eram muitos, e todos entenderam que não havia tempo suficiente. Diante dessa situação, fizemos uma nova reunião — não uma audiência como a da Comissão de Legislação Geral — em uma das maiores cidades do interior de Jujuy; e ali continuou se falando no assunto. Por isso, lembro à senadora Negre de Alonso que algum dia terá que acrescentar essas expressões, porque ela viu só uma parte do que acontece em Jujuy. Nós, que caminhamos na província, sabemos que há outra parte da sociedade. E essa parte pôde ser escutada naquela cidade, por fora da audiência da Comissão de Legislação Geral. Portanto, esse assunto depende de como você olha.[26]

O debate continuou com argumentos parecidos com os que tinham sido ouvidos na Câmara dos Deputados. Os senadores que votavam contra a lei jura-

---

25 *Op. cit.*, p. 28.
26 *Op. cit.*, p. 31.

vam que não estavam discriminando os casais homossexuais, embora, no mesmo parágrafo, explicassem por que eles não tinham de ter os mesmos direitos que os casais heterossexuais. O radical Mario Cimadevilla disse que, ao votar contra, não discriminava ninguém, e que "aqui ninguém está negando nenhum direito".[27] No entanto, horas depois, votou a favor de negar aos casais do mesmo sexo o direito a se casar. Cimadevilla também negou que Deus tenha sido metido no debate e, nesse momento, Pichetto respondeu-lhe que não tinham sido os impulsores do projeto que o haviam metido:

— Foram setores da Igreja, que, mais que de Deus, falaram do demônio. É muito recente a palavra de monsenhor Bergoglio que se referia à ingerência do demônio.[28]

A kirchnerista tucumana Beatriz Rojkés defendeu a lei com um discurso de alto nível, lembrou que durante o debate da lei do casamento civil, em 1888, um senador havia profetizado a desaparição da espécie humana, e enfatizou os paralelos entre os discursos contra os direitos de gays e lésbicas e os que no passado haviam servido de base para o racismo e o antissemitismo:

> O mundo viu morrer milhões de pessoas em suas longas guerras e nos campos de concentração por defender algum tipo de supremacia natural, cultural, religiosa ou racial.
>
> Não é necessário consultar os livros de história nem procurar muito longe para poder comprovar esses fatos. Refiro-me à aplicação do discurso jurídico que justifica e minimiza racionalmente os efeitos da dor. Por isso, é um retrocesso inadmissível sustentar o argumento de "separados, mas iguais", que justificou a segregação racial nos Estados Unidos; ou o da suposta diferença natural, que privou a mulher de votar; ou o de plebiscitar os direitos, que derivou nas leis de extermínio dos judeus.[29]

Vários senadores opositores ao projeto falaram novamente do assunto da adoção, mentindo sobre o que a lei dizia e fazendo de conta que não sabiam que as crianças que já tinham dois pais ou duas mães estavam desprotegidas por uma legislação que lhes negava direitos fundamentais. Todos eles haviam recebido o livro editado pela Federação, que explicava claramente o que a lei de adoção dizia e o que se propunha mudar — que, de qualquer forma, já deveriam saber — contudo, continuaram mentindo a respeito.

---

27 *Op. cit.*, p. 36.
28 *Op. cit.*, p. 37.
29 *Op. cit.*, p. 38.

A pior foi a senadora Hilda Chiche Duhalde, que garantiu: "Virão levar nossas crianças".[30] O seu foi um dos discursos mais vergonhosos.

O senador Cabanchik foi um dos que respondeu às mentiras sobre a adoção. Além de lembrar o que os estudos científicos dizem sobre o assunto, ressaltou que a lei então vigente não proibia que gays e lésbicas adotassem, e disse: "Não vejo como poderia ser um avanço de nossa legislação em matéria de direitos fazer explícita uma discriminação que hoje não existe!".[31] No mesmo sentido, questionou a alternativa da "união civil", que agravaria a discriminação que já existia de fato, explicitando-a na lei. Este senador, que é filósofo, fez contribuições muito interessantes sobre o conceito de "diferença" e sua relevância para o debate. Perguntou também àqueles que se opunham à lei o que pensariam se fosse o contrário, se vivessem em uma sociedade com maioria homossexual e não lhes permitissem casar por serem heterossexuais.

Em outro discurso memorável, Morandini lembrou Natália Gaitán, disse que a qualidade da democracia devia ser medida de acordo com a capacidade de se garantir os direitos das minorias. Explicou a origem histórica da legislação internacional sobre os direitos humanos, disse que as maiorias não tinham o direito de tirar direitos das minorias e até se permitiu zombar dos argumentos etimológicos dos opositores à lei:

> Como também se falou da etimologia e se insiste tanto na origem da palavra "matrimônio", que remete a *mater*, permitam-me contar, em primeira pessoa — como todos a usamos —, que eu vivi meu exílio em Portugal e, se faço cara de riso e malícia, é porque nós, os latino-americanos que morávamos lá, fazíamos essa mesma cara quando escutávamos as mães e os pais se referirem às crianças pequenas como "putos".[32] Em Portugal, as crianças pequenas são chamadas de "putos". A palavra provém etimologicamente de *putis*, que são os querubins das igrejas. Na verdade, qualquer um poderia perfeitamente se perguntar o que foi que aconteceu com a gente, como pode ser que uma palavra que tem uma origem angelical termine se tornando o oposto, em uma palavra de Demônio.[33]

O senador Filmus — outro que entra na minha lista dos melhores discursos — reconheceu que no princípio do debate tinha dúvidas, porém o discurso de Cuccovillo havia começado a abrir sua cabeça, como depois os de Pepito Cibrián, María Rachid, rabino Goldman e Osvaldo Bazán. Filmus questionou

---
30 *Op. cit.*, p. 82.
31 *Op. cit.*, p. 88.
32 Na Argentina, "veado".
33 *Op. cit.*, p. 116. Obs.: na variante angolana do português, "Puto" significa Portugal.

quem argumentava que ainda eram poucos os países que reconheciam o casamento homossexual, e lembrou que a Argentina havia sido o primeiro a legislar sobre a cota feminina nos assentos do Congresso, como antes foi um dos primeiros a reconhecer o voto da mulher, e lembrou algumas das coisas que se diziam então:

> [...] o deputado Francismo Uriburu defendia que lançar a mulher à vida política era incentivar a dissolução da família, com germes de anarquia; diminuir o poder marital já debilitado pela ação econômica da mulher e propender à diminuição dos casamentos, porque já não seduzirá o homem formar um lar cuja direção já não lhe pertence. O deputado Aráoz defendia que o voto feminino podia ser um fator de perturbação de nossos lares, ao constatar que nossas mulheres e filhas votariam contra nossas opiniões. Isto se dizia há pouco tempo, faz oitenta anos.[34]

Filmus também recordou que, até a reforma constitucional de 1994, ele, que é judeu, não poderia ter sido candidato a presidente, já que um dos requisitos para se candidatar a esse cargo era ser católico apostólico romano; citou Condorcet,[35] que afirmava que "ou nenhum membro da raça humana possui realmente direitos ou todos temos os mesmos"; enfatizou que mais de 500 cientistas e pesquisadores do CONICET haviam assinado uma declaração a favor da lei, publicada no *Clarín*, e questionou o argumento da senadora Duhalde, que havia dito que o assunto não era urgente:[36]

> Quem pode determinar a urgência desta norma? Nós podemos determiná-la? Ou só tem direito a determinar a urgência com relação a uma norma que discrimina aquele que é discriminado? Quanto é necessário esperar para que a discriminação termine? Quanto é justo esperar para que termine o Apartheid, o antissemitismo? Só a pessoa que é discriminada pode saber.[37]

Também foi extraordinário o discurso da senadora Maria Eugenia Estenssoro, da Coalizão Cívica, que falou como mulher casada, divorciada, mãe solteira e concubina:

> E gosto de dizer isto com orgulho, mas também porque mostra a evolução da mulher na sociedade nas últimas décadas. Antes, dizer isto publicamente teria sido uma desonra. Teria tido de me ocultar por ser divorciada, por ser mãe

---

34 *Op. cit.*, p. 124.
35 Marie-Jean-Antoine Nicolas de Caritat, marquês de Condorcet (1743-1794), foi um filósofo, cientista, matemático, político e politólogo francês.
36 *Op. cit.*, p. 80.
37 *Op. cit.*, p. 124.

solteira e por conviver com um homem com quem não estou casada legalmente. No entanto, hoje posso dizer isso publicamente no Congresso Nacional, ser senadora, e não por isso sou uma mulher de má vida. Isto é o que mudou na nossa sociedade.

[...] eu tenho uma família reconstituída, tenho dois filhos de meu primeiro casamento, e Haroldo, meu companheiro, me ajudou a criar minha filha. Ele não é o pai biológico, mas sim o pai verdadeiro; não o genitor, mas sim o *pater*. Este é o tipo de família que temos hoje. O bom é que eu não tive de me ocultar, que é o que está pedindo a comunidade homossexual: não ter de ocultar ou esconder a sua realidade, seus amores, seus companheiros, seus filhos e suas famílias.[38]

Estenssoro referiu-se às mudanças históricas no conceito de família e aos diferentes sistemas de parentesco, lembrou os direitos que, no passado, haviam sido negados às mulheres e referiu-se a um casal gay com mais de trinta anos de convivência, amigos seus, por meio dos quais conheceu mais de perto muitos dos problemas que tinham por não poder se casar. E, além de explicar que a sua postura e de seu partido era de que a "união civil" era discriminatória por estabelecer figuras diferenciadas para homo e heterossexuais, fez uma crítica ao projeto de Negre de Alonso, o qual qualificou de "aberrante e escandaloso",[39] mostrando como ele negava a maioria dos direitos vinculados ao casamento, como já foi desenvolvido anteriormente. Ela também referiu-se pontualmente à "objeção de consciência", dizendo que, com o mesmo critério, como ela é descendente de bolivianos, um funcionário público poderia se negar a renovar o seu passaporte dizendo: "Sou um objetor de consciência com respeito às pessoas de origem boliviana. Como, para mim, há muitos bolivianos na Argentina, não quero te dar o passaporte".[40]

Em um sólido discurso, cheio de citações literárias e acadêmicas, o socialista Giustiniani recordou a história do casamento civil na Argentina — e, em particular, em sua província, a primeira a tentar legalizá-lo —, citou os dados do último Censo para demonstrar que a família "papai e mamãe" não refletia a realidade da maioria dos lares argentinos e completou, com um raciocínio lógico impecável, a crítica que Cabanchik tinha feito ao mau uso do conceito de "diferença" por parte de quem justificava a discriminação, aludindo que a lei deveria tratar de modo diferente o que é diferente:

---

38 *Op. cit.*, p. 134.
39 *Op. cit.*, p. 135.
40 *Op. cit.*, p. 143.

O debate levantou a questão da diferença e parece-me que há uma confusão com a palavra "diferença". [...]

Confundem-se "igualdade" e "diferença". O contrário de "igualdade" não é diferença, mas "desigualdade". Por isso, o assunto da mulher surgiu a noite toda, e por isso falamos desta questão. Hoje, ninguém discute que a mulher seja igual ao homem, que tenha exatamente os mesmos direitos que o homem. Quem pode discutir? [...] No entanto, quem discute que a mulher é diferente do homem? Absolutamente ninguém discute isso. E a mulher não quer não ser diferente do homem. Quer ser diferente, mas quer ser igual. Então, os termos "igual" e "diferente" não podem ser confundidos conceitualmente. São diferentes! Temos de caminhar em direção à igualdade, mas isso não quer dizer que as diferenças sejam apagadas, porque, paradoxalmente, seria contraditório querer apagá-las porque o caminho da democracia e do seu aprofundamento é a tolerância da diferença.[41]

O oposicionismo estúpido

A luta interna da bancada radical por pouco não impede a aprovação da lei. Ainda que Sanz e Morales — presidentes do partido e líder da bancada, respectivamente — tivessem anunciado que votariam a favor, a grande maioria de seus correligionários votaria contra, como havia acontecido na Câmara dos Deputados. À medida que se aproximava o dia da sessão, o enfrentamento interno era cada vez maior.

O debate, na verdade, não era pelo casamento gay.

O que a maioria da bancada reclamava de Sanz e Morales era que estavam "ajudando o governo e seus aliados". Ou seja, como os Kirchner apoiavam a reforma, era necessário se opor, da mesma maneira que o correto seria apoiá-la se os Kirchner fossem contra. O conteúdo era o menos importante. Além, claro, de que havia alguns que se opunham por homofobia e conservadorismo. No dia anterior à sessão, Sanz falou com as demais bancadas que o radicalismo apoiaria o projeto de "união familiar" de Elisa Carrió, apresentado por Alicia Terada na Câmara de Deputados. O senador Giustiniani chegou aquela tarde ao gabinete com o projeto de Terada na mão e entregou a Esteban Paulón.

— Olha o que os radicais estão propondo — disse o senador.

— E o que você disse a eles? — perguntou Esteban.

— Que nem pensar! Nosso projeto é o casamento tal como saiu da Câmara dos Deputados.

---

41 *Op. cit.*, p. 147-148.

Os líderes da bancada radical divulgaram que o deles era um "plano B", e caso não conseguissem os votos no Senado proporiam que o projeto voltasse modificado à câmara baixa, onde haveria maioria para ratificar a sanção original.[42] María convocou uma reunião, da qual participaram também por MSN alguns colegas do interior que ainda não haviam viajado, e ficou acordado que rejeitaríamos qualquer tentativa de modificação do projeto salvo se, no último momento, tivéssemos certeza de que perderíamos. Nesse caso, delegaríamos a María a possibilidade de decidir, no momento, qual seria o melhor caminho: nunca aceitaríamos a "união familiar" nem a "união civil", nem nenhum instituto diferenciado, mas se não restasse outra opção, poderíamos combinar que o projeto voltasse à Câmara dos Deputados para continuar a luta. E se perdêssemos lá, esperaríamos o Supremo.

No entanto, logo entendemos que o "plano B" era uma desculpa. Os votos, se os cinco radicais que se diziam a favor — Sanz, Morales, Artaza, Martínez e Castillo — cumprissem e votassem, seriam suficientes. O problema, na verdade, era que a divisão interna da bancada radical era tão forte — dizem no Senado que, em uma reunião, estiveram a ponto de trocarem socos — que Morales queria ceder para conter os mais duros. "Que se dobre, mas que não se rompa!", parecia ser o novo lema do partido. Martínez e Artaza, por sua vez, insistiam com o voto a favor.

María ligou para os assessores de Sanz, que negaram tudo e garantiram que os cinco votariam a favor do casamento. Porém, no mesmo dia 14, à noite, quando já se aproximava o momento da votação, o radicalismo voltou a pôr tudo em dúvida. O senador Filmus chamou María para uma reunião de urgência, da qual também participou a senadora Osuna. Tinham sobre a mesa o projeto de "união familiar" que os senadores da UCR estavam distribuindo. Estavam preocupados:

— Se todos os radicais votarem contra e perdermos a votação, não será possível voltar a discutir até o ano que vem — disse Filmus —. Temos de decidir se aceitamos o que pedem, e depois trabalhamos para reverter na Câmara dos Deputados, ou nos arriscamos...

— Não negociamos nada — disse María —. Se perdermos a votação, a UCR vai ter de explicar à sociedade que votou contra a igualdade, e vamos fazê-los pagar o custo político disso.

---

42 "Haveria" é, aqui, uma hipótese. Já vimos que os votos podem mudar de um dia para o outro e poderia ter acontecido que alguns dos que votaram "sim" na primeira vez, depois votassem "não".

Ao sair da reunião, María atravessou a praça, subiu no palco, pegou o microfone e disse:

— Alguns senadores querem fazer modificações no projeto para que ele volte à Câmara dos Deputados. O que lhes respondemos? — Era de noite e fazia muito frio, mas as pessoas continuavam lá. O "nããããão" foi barulhento e veio acompanhado de assovios. María voltou ao Senado e soube que o radicalismo havia desistido do projeto de "união familiar", mas dizia que votaria a favor em geral e depois proporia mudanças na votação em particular,[43] seguindo a linha dos questionamentos de Medina. O resultado era o mesmo: se ganhassem a segunda votação, o projeto voltaria à Câmara dos Deputados. Apresentavam-no como uma "saída de consenso", porém, na verdade, a única coisa que importava era ganhar de Kirchner numa queda de braço.

Antes de tudo, María quis confirmar que outras bancadas que costumam votar junto com a UCR não se juntariam a esse movimento. "Independentemente da quantidade de votos, queria garantir que ficassem sozinhos politicamente", explica. Ligou para Esteban, que garantiu que com Giustiniani não havia nenhum risco. Desligou e ligou para Juez.

— Nós votaremos a favor do casamento, fique tranquila — disse o senador, que falava em seu nome e no de Morandini. María ligou para Estenssoro, já que suspeitava — e depois ficou claro no discurso de Morales — que Elisa Carrió estava por trás da manobra.

— Eu voto a favor do casamento. Assumi um compromisso durante minha campanha e vou cumpri-lo. Além disso, é uma questão de convicções — respondeu a senadora.

— Vota a favor em geral e em particular?

— Em geral e em particular.

— Por mais que Carrió peça o contrário?

— Eu tenho uma decisão tomada, apesar da opinião de Carrió — disse Estenssoro.

Quando a consultei para este livro, a senadora defendeu a posição da líder da Coalizão Cívica e garantiu que, se faltasse um voto, Lilita teria votado a favor na Câmara dos Deputados: "Carrió nunca objetou minha posição e eu não considero que ela tenha operado, no sentido político do termo. Simplesmente marcou sua posição. Como os números estavam muito apertados, Carrió pen-

---

[43] Os projetos são votados em duas leituras consecutivas: em general e em particular. A votação em particular ocorre logo depois da aprovação em general, e é feita artigo por artigo, a não ser que não haja destaques, caso em que se vota "em general e em particular" de uma vez só.

sou que uma saída consensual seria a da 'união familiar', que não era o mesmo que a 'união civil'", diz.

Os números dependiam de que os cinco radicais cumprissem sua promessa. No entanto, Pichetto já havia começado a trabalhar com alguns dos senadores que votariam contra na votação em geral — dissidentes da bancada governista e alguns aliados, como o neuquino Lores — para que, em particular, caso necessário, votassem a favor, neutralizando assim a deserção da UCR. María começou a mandar torpedos a Sanz, que não atendia: "A lei sai com ou sem os votos do radicalismo. Mas se não sair, a responsabilidade vai ser de vocês, porque contávamos com os cinco votos que vocês PROMETERAM", pôs em um deles. Pouco depois a vi no bar Victoria, na esquina do Senado. Já havia passado da meia-noite.

— Se perdermos por culpa dos radicais, vou me dedicar em cada entrevista a falar de Ernesto Sanz e Gerardo Morales — disse-me. Estávamos todos muito zangados e com medo de perder.

Pichetto ligou para Vilma Ibarra, que estava em sessão na Câmara dos Deputados, debatendo a lei de glaciares, e lhe explicou o que acontecia. Duas de suas assessoras, a Dra. Jessica Kopyoto e a Lic. Florencia Feldman, se instalaram na sala do líder da bancada governista para se encarregar de responder por escrito às propostas de modificação que a UCR fazia, e Vilma ligou para Sanz. O senador reconheceu que tinha muitas dificuldades na bancada com os senadores que se opunham à lei. Ele garantiu que os cinco que eram a favor votariam em geral, mas talvez propusessem modificações em particular. A deputada levantou-se de seu lugar, abandonou a sessão e foi à sala do mendocino. Quando chegou, encontrou-o com o senador Martínez comendo pasteis de forno. Analisaram as modificações propostas, uma por a uma. Por exemplo, o questionamento de Medina com respeito à guarda dos filhos menores de 5 anos em caso de separação:

— Vocês vão sair para explicar às mães heterossexuais que, no meio do debate do casamento gay, por um questionamento de Gabriela Medina, tiraram delas a prioridade na guarda dos filhos? — perguntou.

Os argumentos de Vilma eram incontestáveis. Após dar-lhe todas as respostas técnicas sobre cada ponto, Ibarra disse:

— Se questionarem isto, a Igreja vai criticá-los por terem votado a favor em geral e as organizações sociais por terem impedido a aprovação com os destaques na votação em particular.

No começo, Sanz estava muito pressionado. Sabia que as modificações não acrescentavam nada, nem eram consistentes, mas havia um problema político com a linha dura da bancada e a vontade conciliadora de Morales. Ibarra o defende: "Acho que tanto ele como Martínez foram sinceros comigo. Queriam que a lei fosse aprovada. Fizeram todo o possível para destravar a situação, e no final conseguiram".

Pouco antes que fosse a vez de falar do mendocino, Pichetto ligou para Vilma para avisar que Sanz e Morales tinham lhe garantido, finalmente, o voto dos cinco radicais.

K ou não K, eis a questão

Desde que o ex-presidente Kirchner anunciou seu apoio ao casamento igualitário, sua figura começou a fazer parte do debate. Houve opositores que até então eram a favor e passaram a ser contra porque não queriam "fazer o jogo do governo". Houve governistas que até então eram contra e passaram a ser a favor porque não queriam "fazer o jogo da direita". Foi especialmente patético o papel de alguns senadores radicais e de outros partidos que, sem se importar nem um pouco com os direitos humanos de gays e lésbicas, viam na votação da lei uma oportunidade para "derrotar o Kirchner", embora, para isso, tivessem de aliar-se aos setores mais reacionários da sociedade argentina, defender um discurso discriminatório e pré-democrático que em outro contexto lhes teria dado vergonha, castigando milhões de pessoas que não tinham culpa de suas briguinhas infantis.

Discutiu-se muito, também, sobre os motivos de Néstor e Cristina para apoiar a reforma do Código Civil após vários anos de não opinar a respeito. Oportunismo ou convicção? O certo é que, por um ou por outro, sem a decisão política do governo a lei não teria sido aprovada.

Ao longo do caminho que relato nestas páginas, como a esta altura o leitor já descobriu, discuti mais de uma vez com funcionários do governo e escrevi nos jornais textos muito duros e zangados, castigando-os quando, por exemplo, não deram quórum nas comissões devido à visita de Cristina a Roma. Entretanto, a Presidenta voltou do Vaticano e Kirchner expressou seu apoio à lei. No meio, houve outros fatos, como a decisão que autorizou o casamento de Alex e José na Terra do Fogo, a decisão de Macri de não apelar e seu posterior retrocesso quando não quis casá-los. Com certeza, esses fatos influíram na ocasião, porque poucas coisas são tão dinâmicas e complexas como a política.

Aníbal Fernández tinha jurado para mim, antes das eleições de 28 de junho, que depois da eleição Kirchner tornaria público o seu apoio à lei e os deputados governistas votariam a favor no Congresso — e assim foi.

Também é certo que o kirchnerismo gerou as condições para que o debate fosse possível mesmo antes de tomar a decisão de acompanhá-lo, quando pôs os direitos humanos no centro de suas políticas e levou mais à esquerda a agenda do país.

Teria sido possível o debate do casamento igualitário num governo de Carlos Menem, Elisa Carrió, Adolfo Rodríguez Saá, Roberto Lavagna ou Ricardo López Murphy, candidatos que competiram com Néstor e Cristina em 2003 e 2007? Teríamos sequer pensado em apresentar recursos de amparo e chegar ao Supremo se, no máximo tribunal, em vez de Raúl Zaffaroni e Carmen Argibay — propostos por Kirchner — estivessem ainda os fundamentalistas Rodolfo Barra, Antonio Boggiano e Eduardo Moliné O'Connor? Para quê? Teria sido possível se o peronismo presente na Câmara dos Deputados tivesse sido o de Menem ou de Duhalde?

A resposta é óbvia.

O processo político aberto na Argentina em 2003, com a chegada dos Kirchner ao poder, gerou, na minha opinião, as condições para que um debate como este pudesse nascer da sociedade civil. E a estratégia da Federação e o trabalho comprometido e consequente de seus ativistas, como também de outros setores da sociedade que nos acompanharam, e de funcionários como Aníbal Fernández ou María José Lubertino, que começaram a nos apoiar antes que os Kirchner estivessem convencidos, criaram as condições — junto, como sempre acontece, a uma série de fatores alheios à questão — para que o governo se encorajasse a tomar o assunto e incluí-lo em sua agenda. Isto é, foram dois processos que se retroalimentaram. Sem as condições de base criadas pelo kirchnerismo no poder, a subida teria sido muito mais difícil, mas nós também soubemos gerar condições para que um governo que nunca havia se questionado sobre o assunto um dia tivesse de se sentar para pensar: "O que faremos com o casamento gay?".

María Rachid, que terminou o mandato como presidenta da Federação com a maior conquista da história do movimento LGBT na Argentina e agora milita na Frente para a Vitória,[44] defende o papel cumprido pelo governo no debate:

---

44 Ela é, atualmente, deputada estadual na Cidade de Buenos Aires.

— Aníbal Fernández se comprometeu desde o princípio, desde a primeira vez que fomos apresentar o assunto, a ajudar a torná-lo possível. Em uma das reuniões que tivemos, para as quais nem sequer precisava avisar antes de ir, ele me disse: "Geremos essas condições juntos. Façamos campanhas, instalemos o assunto. Vocês, consigam os votos da oposição, que nós garantimos os votos da bancada governista que forem necessários". E foi o que aconteceu. Néstor e Cristina falaram pessoalmente com os deputados e senadores para consegui-los. Inclusive, no final, tiveram de enfrentar direta e publicamente a hierarquia da Igreja católica, que convocou a "guerra de Deus" — argumenta.

No entanto, como bem disse a própria Cristina Kirchner quando assinou o decreto que a promulgava, a lei foi uma construção social e não a conquista de um único setor político. Porque teria sido impossível se, quando tanto os governistas como os principais líderes da oposição nem sequer nos atendiam, não tivesse havido gente como Silvia Augsburger e Vilma Ibarra, dispostas a trabalhar quase solitariamente por uma causa que parecia utópica, distante, irrealizável, com uns poucos deputados acompanhando. E teria sido impossível — porque a votação em ambas as câmaras do Congresso foi transversal, e com os votos da centro-esquerda e a parte convencida do governo não seria suficiente — se não tivessem se somado mais adiante muitos legisladores do radicalismo, da Coalizão Cívica, do Pro e do Peronismo Federal.

Teria sido impossível sem a decisão surpreendente de Macri, sem a coragem de Fabiana Ríos, sem a determinação dos juízes que decidiram a favor de nove casamentos, sem os setores da sociedade que se mobilizaram, os artistas que deram apoio, os constitucionalistas que foram defender a lei nas comissões do Congresso, os cientistas e as universidades que respaldaram, as pessoas que se somaram aos barulhaços tocando buzina e os que se juntaram à campanha no Facebook. E teria sido impossível se, dentro mesmo das organizações LGBT, não tivesse havido quadros de diferentes tendências e militâncias políticas — governistas e opositores — trabalhando juntos por um objetivo comum e compartilhando sua experiência e seus contatos.

Por isso, mais que discutir sobre Néstor Kirchner, aqueles que erraram em confundir um processo histórico sobre a igualdade jurídica como uma mera oportunidade de conjuntura para fazer politicagem deveriam ter tido a capacidade — que Kirchner teve, mas também gente tão diferente como Ricardo

Alfonsín, Hermes Binner, Margarita Stolbizer, María Eugenia Estenssoro, Luis Juez, Felipe Solá, Vilma Ripoll e outros — de perceber que o que estava em jogo era muito mais importante que seus pequenos umbigos.

É isso que faz que alguns passem para a história e outros não.

Escrevo isto em 7 de novembro de 2010, no dia seguinte à primeira parada gay posterior à aprovação da lei do casamento igualitário, na qual mais de 100 mil pessoas foram festejar essa conquista e pedir mais: agora, pela lei de identidade de gênero para travestis e transexuais.[45] A marcha foi realizada dez dias depois da inesperada morte do ex-presidente, e não vou me fantasiar de "objetivo", o que nunca fiz, porque essa morte me doeu.

Eu o xinguei, critiquei e aplaudi mais de uma vez, mas Néstor Kirchner foi o primeiro presidente que me fez deixar de ver a Casa Rosada como um território inimigo, e o primeiro por quem tive respeito em meus 32 anos.

Ontem à noite, na Praça do Congresso, uma multidão emocionada homenageou-o com um minuto de aplausos. Em uma praça absolutamente heterogênea, a reação foi em massa, autêntica. Não eram 100 mil kirchneristas, quem sabe em quem votou ou pensa votar cada um. Eram 100 mil pessoas agradecidas a um cara que soube fazer o que tinha que fazer e, até esse momento, ninguém que tenha estado em seu lugar havia feito.

Contagem regressiva

A maioria dos ativistas que estavam metidos na negociação dos votos e na relação com a imprensa, eu inclusive, passamos boa parte do dia da sessão num salão do edifício anexo ao Senado, junto com os ativistas que tinham vindo do interior do país. O INADI havia instalado um telão para assistirmos à sessão. Conosco também estava Pedro Zerolo, que tentava entender como funcionava o estranho sistema político argentino, em que as bancadas não têm posições comuns e cada senador vota no que tem vontade.

— Essa senadora vota a favor ou contra? — perguntou-me quando Higonet começava a discursar.

— Não sei. Vamos ver o que ela diz — respondi, e Pedro me olhava como se eu tivesse dito um absurdo. No dia da votação, após anos de debate, ainda não sabíamos como votaria cada senador?

Estávamos na Argentina.

---

45 Aprovada em 2012.

À noite, os funcionários de segurança fecharam as portas do edifício. Ninguém mais podia entrar. E para sair era preciso atravessar até o outro lado, para usar a outra porta, mas quem saía não podia voltar. Afinal, perto da meia-noite, fui com Pedro e César Rosenstein — o amigo de Claudia Rucci, que finalmente conheci nesse dia — ao Café Victoria. Estava cheio, como no Plaza del Carmen, do outro lado da praça do Congresso, com todas as mesas ocupadas e várias pessoas de pé. Todos bichas, sapatões ou simpatizantes da causa, como Rosenstein, a quem nesse dia cabia pertencer à minoria heterossexual. Os garçons não queriam subir o volume das televisões LCD que passavam a transmissão ao vivo da TN, tão grandes e tão inúteis sem som. Perto de uma hora depois que chegamos, entrou no bar María José Lubertino, cumprimentou da porta e se sentou em nossa mesa. Expansiva, comeu nossa pizza, encheu a mesa de pastas e projetos — Lubertino trabalha *"full life"* — e em dez minutos estava rodeada de assessores fazendo uma reunião de equipe. Acabamos indo para outra mesa, com Belén Prieto, da juventude da Federação.

Mas antes pedimos a María José que solucionasse o problema do som. Quem melhor que ela, que consegue tudo? Não sei o que disse ao garçom, mas num minuto estávamos todos ouvindo a sessão. Foi aí que María chegou e falamos sobre Sanz. Quando entrou no bar, todos os presentes se levantaram para aplaudi-la.

Vivíamos um momento épico.

No final, foi a hora do presidente da UCR falar. Nesse momento, todos fizeram silêncio. Seu discurso e, pouco depois, o do líder da bancada, nos diriam se ganharíamos ou perderíamos.

Afinal, Sanz esteve impecável. Centrou sua argumentação na questão jurídica e deu todas as razões pelas quais a lei devia ser aprovada. Depois de Sanz veio Rodríguez Saá e só depois, Morales. Quando ele disse "Tenho algumas observações em particular...", todos trememos, mas em instantes acrescentou: "de qualquer maneira, vou votar a favor deste projeto em geral e também em particular".[46]

Tivemos então a certeza de que havíamos conseguido, e fomos para a rua. Só faltava que Pichetto falasse, e a seguir seria a votação. Nos metemos entre a multidão.

---

46 *Op. cit.*, p. 159.

Pode chorar, pode chorar!

No meio da praça encontrei com Osvaldo Bazán, e subimos juntos ao palco. María, Esteban, Pedro Zerolo e Lubertino, entre outros, foram na frente, com o microfone, esperando a hora da comemoração. De qualquer maneira, até que votassem, não deixaríamos de estar assustadíssimos. Nem bem Pichetto começou a falar, o senador Biancalani pediu uma interrupção:

— Senhor presidente: vou ser breve. Esqueceram de mim. Não sei se não estava na lista de oradores, ou se não me anotaram. Quero mostrar o meu desacordo com a lei do casamento para casais homossexuais — disse, e nos assustamos mais ainda. De acordo com as últimas contagens, esse senador iria se abster. Começamos a nos entreolhar com preocupação. Mas, no final do discurso, Biancalani disse que iria se abster mesmo. Alarme falso.

O discurso de Pichetto foi extraordinário, mas agressivo. Disse tudo o que qualquer um de nós tinha vontade de dizer, e nós festejávamos cada uma de suas palavras. Mas, ao mesmo tempo, o festejo se encontrava com o cagaço. E se alguém dos que iam votar a favor se irritasse e abandonasse a sessão? E se ele estragasse tudo?

Bateu nos radicais, achincalhou Rodríguez Saá ("se seu irmão estivesse aqui hoje, votaria esta lei conosco"), deu uma machadada em Bergoglio ("pensei que o monsenhor Bergoglio fosse mais inteligente (...). Realmente, fiquei surpreso com essa carta que ele enviou às freiras. (...) falava do diabo, que, talvez, o diabo entrasse no convento. Aparentemente, o demônio está rondando as ruas de Buenos Aires e vai ferir as famílias"), criticou Aguer e Marino ("da linha de monsenhor Plaza"[47]), lembrou aos radicais que a juventude do partido tinha se pronunciado a favor da lei, disse que as manifestações da Igreja tinham sido grosseiras, rudes e trogloditas, respondeu àqueles que instalavam a lógica situação/oposição que o projeto não era do governo, mas de Vilma Ibarra e Silvia Augsburger, e criticou o projeto de Negre de Alonso:

> Se tivessem querido um projeto de união civil, teriam tido! Tinham maioria [na comissão] para tê-lo! Teriam feito um bom instrumento, não a monstruosidade que fizeram, presidente. É uma monstruosidade discriminadora! Olhe: tem uma cláusula que é praticamente a de um Estado totalitário, permitindo ao funcionário público que tem de cumprir com as obrigações e com a lei dizer: "olha, vocês são homossexuais; eu tenho uma profunda repugnância por vocês, desprezo-os e, além disso, comigo, não vão se casar. Não poderão fazer qualquer trâmite porque não vou

---
47 Ex-arcebispo de La Plata, cúmplice da ditadura.

atendê-los. Além disso, da próxima vez que vierem, venham com uma fita amarela em suas roupas para se identificarem como homossexuais". A senadora Negre de Alonso chamou a isso de objeção de consciência! [...] Por favor! Na verdade, isso é mais próprio da Alemanha nazista do que de um Estado democrático.⁴⁸

Em um fato inédito, na praça, militantes das alas jovens dos vários partidos políticos de oposição cantavam junto com o resto dos manifestantes: "Pichetto! Pichetto!". No palco, tínhamos as mãos doídas de tanto bater palmas.

Negre de Alonso ficou louca, começou a gritar:

— O senhor me chamou de nazista!

A Praça explodia em aplausos para o presidente da bancada governista e cantava: "nazista! nazista!". Depois, quando pudemos ver as imagens da sessão, soubemos que, nesse momento, Negre de Alonso começou a chorar.

Se tivessem visto essa imagem na praça — se o INADI, como sugerimos, tivesse posto um telão também ali — o pranto da senadora teria sido mais festejado do que o gol de Maradona contra os ingleses.

Pichetto continuou:

> [...] a Igreja também deve fazer sua própria autocrítica. Deve analisar por dentro o que acontece nessa instituição. O silêncio que manteve diante de fatos aberrantes, de bispos importantes, como no caso de monsenhor Storni, que em vez de responder perante a justiça foi hospedado em uma casa de repouso na província de Córdoba, ou como outros casos, como o de Grassi; casos graves de pedofilia que infelizmente ocorreram no país e no mundo [...].⁴⁹

E a praça respondia: "Bergoglio / "*basura*"⁵⁰ / você é a ditadura". Negre de Alonso gritava, Pérez Alsina e Escudero a defendiam, e Pichetto continuava batendo. Antes da votação, Di Perna e Bongiorno pediram autorização para se abster. Antes, o parecer de Negre de Alonso foi votado:

> Sr. Secretário (Canals) – São registrados 33 votos negativos e 30 afirmativos.
>
> Sr. Presidente (Pampuro) – Rejeitado.⁵¹

E, finalmente, a lei do casamento igualitário foi votada. Pichetto pediu que votassem em geral e em particular de uma só vez, e ninguém se opôs. Tinha chegado o momento:

---

48 *Op. cit.*, p. 165.
49 *Op. cit.*, p. 167.
50 Em espanhol: "lixo".
51 *Op. cit.*, p. 170.

Sr. Secretário (Canals) – São registrados 33 afirmativos e 27 negativos.

Sr. Presidente (Pampuro) – Projeto de lei sancionado definitivamente. Que sejam feitas as comunicações correspondentes.

Mas o áudio da praça tinha um pequeno atraso, porque vinha da internet. Não chegamos a ouvir o resultado da votação porque de uma das barracas, na esquina, onde havia uma TV e a transmissão chegava sem demora, ouvimos os gritos de comemoração e nos demos conta de que tínhamos vencido alguns momentos antes que as vozes de Canals e Pampuro chegassem aos nossos ouvidos. Quando eles falaram, todos nós já estávamos gritando e aplaudindo.

Três anos, cinco meses e quase um dia depois daquela manhã em que fomos ao cartório acompanhando María e Claudia para dar entrada no pedido de casamento civil e todo mundo pensava que estávamos loucos, que era impossível, o casamento gay acabava de ser aprovado e seria lei na Argentina.

A Praça inteira estava cantando: "E já vê / e já vê / é pra Bergoglio que assiste pela TV". Ao declarar guerra, o cardeal tinha se transformado no pai da derrota. Nós, os vitoriosos, na rua e no palco, chorávamos, nos abraçávamos, cantávamos, ríamos. De repente, éramos cidadãos. Pessoas. Iguais. E tínhamos feito história. Não podíamos acreditar. María pegou o microfone, com Pedro Zerolo ao lado, e pronunciou o que seguramente terá sido o discurso mais feliz da sua vida.

Quando mencionou a Igreja, a multidão respondeu:
"Se fuderam!"

— Mesmo aqueles que se opuseram a esta lei, tenho certeza de que no final vão entender que todos ganharam, porque hoje somos um país melhor — disse María logo depois.

Vou festejar, vou festejar!

Descemos do palco. Nas escadas, Vilma Ibarra ligava para Silvia Augsburger, para compartilhar a alegria. Ficamos um tempo na rua, participando da celebração. Quando já quase todos tinham ido embora, eu, María e Claudia estávamos na esquina e encontramos com Andrés Osojnik, trazendo a capa do *Página/12* do dia seguinte: "Sim, aceito", dizia, com uma foto do Congresso e uma bandeira do orgulho tremulando.

— Querem ver a outra? — perguntou e puxou outro papel:
"Nem comprometido, nem casado, nem nada", dizia.

— Essa era a que sairia se a lei não fosse aprovada — explicou. Tendo em conta que a sessão terminou depois das 4 da manhã, eles precisavam ter tudo pronto, não importava o que acontecesse.

Depois de conversarmos um tempo, nos despedimos. Na outra esquina, encontrei de novo com Martín, Carlos, Greta e outros companheiros do 100%, e fomos para o restaurante Plaza del Carmen, onde a maioria das mesas ainda estava ocupada. Perto da nossa, vi Oscar González, anterior vice-ministro-chefe da Casa Civil, e atualmente responsável pelas relações políticas do governo com o Congresso. Há anos nos conhecemos porque ele foi companheiro de militância dos meus pais, então ficamos conversando um pouco. Momentos mais tarde, Vilma Ibarra entrou e, como quando María entrou no café Victoria, foi uma ovação.

Então fomos com o pessoal para outro bar, onde encontramos os companheiros da Federação de Río Negro e Neuquén, e continuamos comemorando até que já estávamos dormindo, enquanto o resto do país acordava. Martín, Carlos e eu fomos para a rua e compramos todos os jornais: *Página/12*, *Clarín*, *La Nación*, *Tiempo Argentino*...

No táxi, comparávamos as manchetes, comentando os discursos e, acima de tudo, celebrando o de Pichetto. Chegamos ao apartamento e encontramos, no para-brisas do carro de Martín e Carlos, no estacionamento do edifício, uma nota de parabéns assinada pelos vizinhos.

Era a única coisa que faltava para saber que o país já era outro.

***

A governadora da Terra do Fogo tinha conseguido que a deixassem presenciar a sessão. Ela ficou numa das galerias do plenário do Senado, com Oscar González, Leo Gorbacz e o presidente do INADI, Claudio Morgado. Naquele dia, sua filha caçula, Victoria, tinha sido operada — uma cirurgia simples, sem gravidade — e, quando lhe deram alta, foi ao Congresso com a mais velha, Betu, que ficou na praça com seus companheiros.

Após a votação, a governadora saiu do prédio com Leo, e ainda tinha gente cantando e festejando. Nós devíamos estar por perto quando Fabiana atravessou a praça. Ficou observando os manifestantes por um momento, pensando na hora e no frio, e entendeu pelos rostos que, para muitos, era o dia mais importante de suas vidas.

Então se deu conta do que tinha feito, e ali, no meio da rua, começou a chorar.

E o mundo não se acabou

A Casa mais Rosada que nunca

No dia 21 de julho, de tarde, a Casa Rosada era o cenário de um fato inédito. Dezenas de gays, lésbicas, travestis e transexuais faziam fila para entrar, com bandeiras e bótons com as cores do arco-íris. Dentro, os ministros tiravam fotos com quem nunca haviam imaginado que estaria ali algum dia, e nas primeiras filas, em vez de empresários, sindicalistas, militares ou políticos, havia bichas, sapatões e travestis.

A cena teria sido tão impensável anos atrás, que não chegava a ser nem sequer um sonho: no Salão dos Patriotas Latino-americanos, rodeada de fotos de Che, Bolívar, Sandino, Artigas, Evita e Perón, entre outros, uma presidenta mulher promulgava uma lei do casamento gay. Na verdade, já durante o debate, havia deixado de ser "gay" e passado a ser "igualitário", uma invenção da equipe de comunicação do governo que mudava o sentido da designação: em vez de marcar a diferença, colocava a ênfase na igualdade. O que passaria a ser *igualitário* era o casamento, porque agora seria para todos.

E dessa vez éramos parte desse "todos".

Junto com a Presidenta, a governadora Fabiana Ríos. Também outros mandatários, o ministro-chefe da Casa Civil, Aníbal Fernández. Todos os ministros levavam o bóton com a bandeira do arco-íris em seus ternos.

E, observando de perto, o ex-presidente Néstor Kirchner.

Também estavam presentes vários atores, atrizes e músicos que haviam participado dos vídeos de apoio à lei, mães e avós da Praça de Maio, organismos de direitos humanos, figuras da sociedade civil e o diretor teatral Pepito Cibrián, mais marica que nunca — como todos. A sala estava repleta e, quando Cristina estampou sua assinatura no decreto, explodiu num grito só: "Igualdade! Igualdade!".

— Não decretamos uma lei, mas uma construção social e, como boa construção social, é transversal, é diversa, é plural, é ampla e não pertence a ninguém, mas àqueles que a construíram: a sociedade — disse a Presidenta, politicamente impecável. Também garantiu que, em alguns anos, o debate que havia acontecido naqueles dias seria considerado anacrônico, e lembrou que houve senadores que haviam votado contra a lei do divórcio com argumentos similares aos usados contra o casamento gay e, tempos depois, haviam se divorciado. E agora, inclusive, estavam de acordo com esta reforma.

Quando o ato terminou, as pessoas não queriam ir embora. Houve um longo momento de comemorações e fotos, com câmeras e celulares, no salão da casa de governo. Cristina também tirava fotos com todos e em um momento viu Martín e Carlos, posou com eles com a certidão de casamento e disse a Carlos:

— Eu também quero me casar com você!

Um dos repórteres do *CQC*, que escutou o comentário, disse a Martín:

— Vem aí o primeiro divórcio gay?

— Não — intercedeu Carlos —. Não temos por que nos separar; podemos integrá-la.

— Ei, deixe a piada comigo, que é meu trabalho — disse, rindo, o jornalista.

Não havia protocolo, nem pudor; não importava nada.

Era uma festa. A nossa festa.

Saímos da Casa Rosada e demoramos vários dias para aterrissar e perceber que era sério.

Vamos casar!

Enquanto, na Argentina, a lei era debatida no Senado, na Espanha ela completava cinco anos e já eram 20 mil os casamentos homossexuais. Com certeza, muitos eram de casais que já tinham anos esperando. Depois serão menos. Não sei quantos acontecerão em nosso país até 2015, mas a verdade é que nunca recebi tantos convites para casamentos em toda a minha vida. Pude ir a apenas dois: o de Alejandro Vannelli e Ernesto Larresse, em Buenos Aires, e o de Martín Scioli e Oscar Márvich, em Rosario, duas festas maravilhosas. Depois tive de voltar para o Rio, mas continuam me enviando convites por e-mail, várias vezes por semana. O de Alejandro e Ernesto parecia o casamento de duas estrelas de Hollywood, pela quantidade de câmeras e jornalistas. E na festa estiveram todos, com cobertura exclusiva da revista *Gente*. Eu encontrava o galã da novela no bar, e o vilão na porta do banheiro.

E foi, claro, a notícia do dia.

É que no começo, cada casamento era, de alguma forma, o primeiro. O primeiro de Tucumán. O primeiro de duas mulheres em Quilmes. O primeiro de uma travesti. O primeiro de dois homens aposentados. O primeiro da Patagônia. O primeiro de Bahía Blanca. O primeiro de um deputado gay — Terra do Fogo foi outra vez pioneira, quando o legislador provincial Osvaldo López[1] se casou com seu companheiro, Javier —, e logo acontecerá o primeiro de um jogador de futebol, de um juiz, de uma ministra, de um músico, o primeiro...

Até que um dia não será mais novidade.

Um casal de dois homens ou duas mulheres chegará ao Registro Civil do menor povoado de Salta ou San Juan para marcar o casamento, e o funcionário os atenderá como um trâmite mais, sem prestar mais atenção ao sexo dos nubentes do que à cor de seus tênis.

Será o fim do casamento gay.

E vai ser tão bom que nem vamos perceber.

Não era o Apocalipse, mas sim a Gênese

Anunciaram e garantiram que o mundo ia se acabar
Por causa disso minha gente lá de casa começou a rezar
E até disseram que o sol ia nascer antes da madrugada
Por causa disso nessa noite lá no morro não se fez batucada.

Mas, como cantava Carmen Miranda (e continua cantando Adriana Calcanhoto), o mundo não se acabou.

Uma parte do país — não só nós, mas nossos amigos, nossas famílias, aqueles que nos amam e quem acredita que agora somos todos melhores — amanheceu mais feliz. Christian Rodríguez escreveu em seu *blog*, *Puto y aparte*: "Igual como '*puto*', mas muito, muitíssimo menos à parte".[2]

Para o resto, não mudou nada. Salvo para Negre de Alonso, que amanheceu triste e com olheiras, mas isso é lá com ela. Quem manda lutar contra a felicidade alheia?

---

[1] López agora é senador federal. Tomou posse quando o senador José Martínez, de quem era suplente, morreu num acidente de carro. Assim, por essa fatalidade, ele se tornou o primeiro parlamentar federal gay assumido (somando-se aos não assumidos, que são vários) e legalmente casado.

[2] Para entender o trocadilho: "*punto y aparte*", em espanhol, significa "ponto final" e "*puto*", veado. Então, ele diz que se sente igual como *puto* (veado), mas muito menos *aparte* (à parte).

Deus não fez chover enxofre; a esposa de Lot não olhou para trás nem se transformou em estátua de sal. As pessoas seguem com sua vida normal, como todos os dias. Porém há crianças que não tinham plano de saúde e agora têm. Há pais que agora podem ir à reunião de pais da escola. Há casais que não podiam pedir um empréstimo bancário e agora podem. Há viúvos que agora têm pensão e herança. Há estrangeiros que podem ficar com a pessoa que amam. Há famílias que agora são reconhecidas como tais. Há pais, irmãos, amigos, tios, vizinhos cujos filhos, irmãos, amigos, sobrinhos e vizinhos que podem ou poderão ir à festa de casamento deles, que já não serão clandestinos nem estarão obrigados a brincar de esconde-esconde. Há guris que já não têm vergonha. Há velhos que já não têm vergonha. Há uma geração que será educada com menos preconceitos.

No dia em que a lei foi promulgada, Norma Castillo disse a uma colega que estava grávida e planejava se casar com sua noiva antes do parto:

— Teu filho vai nascer num país diferente.

Rio de Janeiro, novembro de 2010.

Agradecimentos

Daniel Seifert, Marina Abiuso e Emiliano Ramirez foram os primeiros a ler cada capítulo e me salvaram de cometer mais de um erro ou de me esquecer de coisas importantes, além de me dar ideias e conselhos e criticar tudo o que não gostaram com a sinceridade que se espera de um amigo. Nem sempre concordei com eles, e a responsabilidade pelos erros é exclusivamente minha. María Rachid, Esteban Paulón e Vilma Ibarra foram fonte de consulta permanente e tiveram infinita paciência para responder minhas perguntas quase todos os dias e a qualquer hora.

Dezenas de pessoas prestaram testemunhos ou colaboraram com documentação, informação ou opinião. Agradeço muito a todos/as eles/as, em especial a Silvia Augsburger, Fabiana Ríos, Leonardo Gorbacz, María Lenz, Gabriela Seijas, Elena Liberatori, María Luisa Storani, María Eugenia Estenssoro, Margarita Stolbizer, Miguel De Godoy, Guido Cohen, Claudia Castro, Martín Canevaro, Alex Freyre, José María Di Bello, Alejandro Vannelli, Ernesto Larresse, Greta Pena, Florencia Feldman, Analía Mas, Diego Mathé, Martín Apaz, Natalia Milisenda, Claudia Contreras Newbery, Adrián Urrutia, Florencia Kravetz, Pablo Fracchia, Juan Manazzoni, Maximiliano Ferraro, Ezequiel Martín, Norberto D'Amico, Luis Lezana, Riqui Vallarino, Marcelo Marquez, Pablo Herrero Garisto, Diego Rojas, Luis Corbacho, Carolina Frangoulis e Fernando Baggio, sem cujos depoimentos faltariam a este livro partes da história. E aos que não posso mencionar com nome e sobrenome, cujos testemunhos também foram importantes.

Agradeço também ao ministro do Supremo Tribunal Federal Eugenio Raúl Zaffaroni, que me permitiu publicar o rascunho do que seria seu voto no caso de María e Claudia (publicado na edição em espanhol); ao canal Todo Noticias, que me forneceu todo o material de arquivo que pedi, em DVD e sem custo; a Tomas Hanks, que xerocou para mim seu exemplar de *As bodas da semelhança*, de John Boswell, livro esgotado há anos, e a Carolina Fiscardi e Carlitos Pajés, que cuidaram que eu recebesse estes materiais no Rio de Janeiro.

Ao jornalista Luis Majul, que acreditou neste projeto desde o primeiro dia, como antes tinha apoiado, desde o primeiro dia, a lei do casamento igualitário.

À Editora Planeta, e em especial a Ignacio Iraola e Paula Pérez Alonso.

A Andrés Osojnik, Soledad Vallejos, Emilio Ruchansky e toda a equipe de sociedade do *Página/12*, cujas crônicas dos últimos anos me serviram como linha do tempo desta história, e a Damián Martino, que me autorizou a reproduzir quase toda a sua entrevista com Norma e Cachita, publicada originalmente em *SOY*.

A Guillermo Alfieri, que me abriu as portas do jornal *Crítica de la Argentina*, onde publiquei boa parte dos textos que cito neste livro. Às minhas editoras de jornal, Andrea Rodríguez e María Sucarrat, que sempre respeitaram o meu trabalho e me deram liberdade absoluta para escrever sobre temas muitas vezes conflitantes, e a Osvaldo Bazán, que sempre esteve presente nas situações boas e más que passamos no *Crítica de la Argentina* e sempre me dá conselhos inestimáveis. Sem o que aprendi com todos eles, teria sido incapaz de escrever este livro.

***

Aos agradecimentos anteriores, que constam na edição argentina do livro, gostaria de acrescentar os seguintes.

A Ari Roitman, que acreditou neste livro e decidiu publicá-lo no Brasil, e a toda a equipe da Editora Garamond.

Ao Ministério das Relações Exteriores da República Argentina, por seu apoio para a tradução deste livro através do programa Sur. E ao cônsul argentino no Rio de Janeiro, Marcelo Bertoldi, ao vice-cônsul, Alejandro Verdier, e ao cônsul adjunto, Sebastián D'Alessio, que me informaram sobre a existência desse programa. Marcelo, Alejandro e Sebastián têm sido, também, grandes parceiros na luta pelo casamento igualitário no Brasil. Com os consulados da Argentina e dos Estados Unidos, o Centro Cultural da Justiça Federal e outras entidades, organizamos, em 2012, um seminário internacional sobre casamento civil igualitário para apoiar o projeto do deputado Jean Wyllys, que teve a participação, entre outros, de Raúl Zaffaroni.

Ao escritor João Nery, autor de *Viagem solitária*, e a Sílvia Rebello, que me encorajaram a tentar a publicação no país.

Aos meus queridos amigos Jean Wyllys e João Junior, e a toda a equipe do mandato do Jean, com quem construímos a campanha nacional pelo casamento igualitário no Brasil, que saiu vitoriosa enquanto este livro estava sendo traduzido.

À tradutora, minha amiga Rosanne Nascimento de Souza, que fez um trabalho extraordinário num tempo recorde. E também a Marcos Bagno, que colaborou com a tradução dos primeiros capítulos.

A Paulo Iotti, Eduardo Barelli e João Pedro Accioli Teixeira, que em diferentes momentos me auxiliaram com dúvidas de português durante a revisão da tradução.

Aos fotógrafos Javier Fuentes e Nicolás Fernández, autores das fotos em preto e branco que ilustram a capa e a contracapa do livro, inclusive a minha, e a Laia Ventayol e Laura Muñiz e meus queridos amigos Martín Canevaro e Carlos Álvarez, os casais que aparecem nessas fotos, que autorizaram o uso gratuito das mesmas.

A Wolney, porque graças a ele me apaixonei pelo Brasil e pela língua portuguesa, e se isso não tivesse acontecido provavelmente não estaria aqui.

A Wellington e Daniel, meus irmãos cariocas.

Posfácio à edição brasileira

— Como assim? Você me dá o livro, me conta a história e depois me diz que vai embora? — ele disse e começou a rir.
— Eu...
— Você fica e me ajuda, está decidido! Quero você na minha equipe. O casamento igualitário vai ser uma das prioridades do meu mandato.

Eu estava terminando o mestrado e fazendo as malas. O objetivo da minha viagem tinha sido cumprido e, além disso, eu estava desempregado desde a falência do jornal *Crítica*. A partir de março, também não receberia mais a bolsa. Depois de dois anos na cidade maravilhosa, voltava à Argentina. Mas essa conversa mudou meus planos.

Até alguns meses atrás, eu jamais tinha ouvido o nome do Jean Wyllys.

— Você sabia que agora tem um deputado gay? — o Wellington disse enquanto a gente fazia fila para pagar não lembro o quê, numa loja da Avenida Suburbana.

Meu irmão carioca, que conheci no Fórum Social Mundial de 2005 poucos dias depois de conhecer Pedro Zerolo, agora também era meu vizinho na Abolição, um bairro da periferia do Rio de Janeiro. Quando cheguei, para fazer mestrado na PUC, fui morar lá para ficar perto dele. Wellington falou da história do Jean no BBB e me contou que o deputado militava no mesmo partido que o Marcelo Freixo, cuja trajetória eu conhecia e sempre admirei.

— Você deveria falar com o Jean — ele disse.

No entanto, passaram várias semanas até que isso acontecesse. Uma colega da PUC que conhecia o Jean também me disse que eu deveria falar com ele e acabou me convencendo. Mandei uma mensagem pelo Twitter, que o deputado respondeu na hora, e marcamos um encontro no gabinete. O que eu queria era entregar a ele um exemplar deste livro (será que ele conseguia ler em espanhol?) antes de voltar à Argentina e tentar convencê-lo de que seria muito bom que ele apresentasse um projeto de lei do casamento igualitário.

Afinal, foi no Brasil que o Pedro Zerolo me convenceu a lutar pelo casamento igualitário na Argentina. Agora eu queria convencer o Jean e repetir a história. Mas não foi necessário: ele já estava convencido.

— Então, posso contar com você? — ele perguntou.

— Pode.

Entrei na reunião levando um livro e saí como coordenador da futura campanha pelo casamento igualitário no Brasil. Depois de uma experiência pessoal muito ruim com uma senadora argentina, tinha jurado a mim mesmo que nunca mais aceitaria trabalhar como assessor parlamentar, mas o Jean me convenceu. Uma hora conversando com ele me bastou para perceber que estava diante de um político diferente, um cara honesto que queria fazer as mesmas coisas que eu teria gostado de fazer se fosse deputado na Argentina.

Tudo isso que falei para aquele deputado gay argentino que não queria sair do armário durante o debate da lei, tudo isso que eu teria gostado de fazer no lugar dele e meu amigo não quis, o Jean queria. E era deputado e estava fora do armário.

— Não sei se vou ter um segundo mandato. Eu nem achava que seria eleito, mas fui. E quero aproveitar esses quatro anos para defender as causas que ninguém defende por medo de ser estigmatizado e perder votos. Alguém tem que fazer, não é? — ele disse.

Como eu não ia aceitar?

Uma semana depois desse primeiro encontro, já tínhamos escrito o projeto de emenda constitucional para alterar o artigo 226 da Constituição brasileira e legalizar o casamento civil entre pessoas do mesmo sexo. "Se ele conseguir, vou poder contar que escrevi um artigo da constituição de outro país", pensei. Tempo depois, também fizemos um projeto de lei para alterar o Código Civil. E, trocando e-mails quase todo dia com o Jean, já tínhamos começado a articular a estratégia política para tentar reproduzir no Brasil, com as devidas adaptações, a campanha bem-sucedida da Argentina.

Eu viajei para apresentar o livro na Argentina e, quando voltei, comecei a trabalhar.

O lançamento público do projeto, para o qual precisávamos de 172 assinaturas no Congresso — que até hoje não conseguimos, tamanha é a covardia da maioria dos políticos brasileiros — foi o primeiro desafio. Convidamos o Pedro, que trouxe a saudação do ainda presidente espanhol José Luis Rodríguez Zapatero, a deputada argentina Vilma Ibarra e o novo presidente da Federação Argentina LGBT, Esteban Paulón. O evento foi em Brasília, e fiquei maravilhado com o tamanho de tudo. O Congresso argentino, se comparado ao brasileiro, é uma câmara de vereadores. Tempo depois, organizamos outro evento no Senado, com Silvia Augsburger e a juíza Gabriela Seijas.

Criamos um site, uma fan page no Facebook, traduzi o guia de perguntas e respostas que tinha escrito para o debate na Argentina e preparei uma bateria de argumentos e uma pasta de documentos úteis para o debate. Também preparei o roteiro para uma futura campanha de vídeos com artistas, tentando reproduzir o que Alejandro Vannelli e os Guerreiros do Arco-Íris fizeram na Argentina. Mas a ideia ficou engavetada até a chegada do João Junior, um jovem ativista carioca que conversou comigo depois de uma palestra do Jean no Rio. Ele trouxe uma série de ideias que me pareceram excelentes e combinei uma reunião com o Jean para que conversassem.

— Quero você na minha equipe — o Jean disse de novo.

O João começou a coordenar a campanha junto comigo e teve um papel fundamental, não só pelas ideias que trouxe, mas também pela capacidade organizativa para levá-las à prática. Mostrei a ele o roteiro para o vídeo com os artistas e sugeri que a gente dedicasse uma semana a ligar para os empresários e agentes. Em algumas semanas, o João já tinha conseguido marcar a gravação com Ney Matogrosso, Wanessa, Zélia Duncan, Preta Gil, Arlette Salles, Mônica Martelli, Ivan Lins, Mariana Ximenes, MV Bill, Sandra de Sá, Sergio Loroza e outros. O Jean nos passou alguns contatos pessoais e somamos à lista Rita Beneditto, Tuca Andrada, Alexandre Nero e até Caetano Veloso, que não chegou a gravar o vídeo, mas autorizou o uso da sua imagem e assinou a declaração a favor do casamento igualitário que escrevemos com o João. O mesmo aconteceu com Chico Buarque, Sônia Braga, Bebel Gilberto e outros.

O nome do Jean ajudava muito. Quando a gente dizia que era ele que liderava a campanha, muitos artistas fechavam na hora, porque o respeitam muito. O primeiro que marcou a gravação o fez de uma maneira muito engraçada.

— Oi, João, tudo bem? Sou Ney.

— Quem? — perguntou João, sem entender. Estava no meio da rua, na chuva, quando o celular tocou e ele não lembrava de nenhuma pessoa com esse nome.

— Ney Matogrosso! Quero gravar esse vídeo, sim.

O João quase tropeça e cai no chão.

O cantor nos recebeu na casa dele e foi muito fofo. Eu não acreditava que estava na casa do Ney Matogrosso. Visitamos as casas de dezenas de artistas. O primeiro vídeo ficou pronto, e organizamos o lançamento no Galeria Café, em Ipanema. Enquanto isso, em Brasília, o Jean construía as articulações políticas na Frente Parlamentar pela Cidadania LGBT, confirmava o apoio de parlamentares de diferentes bancadas e conseguia que uma deputada do PT, Érika Kokay, assinasse os projetos junto com ele. Contudo, o avanço no Congresso era (e continua sendo) muito mais lento do que na sociedade, pelos acordos que a bancada governista e a oposição de direita têm com a chamada "bancada evangélica", que representa apenas uma parte dos evangélicos: as igrejas caça-níquel que fazem da homofobia sua campanha de marketing. Para Dilma, Serra e Marina, o palanque de um pastor fundamentalista é mais importante que os direitos civis de milhares de cidadãos.

Depois do lançamento no Rio, que foi um sucesso, o gabinete organizou eventos em vários estados. A *fan page* começou a crescer a um ritmo impressionante graças às ideias do João, com muita experiência no "marketing virtual", e milhares de pessoas curtiam, comentavam e se ofereciam de diversas maneiras para participar na divulgação da campanha. Também organizamos um evento internacional com os consulados da Argentina e dos EUA e o Centro Cultural da Justiça Federal, do qual participou o ministro da Corte argentina Eugenio Raúl Zaffaroni.

Por outro lado, a figura do Jean começou a crescer cada vez mais, graças à sua atuação no Congresso. Foi eleito pelos jornalistas, e ratificado por uma votação na internet, o melhor deputado do país. Choviam convites para que ele falasse sobre o casamento igualitário e outros projetos em diferentes universidades, para que participasse das paradas LGBT de diferentes cidades ou de eventos da OAB e de outras instituições, e se transformou num dos políticos mais conhecidos, com mais seguidores no Twitter e mais respeitado por jornalistas e militantes de diversos movimentos sociais. Aos poucos, o impulso da campanha, o apoio dos artistas e a popularidade do Jean contribuíram para que o debate sobre o casamento igualitário começasse a se instalar na mídia e na política, mesmo sem apoio da maioria do movimento LGBT oficial, muito vinculado ao governo Dilma. Uma das exceções foi Carlos Tufvesson, que mesmo sendo funcionário da Prefeitura do Rio (o Jean apoiava o candidato adversário, Marcelo Freixo), participou ativamente da campanha pelo casamento igualitário. "É uma questão suprapartidária", ele diz, com muita razão.

Parece mentira, mas algumas situações se repetem sempre.

Também se repetiram alguns diálogos, como o que eu tive com Pedro em Porto Alegre, quando ele me falava do casamento igualitário na Espanha e eu dizia que achava quase impossível que isso acontecesse no meu país.

— A Argentina não é a Espanha — eu disse ao Pedro.

— O Brasil não é a Argentina — me disseram várias pessoas poucos anos depois.

Mas o caminho seria diferente no Brasil: a vitória chegaria no Judiciário antes que no Legislativo. A sentença do STF de maio de 2011, que reconheceu aos casais do mesmo sexo o direito à união estável, tinha aberto uma brecha. Como a Constituição brasileira diz, no artigo 226, que a união estável pode ser convertida em casamento, vários casais pleitearam essa possibilidade na Justiça e venceram. Logo os juízes começaram a admitir que, se os casais do mesmo sexo podem registrar a união estável e convertê-la em casamento, não há razão para que não possam se casar de forma direta. E as corregedorias estaduais começaram a regulamentar essa possibilidade. Isso chegou a acontecer em treze estados, mais o Distrito Federal.

João acompanhou cada caso, falando com corregedores, procurando o apoio das entidades profissionais e impulsionando decisões favoráveis. Tivemos o apoio da OAB e de vários procuradores e juízes. Cada casal que conseguia se casar desmentia que conseguir o que tínhamos proposto fosse impossível, encorajava outros casais a tentá-lo, animava mais e mais pessoas a se engajar na campanha, instalava o tema na mídia e reforçava a ideia de que a nossa vitória era inevitável. Cada corregedoria estadual que regulamentava o casamento igualitário aumentava a pressão para que as outras fizessem o mesmo, e mais juízes decidiam dar o próximo passo.

Até que achamos que era o momento de buscar uma solução federal por essa via, já que o Legislativo, refém do fundamentalismo religioso, atrasava um século.

Foi então que o Jean decidiu entrar com um pedido ao Conselho Nacional da Justiça (CNJ), junto com a associação dos cartórios do Rio de Janeiro (a ARPEN-RJ), onde o casamento civil igualitário ainda não estava regulamentado. O juiz da capital rechaçava todos os pedidos, deixando em evidência o absurdo de haver direitos diferentes dependendo do CEP. De fato, a gente tinha produzido um curta sobre isso, onde um casal de São Paulo que já havia conseguido casar no civil e outro do Rio que queria e não podia exigiam uma solução federal. O título do curta era *O amor não tem CEP*, mas só chegamos a divulgar o *teaser*, já que a solução chegou mais rápido do que pensávamos. A ação que apresentamos no CNJ, também assinada pelo PSOL, foi ideia do João e obra do brilhante advogado Paulo Iotti, o mesmo que tinha defendido, junto com outros advogados, a união estável no STF.

O Brasil vivia um momento político contraditório. Enquanto a justiça, em efeito dominó, continuava reconhecendo o direito ao casamento entre pessoas do mesmo sexo em diferentes estados e em mais da metade do território brasileiro já era legal, o Congresso não apenas se recusava a tratar os projetos de lei e a emenda constitucional do Jean, como também elegia como presidente da Comissão de Direitos Humanos o pastor racista e homofóbico Marco Feliciano, um personagem caricato, ridículo e indefensável que envergonhava o país e provocava marchas e passeatas em todos os estados. "Fora, Feliciano! Você não me representa!" foi o grito que lotou as ruas nos primeiros protestos de 2013, que confluiriam meses depois nas massivas mobilizações que surpreenderam o Brasil. No Rio, os gabinetes do Jean e do Marcelo Freixo, junto a representantes de diferentes credos e movimentos sociais, promoveram um ato público de repúdio de cuja organização participei, que teve como oradores, entre outros, Caetano Veloso e Wagner Moura.

Renata Stuart, esposa de Marcelo Freixo, me levou no elevador com Caetano, que se comprometeu a gravar um vídeo para a campanha. Também falamos com Wagner, que gravou poucos dias depois, junto ao rabino Nilton Bonder, para uma nova série que transformava em pequenos *spots* aquele texto de perguntas e respostas que eu tinha escrito na Argentina. Cada um dos questionamentos contra o casamento igualitário que aparecem no debate em todos os países era apresentado por artistas e respondido por especialistas. Também participaram, entre outros, Isabella Taviani, Marcelo Tas e os acadêmicos Paulo Iotti, Maria Berenice Dias, Marcos Bagno e Idelber Avelar.

Mas a supressa foi Daniela Mercury, que já tinha gravado um vídeo com a gente para o réveillon. Enquanto a comissão presidida por Feliciano debatia uma lei para obrigar o Conselho Federal de Psicologia a tratar a homossexualidade como "doença" (o estúpido projeto da "cura gay", que o Jean conseguiu derrotar no plenário, forçando o deputado-pastor João Campos a retirá-lo), Daniela saiu do armário através do Instagram, apresentou sua namorada e se engajou na luta política contra a homofobia. Ela estava em Portugal e de lá deu várias entrevistas para a televisão brasileira, tendo o seu *outing* anunciado no Jornal Nacional, o noticiário de maior audiência do Brasil, e sendo capa das maiores revistas nacionais. Poucas noites depois, quando soube que a cantora faria um show no Rio de Janeiro, João pegou duas camisas da campanha e foi de táxi até lá, junto com seu namorado, Thiago Soliva, e o ativista Leandro Ramos, da organização All Out, que entregaria a ela um cartão com milhares de assinaturas em agradecimento pelo seu ato de se assumir publicamente. Quando Daniela e Malu estavam de saída, João estava lá com uma câmara digital.

— Daniela, posso falar com você? — ele perguntou.

Minutos depois, a foto do casal com a camisa da campanha já estava postada na *fan page*, no Facebook, que já tem mais de 80 mil fãs. Na hora, eu fiz um *meme*, e a assessoria de comunicação do mandato soltou uma nota. Daniela se ofereceu para ajudar em tudo o que pudesse ser útil. Foi capa de todas as revistas e jornais. Todo o Brasil falava dela.

O CNJ já tinha começado a analisar a questão do casamento. Era absurdo que alguns estados aceitassem o casamento entre pessoas do mesmo sexo e outros não, ou que, em alguns casos, como no Rio, isso dependesse da vontade de cada juiz. A lei devia ser a mesma em todo o país, e a decisão do STF tinha sinalizado o caminho: se a união estável podia ser feita por casais do mesmo sexo e a Constituição diz que ela pode ser convertida em casamento, não existia fundamento jurídico para impedir a conversão ou o casamento de forma direta. Por isso, finalmente, em 14 de maio de 2013 o ministro Joaquim Barbosa, que preside o Supremo Tribunal e também o Conselho Nacional da Justiça, assinou, como titular deste último, uma decisão histórica, a resolução 175/2013, que acabou com a discriminação sofrida pelos casais do mesmo sexo, que agora poderão casar com os mesmos requisitos e efeitos que os casais heterossexuais.

Déjà vu.

"*Lo hicimos de nuevo*", eu disse a Maria e outros companheiros da Federação. Participar da vitória em dois países, com apenas três anos de diferença, foi maravilhoso. E os símbolos se repetem também: na Argentina, a lei foi promulgada pela primeira mulher eleita para presidir o país e, no Brasil, a decisão foi assinada pelo primeiro presidente negro da *Corte*.

Nada é por acaso. As lutas contra a opressão são muitas, mas também são uma só.

O Brasil entrou, no número 15, na lista de países que reconhecem os mesmos direitos a todas as famílias, na qual a Espanha é terceira e a Argentina, décima. Entre a Argentina e o Brasil, tinham entrado a Dinamarca, a Nova Zelândia, o Uruguai, a França e os estados norte-americanos de Nova Iorque,

Washington, Rhode Island, Maryland e Maine. Pouco depois, Inglaterra e Gales entraram com o número 16 e, nos EUA, foi a vez de Minnesota.

No Brasil, a cereja do bolo foi a música que Marisa Monte, Carlinhos Brown e Arnaldo Antunes — os geniais Tribalistas — compuseram e gravaram para celebrar a vitória:

> *O seu juiz já falou*
> *Que o coração não tem lei*
> *Pode chegar*
> *Pra celebrar*
> *O casamento gay*
>
> *Joga arroz*
> *Joga arroz*
> *Joga arroz*
> *Em nós duas*
> *Em nós dois*

Era o sonho do meu amigo Osvaldo Bazán. Muitos anos atrás, ele me disse, tomando um café em frente ao Congresso, em Buenos Aires:

— Precisamos convencer o Fito Páez a fazer uma música a favor do casamento gay!

Não foi o Fito, nem foi na Argentina, mas finalmente ocorreu. A Marisa tinha prometido fazer no início da campanha, mas não chegou a tempo. Quando soube da decisão do CNJ, ligou para o Jean e prometeu terminar rápido para celebrar. E também para continuar reclamando, porque mesmo que a justiça tenha resolvido, na prática, que os casais possam se casar normalmente, ainda falta mudar a letra da lei e da Constituição para que a vitória seja irreversível. Continuamos batalhando com o Jean para que isso aconteça, apesar da covardia da bancada governista e da pressão da máfia fundamentalista.

E não é só por uma questão institucional ou simbólica.

Também porque uma vitória no parlamento, com o compromisso das forças políticas e o debate social e midiático que uma lei como essa traz, servirá para mudar muito mais do que um artigo da Constituição e alguns parágrafos do Código Civil. A experiência da Argentina — onde já casaram mais de 7 mil casais — mostrou isso: durante meses, a sociedade debateu sobre os direitos civis dos homossexuais no jantar familiar, na fila do supermercado, no ponto do ônibus, no escritório, na faculdade, na escola. E isso serviu para mudar a cabeça de muita gente. A mudança cultural foi muito mais importante que a mudança da lei. Há menos preconceito na rua, e ser homofóbico é politicamente incorreto.

A lei de identidade de gênero (a mais avançada do mundo) foi aprovada por unanimidade no Senado, e Negre de Alonso faltou à sessão para não ser a única a votar contra. Até a senadora Escudero, que escudou Liliana Teresita em sua batalha contra o casamento gay, acabou votando a favor e fazendo um discurso sobre o direito à identidade de travestis e transexuais que parecia escrito por um ativista.

Em 2011, Cristina Kirchner fez um *spot* de campanha reivindicando o casamento igualitário como uma das conquistas do seu governo. E foi reeleita com 54% dos votos.

— O país evoluiu meio século em poucos meses — o Rodolfo me disse.

E o mundo também, aos poucos, evolui.

Nos Estados Unidos, o presidente Barack Obama decidiu vestir a camisa do casamento igualitário e defender os direitos civis dos casais homossexuais na campanha para a reeleição e derrotou o candidato republicano, Mitt Rommey, que era contra. Pouco meses depois, a Suprema Corte revogou a proibição na Califórnia, declarando inconstitucional a "Proposição 8", que impedia casais do mesmo sexo de se casarem na Califórnia, e também acabou com a DOMA, a lei federal pela qual o governo americano não reconhecia os casamentos celebrados em estados onde já é legal.

Também houve novas vitórias no México, por decisões da Corte a favor de casais do interior do país que apresentaram ações de inconstitucionalidade. Na Colômbia, venceu o prazo dado pela Corte Constitucional para que o parlamento resolvesse a questão — o que não fez —, e os casais começaram a ir aos registros civis. Já tem sentenças favoráveis, e um casal conseguiu a certidão de casamento em Bogotá. No Chile, a candidata presidencial que lidera as pesquisas, a ex-presidenta Michelle Bachelet, anunciou que promoverá a aprovação do casamento igualitário no seu governo, e as pesquisas já mostram que a maioria dos chilenos é a favor.

O tempo não para. O mundo, acreditem, é cada dia um pouco melhor. Coitados, Liliana Teresita Negre de Alonso e Silas Malafaia cada dia têm menos lugares onde morar. O cardeal Bergoglio agora é papa, mas chegou lá depois de perder a "guerra de Deus" que nos declarou num minuto de loucura.

É claro que ele aprendeu com essa experiência.

As declarações sobre o *"lobby gay"* que ele fez na viagem de volta a Roma, depois da Jornada Mundial da Juventude no Rio de Janeiro, são prova disso. "Se uma pessoa é gay e procura Deus e tem boa vontade, quem sou eu, por caridade, para julgá-la? O catecismo da Igreja Católica explica isso de maneira muito linda", ele disse aos repórteres da imprensa internacional. É menos do que parece, mas é mais do que teria dito antes de perder a "guerra" na Argentina. Ele teve que calcular muito bem as palavras e disse que a explicação está no catecismo da Igreja, que o trata do tema "de maneira muito linda".

O que o catecismo da Igreja diz? Que a homossexualidade — mencionada logo depois da pornografia, da prostituição e da violação — é uma propensão desordenada e uma depravação grave e que os "atos homossexuais" são contrários à lei natural e "não podem ser aprovados". Os homossexuais, segundo o texto, devem ser acolhidos pela Igreja com respeito e compaixão, mas deve-se exigir que eles sejam celibatários. E nada de querer casar. É o mesmo que Bento XVI dizia, mas Francisco sabe como falar para que suas palavras soem como inovadoras. Ele não é um intelectual alemão, mas um político argentino, acostumado a almoçar com deputados e jantar com jornalistas e a fazer muito *lobby*, embora tenha condenado o fantasioso "*lobby gay*".

No entanto, suas palavras mostram até que ponto a nossa vitória foi importante. Ele já não fala em guerra santa. E mesmo que o que ele disse não signifique uma mudança na doutrina da Igreja, é positivo. Porque se os jornais dizem que o Papa disse alguma coisa boa sobre os gays, mesmo que ninguém entenda o significado teológico das expressões usadas, isso dará conforto a muitos gays cristãos e até pode fazer com que algumas pessoas homofóbicas mudem de ideia, achando que é isso que o Papa quer. Se isso significar menos sofrimento desnecessário para um jovem gay em conflito com sua fé ou com sua família, valeu a pena.

Francisco continua sendo Bergoglio e deixou claro para os jornalistas que o que pensa sobre os nossos direitos civis é o que todo o mundo já sabe. Sua opinião sobre o casamento gay é a opinião da Igreja, que já se expressou perfeitamente sobre isso, ele disse. E, ao citar o catecismo, também frisou, para quem precisa ouvir, que a doutrina sobre a homossexualidade continua a mesma. Mas a manchete que ele provocou nos jornais mostra, ao mesmo tempo, que o mundo é outro, cada dia mais outro.

Em alguns países do norte da Europa, onde o casamento igualitário é lei há muitos anos, a Igreja Católica dá a bênção aos casais homossexuais depois do casamento civil. Foi o mesmo primeiro passo que deram séculos atrás, quando começaram a dar a bênção aos esposos de distinto sexo antes de aceitar o casamento e adotá-lo como sacramento.

Um dia vão pedir perdão.

Da mesma maneira que a Igreja já não diz que os negros podem ser escravizados, que os índios não são pessoas, que as mulheres não têm alma e podem ser bruxas e que os judeus mataram Jesus, um dia um papa deverá pedir perdão por tudo o que disseram sobre os gays, deixar de se opor aos nossos direitos civis e mudar esse catecismo perverso que diz que somos depravados e contrários à natureza.

***

A Universidade Autônoma da Cidade do México já me convidou duas vezes, através do programa coordenado pelo professor Héctor Salinas, para apresentar este livro e falar sobre o casamento civil igualitário. Lá já é legal na capital, mas falta o resto do país. Em 2013, também o Jean foi convidado, e foi a estrela de uma audiência na Comissão de Direitos Humanos do Senado mexicano que debateu sobre os direitos dos homossexuais.

Não, eles preferiram não convidar Marco Feliciano.

No Equador, além de apresentar o livro na Universidade de Guayaquil e na FLACSO de Quito, fiz uma longa oficina na Universidade Andina Simón Bolívar, com um grupo de ativistas que pretendia organizar a campanha pelo casamento igualitário no país. Falamos da experiência argentina e da brasileira, e eu falei para eles que faltava pouco para que o CNJ regulamentasse em todo o país. "Até o final do ano, no máximo", eu disse, mas foi na semana seguinte, quando eu acabava de voltar ao Rio. Antes de voltar, entrevistado por vários jornais e programas de rádio e televisão, mandei uma mensagem para o presidente Rafael Correa:

— O casamento igualitário será aprovado no Equador. O que Correa precisa decidir é se será durante o seu mandato e graças a ele, ou se será apesar dele. Correa tem que decidir de que lado vai ficar nos livros de história: do lado certo, como a Cristina, ou do lado errado, como a Dilma — eu disse.

Correa respondeu besteiras pelo Twitter, brigou com ativistas. Decidiu ficar do lado errado. Disse que tem preconceitos, mas o povo também, e ameaçou com um plebiscito para demonstrá-lo. Mas ainda há tempo. Espero que ele mude de opinião.

Está em tempo, e o tempo não para.

Enquanto escrevo este texto, chegam notícias do Equador.

Ontem, Pamela Troya e Gabriela Correa foram ao Registro Civil de Quito para entregar a documentação e dar entrada ao processo de habilitação para o casamento civil. O cartório tem que responder até sexta-feira.

Se negarem, elas entrarão com uma ação de inconstitucionalidade na Justiça e prometem chegar até a Corte. Com elas estão Humberto Mata, Silvita Buendía e outros ativistas que conheci no Equador. Na casa do escritor Pedro Artieda, em Quito, Pamela e Gabriela me disseram, há pouco mais de dois meses:

— A gente quer ser o primeiro casal, como María e Claudia. Queremos fazer o mesmo que você conta no livro.

E tudo termina da mesma maneira que começou.

Luta que segue.

Buenos Aires, 6 de agosto de 2013.

Esta obra foi produzida no Rio de Janeiro,
no inverno de 2013, pela editora Garamond.
A tipologia empregada foi Cambria 10/14.
O papel utilizado para o miolo é off set 75g.
Impresso em Petrópolis pela Vozes.